DIE NEUE BIBLIOTHEK –
ANSPRUCH UND WIRKLICHKEIT

Schriften der Vereinigung Österreichischer
Bibliothekarinnen und Bibliothekare (VÖB)
Herausgegeben von Harald Weigel
Band 11

31. Österreichischer Bibliothekartag
Innsbruck, 18.–21.10.2011

DIE NEUE BIBLIOTHEK

ANSPRUCH UND WIRKLICHKEIT

Herausgegeben von Klaus Niedermair

Wolfgang Neugebauer Verlag GesmbH Graz-Feldkirch

Layout: Klaus Niedermair
Umschlagfoto: www.innsbruckphoto.at
Druck: CPI buchbuecher.de gmbH
Printed in Germany
ISBN 978-3-85376-291-2

Inhaltsverzeichnis

Vorwort

Vom 18. bis 21. Oktober 2011 fand in Innsbruck der 31. Österreichische Bibliothekartag statt – ausgerichtet von der *Vereinigung Österreichischer Bibliothekarinnen und Bibliothekare (VÖB)* und dem *Büchereiverband Österreichs (BVÖ)*, organisiert von der *Universitäts- und Landesbibliothek Tirol.* Ca. 800 Teilnehmer/innen aus dem In- und Ausland konnten aus einem reichhaltigen Angebot von Vorträgen wählen, welche von 150 Experten in 5 parallelen Themenblöcken präsentiert und diskutiert wurden.

Der vorliegende Tagungsband beinhaltet 51 dieser Vorträge in schriftlicher Fassung. Dabei wurde keine bewusste Auswahl getroffen, alle Vortragenden waren eingeladen, einen Beitrag einzureichen: So hat sich eine ausgewogene Mischung ergeben mit einem breiten Spektrum an Themen und Zugangsweisen. Als Herausgeber bedanke ich mich, auch im Namen der Organisatoren des Bibliothekartags, bei allen Autorinnen und Autoren für ihre Mitarbeit und für die Disziplin im Einhalten der engen Fristen. Nur so war es möglich, die Publikation in kurzer Zeit zu realisieren – und auch dem Projekt Tagungsband noch mehr Rechtfertigung zu geben.

Denn diese Frage stellt sich: Warum überhaupt ein Tagungsband in Printform? Der Bibliothekartag hat doch ohnedies Spuren hinterlassen: Fragestellungen, Lösungen, Anregungen, Perspektiven, Projekte, Begegnungen, Diskussionen – und Präsentationsfolien. Ist ein Tagungsband demnach nicht nur ein arbeitsaufwändiger und kostspieliger Luxus? Nein. *Verba volant, littera manent.* Dass Vorträge schriftlich ausgearbeitet und publiziert werden, ist Bedingung für Nachhaltigkeit, hält die Auseinandersetzung am Leben, macht Nachlese möglich und fördert somit Reflexion in der Distanz.

Auf diese Weise gewinnt der Bibliothekartag nachträglich eine neue Qualität: Durch den medialen Übergang vom gesprochenen zum geschriebenen Wort tritt in den Hintergrund, was der Tagesaktualität, dem modischen Trend, dem Marketing der Präsentation geschuldet war. Die Sachen selbst rücken mehr in den Mittelpunkt. Im geschriebenen und publizierten Format hat sich der Bibliothekartag, der bibliothekarische Diskurs, auch darüber hinaus in anderen Kontexten zu bewähren. Er gewinnt Objektivität und *Wissenschaftlichkeit,* zumindest gibt es die Chance dazu. Diesen Diskurs als bibliotheks- und informations*wissenschaftlichen* zu etablieren und zu dokumentieren, war mein Ziel als Herausgeber des Tagungsbandes. Auch Bibliothekar/innen sollen wissenschaftlich tätig sein.

Wozu das gut sein soll? Wissenschaftlichkeit bedeutet Klarheit schaffen: Unser bibliothekarischer Diskurs muss, wenn er bezweckt, Hilfestellung, Steuerung und Orientierung für bibliothekarisches Handeln zu geben, nachvollziehbar und begründbar sein; er muss sich, wenn es um strategische Ziele geht, im Hinblick auf Prinzipien und Werte deklarieren. Schließlich gilt es, die Verantwortung zu übernehmen, welche die Bibliotheken ihren *stakeholdern* gegenüber haben: der sie finanzierenden öffentlichen Hand, der Öffentlichkeit, den Wissenschaftler/innen, den Studierenden, den Geschäftspartnern. Nicht nur Technik ist dabei entscheidend, auch nicht Geld, und nicht Wissen allein ist Macht, es zählt auch Wissenschaftlichkeit: Wissenschaftliche Reflexion eröffnet Handlungsmöglichkeiten in Kommunikation und Argumentation (vor allem im Kontext unserer wissenschaftlich arbeitenden Zielgruppen), wenn es darum gehen soll, dass die Bibliotheken, getrieben durch Technologie und Ökonomie, nicht nur reagieren, sondern auch selbst agieren wollen, um ihre Zukunft in der Gesellschaft zu finden.

Dies besonders in unserer Zeit, in der die Bibliothek chronisch eine *neue* ist.

Damit kommen wir zum Motto der Tagung: „*Die neue Bibliothek – Anspruch und Wirklichkeit*". Dieser Titel geht prima vista von einem selbstverständlichen Befund aus, die Bibliothek erneuert sich schon seit Jahrzehnten ständig. Aber er fordert mit Recht zugleich Reflexion ein, auch wissenschaftliche, die *immer wieder* neben der bibliothekarischen Alltagsarbeit auf der Tagesordnung steht – ich zitiere aus den Grußworten der verantwortlichen Organisatoren Harald Weigel (VÖB), Helmut Windinger (BVÖ) und Martin Wieser (ULB Tirol): „Das Tagungsmotto provoziert bewusst Fragen nach dem Selbstverständnis der Bibliotheken: Wie verhält sich der in Leitbildern formulierte Anspruch, eine maßgebliche Rolle zu spielen bei der Bewältigung der Herausforderungen durch die sogenannte Wissensgesellschaft (...), zur tatsächlichen Leistungsfähigkeit und zur Wirklichkeit des Alltagsgeschäfts? Ist das Aufgabenspektrum zeitgemäß, sind Dienstleistungen und Organisationsstrukturen funktional, entspricht das Angebot den Erwartungen? Reagieren Bibliotheken nur auf veränderte Umweltbedingungen oder gelingt es ihnen, mit den verfügbaren Ressourcen Entwicklungen mitzugestalten oder sogar gezielt anzustoßen?"[1]

Die Beiträge im vorliegenden Sammelband lassen sich – mit ihren unterschiedlichen Themen, Perspektiven, Interessen und in ihrer durchaus unterschiedlichen Qualität – direkt oder indirekt auch als Antworten auf diese Fragen lesen.

Ich danke meinem Mitarbeiter, Herrn MMag. Johannes Humer, für sein scharfes Auge bei der Korrekturarbeit und meiner Mitarbeiterin, Frau Sandra Grässle, für Mithilfe und wertvolle Tipps beim Layout.

Klaus Niedermair

[1] http://www.uibk.ac.at/ulb/bibliothekartag_11/grussworte.html

FESTVORTRAG

Hans G. Zeger

„Ich habe 6 Millionen Freunde, und alle sind meiner Meinung"

Über Jahrhunderte waren Bibliotheken Träger des materiellen Wissens. In der klassischen Epoche der Bibliotheken waren Wissen, die Bücher als Wissensträger, der Zugang zum Wissen und die Hüter des Zugangs dazu eins. Im zwanzigsten Jahrhundert erreichte die Informationsvermittlung mehr und mehr an Bedeutung, es begann die Trennung dieser Funktionen, Bibliothekare wurden Vermittler virtueller Wissensträger. Internet, besonders die neuen *Web-2.0*-Anwendungen schaffen neue Wissensplattformen und erfordern neue Wege der Wissensvermittlung. Wissen wird mehr und mehr über den endlosen Strom von „Kommunikation" vermittelt. Die Produktion von Information wird wichtiger als sie zur Kenntnis zu nehmen. Die schiere Informations- und Datenmenge erfordert neue Zugangs- und Filtermethoden des Wissens. Für Bibliothekare ergeben sich zahlreiche neue Aufgabengebiete, sie werden zu Detektiven, zu Navigatoren, zu Pädagogen und zu Archäologen der Gegenwart.

Sehr geehrte Festgäste!
Sehr geehrte Kongressteilnehmer!

Es ist mir eine ganz besondere Freude heute vor Ihnen sprechen zu dürfen. Im Frühjahr ist das Programmkomitee des Bibliothekartages an mich herangetreten, ob ich nicht etwas zur Entwicklung der Bibliotheken, ganz besonders in Hinblick auf die Entwicklungen des *Web 2.0* sagen möchte.

Ich habe spontan zugesagt, hatte ich mich doch gleich an meine Erfahrungen mit Bibliotheken während meines – nun schon etwas länger zurückliegenden – Studiums erinnert. Gleichzeitig sah ich auch die Chance, zur Debatte um *Facebook* und Co, kurz zu den sozialen Medien den einen oder anderen grundsätzlichen Aspekt hinzuzufügen.

Einleitung

Sie werden vielleicht die Vorankündigung zu diesem Vortrag gelesen haben, diese möchte ich zu Beginn korrigieren.

Ich gestehe, ich habe keine sechs Millionen Freunde, nicht einmal sechs Millionen Fans. Und meiner Meinung sind, wenn ich mir manchmal die Kommentare auf *Standard.at* oder *krone.at* ansehe, nachdem ich wieder einmal zitiert wurde, auch die allerwenigsten. Aber das stört mich recht wenig, da ich die Kommentare ebenso selten lese wie die Zitate.

In Österreich erreicht und übertrifft die Zahl der sechs Millionen Freunde nur Red Bull mit 22 Millionen Fans. Dahinter folgen, schon mit gehörigem

Abstand, Swarovski (1,5 Millionen Fans) und die Seite „Unnützes Wissen" (650.000 Fans).

Ein gewisser Heinz Christian Strache konnte rund hunderttausend Fans einsammeln, der Bundespräsident ist mit 20.000 weit abgeschlagen, von allen anderen Politikern ganz zu schweigen. Bevor Sie sich aber über die Ungerechtigkeit und die Dummheit der *Facebook*-Benutzer empören, dass gerade einer der umstrittensten Politiker der Beliebteste sein soll, darf ich Sie beruhigen.

Ein Ziegelstein hat mit 200.000 doppelt so viele Fans wie HC Strache. Es ist natürlich nicht irgendein namenloser Ziegelstein, sondern er nennt sich „Kann dieser seelenlose Ziegelstein mehr Freunde haben als HC Strache?" Yes, he can!

Und in den internationalen *Facebook*-Rankings schafft es gerade ein Österreicher unter die TOP-200 Politiker. Geführt wird die Politik-Liste natürlich von Barack Obama, der mit 23 Millionen knapp den Roten Bullen schlägt, aber auf Platz 195 – immerhin – findet sich, keine Angst, nicht HC Strache, sondern Robert Heinrich I. („Politician, Austria"). Und so relativiert sich doch der Strache'sche Erfolg wieder.

Nach dieser Einleitung, die wohl selbst ein wenig in die Kategorie „Unnützes Wissen" fällt, komme ich zum eigentlichen Thema.

Bibliotheken als Träger des materiellen Wissens

Jahrhundertelang hatten Bibliotheken eine klar umrissene Aufgabe. Sie waren materielle Sammlungen des Wissens. Wissen, repräsentiert durch Tontafeln, Papyrusrollen, Pergamentfolianten oder zuletzt Bücher aus Papier. Ihre Herstellung unterlag einem komplexen Produktionsprozess, und sie waren nur beschränkt verfügbar. Genauso die Bibliotheken, sie hatten nur bestimmte Platzkapazitäten, bestimmte Ankaufsbudgets und eine bestimmte personelle Ausstattung. Dem Bibliothekar kam dabei eine entscheidende Filterrolle zu. Er hatte zu entscheiden, was würdig war angeschafft zu werden, was wo aufbewahrt wurde, und durch sein Katalogisierungs- und Beschlagwortungssystem entschied er auch, wie der Zugang zu diesen Wissensträgern gestaltet war.

Nicht zu unterschätzen ist auch seine Funktion bzw. die seiner Gehilfen, den Skriptoren, als Produzenten von Wissensträgern. Bücher verwalten und Bücher produzieren fiel bis in die Neuzeit, bis zur Erfindung des Buchdrucks mit beweglichen Lettern zusammen.

Diese Doppelrolle ging nach und nach verloren und ist heute völlig aus dem Bewusstsein verschwunden. Auch den unterschiedlichen Katalogisierungs- und Beschlagwortungssystemen folgte eine zunehmende Standardisierung.

Diese Rolle als Torwächter des Wissens enthielt zahlreiche Gefahren. Allzuleicht konnte auf diese Weise Zensur ausgeübt werden, falsches Wissen gefördert, neue Erkenntnisse unterdrückt werden. Bücher, die auf dem „Index" standen, waren für die Öffentlichkeit nicht mehr zugänglich, ihr Wissen verschwand in den Abgründen der Bibliotheken.

Die Bibliotheken selbst waren ständig Angriffen und Gefahren ausgesetzt. Denken wir nur an Schimmel, Wurmbefall, Feuchtigkeit oder Feuer. Aber auch Krieg, Regimewechsel oder schlicht Finanznot konnten Bibliotheken auflösen oder zerstören. Sie alle kennen zahllose Beispiele, von der versunkenen Bibliothek von Alexandrien bis zu den Bücherverbrennungen des Dritten Reiches.

Ich möchte diesen Abschnitt die klassische Zeit der Bibliotheken nennen, Wissen, die Wissensträger, der Zugang zum Wissen und die Hüter dieses Zugangs waren eins, konzentriert auf den Brennpunkt Bibliothek. Wer zu Wissen kommen wollte, musste sich in die richtige – im doppelten Wortsinn richtige – Bibliothek begeben. Schon die Wahl der Bibliothek entschied, welcher Wissenskanon zugänglich wurde.

Bibliothekare als Vermittler virtueller Wissensträger

Im zwanzigsten Jahrhundert, besonders aber ab den 70er-Jahren begann diese Einheit auseinander zu fallen. Wissen war nicht mehr zwangsläufig an materielle Träger gekoppelt. Begonnen hat es mit der Mikro-Verfilmung, später mit der Computerisierung zuerst der Kataloge, der Beschlagwortungen, der Abstracts und letztlich der Informationen selbst.

Nationale und internationale Vernetzung erlauben es auf Wissensbestände weit entfernter Bibliotheken zuzugreifen und gegebenenfalls Werke als (Papier-)Kopie zu erhalten.

Ich erinnere mich noch lebhaft an meine Zeit als Dissertant, als ich zu meinem Philosophiethema auch Literaturrecherchen machte. Tage verbrachte ich in der Nationalbibliothek und in der Wiener Universitätsbibliothek. Aber ich nutzte auch das elektronische IV-Angebot. IV steht für Informationsvermittlung.

Das sollte man sich nicht wie eine heutige Recherche vorstellen, bei der im Internet über Webformulare und Onlinekataloge nach geeigneter Literatur gesucht wird. Passt das Ergebnis nicht, dann probiert man es von neuem, so lange, bis man damit zufrieden ist.

Ich hatte damals ein längeres Gespräch mit einem Bibliothekar, er erzählte mir, welche Datenbanken und Bibliotheken zugänglich waren, welche Schlagworte sinnvoll waren und welche nicht.

Mit diesen Informationen ausgestattet grübelte ich dann einige Tage über mein Thema und stellte entsprechende Stichworte zusammen. Diese wurden dann nochmals vom „Informationsvermittler“ durchgesehen, zusammengefasst, bereinigt und korrigiert. Einige Tage später erhielt ich dann ein dickes Paket Papier mit zahllosen bibliographischen Angaben und Abstracts, die ich dann stolz abarbeitete.

Es wird ihnen nicht schwer fallen, die Filterfunktion des Informationsvermittlers zu erkennen. Abhängig von seiner Geschicklichkeit und seiner Kenntnis der Katalogisierung, der Beschlagwortung und seiner Fähigkeit, mit Hilfe der Boole'schen Algebra Verknüpfungen zu definieren, wird zu wenig, zu viel oder genau die richtige Menge an Treffern zustande kommen.

Torhüter und Vermittler könnten als traditionelle Filterfunktionen der Bibliothekare bezeichnet werden. Mit *Web 2.0* soll alles anders sein?

Internet und Grundrechte

Meist werde ich als „Datenschützer" eingeladen, in der Regel ein Missverständnis. Mir ist es eigentlich kein Anliegen, Daten zu „schützen", sondern auf die Sicherung der Grundrechte der Menschen in einer sich laufend differenzierenden und unübersichtlicher werdenden Informationsgesellschaft hinzuweisen. Wer sich jetzt ein Donnerwetter über die dummen Internetbenutzer erwartet hat, die auf *Facebook* ihre Privatsphäre zur Schau stellen und dabei ganz nebenbei ihre zukünftige Karriere als biedere Arbeitnehmer vernichten (Stichwort „Das Internet vergisst nie"), den muss ich jetzt enttäuschen.

„Wir können nicht nicht-kommunizieren" ist die zentrale Botschaft von Paul Watzlawick. Kommunikation ist ein zentrales menschliches Bedürfnis, Kommunikation äußert sich in ganz unterschiedlichen Ausprägungsformen. Klassischerweise denken wir bei Kommunikation an sprachliche oder an schriftliche Äußerungen, etwa durch Briefe oder indirekter, über Zeitungen, Bücher, Kundmachungen usw.

Kommunikation ist aber noch öfter nonverbal definiert, unser Aussehen, unsere Bekleidung, unsere Beziehungen, unsere Freunde, unsere Lieblinge, die von uns öffentlich verwendeten Produkte (Statussymbole), wo und wie wir wohnen, wohin wir gehen oder reisen, wen wir treffen, kurz unser gesamtes Verhalten gibt Aufschluss über unsere Einstellungen, Meinungen, Sehnsüchte und Phantasien. Bewusst oder unbewusst kommunizieren wir über diese Kanäle permanent mit unserer Umwelt.

Meinungsfreiheit ist ein grundrechtliches Konzept, das Öffentlichkeit, Publikum benötigt, Meinungsfreiheit ohne Öffentlichkeit ist bloß ihre eigene Karikatur. Und zentrales Merkmal von Meinungsfreiheit ist Vielfalt und Allgemeinheit. Jede, jeder muss die Möglichkeit haben ihre oder seine Meinung zu äußern, und zwar in seiner/ihrer individuell angemessenen Form.

Europa hat eine rund 350jährige Erfolgsgeschichte der Grund- und Menschenrechte hinter sich. Seit Descartes' Diktum „Ich denke, also bin ich" (1637), das Wissen des Selbstwertes des Menschen, über die amerikanische Unabhängigkeitserklärung (1776), die Französische (1789) und bürgerliche (1848) Revolution, das Staatsgrundgesetz (1867), die UN-Charta der Menschenrechte (1948) bis zur Europäischen Menschenrechtskonvention (1950) reicht die Kette der Ausgestaltung der Menschenrechte.

Zu diesen Grundrechten gehört neben der Achtung des Privat- und Familienlebens (Art. 8 EMRK) jedoch genauso die Sicherung der Meinungsfreiheit (Art. 10), der Gedanken-, Gewissens- und Religionsfreiheit (Art. 9), der Versammlungs- und Vereinigungsfreiheit (Art. 11) und das Diskriminierungsverbot (Art. 14)

2008 „erfand" der deutsche Bundesgerichtshof in Karlsruhe ein weiteres Grundrecht, das „Recht auf Unversehrtheit der persönlichen Kommunikationsinfrastruktur".

Alle diese Grundrechte werden durch *Web 2.0* und Social Media in Frage gestellt oder müssen zumindest neu interpretiert werden.

Grundrecht auf Irrtum?

Konsequenz der europäischen Entwicklung ist das Grundrecht auf unbeobachtetes Leben. Für eine offene Gesellschaft ist es unerlässlich, dass Menschen unbeobachtet, unkommentiert und unzensuriert Meinungen und Ideen austauschen können. Nur auf diesem Nährboden kann aus Fehlentwicklungen, unausgegorenen Ideen, Versuch und Irrtum Neues, Kreatives entstehen, jeder von uns kennt die hemmende Wirkung, wenn Vorgesetzte, Lehrer oder Kollegen jeden Vorschlag zuerst einmal kommentieren und zerpflücken, antreiben oder bloß verlangen „doch endlich was G'scheites zu sagen/zu tun".

Dies hat unmittelbare Konsequenzen auf die Meinungs- und Kommunikationsfreiheit. Was wäre eine Meinungsfreiheit wert, wenn sie bloß Druckreifes, Wahres, allgemein Anerkanntes zuließe? Eine Meinungsfreiheit, die notariell beglaubigt werden muss, wäre das Gegenteil eines Grundrechts.

Meinungsfreiheit muss umfassend gedeutet und gesichert werden. Meinungsfreiheit bedeutet auch das Recht keine eigene Meinung zu äußern oder auch das Recht ungehindert aus bestehenden Informationen, Meinungen und Nachrichten auswählen zu können. Meinungsäußerung muss auch anonym möglich sein, die Möglichkeit der Meinungsäußerung muss nicht-diskriminierend garantiert sein, unabhängig von Alter, Geschlecht, Weltanschauung, religiösem Bekenntnis, Herkunft, Einkommen, sozialem Status oder Bildung. Meinungsfreiheit darf nicht an Sinn und Unsinn, an der Richtigkeit oder Fehlerhaftigkeit, an der Gefährlichkeit oder dem Nutzen von Meinungen gemessen werden.

Schranken in der Meinungsfreiheit dürfen nur dort zugelassen werden, wo die Meinungsfreiheit anderer nachhaltig beschränkt und unterdrückt wird.

Die Rückkehr der Antimoderne

Die Herausgabe einer Zeitung, eines Buches unterliegt bis heute hohen technischen und wirtschaftlichen Beschränkungen, nur wenige können sich diese

Form der Meinungsäußerung leisten. Traditionelle, materiegebundene Formen der Meinungsäußerung waren engen faktischen und technischen Grenzen unterworfen.

Dies änderte sich im Internet grundlegend, die technischen Grenzen bestehen nicht mehr, jeder kann mit geringen Mitteln einen Internet-Mediendienst starten. Mit der Verbreitung der Internetkultur werden jedoch auch antimoderne Kulturpessimisten lauter. Sie verteufeln das Mitmach-Web als Cut-and-Paste-Kultur, die *Google*- und *Wikipedia*-Kultur, sie jammern und schimpfen: „Heute, wo am Web jeder dieselbe Reichweite hat, zählt das Wort eines Experten genau so viel wie das Stammeln eines Idioten." (TU-Professor und Hyperwave-Erfinder Hermann Maurer, Graz) Wir sollten jedoch diese Entwicklung differenzierter sehen.

Aus Meinungsvielfalt wird Babylon

„Warum passiert jeden Tag genau so viel, dass es sich in der halben Stunde Zeit im Bild gerade ausgeht?", wird sich nicht nur der Autor in Kindertagen gefragt haben. In den Urzeiten des Fernsehens gab es zuerst einen, dann zwei Fernsehkanäle, die Nachrichten wurden aber noch Jahrzehnte später durchgeschaltet. Punkt 19:30 erfuhr die ganze Nation, wie sie den abgelaufenen Tag wahrzunehmen hatte.

Der gesetzlich garantierten Meinungsfreiheit der ZiB-Redaktion stand eine massive Gleichschaltung von sieben Millionen Bürger/innen gegenüber. Eine provokante Überspitzung, gewiss, hatten doch alle Bürger/innen immer die Option diesen Informationskanal nicht zu nutzen und sich über andere Wege (Zeitungen, Radio, persönliche Anschauung, ...) ausschließlich oder ergänzend eine eigene Meinung zu bilden.

Als Modell, um die heutige Entwicklung besser zu verstehen, ist das Bild der gleichgeschalteten Nachrichtensendung jedoch bestens geeignet. Irgendwann in den 80er-Jahren des 20. Jahrhunderts kamen sogar in Österreich zusätzliche Fernsehkanäle an, zuerst einige deutsche, dann via Satelliten zahllose aus der ganzen Welt, zuletzt sogar in Österreich produzierte private Fernsehkanäle. Die Wahl zwischen 2, 3, 10 Nachrichtenkanälen wurde und wird generell als Erweiterung der Meinungsfreiheit begrüßt. Der Benutzer lernt unterschiedliche Sichtweisen kennen und kann dadurch leichter seine eigene Meinung präzisieren.

Doch was bedeutet das Anwachsen auf 100, 500 oder 5.000 Kanäle? Ziehen wir eine tägliche Fernsehzeit der Bürger/innen von drei bis vier Stunden heran, dann blieben bei 500 Kanälen bloß je 30 Sekunden, um sich ein Bild über die Informationen eines Kanals zu machen, zu wenig, um sinnvolle Schlüsse zu ziehen.

500 Kanäle gleichberechtigt zu nutzen, sei eine sinnlose Fiktion, wird der Zuhörer einwenden. Jeder hat seine 4-5 Lieblingskanäle, und außerdem seien

viele Nachrichtensendungen in vielen Kanälen gleichgeschaltet, stammen sie doch aus derselben Redaktion großer Networks. Doch wie kommt der Benutzer zu seinen Lieblingskanälen?

Und wie ist die Meinungsvielfalt im Zeitalter des *Web-2.0*-Internets zu bewerten, wenn nicht 5.000 Kanäle bereitgestellt werden, sondern Informationen über 500.000 oder 50 Millionen Kanäle? Letztlich stellen die 700 Millionen *Facebook*-Benutzer, immerhin 10 Prozent der Weltbevölkerung, mit ihren Webauftritten 700 Millionen potentiell unterschiedliche Informationskanäle dar. Selbst wenn zwei Drittel davon nicht aktiv sind, bleiben viele Millionen Kanäle, die nicht n Selbstdarstellung betreiben, wie die arabischen *Facebook*-Initiativen im Frühjahr 2011, die Obama-Internet-Wahlwerbekampagne oder die diversen Uni-Initiativen in Österreich zeigen.

Alle Welt ist meiner Meinung

Warum wird man *Facebook*-Benutzer? Damit man allen seinen Freunden, Fans und sonstigen Lebensbegleitern ständig alles Wichtige oder vielleicht auch nur eingebildet Wichtige mitteilen kann. Alle denken so, nicht nur Obama, Lady Gaga, Christiano Ronaldo oder Red Bull. Auch jeder der anderen 700 Millionen Teilnehmer. Wozu hat man Freunde, wenn man sie nicht ständig beschwatzen kann?

130 Freunde hat der durchschnittliche *Facebook*-Benutzer. Doch was sagt ein Durchschnitt? Manche *Facebook*-Benutzer werden sich mit zwei, drei begnügen müssen, andere kommen auf mehrere tausend.

Jeder *Facebook*-Teilnehmer mit einigen Freunden kennt das Problem. Wie mit der Vielzahl von Informationen und Statusmeldungen umgehen? Wird der Neuling zu Beginn versuchen jede erhaltene Meldung zu beantworten, wird er spätestens dann, wenn er mehrere Tage seine beruflichen Verpflichtungen vergessen hat, auf den Boden der Realität zurückgeholt werden. Antworten kommt nicht mehr in Frage, selbst das Lesen aller Statusmeldungen geht sich nicht mehr aus. Nur mehr selektiv werden die Befindlichkeiten der Freunde wahrgenommen, ungebremst jedoch die eigenen gepostet.

Nach den durchzechten Nächten der alten Tage sind wir heute mehr und mehr mit durchwachten Nächten des *Facebook*-Volks konfrontiert. Kann Kommunikation süchtig machen? Ein Experiment von Olds (1958) sei in Erinnerung gerufen. Einer Ratte wurde eine Sonde in ihr Gehirn implantiert. Durch einfaches Drücken eines Knopfes konnte sie sexuelle Empfindungen stimulieren. Sexuelle Erregung war damit erfolgreich von den körperlichen Fähigkeiten des Tiers abgekoppelt. Die Taste wurde vom Tier bis zum völligen Zusammenbruch gedrückt, alle anderen Funktionen wie Ernährung oder Schlaf wurden vernachlässigt.

Facebook hat darauf längst reagiert. Schon bei einigen Dutzend Freunden schwillt die Zahl der Mitteilungen, Postings und Statusmeldungen dramatisch an. Die Teilnehmer können nicht bis zur völligen Erschöpfung bei der Stange gehalten werden. Da jedes Verhalten von uns Menschen Ausdruck von Meinungen und Überzeugungen ist, registriert *Facebook* jede Aktion. Lesen oder nicht lesen? Antworten oder nicht antworten? Einladen oder nicht einladen?

Aus Sicht der *Facebook*-Programmierer kein Problem. Sie basteln komplexe Scoring-Algorithmen und errechnen damit die Interessen der Benutzer. Diese Algorithmen arbeiten, ohne dass sie der Benutzer selbst aktivieren muss, im Hintergrund. Schon nach kurzer Zeit sind hunderte Freunde ausgeblendet. Zu selten wurde ihnen geantwortet, zu selten ihre Botschaften wahrgenommen. Manchen Benutzern fällt es oft erst nach Monaten auf, dass von bestimmten Personen keine Nachrichten mehr kommen. *Facebook*-Flüchtlinge? Verstorben? Beleidigt?

„Warum ist Freundin Brigitte nicht mehr aktiv?", fragt sich kurz der *Facebook*-Benutzer, um in der nächsten Sekunde einer ganz anderen Statusmeldung zu folgen oder seine neuesten Fotos zu posten. Brigitte ist weiterhin aktiv, doch erhielt sie zu wenig Aufmerksamkeit, und die Filter von *Facebook* haben ihre Statusmeldungen in den Abgründen des Systems verschwinden lassen.

Wie diese Filter genau arbeiten, gehört zu den Betriebsgeheimnissen von *Facebook*. Vage wird beauskunftet, dass Nachrichten von Nutzern, mit denen „häufig interagiert" wird, nach oben gereiht werden, andere nach hinten. Doch was bedeutet „häufig interagiert"? Die Programmierer von *Facebook* können nicht beurteilen, wer mit wem tatsächlich intensivere oder weniger intensive Beziehungen hat, sie zählen Mausklicks. Meldungen, die angeklickt wurden, sind „wichtig" und damit auch deren Versender, Meldungen, die man vielleicht früher gelesen, aber nicht weiter angeklickt hat, werden unwichtig und verschwinden allmählich aus dem Wahrnehmungshorizont.

Facebook hat auf technischer Ebene und eigenmächtig unser Wahrnehmungsproblem der Millionen Nachrichtenkanäle gelöst, Computerprogramme entscheiden, was für uns wichtig ist und was nicht. Der Benutzer findet sich plötzlich in einer Informationswelt wieder, die permanent seine eigenen Einstellungen bestätigt.

Zur Meinungsfreiheit gehört jedoch sowohl keine Meinung zu haben (jene legendäre „schweigende Mehrheit", die autoritäre Politiker gern zitieren und die noch nie gesichtet wurde) als auch aus verschiedenen Positionen frei auswählen zu können. Genau diese freie Wahl hat *Facebook* seinen Benutzern längst abgenommen.

Ich spreche nicht von einem *Facebook*-typischen Phänomen. Andere *Social-Media*-Plattformen agieren ähnlich, meist nicht so professionell. Die beschriebenen Vorgänge sind notwendige Konsequenz einer Idee von Meinungsfreiheit, in der hunderte Millionen gleichberechtigt ihre Meinungen äußern können. Gleiches gilt für Suchmaschinen, benutzt man diese als registrierter Teilnehmer, dann beeinflussen die eigenen Meinungen, abgegeben durch Suchergebnisse der Vergangenheit, welche Mails geschrieben oder empfangen wurden, welche sonstigen Dienste man nutzte, die Reihung der Ergebnisse. Ist man nicht registriert, versuchen die Suchprogramme durch sonstige Informationen, wie Herkunftsland der verwendeten IP-Adresse, Art der Computerinstallation, Cookies, früher aufgerufene Webseiten usw. die Interessen des Teilnehmers zu erkennen und Suchergebnisse „richtig“ zu reihen.

Typisch ist das Türkei-Beispiel. Sucht ein US-Amerikaner auf *Google* nach „Turkey“, kann er damit rechnen, Truthahnrezepte weit oben zu finden, der EU-Europäer wird bei „Türkei“ zahllose Reiseangebote ganz oben erhalten und der türkische Internetnutzer eher nationalistische Statements der türkischen Eliten.

Was ist schlecht daran, wenn mir Programme und Maschinen eine Auswahlarbeit abnehmen, die ich, siehe oben, sowieso nicht leisten kann? Wenn diese Programme viel über mich wissen, dann setzen sie mir genau die für mich interessanten Informationen vor. Eine gefährliche Verführung und vermutlich *der* gefährlichste Angriff auf unsere Meinungsfreiheit. Natürlich versteht kein Computerprogramm unsere Meinungen und Ansichten in einem umfassenden Sinn und kann keine stellvertretenden Entscheidungen treffen. Es werden immer nur statistische und wahrscheinliche Verhaltensmuster errechnet, die auf einen Großteil von Personen einer bestimmten Gruppe zutreffen.

Es sucht jedoch nie der „US-Bürger“, der „EU-Bürger“ oder der „Türke“ bei *Google* & Co, sondern Individuen mit ganz persönlichen Vorstellungen. Jedem Suchmaschinenbenutzer wird schon ärgerlich aufgefallen sein, dass er statt der gesuchten aktuellen Information Dutzende Uraltmeldungen vorgereiht bekommen hat, die besser dem *Google'schen* Ideal des Page-Rankings entsprachen. Eine neue Industrie, die SEO („Search Engine Optimizing“) ist heute angetreten mit Hilfe spezieller Aufbereitung des eigenen Inhalts jeden noch so sinnvollen fremden, aber eben nicht SEO-optimierten Inhalt zu verdrängen.

Dieser Aspekt, dass allgemeine Eigenschaftszuschreibungen, statistische Scoring- und Ratingmethoden und SEO-Techniken den inhaltlichen Zugang der Individuen zur (Internet-)Welt kontrollieren, die Wahrnehmung steuern und Nachrichten selektieren, wird in der gesellschaftspolitischen Diskussion heute noch viel zu wenig beachtet.

Was lernen wir daraus? Gestalte deine Meldungen im Titel zwar interessant, aber nichtssagend! Mache neugierig! Jeder *Facebook*-Nutzer wird zu einer Art Mini-“Bild“-Reporter? Knallig, fetzig, kurz. Übertreiben und Vereinfachen wird zum allgemeinen (erfolgreichen) Kommunikationsstil der Stunde?

Die klassischen Zugangsfilter, die materiellen Begrenzungen der Bibliotheken bestehen heute nicht mehr, leben wir deswegen in einer barrierefreien, filterfreien Welt? Oder haben wir nicht bloß den Filter des Wissensmangels durch die Kakophonie der millionenfachen Beliebigkeit ersetzt? Besteht unsere Zukunft, unsere Wahrnehmungsmöglichkeit von Wissen darin, uns Filter- und SEO-adäquat zu verhalten?

Bibliothekare in der Rolle als Detektive?

In Vorbereitung auf diesen Vortrag fiel mir ein Büchlein aus der Reihe „Bibliothekspraxis" aus dem Jahr 1991 in die Hände. Es stellte die Ergebnisse einer Delphi-Studie zum Thema „Einsatz neuer Technologien im Bibliothekswesen" vor.

Mehr als die Hälfte der Studienteilnehmer erkannte, dass mit den neuen Techniken wohl eine Erweiterung des Medienbestandes durch Non-Book-Material einhergehen wird. Häufige Nennungen fand auch der Rollenwandel der Bibliotheken als Kommunikationszentrum, der Einsatz der IuK-Techniken für die Bibliotheksverwaltung, die Informationsvermittlung und die Leseförderung. Eine qualifizierte Zahl der befragten Bibliothekare sah in den neuen Techniken keine fundamentalen Änderungen.

Überhaupt nicht thematisiert wurde jedoch die Aufhebung der Grenzen zwischen Produzenten (Autoren) und Konsumenten (Lesern), die Konsequenzen des gewaltigen Anschwellens des Informationsstroms. Es würde 60.000 Jahre erfordern die Informationen des *Web 2.0* auch nur flüchtig zur Kenntnis zu nehmen – der produzierten Informationen eines einzigen Tages wohlgemerkt, um keine Missverständnisse aufkommen zu lassen.

Die Rolle des Bibliothekars, die zahllosen neuen Zugangsmechanismen und Barrieren zu Wissen aufzuspüren, kritisch zu hinterfragen, zu bewerten, darzustellen und den Benutzern transparent zu machen, erfordert ein neues – detektivisch geprägtes – Berufsbild.

Der Bibliothekar als Navigator

Möglicherweise haben die Kulturpessimisten recht, die meinen, dass 99% der abgesonderten „Weisheiten" bloß Gestammel und kakophonischer Müll sind, bleiben von den 60.000 Jahren Content immer noch 600 Jahre nützlicher Information täglich. Wer soll sie organisieren, verwalten, katalogisieren?

Entscheidend ist heute nicht mehr das Vorhandensein, das Produzieren von Information, nicht einmal mehr das Wissen, wo Information zu finden ist, sondern ob überhaupt der Zugang zu sinnvoller Information gefunden wird. Die technisch-materiellen Filter der Informationsproduktion wurden durch den „Filter" der produzierten Informationsmenge ersetzt. Im Heuhaufen des Belanglosen sind die Stecknadeln des Interessanten wirksam verborgen.

Damit kommt Suchtechnologien, den Links und Informationsportalen als Zugängen zu den Informationen besondere Bedeutung zu. Nicht mehr die Bibliotheken sind Hüter und Torwächter des verfügbaren Wissens, sondern Suchmaschinen. Sie verwenden das Wissen über das Verhalten, die Interessen des Benutzers als Informationsfilter. Der Zugang zum Wissen wird zunehmend individualisiert und damit nicht mehr vergleich- und austauschbar. In geradezu absurder Weise schafft die grenzenlose Kommunikation monadenhafte Inseln der Nicht-Kommunikation.

Fragmentierung, *Beacons*, Informationssplitter, Vervielfältigung: heute noch das Feld des Viral Marketings, des *Behavioral Targetings*, des *User Trackings*, der *Content*-Syndizierung und des *Search Engine Optimizings*. *Social-Media*-Experten erklären uns, wie wir durch *Content Targeting* Internet-Benutzer und ihre Interessen steuern können.

Wir könnten sehr lange über die Bedeutung dieser neuen Begriffe und auch über das Menschenbild, das hinter ihnen steht, philosophieren. Ich möchte aber an dieser Stelle einen anderen Gedanken aufgreifen.

Wer zwingt uns dieses Feld den Marketing-Gurus zu überlassen? Sind nicht Fragmentierung, Zersplitterung, Informationsfülle und Informationsunsicherheit notwendige Begleiterscheinungen des Internets? Quasi seine inhärente technische Natur? Sollten wir nicht versuchen Strategien zu entwickeln, mit diesen zahllosen Informationsbruchstücken fertig zu werden, abseits vom bekannten Gejammer über die Unzuverlässigkeit der meisten Informationen und auch abseits der Kaltschnäuzigkeit der Werbefuzzies, die aus der Desorientierung der Internetnutzer raschen Profit schlagen wollen.

Die Büchse des unendlichen Informationsstroms ist geöffnet, die lässt sich nicht mehr schließen. Es macht keinen Sinn nach Ordnungs- und Zulassungsinstanzen im klassischen medienpolitischen Sinn zu rufen. Das Filtern des Webs, wie es manche ahnungslose Politiker ernsthaft fordern, kann genauso wenig funktionieren wie der Ruf nach eindeutiger Identifizierung jedes Benutzers. Beides würde bestenfalls den naiven Benutzer treffen, nicht den angeblich anvisierten Cyberkriminellen, der in der Wolke des unüberschaubaren Datenstroms seinen dunklen Geschäften nachgeht. Er weiß, dass er kriminell handelt und hat im Internet jede Menge von Techniken, sich vor dem Zugriff zu schützen.

Die Beschränkung des Zugangs, die eindeutige Identifikation für jeden Schritt, für jede Meinungsäußerung im Internet würde klar gegen das Grundrecht der freien Meinungsäußerung verstoßen, das auch die Möglichkeit der anonymen Meinungsäußerung enthält.

Aber die Menschen haben großen Bedarf an Orientierung im Internet. Warum ihnen nicht Hilfsmittel und Strategien zur Verfügung stellen, mit denen sie die Werthaltigkeit der Informationssplitter erkennen können, wie sie aus den zahllosen Beacons im Internet-Blitzlichtgewitter für sie wertvolles Wissen zusammenstellen können?

Und so zeichnet sich eine neue Rolle des Bibliothekars ab. Er wird vom Skriptor über den Vermittler zum Navigator im Meer der Informationsschnipsel.

Die Feinde des Web 2.0

Stehen wir mit *Web 2.0* vor einem neuen goldenen Zeitalter der Informations- und Wissensvielfalt? Oder stimmt das Gegenteil?

Kulturpessimisten und „Datenschützer" erklären den *Web-2.0*-Teilnehmern immer wieder mit erhobenen Zeigefingern, dass sie sich vor den sozialen Plattformen in Acht nehmen sollen und vorsichtig bei der Bekanntgabe persönlicher Angaben sein sollen.

Indirekt erklären sie die Benutzer der Plattformen zu ihren eigenen Feinden, zu Menschen, die sich selbst schädigen. Eine geradezu absurde Umkehrung der Fakten und genau genommen ein Aufruf zur Selbstzensur.

Konstitutives Merkmal von Meinungsfreiheit war und ist Öffentlichkeit. Wenn wir Meinungsfreiheit als Ausdruck der gesamten Persönlichkeit fassen, wenn sich der Mensch als leibliches Wesen konstituiert (© Merleau-Ponty), dann müssen wir auch akzeptieren, dass alle Aspekte der Persönlichkeit an der öffentlichen Darstellung teilnehmen.

Neu an der *Web-2.0*-Öffentlichkeit ist ihr einfacher Zugang für alle Menschen, ihre extrem große Verbreitung, ihre geringen Kosten, ihre nahezu unbegrenzten Ressourcen, ihre Gleichzeitigkeit, ihre Schnelligkeit und ihre Langlebigkeit. Alle Beschränkungen, die die griechische Agora, den österreichischen Stammtisch, die private Zeitung oder den demokratischen Parlamentarismus bestimmen, fehlen im *Web 2.0*.

Der Teilnehmer, der sich und seine Persönlichkeit in allen Facetten darstellt, ist nicht der Feind im *Web 2.0*, sondern das Individuum, das es zu schützen gilt. Bedroht wird das Bedürfnis gleichberechtigter weltweiter Kommunikation aus anderer Richtung.

Feind 1: Der Betreiber von Web-2.0-Plattformen

Vielen Benutzern ist nicht bewusst, dass sie gegenüber den Betreibern der Plattformen faktisch keinerlei durchsetzbare Rechte haben. Manche Betreiber verlangen die Abtretung von Nutzungsrechten für eingestellte Texte, Video- oder Fotomaterialien, andere behalten sich vor, ohne Angabe von Gründen Benutzer zu sperren und auszuschließen. Alle Betreiber können ohne Vorinformation den gesamten Dienst einstellen. Menschen, die einen wichtigen Teil ihrer sozialen Kontakte über die Communities abwickeln, können plötzlich ausgeschlossen werden. Manche Betreiber haben ganze Länder oder große

Gruppen auf diese Weise ausgeschlossen. Der öffentliche Raum der Communities entpuppt sich als „privatisierter öffentlicher Raum“, nicht mehr durch demokratisch legitimierte Gesetze, sondern durch frei gestaltete Geschäftsbedingungen geregelt.

Wer soziale Plattformen betreibt, sollte zu einer bestimmten Kontinuität, zu bestimmter Qualität verpflichtet werden. Kein Teilnehmer darf bloß wegen der Benutzung dieser Dienste gezwungen werden, einer kommerziellen oder staatlichen Verwertung seiner Informationen durch Betreiber oder staatliche Behörden zuzustimmen.

Feind 2: Die Trittbrettfahrer

Nicht jeder, der sich in sozialen Plattformen engagiert, hat das Ziel sich und seine Meinungen persönlich darzustellen. Für eine steigende Zahl von Unternehmen und Organisationen stellen die Plattformen eine billige Möglichkeit dar, ihre kommerziellen und politischen Interessen mehr oder weniger unverfroren durchzusetzen. Das *Web 2.0* kennt eine steigende Zahl von Blogs, Themenforen und scheinbar privaten *Social-Media*-Auftritten, in denen schlicht Unternehmensinteressen verbreitet und beworben werden. Mit dem großen Unterschied zur klassischen PR-Kampagne, dass diese Äußerungen nicht als Werbung gekennzeichnet werden, sondern als private Meinung getarnt sind („Viral Marketing“).

Vielfach engagieren sich Unternehmen oder staatliche Einrichtungen nicht selbst auf *Social-Media*-Plattformen, ziehen aber private *Web-2.0*-Auftritte zur Beurteilung einer Person heran. Und so kann dann eine „lockere“, bloß für Freunde vorgesehene Äußerung zum Jobkiller werden.

Auch Privatpersonen verwenden *Web-2.0*-Plattformen verstärkt zur Begleichung persönlicher Rechnungen. *Cyber-Mobbing*, *Cyber-Stalking*, Nötigung, Beleidigung oder Beschimpfung unliebsamer Personen werden häufiger. Eigene Plattformen entstanden, die die Möglichkeit der Beschimpfung und Bloßstellung der Ex-Freundin, des Ex-Freundes, der Schule, der Lehrer, der Nachbarn oder des Arbeitgebers bereitstellen. Im Schutz einer vermeintlichen Anonymität werden *Web-2.0*-Plattformen zu digitalen Schmuddel-Stammtischen umfunktioniert, mit dem großen Unterschied, dass die Äußerungen global abrufbar sind und für unbestimmte Zeit öffentlich bleiben.

Viele *Web-2.0*-Auftritte erfolgen ohne böse Absicht, können aber trotzdem in die Grundrechte von Menschen eingreifen. Das lustige Partyfoto vom letzten Samstag, das eine Reihe „angeheiterter“ Freunde zeigt und ohne deren Wissen auf *Facebook* & Co veröffentlicht wird, kann schon am Montag bloß peinlich, jedoch nicht mehr aus dem Internet entfernbar sein. Rasch wurde es von den zahlreichen Freunden, den Freunden der Freunde und deren Freunden kopiert und immer weiter verteilt.

In der Vorzeit von *Social-Media* war die Abgrenzung zwischen öffentlich und privat relativ klar, die Grauzonen, das Niemandsland waren für alle gut erkennbar. Auf Bassenatratsch, soziale Kontrolle und das allgegenwärtige Auge der Dorfgemeinschaft konnten sich die meisten Menschen recht gut einstellen. Im *Web-2.0*-Zeitalter kann jede noch so banale private Information, eigentlich nur für Freunde und Bekannte formuliert, über Suchmaschinen einer breiten Öffentlichkeit zugänglich gemacht werden.

Feind 3: Staatliche Einrichtungen

Behörden aller Art, besonders die Sicherheits- und Sozialeinrichtungen haben die sozialen Plattformen auch als ideale Überwachungsplattform erkannt. Unbedachte oder extreme Äußerungen können rasch als Vorstufe zu Terrorismus und organisierter Kriminalität umgedeutet werden. Die Teilnahme an Partys, Reisen oder sonstigen Events kann rasch Zweifel über die soziale Bedürftigkeit oder eine bestehende Arbeitsunfähigkeit aufkommen lassen.

Und so wird aus einem eifernden Muslim-Blogger rasch ein islamistischer Terrorist, einem Bodenkulturstudenten, der sich über die Verwerflichkeit von Pelztierfarmen äußert, ein militanter Tierschützer und aus Vaterrechtsaktivisten werden organisierte Kriminelle, weil sie Formulierungen verwenden, die sich nicht ausreichend von anderen – problematischen – Formulierungen distanzieren.

Äußerungen, die früher in Studentenblättern („Macht kaputt, was Euch kaputt macht") oder bei Stammtischen („Alle Politiker sind Verbrecher") als Teil milieubedingter Folklore angesehen wurden und keine Konsequenzen hatten, werden heute zum Vorwand für neue Terrorismus-Präventions-Gesetze.

Nicht mehr eine Tat oder die Vorbereitung zu einer Tat sollen bestraft werden können, sondern schon unbedachte oder extreme Äußerungen, unzureichende Abgrenzung von fremden Äußerungen und mangelnde Ausgewogenheit in den Formulierungen sollen Sicherheitsbehörden Überwachungs- und Kontrollbefugnisse einräumen.

Die Freiheit der Meinungsäußerung, die in einem gewissen Ausmaß auch das Recht umfasst, Unsinn, einseitige und subjektive Ansichten zu formulieren und zu verbreiten, würde auf das Recht reduziert werden, nur noch in *Newspeak*-Form die staatlich sanktionierten Positionen und Ansichten der Leitkultur variierend wiedergeben zu dürfen. „Jeder kann sagen, was er will, solange es der offiziellen politischen Propaganda entspricht." könnte man Henry Fords Leitsatz variierend über die recht beschränkte Farbauswahl seines – durchgehend schwarzen – ersten Serienautos, dem T (Tin Lizzy) formulieren.

Das Objektivitätsgebot, das im staatlich kontrollierten Rundfunk eine gewisse Berechtigung hat, um eine willkürliche, bloß der Staatspropaganda dienende

Berichterstattung zu verhindern, schlägt in eine autoritäre Zensurmaßnahme um, wenn sie auf alle Privatpersonen ausgedehnt wird.

Private Plattformen müssen vor staatlichem Zugriff genauso geschützt werden, wie Wohnungen für staatliche Einrichtungen tabu sind.

Der Bibliothekar als Pädagoge

Wie schwierig der Umgang mit den neuen Medien ist, sollte mein kleines Eingangsbeispiel über die Zahl der *Facebook*-Freunde zeigen.

Ohne den Willen jede Quelle kritisch zu hinterfragen, ohne Zusatzwissen, ohne geeignete Suchstrategien und Ordnungskonzepte, ohne ein gehöriges Quantum Paranoia hätte ich ihnen ansonsten erklärt, dass der beliebteste Politiker Österreichs Robert Heinrich I. ist, Österreich eine Monarchie ist und ansonsten nur Red Bull trinkt.

Permanente Verfügbarkeit einer Unzahl von Informationen, Meinungen und Daten, deren Wahrheitsgehalt nicht nachvollziehbar ist, Langlebigkeit von Informationen bei gleichzeitigem Fehlen der garantierten Verfügbarkeit sind neue Herausforderungen der Informationsgesellschaft.

Um auf diese Phänomene angemessen reagieren zu können, bedarf es der Neuorientierung im Bildungswesen. Wozu lernen, wann Hitler den Zweiten Weltkrieg angezettelt hat oder wie hoch die Pyramiden sind, wenn innerhalb von Sekunden das Internet nicht nur eine Antwort gibt, sondern gleich mehrere Dutzend unterschiedliche und nicht nur die eine gestellte Frage beantwortet, sondern auch gleich einige hundert weitere, nicht gestellte? Keine Frage, keine Antwort, kein Faktum, sei es noch so belanglos, noch so richtig oder falsch, geht in diesem System verloren.

Warum Schulbücher herausgeben, wenn die *Online-Wikis* (etwa http://wiki.zum.de/) bessere, genauere, aktuellere und realistischere Beispiele und Erklärungen bereitstellen?

Der traditionelle Bildungsvermittler kann den Verfall der klassischen Bildung bejammern, er kann kapitulieren („sucht euch die Unterlagen im Internet zusammen“), er kann die Realität verleugnen („hier bestimme immer noch ich, was wichtig ist“), oder er stellt sich dem Problem offensiv.

Was ist Wahrheit, was Irrtum? Wie finde ich, was ich suche, statt zu suchen, was man findet? Neue Methoden der Medienkritik, der Medienaneignung und der Mediengestaltung sind gefordert.

Die traditionelle Bildung lebt von einer Frontstellung, auf der einen Seite die Medien, das Wissen, die Informationen, auf der anderen der Schüler, der Bürger, dazwischen der Redakteur, der Pädagoge, der Bibliothekar. Die traditionelle Bildungsaufgabe, das Leitbild des humanistischen Bildungsbürgers, war Analysieren, Verstehen, Hinterfragen. Bildung war Persönlichkeitsbildung, vermittelt am Beispiel großer Klassiker, großer Erkenntnisse und großer Ideale.

Der Gegenentwurf zu diesem Ideal ist der technisch-ökonomische Bildungszugang, der bloß Vorbereitung zu bestimmten technischen, wirtschaftlich verwertbaren Fähigkeiten ist.

Wenigen ist aufgefallen, dass beide Bildungsziele die dialektischen Seiten derselben Medaille sind, beide postulieren den Gegensatz zwischen lernendem Individuum und lehrreichem Bildungsgut.

Diese Frontstellung ist unter *Web-2.0*-Bedingungen verloren gegangen. Jede Handlung, jede Meinungsäußerung, jedes Posting, jeder Videobeitrag, schlicht alles beeinflusst gleichzeitig andere. Jetzt, sofort, unmittelbar. Unabhängig, wie „klug" oder wie „dumm" die Äußerung ist. „Dumm" und „klug" werden zu obsoleten Begriffen einer untergehenden Welt.

Es gibt keinen unbeteiligten Beobachter mehr, jeder ist gleichzeitig Akteur und Beobachter, freiwillig, bewusst oder unfreiwillig und ohne die Konsequenzen zu erkennen. In diesem Umfeld brauchen wir Trainer, Begleiter, Mentoren, nicht damit sie uns sagen, wo's lang geht, sondern uns mit ihren Erfahrungen helfen, unsere Fähigkeiten in diese instabilen, flüchtigen und gleichzeitig auf Dauer angelegten Plattformen einzubringen.

Medienkompetenz ist für diese neue Kompetenz ein zu schwaches Schlagwort. Diese neue Kompetenz erfordert umfassende analytische und logische Fähigkeiten und das Selbstbewusstsein, Sachverhalte kritisch hinterfragen zu können. Autoritätsglaube und die Vorstellung, es gäbe Instanzen, die wissen, „was richtig ist", werden die eigentlichen Hemmschuhe in der Entwicklung einer modernen Informationsgesellschaft sein.

Nicht Überwachung, willkürliche Geschäftsbedingungen, selbsternannte oder staatliche *Cybercops* werden Orientierung in den sozialen Medien sichern. In der Unzahl der Plattformen werden Ausschluss- und Zulassungsverfahren, wer darf agieren, wer darf nur konsumieren, nicht funktionieren, trotzdem müssen Mechanismen zur Qualitätssicherung geschaffen werden. Komplexe Regelkreise der Akteure, die andere Akteure kontrollieren und selbst von anderen Akteuren kontrolliert werden, die selbst wiederum von kontrollierten Kontrolloren kontrolliert werden, werden notwendig sein. Denken und Handeln in Multi-Interdependenzen wird zum Gebot der Stunde.

Diese Fähigkeiten zu vermitteln, wird eine weitere zentrale Aufgabe der Bibliotheken und Bibliothekare werden, der Bibliothekar wird verstärkt zum Medienpädagogen werden (müssen).

Der Bibliothekar als Archäologe

Die Bibliothekare waren – auch in der Vergangenheit – nie technikscheu, sie mussten immer aus den fragmentierten Bruchstücken ihrer Zeit das Wissen bündeln. Sie machten das in der Vergangenheit durch Zusammentragen von

Büchern und Schriften, durch Ordnen und Bewerten, durch Katalogisieren und Beschlagworten.

Diese Aufgaben sind mit den neuen Informationstechniken erhalten geblieben, aber die Quellen und Zugänge sind neu, und die Mittel müssen sich ändern. Die gigantische Menge der zu bearbeitenden Informationen ist schlicht zur neuen Qualität geworden, auch die Zahl der Produzenten wurde zu einer neuen Qualität.

Umberto Eco lässt Adson, Williams Gehilfen, nach der endgültigen Zerstörung der Benediktinerabtei im Epilog berichten:

> „Jahrzehnte später, längst schon im reifen Alter, hatte ich Gelegenheit zu einer Italienreise meines Abtes. Ich konnte der Versuchung nicht widerstehen und machte auf der Rückreise einen langen Umweg, um wiederzusehen, was einst die Abtei gewesen. ... Beim Herumstöbern in den Trümmern fand ich hier und da ein paar Fetzen von Pergament, die aus Skriptorium und Bibliothek heruntergefallen waren und im Schutt überlebt hatten wie vergrabene Schätze. Ich begann sie zu sammeln, als müsste ich die Seiten eines auseinandergefallenen Buches wieder zusammenlegen. ... Auf der Rückreise und später in Melk verbrachte ich viele Stunden mit dem Versuch, jene spärlichen Überbleibsel zu entziffern. ... Am Ende meiner geduldigen Rekonstruktionsbemühungen zeichnete sich vor meinen Augen so etwas wie eine kleine Bibliothek als Zeichen jener verschwundenen großen ab, eine Bibliothek aus Schnipseln, Fragmenten, Zitaten, unvollendeten Sätzen, Ruinen und Torsi von Büchern.“

Hier kommt der Bibliothekar als Experte wieder ins Spiel. Stellen Sie sich den Informationsraum Internet, dieses Paralleluniversum, als jenes abgebrannte italienische Benediktinerkloster vor, das Umberto Eco so eindringlich beschrieb, das voll Informationsschnipsel ist.

Mit dem kleinen Unterschied, dass nicht ketzerische Mönche ihre Spuren verwischen wollten, dass nicht Jahrzehnte und Jahrhunderte vergehen, sondern dass das Internetsystem selbst, die zahllosen *Social-Media*-Plattformen, die Millionen Teilnehmer in ihrem ungebrochenen Produktionsschwall täglich ein gigantisches Informationschaos produzieren. Nicht einmal brennt dieses Paralleluniversum spektakulär ab, sondern täglich. Die Aufgabe der Bibliothekare besteht darin diese Schnipsel, gleich Bruder Williams Gehilfen, zusammenzusetzen. Endlos und unermüdlich. Tag für Tag.

Der Informationsvermittler heute wird rasch erkennen müssen, dass er tatsächlich zum Archäologen des gestrigen Tages werden muss, der den täglichen Scherbenhaufen an Informationen zusammensetzen muss, soll uns nicht schon in naher Zukunft das Informationsgeschehen der Millenniumsjahre fremder werden als unsere Kenntnisse über das Wissen des 19. und 20. Jahrhunderts.

Nur Mut, no fear! Detektiv, Pädagoge, Navigator und Archäologe. Es gibt auch in Zukunft für Bibliotheken und Bibliothekare noch viele spannende Rollen und viel zu tun.

Ich danke Ihnen für die Aufmerksamkeit!

Claudia Schretter

Tiroler Handschriftenbibliotheken und ihre Erschließung

Vieles aus privaten bzw. geistlichen Tiroler Buchbeständen gelangte in den letzten Jahrhunderten in andere Hände, zumeist in öffentlichen Besitz, oder ging verloren. Dennoch findet sich heute trotz der großen Veränderungen der Tiroler Bibliothekslandschaft (vor allem im Zuge der kirchenpolitischen Maßnahmen im 18. und 19. Jahrhundert) ein bemerkenswerter Teil der Tiroler Handschriften – oft wieder – am ursprünglichen Aufbewahrungsstandort.
Trotz der großen Bedeutung der wertvollen Handschriftenschätze in Tiroler Bibliotheken ist bisher erst ein Teil gehoben. Um einen problemlosen Zugang zu diesem reichen Quellenmaterial zu ermöglichen, ist man deshalb um eine dessen Wert angemessene wissenschaftliche und systematische Bearbeitung bemüht. Einerseits werden die im Zuge von Katalogisierungsprojekten gewonnenen Forschungsergebnisse laufend online bereitgestellt. Andererseits erfolgt dies gedruckt in Form von wissenschaftlichen Katalogen.

Sunt sua fata etiam bibliothecis – „Auch die Bibliotheken haben ihre Schicksale".[1] So wandelte der französische Benediktiner und Historiker Jean Mabillon Ende des 17. Jahrhunderts das geflügelte Wort des Terentianus Maurus[2] – *Habent sua fata libelli*, also „Bücher haben ihre Schicksale" – ab.

Im Tiroler Raum ist das wechselvolle Schicksal der meisten mittelalterlichen und frühneuzeitlichen klösterlichen und weltlichen Bibliotheken mit ihren reichen Handschriftenschätzen untrennbar mit der Universitäts- und Landesbibliothek Tirol (ULB Tirol) in Innsbruck verbunden. Damit berühren wir auch schon die Frage, wie eine erst im Jahre 1745 gegründete Bibliothek neben Druckwerken in den Besitz von insgesamt etwa 1100 Handschriften gekommen ist (vgl. im Folgenden v.a. Hittmair 1910; Neuhauser 1980; Sepp 1996).

Schon beim Urbestand, der unter dem ersten Bibliothekar Anton Roschmann an die damals sogenannte Bibliotheca publica gelangte, handelte es sich neben Dubletten der Wiener Hofbibliothek um die Reste der Ambraser Sammlung Ferdinands II., die 1665 nicht nach Wien verbracht worden waren. Zudem waren Werke aus der sogenannten Hofbibliothek im Wappenturm und der Bibliotheca regiminalis vertreten. Diese Bibliothek im Regierungsgebäude enthielt vor allem Bücher aus den Bereichen Recht, Kameralistik, Verwaltung und Geschichte. Die Wappenturmbibliothek wurde Anfang des 17. Jahrhun-

1 Praefatio zu: Museum Italicum seu collectio veterum scriptorum ex bibliothecis Italicis, eruta a D. Johanne Mabillon et D. Michaele Germain, Paris 1724.

2 Carmen heroicum 258: „Pro captu lectoris habent sua fata libelli".

derts von Maximilian III. Deutschmeister bzw. von Leopold V. gegründet und besaß hervorragende Zimelien (vgl. Stampfer 2008; Sepp 1998).

Nach diesen Gründungsgeschenken verzeichnete die ULB Tirol einen ersten Zuwachs an Handschriften durch die 1773 verfügte Aufhebung der Jesuitenkollegien in Innsbruck und Hall. Bedingt durch die gegenreformatorischen Tätigkeiten findet sich darunter ein umfangreicher und für das „Heilige Land Tirol" eher seltener Bestand an gedruckter Reformationsliteratur. Von den über 30 Handschriften ragt allerdings keine besonders hervor.

Eine nächste Bestandsvergrößerung brachten die Klosteraufhebungen unter Joseph II. Von den 64 Tiroler Klöstern wurden 21 in den Jahren 1782 bis 1787 aufgehoben und ihre Bücher dem Staat übergeben. Der Gesamtumfang wird auf 25.000 bis 30.000 Bände geschätzt. Etwa ein Viertel davon kam an die ULB Tirol, ein kleinerer Teil wurde an die Hofbibliothek (die heutige Österreichische Nationalbibliothek) nach Wien gesandt, der Rest wurde öffentlich versteigert oder makuliert. Aber auch von den nach Innsbruck überstellten Drucken und Handschriften wurden später viele wieder ausgeschieden (vgl. Lindner 1886, S. 11–171; Karnthaler 1956, S. 2–8).

Von den betroffenen elf Männer- und zehn Frauenklöstern wiegt die Zerschlagung der Bibliothek der Kartause Allerengelberg im Schnalstal besonders schwer. Dieses geistliche Zentrum des mittleren und unteren Vinschgaus pflegte intensiven Kontakt mit dem bibliophilen Adelsgeschlecht der Herren von Annenberg. Büchertausch, Schenkungen und Bücherkäufe erweiterten neben der regen Eigenproduktion die Schnalser Bibliothek. Die meisten der Schnalser Handschriften gelangten an die ULB Tirol und werden hier im Rahmen des Langzeitprojektes zur Erschließung des Handschriftenbestandes des Hauses[3] katalogmäßig erfasst. Ein weiterer Teil gelangte nach Padua und wurde zumindest zensusmäßig aufgenommen (vgl. Neuhauser 1980b; Neuhauser 1984).

Aus dem Kollegiatstift Innichen[4], das ebenfalls von Joseph II. aufgehoben wurde, stammt die älteste in Tirol befindliche Handschrift, das sogenannte Innicher Evangeliar (Innsbruck, ULB Tirol, Cod. 484), wahrscheinlich im Bodenseeraum Ende 9./Anfang 10. Jahrhundert entstanden (vgl. Laußermayer / Neuhauser 1975).

3 Projekt „Katalog der Handschriften der ULB Tirol": ULB Tirol, Leitung: Walter Neuhauser, Finanzierung (seit Bd. 3): Fonds zur Förderung der wissenschaftlichen Forschung in Österreich (FWF). Laufzeit: 1971ff. Bisher erschienen insgesamt sieben Teilbände des Katalogs der Handschriften der ULB Tirol in Innsbruck, vgl. Katalog ULB Tirol 1987ff. T. 8 und 9 derzeit in Bearbeitung von Petra Außerlechner, Walter Neuhauser, Alexandra Ohlenschläger, Ursula Stampfer. Kurzinformationen und Materialien zu den Handschriften der ULB Tirol finden sich unter www.manuscripta.at. Vgl. auch http://www.uibk.ac.at/ulb/ueber_uns/sondersammlungen/katalog_ulbt.html.

4 Die Innicher Bibliothek und ihre Bestände sind noch wenig erforscht.

Abbildung: Innicher Evangeliar. Innsbruck, ULB Tirol, Cod. 484, Bl. 13v: Matthäus (Bodenseeraum Ende 9./Anfang 10. Jh.). (Photo Watzek / Hall)

Von der dritten Welle der Klosteraufhebungen in der Zeit der Zugehörigkeit Tirols zu Bayern zwischen 1806 und 1815 waren die Augustiner-Chorherrenstifte Neustift bei Brixen, St. Michael an der Etsch und Gries bei Bozen betroffen, zudem die Benediktinerabteien Marienberg im Vinschgau und St. Georgenberg-Fiecht bei Schwaz, das Prämonstratenser-Chorherrenstift Wilten in Innsbruck und das Zisterzienserstift Stams. Die brauchbaren Bücher dieser Klöster kamen ebenfalls an die ULB Tirol, der Rest war zur Versteigerung bestimmt (vgl. v.a. Hittmair 1910, S. 73–87; Neuhauser 1980, S. 61–65; Sepp 1996, S. 42f.; Sepp 1980, S. 113–125; Nössing 1995, S. 142–149; Nössing 2009, S. 108).

In der Restaurationszeit wurden die aufgehobenen Klöster bis auf St. Michael an der Etsch und Gries wiedererrichtet und ihnen Teile ihrer Buchbestände zurückgegeben. Jedoch eben nur Teile. An der Innsbrucker Universitätsbibliothek soll der damalige Bibliothekar Bertholdi im Jahre 1815 dazu erklärt haben, „der Kaiser könne nicht mehr zurückgeben, was der König von Bayern einmal der Universitätsbibliothek geschenkt habe“ (zitiert nach: Hittmair 1910, S. 85).

So wurden die Handschriften des 1138 gegründeten Klosters Wilten nicht mehr zurückgegeben. Um die Bestandslücken zu schließen, kaufte Abt Alois Röggl im 19. Jahrhundert bei Antiquaren und am Haller Büchermarkt Handschriften auf. In den letzten Jahren konnten die mittelalterlichen Handschriften in der Wiltener Stiftsbibliothek parallel zur laufenden Erschließung der Wiltener Komplementärbestände an der ULB Tirol in einem eigenen Projekt bearbeitet werden (vgl. Kompatscher Gufler / Mairhofer / Schretter 2012; Neuhauser 1988).[5]

Die ältesten Handschriften des ebenfalls 1138 gegründeten Benediktinerklosters St. Georgenberg-Fiecht wurden fast alle nach der bayerischen Zeit rückerstattet. Doch sah sich das Kloster nur wenige Jahre später, in der Mitte des 19. Jahrhunderts, aus finanziellen Nöten zur Veräußerung von fast 50 seiner wertvollsten Handschriften veranlasst. Zum Großteil gelangten sie über Antiquariate in Augsburg und Berlin an das British Museum in London. Eine Erschließung dieser heute an der British Library befindlichen mittelalterlichen Handschriften in London ist im Abschluss befindlich (vgl. Schretter 2009; Naupp 1988).[6]

Codices aus dem im ausgehenden 13. Jahrhundert gegründeten Zisterzienserstift Stams im Oberinntal machen fast ein Drittel des heutigen Handschriftenbestandes der ULB Tirol aus und werden hier erschlossen.[7] Einige Hand-

[5] Gabriela Kompatscher Gufler beschrieb 1994/95 die zwölf Handschriften des Altbestandes. Daniela Mairhofer und Claudia Schretter besorgten 2006–2008 die Beschreibungen der im 19. Jahrhundert erworbenen 15 Handschriften. 2009 wurde Petra Außerlechner mit der Zusammenführung dieser zwei zeitlich voneinander getrennten Projekte betraut. Finanzierung: Stift Wilten, Land Tirol. Der Katalog erschien 2012, vgl. Kompatscher Gufler / Mairhofer / Schretter 2012. Vgl. auch die Kurzinformationen und zusätzliche Materialien zu den beschriebenen Handschriften unter www.manuscripta.at.

[6] Die gotischen Handschriften finden Berücksichtigung in: Schretter, Claudia: Die mittelalterliche Bibliotheksgeschichte der Benediktinerabtei St. Georgenberg-Fiecht im Spiegel ihrer Handschriften in der British Library in London (in Bearbeitung). Zu den romanischen Handschriften vgl. Schretter 2009.

[7] Vgl. Anm. 3.

schriften gelangten an die Bayerische Staatsbibliothek in München. Die wenigen heute noch in Stams befindlichen Codices harren einer detaillierten Erschließung.

Die wohl wertvollste Tiroler Klosterbibliothek befindet sich im Augustiner-Chorherrenstift Neustift in Südtirol. Von den ca. 150 im Jahre 1809 der Bibliothek in Innsbruck übergebenen Handschriften musste der größere Teil nach dem Ersten Weltkrieg an Italien abgetreten werden. Der italienische Staat überließ sie als Dauerleihgabe dem Kloster (vgl. Peintner 1980; Neuhauser 1980a). Diese Handschriften werden derzeit gemeinsam mit den Handschriftenbeständen der Bibliothek des Priesterseminars im benachbarten Brixen in einem Projekt erstmals detailliert erschlossen.[8] Dies bietet sich aufgrund der geographischen Nähe sowie aufgrund der wechselseitigen Beziehungen und den miteinander verwobenen bestandsmäßigen Entwicklungen geradezu an. Durch die zeitgleiche Erschließung der in Innsbruck verbliebenen Neustifter Handschriften ist eine zumindest virtuelle Zusammenführung der heute getrennten Bestände absehbar.

Zu erwähnen ist außerdem die 1618 gegründete und von den Aufhebungen verschont gebliebene „Historische Bibliothek“ des Servitenkonvents in Innsbruck. Durch ihre leihweise Übernahme erlebte die ULB Tirol im Jahre 2008 einen letzten großen Zuwachs an historischem Buchgut. Die mittelalterlichen Handschriften dieser Sammlung konnten in einem Projekt bearbeitet werden.[9]

Die anderen Männer- sowie Frauenklöster wiesen nur geringere, aber teilweise durchaus interessante Bücherbestände auf. Hingewiesen sei hier nur auf das einzige in Österreich verbliebene Exemplar der 42zeiligen Gutenberg-Bibel (Mainz 1454/55) an der Österreichischen Nationalbibliothek in Wien, das aus dem 1783 aufgehobenen Dominikanerinnenkloster Maria Steinach bei Algund stammt.

Das Überangebot an Büchern infolge der kirchenpolitischen Entscheidungen des 18. und 19. Jahrhunderts drückte noch Jahrzehnte später die Preise am

8 Projekt „Erschließung der mittelalterlichen Handschriften der Priesterseminarbibliothek Brixen und der Stiftsbibliothek Neustift“: Philosophisch-Theologische Hochschule Brixen in Kooperation mit der ULB Tirol, Leitung: Ursula Stampfer, Kooperationspartner ULB Tirol: Claudia Schretter, Finanzierung: Autonome Provinz Bozen-Südtirol, Laufzeit: 2011–2014. Zum Stand der Erschließung vgl. www.manuscripta.at sowie http://www.uibk.ac.at/ulb/ueber_uns/sondersammlungen/katalog-neustift-brixen.html.

9 Projekt „Katalog der Handschriften des Innsbrucker Servitenklosters“: Institut für Sprachen und Literaturen der Universität Innsbruck, Leitung: Lav Šubarić, Finanzierung: FWF, Laufzeit: 2007–2010. Das von Eleonore DeFelip, Alexandra Ohlenschläger und Lav Šubarić erstellte Katalogmanuskript wird derzeit überarbeitet. Kurzinformationen zu den mittelalterlichen Handschriften finden sich unter www.manuscripta.at.

antiquarischen Buchmarkt. Einzelne Personen nützten die günstige Gelegenheit und bauten eigene Bibliotheken auf, von denen kaum mehr eine nachweisbar ist (vgl. Nössing 1995, S. 108f.).[10]

Einige der Handschriften, die so in Umlauf kamen, gelangten über Umwege als spätere Geschenke an die ULB Tirol, aber auch in andere Bibliotheken und Archive vor allem in Nord- und Südtirol. Für die mittelalterlichen Handschriften im Tiroler Landesmuseum Ferdinandeum in Innsbruck liegt ein Katalogmanuskript vor (vgl. Sandbichler / Sandbichler 1999).[11]

Teilweise bis heute erhalten haben sich private Büchersammlungen, die im 15. Jahrhundert von ihren Besitzern in Stiftungen umgewandelt wurden. Sie bestanden vor allem aus Werken der theologischen Praxis und sollten eine Hilfe bei der Ausübung des geistlichen Amtes sein. Zu nennen ist die Ritter von Waldauf'sche Stiftung in Hall, deren Eigentümer nunmehr die Pfarre St. Nikolaus in Hall ist. Ihre Bestände befinden sich seit 2003 als Dauerleihgabe an der ULB Tirol und werden hier erschlossen. Handschriften sind in der Sammlung selbst leider nur noch wenige erhalten, da der Sammlung in ihrer wechselvollen jüngeren Geschichte erhebliche Verluste gerade an wertvollstem Buchgut erwachsen sind (vgl. v.a. Brunner 1983).

In seinem selbst errichteten Widumschlösschen in Flaurling im Oberinntal stiftete um 1500 Pfarrer Sigmund Ris eine Sammlung von Handschriften und Inkunabeln, die aus konservatorischen Gründen ebenfalls zum Teil an der ULB Tirol lagert. Der Bestand wurde bereits kurz katalogisiert (vgl. Neuhauser 1974), eine ausführliche Beschreibung der Handschriften ist geplant.

Ebenfalls im 15. Jahrhundert vermachte der Pfarrer Wilhelm Taz in Brixen im Thale seine Bücher der Pfarre (vgl. Neuhauser 1988a). Ein Katalogmanuskript liegt vor.[12]

Ein Überblick über die Tiroler Handschriftenlandschaft wäre lückenhaft, würde man nicht die bedeutenden Adelsbibliotheken erwähnen. Die erhaltenen Inventare lassen oft Rückschlüsse auf die Büchersammlungen von Adelsfamilien zu. Eine Auswertung ist erst für einzelne Bibliotheken erfolgt. Die Bücher selbst wurden zumeist mit dem Niedergang der Familien in alle Rich-

[10] Zur so entstandenen Bibliothek des Pfarrers Johann Parschalk vgl. Tutzer 2010.

[11] Projekt „Handschriftenkatalog des Museum Ferdinandeum": Institut für Germanistik, Leitung: Achim Masser, Finanzierung: FWF, Land Tirol, Laufzeit: 1994–1995, 1996–1999. Das Manuskript der von Bernhard und Hans Peter Sandbichler erstellten Katalogisate wurde 1999 fertiggestellt, vgl. Sandbichler / Sandbichler 1999. Das digitalisierte Manuskript findet sich unter www.manuscripta.at.

[12] Projekt „Handschriftenkatalog der Taz-Bibliothek, Brixen im Thale": Institut für Sprachen und Literaturen der Universität Innsbruck, Leitung: Lav Šubarić, Finanzierung: Gemeinde Brixen im Thale und Tiroler Wissenschaftsfonds (TWF), Laufzeit: 2006–2007. Das Katalogmanuskript wurde von Eleonore DeFelip und Lav Šubarić erstellt.

tungen verstreut. So baute Anton von Annenberg (1420–ca. 1480) im Vinschgau seine Bibliothek zur größten privaten Büchersammlung Tirols seiner Zeit aus (vgl. Fürbeth 2000; Lackner 2005). Daneben besaßen beispielsweise auch das Geschlecht der Vintler und das der Freiherren von Wolkenstein im heutigen Südtirol bedeutende Bibliotheken (vgl. Dörrer 1934; Dörrer 1939; Dörrer 1940; Stampfer 2002).

Zusammenfassend kann festgehalten werden, dass vieles aus privaten bzw. geistlichen Tiroler Buchbeständen in den letzten Jahrhunderten in andere Hände, zumeist in öffentlichen Besitz, gelangt bzw. verloren gegangen ist. Dennoch findet sich heute ein bemerkenswerter Teil der Tiroler Handschriften – oft wieder – am ursprünglichen Aufbewahrungsstandort.

Sichere Zahlen, wie viele Handschriften sich insgesamt im Alttiroler Raum befinden, gibt es nicht.[13] Eine flächendeckende, zuverlässige Sichtung steht noch aus. Doch kann zumindest eine statistische Annäherung versucht werden.

Den rund 1100 Handschriften der ULB Tirol als größte Handschriftensammlung stehen nach bislang bekannten Zahlen insgesamt etwa 2000 Handschriften in Bibliotheken in Nord- und Südtirol gegenüber. Diese sind auf ca. 20 klösterliche und weltliche Bibliotheken verteilt.

Von den ca. 1100 Handschriften an der ULB Tirol sind mittlerweile fast 800 in Form eines wissenschaftlichen Kataloges bearbeitet. Von den etwa 2000 Handschriften außerhalb der ULB Tirol wurden bzw. werden bislang rund 500 auf diese Weise erschlossen.[14]

Die noch ausständigen 1500 Handschriften zu katalogisieren, ist bei den derzeitigen finanziellen und personellen Ressourcen nicht durchführbar. Um jedoch die bedeutenden Handschriftenbestände – auch im Hinblick auf die oft vernachlässigten, inhaltlich reichen neuzeitlichen Handschriften im Tiroler Raum – zugänglich zu machen, werden neben der sukzessiven Fortführung der ausführlichen Handschriftenkatalogisierung in Form von Generalkatalogen (vgl. den Beitrag von Walter Neuhauser in diesem Band) auch Kurzverzeichnisse und Inventare erstellt und zumindest online präsentiert. Derartige Kurzbeschreibungen können laufend aktualisiert, mit bereits vorhandenen Informationen und Materialien angereichert und gegebenenfalls zu einem detaillierten Vollkatalogisat erweitert werden (vgl. die Beiträge von Ursula Stampfer und Martin Roland in diesem Band).

[13] Die Südtiroler Druckschriftenbestände werden im Rahmen des Projektes „Erschließung Historischer Bibliotheken in Südtirol" (EHB) seit einigen Jahren sukzessive erschlossen: Sozialgenossenschaft Bibliogamma O.N.L.U.S, Leitung: P. Dr. Bruno Klammer, Finanzierung: Stiftung Südtiroler Sparkasse. Vgl. http://www.ehb.it/.

[14] Einen Überblick über aktuelle Projekte zur Erschließung von Handschriften im Tiroler Raum gibt die Homepage der Abteilung für Sondersammlungen der ULB Tirol: http://www.uibk.ac.at/ulb/ueber_uns/sondersammlungen/

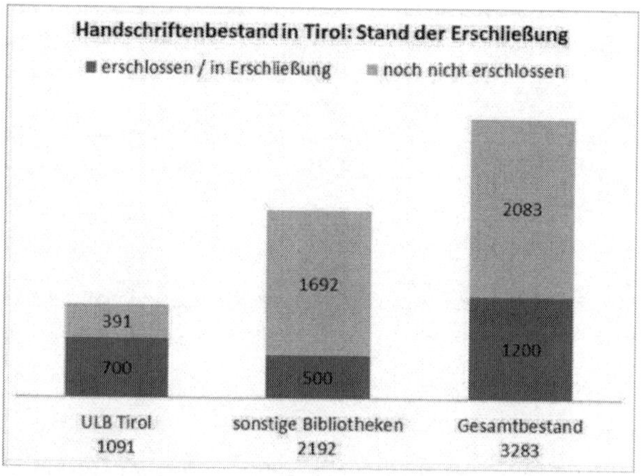

Abbildung: Handschriftenbestand in Tirol

Mit einem Webportal wie der Plattform www.manuscripta.at steht ein Instrumentarium zur Verfügung, um die heute verstreuten Tiroler Handschriftenbestände zumindest virtuell wieder zusammenzuführen. Wir sehen also: Handschriften und ihre Erschließung stehen heute zwischen Kontinuität und Wandel.

Literaturverzeichnis

Brunner, Klaus (1983): *Katalog der Ritter-Waldauf-Bibliothek.* Eine ehemalige Predigerbibliothek in Hall/Tirol. München u.a.: Saur.

Dörrer, Anton (1934): *Mittelalterliche Bücherlisten aus Tirol.* In: *Zentralblatt für Bibliothekswesen*, 51, S. 245–263.

Dörrer, Anton (1939): *Weitere mittelalterliche Bücherlisten aus Tirol.* In: *Zentralblatt für Bibliothekswesen*, 56, S. 329–334.

Dörrer, Anton (1940): *Die Bibliothek des Freiherrn Christoph von Wolkenstein auf Schloss Rodenegg.* Ein adeliges Gegenstück zur landesfürstlichen Ambraser Sammlung. In: *Zentralblatt für Bibliothekswesen*, 57, S. 18–43.

Fürbeth, Frank (2000): *Die spätmittelalterliche Adelsbibliothek des Anton von Annenberg.* Ihr Signaturensystem als Rekonstruktionshilfe. In: Schlusemann, Rita; Hermans, Jos. M. M.; Hoogvliet, Margriet (Hrsg.): *Sources for the History of Medieval Books and Libraries* (Boekhistorische Reeks II), Groningen: Forster, S. 61-78.

Hittmair, Anton (1910): *Geschichte der k. k. Universitätsbibliothek in Innsbruck*, Innsbruck 1910. Zugleich in: Zeitschrift des Ferdinandeums, III. Folge, H. 54.

Karnthaler, Franz (1956): *Das Schicksal der Tiroler Klosterbibliotheken 1773–1790.* In: *Biblos*, 5/3, S. 2–8.

Katalog ULB Tirol (1987ff.): *Katalog der Handschriften der Universitäts- und Landesbibliothek Tirol in Innsbruck* (Denkschriften der Österreichischen Akademie der Wissenschaften, Phil.-hist. Klasse = Veröffentlichungen der Kommission für Schrift- und Buchwesen des Mittelalters, II/4). Wien: Verlag der ÖAW. T. 1 (1987) und 2 (1991) bearbeitet von Walter Neuhauser, T. 3 (1999) bearbeitet von Gabriela Kompatscher,

T. 4 (2005) bearbeitet von Walter Neuhauser und Lav Šubarić, T. 5 (2008) bearbeitet von Daniela Mairhofer, Walter Neuhauser, Michaela Rossini, Claudia Schretter, T. 6 (2009) bearbeitet von Daniela Mairhofer, Walter Neuhauser, Claudia Schretter, Ursula Stampfer, T. 7 (2011) bearbeitet von Petra Ausserlechner, Walter Neuhauser, Claudia Schretter, Ursula Stampfer.

Kompatscher Gufler, Gabriela; Mairhofer, Daniela; Schretter, Claudia (2012): *Katalog der Handschriften der Bibliothek des Prämonstratenser Chorherrenstiftes Wilten. Katalogband und Registerband.* Redigiert von Petra Ausserlechner (Denkschriften der ÖAW, Phil.-hist. Kl. = Veröffentlichungen der Kommission für Schrift- und Buchwesen des Mittelalters, II/336), Wien: Verlag der ÖAW.

Lackner, Christian (2005): *Bücher für den Adel.* Anton von Annenberg, ein Tiroler Adeliger des 15. Jahrhunderts, und seine Bibliothek. In: *Tiroler Heimat,* 69, S. 105-119.

Laußermayer, Gertrud (Theresia Maria); Neuhauser, Walter (1975): *Das Innicher Evangeliar des 10. Jahrhunderts (Cod. 484 der Universitätsbibliothek Innsbruck).* In: *Tiroler Heimat,* N. F. 38, S. 5–25.

Lindner, August (1886): *Die Aufhebung der Klöster in Deutschtirol 1782–1787.* In: *Zeitschrift des Ferdinandeums für Tirol und Vorarlberg,* III/30, S. 11–171.

Naupp, Thomas (1988): *Zur Geschichte der Bibliothek der Abtei St. Georgenberg-Fiecht.* In: *850 Jahre Benediktinerabtei St. Georgenberg-Fiecht* (Studien und Mitteilungen zur Geschichte des Benediktiner-Ordens und seiner Zweige. Ergänzungsband 31), St. Ottilien: EOS-Verlag, S. 337–399.

Neuhauser, Walter (1974): *Die Ris-Bibliothek in Flaurling.* Geschichte und Katalog der Bestände (Tiroler Bibliographien, Beihefte zu Tiroler Heimat 7), Innsbruck–Wien: Tyrolia-Verlag.

Neuhauser, Walter (1980): *Die Geschichte der Handschriftensammlung der UB Innsbruck.* In: Neuhauser, Walter (Hrsg.): *Beiträge zur Handschriftenkunde und mittelalterlichen Bibliotheksgeschichte. Referate der 7. Tagung österreichischer Handschriftenbearbeiter in Innsbruck / Neustift (Südtirol), Juni 1979* (Innsbrucker Beiträge zur Kulturwissenschaft, Sonderheft 47), Innsbruck: Institut für Sprachwissenschaft der Universität Innsbruck, S. 51–72. Zugleich in: Schretter, Claudia; Zerlauth, Peter (Hrsg.): In libris. Beiträge zur Buch- und Bibliotheksgeschichte von Walter Neuhauser (Schlern-Schriften 351), Innsbruck: Universitätsverlag Wagner, 2010, S. 75–95.

Neuhauser, Walter (1980a): *Wissenschaftspflege in Neustift im Mittelalter im Spiegel der Handschriften.* In: Neuhauser, Walter (Hrsg.): *Beiträge zur Handschriftenkunde und mittelalterlichen Bibliotheksgeschichte. Referate der 7. Tagung österreichischer Handschriftenbearbeiter in Innsbruck / Neustift (Südtirol), Juni 1979* (Innsbrucker Beiträge zur Kulturwissenschaft, Sonderheft 47), Innsbruck: Institut für Sprachwissenschaft der Universität Innsbruck, S. 73–104. Zugleich in: Schretter, Claudia; Zerlauth, Peter (Hrsg.): *In libris. Beiträge zur Buch- und Bibliotheksgeschichte von Walter Neuhauser* (Schlern-Schriften 351), Innsbruck: Universitätsverlag Wagner, 2010, S. 97–128.

Neuhauser, Walter (1980b): *Beiträge zur Bibliotheksgeschichte der Kartause Schnals.* In: *Die Kartäuser in Österreich* (Analecta Cartusiana 83), S. 48–126.

Neuhauser, Walter (1984): *Die Schnalser Handschriften in Padua.* In: *Kartäuserregel und Kartäuserleben* (Analecta Cartusiana 113,2), Salzburg.

Neuhauser, Walter (1988): *Bibliotheca Wilthinensis. Die Wiltener Stiftsbibliothek in Geschichte und Gegenwart* (Innsbrucker Beiträge zur Kulturwissenschaft, Sonderheft 63), Innsbruck: Institut für Sprachwissenschaft der Universität Innsbruck.

Neuhauser, Walter (1988a): *Die Taz-Bibliothek.* In: Posch, Sebastian (Hrsg.): *Brixen im Thale 788–1988. Ein Heimatbuch* (Schlern-Schriften 281), Innsbruck, S. 202–222. Zugleich in: Schretter, Claudia; Zerlauth, Peter (Hrsg.): *In libris. Beiträge zur Buch- und Bibliotheksgeschichte von Walter Neuhauser* (Schlern-Schriften 351), Innsbruck: Universitätsverlag Wagner, 2010, S. 213–234.

Nössing, Josef (1995): *Biblioteche e archivi storici dell'Alto Adige – Südtirol.* In: *Studi trentini di scienze storiche,* I/74, S. 142–149.

Nössing, Josef (2009): *Erhaltung „historisch wertvollen" Buchgutes in Südtirol.* In: Andresen, Johannes; Nössing, Josef (Hrsg.): *Das Alte Buch – Projekte und Methoden der Erschließung. Il libro antico – progetti e metodi di catalogazione* (Veröffentlichungen des Südtiroler Landesarchivs. Pubblicazioni dell'Archivio Provinciale di Bolzano 19). Innsbruck–Wien–Bozen: Studienverlag, S. 107–117.

Peintner, Martin (1980): *Zur Geschichte der Neustifter Bibliothek als Spiegel der Kulturgeschichte des Stiftes.* In: Neuhauser, Walter (Hrsg.): *Beiträge zur Handschriftenkunde und mittelalterlichen Bibliotheksgeschichte. Referate der 7. Tagung österreichischer Handschriftenbearbeiter in Innsbruck / Neustift (Südtirol), Juni 1979* (Innsbrucker Beiträge zur Kulturwissenschaft, Sonderheft 47), Innsbruck: Institut für Sprachwissenschaft der Universität Innsbruck, S. 105–112.

Sandbichler, Bernhard; Sandbichler, Hans Peter (1999): *Handschriftenkatalog des Museums Ferdinandeum*: Die Codices des Tiroler Landesmuseums Ferdinandeum bis 1600. Innsbruck (Manuskript).

Schretter, Claudia (2009): *Die romanischen Handschriften der Bibliothek des Klosters St. Georgenberg.* Eine kodikologische Studie unter besonderer Berücksichtigung der Bestände in der British Library in London. Wien (Abschlussarbeit am Institut für Österreichische Geschichtsforschung).

Sepp, Sieglinde (1980): *Tiroler Bibliotheken und Büchersammlungen des Mittelalters und der frühen Neuzeit als Spiegel der Kulturgeschichte des Landes.* In: Neuhauser, Walter (Hrsg.): *Beiträge zur Handschriftenkunde und mittelalterlichen Bibliotheksgeschichte. Referate der 7. Tagung österreichischer Handschriftenbearbeiter in Innsbruck / Neustift (Südtirol), Juni 1979* (Innsbrucker Beiträge zur Kulturwissenschaft, Sonderheft 47), Innsbruck: Institut für Sprachwissenschaft der Universität Innsbruck, S. 113–125.

Sepp, Sieglinde (1996): *Die Bibliothek entsteht und wächst.* Bemerkungen zur Entwicklung der Innsbrucker Universitätsbibliothek in den ersten hundert Jahren ihres Bestandes. In: *Vom Codex zum Computer. 250 Jahre Universitätsbibliothek Innsbruck. Katalog.* Innsbruck: Tiroler Landesmuseum Ferdinandeum, S. 21–46.

Sepp, Sieglinde (1998): *„Serenissimi Archiducis Leopoldi".* Bücher Erzherzog Leopolds V. in der Universitätsbibliothek Innsbruck. In: *Kulturerbe und Bibliotheksmanagement, Festschrift für Walter Neuhauser* (Biblos-Schriften 170). Innsbruck, S. 157–188.

Stampfer, Ursula (2002): *Adelige Lesekultur um 1600*: Die Bibliothek des Georg von Wolkenstein-Rodenegg (1559–1614) als Beitrag zur Bildungsgeschichte des Tiroler Adels. Innsbruck (phil. Dipl.).

Stampfer, Ursula (2008): *Die Hofbibliothek Erzherzog Maximilians III. von Österreich* (1558–1618). Innsbruck (phil. Diss.).

Tutzer, Klara (2010): *Die Bibliothek des Johann Parschalk* (Erschließung Historischer Bibliotheken in Südtirol 7). Brixen: Provinz Verlag.

Walter Neuhauser

Generalkataloge zu Handschriften österreichischer Bibliotheken

Die Erschließung der reichen Handschriftenbestände der österreichischen Bibliotheken durch umfassende moderne Kataloge in gedruckter Form war schon seit langem ein Desiderat. Aus diesem Grund wurde unabhängig von den bestehenden Spezialkatalogen für einzelne Gattungen Anfang der Siebzigerjahre auf Initiative des damaligen Präsidenten der Österreichischen Akademie der Wissenschaften, Herbert Hunger, und des Leiters der Handschriftensammlung der Österreichischen Nationalbibliothek, Otto Mazal, im Rahmen der Kommission für Schrift- und Buchwesen des Mittelalters der Akademie eine Initiative zur Erschließung der Gesamtbestände der abendländischen Handschriften in österreichischen Bibliotheken durch sog. Generalkataloge ins Leben gerufen, finanziert durch den Fonds zur Förderung der wissenschaftlichen Forschung in Österreich (FWF). Aus finanziellen Gründen kam die geplante flächendeckende Erfassung aller österreichischen Bibliotheken nicht zustande. Das Ergebnis sind in den „Denkschriften" der Akademie erscheinende Kataloge einzelner Bibliotheken. Die Innsbrucker Universitäts- und Landesbibliothek war von Anfang an diesem Projekt beteiligt. Bisher sind sieben Teilbände des auf zehn Teilbände angelegten Kataloges erschienen, der achte Teilband ist im Konzept fertig, der neunte in Arbeit. Zudem wurden inzwischen nach dem Vorbild des Innsbrucker Kataloges in Tirol durch frühere Mitarbeiter/innen am Innsbrucker Katalog weitere Katalogprojekte ins Leben gerufen. Der Forderung des FWF nach Open Access zu den Daten wird durch Mitarbeit an der Datenbank „manuscripta.at" (Näheres im folgenden Referat) Rechnung getragen.

„Handschriftenerschließung in Tirol zwischen Kontinuität und Wandel" ist das Thema des heutigen Vormittags; meine Ausführungen über die sog. Generalkataloge stelle ich unter das Motto „Handschriftenkatalogisierung zwischen Traum und Wirklichkeit".

Wir alle wissen: Vollständige Kataloge sind der Wunschtraum aller Bibliotheken. Die Wirklichkeit sieht durchwegs anders aus. Mangel an Geld und Personal ist ein Problem aller Bibliotheken. Bei Handschriften kommt dazu oft ein Mangel an spezialisierten Fachkräften. Handschriftenkataloge sind nicht mit Druckschriftenkatalogen zu vergleichen, gemeinsam ist lediglich der Begriff „Katalog", aber hinsichtlich Methode, Umfang und Intensität der Bearbeitung liegen Welten zwischen einer Titelaufnahme und einem Handschriftenkatalogisat. Deshalb ist auch eine Einbringung der Katalogisierungsdaten der Handschriften in einen Druckschriftenkatalog, z.B. in Aleph, trotz aller Wünsche seitens der Titelaufnehmer nicht bzw. nur in sehr beschränktem Umfang möglich. Jede Handschrift ist ja ein Unikat, welches in allen Einzelheiten genau beschrieben werden muss, das Äußere der Handschrift wie Schrift, Einband usw. ist genauso wichtig wie der oft sehr komplexe Inhalt, eine Handschrift enthält bisweilen viele verschiedene Texte, welche erst identifiziert und einzeln aufgeschlüsselt werden müssen, eine Eintragung in ein Kategorienschema zeigt sich zumeist als undurchführbar.

Wenden wir uns nun konkret den österreichischen Bibliotheken zu. Leider hält hier die Erschließung nicht Schritt mit dem Umfang der Bestände.

Hier sei ein kurzer *Rückblick* gestattet: Es zeigt sich vor allem ein Problem, nämlich Quantität versus Qualität der Kataloge. Auf der einen Seite haben wir auch in Tirol, wie wir gerade gehört haben, umfangreiche Bestände, deren Aufarbeitung viel Zeit erfordert, auf der anderen Seite sollte die Erfassung der Handschriften möglichst allumfassend, doch in überschaubarer Zeit abzuschließen sein. Insbesondere die Nationalbibliotheken haben mit diesem Problem zu kämpfen. Um einen raschen Überblick über die Bestände zu geben, bevorzugte man im 19. Jahrhundert *Kurzverzeichnisse*, so die Tabulae der Österreichischen Nationalbibliothek (ÖNB) oder die Kataloge der Bayerischen Staatsbibliothek. Nur für Teilbestände, etwa für die illuminierten Codices, entstanden umfassendere Kataloge, das „Beschreibende Verzeichnis der illuminierten Handschriften in Österreich" von Hermann Julius Hermann, dessen erster Band 1904 (Hermann 1904) erschienen ist. Besser stand es mit der Erschließung kleinerer Bestände. Hier wurden in Österreich schon vor 1900 eigene Richtlinien geschaffen, um eine einheitliche Erschließung zu gewährleisten, das „Regulativ für die Bearbeitung von Manuskripten-Katalogen zunächst der Bibliotheken der österreichischen Stifter (!) und geistlichen Corporationen" (Czerny 1895).

Ein nächster Schritt erfolgte *nach dem Ersten Weltkrieg* mit Katalogen, die weitgehend bereits alle Anforderungen an einen modernen Handschriftenkatalog erfüllten. Für Österreich war es das Handschriftenverzeichnis der Kärntner Bibliotheken, Bd. 1 1927 für Klagenfurt, Maria Saal und Friesach (Menhardt 1927) und der dreibändige Katalog der UB Graz (Kern 1942 und Kern 1956-1967).

Nach dem Zweiten Weltkrieg setzte ein Neubeginn ein, Vorbild waren die Kataloge der Deutschen Forschungsgemeinschaft (DFG). Zuerst trat die ÖNB mit drei großen Katalogwerken in Erscheinung: Es ist dies der Katalog der in den Tabulae nicht erfassten Handschriften der Gruppe Series nova (Mazal 1965-1997), das dreibändige Katalogwerk für die deutschen mittelalterlichen Handschriften der ÖNB (Menhardt 1960-1961) und der Katalog der griechischen Handschriften der ÖNB (Hunger 1961-1994).

Und damit kommen wir zu unseren heutigen österreichischen Generalkatalogen bzw. zu einer wichtigen Institution der Handschriftenbearbeitung in Österreich, der *Kommission für Schrift- und Buchwesen des Mittelalters der Österreichischen Akademie der Wissenschaften (ÖAW)*. Gegründet 1966 als Fortsetzung der 1897 eingesetzten Kommission zur Herausgabe der Bibliothekskataloge des Mittelalters (das Unternehmen ist abgeschlossen), wurde sie unter Leitung des damaligen Präsidenten der ÖAW, Herbert Hunger, neben der Österreichischen Nationalbibliothek zum Zentrum der Handschriftenkatalogisierung in Österreich.

1972 kam es zu einem weiteren Anstoß. In einem Grundsatzreferat „Bibliothekare als Träger buch- und bibliotheksgeschichtlicher Forschung" wies der Direktor der Handschriftensammlung der ÖNB, Otto Mazal, 1972 auf dem Eisenstädter Bibliothekartag eindringlich auf die Verpflichtung der Bibliotheken zu buch- und bibliotheksgeschichtlicher Forschung hin, da es in Österreich keine speziellen Einrichtungen auf diesem Gebiet gibt. Ein besonderes Anliegen war ihm dabei die Erschließung historischer Bestände durch entsprechende Kataloge.

So entstand in Zusammenarbeit zwischen Herbert Hunger und Otto Mazal der Plan zu einem groß angelegten Katalogisierungsunternehmen. Gedacht war an eine flächendeckende Erfassung der Handschriftenbestände der österreichischen Bibliotheken nach dem Vorbild der DFG, unter Einschluss auch der neuzeitlichen Handschriften, in *Generalkatalogen* mit Finanzierung durch den Fonds zur Förderung der wissenschaftlichen Forschung in Österreich (FWF). Die Hoffnung auf einen speziellen Forschungsschwerpunkt im FWF erfüllte sich leider nicht, so dass es, wenn auch mit Unterstützung durch den FWF, bei der Erschließung der Bestände einzelner Bibliotheken blieb. Drei Klosterbibliotheken machten den Anfang, Klosterneuburg, Kremsmünster und Zwettl (Zwettl schied nach einigen Jahren aus und veröffentlichte seinen Katalog unabhängig von der Kommission bzw. der ÖAW) (Ziegler 1985-1997). Für die Universitäts- und Landesbibliothek Tirol in Innsbruck (ULB Tirol) war es eine einmalige Chance, sich diesem Unternehmen anzuschließen, vorerst als einzige staatliche Bibliothek. Erfreulicherweise hatte mein Vorgänger als Direktor der ULB Tirol, Oswald Stranzinger, volles Verständnis für die Notwendigkeit und Sinnhaftigkeit, umso mehr, als es für Innsbruck nur unvollständige, ungenaue und veraltete Kataloge, eigentlich nur Inventare gab. Ich hatte die Möglichkeit, von Anfang an, seit 1973, durch meine Aufnahme in die Kommission aktiv mitzuarbeiten. Vorerst galt es, Richtlinien auszuarbeiten. Dies geschah unter Federführung von Otto Mazal in mehreren Arbeitstagungen. Die Richtlinien (Mazal 1975) erschienen 1975 und sind für die im Rahmen der Kommission erscheinenden Kataloge verbindlich.

Das Ergebnis sind gedruckte Kataloge mit dem Titel „Verzeichnisse der Handschriften österreichischer Bibliotheken", welche in den *Denkschriften* der ÖAW erscheinen, und zwar als Reihe 2 der „Veröffentlichungen der Kommission für Schrift- und Buchwesen des Mittelalters". Der erste Band dieser Reihe enthält die genannten Richtlinien, für die einzelnen Bibliotheken ist jeweils ein eigener Band vorgesehen: Bd. 2 Klosterneuburg (Haidinger 1983-1991), Bd. 3 Kremsmünster (Fill 1984-2000), Bd. 4 UB Innsbruck (Katalog ULB Tirol 1987-2011). Inzwischen ist das Unternehmen auf zehn Bände angewachsen, der letzte Band (Bd. 10) ist wieder einer Tiroler Bibliothek gewidmet, der Stiftsbibliothek Wilten (Kompatscher Gufler 2012), bearbeitet von Mitarbeiterinnen an den Bänden der ULB Tirol.

Aufgrund des Umfangs der Handschriftenbestände der großen Stiftsbibliotheken und der ULB Tirol bestehen die meisten Bände aus mehreren Teilbänden. Für die ULB Tirol sind zehn Teilbände vorgesehen, sieben sind erschienen, T. 8 ist im Rohmanuskript abgeschlossen und wird derzeit für den Druck vorbereitet, die Arbeit am neunten Teil hat begonnen. Für den Abschlussteilband (T. 10) wird 2012 beim FWF wieder ein entsprechender Antrag zu stellen sein.

Aufgrund der Vorbildwirkung des Innsbrucker Kataloges setzte in Tirol das Bemühen ein, auch die reichen Handschriftenbestände anderer Bibliotheken in gleicher Weise zu erschließen. Derzeit laufen im Bereich bzw. im weiteren Umfeld der Abteilung für Sondersammlungen insgesamt sechs einschlägige, teilweise vom FWF finanzierte Projekte: Neben dem Innsbrucker Handschriftenkatalog sind es entsprechende Kataloge für das Prämonstratenserstift Wilten (Bearbeiterinnen: Petra Ausserlechner, Gabriela Kompatscher Gufler, Claudia Schretter, Daniela Mairhofer), für die Handschriften des Innsbrucker Servitenkonvents (Bearbeitung: Lav Šubarić, Eleonore DeFelip, Alexandra Ohlenschläger, in Arbeit), für die heute in London befindlichen Handschriften des Klosters Fiecht-Georgenberg (Bearbeiterin: Claudia Schretter, in Arbeit), für die Taz-Stiftung im Brixental (Bearbeitung: Eleonore DeFelip, Lav Šubarić, in Arbeit) und vor allem das vor kurzem in Kooperation mit dem Land Südtirol angelaufene Projekt zur Erschließung der mittelalterlichen Handschriften der Bibliotheken des Brixener Priesterseminars und der Stiftsbibliothek Neustift (Projektleitung: Ursula Stampfer, Claudia Schretter).

Da die Arbeit am Innsbrucker Katalog sich über Jahrzehnte erstreckt, ist verständlich, dass es Neuerungen gibt. Als das Unternehmen ins Leben gerufen wurde, war die Veröffentlichung in gedruckten Katalogen eine Selbstverständlichkeit. Wesentlich war dabei, und darauf hatte vor allem Mazal großes Gewicht gelegt, die Benützbarkeit durch umfassende Register zu erleichtern. Datenbanken, Open Access, Online-Zugriff waren damals unbekannte Begriffe. Als Hilfsmittel für die Bearbeitung standen nur gedruckte Kataloge, Werksverzeichnisse, andere Nachschlagewerke und Spezialliteratur zur Verfügung. Einen ersten Fortschritt brachten neue Medien wie z.B. die CD-ROM.

Zu einem bahnbrechenden Wandel kam es dann mit dem Einzug des Internet bzw. der Digitalisierung auch in die Handschriftenbearbeitung. Heute erhebt sich sogar bereits die Frage, wie weit im Zeitalter der Digitalisierung gedruckte Kataloge überhaupt noch notwendig bzw. sinnvoll sind. Es ist dies ein weites Feld, das sich bereits zu einer „Glaubensfrage" entwickelt hat, auf welche einzugehen hier nicht möglich ist. Die elektronische Datenverarbeitung bietet ja ungeahnte Möglichkeiten in der Herstellung wie in der Verbreitung von Daten innerhalb kürzester Fristen. Trotzdem kann aus vielerlei Gründen auf die herkömmlichen, auf Langzeiterhalt ausgerichteten gedruckten Kataloge weiterhin nicht verzichtet werden.

Parallel zu den genannten, von Projekten getragenen Unternehmungen erfolgt seit einigen Jahren als Ergänzung eine weitere Form der Erschließung der Tiroler Handschriften an der Abteilung für Sondersammlungen: Digitalisierung von bestehenden älteren Teilkatalogen (z.B. Hermann), Inventaren, Dokumentationen und einschlägiger Spezialliteratur, alles zugänglich über die anschließend vorzustellende Datenbank manuscripta.at oder über die Homepage der Abteilung für Sondersammlungen.

Von weiterer großer Bedeutung und ein wichtiger Schritt zu der im Sinne des Open Access geforderten Zugänglichkeit zu den Information ist die aktive Mitarbeit an einschlägigen Datenbanken, z.B. am deutschen „Handschriftencensus". Im Vordergrund steht die Zusammenarbeit mit der genannten, von Dr. Haidinger (ÖAW) ins Leben gerufenen Datenbank der manuscripta.at (Mittelalterliche Handschriften in österreichischen Bibliotheken www.manuscripta.at), für welche ein offizieller Kooperationsvertrag zwischen der ÖAW und der ULB Tirol geschlossen wurde. Auf diese Weise können die gewonnenen Erkenntnisse laufend zugänglich gemacht werden, im Hinblick auf die lange Zeit bis zum Erscheinen eines gedruckten Bandes ein großer Vorteil, ferner können die Daten jederzeit aktualisiert und durch Bildmaterial angereichert werden,

Und hiermit sind wir an der Schnittstelle zwischen der angesprochenen Kontinuität und dem Wandel angelangt. Über manuscripta.at und die Zusammenarbeit wird in den nächsten Referaten die Rede sein, und so übergebe ich als Vertreter der Kontinuität unserer Kataloge die Stafette weiter an die Generation des Wandels, wobei ich betonen möchte, dass es sich nicht um einen Bruch handelt, sondern um eine harmonische Weiterentwicklung und um eine zusätzliche Form der Zugänglichkeit.

Literaturhinweise

Czerny, Albin; Grillnberger, Otto; Vielhaber, Gottfried (1895): *Regulativ für die Bearbeitung von Manuskripten-Katalogen zunächst der Bibliotheken der österreichischen Stifter (!) und geistlichen Corporationen.* Nach den Vorschlägen der Bibliothekare Albin Czerny, Otto Grillnberger und Gottfried Vielhaber entworfen. Wien: Verlag der Leo-Gesellschaft.

Fill, Hauke (1984-2000): *Katalog der Handschriften des Benediktinerstiftes Kremsmünster.* T. 1 und 2 (Denkschriften der Österreichischen Akademie der Wissenschaften, Phil.-hist. Klasse. Bd. 166. 270 = Veröffentlichungen der Kommission für Schrift- und Buchwesen des Mittelalters, Reihe II, Bd. 3). Wien: Verlag der ÖAW.

Haidinger, Alois (1983-1991): *Katalog der Handschriften des Augustiner Chorherrenstiftes Klosterneuburg.* T. 1 und 2 (Denkschriften der Österreichischen Akademie der Wissenschaften, Phil.-hist. Klasse. Bd. 168. 225 = Veröffentlichungen der Kommission für Schrift- und Buchwesen des Mittelalters, Reihe II, Bd. 2). Wien: Verlag der ÖAW.

Hermann, Hermann Julius (1905): *Die illuminierten Handschriften in Tirol* (Beschreibendes Verzeichnis der illuminierten Handschriften in Österreich. Bd. 1). Leipzig: Hiersemann.

Hunger, Herbert (1961-1994): *Katalog der griechischen Handschriften der Österreichischen Nationalbibliothek.* T. 1–4 (Museion. Veröffentlichungen der Österreichischen Nationalbibliothek. Neue Folge. Reihe 4, Veröffentlichungen der Handschriftensammlung. Bd. 1). Wien: Prachner.

Katalog ULB Tirol (1987-2011): *Katalog der Handschriften der Universitätsbibliothek Innsbruck*. T. 1: Cod. 1-100. Bearbeitet von Walter Neuhauser. T. 2: Cod. 101-200. Bearbeitet von Walter Neuhauser. T. 3: Cod. 201-300. Bearbeitet von Gabriela Kompatscher Gufler unter Mitarbeit von Walter Neuhauser, Sieglinde Sepp, Eva Ramminger. T. 4: Cod. 301-400. Bearbeitet von Walter Neuhauser und Lav Šubarić. T. 5: Cod. 401-500. Unter der Leitung von Walter Neuhauser bearbeitet von Daniela Mairhofer, Walter Neuhauser, Michaela Rossini, Claudia Schretter. T. 6: Cod. 501-600. Unter der Leitung von Walter Neuhauser bearbeitet von Daniela Mairhofer, Walter Neuhauser, Claudia Schretter, Ursula Stampfer. T. 7: Cod. 601-700. Unter der Leitung von Walter Neuhauser bearbeitet von Petra Ausserlechner, Walter Neuhauser, Claudia Schretter, Ursula Stampfer (Denkschriften der Österreichischen Akademie der Wissenschaften, Phil.-hist. Klasse. Bd. 192, 214, 271, 327, 365, 375, 414 = Veröffentlichungen der Kommission für Schrift- und Buchwesen des Mittelalters, Reihe II, Bd. 4, T. 1-7). Wien: Verlag der ÖAW.

Kern, Anton (1942): *Die Handschriften der Universitätsbibliothek Graz*. Bd. 1 (Verzeichnis der Handschriften im Deutschen Reich. T. II). Leipzig: Harrassowitz.

Kern, Anton (1956-1967): *Die Handschriften der Universitätsbibliothek Graz*. Bd. 2. Bd. 3 Nachträge und Register. Zusammengestellt von Maria Mairold (Handschriftenverzeichnisse österreichischer Bibliotheken. Steiermark). Wien: Prachner.

Kompatscher Gufler, Gabriela; Mairhofer, Daniela; Schretter, Claudia (2012): *Katalog der Handschriften der Stiftsbibliothek Wilten*. Bearbeitet und für den Druck vorbereitet von Petra Ausserlechner (Denkschriften der Österreichischen Akademie der Wissenschaften, Phil.-hist. Klasse. Bd. 425 = Veröffentlichungen der Kommission für Schrift- und Buchwesen des Mittelalters, Reihe II, Bd. 10). Wien: Verlag der ÖAW.

Mazal, Otto; Unterkircher, Franz (1965-1997): *Katalog der abendländischen Handschriften der Österreichischen Nationalbibliothek „Series nova"*. T. 1-5 (Museion. Veröffentlichungen der Österreichischen Nationalbibliothek. Neue Folge. Reihe 4, Veröffentlichungen der Handschriftensammlung. Bd. 2). Wien: Prachner.

Mazal, Otto (1975): *Richtlinien und Terminologie für die Handschriftenbeschreibung*. In: Mazal, Otto (Hrsg.): *Handschriftenbeschreibung in Österreich* (Denkschriften der Österreichischen Akademie der Wissenschaften, Phil.-hist. Klasse. Bd. 122 = Veröffentlichungen der Kommission für Schrift- und Buchwesen des Mittelalters, Reihe II, Bd. 1). Wien: Verlag der ÖAW, S. 133–174.

Menhardt, Hermann (1927): *Handschriftenverzeichnis der Kärntner Bibliotheken*. Bd. 1: Klagenfurt, Maria Saal, Friesach (Handschriftenverzeichnisse österreichischer Bibliotheken. Kärnten 1). Wien: Verlag der Österreichischen Staatsdruckerei.

Menhardt, Hermann (1960-1961): *Verzeichnis der altdeutschen literarischen Handschriften der Österreichischen Nationalbibliothek*. 3 Bde. (Deutsche Akademie der Wissenschaften zu Berlin. Veröffentlichungen des Instituts für deutsche Sprache und Literatur. Bd. 13). Berlin: Akademie-Verlag.

Ziegler, Charlotte (1985-1997): *Zisterzienserstift Zwettl, Katalog der Handschriften des Mittelalters*. 4 Bde. Wien, München: Schroll.

Ursula Stampfer

Tiroler Handschriften in *manuscripta.at*

Einblicke – Ausblicke

Auch wenn weiterhin Generalkataloge in gedruckter Form das Ziel der verschiedenen in Tirol angesiedelten Projekte zur Erschließung von mittelalterlichen und frühneuzeitlichen Handschriften darstellen, werden die neuen Forschungserkenntnisse seit einigen Jahren auch in die von der Österreichischen Akademie der Wissenschaften betreute Datenbank manuscripta.at eingearbeitet. Diese eröffnet nämlich sowohl für BenutzerInnen als auch für BearbeiterInnen zahlreiche Möglichkeiten und Chancen: Während für die Drucklegung beispielsweise eine gewisse Anzahl an Katalogisaten vollständig ausgearbeitet sein muss, erlaubt eine Datenbank eine laufende Veröffentlichung der erschlossenen Handschriften. Zudem können diese in Form von Rumpfkatalogisaten, d.h. mit grundlegenden Informationen über Umfang, Größe, Beschreibstoff, Inhalt, auch bereits während der detaillierteren Erschließung derselben im Netz präsentiert und somit anderen ForscherInnen zugänglich gemacht werden, die ihrerseits möglicherweise wertvolle Informationen zur vollständigen Erschließung beisteuern können. Die detaillierte Präsentation einer Handschrift in manuscripta.at, sei es hinsichtlich ihres Äußeren als auch ihres Inhalts, wird anhand eines konkreten Beispiels aus dem reichen Tiroler Handschriftenbestand (Innsbruck, ULB Tirol, Cod. 609) anschaulich erklärt.

Nicht nur im Alltag, sondern auch im Forschungsbetrieb sind digitale Nachschlagewerke und Datenbanken nicht mehr wegzudenken. Längst haben wir uns daran gewöhnt, eine Vielzahl an Informationen und auch ganze Bücher mit einem Mausklick bequem abrufen zu können. Damit auch die zahlreichen kulturgeschichtlich bedeutenden Informationen, die jede mittelalterliche Handschrift in sich birgt, zugänglich und jederzeit verfügbar sind, müssen auch in diesem Bereich neue Forschungserkenntnisse in digitaler Form bereit gestellt werden.

Auch wenn weiterhin Generalkataloge in gedruckter Form zweifelsohne das Ziel der verschiedenen im Tiroler Raum angesiedelten Projekte zur Erschließung von mittelalterlichen und frühneuzeitlichen Handschriften (vgl. den Beitrag von Claudia Schretter in diesem Band) darstellen, werden die gewonnenen Erkenntnisse seit 2009 zusätzlich in die von der Österreichischen Akademie der Wissenschaften betreute Datenbank für mittelalterliche Handschriften in österreichischen und umliegenden Bibliotheken, nämlich manuscripta.at, eingespeist. Dadurch wird nicht zuletzt auch der expliziten Forderung der Fördergeber und ihrer Gutachter, wie z.B. des Fonds zur Förderung der wissenschaftlichen Forschung in Österreich (FWF), des Tiroler Wissenschaftsfonds (TWF) und der Forschungsförderung der Autonomen Provinz Bozen, entsprochen, die Scientific Community und die interessierte Öffentlichkeit über den Fortschritt der Erschließungsarbeiten auf dem Laufenden zu halten und die Forschungsergebnisse durch *open access* jedem zugänglich zu machen.[1]

Während für eine Drucklegung eine gewisse Anzahl an Katalogisaten vollständig ausgearbeitet sein muss,[2] ehe sie zugänglich gemacht werden, ermöglicht manuscripta.at eine laufende Veröffentlichung der Forschungsergebnisse. Wenn man bedenkt, dass zwischen der Ausarbeitung der ersten Katalogisate und der Publikation, d.h. dem eigentlichen Beginn und Ende eines Projektes, weit über drei Jahre vergehen können, liegt ein wesentlicher Vorteil einer Datenbank auf der Hand. Zudem bietet sich die Möglichkeit, sogenannte Rumpfkatalogisate, d.h. grundlegende Informationen zu einer Handschrift, noch während der genaueren Bearbeitung derselben ins Netz zu stellen. Hierbei werden lediglich Standort, Signatur und Inhalt genannt sowie Angaben zum Beschreibstoff, zum Umfang und zur Größe, zu Entstehungsort und -zeit geboten. Auch wenn eine derartige Kurzpräsentation die NutzerInnen freilich nur bis zu einem gewissen Grad zufrieden stellt bzw. den Anforderungen an eine Datenbank keineswegs gerecht wird, erscheint sie uns dennoch sinnvoll. Die jeweilige Handschrift wird nämlich im Internet bereits für Interessierte und ForscherInnen such- und sichtbar, die möglicherweise auch wertvolle Informationen zur vollständigen Erschließung beisteuern können. Nach Abschluss der genaueren Auseinandersetzung mit der jeweiligen Handschrift gilt es jedoch, diese Grunddaten mit den weiteren Ergebnissen der Erschließung und detaillierten Informationen über das Äußere, aber auch das Inhaltliche anzureichern.

Anhand einer Handschrift aus dem Zisterzienserstift Stams, die sich heute an der Universitäts- und Landesbibliothek Tirol befindet und die Signatur Cod. 609 trägt, soll exemplarisch die Möglichkeit einer umfassenden Präsentation einer Handschrift in manuscripta.at aufgezeigt werden.[3] Die Handschrift

1 Z.B. http://www.fwf.ac.at/de/public_relations/oai/index.html.

2 Beim Projekt zur Erschließung der Handschriften der Universitäts- und Landesbibliothek Tirol (ULB Tirol) hat man sich beispielsweise auf je 100 Handschriften pro Teilband geeinigt.

3 Es muss angemerkt werden, dass dieses Beispiel in seinem Umfang zwar unserem Wunschbild der Präsentation jeder Handschrift im Netz entspricht, wir eine solch umfassende Darstellung bis dato jedoch bei weitem nicht für jede Handschrift im Tiroler Raum bieten können. Dies ist einerseits auf rechtliche und finanzielle Einschränkungen (wie z.B. im Bereich der Digitalisierung) zurückzuführen, andererseits aber insbesondere auf Zeitmangel. Die Erschließung der ersten Handschriften an der ULB Tirol reicht bis in die späten 1970er zurück, das Webportal manuscripta.at wurde allerdings erst im Mai 2009 errichtet. Deshalb können erst seit dem siebten Teilband die Ergebnisse parallel zur Arbeit in die Datenbank eingearbeitet werden, die umfassenden Informationen zu den Handschriften mit den Signaturen 1–600 müssten nachgetragen und gegebenenfalls auch korrigiert bzw. mit neuen Erkenntnissen ergänzt werden. Im Rahmen der aktuellen Projekte ist der Spagat zwischen Nacharbeiten und zu leistender aktueller Erschließungsarbeit freilich nur schwer zu bewältigen. Derzeit können jedoch

wurde im Rahmen des Projektes „Erschließung der Handschriften der ULB Tirol“ von Frau Petra Ausserlechner näher untersucht und enthält – nach mehreren kurzen Notizen und Textausschnitten – verschiedene Traktate über Tugenden und Sakramente, deren Autorenschaft bislang nicht eindeutig festgestellt werden konnte; am Schluss folgt eine Sammlung von deutschen Briefformeln. Die genaue Beschreibung des Äußeren sowie die inhaltliche Aufschlüsselung ist im gedruckten Katalog zu finden (Katalog ULB Tirol 2011, S. 54–61), kann aber auch im Internet eingesehen werden[4]:

In einem ersten Feld sind die zentralen Grunddaten zur Handschrift, also das sogenannte Rumpfkatalogisat, angeführt. Dieses wird im Anschluss näher erläutert und durch Bildmaterial veranschaulicht.

Nach einer grundlegenden Information über den Aufbau der Handschrift – sie besteht aus ursprünglich zwei getrennten Teilen, die unterschiedlich zu datieren sind – werden die enthaltenen Wasserzeichen dank einer Verlinkung mit der Datenbank „WZMA – Wasserzeichen des Mittelalters“[5] samt Abreibungen und Metadaten vorgestellt. Sie stehen nicht zuletzt deshalb an so prominenter Stelle, da sie ein wichtiges Hilfsmittel für die Datierung der Handschrift darstellen. Im konkreten Fall weisen die Wasserzeichen für den ersten Teil der Handschrift auf die Jahre 1528–30 hin, für den zweiten Teil auf eine Entstehung um 1455.

Anschließend folgen die Abreibungen der Einzelstempel des Einbandes, gegebenenfalls mit einer Verlinkung auf die mit Mitteln der Deutschen Forschungsgemeinschaft (DFG) geförderte Einbanddatenbank[6], die Rückschlüsse auf Buchbindewerkstätten erlaubt.

Ausgewählte Abbildungen von unterschiedlichen Schreiberhänden, anonym oder personalisiert, datiert und undatiert, bieten schließlich einen wertvollen Beitrag zur Skriptorienforschung. Besitzeinträge lassen die bisweilen wechselvolle Geschichte einer Handschrift nachvollziehen. Im Fall von Cod. 609 sind der Spiegel des Vorderdeckels, Bl. Ir sowie Bl. 111r als Abbildungen vorhanden. Von besonderer Bedeutung ist das Vorsatzblatt, zumal dort ein Besitzeintrag und gleichzeitig eine Schreibernennung zu erkennen ist: *Michael*

schon zumindest die Grunddaten zu jeder erschlossenen und noch zu erschließenden Handschrift, bisweilen mit schon vorhandenen Zusatzinformationen oder Bildmaterial, abgefragt werden.

4 Vgl. http://manuscripta.at/_scripts/php/msDescription2.php?ID=25036. Hierin gelangt man, wenn man unter manuscripta.at den Handschriften-Fonds „Innsbruck, Universitäts- und Landesbibliothek Tirol (ULBT)“ sowie die Signatur „Cod. 609“ auswählt.

5 Vgl. http://www.ksmb.oeaw.ac.at/wz/wzma.php. Diese Datenbank wird von Dr. Alois Haidinger und Dr. Maria Stieglecker, beide Kommission für Schrift- und Buchwesen des Mittelalters der Österreichischen Akademie der Wissenschaften (ÖAW), betreut.

6 Vgl. http://www.hist-einband.de.

Pernegger conventualis in Stambs. Möglicherweise war er auch der Autor der verschiedenen Traktate.

Auf das Bildmaterial folgen zentrale Angaben zum Äußeren, d.h. die Lagenformel, die Benennung der verschiedenen Schreiberhände, Hinweise auf das Ausmaß der Rubrizierung bzw. Erläuterungen zu derselben und eine kurze Beschreibung des Einbandes samt Entstehungsort und -zeit.

So erfährt man, dass Cod. 609 vorwiegend aus Quaternionen besteht und – da diesbezüglich nichts erwähnt wird – keine nennenswerte Rubrizierung aufweist. Der gotische Einband der Handschrift stammt aus der Ulmer Werkstatt Evangelist, um 1474–1494, überprüfbar anhand der angeführten Literatur sowie der Einbanddatenbank, auf die verwiesen wird. Für den ersten Teil konnte aufgrund des Vermerks auf Bl. Ir Michael Pernegger als Schreiber und Kompilator bestimmt werden, der Schreiber der Briefformelsammlung ist hingegen nicht näher bekannt.

Um nähere bzw. weiterführende Informationen zu erhalten, wird den Richtlinien zur Handschriftenbeschreibung in Österreich (Mazal 1975) entsprechend all jene Literatur aufgelistet, in der die Handschrift zitiert ist. Im konkreten Fall ist uns bis dato nur ein entsprechender Verweis im Aufsatz von F. Wilhelm, Die historischen Handschriften der Universitätsbibliothek in Innsbruck. Mitteilungen des Österreichischen Vereins für Bibliothekswesen 5 (1901), bekannt. Doch genau hier zeigt sich ein großer Vorteil einer Datenbank gegenüber einem gedruckten Katalog: Sie kann nämlich bei Bedarf leicht erweitert und aktualisiert werden. Mittels eines kurzen E-Mails können auch Außenstehende die jeweiligen Projektverantwortlichen bzw. BearbeiterInnen auf Addenda und Corrigenda aufmerksam machen. Ihnen obliegt es dann, die Ergänzungen und Korrekturvorschläge zu überprüfen und gegebenenfalls ins Katalogisat aufzunehmen.

Die inhaltliche Aufschlüsselung der Handschrift ist grau hinterlegt und hebt sich dadurch sehr deutlich von den Informationen zum Äußeren ab. Die unterschiedlichen Texte werden mit Autor (sofern vorhanden), Werktitel und genauer Blattangabe benannt. Wie im gedruckten Katalog wird auch hier auf kritische Editionen, Drucke und Nachweise in einschlägiger Literatur verwiesen. Falls sich jemand einen detaillierten Überblick über den Inhalt der Handschrift verschaffen will, kann er mittels eines Mausklicks auf den entsprechenden Button die Initien der gesamten Texte einsehen. Diese sind zudem, genauso wie Autor und Werktitel, über eine eigene Suchmaske recherchierbar:

Es wäre zwar wünschenswert, dem Benutzer im Anschluss daran ein Volldigitalisat der Handschrift bieten zu können, doch im Moment ist dies noch Zukunftsmusik. In Zusammenarbeit mit der Digitalisierungsabteilung der ULB Tirol ist jedoch ein Projekt zur Digitalisierung zumindest der Bestände, die sich an der ULB Tirol befinden, in Planung.

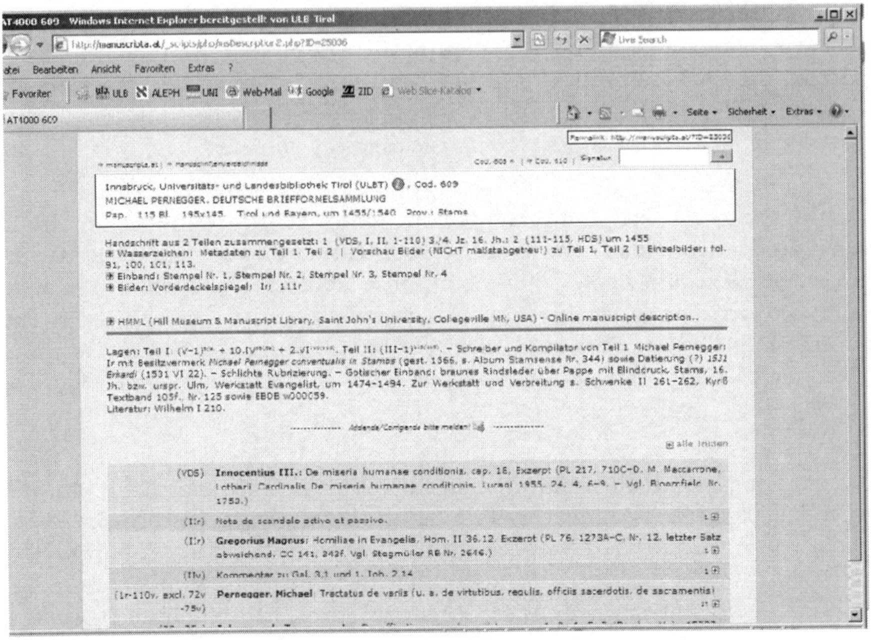

Abb. http://manuscripta.at/_scripts/php/msDescription2.php?ID=25036

Als Volldigitalisate sind hingegen alte Kataloge und Zettelkataloge[7], die gerade bei noch nicht erfolgter Erschließung von Beständen eine bedeutende Informationsquelle darstellen und einen ersten Zugang ermöglichen, in manuscripta.at präsent. Daneben sind auch für den Tiroler Raum wichtige und zum Teil schwer zugängliche Hilfswerke sowie ältere Literatur vorhanden, die es auch den BenutzerInnen ermöglichen, die Forschungsgeschichte zu einzelnen Handschriften nachzuvollziehen. Gleichzeitig stellt dies gerade auch für die BearbeiterInnen von Handschriftenbeständen einen großen Nutzen dar, da diese Literatur somit ortsunabhängig eingesehen werden kann. Da derzeit in Tirol an nicht weniger als sechs verschiedenen Erschließungsprojekten an den unterschiedlichsten Standorten gearbeitet wird, bedeutet dies wahrlich einen großen Vorteil.

Für Cod. 609 ist beispielsweise das Album Stamsense, eine Zusammenstellung aller Stamser Zisterzienser aus den Jahren 1272–1898, gedruckt in Salzburg 1898, von großer Relevanz, da es Informationen zum Schreiber und

[7] Z.B. Hermann, Hermann Julius (1905): Die illuminierten Handschriften in Tirol (Beschreibendes Verzeichnis der illuminierten Handschriften in Österreich, Bd. 1). Leipzig: Hiersemann; Die historischen Handschriften des Archivs bzw. der Bibliothek des Augustiner-Chorherrenstiftes Neustift (Digitalisat der Karteikarten).

Kompilator Michael Pernegger enthält.[8] Manuscripta.at bietet aber auch Links auf allgemeinere Hilfsmittel, also solche, die nicht nur für den Tiroler Raum von Interesse sind und sowohl den BearbeiterInnen als auch den BenutzerInnen hilfreich sein können, z.B. die Onlineversion des Repertorium Biblicum Medii Aevi von Stegmüller[9], das Digitalisat der Initiensammlung von Schaller und Könsgen[10] oder den Gesamtkatalog der Wiegendrucke[11].

Dadurch wird die Zielsetzung des Webportals manuscripta.at als d a s österreichische Handschriftenportal auch nochmals deutlich, nämlich demjenigen, der nach Informationen zu Handschriften in Österreich und Umgebung sucht, einen zentralen Einstieg zu bieten. Auf dieser Plattform sollte das gesamte Wissen zum österreichischen Handschriftenbestand gesammelt, dargestellt und im Sinne eines work in progress stets erweitert und für jedermann leichter als bisher zugänglich gemacht werden. Während bei den gedruckten Katalogen jeweils die Bände zu einzelnen Beständen durchforstet werden müssen, genügt bei manuscripta.at ein einziger Mausklick, um die verschiedenen Fonds, freilich sofern sie in die Datenbank eingearbeitet sind, zu durchsuchen.

Für Tirol ist zudem die Möglichkeit einer virtuellen Zusammenführung von ursprünglich zusammengehörenden, im Zuge von Bibliotheksauflösungen jedoch getrennten Beständen von großer Bedeutung. Hierbei können selbst Staatsgrenzen ohne großen Aufwand überwunden werden, wie es beispielsweise bei dem heute getrennten Handschriftenbestand des Klosters Neustift bei Brixen notwendig ist.[12]

[8] Nr. 344: Pernegger war Prior und starb am 27. Februar 1566 in Stams.

[9] http://www.repbib.uni-trier.de/cgi-bin/rebiIndex.tcl. Gedruckte Version: Stegmüller, Friedrich (1950–1980): Repertorium biblicum medii aevi, 11 Bände. Madrid: Consejo Superior de Investigaciones Cientificas.

[10] http://digi20.digitale-sammlungen.de/de/fs1/object/display/bsb00050039_00001.html. Gedruckte Version: Initia carminum Latinorum saeculo undecimo antiquiorum. Bibliographisches Repertorium für die lateinische Dichtung der Antike und des frühen Mittelalters (1977), bearbeitet von Dieter Schaller und Ewald Könsgen. Göttingen: Vandenhoeck & Ruprecht.

[11] http://www.gesamtkatalogderwiegendrucke.de. Gedruckte Version: Gesamtkatalog der Wiegendrucke (1925–2008), bisher 11 Bände. Leipzig: Hiersemann.

[12] Das Augustiner-Chorherrenstift Neustift wurde im Jahr 1807 aufgehoben, der Abtransport der Bücher erfolgte zwei Jahre später. Der Großteil der Bücher wurde nach Innsbruck gebracht. Nach der Wiedererrichtung des Stifts im Jahre 1816 wurde zwar eine rasche Rückstellung der Bücher versprochen, jedoch nicht durchgeführt. Propst Leopold Erlacher verzichtete schließlich auf die Inkunabelsammlung, die Handschriften und bereits katalogisierte Bücher. Die Rückgabe der restlichen Bücher erfolgte 1833. Aufgrund des Vertrages von Saint-Germain 1919 musste die Universitätsbibliothek Innsbruck 99 der ehemals Neustifter Handschriften an den italienischen Staat abtreten. Diese befinden sich heute wieder im Chorherrenstift.

Literaturverzeichnis

Mazal, Otto (1975): Richtlinien und Terminologie für die Handschriftenbeschreibung. In: Mazal, Otto (Hrsg.): Handschriftenbeschreibung in Österreich (Denkschriften der Österreichischen Akademie der Wissenschaften, Phil.-hist. Kl. 122 = Veröffentlichungen der Kommission für Schrift- und Buchwesen des Mittelalters II/1). Wien: Verlag der ÖAW, S. 133–172.

Katalog ULB Tirol (2011): Katalog der Handschriften der Universitäts- und Landesbibliothek Tirol in Innsbruck. Teil 7: Cod. 601–700, unter der Leitung von Walter Neuhauser, bearbeitet von Petra Ausserlechner, Walter Neuhauser, Claudia Schretter, Ursula Stampfer (Denkschriften der Österreichischen Akademie der Wissenschaften, Phil.-hist. Kl. 414 = Veröffentlichungen der Kommission für Schrift- und Buchwesen des Mittelalters II/4, Teil 7). Wien: Verlag der ÖAW.

Martin Roland

Illuminierte Handschriften im Internet

Kurzinventar der Handschriften des Zisterzienserstiftes Stams in Tirol

Die Kurzinventare wurden von KunsthistorikerInnen der Kommission für Schrift- und Buchwesen des Mittelalters (KSBM) der Österreichischen Akademie der Wissenschaften (ÖAW) entwickelt. Das Stamser Kurzinventar (http://www. univie.ac.at/paecht-archiv-wien/ki/stams.html) ist das zweite Produkt eines Innovationsprozesses, dessen Ziel es ist, die illuminierten Handschriften ausgewählter kleiner Sammlungen vollständig vorzustellen. Die BesucherInnen der Webpages erhalten damit einen umfassenden Überblick über die Bestände. Das Ziel der Präsentation am Bibliothekartag war es, jenen Strategien auf die Spur zu kommen, die das Suchen und Finden der im Kurzinventar vorhandenen Informationen im WWW ermöglichen. Eine immer zentraler werdende Rolle spielen dabei Suchmaschinen.

Das Kurzinventar der illuminierten Handschriften des Zisterzienserstiftes Stams[1] ist, auch wenn ich es hier alleine präsentiere, ein Gemeinschaftsunternehmen. Es hat Personen und Institutionen vernetzt: zuerst das Stift Stams als Eigentümer der vorgestellten Handschriften, dann die Kommission für Schrift- und Buchwesen des Mittelalters (KSBM) der Österreichischen Akademie der Wissenschaften (ÖAW),[2] namentlich Maria Theisen, Armand Tif und meine Wenigkeit, sowie Frau Professor Lilian Armstrong vom Wellesley College bei Boston.[3]

Das Stamser Kurzinventar ist das zweite Produkt eines Innovationsprozesses, dessen Ziel es ist, die illuminierten Handschriften ausgewählter kleiner

1 Kurzinventar Stams, 2010: http://www.univie.ac.at/paecht-archiv-wien/ki/stams.html.

2 http://www.ksbm.oeaw.ac.at (29. 11. 2011); dass diese traditionsreiche Institution im Zuge der Umstrukturierungen der Österreichischen Akademie der Wissenschaften ihren Namen (und damit ihre URL) beibehalten wird, ist unwahrscheinlich. Die Aufgabengebiete werden jedoch im Rahmen des Instituts für Mittelalterforschung weiter von der Akademie betreut werden (vgl. die Datenbanken http://www.manuscripta.at und http://www.ksbm.oeaw.ac.at/wz/wzma.php, denen in diesem Band jeweils eigene Beiträge gewidmet sind: Ursula Stampfer: „Tiroler Handschriften in manuscripta.at“, Alois Haidinger: „Stand und Perspektiven der Wasserzeichenforschung“.

3 Armand Tif und Maria Theisen haben bereits beim ersten Kurzinventar, das den Beständen des Augustiner-Chorherren-Stiftes Herzogenburg gewidmet war (siehe folgende Anmerkung) mitgearbeitet: Maria Theisen hat in beiden Fällen ihre Spezialkenntnisse der gotischen Buchmalerei Böhmens eingebracht, indem sie jeweils eine umfangreiche Beschreibung beitrug; in Stams war sie auch an der Autopsie und den photographischen Aufnahmen beteiligt. Armand Tif hat für Stams das von uns entwickelte und von ihm umgesetzte Präsentationskonzept entscheidend weiterentwickelt; vgl. dazu seine entsprechenden Publikationen: Tif, Low-Budget, 2010 – Tif, Online-Kurzinventare, 2010 – Tif, Inventarisierung, 2009 (alle auch online verfügbar). Zum Beitrag von Frau Armstrong vgl. S. 60

Sammlungen vollständig vorzustellen, um den BesucherInnen der Webpages einen umfassenden Überblick über die Bestände zu geben.[4] Hauptbestandteile sind neben den notwendigen allgemeinen Informationen zum Projekt,[5] zum Charakter der Sammlung und deren Geschichte[6] die kurze Beschreibungen der 34 Handschriften und die entsprechende photographische Dokumentation (822 digitale Aufnahmen). Auch wenn zu einzelnen Handschriften ganz aktuelle und umfassende Forschung geboten werden kann,[7] ist nicht die vollständige Beschreibung und abschließende Einordnung, sondern das strukturierte Zur-Verfügung-Stellen von bisher Unbekanntem oder wenig Beachtetem das eigentliche Ziel der Kurzinventare.

Das Ziel der Präsentation hier am Bibliothekartag kann es (wegen der beschränkten Zeit) weder sein, das Kurzinventar in seiner vielfältigen Funktionalität umfassend darzustellen, noch die darin vorgestellten Kostbarkeiten in der notwendigen Breite zu würdigen.[8] Vielmehr werde ich mich auf jene Strategien konzentrieren, die das Suchen und Finden der im Kurzinventar vorhandenen Informationen im WWW ermöglichen und damit einen medialen Aspekt in den Mittelpunkt rücken.

Wie finde ich das Kurzinventar?

Unbefangen würden die meisten, die sich über den Handschriftenbesitz des Ende des 13. Jahrhunderts gegründeten Stiftes Stams, gelegen im Oberinntal westlich von Innsbruck, im Netz informieren wollen, die Homepage des Stiftes aufsuchen (http://www.stiftstams.at/index.php) oder den entsprechenden Wikipedia-Artikel konsultieren.[9] Von der Indexseite der Stiftshomepage kommt man problemlos über den „Reiter" *Kunst & Kultur* weiter zur *Stiftsbibliothek*. Dort finden sich der Hinweis auf die KSBM, auf das Kurzinventar[10] und sogar ein Verweis auf dieses am Bibliothekartag gehaltene Referat.

4 Das erste Kurzinventar war den Beständen im Augustiner-Chorherren-Stift Herzogenburg gewidmet: Kurzinventar Herzogenburg, 2009: http://www.univie.ac.at/paecht-archiv-wien/ki/herzogenburg.html. Die ebenfalls zur Verfügung stehende englischsprachige Version wurde von Kartyn Martin, University of Pittsburgh, erstellt.

5 Geleitwort zur kunsthistorischen Bestandsaufnahme Stams 2008: http://www.univie.ac.at/paecht-archiv-wien/ki/stams/startseite.htm

6 http://www.univie.ac.at/paecht-archiv-wien/ki/stams/einleitung.htm

7 Hier seien vor allem die umfangreicheren Beiträge zu den Codices 3 (Martin Roland), 12 (Maria Theisen) und 44 (Lilian Armstrong, Martin Roland) hervorgehoben.

8 Hier kann auf die einleitenden Seiten des Kurzinventars selbst verwiesen werden (siehe Anm. 5 und 6) und auf eine allgemein gehaltene gedruckte Vorstellung: Roland, Geheimnisse, 2011 (auch online verfügbar).

9 http://de.wikipedia.org/wiki/Stift_Stams (29.11.2011). Der durchaus kompetente Beitrag enthält zwar keine Erwähnung der Handschriften, jedoch einen Link zum Kurzinventar.

10 Der Link zum Kurzinventar führt jedoch seit September 2011 ins Leere, weil die Universität Wien, auf deren Server das Kurzinventar Gastrecht genießt, in einer wohl etwas

Die in Anmerkung 10 erwähnte Entscheidung hat das kontinuierlich gewachsene Netz der Verlinkungen zerrissen. Seit Dezember 2011 ist das Kurzinventar zwar über die Homepage des Stiftes wieder erreichbar, der Vorfall macht aber die Frage nach dem Suchen und Finden umso dringlicher. Denn nur wer die aktuelle URL kennt und korrekt in seinen Browser eingibt, kommt direkt zum Kurzinventar.

Zugang über manuscripta.at

Für die/den einschlägig Vorgebildete/n ist der Zugang zu den Stamser Beständen über die von Alois Haidinger aufgebaute und an der KSBM beheimatete Datenbank *manuscripta.at* selbstverständlich; zu diesem Angebot siehe den Beitrag von Ursula Stampfer in diesem Band. Die enge Vernetzung mit diesem One-stop-Angebot zu allen in Österreich aufbewahrten Handschriften war von Anfang an selbstverständlich und hat sich sehr bewährt. Freilich ist diese Möglichkeit auf eine kleine Gruppe von FachkollegInnen, die dieses Angebot kennen, beschränkt.

Zugang über Suchmaschinen

Wenn ich etwas Bestimmtes suche, zum Beispiel das Incipit eines mittelalterlichen Textes oder Informationen zu AutorInnen, BuchmalerInnen, (…) dann bediene ich mich zuerst einmal einer Suchmaschine im Netz. Dies ist bei mir als hochspezialisiertem Wissenschafter der Fall, dies ist aber auch die Realität bei Studierenden und bei „normalen“ Netz-Usern.

Wer „Kurzinventar“ und „Stams“ in *Google* eingibt, wird als ersten Treffer das gesuchte Kurzinventar erhalten. Die Technologie der Suchmaschinenanbieter ermöglichte es, dass – nach kurzer Irritation – der Inhalt auch an der neuen Heimat im weltweiten Netz gefunden wird. Die gestellte Frage setzt jedoch voraus, dass die/der Suchende um die Existenz des Kurzinventars weiß. Es sind auch Suchanfragen nach „Handschriften“, nach „Buchmalerei“, nach „Initiale“, nach „Fleuronnée“ in Verbindung mit „Stams“ denkbar. Diese Fragen setzen nun nicht mehr die Kenntnis des Kurzinventars selbst voraus, sondern basieren auf der Vermutung, in einem Stift mit mittelalterlicher Tradition könnte es (illuminierte) Handschriften geben. Bei jeder dieser Suchkombinationen wird das Kurzinventar an einer der ersten Stellen angezeigt.[11]

unbedachten Aktion die Homepage des Otto-Pächt-Archivs eingestellt hatte und damit auch die dort präsentierten Materialien eine neue Webadresse erhielten. Statt wie hundertfach im Netz und auch gedruckt angegeben „http://paechtarchiv/univie.ac.at/ki/stams.html“ lautet nun die (wahrscheinlich ebenfalls nur vorläufige) URL „http://www.univie.ac.at/paecht-archiv-wien/ki/stams.html“.

11 Die Reihung erfolgt bei *Google* nicht nur nach vom Benutzer unabhängigen und daher gleichbleibenden Kriterien, sondern bezieht Vorlieben und Interessen der Suchenden ein; auch der verwendete Browser beeinflusst die Reihung. Die Abfragen wurden daher

Hier wurde also nach Handschriften in der Stiftsbibliothek gesucht, ein Wissensstand vergleichbar mit jenem einer Nutzerin/eines Nutzers, die/der den Zugang über die Homepage des Stiftes gewählt hatte.

Der wahre Nutzen von Suchmaschinen ergibt sich jedoch erst dort, wo die Suchmaschine das Kurzinventar anbietet, wenn nach Parametern gesucht wird, die gar kein sammlungsspezifisches Vorwissen voraussetzen. Dazu drei Beispiele:

Wer sich für die Überlieferung der Werke des Albertus Magnus (gest. 1280 in Köln) interessiert, könnte auf die Idee kommen, nach Handschriften seiner Werke Ausschau zu halten, die Initialen enthalten und so eine hervorgehobene Ausstattung vermuten lassen. Die Suchabfrage „Albertus", „Magnus" und „Initiale" ergibt angeblich 23.100 Treffer (13. 12. 2011). Die ersten sind allesamt für die/den Suchende/n von höchstem Interesse.[12] Während des Bibliothekartags tauchte das Kurzinventar an siebenter Stelle auf, Ende November an 15. Stelle und am 13. Dezember an zehnter Stelle.

Warum? Codex 1 der Stiftsbibliothek wurde im Jahre 1304 in Stams geschrieben, 31 Jahre nach der Gründung durch Meinhard II. von Görz/Tirol und 24 Jahre nach der Weihe. Und dieser Codex, der mit prächtigen, nachweislich im Stift selbst entstandenen Fleuronnée-Initialen ausgestattet ist, enthält zwei Werke des Albertus Magnus.

Wenn ich nun den Treffer anklicke, komme ich nicht zur Startseite des Kurzinventars, sondern zu einer html-Seite, die diesem Codex gewidmet ist (Abb. 1).[13]

Neben dem Titel des Kurzinventars, der Angabe der AutorInnen und der internen Navigation erhalte ich als Textbotschaft die Signatur des Objekts („Stams, Stiftsbibliothek, Cod. 1"), einen Kurztitel („Albertus Magnus, Summa super missam et de sacramento altaris, De sacramento eucharistiae"), die Lokalisierung und Datierung („Stams, 1304") und eine Aufzählung des im Codex vorhandenen Buchschmucks.

nicht nur vom Computer des Autors durchgeführt, sondern auch von gleichsam neutralen Orten und mit verschiedenen Browsern.

12 Die ersten Plätze werden seit kurzem von digitalisierten Katalogen eingenommen, die im Rahmen des umfassenden von der Deutschen Forschungsgemeinschaft (DFG) geförderten Katalogisierungsprogramms erarbeitet wurden und nun über *Google-Books* zugänglich sind.

13 http://www.univie.ac.at/paecht-archiv-wien/ki/stams/cod_01/cod_01.htm

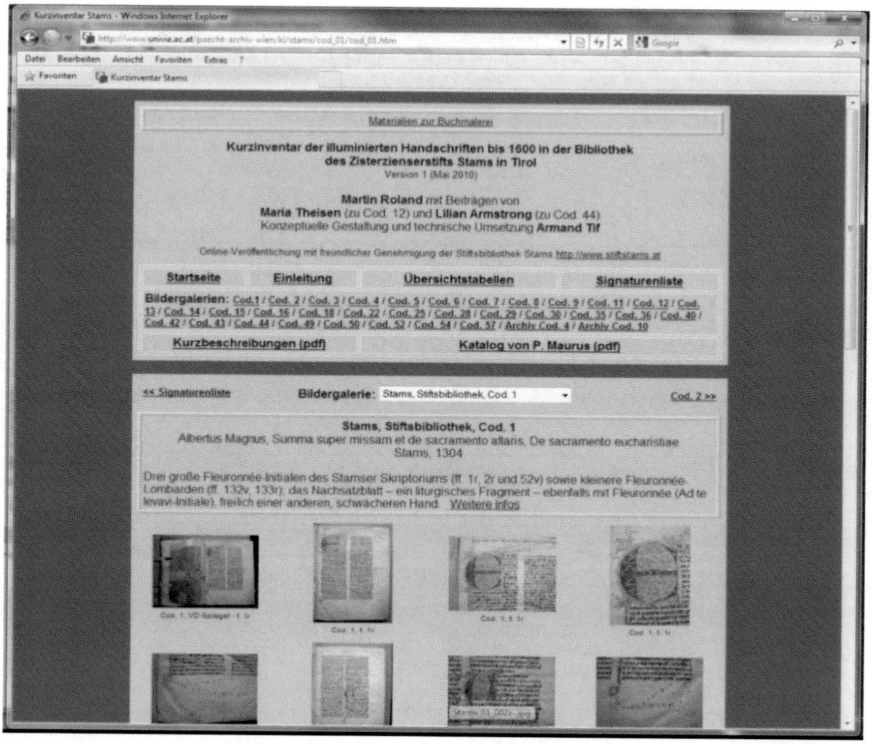

Abb. 1: Kurzinventar der illuminierten Handschriften in Stams, Screenshot der html-Seite zu Cod. 1 der Stiftsbibliothek

Als Bildbotschaft erscheinen 35 Thumbnails von digitalen Bildern, die den Buchschmuck (und andere hervorragende Merkmale) dokumentieren und die ich anklicken kann, um zu einer größeren Ansicht zu gelangen. Ich kann mir jeweils die ganzen Seiten der Handschrift ansehen (Abb. 2) oder mir ein Detail, z. B. der Initiale auf fol. 52v, aussuchen, das mir die graphische Präzision des Zeichners, der vor 707 Jahren gearbeitet hat, auf ein Mehrfaches vergrößert vorstellt (… /ki/stams/cod_01/ Stams_01_052v-d6.jpg), ich kann aber auch eine sorgfältig vernähte Fehlstelle im Pergament betrachten (… /ki/stams/cod_01/Stams_ 01_013r.jpg). Selbstverständlich stehen auch die mit Fleuronnée-Initialen geschmückten Textanfänge, Seiten mit einfachem Buchschmuck oder der Einband digital zur Verfügung, und die/der NutzerIn kann den Datierungseintrag (Abb. 3) und die Incipits der Texte überprüfen.

Abb. 2: Stams, Stiftsbibliothek, Cod. 1, Albertus Magnus, fol. 1r, Beginn der *Summa super missam et de sacramento altaris* mit einer Fleuronnée-Initiale. Stams, 1304 datiert

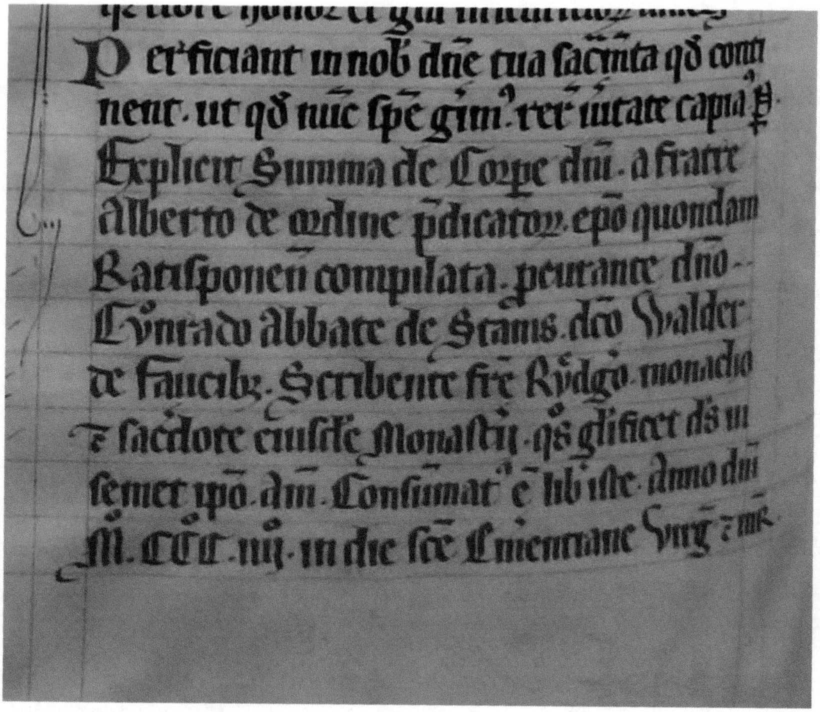

Abb. 3: Stams, Stiftsbibliothek, Cod. 1, Albertus Magnus, fol. 132v, Datierung (1304) am Ende von *De sacramento eucharistiae* (hier als *Summa de corpore Domini*) mit Nennung des Schreibers, des Stamser Mönches *Frater Ruedigerus* und des Stamser Abtes *Cůnradus Walder de Faucibus*

Das wissenschaftliche Interesse und/oder der optische Genuss werden also ohne jegliche Schwelle befriedigt. Wer nun aber mehr wissen möchte, kann auf den Link „Weitere Infos" klicken und gelangt zu einem PDF-File mit den Beschreibungen.[14] – Hier erlaube ich mir einen Hinweis einzustreuen, der sich bei der Ausarbeitung der schriftlichen Fassung des Vortrags ergeben hat: *Googelt* man den ungewöhnlichen Werktitel des Explicits, wird als erster Treffer die wahrscheinliche Textvorlage angezeigt.[15] Diesen Zusammenhang kann

[14] http://www.univie.ac.at/paecht-archiv-alt/ki/stams/Kurzinventar_Stams.pdf. Hier wird auf die Datierung auf fol. 132v verwiesen (von der es natürlich eine Abbildung gibt), die neben dem Schreiber *Frater Ruedigerus* auch den Stamser Abt *Cůnradus Walder de Faucibus* nennt und so die Lokalisierung eindeutig festlegt. Es werden weitere Werke des Florators aufgeführt und auf die Ableitung des Stils aus Augsburg verwiesen (die Zisterze Kaisheim in der Nähe von Augsburg ist das Mutterkloster von Stams). Das Fleuronnée der in der folgenden Anmerkung genannten wahrscheinlichen Textvorlage entspricht jedoch nicht dieser Stiltradition.

[15] München, Bayerische Staatsbibliothek, Clm 28.180; angezeigt wird: Hermann Hauke, Katalog der lateinischen Handschriften der Bayerischen Staatsbibliothek München

natürlich jede/r beliebige NutzerIn ebenfalls feststellen; freilich ganz von selbst gelingen solche Funde nicht, entsprechend gewählte Suchanfragen und das richtige Einschätzen der Treffer stellen gewisse Anforderungen, die Möglichkeiten aber stehen allen offen, und das ist – erlauben Sie die persönliche Einschätzung – zumindest für mich der entscheidende gesellschaftliche Nutzen des Netzes.
Es ist hier nicht der Platz alle Funktionalitäten des Kurzinventars vorzustellen, hinweisen möchte ich auf die Signaturenliste und die kunsthistorischen Übersichtstabellen, die von jeder Seite aus angesteuert werden können (siehe Abb. 1). Die Signaturenliste bietet zu jedem Codex einen charakteristischen Thumbnail als Bildbotschaft und den oben beschriebenen Titelblock als Textbotschaft. Ein Klick auf das Bild oder den Text führt die/den UserIn zur jeweiligen html-Seite der ausgewählten Handschrift. Die Übersichtstabellen gliedern das Material nach Entstehungszeit, Entstehungsort und Kategorien des Buchschmucks und bieten eine Liste der ikonographischen Betreffe. Damit wird eine ganz gezielte Suche möglich, ein zentrales Qualitätskriterium für die wissenschaftliche Arbeit mit dem Kurzinventar.[16]

Unsere erste Suchmaschineneingabe ging von einer/m an einem mittelalterlichen Autor interessierten NutzerIn aus. Wer „Hans“, „Knoll“, „Bürgermeister“ und „Salzburg“ eingibt, sucht offenbar nach einer historischen Person.[17] Obwohl die Anfrage auf den ersten Blick gar nichts mit Handschriften geschweige denn mit dem Stamser Kurzinventar zu verbinden scheint, erscheint dieses an siebenter Stelle von angeblich 41.800 Treffern (13. 12. 2011).

Clm 28111–28254. Wiesbaden 1986, 108–110. Die Formulierung des Explicits stimmt mit jener des Stamser Cod. 1 (Abb. 3) verblüffend überein. Da der 1281 datierte Codex aus Kaisheim stammt, ist ein Zusammenhang höchst wahrscheinlich, bedarf aber natürlich noch eines über das Explicit hinausgehenden Textvergleichs.

16 Diese kunsthistorische Indexierung, die weitgehend dem Modell entspricht, das sich für die gedruckten Katalogbände illuminierter Handschriften der KSBM bewährt hat (demnächst MeSch V, 2012), stellt eine Vorarbeit dar, um die derzeit statischen html-Seiten des Kurzinventars in eine nach kunsthistorischen Kriterien durchsuchbare Datenbank zu integrieren. Ein entsprechendes Projekt im Rahmen der schon erwähnte Datenbank *manuscripta.at* wurde bereits entwickelt, scheitert derzeit aber an der Finanzierung. Vergleiche Überlegungen dazu in: Roland, Buchschmuck, 2010. Dieser Text, alle zitierten Texte von Armand Tif und mir, und zahlreiche weitere Online-Angebote sind über die Webpage „Materialien zur Buchmalerei“ (http://www.univie.ac.at/paecht-archiv-wien/materialien_index.html) online zugänglich.

17 Hans Knoll war der letzte vom Salzburger Erzbischof eingesetzte und der erste, am 25. Jänner 1482 gewählte Bürgermeister der Stadt Salzburg. Zu den Bürgermeistern Salzburgs siehe die entsprechende Wikipedia-Liste, die als erstes bei unserer Abfrage angezeigt wird (mit teilweise ungenauen Angaben). Die Wahl des Stadtrates und des Bürgermeisters beruht auf dem Großen Ratsbrief Kaiser Friedrichs III. vom 8. November 1481, die Wahl selbst fand am 25. Jänner 1482 statt (also erst 1482 und nicht wie oft zu lesen bereits 1481); vgl. Dopsch–Lipburger, Entwicklung, 1983, 733, 735.

Abb. 4: Stams, Stiftsbibliothek, Cod. 3, Missale des Salzburger Bürgermeisters Hans Knoll und seiner Frau, fol. 1r, Detail mit entsprechendem Spruchband in Goldschrift und Engel mit den Wappen der Eheleute. Salzburg, Augsburger Stil (Salzburg-Augsburger Missalienwerkstatt), 4. Viertel 15. Jahrhundert

Und das keineswegs irrig, denn Cod. 3 der Stiftsbibliothek Stams wird als „Missale des Salzburger Bürgermeisters Hans Knoll und seiner Frau“ vorgestellt. Es enthält auf fol. 1r den ältesten Beleg für das Wappen der Familie Knoll, ein entsprechend eindeutiges Schriftband (Abb. 4) und historisierten Buchschmuck einer Werkstatt, die einen in Augsburg beheimateten Stil im ganzen Ostalpenraum und vor allem auch im Erzbistum Salzburg verbreitet hat.

Aber natürlich gibt es auch einen kunsthistorischen Mehrwert, der über Suchmaschinen gehoben werden kann. Wer „Pico Meister“ (mit Anführungszeichen) eingibt, erhält den Hinweis auf Cod. 44 der Stiftsbibliothek an siebenter Stelle von bloß 53 Treffern (13. 12. 2011).[18] Der erste Treffer ist ein

[18] Verwendet man die Bildsuche von *Google*, werden die Ergebnisse von Cod. 44 aus Stams dominiert. Lässt man die Anführungszeichen weg, erhält man zuerst Treffer zu

entsprechender Wikipedia-Artikel und ich nehme an, jede/r unvoreingenommene UserIn würde diesen als erstes anklicken. In diesem kurzen Artikel findet sich neben anderem auch ganz prominent der Verweis auf den Stamser Codex und auf das hier behandelte Kurzinventar.[19]

Die herrlich vernetzte Welt des WWW führt mich also auch zum Kurzinventar, ohne unser Online-Angebot selbst in der Ergebnisliste der Suchmaschine direkt angeklickt zu haben.

Dass das Kurzinventar Entscheidendes zum Pico-Meister beitragen kann, liegt einerseits an den nun erstmals zugänglichen Abbildungen; die 53 Digitalbilder dokumentieren den Kalender mit seinen für die Lokalisierung wichtigen Einträgen, die Texte, den Datierungseintrag und natürlich die reiche Ausstattung (vgl. auch Abb. 5). Andererseits und vor allem bietet aber das Katalogisat von Frau Professor Lilian Armstrong vom Wellesley College bei Boston eine umfassende wissenschaftliche Einordnung des Stundenbuches. Nachdem bereits Hermann Julius Hermann den kleinen Codex mit der Renaissancebuchmalerei in Ferrara in Verbindung gebracht hatte,[20] wurde (über mehrere Zwischenstufen) der Kontakt zu *der* Expertin auf dem Gebiet der Renaissancebuchmalerei in Venedig, wo der Pico-Meister vor allem tätig war, hergestellt. Durch ihren Beitrag zur Katalogisierung von Cod. 44 hat Lilian Armstrong dem Kurzinventar auch auf diesem Spezialgebiet zu erheblicher Resonanz verholfen.

einem Akku-Schrauber mit der Typenbezeichnung „Meister i-drill Pico", an siebenter Stelle eine vom Pico-Meister ausgestattet Inkunabel in der Zentralbibliothek in Zürich, an neunter bzw. zehnter Stelle von angeblich 50.000 Bildern zwei Seiten aus dem Stundenbuch in Stams (13. 12. 2011).

19 Der durchaus kompetente Artikel wurde von einem Laien („Beatus61"; vgl. http://de.wikipedia.org/wiki/Benutzer:Beatus61) am 18. Juni 2011 angelegt, dessen Hobby es ist, Künstler mit Notnamen (wie eben den Pico-Meister, der nach einer Plinius-Handschrift aus dem Besitz des Pico della Mirandola benannt wurde) verstärkt in Wikipedia zu integrieren. Sieben weitere AutorInnen haben den Artikel verbessert. Beatus61 hat seit 23. August 2009 insgesamt – wenn ich annähernd richtig gezählt habe – 753 Wikipedia-Artikel vor allem zur (Buch-)Malerei und Plastik neu angelegt. Die bereits im Jahr 2006 angelegte Wikipedia-Liste der Notnamen enthält derzeit 832 Einträge (davon 246, die Themen für noch zu schreibende Artikel vorschlagen). Es ist mir ein Bedürfnis als Vertreter der hauptamtlichen Wissenschaft vor dem Eifer und der Kenntnis dieses unbekannten und fachfremden Kollegen meinen Hut zu ziehen.

20 Hermann, Miniaturmalerei, 1900, 239 (zu Venedig, Biblioteca Marciana, II, 60, mit Fig. 104); Hermann, Tirol, 1905, 243–246 (von einem deutschen Schreiber und einem oberitalienischen [ferraresischen ?] Miniator im Jahre 1482, vermutlich in Brixen [oder wenigstens in der Diözese Brixen] ausgeführt, die oben genannte Handschrift der Marciana als Stilvergleich genannt); beide Publikationen sind auch online verfügbar.

Abb. 5: Stams, Stiftsbibliothek, Cod. 44, Stundenbuch des Ulrich Kneußl, Bildmontage: links fol. Ir (seitenverkehrt) mit dem Wappen Kneußls und rechts fol. 5r mit dem Beginn der Gebetes *O Intemerata* mit dem Wappen von Trient (Kneußl war Domherr in Trient) sowie Meerkatze und Gams. Ausstattung von dem in Venedig ansässigen Pico-Meister, 1482 datiert. (Diese Abbildung will bewusst auf die erheblichen Möglichkeiten der Verfälschung aufmerksam machen, die die digitale Bildbearbeitung eröffnen und die – wenn auch nicht so weitgehend wie hier vorgeführt – tagtäglich eingesetzt werden.)

Zusammenfassung

Die Kurzinventare illuminierter Handschriften wurden als Angebot für alle InternetnutzerInnen konzipiert und erfreuen sich unerwartet großer Beliebtheit.[21] In Bibliotheken wohl behütete mittelalterliche Handschriften und deren künstlerische Ausstattung bilden gerade wegen der notwendigerweise

[21] Das ehemalige Webportal des Otto-Pächt-Archivs wurde regelmäßig von 1000–1200 verschiedenen Rechnern (*total unique sites* – ca. 2500 *visits* – 6000–8000 *pages*) besucht, im September 2010, als das Stamser Kurzinventar präsentiert wurde, waren es sogar 3655. Die Materialien zur Buchmalerei (http://www.univie.ac.at/paecht-archiv-wien/ materialien_index.html), die nun die beiden Kurzinventare beherbergen, wurden aufgrund der Änderung der URL (vgl. Anm. 10) im November 2011 nur noch von 500 verschiedenen Rechnern frequentiert (800–1600 *visits* – 2000–4000 *pages*). Die seit September kontinuierlich steigende Tendenz der Zugriffe lässt mit gutem Grund hoffen, dass die neue Marke „Materialien zur Buchmalerei" sich durch die Fülle der Angebote und die Reihung bei der Suchabfrage zunehmend etablieren kann. Immerhin wird auf die Anfrage „Materialien" und „Buchmalerei" die Seite an dritter Stelle von über einer Million Treffern gereiht (13. 12. 2011), nach dem Wikipedia-Artikel „Buchmalerei" und dem „Glossar zur spätmittelalterlichen Buchmalerei und Buchherstellung", das die Universitätsbibliothek Heidelberg zur Verfügung stellt.

sehr beschränkten Zugänglichkeit der Originale ein für die bildbasierte Präsentation im Netz besonders geeignetes Material. Die Kurzinventare sind Teil der „Materialien zur Buchmalerei" (http://www.univie.ac.at/paecht-archiv-wien/materialien_index.html), die weitere online verfügbare Ergebnisse der kunsthistorisch tätigen MitarbeiterInnen der Kommission für Schrift- und Buchwesen bzw. des Otto-Pächt-Archivs präsentieren.

Literaturverzeichnis

Dopsch–Lipburger, Entwicklung, 1983: Heinz Dopsch, Peter M. Lipburger, Die rechtliche und soziale Entwicklung, in: Heinz Dopsch (Hg.), Vorgeschichte • Altertum • Mittelalter (Heinz Dopsch, Hans Spatzenegger [Hg.], Geschichte Salzburgs I). Salzburg 1983, Teil 2, 675–746.

Hermann, Miniaturmalerei, 1900: Hermann Julius Hermann, Zur Geschichte der Miniaturmalerei am Hofe der Este in Ferrara, in: *Jahrbuch der kunsthistorischen Sammlungen des Allerhöchsten Kaiserhauses* 21 (1900), 117–271 (online: http://digi.ub.uni-heidelberg.de/diglit/jbksak1900/0122).

Hermann, Tirol, 1905: Hermann Julius Hermann, Die illuminierten Handschriften in Tirol (*Beschreibendes Verzeichnis der illuminierten Handschriften in Österreich* 1, hg. Franz Wickhoff). Leipzig 1905, 243–246 (online: http://www.archive.org/details/DieIlluminiertenHandschriftenInTirol)

Kurzinventar Herzogenburg, 2009: Armand Tif, Martin Roland unter Mitarbeit von Maria Theisen und Alois Haidinger, Kurzinventar der illuminierten Handschriften bis 1600 und der Inkunabeln in der Bibliothek des Augustiner-Chorherrenstiftes Herzogenburg in Niederösterreich. Version 2 (November 2009). – URL: http://www.univie.ac.at/ paecht-archiv-wien/ki/herzogenburg.html.

Kurzinventar Stams, 2010: Martin Roland, mit Beiträgen von Maria Theisen und Lilian Armstrong, Kurzinventar der illuminierten Handschriften bis 1600 in der Bibliothek des Zisterzienserstiftes Stams in Tirol. Konzeptuelle Gestaltung und technische Umsetzung Armand Tif. Version 1 (Mai 2010). – URL: http://www.univie.ac.at/paecht-archiv-wien/ki/stams.html.

manuscripta.at: Webportal *manuscripta.at*: Mittelalterliche Handschriften in österreichischen Bibliotheken. Österreichische Akademie der Wissenschaften, Kommission für Schrift- und Buchwesen des Mittelalters; aufgebaut von Alois Haidinger (online seit Mai 2009). – URL: http://www.manuscripta.at.

MeSch V, 2012: Mitteleuropäische Schulen V (ca. 1410–1450) Wien und Niederösterreich, bearbeitet von Katharina Hranitzky, Veronika Pirker-Aurenhammer, Susanne Rischpler, Martin Roland und Michaela Schuller-Juckes sowie von Christine Beier, Andreas Fingernagel und Alois Haidinger (*Österreichische Akademie der Wissenschaften, Veröffentlichungen der Kommission für Schrift- und Buchwesen des Mittelalters* I: *Die illuminierten Handschriften und Inkunabeln der Österreichischen Nationalbibliothek* 14). Wien 2012.

Ramminger, Stundenbuch 1995: Eva Ramminger, Ein Stundenbuch als „Amalgam" deutsch-italienischer Buchkunst. Überlegungen zu Cod. 44 der Stiftsbibliothek Stams, in: Studia Stamsensia 2 (*Innsbrucker Historische Studien* 16/17). Innsbruck 1995, S. 173–182.

Roland, Geheimnisse, 2011: Martin Roland, Geheimnisse der Stiftsbibliothek im WWW, in: Spektrum, Zeitschrift des Meinhardinums 2010/2011, 6–8 (online: http://www.univie.ac.at/paecht-archiv-wien/dateien/roland_geheimnisse-der-stiftsbibliothek-im-www.pdf).

Roland, Buchschmuck, 2010: Martin Roland, Wie finde ich meinen Buchschmuck?, Vortrag gehalten am Workshop Call for Collaboration, veranstaltet von e-codices.ch – Virtual Manuscript Library of Switzerland in Fribourg 24.–25. Juni 2010 – URL: http://www.univie.ac.at/paecht-archiv-wien/ki/roland_kh-suche-fribourg.pdf (die zugehörige Bilder unter: http://www.univie.ac.at/paecht-archiv-wien/ki/roland_kh-suche-fribourg_ill.pdf).

Tif, Low-Bugdet, 2010: Armand Tif, Low-Budget-Konzept zur Online-Inventarisierung von Kleinsammlungen (ab September 2010) – URL: http://www.univie.ac.at/paecht-archiv-wien/ki/low-budget-konzept-zur-online-inventarisierung-von-kleinsammlungen.pdf.

Tif, Online-Kurzinventare, 2010: Armand Tif, Kunsthistorische Online-Kurzinventare illuminierter Codices in österreichischen Klosterbibliotheken. In: Kodikologie und Paläographie im digitalen Zeitalter 2 – Codicology and Palaeography in the Digital Age 2. Hg. Franz Fischer, Christiane Fritze, Georg Vogeler, unter Mitarbeit von Bernhard Assmann, Malte Rehbein, Patrick Sahle. Norderstedt 2010, 21–32 (online: http://kups. ub.uni-koeln.de/4340).

Tif, Inventarisierung, 2009: Armand Tif, Digitale kunsthistorische Inventarisierung mittelalterlicher Buchbestände im Web (Teil 2 von: Helga Penz, Martin Roland, Armand Tif, Klosterbibliotheken: Wer digitalisiert für wen?), in: 14th International Congress „Cultural Heritage and New Technologies“. Vienna, 2009, 67–73 (online: http://www.univie.ac.at/paecht-archiv-wien/dateien/Penz-Roland-Tif_Klosterbibliotheken.pdf)

Alois Haidinger

Stand und Perspektiven der Wasserzeichenforschung[1]

Die Wasserzeichenforschung wird heute als historische Hilfswissenschaft anerkannt. Sie kann unter bestimmten Voraussetzungen eine auf wenige Jahre genaue zeitliche Einordnung undatierter Papierhandschriften ermöglichen. Das Interesse der Scientific Community an der Filigranologie ist in den letzten beiden Jahrzehnten merklich gestiegen: Im Rahmen einer Reihe von Projekten wurden einerseits bereits bestehende Wasserzeichensammlungen und andererseits Datenbanken mit neu erhobenen Papiermarken aus Inkunabeln und mittelalterlichen Handschriften online gestellt. Zu den wichtigsten dieser Web-Datenbanken wurde im Rahmen des EU-Projektes 'Bernstein – The Memory of Paper' eine gemeinsame Suchoberfläche realisiert. Die im Web verfügbaren Bilder und Metadaten von Wasserzeichen stellen ein Instrumentarium dar, das vor allem bei der Katalogisierung mittelalterlicher Handschriften zum Einsatz kommt. Der folgende Beitrag gibt einen Überblick über online verfügbare Wasserzeichensammlungen und über moderne, den Anforderungen der Filigranologie entsprechende photographische Verfahren.

Seit den 1990er Jahren hat die Wasserzeichenforschung einerseits durch die seit rund einem Jahrzehnt online publizierten Wasserzeichensammlungen, andererseits durch in jüngster Zeit entwickelte neue Aufnahmeverfahren wichtige Impulse erhalten.

Im folgenden Beitrag sollen kurz die wichtigsten der in jüngster Zeit durchgeführten oder noch laufenden Wasserzeichenprojekte und technischen Neuentwicklungen vorgestellt und daraus resultierende Perspektiven für die Wasserzeichenforschung aufgezeigt werden.[2]

1 Gültigkeit aller zitierten Internet-Adressen: 18. Januar 2012.

2 Einen guten Überblick über den Stand der Wasserzeichenforschung gibt der Ausstellungskatalog Ochsenkopf und Meerjungfrau. Papiergeschichte und Wasserzeichen vom Mittelalter bis zur Neuzeit. Begleitbuch und Katalog zur Ausstellung des Landesarchivs Baden-Württemberg, Hauptstaatsarchiv Stuttgart und der Österreichischen Akademie der Wissenschaften, Kommission für Schrift- und Buchwesen des Mittelalters, Wien. 3. Auflage Stuttgart 2009. Der Katalog liegt auch in einer italienischen, englischen und spanischen Version vor; eine russisch- und eine französischsprachige Auflage sind geplant. – Vgl. auch die Beiträge in Piccard-Online. Digitale Präsentationen von Wasserzeichen und ihre Nutzung, herausgegeben von Peter Rückert, Jeanette Godau und Gerald Maier (= Werkhefte der Staatlichen Archivverwaltung Baden-Württemberg Serie A Heft 19), Stuttgart 2007 sowie Wasserzeichen und Filigranologie. Beiträge einer Tagung zum 100. Geburtstag von Gerhard Piccard (1909-1089), herausgegeben von Peter Rückert und Erwin Frauenknecht, Stuttgart 2011.

Wichtige Impulse erhielt die Wasserzeichenforschung durch das von September 2006 bis Februar 2009 geförderte EU-Projekt „Bernstein – The Memory of Paper".[3] Eines der Hauptziele des Projektes war die Schaffung eines Internetportals mit einer Suchoberfläche zu den wichtigsten Online-Wasserzeichendatenbanken. Um eine datenbankübergreifende Suche nach Motiven zu ermöglichen, wurde eine neue, mehrsprachige Systematik der Wasserzeichenmotive geschaffen, auf der jüngere Wasserzeichenprojekte aufbauen können. Darüber hinaus erlaubt Bernstein den Zugriff auf kontextuelle Daten, etwa auf eine Wasserzeichenbibliographie oder Auswertungs- und Expertisemodule.

Kernstück von Bernstein ist die 2003-2006 mit Förderung der Deutschen Forschungsgemeinschaft angelegte Datenbank „Piccard-Online"[4], Mit über 91.000 Durchzeichnungen von Papiermarken, die der 1989 verstorbene Wasserzeichenforscher Piccard aus über 85 Archiven und Bibliotheken vor allem in Süddeutschland zusammengetragen hat, ist sie die bei weitem umfangreichste existierende Wasserzeichensammlung.

Umfangmäßig an zweiter Stelle steht die Sammlung „Watermarks in Incunabula Printed in the Low Countries" (WILC) mit über 16.000 in Form von Durchreibungen und elektronenradiographischen Aufnahmen abgebildeten Papiermarken aus in den Niederlanden gedruckten Inkunabeln.[5]

An dritter Stelle folgt die Datenbank „Wasserzeichen des Mittelalters" (WZMA) der Kommission für Schrift- und Buchwesen des Mittelalters der Österreichischen Akademie der Wissenschaften[6] mit derzeit über 13.000 Papiermarken aus Manuskripten in österreichischen und Südtiroler Bibliotheken.

Zum „Grundbestand" der Bernstein-Datenbank[7] zählt schließlich noch die Wasserzeichen-Datenbank des Niederländischen Interuniversitären Kunsthis-

3 http://www.memoryofpaper.eu – Zum Projekt „Bernstein – The Memory of Paper" vergleiche zuletzt Emanuel Wenger, Bernstein. Ein EU-Projekt zur Papier- und Wasserzeichenforschung, in: Piccard Online (zit. Anm. 2), 51-63.

4 http://www.piccard-online.de/start.php – Zum Projekt vergleiche unter anderem Gerald Maier, Christina Wolf, Piccard-Online und der Aufbau eines „Wasserzeichen-Informationssystems Deutschland", in: Wasserzeichen und Filigranologie (zit. Anm. 2), 66-78.

5 Internetadresse: http://watermark.kb.nl

6 Internetadresse: http://www.ksbm.oeaw.ac.at/wz/wzma.php –Vgl. Alois Haidinger, Die Sammlung „WZMA – Wasserzeichen des Mittelalters" der Kommission für Schrift- und Buchwesen des Mittelalters, in: Piccard-Online (zit. Anm. 2), 45-54. Die Sammlung steht seit 1999 im Netz, die jüngste Version der Datenbank stammt aus dem Jahre 2007 und verzeichnet über 9.000 Marken. Eine neue Version wird voraussichtlich Ende 2012 online gestellt.

7 Eine Integration weiterer Wasserzeichen-Datenbanken in das Bernstein-Portal ist im Gange.

torischen Institutes in Florenz (NIKI) mit rund 2500 Papiermarken aus Druckgraphiken und Handzeichnungen ab etwa der Mitte des 15. Jahrhunderts.

Während Piccard-Online eine abgeschlossene Sammlung darstellt, WILC keine nennenswerte Erweiterung mehr erfahren wird und die Sammlung NIKI nur geringfügig anwächst, wird WZMA kontinuierlich erweitert. Bislang wurden rund 13.300 Wasserzeichen aus mittelalterlichen Manuskripten in 25 Bibliotheken Österreichs und Südtirols erhoben. Rund die Hälfte davon stammen aus Handschriften des Stiftes Klosterneuburg, ca. 15% aus Manuskripten der Österreichischen Nationalbibliothek, jeweils ca. 8% aus Handschriften des Wiener Schottenklosters und der Universitäts- und Landesbibliothek Innsbruck. Metadaten und Bilder der in WZMA gesammelten Papiermarken sind über das WZMA-Portal sowie seit 2011 auch über die jeweiligen Signaturen der Trägerhandschriften über das Portal „Mittelalterliche Handschriften in österreichischen Bibliotheken" abrufbar.[8]

Neben den in Bernstein unter einer gemeinsamen Suchoberfläche vereinigten Datenbanken[9] verdienen auch die in den letzten Jahren auf der Website der Kommission für Schrift- und Buchwesen des Mittelalters veröffentlichten Online-Versionen des Briquet und der Findbücher Piccards Erwähnung.[10]

Die vier Bände des 1907 veröffentlichten Repertoriums Les Filigranes von Charles M. Briquet liegen in einer deutschen und französischen Version als „Briquet Online" (BO) vor.[11] Die für viele Benutzer wohl mitunter verwirrenden und teilweise keiner erkennbaren Systematik folgenden Bezeichnungen der Motivgruppen sind jene, die Briquet selbst in seinem Werk festgelegt hat. Ihnen soll mittelfristig jene Systematik zur Seite gestellt werden, die derzeit im Rahmen des unten genannten Projektes „Wasserzeichen-Informationssystem Deutschland" (WZIS) ausgearbeitet wird. Ein Desiderat ist auch die Verlinkung des Briquet Online mit den von Briquet nicht publizierten Zeichen, die in seinem Nachlass an der Universitätsbibliothek Genf verwahrt

8 Zum Webportal „Mittelalterliche Handschriften in österreichischen Bibliotheken" (http://www.manuscripta.at) vgl. Alois Haidinger, manuscripta.at – Ein Webportal zu mittelalterlichen Handschriften in österreichischen Bibliotheken, in: Schriften der Vereinigung Österreichischer Bibliothekarinnen und Bibliothekare (VÖB) 8 (2010) 53-61.

9 Da die genannten Datenbanken unterschiedlich strukturiert sind und eine zum Teil abweichende Terminologie zur Bezeichnung der Wasserzeichenmotive verwenden, kann eine detaillierte Recherche nur mit den von den einzelnen Datenbanken zur Verfügung gestellten Suchmöglichkeiten durchgeführt werden.

10 Vgl. Alois Haidinger, Gedruckte Wasserzeichenrepertorien und das World Wide Web, in: Wasserzeichen und Filigranologie (zit. Anm. 2), 18-25. – Ein Verzeichnis gedruckter und online verfügbarer Wasserzeichen-Repertorien mit vorwiegend mittelalterlichen Papiermarken unter http://www.ksbm.oeaw.ac.at/wz/lit/rep.htm

11 http://www.ksbm.oeaw.ac.at/_scripts/php/BR.php

und sukzessive auf der Website des Gravell Watermark Archive der Virginia State University veröffentlicht werden.[12]

Ein Produkt der bereits mehr als ein Jahrzehnt dauernden Zusammenarbeit zwischen dem Hauptstaatsarchiv Stuttgart und der Kommission für Schrift- und Buchwesen des Mittelalters auf dem Gebiet der Wasserzeichenforschung ist die Website „Piccard Print Online" (PPO).[13] Sie enthält neben Scans der Textseiten und Tafeln der Bände 3-17 der gedruckten Wasserzeichen-Findbücher Piccards rund 45.000 aus den Tafeln programmunterstützt ausgeschnittene und vermessene Einzelbilder. Damit sind bereits wesentliche Voraussetzungen für eine Integration der Papiermarken der gedruckten Findbücher in einen größeren Wasserzeichen-Datenpool geschaffen.

Im ersten Halbjahr 2012 wird eine weitere Online-Datenbank zur Verfügung stehen. Im Rahmen des DFG-Projektes „Aufbau eines Informationssystems für Wasserzeichen in den DFG-Handschriftenzentren" ist eine Wasserzeichensammlung („Wasserzeicheninformationssystem" – WZIS) im Entstehen, die neben den Marken von Piccard Online Tausende, vor allem als Durchzeichnungen und Durchreibungen vorliegende Wasserzeichenbilder aus den Handschriftenzentren München, Leipzig und Stuttgart enthalten wird[14]. Wie bereits erwähnt, ist ein wesentliches Ziel des Projektes auch die Schaffung einer zumindest im deutschsprachigen Bereich verbindlichen Klassifikation der Wasserzeichenmotive[15] als Voraussetzung für die angestrebte Vernetzung der genannten Datenbank mit den für den Mediävisten wichtigsten Online-Wasserzeichendatenbanken. Diese Vernetzung soll in den nächsten Jahren angegangen werden und wird in einem ersten Schritt vorrangig die Datenbanken „Piccard Print Online", „Briquet Online" und „Wasserzeichen des Mittelalters" betreffen.[16]

Im Zusammenhang mit den Perspektiven der Wasserzeichenforschung muss auch auf neue Methoden bei der Abnahme der Wasserzeichen eingegangen werden[17]: Die nach wie vor am häufigsten verwendete Methode ist die der

12 http://www.gravell.org – Vgl. Alois Haidinger, Wasserzeichen und Filigranologie (zit. Anm. 2) 21.

13 http://www.ksbm.oeaw.ac.at/_scripts/php/PPO.php

14 Zum Projekt vgl. http://www.landesarchiv-bw.de/web/50960

15 Zum Problem der Benennung von Wasserzeichen vgl. zuletzt Sven Limbeck, Wozu sammeln wir Wasserzeichen? Vom Nutzen eines Papiermerkmals für Editoren, in: Materialität in der Editionswissenschaft, herausgegeben von Martin Schubert, Berlin, New York 2010, 34-36.

16 Die bereits jetzt weitgehend übereinstimmende Datenstruktur der genannten MySQL-Datenbanken sowie ihre für 2012/2013 angestrebte Vereinheitlichung hinsichtlich der Benennung der Wasserzeichenmotive wird eine detaillierte, datenbankübergreifende Recherche ermöglichen.

17 Zu den Methoden der Abnahme von Wasserzeichen vgl. Georg Diez, Marieke van Delft, Bildaufnahmeverfahren von Wasserzeichen, in: Ochsenkopf und Meerjungfrau

Durchzeichnung (fast alle gedruckten Wasserzeichen-Repertorien enthalten ausschließlich Durchzeichnungen). Weit zuverlässigere Ergebnisse sind in der Regel mit einer Durchreibung zu erzielen. Wird diese mit einem weichen Graphitstift und leichtem Druck ausgeführt, so hält sich die dadurch entstehende Belastung des Papierblattes in vertretbaren Grenzen, trotzdem wird die Anfertigung von Durchreibungen nicht von allen Handschriftenbibliothekaren gestattet.

Das beste Resultat wird jedoch zweifellos unter Einsatz radiographischer Verfahren erreicht, da bei diesen die das Wasserzeichen verunklärende Schrift weitgehend eliminiert wird. So werden beispielsweise die im Rahmen des Projektes „Wasserzeichen des Mittelalters" erstellten Wasserzeichenaufnahmen überwiegend unter Einsatz des Verfahrens der Betaradiographie angefertigt.[18]

In jüngster Zeit sind zwei neue Bildaufnahmeverfahren für die Wasserzeichenforschung entwickelt worden. Die vom Fraunhofer-Institut für Holzforschung und dem Institut für Nachrichtentechnik der Technischen Universität Braunschweig entwickelte Infrarot-Technik setzt eine Thermographie-Kamera zur Visualisierung der Wasserzeichen ein[19]; hingegen verwendet das in Graz am VESTIGIA-Manuscript Research Center[20] entwickelte Verfahren eine adaptierte infrarotempfindliche Digitalkamera.[21]

Dass die Qualität der nach der Grazer Methode angefertigten Bilder durchaus mit jenen von Betaradiographieaufnahmen konkurrieren kann, belegt die Gegenüberstellung von zwei Aufnahmen derselben Papiermarke.

(zit. Anm. 2), 67-69; Victor Karnaukhov, Methods and Tools for Watermark Digital Processing, Archiving and Dating, in: Digital Imaging of Ancient Textual Heritage. Proceedings of the International Conference Helsinki, 28-29 November, 2010 (= Commentationes Humanarum Litterarum 129), Helsinki 2011, 145-150; Sven Limbeck, Wozu sammeln wir Wasserzeichen? (zit. Anm. 15), 37-39.

18 Eine Übersicht über die an der Kommission für Schrift- und Buchwesen des Mittelalters verwendeten Betaradiographieplatten unter http://www.ksbm.oeaw.ac.at/wz/wz_hardware.htm

19 P. Meinlschmidt, C. Kämmerer, V. Märgner: Thermographie – ein neuartiges Verfahren zur exakten Abnahme, Identifizierung und digitalen Archivierung von Wasserzeichen in mittelalterlichen und frühneuzeitlichen Papierhandschriften, -zeichnungen und -drucken, in: Kodikologie und Paläographie im digitalen Zeitalter 2 – Codicology and Palaeography in the Digital Age 2 (= Schriften des Instituts für Dokumentologie und Editorik 3), Norderstedt 2010. – Online: http://kups.ub.uni-koeln.de/4351. – Das Verfahren wurde bereits im Rahmen des Projektes „Erschließung und Digitalisierung der Blockbücher in bayerischen Sammlungen" eingesetzt; vgl. die Liste der Blockbücher mit Links auf Wasserzeichen-Abbildungen unter http://www.bayerische-landesbibliothek-online.de/xylographa-werke

20 http://www.vestigia.at

21 Vgl. den Beitrag von Manfred Mayer in diesem Tagungsband.

Klosterneuburg, Stiftsbibl.,
Cod. 269, fol. 144 (um 1391/93)

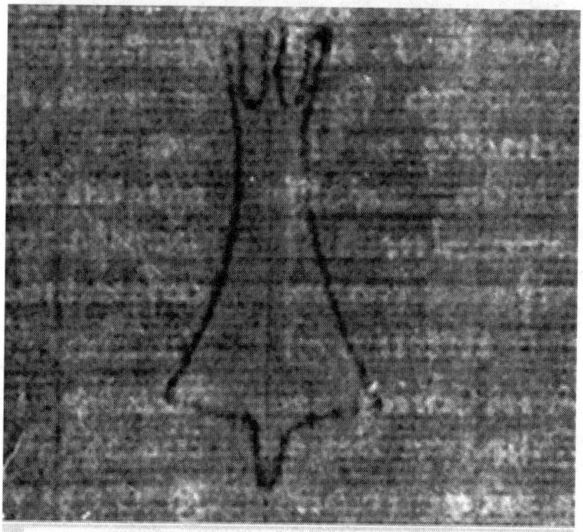

Graz, Universitätsbibl.,
Cod. 754, fol. 73 (dat. 1393)

Das Bild des Glocken-Wasserzeichens auf fol. 73 des 1393 datierten Cod. 754 der Grazer Universitätsbibliothek zeigt genügend klar erkennbare Details (man beachte etwa die übereinstimmende Position der durch schwarze Punkte auf der Kontur des Zeichens erkennbaren Lötstellen), um dieses Zeichen eindeutig als Variante der Papiermarke auf fol. 144 in Cod. 269 der Klosterneuburger Stiftsbibliothek erkennen zu lassen.[22]

Gegenüber den radiographischen Verfahren und der Thermographie erfordert das Grazer Verfahren deutlich geringere finanzielle Mittel in Anschaffung und Betrieb. Ein weiterer, vor allem gegenüber der Betaradiographie wesentlicher Vorteil sind die kurzen Belichtungszeiten, die es erlauben, alle Blätter einer Papierhandschrift in wenigen Stunden zu photographieren. Dadurch ist es erstmals möglich, zuverlässige und nachprüfbare Aussagen über die Anzahl der in einem Manuskript verwendeten unterschiedlichen Papiermarken zu treffen.

Während die radiographischen Verfahren sowie die Thermographie für alle Art von beschriebenen oder bedruckten Vorlagen geeignet sind, kann mit der Grazer Methode nur dann die Schrift weitgehend zum Verschwinden gebracht werden, wenn Eisengallustinte verwendet wurde. Dies ist insofern nicht als Manko zu werten, als es erklärtes Ziel dieser Methode ist, die Papiermarken mittelalterlicher Manuskripte – die zum weitaus überwiegenden Teil mit Eisengallustinten beschrieben worden sind – aufzunehmen.

Welche Perspektiven ergeben sich aus dem Dargelegten für die Wasserzeichenforschung? An die Stelle gedruckter Wasserzeichen-Repertorien mit Durchzeichnungen treten vernetzte, in internationaler Zusammenarbeit erstellte Online-Datenbanken. Durch die Vereinheitlichung der Wasserzeichen-Klassifikation wird die Recherche im Datenbestand wesentlich vereinfacht werden. Neue Projekte, die vorrangig oder als „Nebenprodukt" Wasserzeichenaufnahmen generieren, werden zunehmend unbestechliche technische Verfahren zur Visualisierung der Papiermarken einsetzen. Bei der Aufnahme von Wasserzeichen in mittelalterlichen Handschriften wird sich die effektive und kostengünstige Grazer Methode etablieren.

22 Als Varianten werden Zeichen verstanden, die sich in ihrer Form und/oder in ihrer Position auf dem Sieb unterscheiden, bei denen jedoch eindeutig erkennbar ist, dass sie Abdrucke derselben, sich im Laufe des Produktionsprozesses allmählich verändernden Drahtfigur sind. – Vgl. Alois Haidinger, Datieren mittelalterlicher Handschriften mittels ihrer Wasserzeichen, in: Anzeiger der philosophisch-historischen Klasse der Österreichischen Akademie der Wissenschaften 139 (2004), 12.

Ute Bergner

CHARTA – das Grazer Papierforschungsprojekt

Wasserzeichen in Papieren mittelalterlicher Handschriften wurden in der Handschriftenforschung bislang nur als Datierungshilfen gesehen, Produktionszusammenhänge und wirtschaftliche Bedeutung völlig außer Acht gelassen. Papiere des Mittelalters waren Exportartikel, die großen Produktionszentren in Oberitalien und Deutschland mussten lange die Schreibwerkstätten in den österreichischen Ländern mitversorgen, hier wurden die ersten Papiermühlen erst mit großer zeitlicher Verspätung gegründet. Im Grazer Papierforschungsprojekt CHARTA werden nun erstmals ganze Handschriftensammlungen systematisch nach entstehungsgeschichtlichen und wirtschaftshistorischen Zusammenhängen untersucht. Datierte Papierhandschriften werden undatierten gegenübergestellt und überregionale Querverbindungen gesucht. Alle Ergebnisse werden in der Wasserzeichendatenbank des Mittelalters (WZMA) und in manuscripta.at abgebildet. Aus den mehr als 40 rekonstruierbaren säkularisierten Klosterbibliotheken im Bestand der Universitätsbibliothek Graz wurden für den ersten Projektabschnitt die 63 datierten mittelalterlichen Papierhandschriften des Benediktinerklosters St. Lambrecht ausgewertet und können in diesem Vortrag vorgestellt werden.

Ausgangssituation

An der Universitätsbibliothek Graz werden mehr als 2200 Manuskripte aus unter Kaiser Joseph II. säkularisierten steirischen Klöstern und Stiften aufbewahrt. Beinahe die Hälfte dieser Handschriften stammt aus mittelalterlichen steirischen Skriptorien oder wurde aus den großen süddeutschen und italienischen Produktionszentren importiert.

Alle Handschriften wurden im Grazer Handschriftenkatalog[1] nach den damals geltenden Richtlinien zur Handschriftenbeschreibung erfasst. Neben der inhaltlichen Beschreibung verfügen die Katalogisate auch über eine kodikologische Kurzbeschreibung. Auf diesen Beschreibungen aufbauend beschäftigen sich die Bibliothekare und Bibliothekarinnen an der Universitätsbibliothek Graz in mehreren Teilprojekten mit der tieferen kodikologischen Erschließung. So gilt der Grazer Einbandkatalog von Werner Hohl als abgeschlossen, die Provenienz- und die Skriptorienforschung ist schon weit fortgeschritten. Im Bereich der Beschreibstoffforschung konnten etliche Papierhandschriften analysiert werden, doch ergaben die Durchzeichnungen der Wasserzeichen

[1] Kern, Anton: Die Handschriften der Universitätsbibliothek Graz. Bd. 1 (1942); (Verzeichnis der Handschriften im Deutschen Reich, Teil II, Bd. 1). – Kern, Anton: Die Handschriften der Universitätsbibliothek Graz. Bd. 2 (1956); (Handschriftenverzeichnisse österreichischer Bibliotheken/Steiermark). – Mairold, Maria: Die Handschriften der Universitätsbibliothek Graz. Bd. 3 (1967) Nachträge und Register; (Handschriftenverzeichnisse österreichischer Bibliotheken/Steiermark). – Bd. 1 und 2 (bearb. von Hans Zotter): www-classic.uni-graz.at/ubwww/sosa/katalog/index.php

mit der SLIMLIGHT-Leuchtfolie[2] keine befriedigenden Ergebnisse. Erst durch die Entwicklung der Infrarot-Aufnahmeeinheit *AT.W.I.SE 5242* durch DI Manfred Mayer (2011)[3] wurde es möglich, den Bestand in einem Projekt systematisch zu bearbeiten.

Projektentwicklung – Vorgehensweise und Arbeitsschritte

Im ersten Arbeitsschritt wurde eine einfache Signaturenliste der dem Mittelalter zugehörigen Papierhandschriften angefertigt und mit Informationen zu Provenienz, Format und Datierung angereichert. Diese Liste sollte einen ersten Überblick über den zu erwartenden Arbeits- und Zeitaufwand geben und wurde in Tabelle 1 zusammengefasst.

Provenienz	Papierhandschriften gesamt	Papierhandschriften datiert
Neuberg	164	76
St. Lambrecht	143	49
Seckau	101	45
Seitz	31	11
Millstatt	11	4
Jesuiten Graz	8	3
Pettau	3	2
Dominikaner Leoben	2	2
Jesuiten Leoben	1	1
Geras	1	1
natürliche Personen	7	1
unbekannter Vorbesitz	54	19
	526	**214**

Die Gesamtzahl von 526 Papierhandschriften (das sind nahezu 50% des mittelalterlichen Gesamtbestandes) war eine Überraschung, wenn man bedenkt, dass sich die Papierproduktion in Österreich erst sehr spät etablieren konnte. Anscheinend war der neue Beschreibstoff in der Steiermark aber doch früh anerkannt und der Bedarf mittels Importware ausreichend gedeckt. Die 214 Handschriften mit Datierungsvermerken[4] (= 41%) werden im Papierforschungsprojekt CHARTA das Ausgangsmaterial bilden. Angestrebt wird,

2 http://www.anton-glaser.de/GLA_D0168_02.PDF

3 Vgl. in diesem Tagungsband: Manfred Mayer: *AT.W.I.SE 5242*, ein neues Gerät für die Wasserzeichendokumentation.

4 Natürlich muss berücksichtigt werden, dass sich Datierungsvermerke nur auf die zugehörigen Texte beziehen. Papiersortenwechsel und Textabschnitte müssen deshalb besonders sorgfältig analysiert und in Beziehung gebracht werden.

mittels Querdatierungen – unter Berücksichtigung des raschen Verbrauchs und der Kurzlebigkeit der Papiersiebe – undatierte Handschriften zeitlich genauer einordnen zu können. Es ist zu erwarten, dass die ausgewerteten und dokumentierten Wasserzeichen dieser 214 datierten Handschriften das grundlegende Repertorium für die Bearbeitung der anderen undatierten Handschriften bilden werden.

Vorbereitend muss jede Handschrift autopsiert und ein Lagenschema angefertigt werden. Die Darstellungsmethode des Lagenaufbaus mittels Lagendiagramm (= Lagenschema) nach Peter Rück[5] wird in Graz seit vielen Jahren angewendet und erleichtert die Visualisierung verschiedenster Informationen (z.B. Verteilung der Wasserzeichen, Schadensprotokollierung in der Restaurierung, Textabschnittanalyse usw.). Speziell programmierte Makros in Excel 7.0 ermöglichen es bereits während der Handschriftenautopsie, sogenannte Rohlagenschemata herzustellen.

Auffälligkeiten, die im Grazer Handschriftenkatalog noch nicht berücksichtigt sind, müssen festgehalten werden, damit in weiterer Folge die vorhandenen Katalogisate verbessert und ergänzt werden können.[6] Des Weiteren müssen die HandschriftenbeschreiberInnen eine Textabschnittsanalyse und eine Analyse der Schreiberhände vornehmen und die Ergebnisse in das Lagenschema eintragen.

Mit der Aufnahmeeinrichtung *AT.W.I.SE 5242* können bereits parallel zu diesen ersten kodikologischen Beschreibungsschritten die digitalen Wasserzeichenfotos hergestellt werden. Alle Blätter werden fotografiert – es bleibt vorerst unberücksichtigt, ob es sich um ein Blatt mit Wasserzeichen oder um eine wasserzeichenlose Bogenhälfte handelt. Da mit den vorhandenen Mitteln eine zuverlässige Seitenbestimmung des Schöpfbogens (dem Sieb zugewandte oder abgewandte Seite) nicht vorgenommen werden kann, wird diese außer Acht gelassen. Sonst wäre es notwendig, die Handschrift fortwährend zu drehen und ihre Liegeposition am Aufnahmetisch zu ändern, was eine rasche Datengewinnung unterbinden würde. So werden die Aufnahmen immer von der Recto-Seite gemacht, der Oberschnitt der Handschrift muss folglich immer links von der Kamera zum Liegen kommen.

Da alle Blätter der Handschrift digital erfasst werden, können den einzelnen Bildern einfach und ohne zeitlichen Aufwand die entsprechenden Foliobenennungen zugeordnet werden. Herkömmliche Bildbearbeitungsprogramme beinhalten ein solches Tool. So werden die Grazer Dateien immer nach dem Schema *AT3000[=UBG]-[Signatur vierstellig]_[fol. Dreistellige].jpg*[7] benannt.

5 Vgl. Bischoff, Frank: Methoden der Lagenbeschreibung. In: Skriptorium. International Review of Manuscript Studies. Bd. 46, 1992, H. 1, S. 19f.

6 Ein Erfassungsprotokoll gilt es noch zu entwickeln, um bei mehreren BearbeiterInnen eine konstante Datenqualität zu gewährleisten.

7 Z.B. AT3000-0673_11 d.h. Ms 673 der Universitätsbibliothek Graz fol. 11

Die im Dateinamen enthaltene Handschriftensignatur und die der Originalzählung entsprechende Foliierung gewährleisten, dass die einzelnen Bilder jederzeit in der Handschrift lokalisiert werden können. Vorhandene Fehlfoliierungen werden bei der Dateibenennung ebenfalls dem Original entsprechend übernommen.

Diese Sequenz benannter Rohdatenfiles wird anschließend einmal komplett auf einer externen Festplatte archiviert[8], eine zweite Kopie liefert dann jene Gebrauchsfiles, die in weiterer Folge elektronisch bearbeitet werden. Zeitlich aufwändiger gestaltet sich das Aufrichten der Motive. Eine Drehung der Motive um vermeintliche 45° oder 90° liefert keine befriedigenden Ergebnisse, deshalb muss jedes Bild, an den Stegdrähten orientiert, exakt senkrecht gestellt werden. Das Ausschneiden der Motive kann dann aber wieder relativ rasch und automationsunterstützt in Adobe Photoshop bewerkstelligt werden. Nach einem eventuell abschließenden Nachschärfen der Bilder können diese negativ[9] gestellt werden.

Der Arbeitsaufwand für Fotografie und technische Nachbearbeitung wurde in einem Testlauf mit acht Stunden für eine durchschnittliche Handschrift[10] bemessen. Sowohl die Herstellung der Digitalaufnahmen als auch die beschriebenen technischen Nachbearbeitungsschritte könnten bei entsprechender finanzieller Ausstattung mittels zeitlich befristeter Verträge oder auf Werkvertragsbasis realisiert werden.

Die einzelnen Wasserzeichenmotive müssen nun nach dem gängigen Normthesaurus benannt werden, Siebpaare und Motivvarianten bestimmt und im Lagenschema verzeichnet werden. Da, wie schon beschrieben, das Lagenschema der Visualisierung der einzelnen Informationsschichten dient, wird jedem einzelnen Wasserzeichen eine Farbe zugewiesen, mit der man die entsprechenden Folios markiert.

Es müssen auch die Abmessungen (Höhe, Breite) der Wasserzeichen und die weiteren Wiedererkennungsparameter – wie Stegabstände und Position der

8 Die vollständige Archivierung ist vor allem notwendig, um bei auftauchenden Unstimmigkeiten auch die Abbildungen der Boden- und Stegdrähte als Informationsträger rasch heranziehen zu können. Bedacht wird hierbei, dass z.B. deformierte Stege, deren Nahtpunkte und Abstände eindeutige Beweise sind, ob es sich um eine neue Variante des Motivs handelt oder ob eventuell nur ein deformiertes Wasserzeichen auf einem etwas abgenutzten Schöpfrahmen vorliegt.

9 Die dadurch erzielten schwarzen Konturen der am Schöpfrahmen erhaben angebrachten Drahtgeflechte lassen sich leichter mit Ergebnissen der Beta-Radiographie vergleichen. Bei der abschließenden Implementierung der Grazer Wasserzeichen in einer der bekannten Datenbanken ist ein vereinheitlichtes optisches Auftreten der unterschiedlichen Aufnahmetechniken durchaus wünschenswert.

10 250 foll., Folio-Format, d.h. das Wasserzeichenmotiv in der Blattmitte. Für Quart-Formate, deren Wasserzeichen geteilt im Falz der Handschrift liegen, ist eine 1,5fache Bearbeitungszeit anzusetzen.

Nahtpunkte – ermittelt werden. Eine Überprüfung in den Findebüchern und Onlinedatenbanken schließt die Beschreibung der einzelnen Motive ab. Danach werden Papierverteilung, Textstruktur und Schreiberhändeanalyse miteinander in Beziehung gesetzt und die Ergebnisse im entsprechenden Handschriftenkatalogisat vermerkt. Abschließend sollen noch Fragestellungen nach mittelalterlichen Importwegen, Importvolumen von Papieren und Papiersortenqualitäten erörtert werden.

Beispiel aus der Praxis: UBG Ms 673

Die Ausgangssituation[11]

673

Alte Sign. 36/41 f° Papier 113 Bl. 29 : 22 cm 1360 (Bl. 109v)
Matthias von Horzowycz, Benediktinerstift St. Lambrecht
2 Sp. Rubr. Rote Übschr. Rote Anfbst.
Gleichzeitiger brauner Lederband.
Besitzvermerk (Bl. 2v) : Liber Mathie de Horzowycz und Liber O ... de Horzowycz. Auf dem Einbandrücken St. Lambrechter Nr 159.

1) Bl. 3-71 : [Antonius Parmensis, Sermones de tempore]. Ecce rex tuus venit ... Adventus salvatoris ab antiquo fuit prenunciatus ... Schl. in futuro vitam eternam concedere, quod ... Explicit postilla super ewangelia [de tempore] que vocatur sub cappa. Vgl. Quétif-Echard I, 530. Archivum fr. Praed. 8, 1938, S. 180 (Clm 27093). Zum Titel Sub cappa vgl. Prag Kap. 985. fol. 1 (Podlaha).
2) Bl. 72-109v : Incipit Cunradinus de sanctis. Sermo de adventu. Beg. Preparare in occursum ... Dominus J. Chr. secundum ecclesie representacionem ... Beg. der letzten Predigt : De s. Thoma. Beati qui non viderunt ... Notandum est, quod duplex est fides ... Schl. ... et enim fide et amor augetur. Amen. Explicit Conradinus per manus anno dni 1360 conscriptus est iste liber et emptus.
3) Bl. 109-112 : [Expositio in carmen Theobaldi quod inscribitur Physiologus]. Beg. Tres leo naturas . Notandum, quod leo habet tres naturas, quarum prima talis est ... Schl. ... si metra Thobaldi nulli placent, tamen rogo ut placeant summo creatori, quia diversa metra antiquorum sunt hic scripta. Vgl. Göttingen Theol. 150 Bl. 44b. Berlin 837, 3 (Rose). Manitius III, S. 733.
4) Bl. 112v : Excerptum bonum s. Jeronimi. - Notabile bonum de corpore Christi. Beg. Nota, quod illi, qui indigne accedunt ad sumendum corpus Chr. ... Schl. ... de exilio ad patriam. Vitam dono eternam. Amen.

Erstes und letztes Blatt : [Fragmentum philosophiam naturalem complectens]. Pgt. XIV Jh.

[11] Siehe Fußnote 1

Die **Textstruktur** dargestellt im Lagenschema inkl. kodikologischer Zusatzbeschreibung:

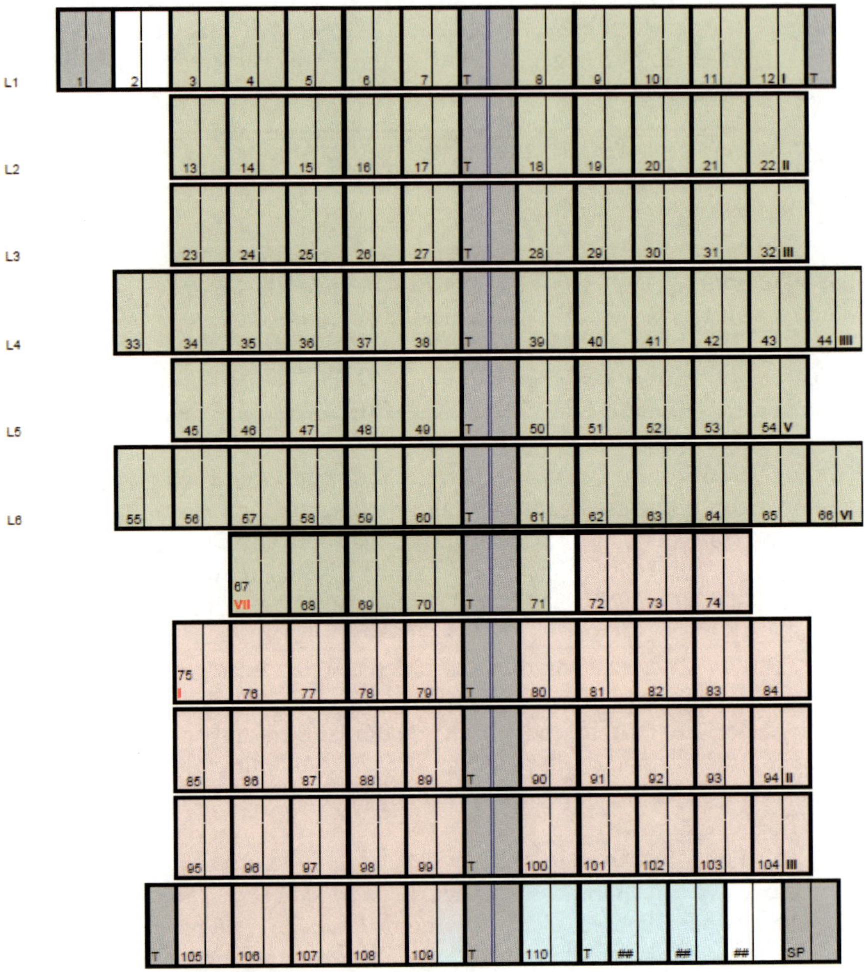

- fol. 3r: einfache zweifarbige Lombarde mit primitver graphischer Randleiste (soll wohl Fleuronne darstellen?!)
- fol. 72 r: einfache zweifarbige Verzierungen am Unterschnitt und Zeigehändchen
- im gesamten Text verteilt: einfache rote Schreiberlombarden
- fol. 2 und 71v leer
- fol. 113r leer, 113v: Randnotizen, Notenbeispiele
- fol. 109v: Text endet oben (4 Zeilen)

Datierung: Anno d[o]m[ini] M.C.C.C.sexagesimo
Textbeginn: Physiologus

Die **Wasserzeichenverteilung:**

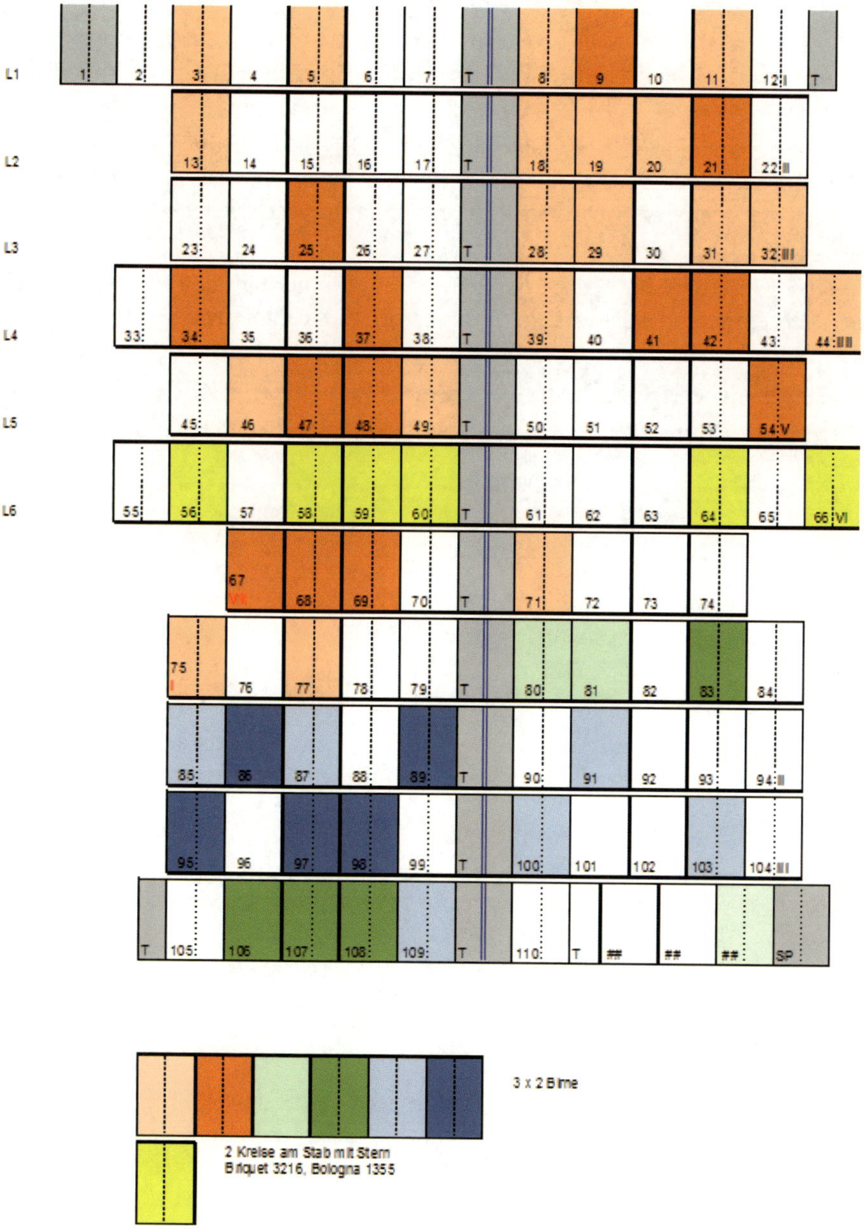

Die Auswertung:

Mit Ausnahme von Lage 6 (fol. 55 - 66, Wasserzeichenmotiv: 2 Kreise am Stab mit Stern) besteht die gesamte Handschrift Ms. 673 aus Papieren, die sehr ähnliche Birnen-Wasserzeichen zeigen. Mit Gewissheit kann angenommen werden, dass alle Birnen-Papiere aus derselben italienischen Papiermühle stammen.

Die Datierung „1360“ befindet sich am Ende des zweiten Textabschnittes (fol. 109v). Da die Birnen-Papiere dieses Textabschnittes auch im ersten, dritten und vierten Abschnitt vorkommen, kann die Datierung für die gesamte Handschrift übernommen werden.

Da der Papiereinschub (Lage 6) keine Störung innerhalb des Textflusses und der Schreiberhand aufweist, kann auch für diese Papiersorte die Datierung übernommen werden.

Alle Ergebnisse ergänzen im Webportal „manuscripta.at“[12] das Handschriftenkatalogisat und sind dort für die BenutzerInnen abrufbar.

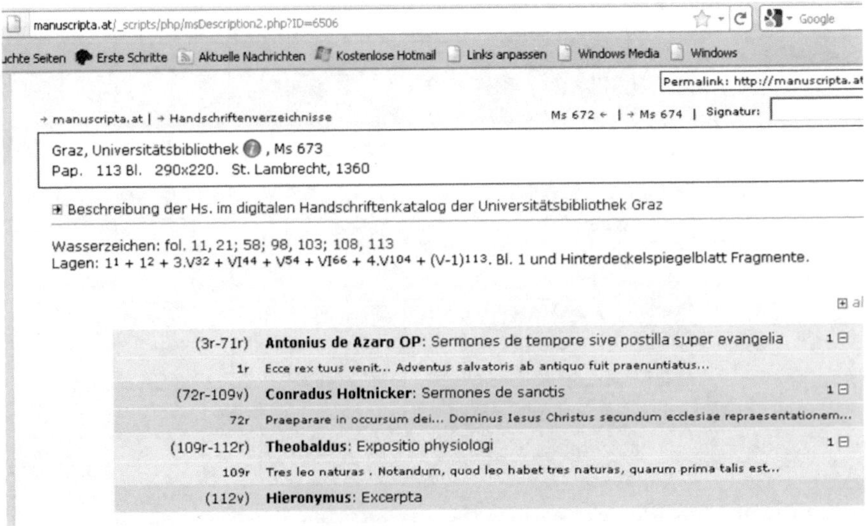

Mittelfristiger Ausblick

In der Abteilung für Sondersammlungen der Universitätsbibliothek Graz wird bis Mitte 2012 eine wissenschaftliche Projektbeschreibung zur Drittmittelbeschaffung erstellt (Erich Renhart und Ute Bergner). Parallel dazu müssen die technischen Voraussetzungen und Möglichkeiten innerhalb der Karl-Franzens-Universität Graz abgeklärt und entsprechende Kooperationen mit

[12] http://manuscripta.at/_scripts/php/manuscripts.php

Betreibern von Datenbanken entwickelt und geschlossen werden. Ziel wird es sein, mit entsprechender personeller Unterstützung den Gesamtbestand der 526 mittelalterlichen Papierhandschriften der Universitätsbibliothek Graz in einem zeitlichen Rahmen von drei bis vier Jahren zu erschließen.

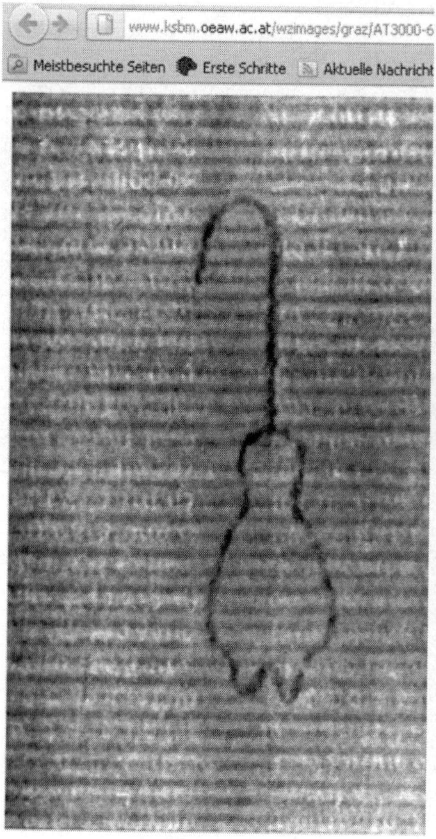

AT3000-673_11

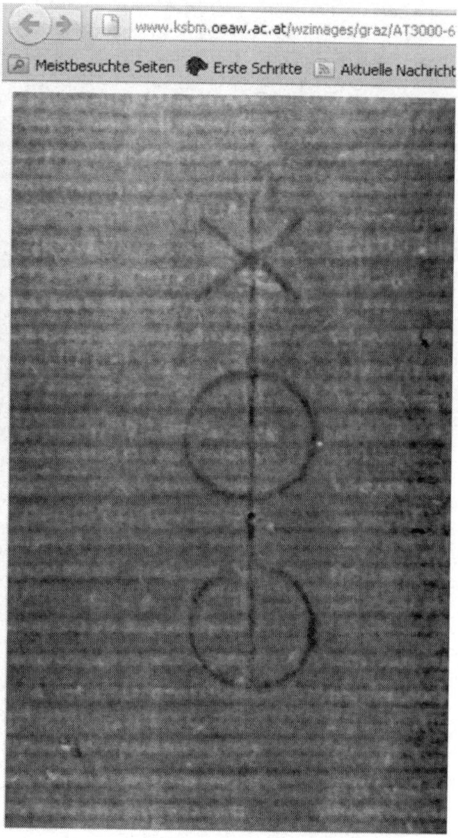

AT3000-673_58

Langfristiger Ausblick

Das Papierforschungsprojekt CHARTA in der Abteilung für Sondersammlungen der Universitätsbibliothek Graz soll nur ein erster Schritt sein, und es darf keinesfalls außer Acht gelassen werden, dass in bestehenden steirischen Stiften und Klöstern, wie in Admont, Vorau und Rein, in der Zentralbibliothek der Franziskaner, in privaten und öffentlichen Archiven und Bibliotheken noch etwa weitere 400 mittelalterliche Papierhandschriften auf ihre Bearbeitung warten.

Manfred Mayer

AT. W.I.SE 5242, ein neues Gerät für die Wasserzeichendokumentation

An der Universitätsbibliothek Graz wurde das Projekt CHARTA gestartet, dessen Zielsetzung die vollständige Dokumentation aller in den mittelalterlichen Handschriften der Sammlung verwendeten Papiere ist. Dabei zeigte sich, dass die Wasserzeichen hauptsächlich im beschriebenen Bereich liegen und genau hier die Problematik einer objektiven Dokumentation beginnt, da die herkömmlichen Methoden immer abhängig von Papierstruktur bzw. Position des Wasserzeichens im Schriftspiegel sind. Für die Dokumentation von historischen Wasserzeichen in handgeschöpften Papieren wurden in der Vergangenheit verschiedene Methoden angewandt: Durchzeichnungen und Abreibungen zählen zu den frühesten und einfachsten, gelten aber als relativ ungenau, weil subjektiv beeinflusst und technisch unzureichend. Die gewählte Methode sollte jedenfalls weder das Papier noch das Wasserzeichen beeinflussen. Dies in Betracht ziehend, hat die internationale Vereinigung der Papierhistoriker (IPH) einen Standard für die Bestimmungsmethoden von Wasserzeichen veröffentlicht (Version 2.0 1997). Dylux, Beta-Radiografie, Röntgenstrahlmethode, Durchlichtfotografie (im sichtbaren und infraroten Wellenlängenbereich) und andere wurden darin miteinander verglichen. Zur Lösung dieser Probleme wurde an der Universitätsbibliothek Graz die Aufnahmeeinrichtung *AT. W.I.SE 5242* zur Wasserzeichenfotografie aus Handschriften entwickelt, wobei der handschriftliche Text großteils „eliminiert" wird und das Wasserzeichen besonders klar und ohne störende Schrift digital abgebildet werden kann. ATWISE steht für Austrian Watermark Imaging System, 5242 weist darauf hin, dass die maximale Blattgröße bis zu 52 x 42cm betragen kann. Dieser Beitrag beschreibt die Herausforderungen bei der Entwicklung dieses Gerätes, sowie dessen spezielle Eigenschaften die sich im täglichen Bibliotheksbetrieb als besonders effizient und vor allem personalsparend herausstellten.

Wasserzeichenerfassung – ein Überblick

Zugegeben, es ist noch nicht sehr lange her, daß wir an der Universitätsbibliothek Graz Wasserzeichen mit der beliebten Methode des Durchzeichnens abgenommen haben. Ich erinnere mich noch gut daran, als ich vor gut 20 Jahren als Restaurator mit der Frage konfrontiert wurde, welche Lichtquelle wohl am schonendsten für das Objekt sei. Damals gab es außer einer Glasscheibe und einer Lichtquelle, die man mehr oder weniger geschickt im Buchblock unter dem Blatt platzierte, wenig Alternativen. Natürlich konnte man statt durchzeichnen auch fotografieren, aber es war teuer und unhandlich. Die digitale Fotografie steckte noch in den Kinderschuhen. Wohl deshalb war die Methode des Durchzeichnens sehr beliebt. Der Zufall wollte es, dass ich kurz, nachdem ich anfing, mich mit der Problematik zu beschäftigen, auf eine wie magisch weiß leuchtende, dünne und flexible Folie stieß, die damals neu am Markt war und gerade zaghaft begann, ihren Siegeszug als Lichtquelle für museale Bereiche anzutreten. Wir entwickelten dann aus dieser Folie im Format DIN-A4 ein komplettes Gerät, das sogenannte „Slimlight-Set", das vor etwa 15 Jahren als kleine Sensation galt und von Bibliotheken und Archiven aus der ganzen Welt bis heute eingesetzt wird. Es ist unter dem Namen „Slimlight-Leuchtfolie"[1] den Wasserzeichenforschern allgemein bekannt.

Dadurch wurde zwar das Problem der Lichtquelle sehr gut gelöst, aber die Methode selbst, das Wasserzeichen auf eine darübergelegte Folie oder Transparentpapier von Hand abzuzeichnen, blieb unverändert. Bald nach Einführung der Leuchtfolie wurde begonnen, die Wasserzeichen über der „Slimlight-Folie" zu fotografieren, ein transparentes Lineal wurde schnell beigelegt, und so erzielte man sehr rasch gute Ergebnisse.

Zielführend war diese Methode nur, wenn das Wasserzeichen nicht durch Schrift oder Graphik überlagert war. Vorsatzpapiere sind selten davon betroffen, also gut geeignet. Bei Drucken hingegen und Handschriften ist das Wasserzeichen sehr oft von beidseitigem Text überlagert und schwer interpretierbar – von Durchzeichnen gar keine Rede.

Hier kommen die Vorzüge der damals bereits bekannten Betaradiografie voll zum Tragen. Mit dieser Methode ist es möglich, exakte, detailreiche Abbildungen von Wasserzeichen herzustellen, auch wenn diese von handschriftlichem Text oder Druckerschwärze überlagert sind. Ich darf hier einflechten: Ich verdanke meine Kenntnisse und geringen Erfahrungen im Umgang mit der Betaradiografie Herrn Dr. Haidinger von der Akademie der Wissenschaften, mit dem ich seit vielen Jahren in regem Austausch zur Methodik der Wasserzeichendokumentation stehe.

Vor einigen Jahren wurde die Methode der Thermografie erstmals auf Wasserzeichen in historischen Papieren angewendet[2]. Gegenüber der Betaradiografiemethode ist die Thermografiemethode zwar um Vieles schneller, allerdings wegen der geringen Auflösung des Kamerasensors nicht so detailreich. Außerdem ist sie mit sehr hohen Anschaffungskosten verbunden.

Ausgangssituation an der Universitätsbibliothek Graz

An der Universitätsbibliothek Graz wurde das Projekt CHARTA gestartet, dessen Zielsetzung die vollständige Dokumentation aller in den mittelalterlichen Handschriften der Sammlung verwendeten Papiere ist. Verständlicherweise befinden sich die meisten Wasserzeichen eher mittig auf dem Blatt und sind daher von Schrift beidseitig überlagert. Man scheitert also bei der Abzeichnung und bei der Durchlichtfotografie. Ein weiterer „Klassiker" ist die Position des Wasserzeichens im Buchfalz, also besonders heikel zum Abnehmen des Musters.

Was tun? Die Ausrüstung zur Betaradiografie wurde uns dankenswerter Weise vom Kollegen Dr. Haidinger zur Benützung angeboten, aber wir lehnten ab,

1 Beschreibung und Bezugsquelle: http://www.anton-glaser.de/GLA_D0168_02.PDF
2 http://publica.fraunhofer.de/dokumente/N-185721.html

weil der Prozess im Gesamten sehr zeitaufwendig ist. Uns geht es in dem Projekt darum, umfassend, und darauf liegt die Betonung, sämtliche Wasserzeichen aus jeder unserer 526 mittelalterlichen Papierhandschriften zu erfassen. Begonnen wird mit der Erfassung der Wasserzeichen in den 214 datierten Papierhandschriften.

Geräteentwicklung. Schon vor Beginn des Projektes CHARTA haben wir uns eine Methode überlegt, mit der es gelingen sollte, handschriftliche Texte, die mit Eisengallustinte geschrieben sind, digital zu erfassen. Es fiel mir eine Methode ein, die in der Dokumentation von Restaurierobjekten bereits seit Jahren bekannt ist. Sie dient in erster Linie dazu, in Eisengallustinte geschriebene Schriftzüge von jenen mit anderer Tintenzusammensetzung zu unterscheiden. Die Methode trägt den Namen FCIR-Reflectography, das bedeutet: False Colour Infrared Reflectography bzw. Falschfarben-Infrarot-Reflektografie. Ganz verkürzt ausgedrückt, macht man sich die Eigenschaft der Eisengallustinte zu Nutze, im nahen infraroten Strahlungsbereich zu reflektieren. Man kann damit zerstörungsfrei und mit verhältnismäßig geringem Apparateaufwand Eisengallustinten identifizieren. Einige handelsübliche Digitalkameras ermöglichen dies, weil sie im Infrarotbereich die nötige Empfindlichkeit aufweisen. Die Methode wurde von István Kecskeméti, dem Leiter der Restaurierung und Digitalisierung an der Finnischen Nationalbibliothek, sehr anschaulich beschrieben[3].

Der Gedanke, diese Methode im Durchlicht auch für die virtuelle Eliminierung der in Eisengallustinte geschriebenen Texte anzuwenden, lag auf der Hand. Wir hatten ja bereits Erfahrung mit IR-Aufnahmen von Objekten in der Restaurierung und modifizierten dazu eine Digitalkamera Sony DSC-R1 derart, dass sie im IR-Bereich empfindlich wurde. Dazu musste die Kamera komplett zerlegt und der IR-Sperrfilter entfernt werden, was einen nicht unbedenklichen Eingriff bedeutete. Das Glück war uns hold, die Kamera funktioniert auch nach Entfernung des IR-Sperrfilters einwandfrei und ist nun für unser Projekt bestens geeignet.

Nachstehende Abbildung zeigt den ersten Versuchsaufbau.

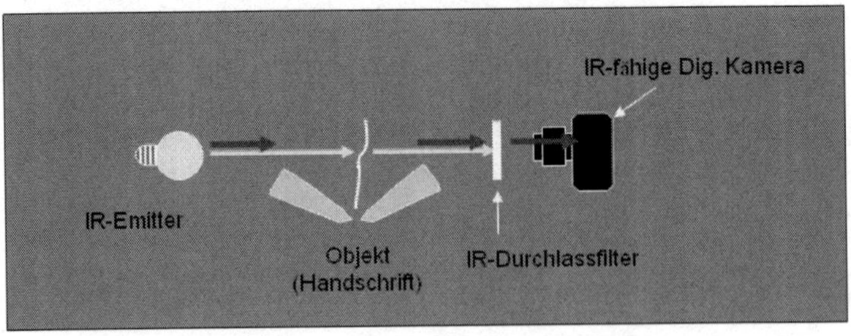

Abb. 1: Versuchsaufbau

3 http://www.echn.net/enviart/Portals/0/Madrid2010/FCIRimaging.pdf

Die Handschrift liegt auf einer Buchwiege, das zu untersuchende Blatt wird hochgehalten und von einer sanften IR-Quelle durchstrahlt. Eine ganz einfache IR-Quelle ist z.B. eine stark gedimmte Glühlampe.

Um das sichtbare Licht auszufiltern, wird vor die Optik der Kamera ein IR-Durchlassfilter montiert. Die IR-Wellen können diesen Filter problemlos durchdringen und treffen auf den Chip der Kamera, der dann das Bild aufnimmt. Im Gegensatz zur Qualitäts-Digitalisierung von Handschriften können die Aufnahmen in nahezu jedem Raum stattfinden, der keine zusätzlichen IR-Quellen enthält. Leuchtstoffröhren können als Raumbeleuchtung ohne Weiteres vorhanden sein, da sie keine infrarote Strahlung aussenden.

Die von uns gewählte Versuchsanordnung (Abb. 1) ist allerdings für die Anwendung im Projekt nicht praktikabel, sie zeigt uns lediglich den Weg, der am schnellsten zum Ziel führt. Was entwickelt werden musste, war ein Gerät, mit dem man schnell und trotzdem objektschonend große Mengen an Handschriften bearbeiten kann. Ich habe angeboten, das Gerät selbst zu bauen.

Mit Ute Bergner, die das Projekt CHARTA leitet, wurde folgender Anforderungskatalog oder besser gesagt „Wunschkatalog" an ein Wasserzeichenerfassungsgerät entwickelt:

- konservatorisch akzeptiert; Buchwiege
- maximale Buchgröße: 52 x 42 cm, max. Buchdicke: 12cm
- Aufnahmefläche: 14 x 21cm (unveränderlich)
- Maßhaltigkeit: alle Aufnahmen im gleichen Maßstab ohne Objektivverstellung
- Maßstabseinblendung
- Signatur und Folioeinblendung
- Schärfegarantie: alle Aufnahmen fokussiert ohne Objektivverstellung
- Bildqualität: mindestens 300 dpi, je nach Chipgröße

Die Entwicklungsarbeit wurde ausschließlich an der Universitätsbibliothek Graz geleistet, also auch die gesamte Technik von mir hergestellt. Nach mehreren Monaten war das Gerät fertig. Es erfüllte beinahe alle zuvor genannten Wünsche. Aber eben nur beinahe! Das Problem der permanenten Einblendung eines Maßstabes sowie der Folioangabe und der Handschriftensignatur konnte nicht gelöst werden. Glücklicherweise erwiesen sich im praktischen Betrieb diese zuvor als sehr wichtig angenommenen Forderungen als durchaus umgehbar.

Begründung

Eine Maßstabeinblendung ist nicht notwendig, wenn alle Aufnahmen in exakt gleicher Distanz zum Blatt und mit gleicher Auflösung vorgenommen werden. Unsere Konstruktion erlaubt dies, und das ist wahrscheinlich der größte Vorzug. Ist die Kamera einmal exakt voreingestellt, werden deren Einstellungen nicht mehr verändert. Alle Aufnahmen werden in Folge in gleicher Qualität und Schärfe und im gleichen Maßstab abgebildet.

Mittels einer einfachen Photoshop-Anwendung kann dann am Bildschirm die Größe des Wasserzeichens exakt ermittelt werden. Auch ein Ausdruck im Maßstab 1:1 ist problemlos möglich.

Wir haben uns darauf geeinigt, auch auf Empfehlung von Dr. Haidinger, immer die Recto-Seite eines Blattes zu fotografieren. Das bedeutet, dass die Sieb- bzw. Gautschseite unberücksichtigt und undokumentiert bleibt.

Die Einblendung von Signatur und Folioangabe direkt auf der Aufnahme ist nicht notwendig, wenn alle (!) Blätter der Handschrift in durchgehender Folge aufgenommen werden. Eine anschließende Stapel-Umbenennung bei einer korrekt foliierten Handschrift ist rasch durchgeführt. So gibt dann der Dateiname des Bildes mit beispielsweise „Ms_238_f024“ die eindeutige Information, dass es sich um eine Aufnahme des Blattes 24 aus der Handschrift Ms 238 handelt. Die durchgehende Aufnahmereihe aller Blätter erspart Zeit und dient zusätzlich als Basis für eine Kontrolle des Lagendiagramms nach Rück, in dem die Wasserzeichen eingetragen werden. Ein mühevolles Suchen nach Blättern, die ein Wasserzeichen tragen, entfällt. Mangelhafte oder inhomogene Foliierung eines Codex erfordert jedoch händisches Umbenennen.

Systembeschreibung:

Die unveränderbaren Einstellungen aller Kameraparameter und der Optik (Fokusring und Zoomring wurden eigens gegen Verstellen gesichert) machen das Gerät jederzeit sofort einsetzbar. Mit diesem Gerät erfordert das Fotografieren von Wasserzeichen zudem keine phototechnischen Kenntnisse, nur selbstverständlich eine hohe Sensibilität und technisches Verständnis der Bindung und der natürlichen Schwachstellen des Alten Buches.

Abb. 2: Das Gerät *AT.W.I.SE 5242*

Durch die sehr einfache Handhabbarkeit kann eine durchschnittlich umfangreiche Handschrift jedenfalls in zwei bis drei Stunden komplett erfasst werden.

Wir haben dem Gerät (Abb. 2) den Namen *AT.W.I.SE 5242* gegeben. *AT.W.IS.E* ist das Akronym für Austrian Watermark Imaging System. *5242* bedeutet, dass Handschriften mit einer maximalen Blattgröße von 52 x 42cm erfasst werden können.

Ergebnisse

Abb. 3: MS307 fol. 96 Normal-Durchlichtaufnahme

Abb. 4: Ausschnitt wie Abb. 3, IR-Aufnahme

Die Abbildung 3 wurde unter Normalbedingungen, also im Durchlicht aufgenommen. Man erkennt aufgrund der Überlagerung des Wasserzeichens durch den Text das Wasserzeichen nur schemenhaft. Abbildung 4 zeigt die IR-Aufnahme. Der Text ist nahezu eliminiert, das Wasserzeichen tritt deutlich hervor.

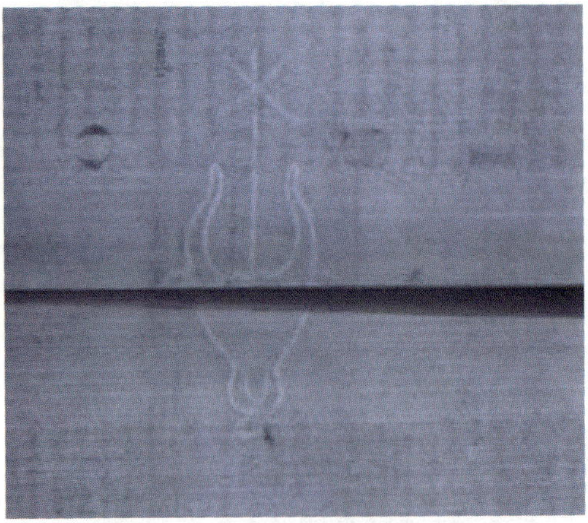

Abb. 5: IR-Aufnahme eines Wasserzeichens im Falz, zusammengesetzt aus zwei IR-Aufnahmen

Abbildung 5 zeigt die IR-Aufnahme des Wasserzeichens eines Ochsenkopfes, welches exakt im Falz liegt. Diese Abbildung wurde aus zwei Aufnahmen zusammengesetzt. Der unvermeidbare Verlust im Falz beträgt ca. 4 mm. Hier bewährt es sich besonders, dass konstruktionsbedingt alle Aufnahmen im gleichen Maßstab erstellt werden. Die Montage von zwei Aufnahmen wird dadurch besonders einfach.

Zusammenfassung und Ausblick

Mit dem Gerät *AT.W.I.SE 5242* werden die Wasserzeichen in den Papierhandschriften der Universitätsbibliothek Graz digital erfasst und im Projekt CHARTA dokumentiert.

Es wurde ausschließlich an der UB Graz entwickelt. Die dabei verwendete Methode der digitalen Fotografie im infraroten Strahlungsbereich liefert hochauflösende Aufnahmen.

Der Einsatzbereich ist auf mit Eisengallustinte geschriebene Texte ausgerichtet, das sind etwa 80 Prozent unserer mittelalterlichen Papierhandschriften.

Das Gerät ist absolut sicher gegen Fehlbedienung, objektschonend und erlaubt zügiges Erfassen der Wasserzeichen. Die Kosten an Personal und Geräteausstattung pro Aufnahme sind mit großem Abstand die geringsten gegenüber allen anderen bekannten Verfahren zur technischen Erfassung von Wasserzeichen.

Als Ergänzung zu diesem Gerät wurde vor kurzem ein Handscanner entwickelt, mit dem im Vorfeld jene Handschriften festgestellt werden können, deren Texte nicht mit Eisengallustinte geschrieben wurden. So können schon bei der Auswahl am Regal die Handschriften nach ihrer Eignung für das *AT.W.I.SE 5242* vorsortiert werden.

Es ist die Entwicklung eines handlichen, kleinen Gerätes im Gange, das die Feststellung der Sieb- respektive Gautschseite deutlich vereinfachen wird.

Bibliothek und Gesellschaft

Karin Kranich-Hofbauer

Walther Hermann Ryff

Ein großer Plagiator oder ein Brückenbauer in der Wissensvermittlung am Übergang vom Mittelalter zur frühen Neuzeit?

Walther Ryff steht mit seinem Werken aus der ersten Hälfte des 16. Jahrhunderts an der Schwelle zwischen Mittelalter und Neuzeit. Zudem wird er immer wieder als „Bestsellerautor" seiner Zeit bezeichnet, mitunter aber auch – nicht zuletzt von Zeitgenossen – als Plagiator beschimpft. Hier gilt es, den bewertenden Blickwinkel von der Frage nach der Originalität seiner Texte weg auf die enorme Wirkungsmächtigkeit von Ryffs auf Laienbildung ausgerichteten Werken zu verändern. Ryff erscheint mir als besonders geeigneter „Zeitzeuge" in Bezug auf Wissenstransfer und Wissenstransformation am Übergang vom Mittelalter zur Neuzeit. Im Folgenden steht ein Autor im Zentrum, der in vielen, wenn nicht den meisten Bibliotheken des deutschen Sprachraums vertreten ist, dessen Werke mittlerweile bereits mehrfach auch in digitaler Form abgerufen werden können, der aber noch immer mit einem eher „schlechten" Ruf zu kämpfen hat.

I. Werdegang, Publikationen und „Recycling"

Walther Hermann Ryff war ein Bestsellerautor der ersten Hälfte des 16. Jahrhunderts. Sein Werk aus dem Bereich der deutschsprachigen Fachprosa ist thematisch vielfältig und äußerst umfangreich – innerhalb von zehn Jahren bringt er mehr als 30 teilweise umfangreiche Werke zu Medizin, Architektur und Mathematik auf den Markt. Einige davon erreichen eine zeitlich und räumlich außergewöhnliche Wirkungsmächtigkeit, was ihn zu einem der erfolgreichsten Wissensvermittler seiner Zeit macht (vgl. Keil 2005, S. 310.).

Walther Ryff lebte von ca. 1500 bis 1548. Er wurde wahrscheinlich in Straßburg geboren, war als Pharmazeut ausgebildet, denn 1537 ist er als Apotheker in Güstrow an der Hofapotheke des brandenburgischen Markgrafen Albrecht VII. nachweisbar. Gegen 1540 übersiedelt er wieder nach Straßburg, 1541/42 nach Metz. Anfang 1544 lebt er in Frankfurt/M. und zieht im Sommer desselben Jahres nach Mainz weiter. 1546 ist er in Nürnberg nachweisbar, am 29.9.1548 stirbt er schließlich in Würzburg (vgl. Keil 2005, S. 310; Telle 1991, S. 83f.).

Seine ersten Publikationen stammen aus dem Jahr 1538. Er lebt von da an immer in Zentren des deutschen Druckgewerbes und arbeitet mit führenden Druckern zusammen: Balthasar Beck in Straßburg, Christian Egenolff in Frankfurt/M., Johann Petreius in Nürnberg und schließlich Johann Myller in Würzburg. Ryff wird in den zehn Jahren zwischen 1538 und 1548 zum Berufspublizisten; die Fülle seiner Werke lässt nur diesen Schluss zu. Er betätigt sich als Autor, vor allem aber als Redaktor und Übersetzer.

Josef Benzing versuchte bereits 1958 mit einer Bibliographie, einen Überblick über Ryffs Werk zu geben (Benzing 1958, S. 126-154 und 203-226). Er listete dessen Publikationen chronologisch auf und stellte zum jeweiligen Titel die damals dokumentierten Ausgaben zusammen. Dabei fällt sofort auf, dass ein Großteil von Ryffs Werken bis ins späte 17. Jahrhundert, teilweise bis ins 18. Jahrhundert aufgelegt wurde. Benzings Liste macht aber auch die Themenbereiche, mit denen sich Ryff publizistisch beschäftigt hat, deutlich und dokumentiert den engen Konnex mit den thematischen Vorgaben des Druckers und Verlegers, mit dem er gerade zusammenarbeitete: So fallen alle seine Arbeiten zur Architektur und Mathematik in Ryffs Nürnberger Zeit (1546/48) und seine dortige Zusammenarbeit mit Johann Petreius: *Bericht und Unterrichtung der Mathematischen und mechanischen Künste der Lehre Vitruvii* (1547), *Die fünf Manieren der Kolumnen* (1547) und schließlich die erste deutschsprachige *Übersetzung des Vitruv* (1548), mit der sich Ryff vielfach in die Literaturgeschichten eingeschrieben hat.

Das Gros seiner Publikationen gehört aber in ein anderes, noch viel weiteres Feld – nämlich in das der Pharmazie und Medizin. Bei näherem Zusehen werden da gewisse wiederkehrende Verhaltens- bzw. Publikationsmuster sichtbar: In seiner Straßburger Zeit publiziert er beispielsweise das *Manualbüchlein von Giftwunden und Feldkrankheiten* (1538), das dann als *Kurzes Handbüchlein und Experiment vieler Arzneien* überarbeitet und erweitert neuerlich erscheint. Es entsteht auch die *Wahrhaftige Unterweisung alle Latwergen zu machen* (1540), die dann den ersten Teil seiner *Kleinen deutschen Apotheke* (1540) bildet. 1541 bringt er dann *Gebrauch, Vermischung und Zubereitung alle Laxativen* heraus. Gemeinsam mit einem Teil zu den großen Kompositionen, die nur in der Apotheke hergestellt werden können, verschmelzen diese drei Teile 1542 dann zur *Kleinen teutschen Apotheke*. 1544 schließlich bildet das *Latwergenbüchlein* von 1540 drei Viertel des Gesamtbestandes des *Konfektbüchleins und Hausapotheke*. Ryff recyclet sich also immer wieder selbst – evtl. sollte man aber besser sagen, die Drucker animieren ihn wohl zum Recycling und kurbeln so ihren Umsatz an.

Walther Ryff widmet sich aber auch der Übersetzung „alter (mittelalterlicher) Meister“ – so, um nur ein Beispiel zu nennen, *Von Weibern und Geburten der Kinder des Albertus Magnus*, das später unter dem Titel *Ein neuer Albertus Magnus* bis zum Ende des 17. Jahrhunderts kontinuierlich immer wieder neu aufgelegt wird (vgl. dazu Benzings Dokumentation: Benzing 1958, S. 126-154 und S. 203-226).

Ryffs Frankfurter Zeit, also 1544 und die Folgejahre, ist geprägt von seiner Zusammenarbeit mit dem höchst erfolgreichen Schriftgießer, Drucker und Verleger Christian Egenolff. Hier erscheinen innerhalb von zwei Jahren *Konfektbuch und Hausapotheke* (1544), *Spiegel und Regiment der Gesundheit*

(1544), *Newes Kochbuch für die Kranken* (1545), *Lustgarten der Gesundheit* (1546) sowie ein *Prognosticon auf das Jahr 1544, Die große Chirurgie oder vollkommen Wundarznei* (März 1545), *Das Tierbuch des Albertus Magnus* (Übersetzung der letzten 5 Bücher *De animalibus* des A.M.), *Das neu gross Distillierbuch* (eine Neubearbeitung von Hieronymus Brunschwigs Distillierbuch), *Schwangerer Frauen Rosengarten* (eine Bearbeitung des *Rosengartens* von Eucharius Rösslin) sowie *Stadt- und Feldbuch bewährter Wundarznei* (eine Überarbeitung des *Feldbuchs der Wundarznei* des Hans von Gerßdorf)

II. Plagiator?

Ryff befasst sich also nicht nur mit den „alten Meistern", er hat auch die einschlägigen Produktionen seiner Zeitgenossen im Blick und macht sie für sich nutzbar. Bereits 1541 publiziert er bei Balthasar Beck in Straßburg das schon erwähnte Werk *Gebrauch, Vermischung und Zubereitung aller Laxativen* und zieht sich damit heftige Kritik zu. Leonhard Fuchs, der angesehene Tübinger Professor, fühlt sich von Ryff plagiiert und zettelt eine akademische Kampagne gegen ihn an, der sich nicht zuletzt auch Konrad Gessner anschließt (vgl. Grenzmann 1980, S. 27f.).

Bemerkenswert sind hier zumindest drei Punkte: 1. Ryff nennt seine Quellen tatsächlich – wenn überhaupt – eher versteckt in den Vorreden und bringt auf den Titelblättern immer wiederkehrende Formulierungen wie *„newlich von G.H.Ryff inn truck verordnet"* oder *„in Teutsche sprach verfaßt und in truck geben von G.H.Ryff"* oder *„biß auf die zeit in teutscher sprach nit gelesen"* (weitere Beispiel für Ryffs geschickte Formulierungen bei Grenzmann 1980, S. 24f.). Das lässt einerseits an Eitelkeit denken, hat aber wohl auch mit geschäftlichen Überlegungen – vor allem dem Streben nach ökonomischem Erfolg – zu tun. 2. Andererseits: Im Mittelalter ist es eine gewohnte Praxis, sich der Texte der „Väter" zu bedienen, und sie immer wieder neu zu diskutieren, das ist der Kern der Scholastik. Aber diese „Väter" stammen aus vorvergangenen Zeiten. Sie sind keine Zeitgenossen, und ihre Werke sind vereinzelt, selten und vor allem handschriftlich überliefert. Mit den Plagiatsvorwürfen gegenüber Ryff blicken wir auf deutliche Zeichen einer neuen Mentalität, nämlich auf den Diskurs um geistiges Eigentum unter Zeitgenossen am Beginn der Neuzeit, der erst möglich wird durch die veränderte Medialität ihrer Werke – erst der Buchdruck und die verhältnismäßig rasche und massenhafte Distribution von textidentischen Büchern macht es möglich, dass Werke kurz nach ihrem Erscheinen „benützt" werden und sich die zeitgenössischen Autoren dagegen zur Wehr setzen (vgl. Keil 2005, S. 310). 3. Fatal sind die Folgen, die dieser akademische Streit für die Einschätzung von Ryff und seinen Werken bis in die Gegenwart hatte. Ryff wird als typischer Volksschriftsteller dargestellt, dessen Bücher mit Unterstützung von sehr geschäftstüchtigen Verlegern sowohl bei Laien als auch in gewissen Ärztekreisen weiteste Verbreitung fanden. Seine literarischen Werke hätten aber dem Kranken die Eigenbehandlung eröffnet und das Kurpfuschertum unterstützt (vgl. Stübler

1928, S. 56f.). Stübler, der diese Meinung 1928 vortrug, wiederholt, was schon die Gelehrtenlexika des 18. Jahrhunderts kolportieren (vgl. Vollmuth 2001, S. 31, der auf Christian Wilhelm Kestner, Medizinisches Gelehrten-Lexikon, 1740, verweist) und folgt hier noch immer der Argumentation eines Leonhard Fuchs von 1541. Auch Josef Benzing stimmt der Grundeinschätzung Ryffs als Plagiator 1958 noch zu, streicht aber dessen enorme Arbeitsleistung heraus, quasi als Gegengewicht zur fehlenden geistigen Originalität (vgl. Benzing 1958, S. 128). Diese „Befangenheit im Originalitätsdenken" (Grenzmann 1980, S. 36) verstellt aber den Weg zu einer angemessenen Würdigung von Ryffs Verdiensten um die Popularisierung wissenschaftlicher Ansichten in Medizin und Architektur wie auch um die Verwendung der deutschen Sprache zur Beschreibung von wissenschaftlichen Sachverhalten.

Zu einer neuen Sichtweise führen hier nicht zuletzt Ryffs Selbstaussagen – zumal in seinen Vorreden zu den medizinisch-pharmazeutischen Werken. Er bezeichnet sich immer wieder als einen, der sich für die Aufklärung und Bildung des lesenden deutschsprachigen Laien zuständig fühlt. Er nimmt die Rolle des Vermittlers ein, der volksbildnerisch tätig versucht, die enorme Kluft zwischen theoretisch-lateinischer Gelehrsamkeit und oft dilettantischer, schädlicher und evtl. betrügerischer Medizinalpraxis zu schließen, indem er dem Laien praxisorientiertes Wissen zur Verfügung stellt. Ryff will also wissenschaftliche Resultate in verständlicher Form zugänglich machen. Fachwissenschaftliche Diskussionen zu Einzelfragen, gelehrte Manieren und Werktreue interessieren ihn nicht, denn seinen intendierten Lesern sind exakte Quellennachweise egal, sie fangen auch mit ihnen fremden Autorennamen nichts an (vgl. dazu Grenzmann 1980, S. 27f.; Vollmuth 2001, S. 15).

So betrachtet sind die gegen Ryff aus akademischen Kreisen erhobenen Plagiatsvorwürfe zu relativieren. Ihre Berechtigung ist angesichts der von Ryff immer wieder herausgestrichenen Intention der Laienbildung und dem von ihm deutlich definierten Leserkreis der nicht lateinkundigen Praktiker in Zweifel zu ziehen.

Ryff hat viel eher mit seinen kenntnisreichen Verdeutschungen in Büchern, die bereits vor der Mitte des 16. Jahrhunderts mit Hilfe von Titelblatt, Vorreden und vor allem einem auf die konsequent vorhandene Blattzählung rekurrierenden Register für die praktische Verwendbarkeit eingerichtet waren, eine wesentliche Leistung von eigenem Rang abgeliefert. Er hat den von ihm bearbeiteten Texten durch Umstellungen und Erweiterungen bzw. Veränderung der inneren Struktur zu mehr Verständlichkeit verholfen. Diese redaktionelle Tätigkeit ist wenigstens teilweise als eigenständige geistige Leistung anzuerkennen und macht deutlich, wie fließend die Grenzen zwischen Plagiat und Kompilation waren und sind (vgl. Vollmuth 2001, S. 32).

Eine Rehabilitation Ryffs als wirkungsstarker Publizist und Wissensvermittler der frühen Neuzeit ist noch immer nicht ganz gelungen, auch wenn ihn Gundolf Keil in seinem NDB-Artikel von 2005, wie oben bereits erwähnt, als

„erfolgreichsten Wissensvermittler des 16. Jhs." qualifiziert (Keil 2005, S. 310). Die gegenwärtige Medizingeschichte beurteilt ihn noch immer primär unter dem Aspekt der wissenschaftlichen Originalität und spricht ihm diese ab. Es ist längst an der Zeit, seinen wirkungsgeschichtlichen Stellenwert stärker ins Kalkül zu ziehen und anzuerkennen, wie weitreichend Ryffs Texte immer wieder für die Verbreitung bestimmter Methoden und Erkenntnisse verantwortlich sind und sich dabei als viel wirkungsmächtiger erweisen als die Arbeiten so mancher originärer Schriftsteller (vgl. Vollmuth 2001, S. 50f.).

III. Hausbücher: Kochrezepttexte und Gesundheitslehre

Walther Ryff interessiert aber nicht nur die Medizingeschichte. In vielen seiner Werke spielen Kochrezepttexte eine prominente Rolle, besonders in jenen, die aus der Frankfurter Zeit stammen: *ConfectBuechlin/ vnd Hausz Apoteck* (1544), *Spiegel und Regiment der Gesundheit* (1544), *New Kochbuoch für die Krancken* (1545), *Lustgarten der Gesundheit* (1546).

Volkssprachliche Kochrezepte sind ja nicht zwangsläufig nur in für die Küche bestimmten Kochbüchern zu finden, sondern besonders vom Spätmittelalter an bis ins 19. Jahrhundert auch immer in Büchern, die eher der laienorientierten, gesundheitsrelevanten Ratgeberliteratur zugerechnet werden. Bereits Benzing bezeichnet Ryff als denjenigen, dem „das medizinische Hausbuch schlechthin" gelungen sei (Benzing 1958, S. 128).

Diese Hausbücher etablieren sich bereits im Spätmittelalter und vermitteln haus- und landwirtschaftliches Fachwissen sowie medizinische Anordnungen und Rezepte gemeinsam mit einem variablen Bestand an theologischen, juristischen und/oder literarischen Texten. Sie existieren als Sammelhandschriften – wie z.B. das *Hausbuch des Michael de Leone* (Würzburg, Mitte 14. Jh.) oder als zusammengesetzte Handschriften – wie z.B. die *Handschrift MS1609 der UB Graz* (vgl. dazu Kranich-Hofbauer 2010). Die Kochrezepttexte sind in diesem Texttypus Bestandteil des medizinischen Zusammenhangs, und dieser zielt darauf ab, auf der Basis der Theorie der antik-mittelalterlichen Säftelehre die Zufuhr von passenden Nahrungsmitteln in passender Zusammenstellung als wichtiges Präventionsmittel zur Gesunderhaltung des Körpers darzustellen.

Am Beginn der Neuzeit und im Zeitalter der Drucktechnik begegnen die Hausbücher nun wieder: bei Walther Ryff in Form von *Spiegel und Regiment der Gesundheit – wie man derselben nach / aller Speiß und Tränck / auß Küchen / Keller / vnd Apothecken brauchen vnd niessen sol. Zu nutz vnd frommen dem gemeinen Mann vnd einfältigen Leyen/ auff die Landsart/sitten/ gewonheit vnd brauch /deßgleichen die Natur vnd Complexion der Teutschen /...* Schon der Titel macht Grundsätzliches deutlich: Das Buch steht in der Tradition der mittelalterlichen Regimina sanitatis, es gibt Anweisungen, wie man sich zu verhalten hat, wenn man gesund bleiben will, und verbindet dabei Nahrung (*auß Küchen / Keller*) mit pharmazeutischen Herstellungen (*vnd Apothecken*).

Adressat ist der gemeine Mann und einfältige Laie, auf dessen deutsche Grundverfasstheit (*Natur vnd Complexion der Teutschen*) alles abgestimmt ist.

Damit liegt Ryff ganz im Trend seiner Zeit, die eine Unmenge an solchen Ratgebern für den „gemeinen Mann" hervorbringt. Er argumentiert damit, dass den Reichen gute, wie er in der Vorrede sagt: „erfahrene" Ärzte und teure Arzneien aus der Apotheke zur Verfügung stehen und dass sich die Gelehrten aus den anspruchsvollen Werken unterrichten. Die weniger begüterten und weniger gebildeten Schichten aber brauchten den preiswerten Schatz der neuen Informationsmedien (vgl. Giesecke 1998, S. 535), um einerseits nicht auf einen Kurpfuscher hereinzufallen und andererseits zur Selbsthilfe greifen zu können, wenn es nicht anders geht. Ryff argumentiert sowohl in der Vorrede zu *Spiegel und Regiment* als auch in jener des *New Kochbuoch für die Krancken* so.

Auch hier steht Ryff in der Tradition seiner Zeit: Viele handschriftliche Quellen seit dem 14. Jahrhundert – besonders aus den Artes-mechanicae-Bereichen der Haus- und Landwirtschaft sowie der Medizin – sind in Sprache und Darstellungsform bereits für den Zugriff durch den Laien geeignet – z.B., um nur einen zu nennen, Ortolf von Baierland. Gleichzeitig verlieren die volkssprachlichen Gesundheitslehren des 15. Jahrhunderts ihre theoretischen Teile und beschränken sich zunehmend auf die Beschreibung von Verhaltensmaßregeln, bei denen die Theorie der antik-mittelalterlichen Säftelehre zwar implizit vorausgesetzt, aber selbst nicht mehr ausbuchstabiert wird. Aus diesem Informationspool schöpfen Autoren und Drucker des 15. und 16. Jahrhunderts und bringen „Arzneibücher", „Apotheken", „Spiegel" und „Ordnungen" auf den Markt, die auf die alten Texte wie Module zugreifen.

An der Wende zum 17. Jahrhundert wird dann der nächste Entwicklungsschritt deutlich: Es entstehen die umfangreichen Hausväterbücher (vgl. die Publikationen des Johann Coler als prägendes Beispiel, vgl. dazu Kranich-Hofbauer 2006/07), die ebenfalls nicht nur medizinische Informationen enthalten, sondern versuchen, nützliche Kenntnisse aus möglichst allen Lebensbereichen des „Hausvaters" zusammenzutragen – wieder mit Kochrezepttexten und diese wieder im eher medizinischen Kontext (vgl. dazu auch Giesecke 1998, S. 558).

So gesehen ist Walther Ryff also ein Autor, der erhöhte Aufmerksamkeit verdient, steht er doch einerseits in der Tradition der spätmittelalterlichen Hausbücher und ist andererseits ganz Mensch des frühen 16. Jahrhunderts, der die Möglichkeiten des neuen Mediums nützt, die Bedürfnisse einer immer stärker werdenden laikalen Interessentenschicht mit alltagstauglichem Wissen zu versorgen. Er ist also ein wichtiger Zeitzeuge für den Wissenstransfer und die Wissenstransformation am Übergang vom Spätmittelalter zur Neuzeit.

Literaturverzeichnis:

Benzing, Josef: Walther H. Ryff und sein literarisches Werk. Eine Bibliographie. In: Philobiblon 11 (1958), S. 126-154 und S. 203-226.

Giesecke, Michael: Der Buchdruck in der frühen Neuzeit. Frankfurt a.M.: Suhrkamp 1998. (= Suhrkamp-TB Wissenschaft 1357.)

Grenzmann, Ludger: Traumbuch Artemidori: zur Tradition der ersten Übersetzung ins Deutsche durch W. H. Ryff. Baden-Baden: Koerner 1980. (= Saecvla spiritalia. 2.)

Keil, Gundolf: Ryff. In: Neue deutsche Biographie. Hrsg. v. d. Historischen Kommission bei der Bayerischen Akademie der Wissenschaften. Band 22. Berlin: Duncker & Humblot 2005, S. 310-311.

Kranich-Hofbauer, Karin: Das Wissen der Hausväter – Hausbücher und Hausväterbücher. Grundlinien einer Gattungsgenese. In: Fachprosaforschung – Grenzüberschreitungen 2/3 (2006/07). Baden-Baden: Koerner 2008, S. 155-176.

Kranich-Hofbauer, Karin: Zusammengesetze Handschriften – Sammelhandschriften. Materialität – Kodikologie – Editorik. In: Materialität. Hrsg. v. Martin Schubert. Berlin: De Gruyter 2010. (= Beihefte zu editio. 32.) S. 309-321.

Stübler, Eberhard: Leonhart Fuchs: Leben und Werk. München: Verl. d. Münchner Drucke 1928. (= Münchener Beiträge zur Geschichte und Literatur der Naturwissenschaften und Medizin. 13/14.)

Telle, Joachim: Ryff. In: Literatur-Lexikon: Autoren und Werke deutscher Sprache. Hrsg. v. Walther Killy. Band 10. Gütersloh [u.a.]: Bertelsmann-Lexikon-Verl. 1991, S. 83-84.

Vollmuth, Ralf: Traumatologie und Feldchirurgie an der Wende vom Mittelalter zur Neuzeit. Exemplarisch dargestellt anhand der „Grossen Chirurgie“ des Walther Hermann Ryff. Stuttgart: Steiner 2001. (= Sudhoffs Archiv. Beiheft 45.)

Christina Köstner-Pemsel, Markus Stumpf

Aktuelle Entwicklungen in den NS-Provenienzforschungsprojekten an Bibliotheken

Der Beitrag berichtet über die drei im Rahmen des Bibliothekartages in Innsbruck abgehaltenen Veranstaltungen zur NS-Provenienzforschung und deren Ergebnisse.

Das Thema NS-Provenienzforschung war am 31. Österreichischen Bibliothekartag in Innsbruck mit drei Veranstaltungen vertreten. Einerseits fand die 8. Sitzung der VÖB-AG NS-Provenienzforschung[1] unter Leitung von Markus Stumpf statt, die hauptsächlich den Themen „Vernetzung" und „Datenaustausch" gewidmet war. Frank Möbus (Göttingen) berichtete in einem Impulsreferat über seine Erfahrungen und appellierte für eine Nutzung der gemeinsamen „kollektiven Intelligenz" aller ProvenienzforscherInnen. Monika Eichinger (Salzburg) berichtete über den zum Datenaustausch gegründeten internen, virtuellen Projektraum „Bibliotheken" im Webportal der Arbeitsstelle für Provenienzforschung[2] (AfP), dessen Nutzungsmöglichkeiten zu einer intensiven Diskussion in der AG führten.

Die zweite Veranstaltung war die Präsentation des 10. Bandes der VÖB-Schriftenreihe „NS-Provenienzforschung an österreichischen Bibliotheken – Anspruch und Wirklichkeit". Nach einleitenden Worten von Harald Weigel gingen die HerausgeberInnen (Bruno Bauer, Christina Köstner-Pemsel, Markus Stumpf) nicht nur auf die Rahmenbedingungen der NS-Provenienzforschung und das Konzept des Buches ein, sondern strichen auch den ethischen Aspekt dieses Themas heraus.[3]

Zwei Beiträge des Buches wurden im Anschluss präsentiert. Frank Möbus sprach über Provenienzforschungsprojekte in deutschen Bibliotheken und forderte eine engere Zusammenarbeit unter den ProvenienzforscherInnen, die Doppelt- und Dreifachrecherchen vermeiden sollen.[4] Hermann Hummer, Birgit Johler und Herbert Nikitsch brachten danach einen Vorbericht zu einer Provenienzforschung am Österreichischen Museum für Volkskunde

[1] Vgl. http://www.univie.ac.at/voeb/kommissionen/ag-ns-provenienzforschung/ (Stand: 12.1.2012)

[2] Vgl. http://www.arbeitsstelle-provenienzforschung.de/ (Stand: 15.1.2012)

[3] Vgl. Bruno Bauer, Christina Köstner-Pemsel, Markus Stumpf (Hrsg.): NS-Provenienzforschung an österreichischen Bibliotheken. Anspruch und Wirklichkeit. Graz–Feldkirch: W. Neugebauer 2011 (= Schriften der Vereinigung Österreichischer Bibliothekarinnen und Bibliothekare 10).

[4] Frank Möbus: Von engen Netzwerken und großen Maschen. Provenienzprojekte in deutschen Bibliotheken: Chancen, Perspektiven, Probleme. In: Bauer, Köstner-Pemsel, Stumpf: NS-Provenienzforschung an österreichischen Bibliotheken (wie Anm. 3), S. 101–110.

und zeigten einen Fall, der geradezu als Paradebeispiel für eine notwendige Zusammenarbeit herangezogen werden kann.[5] Die KollegInnen zeigten das Exlibris von Benno Karpeles (1868–1938)[6], dessen Bücher auch in der UB Wien aufgetaucht sind.

Abb.: Exlibris Benno Karpeles

[5] Hermann Hummer, Birgit Johler, Herbert Nikitsch: Die Bibliothek des Österreichischen Museums für Völkerkunde. Ein Vorbericht. In: Bauer, Köstner-Pemsel, Stumpf: NS-Provenienzforschung an österreichischen Bibliotheken (wie Anm. 3), S. 459–476.

[6] Zu Benno Karpeles siehe Klaus Amann: Staatsfiktionen. Bilder eines künftigen Österreich in der Wiener Wochenschrift *Der Friede* (1918/1919). In: Ders.: Die Dichter und die Politik. Essays zur österreichischen Literatur nach 1918. Wien: Edition Falter/Deuticke 1992, S. 15–30, hier S. 16–18.

Der Kaufmann und Publizist Karpeles hatte von 1894 bis 1897 Wirtschaftswissenschaft in London studiert und engagierte sich schon früh für die sozialdemokratische Bewegung. Ab 1904 widmete er sich der Organisation der österreichischen Konsumgenossenschaften. In den Jahren 1918/1919 gab er die von ihm initiierte Wochenschrift „Der Friede" heraus, in der so bekannte Autoren wie Alfred Adler, Theodor Heuss oder Franz Werfel veröffentlichten. 1919 gründete Karpeles die Zeitung „Der Neue Tag", in der u.a. auch der junge Joseph Roth publizierte. Benno Karpeles starb am 13. Jänner 1938 völlig verarmt in Wien, seine Bibliothek scheint über verschiedene Wege aufgeteilt worden zu sein. Weitere Recherchen dazu sind noch offen.

Das Buch aus der Bibliothek des Museums für Volkskunde stammte jedenfalls von dem Wiener Antiquariat Alfred Wolf, das vornehmlich mit NS-Raubgut handelte und zu dem Walter Mentzel erste Ergebnisse seiner Forschung im vorgestellten Band präsentiert hat.[7] Eindrucksvoller hätte man nicht zeigen können, wie NS-Provenienzforschung funktionieren kann.

Die dritte Veranstaltung war dem Thema „Neue Erkenntnisse aus den Provenienzforschungsprojekten" gewidmet.[8] Im ersten Beitrag berichteten Christina Köstner-Pemsel und Markus Stumpf (Wien) über die Ergebnisse der NS-Provenienzforschung an der Bibliothek des ehemaligen Orientalischen Instituts der Universität Wien, die stark durch die Involvierung einzelner Personen in der SS-Organisation „Ahnenerbe" geprägt sind. Es zeigte sich, dass die Bestände des Instituts heute auf insgesamt sieben Fachbereichsbibliotheken verteilt und großteils neu signiert sind. Abgesehen davon befinden sich viele der vermutlich geraubten Bücher, auf die man in den Unterlagen stößt, heute nicht mehr in den Beständen der Fachbereichsbibliotheken. Für die Bibliotheksgeschichte ist aber die Auswertung der Inventarbücher und Akten sehr interessant und bringt neue Erkenntnisse für die Forschung.

Alrun Benedikter (Klagenfurt), die in ihrer Dissertation[9] der Frage nach der Beteiligung der ehemaligen Öffentlichen Studienbibliothek Klagenfurt – der Vorgängerinstitution der heutigen Universitätsbibliothek Klagenfurt – am nationalsozialistischen Kulturgüterraub nachgegangen ist, referierte über die „Tanzenberg"-Bestände in Kärnten vor ihrer Verlagerung nach Wien und

7 Vgl. Walter Mentzel: Wiener NS-Antiquariate und ihre Rolle im Bücherraub. Oder: Wie Antiquariate von der Judenverfolgung profitierten. Ein Forschungsbericht. In: Bauer, Köstner-Pemsel, Stumpf: NS-Provenienzforschung an österreichischen Bibliotheken (wie Anm. 3), S. 65–82, hier S. 77.

8 Vgl. dazu das Schwerpunktheft der VÖB Mitteilungen Nr. 1/2012.

9 Alrun Benedikter: „Der Rest der Bücherei (3 1/2 Autoladungen) wurde der Studienbibliothek zugewiesen und von dieser bereits übernommen." Die Öffentliche Studienbibliothek Klagenfurt in den Jahren 1931 bis 1953 zwischen Systemergebenheit und behänder Beteiligung am nationalsozialistischen Kulturgüterraub. Alpen-Adria-Univ. Klagenfurt, phil. Diss. 2011.

arbeitete besonders die damals angedachten, aber nicht umgesetzten Nutzungsvarianten (Vorarlberger oder Kärntner Landesbibliothek) heraus.

Monika Eichinger und Ute Palmetshofer (Salzburg) lieferten einen Werkstattbericht zur Provenienzforschung an der Universitätsbibliothek Salzburg. Nach der Durchsicht von knapp 240.000 Bänden, die vor 1945 erschienen sind und ab 1933 in die Bibliothek gelangten, lassen sich bereits erste Tendenzen und Fälle umreißen. Dabei zeigte sich, dass nur 6.300 davon zwischen 1938 und 1945 in den Bestand der Studienbibliothek eingearbeitet wurden. Gerade an diesem eklatanten Unterschied sieht man, wie wenig aussagekräftig ein Blick in die Inventarbücher zwischen 1938 und 1945 für die Provenienzforschung ist. Bislang haben sich u.a. einige Bände aus der so genannten „Sammlung Tanzenberg" und der „Bücherei des Ahnenerbes" gefunden, aber auch zahlreiche, bislang noch nicht identifizierte Vorbesitzer, denen noch nachgegangen werden muss.

Die drei Veranstaltungen repräsentierten die aktuellen Entwicklungen und Projekte der NS-Provenienzforschung an österreichischen Bibliotheken sehr gut und zeigten die Möglichkeiten engerer Zusammenarbeit deutlich auf. Ein Beitrag zum besseren Informationsaustausch ist vor allem der Band „NS-Provenienzforschung an österreichischen Bibliotheken", in dem erstmals die mittlerweile zahlreichen Aktivitäten an österreichischen Bibliotheken im Bereich der NS-Provenienzforschung dargestellt werden und der einen umfassenden Überblick zur Thematik und zu den bereits restituierten Fällen liefert. Er ist als Einführungs- und Nachschlagewerk konzipiert und dient neben der Information der interessierten Öffentlichkeit dem Ziel, aktuelle und auch zukünftige NS-Provenienzforschungsprojekte an österreichischen Bibliotheken zu unterstützen.

Die Erkenntnisse aus den bisher vorliegenden Ergebnissen der NS-Provenienzforschungsprojekte an den verschiedenen Bibliothekstypen machen deutlich, dass jede Bibliothek (unter Einbeziehung der Geschichte etwaiger Vorgängerinstitutionen), die vor 1945 existiert hat, bzw. jede Bibliothek, die Bücher mit Erscheinungsjahr vor 1945 in ihren Beständen hat, nur dann Klarheit darüber herstellen kann, ob sie von diesem Thema betroffen ist, wenn sie entsprechend fundiert NS-Provenienzforschung betreibt.

Gesetzlich zur Provenienzforschung verpflichtet sind in Österreich die Bundesmuseen, die Österreichische Nationalbibliothek und diverse Amts- und Behördenbibliotheken durch das Bundesgesetz über die Rückgabe von Kunstgegenständen und andere Entschädigungsmaßnahmen (BGBl. I 1998/181; Novelle BGBl. I 2009/117). In den letzten Jahren betreiben aber auch viele wissenschaftliche Bibliotheken NS-Provenienzforschung ohne gesetzliche Verpflichtung.[10] Weitgehend außer Streit gestellt ist mittlerweile die Einsicht,

[10] Beispielhaft sei hier die Schloss Schönbrunn Kultur- und Betriebs-GmbH genannt, die wie die Privatstiftung Leopold nicht dem Rückgabegesetz unterliegt. Dennoch ließ sie

dass dieses Thema für jede einzelne Bibliothek, die über Buchbestände mit Erscheinungsjahr vor 1945 verfügt, relevant ist. Während die Anfänge der Erforschung von Kulturgut, das während der nationalsozialistischen Zeit ihren ursprünglichen BesitzerInnen entzogen worden ist, in die 1990er Jahre zurückreichen, steht das Thema Bücherraub erst seit der Jahrtausendwende auf der Agenda wissenschaftlicher Bibliotheken des In- und Auslandes.

In dem aus der Arbeit der VÖB-AG NS-Provenienzforschung hervorgegangenen Band „NS-Provenienzforschung an österreichischen Bibliotheken" sind insgesamt 19 Institutionen mit ihren Ergebnissen oder ersten Werkstattberichten vertreten. Dennoch zeigte sich, dass viele Bibliotheken – darunter einige, die nach dem Kunstrückgabegesetz mittlerweile zur Provenienzforschung verpflichtet wären – kein Interesse an NS-Provenienzforschung haben oder den Bedarf (noch) nicht wahrnehmen.

Dabei kann aus der Erfahrung der Kolleginnen und Kollegen eindeutig festgehalten werden, dass Provenienzforschung in der Praxis häufig anders abläuft, als man glauben möchte. Die Vorstellung, es ginge nur um den Bestand der jeweiligen Bibliothek, der zwischen 1938 und 1945 erworben bzw. eigentlich eingearbeitet wurde, und man könne aus den Inventarbüchern, soweit vorhanden, alles herauslesen, erweist sich meist als falsch – das Gegenteil ist fast immer der Fall.[11] Seit der Novellierung des Kunstrückgabegesetzes 2009 ist nun auch der Zeitraum von 1933 bis 1938 zu berücksichtigen, da gerade in dieser Zeit der Handel mit „billig" zu erwerbenden entzogenen Büchern aus dem Deutschen Reich einsetzte.

Oft stellt sich heraus, dass der Fokus der Provenienzforschung eher auf die Nachkriegszeit denn auf die Zeit zwischen 1938 und 1945 zu legen ist, da die problematischen Bücher oft Jahre, manchmal Jahrzehnte unbearbeitet blieben bzw. gerade die Nachkriegserwerbungen aus Antiquariaten tendenziell als problematisch anzusehen sind. Generell ist der Untersuchungszeitraum bis in die Gegenwart auszudehnen, um systematisch Bände mit Erscheinungsjahr bis 1945, die durch antiquarischen Kauf, Widmung aus einem Nachlass oder Geschenk nach dem Zweiten Weltkrieg in die jeweilige Bibliothek gelangt sind, auf ihre Unbedenklichkeit hin prüfen zu können.

Hinzu kommt bei der Aufarbeitung der Bestände, dass sich zumindest an wissenschaftlichen Bibliotheken eine unerwartet hohe universitätsinterne

den Fall vom Rückgabebeirat prüfen. So wird ein erst 1993 erworbenes Bücher-Konvolut nun zurückgeben. Vgl. dazu Thomas Trenkler: Schloss Schönbrunn GmbH restituiert freiwillig. In: Der Standard http://derstandard.at/1325486070814/Schloss-Schoenbrunn-GmbH-restituiert-freiwillig (Stand:18.1.2012).

11 Vgl. dazu den Beitrag von Frank Möbus am 100. Deutschen Bibliothekartag in Berlin, 2011. Frank Möbus: „Über Nichtfind-Bücher. Zugangsbücher und Inventare Göttinger Institutsbibliotheken nach 1933" (Abrufbar unter: http://www.opus-bayern.de/bib-info/volltexte/2011/1144/pdf/Nichtfind_Buecher.pdf (Stand: 15.1.2012).

Mobilität der Bestände zwischen den einzelnen Fachbereichen zeigt. Diese frühe Form der Forschungsunterstützung und Dienstleistung an der Wissenschaft erweist sich bei der Recherche der Provenienzen als ebenso schwer zu überwindende Hürde wie der Antiquariatshandel.

In jedem Fall erweist sich die Vernetzung und der Austausch von Informationen als wichtige Hilfe bei der komplexen Arbeit der ProvenienzforscherInnen. Neue Forschungsergebnisse aus anderen Bibliotheken führen zur Hinterfragung der „alten", so dass das Wissen um die Provenienz der Bestände manchmal nur einen temporären Zustand beschreibt. Neben der Vernetzung, die nur als ein aktiv gestalteter Prozess nutzbar gemacht werden kann, sind Professionalisierungs- und Institutionalisierungsbestrebungen der Provenienzforschung selbst (Stichwort „Verstetigung"), zu konstatieren.

Auch der Paradigmenwechsel von gedruckten zu elektronischen Medien vollzieht sich immer rascher: Repositorien und Digitalisierungsinitiativen erhöhen den Druck auf die BibliothekarInnen, die Ausscheidungsquoten zu erfüllen (Stichwort: Stellplatz als Kostenfaktor), gleichzeitig führen die veränderten Aufgabenstellungen zwar zu einer prinzipiell positiven Serviceverbesserung, bedeuten allerdings meist auch eine Reduktion des Kulturauftrags und der Archivierungsfunktion der wissenschaftlichen Bibliotheken, und so nimmt auch die Ausscheidung von potentiellem Raubgut zu.

Letztlich zeigte die Erfahrung in den meisten Bibliotheken, dass eine Generalautopsie des Buchbestandes der zielführendste Weg zu einer vollständigen Aufarbeitung sämtlicher in Frage kommenden Druckschriften ist. Dabei wird die Aufnahme aller relevanten Provenienzmerkmale, also handschriftliche Eintragungen, Signaturen, Stempel, Etiketten und Exlibris, die auf die Vorbesitzer hinweisen, aber auch eine bibliotheksinterne Zuordnung ermöglichen, am besten fotografisch erfasst und dokumentiert. Diese Dokumentation bildet dann die Basis zu allen Folgerecherchen. In jedem Fall ist Provenienzforschung eine vielschichtige und überaus komplexe Thematik, die ein hohes Maß an Professionalität bei allen beteiligten Stellen erfordert und mittelfristig nicht nur als Projekt, sondern als eine wichtige Aufgabe im Routinebetrieb verankert sein sollte. Dazu gehört die Dokumentation sämtlicher relevanter abteilungsinterner wie auch abteilungsübergreifender Prozesse und am besten die Übernahme der Mitarbeiter des NS-Provenienzforschungsteams in den regulären Personalstand.

Leider sind jedoch gerade die mangelnden (Personal-)Ressourcen für Provenienzforschungsprojekte ein großes Problem. In einer großen Bibliothek lässt sich das Thema nicht in zwei Jahren abhandeln. Um sich der Sache ernsthaft und nachhaltig annehmen zu können, müsste es zumindest ein/e Provenienzforscher/in geben, der/die sich ausschließlich mit dem Thema beschäftigen kann. Die Praxis zeigt, dass die Projekte sehr unterschiedliche Unterstützung ihrer Institutionen erhalten. Manchmal soll die Provenienzforschung als Zusatzaufgabe neben der „normalen" Bibliotheksarbeit bewältigt werden, teilweise von Personen ohne entsprechende Ausbildung. Aber es gibt auch Beispiele, wo Land, Stadt, Universität und Bibliothek so zusammenarbeiten, dass ein professionelles Team von HistorikerInnen und BibliothekarInnen die Aufarbeitung der Bestände betreiben kann. Von Förderungen wie in Deutschland, wo seit 2008 Mittel in Höhe von einer Million Euro jährlich zur Stärkung der Provenienzforschung zur Verfügung stehen[12] und diese nun sogar verdoppelt wurden[13], kann in Österreich nur geträumt werden.

Auch für Österreich gelten große Teile der Stellungnahme, zu der der Beirat der Arbeitsstelle für Provenienzrecherche/-forschung in Deutschland auf der Grundlage der Auswertung eines von der AfP vorgelegten Statusberichts zur geleisteten Arbeit sowie zu den Ergebnissen der geförderten Projekte gelangte. Unter dem Punkt Desiderata wird formuliert:[14]

> „Vor allem aber wird zu klären sein, welche Anforderungen an die Dokumentation des aus den Forschungsvorhaben resultierenden Wissens durch die Institutionen gestellt werden müssen und wie dieses Wissen […] nicht nur gebündelt, sondern auch allen Berechtigten systematisch und dauerhaft so zugänglich gemacht werden kann, dass weiteres Forschen darauf aufbauen kann. […]
>
> So hat die Erforschung der Geschichte jener Sammlungen und Objekte, die während des Nationalsozialismus ihren rechtmäßigen Eigentümern entzogen wurden, […] einen großen Schritt voran getan. Jedoch sind sich die Beteiligten […] darüber im Klaren, dass es noch jahrelanger, wenn nicht jahrzehntelanger intensiver Bemühungen bedarf, um zu umfassender, weitestgehender Aufklärung zu gelangen."

In diesem Sinne zeigt sich für Österreich, dass das Thema NS-Bücherraub und die eigene Vergangenheit während der NS-Diktatur an vielen Bibliotheken angekommen ist. Dennoch: Es ist noch viel zu tun und es wäre zu begrüßen, wenn weitere Bibliotheken beginnen, sich auf professionelle Weise mit dem Thema NS-Provenienzforschung auseinanderzusetzen.

12 Vgl. http://www.arbeitsstelle-provenienzforschung.de/ (Stand: 16.1.2012).

13 http://www.arbeitsstelle-provenienzforschung.de/index.php/pressemitteilungen/54-pressemitteilungen-afp-bkm/438-mittel-werden-verdoppelt (Stand: 16.1.2012).

14 Evaluation der Arbeitsstelle für Provenienzrecherche/-forschung. Bericht des Beirats der Arbeitsstelle 2011. S. 4–5, http://www.arbeitsstelle-provenienzforschung.de/index.php/component/jdownloads/?task=finish&cid=43&catid=12 (Stand: 16.1.2012).

Falk Reckling

Eine freie Wissenschaft braucht die freie Zirkulation ihrer Erkenntnisse[1]

Zur aktuellen Entwicklung von Open Access aus der Perspektive des Fonds zur Förderung der wissenschaftlichen Forschung (FWF)

Der Fonds zur Förderung der wissenschaftlichen Forschung (FWF) als zentrale Förderorganisation für Grundlagenforschung in Österreich unterstützt seit 2003 ideell und finanziell den freien Zugang zu Forschungsergebnissen (Open Access). Dieser Artikel gibt einen Überblick über die Entwicklungen der letzten Jahre und macht Vorschläge insbesondere zur Weiterentwicklung von Open Access in Österreich.

I. Anspruch und Wirklichkeit von Open Access

Vor acht Jahren hat sich der Fonds zur Förderung der wissenschaftlichen Forschung (FWF) mit der Unterzeichnung der *Berlin Declaration on Open Access to Knowledge in the Sciences and Humanities* dazu verpflichtet, den freien Zugang zu wissenschaftlichen Publikationen im Internet zu unterstützen.[2] Die Argumente haben sich seitdem nicht geändert und werden laut internationalen Umfragen von nahezu 90 % der WissenschafterInnen verschiedenster Disziplinen unterstützt:[3]

(a) Wissenschaft als öffentliches Gut: Die Finanzierung von Forschung basiert überwiegend auf Steuergeldern.[4] Öffentlich finanzierte WissenschafterInnen arbeiten als HerausgeberInnen und GutachterInnen für Fachverlage. Die Fachverlage erhalten darüber hinaus oft noch zusätzliche Subventionen in Form von Druckkostenzuschüssen o.Ä. Die Produkte der Fachverlage werden fast ausschließlich von öffentlichen Bibliotheken angekauft oder subskribiert.

1 Im Folgenden werden die Entwicklungen von Open Access aus der Perspektive des FWF dargestellt. Der Artikel stellt eine Erweiterung mehrerer Vorträge (u.a. beim Österreichischen Bibliothekarstag in Innsbruck am 21.10.2011) dar und wurde in leicht abgeänderter Form zuerst am 17.11.2011 online veröffentlicht: http://www.fwf.ac.at/de/public_relations/oai/zur-aktuellen-entwicklung-von-open-access.html

2 Unterschrieben wurde die Erklärung vom damaligen FWF-Präsidenten Georg Wick am 5.11.2003, vgl. http://oa.mpg.de/lang/de/berlin-prozess/signatoren/

3 Siehe Dallmeier-Tiessen, S. u.a. (2011): Highlights from the SOAP project survey. What Scientists Think about Open Access Publishing, http://arxiv.org/abs/1101.5260v2

4 Vgl. u.a. Alliance for Taxpayer Access, http://www.taxpayeraccess.org/about/index.shtml

Daher ist es ethisch wie ökonomisch geboten, dass die Wissenschaft, aber auch die Öffentlichkeit einen freien Zugang zu diesen Publikationen hat.
(b) Sichtbarkeit und Wissenstransfer: Ein freier Zugang erhöht nicht nur die Sichtbarkeit der Publikationen in der Scientific Community,[5] sondern erleichtert auch einen Transfer der Erkenntnisse der Wissenschaft in die Gesellschaft.[6] So erhalten interessierte Gruppen Zugang, die sich ansonsten die Anschaffung von wissenschaftlichen Publikationen nicht leisten könnten. Das betrifft nicht nur eine allgemein an Wissenschaft interessierte Öffentlichkeit, sondern ganz konkret etwa PraktikerInnen und Betroffene aus Medizin, Technik, Politik, Verwaltung, potentielle AnwenderInnen aus KMUs oder WissenschafterInnen aus kleineren Forschungsinstituten und Entwicklungsländern.
(c) Wissensvernetzung: Durch das Internet haben sich gewaltige Potentiale der Vernetzung von wissenschaftlichen Erkenntnissen eröffnet (z.B. durch text mining). Diese Potentiale können sich jedoch nur entfalten, wenn die Inhalte und Ergebnisse der Wissenschaft frei zugänglich sind.
(d) Preisentwicklung: Die Entstehung von Open Access war auch damit verbunden, dass die Subskriptionspreise der Wissenschaftsverlage exponentiell gestiegen sind. Die Großverlage haben dabei oft Pakete von Zeitschriften an die Bibliotheken verkauft, die häufig auch eine Reihe von sehr teuren, aber wenig qualitätsvollen Zeitschriften enthalten haben (*big deal*[7]). Diese Preispolitik hat dazu geführt, dass viele Forschungsstätten nicht mehr in der Lage waren, alle notwendigen Publikationen anzuschaffen (*serial crisis*[8]).

Der Druck, den Open Access sowohl in Form von Open-Access-Zeitschriften als auch durch die Archivierung von Pre- und Postprints auf die Großverlage ausgelöst hat, hat zumindest bewirkt, dass die Preissteigerungen in den letzten Jahren abgeflacht sind.

Es ist nicht bei Forderungen geblieben, auch Fakten wurden geschaffen:

Open-Access-Zeitschriften (*Gold Road*): Von schätzungsweise 27.000 wissenschaftlichen Fachzeitschriften publizieren ca. 7.300 nach dem Open-Access-Modell, mit einer durchschnittlichen Steigerungsrate von ca. 3,5 % pro Jahr.[9]

5 Vgl. die Bibliographie zu Zitierungen von Open-Access-Publikationen: http://opcit.eprints.org/oacitation-biblio.html

6 Vgl. die Studie von Parsons, D. u.a. (2011): Benefits to the Private Sector of Open Access to Higher Education and Scholarly Research, http://open-access.rg.uk/wp-content/uploads/2011/10/OAIG_Benefits_OA_PrivateSector.pdf

7 Zur Zukunft des „big deal“ vgl. das Interview mit dem Investmentmanager Claudio Aspesi: http://poynder.blogspot.com/2011/03/demise-of-big-deal.html

8 Vgl. George Monbiot (2011): The Lairds of Learning, in: http://www.monbiot.com/2011/08/29/the-lairds-of-learning

9 Am 19.12.2011 waren es genau 7.337 Zeitschriften, die im Directory of Open Access Journals (DOAJ) gelistet waren, vgl. http://www.doaj.org

Einige Förderorganisationen wie der FWF haben sich sehr früh bereit erklärt, die Kosten, die ggf. für AutorInnen bei Publikationen in Open-Access-Zeitschriften anfallen, zu übernehmen.

Einerseits wird ein Großteil davon immer noch ohne Gebühren für die AutorInnen publiziert und von Forschungsstätten, Bibliotheken oder Fachgesellschaften getragen. Andererseits wurden einige neue Verlage gegründet, die die Zeitschriften über „author fees" finanzieren, so z.B. Bentham (230 Zeitschriften), Hindawi (300) oder BioMedCentral (230).

Einen spektakulären Erfolg hat die nicht-kommerzielle Public Library of Science (PLoS) erzielt, deren sieben Zeitschriften in wenigen Jahren sehr hohe Impaktfaktoren erreicht haben. Dazu gehört auch die mittlerweile weltweit größte Fachzeitschrift PLoSOne, die mit ihrem Publikationsmodell einen Innovationsschub ausgelöst hat.

Diese Entwicklungen haben dazu geführt, dass internationale Großverlage und Fachgesellschaften nunmehr beginnen, selbst Open-Access-Zeitschriften zu publizieren.[10]

Wie bei jedem anderen Publikationsmodell auch wird es allerdings einige Zeit dauern, bis viele Open-Access-Zeitschriften ein entsprechendes Renommee aufgebaut haben. Andere Open-Access-Zeitschriften werden dagegen kaum wahrgenommen werden. Der Unterschied zum Subskriptionsmodell besteht allerdings darin, dass die großen Wissenschaftsverlage unterklassige Zeitschriften nicht mehr im Paket an die Bibliotheken verkaufen können.

Verlagspolitiken (*Green Road*): Über 200 Institutionen (davon 52 Förderorganisationen) weltweit verpflichten ihre WissenschafterInnen, soweit rechtlich möglich, Publikationen frei zugänglich zu machen.[11] Daraus folgend erlauben von über 1.000 untersuchten Fachverlagen gut zwei Drittel die Archivierung des Preprints und/oder Postprints der Publikation, die in einer traditionellen Fachzeitschrift erschienen ist, durch die AutorInnen.[12]

Repositorien: Es gibt über 2.500 registrierte fachspezifische und institutionelle Repositorien, in denen WissenschafterInnen elektronische Kopien ihrer Publikationen hinterlegen können. Dazu gehören so prominente Fachrepositorien wie arXiv, CiteSeerX, RePEc, SSRN oder PubMedCentral. Allein diese Repo-

[10] Beispiele für angekündigte oder bereits laufende Open-Access-Zeitschriften von Großverlagen bzw. großen Fachgesellschaften sind: Elsevier (Cell Reports), Wiley-Blackwell (fünf neue Zeitschriften), Springer (fast 60 Zeitschriften, zzgl. 230 Zeitschriften von BioMedCentral), Royal Society (Open Biology), Nature Publishing Group (Scientific Reports) oder American Physical Society (Physical Review X).

[11] Vgl. Registry of Open Access Repositories Mandatory Archiving Policies (ROARMAP), http://roarmap.eprints.org

[12] Vgl. die Daten von Romeo/Sherpa, die die Open-Access-Politik der Verlage führt: http://www.sherpa.ac.uk/romeo/statistics.php?la=en&fIDnum=&mode=simple

sitorien haben bisher fast 6 Mio. Volltexte frei zugänglich gemacht.[13] PubMedCentral hat gegenüber allen anderen Repositorien ein bedeutendes Alleinstellungsmerkmal entwickelt, weil referierte Publikationen und nicht nur Preprints (Working Papers vor dem Peer Review) archiviert werden.

Anteile von Open Access: Wissenschaftliche Schätzungen gehen davon aus, dass im Jahr 2008 über 20 % aller Artikel aus Fachzeitschriften durch Open-Access-Zeitschriften oder durch Archivierungen von Preprints bzw. Postprints im Internet frei zugänglich waren.[14] Damit wurde nicht nur der ansonsten eher konservative Verlagsmarkt vitalisiert[15], sondern das Modell der Subskription von Fachzeitschriften und der direkten bzw. indirekten Verlagssubventionen bei einem beschränkten Zugang – nicht mehr nur normativ – empirisch in Frage gestellt.

Auch der FWF und vor allem die von ihm geförderten WissenschafterInnen konnten dazu etwas beitragen.

II. Weiterentwicklungen der Open Access Policy des FWF

Bis etwa 2009 konzentrierte sich die Unterstützung des FWF auf drei Felder:

(a) Über die Medien des FWF wurden den WissenschafterInnen Hintergrundinformationen über die Bedeutung von Open Access und die bereits bestehenden Möglichkeiten zur Verfügung gestellt.[16]

(b) Es wurde seit 2004 schrittweise eine Open Access Policy entwickelt. Diese begann 2004 mit einer Aufforderung an die WissenschafterInnen, ging 2006 in eine freiwillige Selbstverpflichtung über und mündete 2008 in einem der ersten Mandate einer Förderorganisation weltweit.[17] Es verpflichtet alle ProjektleiterInnen und -mitarbeiterInnen dazu, wenn rechtlich möglich, ihre Publikationen entweder durch Archivierung einer elektronische Kopie in einem geeigneten Repositorium oder durch Publikation in einem Open-Access-Medium frei im Internet zugänglich zu machen.

(c) Die wichtigste Maßnahme, die bereits 2004 eingeführt wurde, war und ist, dass der FWF über die Förderschiene „Referierte Publikationen" die Kosten für Open Access bei referierten Publikationen bis drei Jahre nach Projektende übernimmt.

[13] Vgl. Registry of Open Access Repositories (ROAR): http://roar.eprints.org

[14] Björk, B-C. u.a. (2010): Open Access to the Scientific Journal Literature: Situation 2009, in: PLoS ONE 5(6): e11273. doi:10.1371/journal.pone.0011273

[15] Vgl. jüngst: Björk, B-C. (2011): A Study of Innovative Features in Scholarly Open Access Journals, in: J Med Internet Res 2011;13(4):e115, doi: 10.2196/jmir.1802

[16] Die Open-Access-Aktivitäten des FWF seit 2004 sind hier dokumentiert: http://www.fwf.ac.at/de/public_relations/oai/oa-news.html

[17] Für eine Übersicht über die weltweit bestehenden Mandate für Open Access von Forschungsstätten und Förderorganisationen vgl. http://roarmap.eprints.org

Um Open Access in allen Disziplinen zu beschleunigen, hat der FWF seit 2009 zusätzliche Maßnahmen gesetzt:

1. UKPubMedCentral

PubMed ist nicht nur die größte bibliographische Datenbank in den Life Sciences (ca. 21 Mio. Einträge), sie erreicht auch mit Abstand die höchsten Akzeptanz- und Nutzungswerte einer disziplinenspezifischen bibliographischen Datenbank. Das wurde nicht zuletzt durch die Politik wie auch durch Förderungen des National Institute of Health (NIH) sowie vieler britischer Förderorganisationen wie dem Welcome Trust (WT) ermöglicht.

Dazu gehört auch das Volltextarchiv PubMedCentral mit fast 2,3 Mio. frei zugänglichen Fachartikeln. Der große Vorteil von PubMedCentral gegenüber Repositorien wie arXiv, CiteSeerX, RePEc oder SSRN ist, dass nicht nur Preprints (Working Paper vor dem Peer Review) archiviert werden können, sondern Kopien oder Originale von referierten Zeitschriftenartikeln.

Seit März 2010 beteiligt sich der FWF über das Partnerrepositorium UK-PubMedCentral an dieser Initiative, zumal davon über 40 % aller Publikationen aus FWF-Projekten betroffen sind. Das bedeutet, dass alle ProjektleiterInnen in den Life Sciences ein Projektkonto bei UKPubMedCentral erhalten, um darüber ihre Publikationen zu archivieren. Nach etwa 18 Monaten hat diese Maßnahme dazu geführt, dass fast 2.500 referierte Publikationen aus FWF-Projekten frei zugänglich sind[18] und davon fast 1.100 Publikationen direkt mit dem jeweiligen Forschungsprojekt verknüpft sind.[19]

2. Abrechnung von Publikationskosten

Fallen Kosten für referierte Publikationen aus FWF-Projekten an, war die bisherige Praxis, dass die ProjektleiterInnen diese aus den Projektmitteln zahlen und der FWF die Kosten rückerstattet.[20] Um das für die ProjektleiterInnen zu vereinfachen, hat der FWF mit den Großverlagen Elsevier, Wiley-Blackwell und BioMedCentral Vereinbarungen geschlossen, die eine Direktverrechnung zwischen den Verlagen und dem FWF ermöglichen. Dieses Modell hat es auch ermöglicht, mit Wiley-Blackwell und BioMedCentral Rabatte zu vereinbaren. (Weitere Abkommen dieser Art sind u.a. mit der American Chemical Society in Planung.)

Damit verbunden ist bei einigen Großverlagen auch die Option des „Freikaufs“ von Artikeln; d.h. durch die Zusatzfinanzierung des FWF werden die Originalpublikationen aus klassischen Subskriptionszeitschriften von den

18 http://www.ncbi.nlm.nih.gov/pmc

19 http://ukpmc.ac.uk/Funders/articles.php?funder=FWF

20 Für das FWF-Programm „Referierte Publikationen“ vgl. http://www.fwf.ac.at/de/projects/referierte_publikationen.html

Verlagen in Repositorien für referierte Publikationen wie UKPubMedCentral transferiert. Disziplinen, die Repositorien für referierte Publikationen nicht haben, können, müssen aber nicht diese Option wählen (s. Elsevier und Wiley-Blackwell). Wird die Option nicht gewählt, muss sichergestellt werden, dass – ggf. unter Berücksichtigung von Embargofristen – ein Postprint des Artikels auf der Homepage oder in institutionellen Repositorien von den AutorInnen archiviert wird.

3. Selbstständige Publikationen

In den Geistes- und Sozialwissenschaften ist Open Access – bis auf Ausnahmen in den Wirtschaftswissenschaften – noch nicht so verbreitet wie in den Lebens- und Naturwissenschaften. Das mag auch mit den unterschiedlichen Publikationskulturen zu tun haben, bei denen u.a. noch Buchpublikationen eine große Rolle spielen.

In Anerkennung dessen hat der FWF zunächst begonnen, den Verlagen über das Programm „Selbstständige Publikationen" (kurz: Druckkosten für Bücher) eine zusätzliche Finanzierung anzubieten, wenn die Publikationen auch Open Access gestellt werden. Ab Dezember 2011 wird der FWF das noch entscheidend ausbauen:

(a) Um die Qualität der Buchpublikationen zu erhöhen, werden Lektorate finanziert.

(b) Da dies im deutschsprachigen Raum noch kaum üblich ist, erhalten die Verlage finanzielle Anreize, ein internationales Peer-Review-Verfahren einzuführen.

(c) Die internationale Sichtbarkeit wird durch die Finanzierung von Übersetzungen bzw. Fremdsprachenlektoraten erweitert.

(d) Es werden alle Buchpublikationen zeitgleich mit der Druckversion in der noch einzurichtenden FWF E-Book Library frei zugänglich archiviert. Durch die Verbindung mit Repositorien wie OAPEN und OpenAire ist eine hohe internationale Sichtbarkeit gewährleistet.[21]

4. Internationale Beteiligungen

Angesichts einer hoch internationalisierten Wissenschaft, deren Publikationen oft von multinationalen Verlagen veröffentlicht werden, wäre eine rein nationale Open Access Policy geradezu widersinnig. Aus diesem Grund hat sich der FWF am Entwurf einer gemeinsamen Empfehlung der Dachorganisatio-

[21] Die neuen Richtlinien für das Programm „Selbstständige Publikationen" sind ab 01.12.2011 abrufbar: http://www.fwf.ac.at/de/projects/selbststaendige_publikationen.html

nen der europäischen Förder- und Forschungsträgerorganisationen (EUROHORCs und ESF, vereinigt jetzt zu Science Europe) beteiligt.

Aus einer Reihe von Empfehlungen sollen dabei drei mit besonderem Nachdruck verfolgt werden:

(a) *„Implement policies and workflows that allow scholars to pay Open Access publication charges"*

Das bedeutet, dass Förderungen von Open-Access-Publikationen, die der FWF bereits seit 2004 eingeführt hat, als Standard für Förder- und Forschungsträgerinstitutionen in Europa empfohlen werden sollen.

(b) „Agree on conditions for covering Open Access Gold fees"

Das heißt, dass in Verhandlungen mit den Verlagen Bedingungen festgelegt werden sollen, unter denen Forschungsförderungs- und Forschungsträgerinstitutionen die Kosten für Open Access übernehmen. Verschiedene Modelle dafür stehen schon zur Diskussion.

(c) „Develop a common program that encourages publishers to change the business model of prestigious subscription based journals from all disciplines to Open Access or to launch new high level Open Access journals"

Diese Idee trägt zwei Problemen Rechnung: Einerseits gibt es bisher zu wenige Open-Access-Zeitschriften im „high impact"-Bereich. Andererseits soll es das langfristige Ziel sein, das bisherige „Subskriptionsmodell" durch andere Finanzierungsmodelle zu ersetzen.[22] Mit einem gemeinsamen Programm auf europäischer Ebene, das hochwertigen Fachzeitschriften den Um- bzw. Einstieg in Open Access erleichtert, sollen beide Prozesse beschleunigt werden.

Es ist vielleicht etwas übertrieben, wenn ein Autor schreibt: „The Austrian Science Fund (FWF) is the research funder with the most comprehensive open access publishing policy. Not only does it support open access to articles and books, but it also does so in an international framework." [23] Denn offensichtlich ist auch, dass die Politik des FWF in Österreich im Vergleich zu anderen Ländern bisher nur wenige Mitstreiter gefunden hat.

III. Was bleibt zu tun?

Aus Sicht des FWF kann das langfristige Ziel nur sein, das bisherige Publikationssystem so umzustellen, dass alle wissenschaftlichen Publikationen unter Einhaltung hoher Qualitätsstandards im Original frei im Internet zugänglich sind. Das wird kurzfristig die Gesamtkosten des Publikationssystems wahr-

[22] Zu einigen Geschäftsmodellen vgl. http://open-access.net/at_de/general_information/geschaeftsmodelle/#c486

[23] Armbruster, C. (2010): Implementing Open Access: Policy Case Studies, in: http://papers.ssrn.com/sol3/papers.cfm?abstract_id=1685855, S. 26

scheinlich sogar erhöhen. Einspareffekte sind dagegen erst langfristig zu erwarten.

Das wird weder die Verlage überflüssig machen noch zu Qualitätseinbußen führen. Aber es wird, um an die Motive von Open Access zu erinnern, die Verantwortlichkeit und Transparenz der Wissenschaft gegenüber den SteuerzahlerInnen stärken, die Sichtbarkeit erhöhen, den Wissenstransfer in die Gesellschaft beschleunigen, die Vernetzung wissenschaftlicher Erkenntnisse befördern und zu neuen Innovationen im Publikationsmarkt führen.

Man kann diesen Prozess als logische Konsequenz des Internets begreifen, der schwer rückgängig zu machen sein wird. Die entscheidende Frage scheint vielmehr zu sein, wie sich der Prozess weiter beschleunigen lässt, so dass die Unsicherheiten und Übergangskosten möglichst gering gehalten werden.

1. Wie lässt sich der Prozess beschleunigen?

Hier können auch Maßnahmen auf individueller, institutioneller und nationaler Ebene einiges bewegen:

Serviceorganisationen der Wissenschaften: Da es nun aber Hauptaufgabe von WissenschafterInnen ist, Wissenschaft zu betreiben, ist es mehr und mehr in der Verantwortung der Serviceorganisationen der Wissenschaft wie Ministerien, Fördergebern, Fachgesellschaften, Forschungsinstitutionen oder Bibliotheken, die WissenschafterInnen noch stärker zu unterstützen. Hier hat Österreich gegenüber Ländern wie den USA, Kanada, den Niederlanden oder Deutschland Nachholbedarf.

Es hat in jüngster Zeit zwar einige durchaus bemerkenswerte Anstrengungen gegeben. So hat die Universität Wien eine sehr aktive Open-Access-Arbeitsgruppe. Das IST Austria baut ein nutzerfreundliches Repositorium nach dem Open-Access-Prinzip auf und die ÖAW hat eine erste Open Access Policy formuliert.[24] Doch fehlt es an koordinierten Aktionen. Daher sollen hier nun noch einige Vorschläge zur Diskussion gestellt werden:

(1) Open Access Policy: Die österreichischen Forschungsstätten und Fördergeber sollten sich auf Mindeststandards für ein Mandat zu Open Access einigen.[25]

(2) Beratung: Das Wirken einer Open Access Policy setzt voraus, dass WissenschafterInnen möglichst an ihrer Forschungsstätte Ansprechpersonen haben,

[24] Open-Access-Gruppe der Universität Wien: http://openaccess.univie.ac.at; Pläne des IST Austria: http://www.slideshare.net/PatrickD/open-access-at-ist; Open Access Policy der ÖAW: http://epub.oeaw.ac.at/oa

[25] Vorlagen und Vorbilder listet u.a. die Initiative EnablingOpenScholarship (EOS) auf: http://www.openscholarship.org/jcms/c_6226/politiques-de-libre-acces-pour-les-universites-et-les-institutions-de-recherche?hlText=policie

die über die vorhandenen inhaltlichen, technischen und juristischen Optionen des Open Access informieren können.

(3) Förderung: Nach dem Vorbild der Initiative „*Compact for Open Access Publishing Equity*" [26] sollten Forschungsstätten und Fördergeber Mittel für Publikationen in qualitätsgeprüften Open-Access-Medien zur Verfügung stellen. Erste Schritte in diese Richtung haben einige österreichischen Forschungsstätten mit BioMedCentral gemacht.[27]

(4) Archivierungen in Repositorien: Als sehr erfolgreich haben sich bisher fachdisziplinäre Repositorien wie arXiv, CiteSeerX, RePEc, SSRN oder PubMedCentral erwiesen. Bei diesen ist die Motivation zur Selbstarchivierung für die WissenschafterInnen groß, weil man direkt von der relevanten Scientific Community rezipiert wird bzw. sie rezipieren kann.

Seit einiger Zeit beginnen nun auch Forschungsstätten selbst institutionelle Repositorien aufzubauen und die WissenschafterInnen zu ermuntern, auch dort zu archivieren. Damit entstehen aber Mehrfachanforderungen, die von den WissenschafterInnen oft als Überlastung empfunden werden. Daher ist es geboten, dass die Forschungsstätten technische Lösungen realisieren, mit denen durch eine einmalige Archivierung eine Verknüpfung mit mehreren Repositorien ermöglicht wird.

(5) Funktionswandel von Bibliotheken: Der Leiter der Bibliothek der Universität München, Klaus-Rainer Brintzinger, hat folgende Vision formuliert:

> „In einer vollständigen Open-Access-Welt hätte die Bibliothek überhaupt keinen eigenen Bestand mehr. Ihre Rolle bestünde darin, Informationen, sei es durch Vergabe von strukturierten Metadaten, sei es durch individuelle Recherche oder durch die Vermittlung von Recherchekompetenz zugänglich zu machen oder aber Publikationen und andere Arten von Information auf ihren institutionellen Servern selbst der wissenschaftlichen Öffentlichkeit zur Verfügung zu stellen."[28]

Diese Vision haben viele Bibliotheken und Forschungsstätten vor allem in angelsächsischen Ländern zum Teil schon Realität werden lassen. Sie fungieren dabei nicht nur als Berater für Open Access, sondern sind vielfach auch Träger von Open-Access-Publikationen. Das kann insbesondere für kleinere

[26] Unterstützt wird dies u.a. von den Universitäten Harvard, Cornell, Columbia, MIT, Berkeley, Duke, Simon Fraser, Barcelona und Förderorganisationen wie dem Welcome Trust oder dem FWF: http://www.oacompact.org/signatories

[27] Derzeit haben mit BioMedCentral das Institute for Molecular Pathology (IMP), das IST Austria, die Universität für Bodenkultur, die Technische Universität Graz, die Universität Wien und der FWF ein Abkommen, das die automatische Finanzierung von Open-Access-Artikeln für die AutorInnen regelt: http://www.biomedcentral.com/inst/cou/40#members

[28] Brintzinger, K.-R. (2010): Piraterie oder Allmende der Wissenschaften? Zum Streit um Open Access und der Rolle von Wissenschaft, Bibliotheken und Markt bei der Verbreitung von Forschungsergebnissen, in: Leviathan, 38, S. 336.

Disziplinen, deren Publikationsorgane für Verlage oft kommerziell nicht interessant sind, eine große Bedeutung haben. So haben Brian Edgar und John Wilinsky aus einer Stichprobe aus ca. 1000 Open Access Zeitschriften folgende Trägerschaften ermittelt:

Sponsoring organizations by number of journals[29]

Journal Sponsor	Journals (%)
Academic Department	491 (51)
Scholarly association or society	307 (32)
Non-profit-publisher	153 (16)
Research unit	145 (15)
Independent group	93 (10)
Commercial publisher	58 (6)
Other	150 (16)

Note: Respondents were able to select more than one sponsor or publisher.

(6) Austrian Academic Press: In Bezug auf den vorherigen Punkt könnten sich auch hier für Österreich attraktive Synergiepotentiale ergeben. In den letzten Jahren sind einige kleinere Universitätsverlage entstanden. Angesichts des Erfolges und der Qualität, die angelsächsische Universitäten mit diesem Modell erreicht haben, ist diese Entwicklung erfreulich. Es stellt sich allerdings die Frage, ob solch kleine Verlage mehr als eine regionale Sichtbarkeit erreichen werden. Wäre es nicht sinnvoll, wenn sich einige Forschungsstätten zusammenschließen und eine an den angelsächsischen University Presses orientierte Austrian Academic Press gründen würden? Neben sehr hohen internationalen Qualitätsstandards könnte eine entsprechende internationale Präsenz u.a. durch Open Access aufgebaut werden.

(7) Bewusstsein schaffen: All diese Maßnahmen werden jedoch nur dann erfolgreich sein, wenn sie von der Mehrzahl der WissenschafterInnen unterstützt werden. Hier gilt noch einmal in Erinnerung zu rufen, dass Open Access, anders als einige KritikerInnen meinen, keine Erfindung der Wissenschaftsbürokratie ist. [30] Es ist als Initiative von WissenschafterInnen entstanden, die Überzeugungsarbeit betrieben und vorhandene Möglichkeiten ausgenutzt haben: sei es als AutorInnen durch die Archivierung in Repositorien oder die Publikation in Open-Access-Zeitschriften bzw. als HerausgeberInnen

[29] Vgl. Edgar, B.D. / Willinsky, J. (2010): A Survey of Scholarly Journals Using Open Journal Systems, in: Scholarly and Research Communication, Vol 1, No 2, S. 7, http://journals.sfu.ca/src/index.php/src/issue/view/3

[30] Neben der Vermengung einiger Urheberrechtsverletzungen durch GoogleBooks mit Open Access ist das eines der Grundmissverständnisse des „Heidelberger Appells“: http://www.textkritik.de/urheberrecht

und GutachterInnen durch Druck auf die Verlage und Fachgesellschaften, Open Access zu ermöglichen.

Ein solches *Commitment* kann man organisatorisch begleiten. Als Initial können u.a. internationale Erfolgsgeschichten sichtbar gemacht[31] oder Unterstützungserklärungen prominenter WissenschafterInnen gebündelt werden, wie jüngst in den Niederlanden.[32]

Erste Impulse in diese Richtung sind auch in Österreich gesetzt. So werden vom 26.9. – 27.9.2012 erstmals die Open-Access-Tage in Österreich stattfinden.[33]

(8) (Forschungs-)Politik: Der Rat für Forschung und Technologieentwicklung (RFTE) hatte 2009 in seiner Strategie 2020 der Politik empfohlen, „... dass bis zum Jahr 2020 alle öffentlichen Forschungsergebnisse in Österreich (vor allem Publikationen, Forschungsprimärdaten etc.) frei im Internet zugänglich sind – Stichwort Open Access ...“[34] Nimmt man dieses Ziel ernst, dann müssen mit der Politik die dafür notwendigen infrastrukturellen und rechtlichen Rahmenbedingungen (v.a. Urheberrecht) diskutiert werden.[35]

In diesem Übersichtsartikel konnten viele Probleme nur angerissen werden. Und selbst wenn die meisten Probleme gelöst wären, bleiben noch viele weitere Fragen offen. Wie lässt sich z.B. der freie Zugang zu Forschungsdaten rechtlich und technisch für alle Wissenschaftsdisziplinen befriedigend regeln?

31 Für einige Erfolgsgeschichten vgl. http://www.oastories.org

32 Vgl. http://www.openaccess.nl/index.php?option=com_vipquotes&view=quotes&id=1&Itemid=91

33 Zu den Open-Access-Tagen vgl. http://open-access.net/at_de/aktivitaeten/open_access_tage

34 Rat für Forschung und Technologieentwicklung (2009): Strategie 2020, S. 31, http://www.rat-fte.at/tl_files/uploads/Strategie/090824_FINALE%20VERSION_FTI-Strategie2020.pdf

35 Vgl. etwa die Debatte der Enquete-Kommission „Internet und Digital Wandel“ des Deutschen Bundestages: http://www.bundestag.de/internetenquete/dokumentation/Bildung_und_Forschung/PGBuF_2011-11-07_Expertengespraech/index.jsp

Helge Steenweg

Publikationsmanagement an Hochschulen

Wie erreiche ich mehr durch weniger? Das Projekt *PUMA* an der Universität Kassel

Universität und wissenschaftliches Publizieren gehören zusammen. Dabei kommt dem Publikationsmanagement an Hochschulen immer mehr an Bedeutung zu. Die Interessenlage ist vielschichtig. Autoren wünschen komfortable Arbeitsumgebungen, die Hochschulpräsidien benötigen Forschungsinformationen, und Bibliotheken stellen mit Repositorien Infrastrukturen zur Verfügung. Neue Trends im Bibliothekswesen bringen weitreichende Veränderungen technologischer und organisatorischer Art. Ausgehend von den Bedürfnissen von Autoren wurde an der Universität von Kassel ein Projekt namens PUMA aufgesetzt, um die verschiedenen Interessen in einer modernen Umgebung zusammenzuführen. Innerhalb von PUMA finden Autoren neben einem *Social-Bookmarking-* und Bibliographie-System eine automatische Weitergabe ihrer Metadaten an Forschungsinformationssysteme, Repositorien und E-Learning-Systeme.

Wissenschaftliches Publikationswesen: Akteure und Interessen

Wissenschaftliche Publikationen und Hochschule gehören eng zusammen[1]. Gerade in letzter Zeit werden insbesondere das Erstellen und die Beschaffung von gedruckten und digitalen Informationen in Zusammenhang mit Kosten und Copyright heftig diskutiert. Dabei kommt dem Publikationsmanagement an Hochschulen immer mehr an Bedeutung zu. Die Gründe hierfür sind vielschichtig, mehrere Akteure lassen sich dabei ausmachen.

Hochschulleitungen

An vielen Hochschulen existiert bereits ein Forschungsbericht, der, von Hochschulverwaltung oder Bibliothek gepflegt, die jährlich erschienenen Publikationen der eigenen Wissenschaftler auflistet. Oftmals als einfache Datenbanken und/oder Webapplikationen begonnen, erfüllen Forschungsberichte diesen Zweck je nach Mithilfe der Autoren gut bis zufriedenstellend. Im Rahmen der Hochschulpolitik wächst an vielen Hochschulen das Bedürfnis, verlässlichere Zahlen zu erhalten und Wirkweisen beim Zusammenspiel von Förderung und Ergebnis zu erfahren.

Vielfach wird dabei an den Einsatz von Campus-Management-Software gedacht. Teil dieser Lösungen ist oftmals ein Forschungsinformationssystem (FIS bzw. CRIS/RIS[2]), in dem die bibliographischen Daten der Wissenschaftler mit den Projekt- und/oder Fachbereichsdaten verknüpft werden können.

1 Alle Informationen aus dem Web mit Stand vom 20.2.2012. Der vorliegende Aufsatz benutzt keine ausdrücklichen geschlechtergerechten Formulierungen, bei allen Formulierungen ist stets die weibliche und männliche Form gemeint.

2 (Current) Research Information System.

Ziel ist u.a., für mögliche Evaluationen ein weiteres Kriterium für finanzielle Zuweisungen zu erhalten. Als Folge dieser Entwicklung sind in der Zwischenzeit mehrere kommerzielle Produkte auf den Markt gekommen[3]. Interessanterweise werden entsprechende Angebote aber auch im Open-Source-Bereich vorbereitet bzw. als Ergänzungen an andere Systeme (z.B. Repositorien – vgl. ePrints[4]) angefügt.

Bibliotheken

Bibliotheken wandeln sich immer mehr zu Informationsdienstleistern. Waren sie früher innerhalb des Publikationswesens vor allem für die Aufbereitung und Weitergabe von Medien zuständig, gehen sie zunehmend z.B. durch die Etablierung eigener Universitätsverlage auch in die Produktion von Medien und unterstützen die Open-Access(OA)-Bewegung durch das Betreiben von OA-Repositorien. Dabei wird diese Arbeit durch die unterschiedlich ausgeprägten Verlagspolitiken und das mühsame Einwerben von Publikationen von den Autoren nicht immer unterstützt.

Wissenschaftler

Der Wissenschaftler möchte in einer komfortablen Umgebung seiner Forschung nachgehen können und möglichst ohne große zusätzliche Wege alle benötigten Informationen und Hilfsmittel bereit finden. Wissenschaftler nehmen wahr, dass sich Bibliotheken verändert haben und noch immer verändern. Eine aktuelle Einschätzung bietet dazu eine Untersuchung des RIN (Research Information Network) aus Großbritannien vom März 2011[5]. Dort wird u.a. hervorgehoben, dass Bibliotheken in den Feldern Informationskompetenz, Ausbau von Repositorien und Vertragsgestaltung mit Informationsanbietern für Wissenschaftler großen Wert haben.

Neue Trends in wissenschaftlichen Bibliotheken

Diese Beschreibung der Akteure und ihrer Interessen stellt allerdings nur eine Zeitaufnahme dar. Längst gibt es weitere Entwicklungen und Aspekte, die Einfluss auf das Publikationsmanagement an Hochschulen nehmen werden. Unter den 10 Top-Trends in wissenschaftlichen Bibliotheken führt eine Pub-

[3] Z.B. Converis – vgl. http://www.avedas.com/de/converis.html, PURE – vgl. http://atira.dk/en/pure/, Symplectic – vgl. http://www.symplectic.co.uk/ oder UniCRIS – vgl. http://www.unicris.ch

[4] Vgl. http://bazaar.eprints.org/154/; http://eprints.ecs.soton.ac.uk/21048.

[5] Vgl. http://www.rin.ac.uk/system/files/attachments/value_of_libraries_for_screen_1.pdf; http://www.rin.ac.uk/system/files/attachments/Value_of_Libraries_Annexes.pdf

likation des ACRL[6] Research Planning and Review Commitee u.a. folgende Entwicklungen auf[7]:

> Explosive growth of mobile devices and applications will drive new services.[8]
>
> Libraries will continue to lead efforts to develop scholarly communication and intellectual property services.[9]
>
> The definition of the library will change as physical space is repurposed and virtual space expands.[10]

Neue Technologien wie Smartphones und Tablet-Computer werden nicht nur neue Dienste nach sich ziehen, sondern bedingen bereits jetzt gänzlich andere Formate. E-Book-Reader können oftmals Medien mit dem PDF-Format darstellen, besonders effektiv ist die Darstellung auf kleineren Monitoren jedoch erst mit Formaten, die sich der Bildschirmgröße anpassen (z.B. EPUB-Format)[11].

In der o.a. Publikation wird stark auf den Informationsvermittlungsaspekt hingewiesen, den Bibliotheken immer mehr ausfüllen sollen, vorwiegend in den Bereichen Informationskompetenz und Aufklärung zum Urheberrecht und Plagiarismus. Insbesondere letzterer Punkt bedeutet, dass Bibliotheken in enger Anlehnung an Fachbereiche Informationsveranstaltungen zum wissenschaftlichen Arbeiten und Lernen anbieten bzw. mitgestalten.

Entwicklungen wie die Anbindung von kommerziellen Datenbanken und Discovery Services zeigen bereits jetzt, dass sich die Bibliothek als physischer Raum zunehmend auflöst. Viele Informationsangebote sind nicht mehr physisch vor Ort präsent, sondern nur noch als digitale Medien online verfügbar. Zukünftig werden sich selbst Bibliothekskataloge (z.B. OPACs) technologisch verändern, die großen Bibliothekssoftwareanbieter planen Bibliotheksanwendungen in die „*Cloud*", eine IT-Infrastruktur im Netz, zu verlagern[12], so dass das Vorhalten örtlicher oder regionaler Lokal- und Verbundsysteme unnötig werden könnte. Diese Entwicklung hat Auswirkungen beim Bibliotheksbau,

6 Association of College and Research Libraries, eine Untergruppe der American Library Association (ALA).

7 2010 top ten trends in academic libraries – a review of the current literature, in: College and Research Libraries News, June 2010, Nr. 71, S.286-292 – auch unter: http://crln.acrl.org/content/71/6/286.full.pdf+html.

8 Ebda. S. 288.

9 Ebda. S. 289.

10 Ebda. S. 289.

11 Vgl. einführend den Wikipedia-Artikel „EPUB" unter: http://de.wikipedia.org/wiki/EPUB; dort auch eine Übersicht der Reader und der entsprechenden Software zum Lesen und Schreiben dieses Formates.

12 Vgl. OCLC Pica: OCLC WMS (Webscale Management Service), jetzt auch Worldshare Management Service – vgl.: http://www.oclc.org/webscale

bei Platzangeboten für neue Dienstleistungen („Lernort Bibliothek“ durch Makulierungen von Printmedien, die online verfügbar sind) und in den Aufgaben- und Zuständigkeitsbereichen des Bibliothekspersonals (veränderte Personalanforderungen).

Bibliotheksnutzer bewegen sich schon lange im *Web 2.0*. Sie nutzen die Angebote zum Austausch und Speichern im Netz und kommunizieren dort. Tablet-Computer und Cloud-Computing werden dies weiter verstärken. Sicher kann es sinnvoll sein, auch bei *Facebook* und *Twitter* als Bibliothek vertreten und aktiv zu sein, jedoch findet sich dort nur ein Teil der Bibliotheksnutzer wieder. Die wissenschaftlichen Autoren benötigen für ihre Arbeit eine effektive Forschungsumgebung, je nach Fachrichtung gibt es bereits virtuelle Forschungsumgebungen oder aber spezialisierte Software, die den Wissenschaftler unterstützt[13]. Diese Umgebung gilt es zukünftig (weiter) zu entwickeln.

Publikationsmanagement an Hochschulen – die Praxis

Ein Blick zurück auf die heute häufig real existierende Welt des Publikationsmanagements an Hochschulen ernüchtert dann doch etwas. Das Beispiel eines bibliographischen Autoreneintrages mag die Problematik verdeutlichen. Der Autor ist froh, seinen Beitrag fertiggestellt zu haben, nachdem er mühselig auch ein Literaturverzeichnis mittels seiner Bibliographie-Software zusammengestellt hat. Wenn er die Open-Access-Policy des Verlages erfragt hat, möchte er sein Werk entsprechend der Bedingungen in das OA-Repository der Bibliothek abgeben.

Da er für die erhaltenen Forschungsgelder einen Nachweis erbringen muss, ist er gehalten, die bibliographischen Metadaten der Publikation in das Forschungsinformationssystem der Universität einzutragen. Natürlich ist er auch daran interessiert, dass die Publikation auf seiner Homepage im Curriculum Vitae eingetragen ist. Für sein nächstes Seminar ist es zudem notwendig, manche der bibliographischen Daten aus der Bibliographie-Software für eine Leseliste der Studenten zusammenzustellen und im E-Learning-System der Universität bereitzustellen.

Dies ist für einen technisch versierten und interessierten Menschen keine unlösbare Problematik, jedoch erfordert sie neben Zeit auch organisatorisches Geschick, wenn man sich die Aufgaben im Einzelnen ansieht:

13 Ein Beispiel ist die bislang nur unter MacOSX lauffähige Software Papers – vgl. www.mekentosj.com/papers.; neuerdings eine Windows-Beta-Release http://www.mekentosj.com/papers/win.

	Software bzw. Kenntnisse	**Berechtigung**
Sammeln von Literatur	Bibliographie-Programm	keine
Open-Access-Policy erfragen	Verlag oder Sherpa-Romeo-Liste	keine
Abgabe in das OA-Repository der Universität	Workflow des Repositories	i.d.R. kein eigener Account, aber Angabe der Metadaten
Eintrag im Forschungsinformationssystem (FIS) der Universität	Workflow des FIS	i.d.R. eigener Account und Angabe der Metadaten
Bereitstellen der bibl. Metadaten in Social-Bookmarking- oder Referenz-Systemen	Workflow des Bookmarking- oder Referenz-Systems	i.d.R. eigener Account und Angabe der Metadaten
Bereitstellen der bibl. Metadaten im E-Learning-System der Universität	Workflow des E-Learning-Systems	i.d.R. eigener Account und Angabe der Metadaten
Eintrag auf der Homepage im Curriculum Vitae	HTML-Kenntnisse bzw. CMS-Workflow	i.d.R. eigener Account und Angabe der Metadaten

Zu all diesen Aufgaben und Dienstleistungen gehört in der Regel ein eigener Account im jeweiligen System, jeweiliges Anmelden und das notgedrungen mehrmalige Eingeben der gleichen Information (Metadaten). Sofern ein umfassendes Identity-Management-System (IDM) an der Universität existiert, wäre die Anmeldung an den Systemen, die seitens der Universitätseinrichtungen betrieben werden, sicher nicht mehr gravierend, es bleibt jedoch die fehlende systematische Verknüpfung der Systeme bezüglich der Übergabe der Metadaten bestehen. Dies ist für den Autor, der sich nach Abgabe der Publikation bereits mit neuen Vorhaben beschäftigt, zeitintensiv und dürfte auch die Bereitwilligkeit, diese Dienste zu nutzen, nicht steigern.

Das Projekt PUMA

Würde man hingegen die Abgabe der bibliographischen Metadaten vereinfachen oder gar automatisieren und gäbe dazu noch im Entstehungsprozess von Publikationen die Möglichkeiten eines Bibliographie-Programms hinzu, müsste ein Mehrwert entstehen, der Autoren überzeugt. Diese Überlegung liegt einem DFG[14]-Projekt zugrunde, dass von 2009-2011 von der Universitätsbibliothek Kassel[15] und dem Fachbereich Informatik, Fachgebiet Wissensverarbeitung[16], unter dem Namen PUMA[17] (Publikations-Management) erar-

[14] Deutsche Forschungsgemeinschaft – vgl. http://www.dfg.de.
[15] http://www.ub.uni-kassel.de.
[16] http://www.kde.cs.uni-kassel.de.
[17] Zum Projekt: http://www.ub.uni-kassel.de/pumaportal.html.

beitet wurde. Unter der Webadresse: *http://puma.uni-kassel.de/* können einige Funktionalität auch ohne Account am Produktiv-System ausprobiert werden. Eine ausführliche Hilfe erleichtert auf Deutsch und Englisch das Verständnis einzelner Funktionen[18]. Die im Weiteren beschriebenen Funktionen bedingen einen Nutzer-Account[19]. Als Hauptfunktionalitäten sind zu nennen:

- Einmalige Authentifizierung (PICA-Login in Kassel, weitere Authentifizierungsverfahren sind implementiert)
- BibTeX als Datenstruktur
- Ca. 30 Import- und Exportfilter
- Vereinfachte Dateneingabe mittels Bookmarklets, BibTeX-Schnipseln oder ISBN-/ISSN-/DOI-Angabe
- Vereinfachte Dateneingabe aus PICA-OPAC und Metasuchmaschine (HeBIS-Elektra-Lösung)
- Vorschlagwesen aus dem Index bei Neueinträgen
- Verwaltung von bibliographischen Metadaten und Bookmarks mit Tagging-Möglichkeit
- Dokument-Upload und -Verwaltung
- Rechte- und Rollensystem für Daten und Dokumente mit Diskussions-Funktion (z.B. für Literaturlisten, die im E-Learning benutzt werden)
- Gruppenfunktion (z.B. Fachbereiche, Arbeitsgruppen, Institutionen)
- Automatisierte Weitergabe an Repositorien mittels SWORD-Schnittstelle (z.B. für DSpace, ePrints, Fedora) mit erweiterten DC-Feldern und Abprüfung des Sherpa-Romeo-Eintrages des Verlages (falls gewünscht)
- Automatisierte Weitergabe an Forschungsinformationssysteme mittels REST-API
- Automatisiert erstellte CV-Liste (in Kassel mit Plugin für Typo3-CMS), automatische Verknüpfung zum Abstract bzw. Volltext möglich, zur Zeit 25 Zitierstile möglich
- Automatisiert erstellte Literaturliste für E-Learning
- Mobile Anwendungen in der Entwicklung (Prototyp für Android ist funktionabel)

Erwähnenswert ist die Tatsache, dass PUMA BibTeX-basiert aufgebaut wurde. Dadurch ist ein Datenaustausch bestehender Daten aus bisher benutzten Bibliographie-Programmen unproblematisch möglich, da BibTeX in der Regel das Standardaustauschformat darstellt. Bei der Eingabe von neuen Metadaten wurde insbesondere auf eine möglichst benutzerfreundliche und zeitsparende Variante gesetzt. Sofern man als Nutzer ein Bookmarklet aus PUMA in die obere Navigationszeile des Webbrowsers zieht, ist man durch das Anklicken dieses Bookmarklets auf der betreffenden Informationsseite in der

[18] Vgl. http://puma.uni-kassel.de/help_de.

[19] Dieser Account steht über den Bibliotheks-Account jedem Bibliotheksnutzer in Kassel automatisch als Dienst zur Verfügung. Test-Accounts können bei Interesse über info@puma.uni-kassel.de angefordert werden.

Lage, ohne eigenes Zutun automatisch die gewünschten Metadaten in ein PUMA-Eingabefenster extrahiert zu bekommen. Dies funktioniert auf der Grundlage von API's bei ca. 50 Anbietern (u.a. Amazon, IEEE, Muse, Bio-Med, JStor, Scopus arXiv etc.). Auf allen anderen Seiten wird nur die ISBN-/-ISSN-Angabe benötigt (z.B. durch Unterlegen auf der Webseite); durch das Anklicken des Bookmarklets werden dann die bibliographischen Metadaten über ein Skript im Hintergrund in die PUMA-Eingabemaske ausgefüllt dargestellt.

Dieses System ist bereits seit über einem Jahr im produktiven Einsatz in Kassel, an einigen anderen Standorten in Erprobung. Es kann als Open-Source-Software kostenfrei übernommen werden.

Nicola De Bellis

Bibliometrics and research evaluation

What's in it for the librarian?

Research evaluation in European universities has a long history of fatal attraction to bibliometrics, most notably citation analysis, by virtue of its supposed ability to provide objective indicators of scientific quality. Extensive bibliometric analyses involving collective entities (research groups, institutions, nations) are usually carried out either by scientometric scholars in the process of validating their theoretical constructs or by trained personnel during national research assessment exercises. When it comes to the evaluation of individual performance for academic promotion or funding, however, researchers willing to supply bibliometric evidence of their impact are on their own unless they turn to the local library for assistance. The present paper will 1) discuss the limitations and biases implicit in any bibliometric-based evaluation exercise at the individual level within the current framework; 2) outline a possible escape route by introducing contextual information relative to the empirical, methodological and epistemological background of the individual author's bibliometric profile.

Over the last decade, bibliometrics has become a regular in academic libraries due to the ever increasing demand for quantitative data on output and citation performance retrieved from bibliographic databases. The purpose of this brief communication is to discuss the role librarians can play in a bibliometric-informed research assessment system at the micro-level of the individual scientist willing to provide bibliometric evidence of his or her performance. The main question is: Can librarians go beyond the retrieval part of the job? Can they contribute to the construction of a better evaluation environment? If so, how?

Let's start with what is already known for sure: the standard definition of bibliometrics as

> „the application of mathematics and statistical methods to books and other media of communication" (Pritchard 1969, 349).

Just like many similar definitions of bibliometrics and related fields (scientometrics, informetrics), this one is neutral, aseptic, strongly biased toward the methodological aspect of the discipline. Basically, it reduces bibliometrics to applied mathematics. This is, by contrast, my definition:

> (Biblio/Sciento/Infor)metrics: a social science with a clearly identifiable object – the statistical regularities pertaining to the production and flow of any kind of (scientific) information solidified in some kind of documents in whatever form – which doesn't require for the documents to be read in order to support general conclusions on such quality issues as the relevance, utility, impact, ultimately contribution to knowledge advancement of their content and authors.

To claim that bibliometrics is a social science amounts to saying that it is not just applied mathematics. It deals with real people engaged in real life situations, most of which have nothing to do with pure science or applied mathematics. Besides, the objects of a social science are not natural objects existing out there independently of the observer. They are theoretical constructs that interact with the reality they are meant to represent (for example, the citation behavior of scientists can't be safely assumed to be the same now as it was before the invention and the legitimation of the political use of the *Science Citation Index*).

To state that bibliometrics deals with documents amounts to saying that its grasp of the scientific research process is quite poor because of its exclusive focus on the final product: the article, the book, the report. But what is found in the final product might not tell the whole story and, if post-Popperian epistemologists get it right, it might not even tell a true one. There is much more to science than the final report. There are many invisible, uncountable, unpredictable dark sides of scientific communication that should be taken into account for an objective evaluation of the published results.

By referring to „statistical regularities", the definition points out that bibliometrics is built on statistical analysis. It is not just counting and ranking. It is – it should be – counting and ranking coupled with measuring the uncertainty inherent to the results.

Finally, to declare that bibliometrics pinpoints quality without getting its hands dirty in the muddy waters of textual interpretation highlights the most distinguishing feature of its attitude toward science, namely, the constant, unabated tendency to transubstantiate quantity into quality: since high citation scores are usually correlated with favourable peer reviewing, more citations = more impact = more usefulness = more quality = more ... whatever. That is what I call the bibliometric leap. The leap from quantity to quality has been possible after the invention and large-scale diffusion of the tool that made citation analysis possible during the 1960s: Eugene Garfield's *Science Citation Index*. Moreover, such a leap requires the commitment to a peculiar theory of the citation process that can be traced back to the American sociologist Robert Merton: The act of citing, in Merton's view, is the same as the act of peer reviewing, only on a smaller scale. Citations are atoms of peer reviewing. Hence more citations amount to more endorsements by qualified peers.

Under certain conditions, the leap is justified and this is what keeps the bibliometric machine running. Leading bibliometric schools, such as the Leiden School and the Hungarian School, typically work with large samples of publications and citations at the level of the research group, the department, the university, the country, and they build relative, normalized indicators of performance based on standard or reference values defined at the journal level. In doing so, they account for the differences in citation cultures across disciplines and research areas, and they overcome the obstacle arising at the lowest levels of aggregation, the no-man's land of the individual scientist. They just get around the obstacle though, they don't remove it. Indeed, when the citation scores of two scholars working in different fields have to be compared, the trick of normalizing those scores against a baseline, expected value established with reference to journal-dependent subject categories might not work. Journals can be taken as field-delimiting devices only in a very rough way and even if their classificatory function is not questioned, to compare individual scientists on account of the ideal number of times their papers could have been cited is a very poor shortcut to quality judgements: what about the skewing effect of highly cited papers (the stuff bibliometric dreams are made of) on those expected values? And what about the comparison of normalized figures only marginally different: Does the "quality" of the corresponding performers differ according to the same ratio-scale, the zero point being tantamount to zero quality?

Bibliometrics has been terrified by the individual since the very beginning:

> „[IN BIBLIOMETRICS] The method to be used is similar to that of thermodynamics [...] One does not fix one's gaze on a specific molecule called George, traveling at a specific velocity and being in a specific place at some given instant; one considers only an average of the total assemblage in which some molecules are faster than others ..." (Price 1986, xvi).

Back then, it must be said, Derek John de Solla Price's project was truly revolutionary. It disclosed a new paradigm for science studies, but it also opened up a Pandora's box of unanswered questions, the most crucial one being the bibliometric status of the molecule „George" ruled out by the thermodynamic model. That George „traveling at a specific velocity and being in a specific place at some given instant" is indeed the subject of many current bibliometric exercises. He is the true main character of many stories unfolding every single day in academic audits all around the world. And it is exactly George's unique profile that makes visible the basic message I wish to convey here: for bibliometrics to be useful in research evaluation, the starting point cannot dwell in the thermodynamic stronghold. The ambiguities and risks of micro-level analyses have to be tackled as well and we, the librarians, are in a good position to intervene because who is George, anyway? George is nothing else than the individual scholar that most likely will turn to the local library for help in the calculation of bibliometric indicators of scientific performance, like the citation score and the h-index, for a variety of purposes, ranging from academic recruitment or promotion to grant application.

In this scenario, there are at least three serious obstacles to any individual bibliometric analysis: an empirical gap, an epistemological gap, and a methodological gap.

1) Empirical gap

There is first of all a problem of empirical base. Let's pretend for a while that citations, individually taken, are a reliable evidence of impact/utility/influence, which they are not, but let's pretend they are. Then we have to collect this kind of evidence wherever it can be collected and, as is well known, since 2004 the noblest descendant in the line of citation indexes, Thomson Reuter's Web of Science (WoS), in not alone anymore in the interdisciplinary counting game: there is Scopus, there is Google Scholar (GS) and, for the sake of plurality, there are also several disciplinary databases that allow citation counting in well-circumscribed fields of inquiry, such as physics, chemistry, computer science. Evidence exists that in certain domains of the natural and biomedical sciences and for relatively recent time spans, WoS and Scopus provide similar, quite comparable results, but also evidence exists that GS is unique in retrieving unique citations in several disciplines. Plus, when it comes to the social sciences and the humanities, neither of the two subscription-based services seems to do such a good job as GS, with all its limitations.

2) Epistemological gap

The entire building of bibliometrics rests, from a philosophical point of view, on Merton's normative theory of science. Here scientific research can be pictured as a staircase where each step corresponds to a well defined, clearly identifiable stage of communication and reward. And each step is bound to the following step in a seamless fashion. First come the mental and experimental operations leading to the formulation and testing of scientific hypotheses. Then, results and their interpretations are communicated to the audience of the scientists working in the same domain. They evaluate the results both directly through the peer reviewing process and indirectly by citing them in their publications. If it turns out that the results are good, then the stage is set for higher, more concrete forms of reward, such as career advancement, honors, prizes, and so on. Unfortunately, though, this is a rather mythological view of the way science works. If we just limit our attention to the evaluation part, the equivalence between citations and peer review cannot be taken for granted at the micro-level. Bibliographic citations are not always nor they need to be atoms of peer recognition. There are too many non-quality related reasons for citing and being cited.

3) Methodological gap

Individual researchers, especially if they are at the beginning of an academic career, do not usually have had the time to publish many articles and get a substantial number of citations. Maybe they have worked for a long time on a research project leading to just one or two multi-authored publications. Unfortunately, small samples are not appropriate for standard statistical analyses and comparisons. And even when the samples are not so small, in the sense that the global output and citation score of the candidate appear remarkably high, the distribution of values is typically skewed: there will be just one or two publications playing the lion's share in George's curriculum against a great many number of poorly cited or un-cited ones. Consequently, comparisons based on average values can be misleading. On top of all this, the most popular bibliometric indexes, notably the h-index and all its subsequent corrections, modifications and normalizations, are increasingly being criticized by top bibliometricians both for their inconsistencies and because they flatten the complexity of the research performance by not taking into account the many factors influencing the citation process.

So what can we do, as librarians, to fill the gaps, what is the librarian's antidote? We can't compete with professional bibliometricians in the construction of new indicators, that is not our job to do. On the other hand, we can supply complementary information to help place those indicators in a richer, more (story)-telling environment. In simplest terms, we can provide contexts.

Anti-1) Anti-empirical gap

At the empirical level, providing contexts amounts to three operations. First, within a single database, the citation search should be as accurate as possible. In WoS and Scopus, for instance, we can't just take for granted the figures displayed in the citation report produced automatically by the system because those figures refer only to source items, i.e. items published in the journals covered by the database. They don't take into account orphan and stray citations, namely, citations pointing to documents that are not included among the sources. To retrieve these lost citations we have to run a genuine citation search and then add manually the lost citations to the ones retrieved in the first place. Second, since each database covers a distinct set of sources and since we are not working at the thermodynamic level where small numbers can be neglected, the search should be run across at least all the three major interdisciplinary citation indexes plus one disciplinary index. In a citation report of a chemist, for instance, the CAS databases are likely to supply the analyst with unique citations that don't show up in WoS, Scopus, GS. Third, the results obtained should be combined in one single report merging duplicate entries in order to obtain an ideal „true citation score". For now, a job like this has to done manually, but I don't see insuperable technical difficulties in handling these operations by means of an ad-hoc computer software.

Anti 2) Anti-epistemological gap

The anti-epistemological gap can be addressed only recognizing that, at the micro-level, all citations are (counted as) equal, but some citations are more equal than others. To begin with, a true self-citation rate should be calculated, which is not that easy even in WoS. More importantly, not all citations have the same meaning. Sometimes the cited documents have been actually used by the citing authors. In other cases the references are unsubstantial, simply perfunctory or ceremonial. So the context of at least a sample of citations should be addressed to understand the role played by the cited documents in the citing source. Of course, we can't analyze the context of all the citations to all the articles published by an author. We need to work on a sample. But the sample does not have to be random, quite the opposite, it has to be a carefully selected sample. As a matter of fact, in bibliometrics we can't just apply standard statistical sampling procedures because a random sample could leave out the best part, notably the most influential articles. So the reverse procedure is the good one: first we select, with the help of the author, the best candidate documents, the ones that most likely have had an impact on the citing publications, then we retrieve the citing contexts of selected documents. Working in a library, we are in the ideal position to retrieve citing documents and contexts.

Anti 3) Anti-methodological gap

This is central to my idea of individual citation analysis. The anti-methodological gap spans across two levels: a bibliometric context and a historical context. The former should consist of all the relevant bibliometric literature pertaining to the subject(s) area covered by the researcher's curriculum, with a particular attention to the biases and limitations of the indicators included in the analysis in light of the past and current bibliometric debate. Even more importantly, the contextualization will be entrusted with the task of tethering bibliometric indicators to the real world of the scholar's activity through a concise historical reconstruction of the research domains covered by his or her curriculum. The report should cover as many aspects of the history of the discipline as its intellectual foundations and preferential modes of communication, its social and institutional stratification at both the local and international level, past and recent breakthroughs, open questions and puzzle-solving activities, areas of fast-moving development and areas of stagnation.

Of course, in the world of the quick-and-dirty where most bibliometric indicators dwell, the introduction of slow-and-clean procedures might sound as pure utopia. Indeed, there are many difficulties in the realization of a historically informed citation report. The author(s) of the report should have some competence in the scientific field along with basic historiographic skills. Besides, this kind of research is time consuming, you don't just push the button to get a shortcut for quality, and there is a serious risk of relativistic accommodation: the deeper you go in what a scientist does, the more what he or she achieves appears good in its own context. Nevertheless, I believe that the marriage between bibliometrics and context-driven research assessment is worth planning, and that for a micro-level evaluation to be meaningful, the two dimensions of quantity and quality should meet halfway. The library can be a good place for the meeting and maybe also the engagement ceremony. Time will tell if it is true love or just a convenient arrangement.

References

Price, D.J.D., 1986. *Little Science, Big Science...and Beyond*, New York: Columbia University Press.

Pritchard, A., 1969. Statistical bibliography or bibliometrics? *Journal of Documentation*, 25(4): 348-349.

Gerhard Reichmann

Plagiate im universitären Bereich

Im vorliegenden Beitrag wird zunächst der Begriff des Plagiats im universitären Bereich diskutiert. Dabei wird insbesondere untersucht, welche Anknüpfungsmöglichkeiten das Urheberrecht sowie das Universitätsrecht bieten. Es folgt die kurze Vorstellung möglicher Strategien zur Verhinderung von Plagiaten, wobei zwischen Maßnahmen der Aufklärung und Maßnahmen der Abschreckung unterschieden wird. Anschließend werden Vorgangsweise und Ergebnisse einer empirischen Studie zum Problembewusstsein Studierender im Hinblick auf Plagiate präsentiert. An dieser Studie nahmen knapp 300 Studierende der Universität Graz teil. Es zeigt sich, dass Studierenden die Problematik von Plagiaten zwar durchaus bewusst ist, sie aber dennoch häufig plagiieren.

1 Begriff des Plagiats

Früher eher nur wissenschaftsintern thematisiert und diskutiert, ist die Plagiatsproblematik im Zusammenhang mit wissenschaftlichen Arbeiten infolge der in den vergangenen Jahren intensiven Berichterstattung in den (Massen-) Medien mittlerweile zu einem Thema von breitem Interesse geworden. Plagiatsvorwürfe sind rasch erhoben, die Überprüfung solcher Vorwürfe ist allerdings oftmals nicht einfach und führt bei weitem nicht immer zu einem eindeutigen Ergebnis. Dies liegt unter anderem daran, dass es keinen allgemein gültigen Plagiatsbegriff gibt, der sich anhand rein objektiver Kriterien prüfen lässt. Ob ein Plagiat vorliegt oder nicht, ist meist sehr stark eine gutachterliche Entscheidung mit zum Teil stark subjektiven Beurteilungsbestandteilen. Dennoch soll nachfolgend versucht werden, den Begriff des Plagiats anhand verschiedener Dimensionen, die dieser Begriff umfasst bzw. umfassen kann, einzugrenzen. Aus rechtlicher Sicht bieten vor allem das Urheberrecht sowie verschiedene Bereiche des Universitätsrechts Anknüpfungspunkte, um den Plagiatsbegriff zu konkretisieren.

1.1 Versuch einer Definition

In Tabelle 1 sind sechs der Literatur entnommene Definitionen des Plagiatsbegriffs dargestellt, zwei ältere sowie vier aus jüngerer Zeit. Vergleicht man diese, so zeigen sich zwar deutliche Überschneidungen, von einer einigermaßen einheitlichen Definition lässt sich allerdings keinesfalls sprechen. Analysiert man die einzelnen Definitionen, so erscheinen die Definitionen (1), (2) und (4) aus folgenden Gründen als zu restriktiv: Wie aus den nachfolgenden Ausführungen hervorgeht, setzt ein Plagiat nicht notwendigerweise einen Rechtsverstoß voraus. Ebenso wenig bedarf es einer Verbreitung bzw. Veröffentlichung des Plagiats. Weiters muss es sich bei der Vorlage für das Plagiat nicht unbedingt um ein Werk im Sinne des Urheberrechts handeln. Zudem setzt ein Plagiat nicht notwendigerweise Vorsatz voraus, es kann auch unbeabsichtigt zu einem Plagiat kommen.

Nr.	Quelle	Definition	Kritik
(1)	Meyers Lexikon 1976, 739	„Widerrechtliche Übernahme und Verbreitung von fremdem geistigem Eigentum."	zu eng
(2)	Duden 1982, 597	„Unrechtmäßiges Nachahmen und Veröffentlichen eines von einem anderen geschaffenen künstlerischen oder wissenschaftlichen Werkes."	zu eng
(3)	Fröhlich 2006, 81	„Unbefugte Übernahme fremden Geistesgutes bzw. „Diebstahl" geistigen Eigentums."	zu abstrakt
(4)	Sattler 2007, 35	„Plagiate sind eine beabsichtigte direkte oder indirekte Übernahme fremder Inhalte ..."	zu eng
(5)	Weber 2009, 45	„Ausweisung fremden geistigen Eigentums als eigenes"	zu abstrakt
(6)	Schlimmel 2011, 5	„Ausgeben fremder geistiger Leistung als eigene"	zu abstrakt

Tabelle 1: Definitionen für Plagiate

Die Definitionen (3), (5) und (6) sind zwar durchaus zutreffend und geeignet, um den Plagiatsbegriff in groben Zügen zu charakterisieren, allerdings zu wenig konkret, um eine fundierte Entscheidungshilfe in konkreten Plagiatsfällen zu bieten. Letzteres trifft im Übrigen auch auf die drei als zu eng kritisierten Definitionen zu, und zwar unabhängig davon, ob dabei die kritisierten Bestandteile berücksichtigt werden oder nicht.

Bevor hier auf die möglichen Dimensionen des Plagiatsbegriffs eingegangen wird, ist darauf hinzuweisen, dass sich die gegenständlichen Ausführungen auf „Plagiate im universitären Bereich" beschränken. Darunter wird hier verstanden, dass es sich bei den (potentiellen) Plagiatoren um Wissenschaftler oder Studierende handelt. Typische Beispiele für Arbeiten dieser Personengruppen, die unter Plagiatsverdacht geraten können, sind im Hinblick auf Wissenschaftler Monographien (insbesondere auch Lehrbücher), Aufsätze in Zeitschriften und Sammelwerken sowie Vorträge auf wissenschaftlichen, aber auch nichtwissenschaftlichen Veranstaltungen, im Hinblick auf Studierende Hausarbeiten (insbesondere Seminararbeiten) sowie Abschlussarbeiten (Bachelor- und Masterarbeiten bzw. Dissertationen).

Zur Konkretisierung des Plagiatsbegriffes bzw. um zu überprüfen, ob tatsächlich ein Plagiat vorliegt, können folgende fünf Dimensionen berücksichtigt werden (vgl. dazu z.B. Fischer 1996, 17ff.; Fröhlich 2006, 81f.; Sattler 2007, 29ff.; Weber 2009, 45ff.; Weber-Wulff/Wohnsdorf 2006, 90f.):

a) *Die Basis bzw. Quelle für das Plagiat*: Hier ist zu klären, welcher Art die Quelle (bei der es sich häufig um ein Werk im Sinn des Urheberrechts handelt) ist, die plagiiert wird. Es kann sich dabei um Literatur im weiteren Sinn, Tonkunst („Musik"), bildende Kunst oder auch Filmkunst handeln. Je nach Quelle sind unterschiedliche Rahmenbedingungen (z.B. Umstände, unter denen „Werke" üblicherweise entstehen) bzw. Maßstäbe (z.B. zulässige Ähnlichkeit verschiedener Arbeiten) zu berücksichtigen, die für eine Plagiatsprüfung relevant sein können. Ausgangspunkt der Plagiatsprüfung ist jedenfalls die Suche nach einer nicht genannten (nicht zitierten), jedoch vermuteten Quelle für das vermeintliche Plagiat (zur Auffindung von Plagiaten vgl. Weber-Wulff/Wohnsdorf 2006, 93f.). Um den vorgegebenen umfangmäßigen Rahmen nicht zu sprengen, sind die folgenden Ausführungen auf Literaturplagiate im weiteren Sinn beschränkt, da diese im universitären Bereich – zumindest im Umkreis der klassischen Volluniversitäten – von größter Relevanz sind. Unter Literatur im weiteren Sinn sind alle Schöpfungen zu verstehen, deren primäres Ausdrucksmittel die Sprache bildet. Dies trifft sowohl auf Literatur im klassischen (engeren) Sinn als auch auf Vorträge zu. Die zunehmende Bereitstellung von Literatur (im engeren Sinn) im Internet hat zu einer drastischen Verschärfung der Plagiatsproblematik beigetragen (vgl. Weber 2006, 105). Andererseits lassen sich dadurch mögliche Quellen für Plagiate auch relativ einfach identifizieren.

b) *Der Inhalt des Plagiats*: Im Mittelpunkt steht dabei die Frage, welche Elemente der (nicht zitierten) Quelle übernommen wurden. Dies können Ideen sein, die als Basis für einen neuen Aufsatz dienen. Ebenso kann es sich um Strukturen handeln, die übernommen werden, wie beispielsweise der inhaltliche Aufbau einer Monographie. Das dritte mögliche und in vielen Fällen zentrale Element der Übernahme stellt der Text der Quelle dar. Von einem Totalplagiat (Kopie) kann gesprochen werden, wenn sowohl Idee als auch Struktur und Text übernommen werden. Während Ideen- und Strukturplagiate oftmals nur schwer identifizierbar sind, lassen sich Textplagiate in der Regel leichter nachweisen.

c) *Die Art der Übernahme*: Diese Dimension bezieht sich vor allem auf Textplagiate, bei deren Erstellung der plagiierte Text direkt, also wörtlich, oder indirekt, also mehr oder weniger geschickt umstrukturiert bzw. umformuliert, übernommen werden kann. Eine direkte Übernahme sollte jedenfalls schwerer wiegen als eine indirekte, die immerhin eine gewisse originäre Leistung darstellt. Im Falle der indirekten Übernahme ist es oftmals schwierig, Plagiate von bloßen „Textanlehnungen" abzugrenzen.

d) *Der Umfang der Übernahme*: Dabei stellt sich die Frage, wie viel von der Quelle übernommen wurde. Im Falle eines Textplagiats können das einzelne oder mehrere Wortfolgen, Sätze, Absätze bzw. Kapitel sein. Jede einzelne dieser kurzen (Wortfolgen) oder auch längeren (Kapitel) Textpassagen, die keinen entsprechenden Verweis auf ihre eigentliche Quelle enthalten, stellt isoliert betrachtet bereits ein Plagiat dar; d.h. eine umfangreiche Arbeit kann zahlreiche Plagiate enthalten. Im Zuge einer Plagiatsprüfung ist dann vor allem zu klären, ob die gesamte Arbeit als Plagiat bezeichnet werden kann oder nicht. Für diese Klärung gibt es allerdings keine generellen Richtlinien. Es kann also durchaus vorkommen, dass Arbeiten, die zahlreiche Einzelplagiate enthalten, in Summe noch nicht als Plagiat beurteilt werden. Um diese Entscheidung transparenter zur gestalten, kann ermittelt werden, wie viel Prozent des Textes der geprüften Arbeit insgesamt ohne Kennzeichnung anderen Quellen entnommen wurden. Ein Prozentsatz von 100%, also die Übernahme vollständiger Arbeiten, tritt mittlerweile infolge der großen Gefahr der Aufdeckung eher selten auf; am ehesten noch bei Übernahmen aus schwer zugänglichen Quellen wie etwa Arbeiten in „exotischen" Sprachen.

e) *Der Vorsatz*: In zahlreichen Definitionen wird das Vorliegen eines Plagiats daran geknüpft, dass der Plagiator die fremde Leistung bewusst als eigene ausgibt. Diese Sichtweise erscheint äußerst mild, eröffnet es ertappten Plagiatoren doch die Möglichkeit, sich mit dem Argument zu entlasten, einfach das Zitieren „vergessen" zu haben bzw. „fälschlicherweise" gedacht zu haben, die verwendete Idee bzw. Struktur sei das Ergebnis der eigenen Kreativität gewesen (man könnte in diesen Fällen von „Pseudokryptomnesie" sprechen). Und auch in Fällen tatsächlichen Vergessens des Zitierens bzw. wahrer Kryptomnesie ist dem unbewusst Handelnden eine Verletzung der für das wissenschaftliche Arbeiten nötigen Sorgfalt vorzuwerfen, sofern die Übernahmen ein bestimmtes (geringes) Ausmaß überschreiten.

1.2 Rechtliche Anknüpfung

In Österreich gibt es vor allem zwei Rechtsbereiche, die Anknüpfungspunkte für die Plagiatsthematik bieten: das Urheberrecht und das Universitätsrecht. Das Urheberrecht, welches im österreichischen Urheberrechtsgesetz (UrhG) normiert ist, bietet Urhebern von Werken, also etwa Autoren von wissenschaftlichen Aufsätzen, vielfältigen Schutz vor missbräuchlicher Verwendung ihrer Werke. Es stellt sich nun die Frage, ob Plagiate immer eine solche missbräuchliche Verwendung darstellen bzw. umgekehrt, ob bestimmte Arten von Urheberrechtsverletzungen immer ein Plagiat voraussetzen. Zur Klärung dieser Frage ist es notwendig, zunächst einige zentrale Begriffe des Urheberrechts zu erläutern (vgl. Dittrich 2007):

a) *Der Werkbegriff (§ 1 UrhG)*: Ein Werk im Sinne des Urheberrechts stellt eine eigentümliche geistige Schöpfung des Urhebers dar. Wesentliches Element des Werkbegriffes ist die sogenannte „individuelle Eigenart" der Schöpfung, d.h. im Werk müssen sich persönliche Züge des Schöpfers manifestieren. Würde man den Plagiatsbegriff an den Werkbegriff anknüpfen, so müsste es sich bei der Quelle um ein Werk im Sinne des Urheberrechts handeln, und Plagiieren könnte vereinfacht als „Ausgeben fremder Werke als eigene" definiert werden. Eine derartige Anknüpfung erscheint durchaus sinnvoll und wird im Rahmen der weiteren Ausführungen zum Urheberrecht auch vorgenommen. Allerdings ist zu beachten, dass es ebenso möglich ist, von einem Plagiat zu sprechen, wenn Quellen verwendet werden, die keine Werke im Sinne des Urheberrechts darstellen. In der Praxis spielen derartige Fälle allerdings faktisch keine Rolle, weil die Quellen fast immer Werkcharakter aufweisen.

b) *Der Urheberbegriff (§ 10 UrhG)*: Als Urheber eines Werkes gilt jene Person, die dieses Werk geschaffen hat.
c) *Die geschützten Rechte der Urheber (§§ 14 ff.* UrhG): Dazu zählen einerseits die sogenannten Verwertungsrechte, bei denen es um die wirtschaftliche Nutzung von Werken geht, wie etwa das Vervielfältigungs- oder das Verbreitungsrecht, und andererseits das sogenannte Urheberpersönlichkeitsrecht. Dieses umfasst u.a. den Schutz der Urheberschaft, der wiederum einen wichtigen Anknüpfungspunkt in Plagiatsfragen bildet. Demnach hat der Urheber das unverzichtbare Recht, die Urheberschaft für sich in Anspruch zu nehmen; diese kann also weder entgeltlich noch unentgeltlich rechtswirksam übertragen werden.
d) *Die wichtigsten Beschränkungen der geschützten Rechte*: Wesentlich ist, dass sich alle Beschränkungen ausschließlich auf die Verwertungsrechte beziehen. Die in der Praxis bedeutendste Beschränkung liegt in der Zulässigkeit von Vervielfältigungen eines Werkes zum eigenen Gebrauch (§ 42 UrhG). Allerdings darf eine solche Vervielfältigung keinesfalls als eigenes Werk ausgegeben werden. Gleiches gilt für das sogenannte „kleine" (§ 46 Z. 1 UrhG) bzw. „große" (§ 46 Z. 2 UrhG) Zitat: Demnach dürfen einzelne Stellen eines Werkes (z.B. die Anführung der Ergebnisse vorangegangener Studien in einem Aufsatz) bzw. ganze Werke (z.B. der Abdruck eines fremden Gedichts, das im Rahmen einer Seminararbeit besprochen wird) in ein eigenes Werk aufgenommen werden, sofern diese Übernahmen als solche gekennzeichnet (zitiert) werden.

Kommt es nun zu einer unzulässigen Verwertung eines fremden Werkes unter eigenem Namen, wie etwa die Abgabe einer aus dem Internet heruntergeladenen Arbeit eines fremden Autors als eigene Seminararbeit, so handelt es sich dabei zweifelsfrei um eine Urheberrechtsverletzung, die ein Plagiat zum Gegenstand hat. Generell lässt sich sagen, dass es in den meisten Fällen diese „Wechselwirkung" zwischen Urheberrechtsverletzung und Plagiat gibt. Wenn es jedoch zu einer unzulässigen Verwertung eines fremden Werkes unter fremdem Namen kommt, wie etwa das Kopieren eines Lehrbuchs des Autors X und der anschließende Weiterverkauf dieses kopierten Lehrbuchs unter dem Namen des Autors X durch Y, so stellt dies zwar eine (zweifache) Urheberrechtsverletzung dar, diese hat jedoch kein Plagiat zum Gegenstand. Umgekehrt kann es ebenso zu Verwertungen von Plagiaten kommen, die keine Urheberrechtsverletzungen darstellen. Beispiele dafür sind etwa das „Ghostwriting" oder auch Selbstplagiate. Beim „Ghostwriting" verkauft der Urheber sein Werk samt Urheberschaft (was rein rechtlich zwar nicht möglich, aber schwer nachweisbar ist) und ist damit einverstanden, dass der Käufer das Werk unter eigenem Namen verwertet. Beim Selbstplagiat „plagiiert" der Autor sein eigenes Werk, was urheberrechtlich meist (sofern die Verwertungsrechte nicht vollständig an andere, wie etwa einen Verlag, übertragen wurden) unproblematisch ist. Ob in einem solchen Fall überhaupt von einem Plagiat gesprochen werden kann, erscheint fraglich (vgl. Rieble 2010, 32f.).

Zentrale Bestimmung des Universitätsrechts ist das Universitätsgesetz (UG). Prüft man dieses in Bezug auf potentielle Anknüpfungspunkte für Plagiatsfragen, so kommen vor allem drei Bestimmungen in Frage: erstens die im § 59 Abs. 2 UG normierten Pflichten der Studierenden. Diese Bestimmung ist für eine Anknüpfung ungeeignet, da sich darin rein gar nichts zum Thema „Plagiieren" finden lässt. Ebenso den Regelungen für Studierende zurechenbar ist die zweite möglicherweise relevante Bestimmung, nämlich die im § 74 UG geregelte Nichtigerklärung von Beurteilungen. Demnach sind Beurteilungen von Prüfungen oder wissenschaftlichen Arbeiten für nichtig zu erklären, wenn diese durch die Verwendung „unerlaubter Hilfsmittel" erschlichen wurden. Hier bietet sich eine indirekte Anknüpfungsmöglichkeit, sofern man Plagiate als derartige unerlaubte Hilfsmittel qualifiziert. Der dritte mögliche Anknüpfungspunkt betrifft Regelungen für Universitätsbedienstete: Laut der Bestimmung zur Verwertung von geistigem Eigentum (§ 106 UG) sind Universitätsangehörige, die einen Beitrag geleistet haben, bei der Veröffentlichung von Forschungsergebnissen zu nennen. Auch diese Bestimmung bietet eine indirekte Anknüpfungsmöglichkeit, da man auf ihrer Basis etwa jene Teile von Publikationen, die auf der Leistung von Personen beruhen, die weder als Mitautoren genannt noch als Urheber dieser Teile zitiert werden, als Plagiate einstufen könnte.

Gemäß § 19 UG hat jede Universität zudem gewisse Ordnungsvorschriften durch Satzung (Verordnung) zu erlassen. Betrachtet man beispielsweise die Satzung der Karl-Franzens-Universität Graz, so wird dort im Satzungsteil „Grundsätze zur Sicherung guter wissenschaftlicher Praxis und zur Vermeidung von Fehlverhalten in der Wissenschaft" der Begriff des Plagiats sinngemäß als unbefugte Verwertung von fremden urheberrechtlich geschützten Werken oder sonstigen wesentlichen wissenschaftlichen Erkenntnissen unter Anmaßung der Urheberschaft definiert. Problematisch erscheint, dass die einzelnen Universitäten Satzungen mit unterschiedlichen Inhalten erlassen. Begriffe wie jener des Plagiats werden in den verschiedenen Satzungen unterschiedlich bzw. zum Teil gar nicht definiert. Wesentlich sinnvoller wäre es gewesen, Bestimmungen und Begriffe, die für alle Universitäten relevant sein sollten, zentral im UG zu regeln.

2 Strategien zur Verhinderung von Plagiaten

Um die Anfertigung von Plagiaten zu verhindern, bieten sich unterschiedliche Strategien an (vgl. dazu etwa Fröhlich 2006, 88; Sattler 2007, 191ff.; Weber 2009, 115ff.; Weber-Wulff/Wohnsdorf 2006, 96ff.). Im Wesentlichen lässt sich dabei zwischen Aufklärung und Abschreckung differenzieren. Im Rahmen von Aufklärungsstrategien soll bei potentiellen Plagiatoren ein Problembewusstsein geschaffen werden, das dazu führt, dass sie aus eigener Überzeugung nicht mehr plagiieren. Hingegen sind Abschreckungsstrategien darauf ausgerichtet, potentielle Plagiatoren durch Drohung mit Sanktionen vom unerwünschten Verhalten abzuhalten. Aufklärungsstrategien sollen vorwiegend unbewusste Verstöße verhindern, Abschreckungsstrategien dagegen bewusste.

2.1 Aufklärung

Im Hinblick auf Wissenschaftler sollte es im Rahmen von Aufklärungsmaßnahmen in erster Linie um eine verstärkte Sensibilisierung für die Plagiatsproblematik gehen, da bei dieser Personengruppe zumindest ein grundsätzliches Problembewusstsein vorhanden sein sollte (bei Lyrikern scheint dies hingegen nicht immer der Fall zu sein: vgl. Duschlbauer 2006). Als Maßnahmen zur Sensibilisierung bieten sich an:

a) *Eine (verstärkte) Weiterbildung*: Diese kann intern (z.B. durch fachkundige Kollegen an der eigenen Universität) oder auch extern (z.B. durch Mitarbeiter der Verwertungsgesellschaften) erfolgen und sollte nicht nur auf die rechtliche Dimension (z.B. die einschlägigen Bestimmungen des Urheberrechts) beschränkt sein, sondern auch ethische Aspekte umfassen.
b) *Eine Förderung von Beiträgen zur Thematik*: Wissenschaftler sollten von ihren Vorgesetzten bzw. von den Universitätsleitungen dazu animiert werden, sich mit der Plagiatsproblematik im Allgemeinen bzw. in ihrem Forschungsbereich auseinanderzusetzen und eventuell auch Aufsätze zu dieser Thematik zu verfassen, die wiederum als Hilfsmittel zur Aufklärung weiterer (junger) Kollegen dienen können.
c) *Eine offene und neutrale Diskussion von „Problemfällen“*: Eine derartige Diskussion sollte vorwiegend instituts- bzw. fakultätsintern geführt werden. Um die betroffenen Personen (potentielle Plagiatoren) nicht an den Pranger zu stellen, sollte versucht werden, die Fälle zu anonymisieren.

Nachdem bei Studierenden ein entsprechendes Problembewusstsein oftmals noch gänzlich fehlt, sollten hier vorwiegend Schulungsmaßnahmen eingesetzt werden. Diese könnten im Rahmen von Lehrveranstaltungen vorgenommen werden, die in das wissenschaftliche Arbeiten einführen. Wichtig erscheint dabei allerdings nicht nur die Vermittlung der Fähigkeit zum korrekten Zitieren, sondern auch jene zum erfolgreichen Recherchieren. Wer gut recherchieren kann, hat es vielleicht gar nicht mehr nötig zu plagiieren, da dadurch genügend Quellen als Anregung für die eigene Arbeit zur Verfügung stehen.

Ergänzend könnten Studierende aufgeklärt werden, indem in Lehrveranstaltungen für Diplomanden studentische Arbeiten (Diplom- bzw. Masterarbeiten) im Hinblick auf die Plagiatsproblematik analysiert werden.

2.2 Abschreckung

Von den zahlreichen möglichen Maßnahmen zur Verhinderung von Plagiaten durch Abschreckung werden hier vier herausgegriffen, die besonders effektiv erscheinen:

a) *Die Verpflichtung zur Abgabe eidesstattlicher Erklärungen*: In diesen bestätigen Autoren wissenschaftlicher Arbeiten, die Arbeit selbst verfasst und eventuelle Übernahmen aus anderen Arbeiten als solche gekennzeichnet (zitiert) zu haben. Wahrheitswidrige eidesstattliche Erklärungen sind in Österreich – im Gegensatz zu Deutschland – zwar nicht strafrechtlich, jedoch durchaus verwaltungsrechtlich relevant; die Konsequenzen können von einer negativen Beurteilung studentischer Arbeiten bis zur Aberkennung bereits verliehener Titel reichen. Bei Abschlussarbeiten von Studierenden bzw. „Qualifizierungsarbeiten" von Wissenschaftlern (Habilitationsschriften) werden derartige eidesstattliche Erklärungen praktisch immer verlangt, bei Aufsätzen von Wissenschaftlern in zunehmendem Ausmaß (von den Verlagen).

b) *Die Förderung der Aufdeckung von Plagiaten*: Dies kann im Hinblick auf studentische Arbeiten durch eine entsprechende Schulung von Betreuern oder auch durch den Einsatz von Plagiatserkennungssoftware erfolgen. Für Betreuer wissenschaftlicher Arbeiten gibt es recht einfache Methoden, Plagiate aufzudecken. Vor allem mehrfache Stilbrüche innerhalb einzelner Arbeiten bilden gravierende Verdachtsmomente. Die derzeit verfügbare Plagiatserkennungssoftware hat sich zwar als nicht sonderlich zuverlässig erwiesen (vgl. Weber-Wulff/Köhler 2011), ist allerdings als Abschreckungsmaßnahme äußerst wirksam. Im Zusammenhang mit Plagiaten von Wissenschaftlern sollte es zu einem verstärkten Schutz von Aufdeckern und Opfern kommen. Aufdecker werden oft als „Nestbeschmutzer" angesehen und in der Folge von der „scientific community" gemieden. Die Aufdeckung von Plagiaten stellt jedoch eine wichtige Tätigkeit dar, die allerdings nicht in erster Linie der Profilierung der Aufdecker dienen sollte. Hart trifft es auch manchmal die Opfer von Plagiaten, nämlich die Verfasser der plagiierten Werke. Handelt es sich beim überführten Plagiator um den Vorgesetzten des Opfers, besteht die Gefahr, dass der Plagiator unbehelligt bleibt und das Opfer in der Folge seinen Arbeitsplatz verliert, da der Plagiator an diesen „Vorfall" nicht mehr erinnert werden möchte.

c) *Die Ausschöpfung der rechtlichen Möglichkeiten*: Häufig bleiben Plagiate überhaupt unentdeckt, und auch im Falle der Aufdeckung werden die rechtlichen Möglichkeiten nur selten ausgeschöpft. Eine stärkere Ausschöpfung dieser Möglichkeiten hätte vermutlich eine entsprechende abschreckende Wirkung auf potentielle Plagiatoren. Kommt es durch Plagiate etwa zu Verletzungen des Urheberrechts, können daran sowohl erhebliche zivilrechtliche (Schadenersatz, Urteilsveröffentlichung, Unterlassung, Beseitigung) als auch strafrechtliche Konsequenzen (Geld- bzw. sogar Gefängnisstrafen) geknüpft werden. Verletzungen des Universitätsgesetzes durch Plagiieren können für Studierende eine Nichtigerklärung von Beurteilungen zur Folge haben, für Wissenschaftler sind hingegen bislang kaum Konsequenzen vorgesehen.

d) *Die Erweiterung der rechtlichen Möglichkeiten*: Durchaus sinnvoll erschiene es, den Begriff des Plagiats ins Universitätsrecht (Universitätsgesetz) aufzunehmen. Unabhängig davon sollten die Konsequenzen für Wissenschaftler im Falle von aufgedeckten Plagiaten verschärft werden. Anbieten würden sich etwa Gehaltskürzungen für eine bestimmte Dauer. Eine andere Möglichkeit bestünde darin, eine Verpflichtung zur Unterlassung von Plagiaten in die Arbeitsverträge neu aufgenommener wissenschaftlicher Mitarbeiter zu integrieren. Schwere Verstöße gegen diese Verpflichtung könnten in der Folge einen Entlassungsgrund darstellen.

3 Empirische Studie zum Problembewusstsein

Um Erkenntnisse über das Verhalten sowie das Problembewusstsein von Studierenden im Hinblick auf Plagiate zu gewinnen, wurde im Jahr 2008 an der Karl-Franzens-Universität Graz im Rahmen einer vom Autor dieses Beitrages initiierten und betreuten Magisterarbeit eine deskriptive empirische Studie zur Plagiatsproblematik durchgeführt (vgl. Kasebacher 2008, 39ff.; bzgl. vergleichbarer Studien siehe Weber 2009, 53ff.). Nachfolgend werden zunächst die Eckpfeiler der Vorgangsweise vorgestellt, anschließend ausgewählte Ergebnisse dieser Studie präsentiert.

3.1 Vorgangsweise

Im Rahmen der gegenständlichen Studie sollten u.a. die folgenden zwei zentralen Fragestellungen geklärt werden:

- Fragestellung 1: Haben Studierende im Hinblick auf Plagiate überhaupt ein entsprechendes Problem- bzw. Unrechtsbewusstsein?
- Fragestellung 2: In welchem Ausmaß und aus welchen Gründen plagiieren Studierende?

Zur Beantwortung dieser (und weiterer, hier nicht näher beschriebener) Fragestellungen wurde ein strukturierter Fragebogen entwickelt. Unter Einsatz dieses Fragebogens wurden 298 Studierende zweier Fakultäten der Karl-Franzens-Universität Graz befragt: 130 Studierende der Rechtswissenschaftlichen (REWI) sowie 168 Studierende der Sozial- und Wirtschaftswissenschaftlichen (SOWI) Fakultät. Die Auswahl der Interviewpartner erfolgte weitgehend nach dem Zufallsprinzip.

3.2 Ergebnisse

Zur Beantwortung der ersten Fragestellung wurden die Studierenden zunächst gefragt, ob sie sich in der Lage fühlen, zwischen Recht und Unrecht in Hinsicht auf Plagiarismus unterscheiden zu können. Aus Abbildung 1 geht hervor, dass sich immerhin 84% der Befragten diese Fähigkeit zuschreiben. Erwartungsgemäß höher ist dieser Anteil mit 94% bei den REWI-Studierenden, die ja auch im Rahmen des Studiums (zumindest am Rande) mit den rechtlichen Aspekten des Plagiarismus konfrontiert werden.

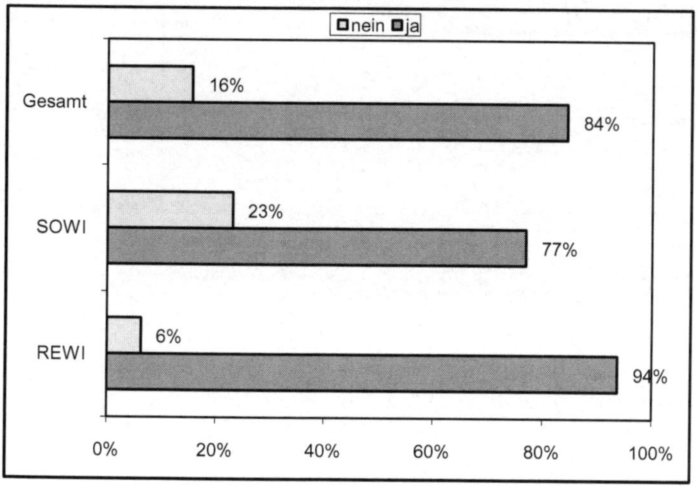

Abb. 1: Problembewusstsein 1 – Fähigkeit zur Unterscheidung zwischen Recht und Unrecht in Hinsicht auf Plagiarismus

Ergänzend sollten die Studierenden beurteilen, ab welchem Umfang der Übernahme sie bei der gesamten Arbeit von einem Plagiat sprechen würden. Insgesamt gesehen vertreten 25% der Befragten eine sehr strenge Sicht: Sie würden eine Arbeit bereits als Plagiat bezeichnen, wenn zumindest mehrere Sätze ohne Quellenangabe übernommen wurden. Die meisten Studierenden, nämlich 41%, würden erst dann von einem Plagiat sprechen, wenn zumindest einige Absätze plagiiert wurden, weitere 31% erst dann, wenn es sich beim übernommenen Text bereits um ganze Kapitel handelt. Die restlichen 3% der Befragten setzen die Übernahme eines ganzen Werkes voraus, um von einem Plagiat sprechen zu können. Betrachtet man die Detailergebnisse für die beiden Fakultäten, so zeigt sich, dass die REWI-Studierenden etwas toleranter sind: Während 23% von ihnen der Meinung sind, für eine Beurteilung als Plagiat reiche bereits die Übernahme mehrerer Sätze, so liegt der entsprechende Wert für die SOWI-Studierenden bei 27%. In dieses Bild passt, dass immerhin 4% der REWI-Studierenden erst bei Übernahme eines ganzen

Werkes von einem Plagiat sprechen würden, während dies lediglich 2% der SOWI-Studierenden so sehen.

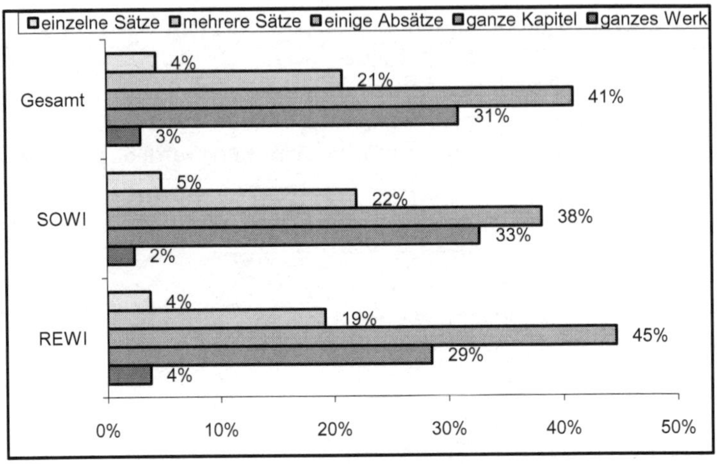

Abb. 2: Problembewusstsein 2 – Umfang der Übernahme für ein Plagiat

Zur Beantwortung der zweiten Fragestellung wurden die Studierenden einerseits befragt, wie oft sie bereits jeweils Ideen, einige Sätze, ganze Kapitel oder sogar ganze Werke plagiiert haben. Gemäß Abbildung 3 geben 9% der Befragten zu (die Dunkelziffern dürften jeweils wesentlich höher sein), bereits öfters Ideen plagiiert zu haben. Bezüglich einzelner Sätze beträgt der entsprechende Wert sogar 11%.

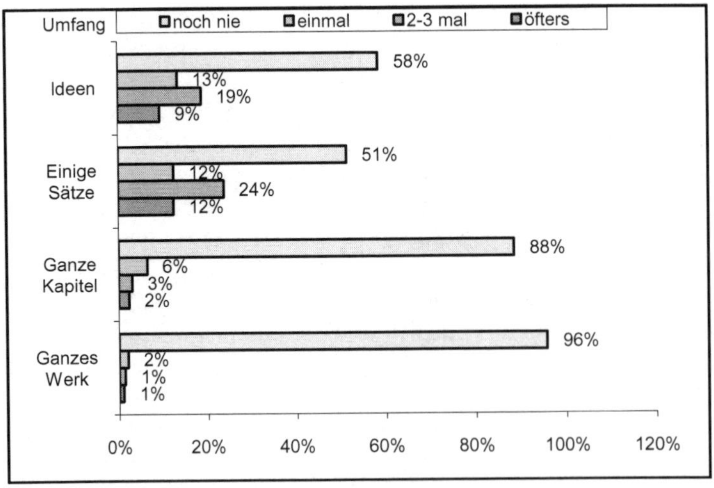

Abb. 3: Verhalten 1 – Ausmaß des Plagiierens

Der Wert für das bereits oftmalige Plagiieren ganzer Kapitel liegt bei 2%, jener für das bereits oftmalige Plagiieren ganzer Werke bei 1%. Dies erscheint bedenklich, geben doch 3 von 298 Befragten offen zu, in der Vergangenheit bereits häufiger (mehr als 3-mal) ganze Werke plagiiert zu haben. Ebenso überraschend hoch ist mit 11% der Anteil jener, die schon zumindest einmal ganze Kapitel plagiiert haben. Für ganze Werke beträgt der entsprechende Wert immer noch 4%.

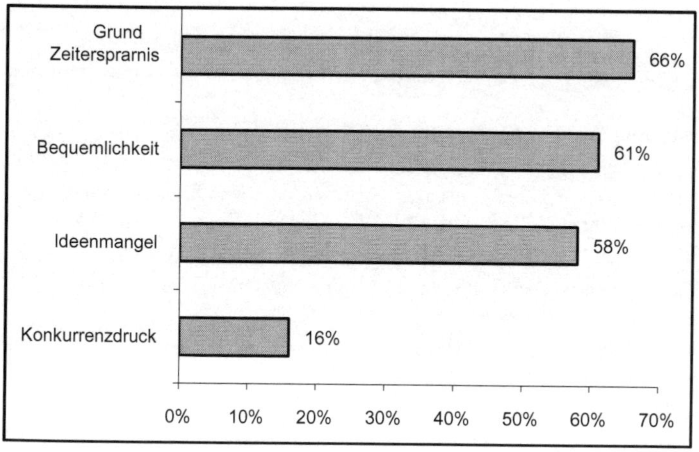

Abb. 4: Verhalten 2 – Gründe für das Plagiieren

Im Hinblick auf die zweite Fragestellung sollten die Studierenden auch noch die für sie wesentlichen Gründe für das Plagiieren nennen. Abbildung 4 legt offen, dass es drei Gründe gibt, die für jeweils mehr als die Hälfte der Befragten relevant sind: Zeitersparnis, Bequemlichkeit und Ideenmangel. Dieses Ergebnis entspricht durchaus den Erwartungen, lediglich die häufige Angabe von Ideenmangel überrascht etwas.

4 Resümee

Zusammenfassend lässt sich sagen, dass es für den Begriff des Plagiats keine einheitliche Definition gibt. Eine sinnvolle Lösung für dieses Problem könnte eine starke Orientierung am Urheberrecht und damit am Werkbegriff mit all seinen Dimensionen sein (anderer Ansicht: Rieble 2010, 109f.). Um Plagiate wirksam zu verhindern, sollten sowohl Aufklärungs- als auch Abschreckungsmaßnahmen eingesetzt werden. Bevor neue Maßnahmen entwickelt werden, sollten jedenfalls die vorhandenen Möglichkeiten, vor allem die rechtlichen Sanktionsmöglichkeiten, besser ausgeschöpft werden. Die empirische Studie zum Problembewusstsein von Studierenden im Hinblick auf Plagiate legt offen, dass ein solches zwar in Ansätzen vorhanden ist, dieses aber nicht ausreicht, um die Studierenden vom Plagiieren im erwünschten Ausmaß abzuhalten. Die Ergebnisse der Studie sprechen somit ebenfalls dafür, die Abschreckung zu forcieren.

Literatur

Dittrich, R.: Österreichisches und internationales Urheberrecht, 4. Aufl., Manz: Wien 2007.

Duden „Fremdwörterbuch", 4. Aufl., Bibliographisches Institut: Mannheim 1982.

Duschlbauer, T.: „Jedes Haus hat doch ein Dach" oder die unerträgliche Leichtigkeit des Plagiierens in der Literatur, in: Information Wissenschaft & Praxis 57 (2006), 109-111.

Fischer, F.: Das Literaturplagiat – Tatbestand und Rechtsfolgen, Peter Lang: Frankfurt/Main 1996.

Fröhlich, G.: Plagiate und unethische Autorenschaften, in: Information Wissenschaft & Praxis 57 (2006), 81-89.

Kasebacher, D.: Informationsethisches Verhalten Studierender in Hinblick auf wissenschaftliches Arbeiten, Magisterarbeit an der Karl-Franzens-Universität Graz, 2008.

Meyers Enzyklopädisches Lexikon, Band 18, Bibliographisches Institut: Mannheim 1976.

Rieble, V.: Das Wissenschaftsplagiat. Vom Versagen eines Systems, Klostermann: Frankfurt/Main 2010.

Sattler, S.: Plagiate in Hausarbeiten – Erklärungsmodelle mit Hilfe der Rational Choice Theorie, Verlag Dr. Kovač: Hamburg 2007.

Schimmel, R.: Von der hohen Kunst ein Plagiat zu fertigen. Eine Anleitung in 10 Schritten, LIT Verlag: Berlin 2011.

Weber, S.: Das Textplagiat in den Kulturwissenschaften: Varianten, mutmaßliche empirische Trends, theoretische Verwirrungen. Ein Problemaufriss, in: Information Wissenschaft & Praxis 57 (2006), 103-108.

Weber, S.: Das Google-Copy-Paste-Syndrom – Wie Netzplagiate Ausbildung und Wissen gefährden, 2. Aufl., Heise: Hannover 2009.

Weber-Wulff, D./Köhler, K.: Plagiatserkennungssoftware, in: Information Wissenschaft & Praxis 62 (2011), 159-166.

Weber-Wulff, D./Wohnsdorf, G.: Strategien der Plagiatsbekämpfung, in: Information Wissenschaft & Praxis 57 (2006), 90-98.

Detlev Dannenberg

Wie können Bibliotheken Lernenden helfen, Plagiate zu vermeiden?

Plagiate werden zum überwiegenden Anteil aus Unkenntnis begangen und nur zum geringen mit Vorsatz. Maßnahmen zu ihrer Vermeidung sollten also eher auf Aufklärung und Anleitung zum korrekten Handeln abzielen als auf Repression. Daher behandeln bibliothekspädagogische Kurse im Teil „Informationen verarbeiten" auch den Abschnitt „Verantwortungsbewusst mit Informationen umgehen: Plagiate vermeiden". Besonders erfolgreich sind dabei solche Veranstaltungen, die fest in das Curriculum des Kooperationspartners Schule oder Hochschule eingebunden sind und den Entstehungsprozess einer wissenschaftlichen Arbeit begleiten. Die Kompetenzen der Bibliotheken werden von Lernenden, Lehrenden und Leitungsgremien anerkannt.

„Plagiat bedeutet, dass ein fremdes Werk ganz oder teilweise in ein neues Werk übernommen wird, dessen Urheber sich als Urheber des gesamten neuen Werkes bezeichnet. Es handelt sich um eine unerlaubte Benutzung eines unfreien Werkes" (Creifelds 2011, S. 963).

Das Thema Plagiate ging im Jahre 2011 immer wieder durch die deutschsprachigen Medien. Das Interesse lag wohl vor allem an der großen Zahl mehr oder minder prominenter Politikerinnen und Politiker, deren Doktorarbeiten auf Plagiate geprüft wurden. Die Rangliste der Neuen Zürcher Zeitung listet acht Prominente auf, in deren Arbeiten auf bis zu 94 % der Seiten Plagiate gefunden wurden. Sechs der acht Personen war zum Zeitpunkt des Erscheinens des Artikels der Doktortitel aberkannt worden (vgl. Schuppisser 2011).

Plagiate an deutschen Hochschulen

Wie ist aber die Verbreitung von Plagiaten an deutschen Schulen und Hochschulen einzuschätzen? Nachdem sie zunächst viele Jahre vorwiegend an US-amerikanischen Middle Schools und High Schools untersucht wurde (vgl. Lathrop 2000), liegen mit der Fairuse-Studie (vgl. Sattler 2010) nun auch umfangreiche Forschungen an einer deutschen Universität vor.

Diese Studie der Universität Bielefeld soll 2012 abgeschlossen werden. Zwischenergebnisse zeigen auf, dass 14% aller befragten Studierenden bekannten: „Habe im Studium schon einmal bei einer (Haus-)Arbeit bewusst fremde Gedanken oder Zitate übernommen, ohne es kenntlich zu machen" (Sattler 2010, S. 9). Studenten bekannten dies mit 18,3% deutlich häufiger als Studentinnen mit 11,5%. Die prozentuale Verbreitung bezogen auf die Studienrichtung reicht von 7,9% in der Germanistik bis zu 22,1 % in den Rechtswissenschaften.

Die Plagiatorinnen und Plagiatoren wurden nach ihrer Selbsteinschätzung bezüglich ihrer schulisch erworbenen Fähigkeiten befragt. Sie bekannten Defizite in den Bereichen: Wesentliches auf den Punkt bringen, Gedanken anderer sinngemäß wiedergeben, Analysieren von Texten, in wissenschaftlicher Sprache schreiben (vgl. Sattler 2007, S. 157).

Diese Defizite müssen von den Hochschulen ausgeglichen und die Fähigkeiten der Studierenden aktiv verbessert werden. In der Fairuse-Studie werden darüber hinaus moralische Anreize empfohlen wie die Anerkennung eines Ehrencodex oder eine eidesstattliche Erklärung. Dies erschwere die Rechtfertigung von Plagiaten, informiere über inkorrekte Verhaltensweisen und biete eine einheitliche Entscheidungs- und Bewertungsgrundlage für Lehrende. Kurse zur Ethik hingegen helfen vermutlich nicht (vgl. Sattler 2010, S. 31-32).

Daneben werden Abschreckungsmaßnahmen empfohlen, wobei die Entdeckungswahrscheinlichkeit wichtiger erscheint als die Schärfe der Sanktionen. Erfolgreich soll die Einrichtung von Plagiatskontrollstellen sein und die Ankündigung des Einsatzes von Plagiatserkennungssoftware (vgl. Sattler 2010, S. 33).

Davon existieren mittlerweile über 30 Systeme mit unterschiedlichen Ergebnissen. Sie erkennen durchweg nicht Teilplagiate, unzugängliche Texte (Print, kostenpflichtige elektronische Ressourcen), Übersetzungen, geschickte Paraphrasierungen. Bei Systemen wie Turnitin.com bestehen darüber hinaus urheberrechtliche Probleme, da die eingereichten Arbeiten nach ihrer Prüfung auf dem Firmenserver verbleiben. In jedem Fall ist aber eine zusätzliche „händische" Nachkontrolle notwendig (vgl. Bekavac 2009, vgl. Grozea 2010, S. 13, vgl. Weber-Wulff 2011).

Die Rolle der Bibliotheken

Bibliotheken, die sich dem Konzept der Teaching Library verschrieben haben, bieten in ihren Modulen zur Entwicklung von Informationskompetenz das Thema Plagiate in zwei Zusammenhängen an: Im Bereich „Informationen beurteilen" werden Plagiate anderer entlarvt und im Bereich „Informationen bearbeiten" werden eigene Plagiate vermieden.

In diesem Zusammenhang kommen unterschiedliche Einheiten zum Einsatz, von denen hier drei kurz beschrieben werden. Ausführliche Beschreibungen finden sich an anderer Stelle (Dannenberg 2009).

In der Einheit „Glaube nicht alles, was du liest" können Lernende testen, ob ihnen der Unterschied zwischen Behauptungen und nachprüfbaren Fakten geläufig ist. Der Test besteht aus 10 kurzen Texten und dazugehörigen Fragen. Die Texte bestehen aus reinen Behauptungen und glaubhaft dargestellten Fakten, die unzureichend belegt und zum großen Teil falsch sind.

Die Einheit „Das kurze Leben des S. B. Preuss" stellt ein anschauliches Beispiel dar, wie unterschiedliche Belegformen Zweifel an der Wissenschaftlichkeit von Fachartikeln aufkommen lassen können. In ein und derselben englischsprachigen Zeitschrift zitieren acht Artikel ein und denselben Aufsatz. Die Belegformen kürzen den Urheber bis zur Unkenntlichkeit ab, so dass der Verdacht aufkommt, dass die Autoren nicht des Deutschen mächtig sind und damit den Artikel nicht, wie angegeben, im Original gelesen hatten. Darüber hinaus wird in allen acht Artikeln nicht auf die eigentliche Quelle hingewiesen, sondern lediglich auf deren Ankündigung.

In der Einheit „Durchgefallen“ erarbeiten sich Lernende anhand von Aussagen wie „Du übernimmst Texte eines anderen ohne Beleg in die eigene Bachelorarbeit“ oder „Du schreibst in einer Klausur ab“ die Unterschiede zwischen Plagiat und Täuschung sowie zwischen guter und schlechter wissenschaftlicher Arbeit.

Die drei Einheiten wurden von der Bibliothek in einem Workshop Lehrenden einer Hochschule vorgestellt. Einige Lehrende verabredeten daraufhin mit der Bibliothek, das 90minütige Modul in ihre Pflichtveranstaltungen aufzunehmen.

Die oben beschriebenen Forschungsergebnisse und Empfehlungen wurden der Hochschulleitung vorgestellt, die die Formulierung einer Ehrenerklärung aller Studierenden zur Einhaltung wissenschaftlicher Grundsätze beschloss. Die Bibliothek wurde aufgefordert, für diese Ehrenerklärung einen Abschnitt zur Plagiatsvermeidung beizutragen. Dieser orientiert sich an der Denkschrift „Sicherung guter wissenschaftlicher Praxis“ der Deutschen Forschungsgemeinschaft (DFG 1998), insbesondere an folgenden Empfehlungen:

> „Empfehlung 1: Regeln guter wissenschaftlicher Praxis sollen [...] Grundsätze insbesondere für die folgenden Themen umfassen:
>
> - allgemeine Prinzipien wissenschaftlicher Arbeit, zum Beispiel
>   - lege artis zu arbeiten,
>   - Resultate zu dokumentieren,
>   - alle Ergebnisse konsequent selbst anzuzweifeln, [...]“ (DFG 1998, S. 7).

> „Empfehlung 2: Hochschulen [...] sollen Regeln guter wissenschaftlicher Praxis formulieren, sie allen ihren Mitgliedern bekanntgeben und diese darauf verpflichten. Diese Regeln sollen fester Bestandteil der Lehre und der Ausbildung des wissenschaftlichen Nachwuchses sein“ (DFG 1998, S. 7).

> „Empfehlung 8: Hochschulen [...] sollen Verfahren zum Umgang mit Vorwürfen wissenschaftlichen Fehlverhaltens vorsehen. Diese müssen [...] folgendes umfassen:
>
> - eine Definition von Tatbeständen, die in Abgrenzung zu guter wissenschaftlicher Praxis (Empfehlung 1) als wissenschaftliches Fehlverhalten gelten, beispielsweise Erfindung und Fälschung von Daten, Plagiat, [...]“ (DFG 1998, S. 13).

Die Bibliothek ist bereit, auch in größerem Umfang als bislang die Aufklärung und Ausbildung der Studierenden zu unterstützen.

Fazit

Bibliothekspädagogische Veranstaltungen finden in allen Bereichen der Informationskompetenz statt und nicht nur im Bereich der Recherche. Sie behandeln das Problem des Plagiats im Zusammenhang der Regeln guter wissenschaftlicher Praxis und der Zitiertechniken und -styles. Die Veranstaltungen sind in die Curricula der Schulen und Hochschulen eingebunden und begleiten vorzugsweise die Erstellung einer wissenschaftlichen Arbeit. Sie führen zur stärkeren Anerkennung bibliothekarischer Kompetenzen durch Lernende, Lehrende und Leitungen.

Literaturverzeichnis

[Bekavac 2009] Bekavac, Bernard ; Brändli, Ursina ; Dahinden, Urs ; Johner, Simon ; Milz, Jasmine ; Rinaldi, Corina ; Weinhold, Thomas: Plagiatserkennungssoftware. In: Internationale Tagung Die Lernende Bibliothek <2009, Chur>: Wissensklau, Unvermögen oder Paradigmenwechsel? : Plagiate als Herausforderung für Lehre, Forschung und Bibliothek / Beiträge der internationalen Tagung „Die lernende Bibliothek 2009“ – „La biblioteca apprende 2009“. Chur, 6.-9. September 2009. Norderstedt: Books on Demand, 2009. (Churer Schriften zur Informationswissenschaft; 33) – ISBN 978-3-8391-1294-6. – S. 95-104. Online verfügbar unter http://www.fh-htwchur.ch/up loads/med/ CSI_33_DieLernendeBibliothek2009.pdf Abruf: 2011-12-17

[Creifelds 2011] Creifelds, Carl (Begr.) ; Weber, Klaus (Hrsg.) ; Cassardt, Gunnar (Bearb.): Rechtswörterbuch. 20., neu bearb. Aufl. München: Beck, 2011. – ISBN 978-3-406-59578-3

[Dannenberg 2009] Dannenberg, Detlev: „Das kurze Leben des S.B. Preuss“ oder: Zitieren und Belegen in Bibliothekskursen. In: Internationale Tagung Die Lernende Bibliothek <2009, Chur>: Wissensklau, Unvermögen oder Paradigmenwechsel? : Plagiate als Herausforderung für Lehre, Forschung und Bibliothek / Beiträge der internationalen Tagung „Die lernende Bibliothek 2009“ – „La biblioteca apprende 2009“. Chur, 6.-9. September 2009. Norderstedt: Books on Demand, 2009. (Churer Schriften zur Informationswissenschaft; 33) – ISBN 978-3-8391-1294-6. – S. 133-142. – Online verfügbar unter http://www.fh-htwchur.ch/uploads/media/CSI_33_DieLernendeBibliothek 2009. pdf Abruf: 2011-12-17

[DFG 1998] Deutsche Forschungsgemeinschaft (Hrsg.): Vorschläge zur Sicherung guter wissenschaftlicher Praxis : Empfehlungen der Kommission „Selbstkontrolle in der Wissenschaft“ : Denkschrift = Proposals for safeguarding good scientific practice. Weinheim: Wiley-VCH, 1998. – ISBN 3-527-27212-7. – Online verfügbar unter http://www.dfg.de/download/pdf/dfg_im_profil/redenstellungnahmen/download/empf ehlung_wiss_praxis_0198.pdf Abruf: 2011-12-17

[Grozea 2010] Grozea, Cristian: ENCOPLOT : Experiments and Results in Automatic Plagiarism Detection. Köln: Deutsche Sporthochschule, 2010. Stand: 2010-09-24 – Online verfügbar unter http://www.lik-online.de/pool/2010_Koeln_AGSB_Grozea.pdf Abruf 2011-12-17

[Lathrop 2000] Lathrop, Ann ; Foss, Kathleen: Student cheating and plagiarism in the Internet era : a wake-up call. Englewood, Co: Libraries Unlimited, 2000. – ISBN 1-563-08841-X

[Sattler 2007] Sattler, Sebastian: Plagiate in Hausarbeiten : Erklärungsmodelle mit Hilfe der Rational Choice Theorie. Hamburg: Kovač, 2001. – ISBN 978-3-8300-3068-3

[Sattler 2010] Sattler, Sebastian ; Wiegel, Constantin: Plagiate in studentischen Arbeiten. Köln: Deutsche Sporthochschule, 2010. Stand: 2010-09-30. – Online verfügbar unter http://www.lik-online.de/pool/2010_Koeln_AGSB_Sattler_Wiegel.pdf Abruf 2011-12-17

[Schuppisser 2011] Schuppisser, Raffael: Guttenbergs Erben : Wie die Plagiatsjäger im Internet arbeiten und wie sie den Wissenschaftsbetrieb verändern. In: NZZ am Sonntag (2011-07-18). Online verfügbar unter http://www.nzz.ch/nachrichten/hintergrund/wissenschaft/guttenbergs_erben_1.11437753.html Abruf: 2011-12-17

[Weber-Wulff 2011] Weber-Wulff, Debora ; Köhler, Katrin: Kopienjäger. In: iX (2011) 06. – Online verfügbar unter http://www.heise.de/ix/artikel/Kopienjaeger-1245288.html Abruf: 2011-12-17

Fabian Franke

Die Standards der Informationskompetenz im Bibliotheksverbund Bayern

Bewährtes festhalten, Maßstäbe setzen, Vergleichbarkeit herstellen, Qualität sichern

Wenn die Vermittlung von Informationskompetenz eine Kernaufgabe zahlreicher Bibliotheken ist – dann entwickeln sich aus den vielfältigen Aktivitäten in der Praxis auch Standards. Bibliotheken brauchen anerkannte Standards der Informationskompetenz als Voraussetzung für Kooperationen und als Grundlage für die Arbeit an gemeinsamen Zielen. Standards setzen nach außen Maßstäbe für die bibliothekarische Arbeit und dienen der Qualitätssicherung nach innen. Als Ergänzung zu den Standards der Informationskompetenz für Studierende des Deutschen Bibliotheksverbands wurden im Bibliotheksverbund Bayern Leitlinien für die Durchführung von Veranstaltungen zum Erwerb von Informationskompetenz an den bayerischen Universitäts- und Hochschulbibliotheken erarbeitet, die sich in besonderer Weise an die Entscheidungsträger im Hochschulbereich richten. In eine andere Richtung zielen die gemeinsam von Bibliotheken und Schulen in Bayern erarbeiteten Standards der Informationskompetenz für Schülerinnen und Schüler, die das Angebot der bayerischen wissenschaftlichen Bibliotheken für diese Zielgruppe beschreiben. Der Vortrag stellt die Leitlinien und Standards des Bibliotheksverbunds Bayern vor und diskutiert den aktuellen Stand ihrer Umsetzung.

Die AG Informationskompetenz im Bibliotheksverbund Bayern

Die AG Informationskompetenz wurde 2006 von der Konferenz der Direktoren der bayerischen Universitätsbibliotheken gegründet.[1] In ihr arbeiten derzeit 14 Bibliothekarinnen und Bibliothekare aus den Universitätsbibliotheken Augsburg, Bamberg, Eichstätt-Ingolstadt, Erlangen-Nürnberg, München (LMU), München (TU), Passau, Regensburg und Würzburg, den Hochschulbibliotheken Ansbach, Augsburg und München, der Bayerischen Staatsbibliothek und der Landesbibliothek Coburg zusammen. Die Arbeitsgruppe hat den Auftrag, Standards zu formulieren, die Fachleute vor Ort zu unterstützen und „Best Practice" zu koordinieren. Ihr Ziel ist es, eine breite Basis für die Vermittlung von Informationskompetenz im gesamten Bibliotheksverbund Bayern zu schaffen.

Zahlreiche Schulungskonzepte, Präsentationen und Übungsaufgaben für Veranstaltungen der bayerischen Bibliotheken zum Erwerb von Informationskompetenz finden sich in der Materialiendatenbank des Portals *www.informationskompetenz.de*. Aus den Best-Practice-Beispielen in dieser Sammlung von Kurs- und Schulungsmaterialien und den Erfahrungen in den Bibliotheken haben sich die Standards entwickelt, die die AG Informationskompetenz in Form von Empfehlungen und Checklisten formuliert hat.

[1] Franke, Fabian: Arbeitsgruppe Informationskompetenz im Bibliotheksverbund Bayern. In: Bibliotheksdienst 40 (2006) 6, 754 - 756.

Standards

> „A standard is an agreed, repeatable way of doing something. It is a published document that contains a technical specification or other precise criteria designed to be used consistently as a rule, guideline, or definition".

Diese Definition der British Standards Institution enthält die signifikanten Kriterien für einen Standard: Er ist allgemein anerkannt, er wird angewendet, er ist präzise und veröffentlicht. Es wird zu fragen sein, ob die derzeit veröffentlichten Standards der Informationskompetenz diese Kriterien erfüllen.

Im bibliothekarischen Bereich sind Standards und Normen vor allem in der Katalogisierung (z.B. RAK, AACR, MARC21, RSWK) und in der Bibliotheksentwicklung (z.B. bei Bibliotheksplänen) verbreitet. Folgende Ziele werden mit ihnen verbunden:

- *Nutzerorientierung:* Es werden diejenigen bibliothekarischen Leistungen festgelegt, die den Anforderungen der Benutzerinnen und Benutzer entsprechen.
- *Ordnung:* Die bibliothekarischen Leistungen sind klar definiert, transparent und kooperativ nutzbar.
- *Wirtschaftlichkeit:* Es werden Kooperationsmöglichkeiten und Synergieeffekte genutzt.
- *Qualitätssicherung:* Die Qualität der bibliothekarischen Leistungen ist überprüfbar.

Sind bibliothekarische Standards nun auch für die Vermittlung von Informationskompetenz sinnvoll und notwendig? Unter der Voraussetzung, dass die Vermittlung von Informationskompetenz eine bibliothekarische Kernaufgabe ist, kann diese Frage nur bejaht werden. Denn eine Kernaufgabe erfolgt stets in Kooperation zwischen Bibliotheken und erfordert dann auch Koordination. Was mit dem Austausch von Materialien und der Bildung von Netzwerken beginnt, setzt sich in der Formulierung von Standards fort. In einer griffigen Formel: IK^3 – Kernaufgabe, Kooperation, Koordination.

Leitlinien für die Durchführung von Veranstaltungen zum Erwerb von Informationskompetenz an den bayerischen Universitäts- und Hochschulbibliotheken

Standards der Informationskompetenz für Studierende wurden in Deutschland zunächst vom Netzwerk Informationskompetenz Baden-Württemberg[2] auf Basis der amerikanischen Standards der Association of College & Re-

2 NIK - Netzwerk Informationskompetenz Baden Württemberg: Standards der Informationskompetenz für Studierende (2006). Verfügbar unter http://www.informations kompetenz.de/fileadmin/user_upload/Standards_der_Inform_88.pdf [15.02.2012].

search Libraries (ACRL)[3] erstellt und anschließend in leicht veränderter Form vom Deutschen Bibliotheksverband[4] übernommen. Sie legen fest, welche Fähigkeiten informationskompetente Studierende besitzen sollten und in welchen Indikatoren sich diese manifestieren.

Doch welche Voraussetzungen sollten Hochschulbibliotheken besitzen, um den Erwerb dieser Fähigkeiten nachhaltig zu unterstützen und effiziente Strukturen zur Vermittlung von Informationskompetenz zu etablieren? Bereits 2003 wurden in Nordrhein-Westfalen Standards definiert, die sich vornehmlich an die Bibliotheksleitungen richten und die sehr detailliert die konzeptionellen, didaktischen und organisatorischen Voraussetzungen innerhalb der Bibliothek beschreiben.[5]

Die Leitlinien, die von der AG Informationskompetenz erarbeitet und von den Konferenzen der Direktoren der Universitätsbibliotheken und der Leiter der Hochschulbibliotheken beschlossen wurden, haben nun neben den Bibliotheksleitungen auch die Hochschulleitungen und die Entscheidungsträger in der Hochschulpolitik im Blick.[6] Sie geben Anhaltspunkte dafür, welche Aufgaben eine Hochschulbibliothek innerhalb der Hochschule wahrnehmen soll, wie die Zusammenarbeit mit den Fakultäten und anderen Einrichtungen aussehen soll und welche Unterstützung sie von der Hochschulverwaltung erwarten sollte.

Die bayerischen Universitäts- und Hochschulbibliotheken empfehlen den Entscheidungsträgern im Hochschulbereich die folgenden Leitlinien bei der Planung und Durchführung von Lehrveranstaltungen zur Informationskompetenz:

1. Informationskompetenz ist eine für Studium und Beruf unverzichtbare Schlüsselqualifikation.

3 Homann, Benno (2002): Standards der Informationskompetenz. Eine Übersetzung der amerikanischen Standards der ACRL als argumentative Hilfe zur Realisierung der „Teaching Library". In: Bibliotheksdienst 36 (2006), 625 - 637.

4 DBV - Deutscher Bibliotheksverband (2009): Standards der Informationskompetenz für Studierende. Verfügbar unter http://www.bibliotheksverband.de/fileadmin/user_upload/Kommissionen/Kom_Dienstleistung/Publikationen/Standards_Infokompetenz_03.07.2009_endg.pdf [15.02.2012].

5 Nilges, Annemarie, Reesing-Fidorra, Marianne, Vogt, Renate: Standards für die Vermittlung von Informationskompetenz an der Hochschule. Bibliotheksdienst 37 (2003) 4, 463 - 465.

6 Franke, Fabian: Mit Informationskompetenz zum (Studien-)Erfolg. Die bayerischen Universitäts- und Hochschulbibliotheken beschließen Standards für die Durchführung von Informationskompetenz-Veranstaltungen. In: Bibliothekdienst 43 (2009), 758 - 763.

Hintergrund sind die Empfehlungen des Wissenschaftsrats zur Einführung neuer Studienstrukturen und -abschlüsse.[7]

2. Alle Studierenden nehmen im Verlauf ihres Studiums an Veranstaltungen zum Erwerb von Informationskompetenz teil.
   Konsequenz ist die Integration dieser Kurse in die Studienordnungen.
3. Die Bibliotheken bieten hierzu eigenständige Module oder speziell konzipierte Veranstaltungen in enger Kooperation mit einzelnen Fächern bzw. Fakultäten an.
   Diese Leitlinie beinhaltet eine Selbstverpflichtung der Bibliotheken, die dafür notwendigen Ressourcen bereitzustellen.
4. Die Vermittlung von Informationskompetenz ist eine Kernaufgabe der Bibliotheken und gehört zu den Dienstaufgaben der Bibliothekarinnen und Bibliothekare.
   Die Durchführung dieser Tätigkeiten in der Dienstzeit erfordert eine entsprechende Personalorganisation.
5. Lehrveranstaltungen zur Vermittlung von Informationskompetenz werden von Bibliothekarinnen und Bibliothekaren aller Laufbahnen durchgeführt.
   Voraussetzung für die Wahrnehmung dieser Aufgaben ist die Eignung und Qualifikation, nicht die Laufbahngruppe.
6. Die Veranstaltungen werden von den Bibliotheken in enger Abstimmung mit den Fachvertretern konzipiert.
   Diese Leitlinie umfasst den Auftrag zur Konzeption von IK-Veranstaltungen und die Verpflichtung zur Zusammenarbeit.
7. Die Fach- und Praxisnähe der Veranstaltungen werden auch durch die Verwendung adäquater didaktischer Methoden gewährleistet. Die Veranstaltungen orientieren sich am aktuellen Stand der Hochschuldidaktik und werden kontinuierlich evaluiert.
   Bibliotheken müssen die Standards für gute Hochschullehre erfüllen.
8. Die Bibliotheken sind in Zusammenarbeit mit den Fakultäten/Fachbereichen und der Hochschulverwaltung zur Abnahme der entsprechenden Prüfungsleistungen berechtigt.
   Es ist grundsätzlich kein spezielles Antragsverfahren zur Erlangung der Prüfungsbefähigung erforderlich.
9. Regelmäßige Fortbildungen der Bibliothekarinnen und Bibliothekare dienen der Qualitätssicherung.
   Der Verpflichtung zu hoher Qualität müssen die Bibliotheken in der Ausbildung und durch Fortbildungen nachkommen.

[7] Wissenschaftsrat: Empfehlungen zur Einführung neuer Studienstrukturen und -abschlüsse (2000), S. 22. http://www.wissenschaftsrat.de/download/archiv/4418-00.pdf. [15.02.2012].

10. Die Bibliotheken arbeiten in allen technischen und organisatorischen Fragen mit der Hochschulverwaltung und den Fakultäten/Fachbereichen zusammen.
Bibliotheken erhalten die Unterstützung der Hochschulleitungen und zeigen sich als leistungsstarke Partner in der Hochschule.

Standards der Informationskompetenz für Schülerinnen und Schüler – das Angebot der wissenschaftlichen Bibliotheken im Bibliotheksverbund Bayern

Die bayerischen Hochschulbibliotheken und staatlichen Bibliotheken unterstützen Gymnasien, Fach- und Berufsoberschulen bei der Vermittlung von Informationskompetenz durch ein breites Angebot an Kursen und Schulungen. Knapp 30% der Teilnehmenden an Schulungen und Kursen der bayerischen Bibliotheken im Jahr 2010 waren Schülerinnen und Schüler. Die Zusammenarbeit von Schulen und Bibliotheken bildet eine nachhaltige Grundlage dafür, die Schülerinnen und Schüler für den Umgang mit Informationen zu sensibilisieren, ihr Interesse an einer wissenschaftlich fundierten Informationsrecherche zu wecken und ihnen dabei erste Erfolgserlebnisse zu verschaffen.

Die AG Informationskompetenz im Bibliotheksverbund Bayern hat Standards vorgelegt, die die Kompetenzen und Fähigkeiten zur Recherche, Beschaffung, Bewertung und Weiterverarbeitung wissenschaftlicher Literatur und Information definieren, die Bibliotheken vermitteln. Sie legen die Lernziele der Bibliothekskurse fest und dienen der Qualitätssicherung und der Vergleichbarkeit des Unterrichtsniveaus bei der Zusammenarbeit von Schulen und Bibliotheken.

1. Standard: Das regionale Informationsangebot kennen und nutzen

Die Schülerinnen und Schüler kennen die lokale und regionale Bibliothekslandschaft und können das Informationsangebot einer wissenschaftlichen Bibliothek nutzen.

Indikatoren: Die Schülerinnen und Schüler

- wissen, welche wissenschaftlichen Bibliotheken vor Ort und in der Region existieren,
- kennen die unterschiedlichen Medienangebote von Bibliotheken und wissen, wie und wozu sie sie nutzen können (Bücher, Nachschlagewerke, Zeitschriften, Zeitungen, DVDs, Datenbanken, elektronische Medien …)
- wissen, wie sie sich zur Bibliotheksbenutzung anmelden,
- kennen die Ausleihbedingungen verschiedener Medientypen und können das eigene Benutzerkonto verwalten,
- wissen, welche technischen Möglichkeiten ihnen zum Kopieren/Scannen/Drucken etc. zur Verfügung stehen,

- wissen, wie sie bei auftretenden Fragen mit der Bibliothek Kontakt aufnehmen können (Homepage, Informationszentrum, Telefon, Online-Auskunft, *Facebook*, Chat).

2. Standard: Strategien der Literaturrecherche beherrschen

Die Schülerinnen und Schüler können das Recherchesystem der Bibliothek zu einer effizienten und effektiven Literaturrecherche nutzen.

Indikatoren: Die Schülerinnen und Schüler
- kennen die Möglichkeiten, Vor- und Nachteile von Bibliothekskatalogen, Datenbanken und Internet-Suchmaschinen,
- kennen Bibliothekskataloge als zentrale Rechercheinstrumente für den Nachweis von Literatur und ihrer Verfügbarkeit,
- formulieren relevante Suchbegriffe (Ober-, Unterbegriffe, Synonyme ...) im Hinblick auf ein vorgegebenes Thema,
- erarbeiten effektive Suchstrategien (unter Verwendung von Booleschen Operatoren, Trunkierungszeichen etc.),
- erkennen Schlagwörter im Rechercheergebnis und verwenden sie gezielt zur Weitersuche,
- können eine (zu) kleine Treffermenge erweitern und eine (zu) große Treffermenge einschränken.

3. Standard: Literatur effizient beschaffen

Die Schülerinnen und Schüler können die ermittelte Literatur beschaffen.

Indikatoren: Die Schülerinnen und Schüler
- können ihre Rechercheergebnisse speichern bzw. drucken,
- finden die ermittelte Literatur am Standort bzw. können sie aus dem Magazin bestellen,
- können das Aufstellungssystem im Freihandbereich nach Fächern und Themen nutzen, um weitere Literatur zum Thema zu finden,
- können sich auf entliehene Medien vormerken,
- können eine Fernleihbestellung durchführen.

4. Standard: Elektronische Ressourcen nutzen

Die Schülerinnen und Schüler können qualitätsgesicherte elektronische Informationsquellen finden und nutzen.

Indikatoren: Die Schülerinnen und Schüler
- sind sensibilisiert für die Nutzung von qualitätsgesicherten Informationsquellen (als Alternative zu z.B. Google und Wikipedia),
- finden und nutzen geeignete Datenbanken (z.B. über das Datenbank-Infosystem DBIS),
- finden und nutzen elektronische Zeitungsarchive (z.B. über die Elektronische Zeitschriftenbibliothek EZB),
- finden und nutzen E-Books.

5. Standard: Literatur und Information effizient weiterverarbeiten

Die Schülerinnen und Schüler können die gewonnenen Informationen mit wissenschaftlichen Methoden weiterverarbeiten.

Indikatoren: Die Schülerinnen und Schüler
- kennen Kriterien zur Bewertung der gefundenen Literatur und Informationen,
- können die für eine bestimmte Themenstellung relevanten Informationen aus den gefundenen Quellen herausfiltern,
- können die Informationen strukturieren,
- wissen, dass sie Quellen und wörtliche Zitate nachweisen müssen,
- können Literatur richtig zitieren und ein Literaturverzeichnis erstellen.

Umsetzung der Standards

Hinweise zum Stand der Umsetzung der Standards an den Bibliotheken können die Daten der Deutschen Bibliotheksstatistik (DBS) und der Informationskompetenz-Statistik auf *www.informationskompetenz.de* geben. Die Zahl der wissenschaftlichen Universal- und Hochschulbibliotheken, die Angaben zu Schulungsveranstaltungen in der DBS machen, ist von 167 im Jahr 2003 auf 215 im Jahr 2010 gestiegen, die Stundenanzahl der Benutzerschulungen im selben Zeitraum von 33.784 auf 48.905. Die Anzahl der Teilnehmenden an Schulungen wird seit 2007 erhoben, sie ist von 317.053 auf 486.470 gestiegen. Aus den Daten der DBS lässt sich also eine eindeutige quantitative Steigerung der Bedeutung von Schulungsveranstaltungen in wissenschaftlichen Bibliotheken ableiten. Doch lassen sie keine Rückschlüsse darauf zu, ob sich auch qualitativ bei der organisatorischen und didaktischen Form der Veranstaltungen, den inhaltlichen Schwerpunkte und der Integration in die Studiengänge etwas verändert hat. Angaben zu diesen Punkten enthält die IK-Statistik auf *www.informationskompetenz.de*, an der sich 2010 66 Bibliotheken beteiligt haben. Sie gibt u.a. an, dass 2010 78% der Schulungen freiwillig und nicht in universitäre Lehrveranstaltungen integriert waren, 82% nicht länger als 90 Minuten dauerten und „nur“ 50% praktische Übungen beinhalteten.

Die Bibliotheksveranstaltungen sind derzeit also
- kurz (< 90 Minuten)
- frontal (Präsentationen, Vorträge, Führungen)
- freiwillig und nicht in universitäre Lehrveranstaltungen integriert
- einführend und bibliotheksbezogen (Bibliotheksbenutzung, Katalog, Datenbanken)

Daraus lässt sich nur der Schluss ziehen: Die Standards sind überwiegend noch nicht in die Praxis umgesetzt.

Fazit

Auch wenn die von den Bibliotheken formulierten Standards der Informationskompetenz (noch) nicht allgemein angewendet werden, ein Kriterium für die Gültigkeit von Standards also nicht erfüllt ist, konnten durch sie dennoch wichtige Ziele erreicht werden. Die British Standards Institution gibt als Zweck von Standards an:

- attract und assure customers
- demonstrate market leadership
- create competitive advantage
- develop and maintain best practice

Tatsächlich haben die Bibliotheken in ihren Standards die Best-Practice-Beispiele weiterentwickelt und ihre Position als Anbieter von Veranstaltungen zum Erwerb von Informationen in den Hochschulen und bei den Studierenden wie auch für Schulen gestärkt.

Markus Heindl

E-Learning 2.0 zur Vermittlung von Informationskompetenz

an der Universitätsbibliothek Bodenkultur Wien

Die Vermittlung von Schlüsselqualifikationen für das wissenschaftliche Arbeiten sowie für den Umgang mit Information allgemein nimmt eine immer wichtigere Rolle in Universitätsbibliotheken ein. Die Universitätsbibliothek der Universität für Bodenkultur Wien bietet ein umfangreiches Kursprogramm an, in welchem die Vermittlung von Informationskompetenz im Mittelpunkt steht. Das Kurs-Portfolio reicht von der Einführung in die Katalogsuche über Recherche in Datenbanken, Suche nach bzw. in den elektronischen Ressourcen der Bibliothek (E-Journals, E-Books), bis hin zur Vermittlung von urheberrechtlichem Basiswissen sowie von Grundlagen des Zitierens und der Literaturverwaltung. Die Bibliothek ist mit zwei Freifächern auch im Bereich des offiziellen Lehrveranstaltungsangebotes der Universität vertreten. Unter dem Titel „Literaturrecherche und Informationskompetenz – Schlüsselqualifikationen für das wissenschaftliche Arbeiten" wird eine Blended-Learning-Lehrveranstaltung angeboten, in welcher in einem Mix aus Online- und Präsenzlehre die notwendigen Basiskompetenzen für das wissenschaftliche Arbeiten vermittelt werden. Um bei der erfreulicherweise stark steigenden Anzahl von TeilnehmerInnen (im Sommersemester 2011 120 Personen) ein gleichbleibend hohes Niveau in der Betreuungsqualität zu gewährleisten, wurde das Kursdesign überarbeitet und lässt sich somit in der aktuellen Form als eine Variante des „E-Learning 2.0" einstufen.

Einleitung / Ausgangssituation

Die Universitätsbibliothek der Universität für Bodenkultur Wien bietet seit mehreren Jahren verschiedene Kurse, Workshops und Lehrveranstaltungen sowohl in deutscher als auch in englischer Sprache an, in welchen die Basiskompetenzen für die Literaturrecherche sowie für das wissenschaftliche Arbeiten vermittelt werden.

Die Kurse werden sehr gut angenommen – dies spiegelt sich sowohl im äußerst positiven Feedback als auch in der stetig steigenden Zunahme der TeilnehmerInnenzahlen wider.

Aufgrund dieses kontinuierlichen Anstiegs – insbesondere beim Lehrveranstaltungsangebot der Bibliothek – musste ein neuer Kursmodus gewählt werden, um eine hohe Betreuungsqualität bei hohen TeilnehmerInnenzahlen gewährleisten und aufrecht erhalten zu können.

Dies gelang durch Umstellung des Kursdesigns vom „traditionellen" Blended-Learning-Modus (eine Vernetzung von Präsenz- und Online-Lehre) hin zu „Blended-Learning 2.0" (verstärkte Kommunikation, Interaktion und virtuelle Kooperation).

Umsetzung

Die Umstellung des Kursdesigns auf ein „Blended-Learning-2.0-Szenarium" schlug sich sowohl in einer Neuplanung des Kursablaufes als auch in einer

Anpassung der verwendeten E-Learning-Werkzeuge an das neue Kursmodell nieder:

Im Rahmen von virtuellen Teamarbeiten (in Teams zu drei bis vier Personen) erarbeiten die KursteilnehmerInnen unter Betreuung und Moderation durch die TrainerInnen die Inhalte und Kompetenzen, die im Rahmen des Kurses vermittelt werden sollen.

Neben den Grundlagen der Literatursuche erstreckt sich die thematische Bandbreite über den Bereich der Literaturdatenbanken bis hin zum Zitieren, zur Literatur- und Zitatverwaltung und den Grundlagen des Urheberrechts.

Da die Universitätsbibliothek Bodenkultur Wien ohnedies bereits seit mehreren Jahren *Web-2.0*-Werkzeuge einsetzt (u.a. eine Wiki-Plattform für das interne Wissensmanagement sowie den Informationsaustausch innerhalb der Bibliothek, einen Nachrichten-Blog sowie einen Neuerwerbungsblog), konnten diese „Tools" nach einer kurzen Einarbeitungsphase für den Lehrveranstaltungsbereich eingesetzt werden. Alle in den weiteren Ausführungen erwähnten Werkzeuge stehen an der Universität für Bodenkultur Wien zentral über die E-Learning-Plattform der Universität („BOKUlearn"), welche auf Moodle basiert, zur Verfügung.

So eignen sich gerade Wikis besonders gut für das gewählte Kursdesign: Sie erlauben es, auf einem gemeinsam genutzten Arbeitsbereich im Team ein Protokoll (im Rahmen des Kurses auch Portfolio genannt) zu erarbeiten bzw. Artikel und Beiträge zu sammeln, welche auch von anderen Teammitgliedern überarbeitet, verbessert und ergänzt werden können.

Daneben werden Diskussionsforen für einen asynchronen Informationsaustausch und ein Chat für die synchrone Kommunikation sowohl der KursteilnehmerInnen untereinander als auch zwischen KursteilnehmerInnen und TrainerInnen verwendet.

Für Fragen steht eine eigene Diskussionsplattform zur Verfügung, in welcher eine zentrale Beantwortung durchgeführt werden kann, die für alle Studierenden sichtbar ist und somit einen großen Mehrwert darstellt.

Über den Chat werden auch regelmäßig „virtuelle Online-Sprechstunden" abgehalten, die aufgrund der zeitlichen und örtlichen Flexibilität sehr rege genutzt werden.

Die weiteren zur Verfügung stehenden Kommunikationsmöglichkeiten sind vielfältig: Neben traditionellen Werkzeugen wie Chat, Forum und E-Mail verwenden die KursteilnehmerInnen auch so genannte „Instant-Messages" sowohl für den Austausch mit KollegInnen als auch mit den TrainerInnen sehr gerne.

Das Ziel bei der Wahl des Kursdesigns war bzw. ist es, sowohl die gesamten Kursinhalte als auch alle im Rahmen des Kursablaufs zu verwendenden Interaktionsmöglichkeiten mit den entsprechenden Werkzeugen in einer Plattform zentral zur Verfügung zu stellen.

Dieser Ansatz konnte aufgrund der eingesetzten E-Learning-Plattform- Software „Moodle" durchgängig umgesetzt werden: So ist es in dieser E-Learning-Plattform beispielsweise möglich (und für das an der Universitätsbibliothek Bodenkultur Wien verwendete Kursdesign auch unumgänglich), dass E-Learning-Aktivitäten für getrennte Gruppen bzw. Teams angelegt werden können. Diese „kleine, aber feine" Option erlaubt es, den Modus der „virtuellen Online-Teamarbeit" in der Plattform abzubilden. In der Praxis gestaltet sich das derart, dass eine Unterteilung in Aktivitäten erfolgt:

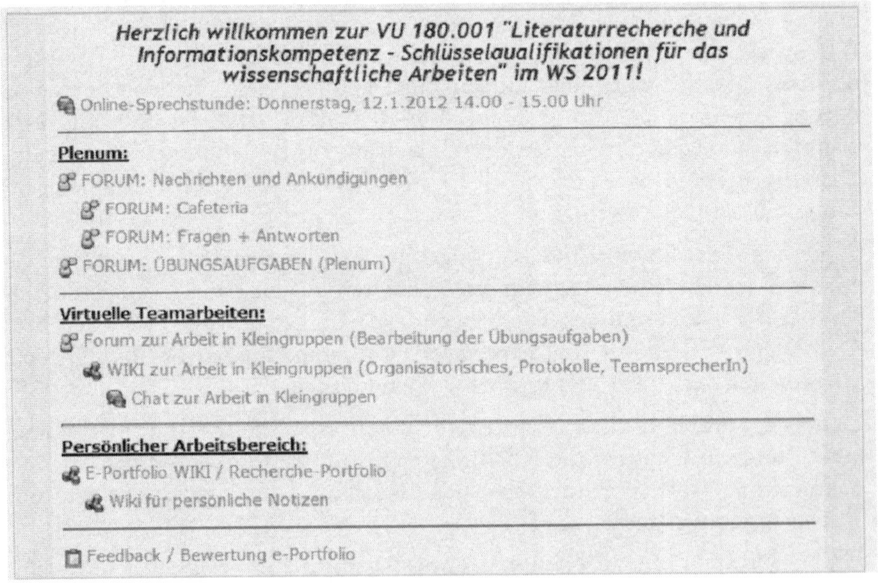

Abbildung 1: Überblick der E-Learning-Aktivitäten und -Werkzeuge

Es gibt also Aktivitäten und Werkzeuge, die in der Gesamtgruppe verwendet werden können (Plenum). Weiters werden Werkzeuge (Foren, Wikis, Chat) verwendet, die in den einzelnen Teams für den Austausch und die Bearbeitung von Aufgaben etc. zur Verfügung stehen (wobei nur jeweils die Mitglieder des jeweiligen Teams Zugang zu den Aktivitäten haben).

Zu guter Letzt wird für jede Kursteilnehmerin/jeden Kursteilnehmer noch ein individueller Arbeitsbereich angelegt, auf welchen nur die jeweilige Einzelperson Zugriff hat.

In diesem Bereich muss von den TeilnehmerInnen ein so genanntes „Recherche-Portfolio" mit Hilfe einer Wiki-Plattform angefertigt werden, welches auch eine Grundlage für die Endbenotung darstellt. Dieses Portfolio soll die individuellen Ergebnisse aus den Teamarbeiten sowie eine kurze Reflexion des

Lernprozesses enthalten, was sich als für den Lernerfolg äußerst nachhaltig erwiesen hat. Insbesondere der Reflexionsteil zeigt häufig noch vorhandene Fragen auf und stellt somit auch ein gutes indirektes Feedbackwerkzeug für die TrainerInnen dar.

Für die Kontrolle der laufenden Aktivität und Mitarbeit während des Semesters gibt es noch kurze Online-Multiple-Choice-Tests, welche wichtige Leitfragen zu den einzelnen Themen beinhalten und wöchentlich die grundlegenden Informationen zu den einzelnen thematischen Modulen abfragen. Aufgrund der Wahl des Multiple-Choice-Modus besteht die Möglichkeit der automatischen Auswertung und Feedbackgabe durch die E-Learning-Plattform, was bei einer hohen TeilnehmerInnenanzahl eine große Arbeitserleichterung für die TrainerInnen bedeutet.

Das zentrale Zur-Verfügung-Stellen von Inhalten hat sich ebenso sowohl für die TeilnehmerInnen als auch für die Unterrichtenden als äußerst praktisch erwiesen. Durch die umfangreichen Speicherungs- und Verlinkungsmöglichkeiten in der E-Learning-Plattform ist es problemlos möglich, nicht nur textuelle und grafische Information bereitzustellen, sondern auch multimediale Inhalte wie interaktive Online-Tutorials, Videos etc. zu integrieren. Aufgrund der Möglichkeit, bereits in der Plattform vorhandene und gespeicherte Inhalte von anderen Bereichen ausgehend verlinken zu können, ist eine durchgängige Wiederverwendbarkeit der Informationen und Materialien gegeben, was sowohl Speicherplatz als auch Zeit sparen hilft.

Fazit

Das neue Kursdesign wurde von den TeilnehmerInnen gut angenommen.

Es zeigte sich, dass anfangs diese neue Art der Wissensvermittlung bzw. der selbständigen Wissensgenerierung für viele Studierende neu ist, sie sich aber nach einer kurzen Einarbeitungsphase an den Kursmodus gewöhnen und sehr aktiv und engagiert mitarbeiten.

Der soziale Faktor (vgl. „Social Web“) spielt eine wichtige Rolle und stellt die Grundlage für die Interaktion in den Teams dar. Somit wird neben der Schlüsselqualifikation der Informationskompetenz auch die soziale Kompetenz im Rahmen des Kurses gefördert.

Das gewählte Kursdesign eignet sich insbesondere für Lehrveranstaltungen mit Übungscharakter, in welchen üblicherweise auch prozedurales Wissen vermittelt wird und selbständige Übungen integrierter Bestandteil sind, sehr gut.

Entsprechend nachhaltig ist auch das Ergebnis: Die laufende Protokollierung der und die regelmäßige Reflexion über die Lernprozesse und -ergebnisse ist in hohem Maße förderlich für die „Learning Outcomes“.

Ein weiterer wichtiger Faktor ist die transparente Beurteilung: Im Rahmen des Blended-Learning-Kurses werden alle Lernergebnisse zentral in der E-

Learning-Plattform abgelegt und können dort auch transparent und für die TeilnehmerInnen nachvollziehbar mit Feedback versehen sowie benotet werden.

Beim „Blended Learning 2.0“ spielt die „Feedbackkultur“ eine große Rolle: Der Austausch und die gegenseitigen Rückmeldungen untereinander (sowohl zwischen den KursteilnehmerInnen als auch zwischen TrainerInnen und TeilnehmerInnen) sind ein wesentlicher Faktor und tragen erheblich zum Kursablauf bei. So haben sich mittlerweile eine Reihe von „FAQs“ (Frequently asked questions) herauskristallisiert, die zentral beantwortet werden konnten und für weitere Kurse als grundlegender Fragenpool dienen.

Zuletzt ist es natürlich auch notwendig, als „KursleiterIn“ die Position des „Leiters“ bzw. der „Leiterin“ zu verlassen und als „Lerncoach“ und TrainerIn den Studierenden zur Seite zu stehen. Dies wirkt sich erstens sowohl auf den Lernerfolg als auch auf die Kommunikation und die Atmosphäre im Kurs äußerst positiv aus und nimmt zweitens den TeilnehmerInnen die Scheu, Fragen zu stellen bzw. Informationsbedarf zu zeigen.

Weiters wird durch das konstruktivistische Lernsetting auch die Eigenverantwortlichkeit der Studierenden gefördert. Sie sind im Rahmen der Teamarbeit dazu angehalten, den Ablauf selbst zu organisieren und die Abgabe der Ergebnisse abzustimmen.

Zusammengefasst kann festgehalten werden, dass nach einer kurzen Eingewöhnungsphase (sowohl auf Seiten der TeilnehmerInnen als auch auf Seiten der TrainerInnen) die Vorteile des neuen Kursdesigns eindeutig überwiegen. Die technische Grundlage bildet eine möglichst flexible E-Learning-Plattform, die für das Kursszenarium der „virtuellen Gruppenarbeit“ geeignet sein muss. Bereits vorhandene Unterlagen und Kursmaterialien können schnell und einfach in den Online-Kurs eingebunden und somit wiederverwendet werden.

„Blended Learning 2.0“ stellt also für beide Seiten (TeilnehmerInnen und TrainerInnen) einen sehr großen Mehrwert dar.

Der anfangs vorhandene Zusatzaufwand für das Erstellen und Einrichten des Kurses etc. amortisiert sich sehr schnell und wird durch äußerst positive Effekte (hohe Betreuungsqualität, gute Learning Outcomes, große Transparenz und Feedbackkultur etc.) abgelöst.

Adelheid Schreilechner

Die abschließende Arbeit im Rahmen der Neuen Reifeprüfung an Allgemeinbildenden Höheren Schulen (AHS) und Berufsbildenden Höheren Schulen (BHS) in Österreich

Mit Einführung der Neuen Reifeprüfung ab 2013/14 an den Allgemeinbildenden Höheren Schulen (AHS) und ab 2014/15 in den Berufsbildenden Höheren Schulen (BHS) müssen alle Absolventinnen und Absolventen eine sogenannte abschließende Arbeit verfassen. Derartige Arbeiten sind im internationalen Vergleich bereits weitgehend etabliert und werden an den österreichischen AHS *Vorwissenschaftliche Arbeit*, an den BHS *Diplomarbeit* heißen. Die inhaltlichen, organisatorischen und formalen Ansprüche variieren in den unterschiedlichen Schularten: Während es in den AHS vor allem um die Studierfähigkeit geht, ist in den BHS der Bezug zur Berufsausbildung wichtig. Dementsprechend unterschiedlich sind die Erwartungen. Gemeinsam ist beiden Schularten aber die Idee einer selbstständig verfassten Arbeit entlang einer klar definierten Aufgabenstellung, ihrer schriftlichen Ausführung, die wissenschaftlichen Standards entspricht, und der Präsentation der Ergebnisse. Die Einführung dieser sogenannten dritten Säule der Reifeprüfung – neben der kompetenzorientierten mündlichen Prüfung und der zentral gestellten schriftlichen Klausur – fordert die Schulen im Sinne des intensivierten selbstständigen und projektorientierten Arbeitens heraus und gibt ihnen einen zentralen wissenschaftspropädeutischen Auftrag.

1. Die Abschlussarbeiten an AHS und BHS[1]

Die Neue Reifeprüfung, die an den AHS mit dem Schuljahr 2013/14 und an den BHS und BAKIP/BASOP mit dem Schuljahr 2014/15 in Kraft tritt, bedeutet in vielen Bereichen einen Paradigmenwechsel:

Die schriftlichen Klausuraufgaben werden hinkünftig mit wenigen Ausnahmen zentral gestellt. Damit schreiben erstmals alle österreichischen Schüler/innen zur selben Zeit zu denselben Aufgabenstellungen ihre schriftlichen Arbeiten. Die mündlichen *kompetenzorientierten* Fragestellungen werden durch den Zufall bestimmt. Sie sind denjenigen Themenbereichen zugeordnet, die in den Fachgruppen am Schulstandort festzulegen sind.[2] Und: Alle Kandidatinnen und Kandidaten müssen in Zukunft im Rahmen der Reifeprüfung eine *abschließende Arbeit* verfassen: „Die Hauptprüfung besteht aus 1. einer abschließenden Arbeit (einschließlich deren Präsentation und Diskussion), die selbständig und außerhalb der Unterrichtszeit zu erstellen ist (in der

[1] Für die Bildungsanstalten für Kindergartenpädagogik (BAKIP) und für Sozialpädagogik (BASOP) gelten im Wesentlichen die Bestimmungen für die BHS. Ausnahmen werden gesondert angeführt.

[2] Die Kandidatinnen und Kandidaten ziehen aus den vorhandenen, bis zu 24 Themenbereichen zwei, wählen davon einen aus und erhalten eine der zwei kompetenzorientierten Fragestellungen vorgelegt, die für diesen Themenbereich von der Lehrperson erstellt wurden.

Allgemeinbildenden Höheren Schule auf vorwissenschaftlichem Niveau; mit Abschluss- oder Diplomcharakter).“[3]

Diese Arbeit wird im AHS-Bereich „Vorwissenschaftliche Arbeit“ (VWA), im BHS-Bereich „Diplomarbeit“ (DA) heißen. Im AHS-Bereich wird die VWA die bislang optionale Fachbereichsarbeit ablösen, in der BHS bleibt die Bezeichnung Diplomarbeit erhalten, wird aber neu interpretiert.

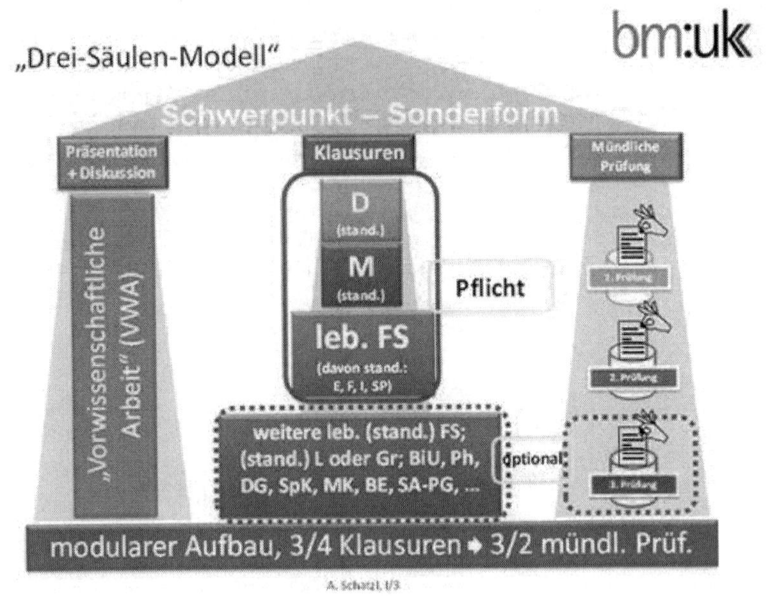

Abb. 1: Dreisäulenmodell AHS[4]

Die Erwartungen und Anforderungen an diese Arbeiten sind sehr unterschiedlich und entsprechen den Ausrichtungen der jeweiligen Schultypen. Während die AHS ihre Zielsetzung in der Vermittlung der Studierfähigkeit sieht und dementsprechend einem wissenschaftspropädeutischen Auftrag folgt, definiert sich die BHS sehr stark über das Berufsfeld, auf das sie ihre Kandidatinnen und Kandidaten vorbereitet. Diesem Auftrag entsprechen auch die Anforderungen an die Diplomarbeit.

1.1. Die Vorwissenschaftliche Arbeit an den Allgemeinbildenden Höheren Schulen

Wie bereits oben erwähnt, definieren die Allgemeinbildenden Höheren Schulen als wesentliche Zielsetzung die Studierfähigkeit der Maturantinnen und

3 § 34 Abs. 3 Z 1 SchUG

4 Vgl. http://www.bmukk.gv.at/schulen/unterricht/ba/reifepruefung.xml

Maturanten, die Vorbereitung auf eine weiterführende Ausbildung im tertiären Sektor stellt einen zentralen Anspruch dar. Darunter wurde bislang vor allem die Vermittlung von Allgemeinbildung verstanden, also die kognitive Auseinandersetzung mit Inhalten, möglichst breit gestreut und auf einem möglichst hohen intellektuellen Niveau.

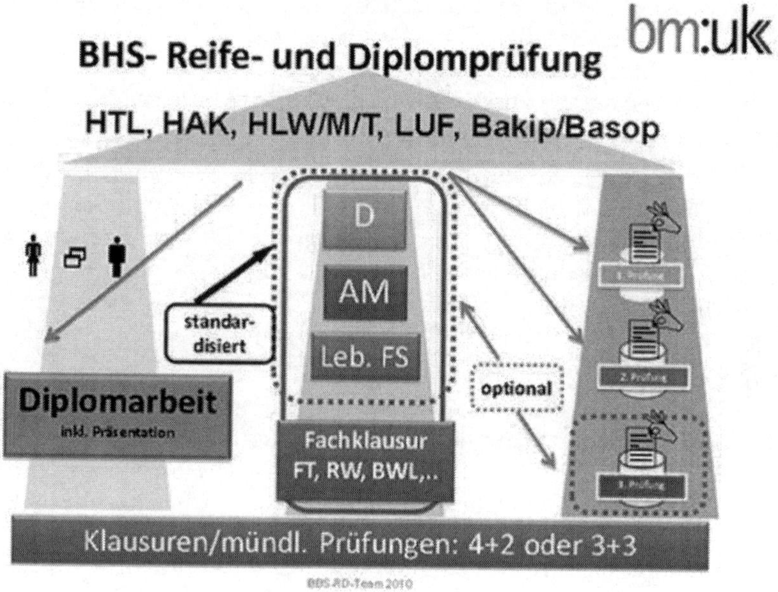

Abb. 2: Dreisäulenmodell BHS[5]

Weniger ausgeprägt war aber die Vorbereitung auf das eigentliche wissenschaftliche Arbeiten. Die Ansicht, dass es Aufgabe der Universitäten sei, dies den Studierenden zu Beginn des Studiums beizubringen, herrschte vor und wird auch in den aktuellen Lehrerfortbildungen noch häufig geäußert. In vielen Fällen führte dies aber dazu, dass Studierende am Beginn ihres Studiums angesichts der neuen Herausforderungen überfordert waren und zum Teil daran scheiterten. Dies gilt es zu verhindern: „Damit das Abenteuer Wissenschaft Spaß macht, damit das Wagnis, sich wissenschaftlich zu betätigen, die eigene Persönlichkeit intellektuell bereichert, damit die ersten eigenen wissenschaftlichen Erfahrungen nicht gleich traumatisieren, sollte man sich vorweg ein solides Rüstzeug für das wissenschaftliche Arbeiten verschaffen." (Wytrzens u.a. 2009:9) Mit der Einführung der Vorwissenschaftlichen Arbeit wird die AHS hier künftig wesentliche Vorarbeiten leisten bzw. leisten müssen. Es geht dabei einerseits um die Entwicklung von Einstellungen und Denkweisen, andererseits um die Vermittlung von bestimmten Fertigkeiten und Fähigkeiten, also Kompetenzen, welche die Absolventinnen und Absol-

5 http://www.bmukk.gv.at/schulen/unterricht/ba/reifepruefung.xml

venten im Studium abrufen und weiterentwickeln können. Die Freude am selbstständigen Denken und an der Reflexion, die Fähigkeit zur eigenständigen Auseinandersetzung mit einer Fragestellung, die Entwicklung eines kritischen Blicks – das sind wesentliche Grundhaltungen, die nicht innerhalb einer Einführungslehrveranstaltung an der Universität entstehen. Sie müssen vielmehr durch eine langfristig ausgerichtete Lernkultur bereits im sekundären Bereich grundgelegt werden. Darauf aufbauend sind die Spielregeln des wissenschaftlichen Arbeitens zu vermitteln – und die VWA bietet die Gelegenheit, die entwickelten wissenschaftspropädeutischen Kompetenzen anhand einer selbst gewählten Aufgabenstellung anzuwenden.

Die Rahmenbedingungen für die VWA sind relativ klar geregelt[6]: Bereits im vorletzten Schuljahr wird in Absprache zwischen Betreuer/in und Schüler/in die Fragestellung entwickelt, die bis Ende Februar der Schulleitung vorgelegt werden muss. Die Schulleitung leitet in der Folge alle Fragestellungen an die Schulbehörde 1. Instanz weiter, welche bis April die Genehmigungen erteilt. Sollte eine Fragestellung abgelehnt werden, muss innerhalb von zwei Wochen eine neue Fragestellung eingereicht werden.

Nach der Genehmigung kann die Kandidatin/der Kandidat mit der Arbeit beginnen. Der erwartete Umfang der Arbeit beträgt 40.000[7] bis 60.000 Zeichen. Die Arbeit ist entsprechend den Anforderungen an eine wissenschaftliche Arbeit zu gestalten und aufzubauen, braucht also ein Titelblatt, ein Inhaltsverzeichnis, eine Einleitung, eine übersichtliche Kapiteleinteilung, eine Zusammenfassung, Quellen- und Abbildungsverzeichnis und einen Abstract in deutscher oder englischer Sprache. Eine einheitliche Zitierweise und die eindeutige Dokumentation der Forschungsschritte sind selbstverständlich. Für die Arbeit werden keine empirischen Untersuchungsmethoden verlangt. Das Literaturstudium und die Zusammenführung von einschlägiger und seriöser Fachliteratur entlang einer klar formulierten Forschungsfrage sind für die erfolgreiche Absolvierung der VWA zulässig und ausreichend. Im Februar des Reifeprüfungsjahrganges ist die schriftliche Arbeit abzugeben.

Zusätzlich zur schriftlichen Ausführung ist die Arbeit im Zuge der Reifeprüfung zu präsentieren und zu diskutieren. Die Note setzt sich aus beiden Teilen – schriftlicher Arbeit und Präsentation/Diskussion – zusammen. Sollte die VWA negativ beurteilt werden, muss sie mit einer neuen Fragestellung wiederholt werden.

6 Die Anforderungen sind in einer Handreichung des Ministeriums zusammengefasst (vgl. bm:ukk 2011a).

7 Dieser Mindestumfang sollte ursprünglich 45.000 Zeichen betragen, wurde aber aufgrund zahlreicher Einwände aus der Praxis reduziert.

1.2. Die Diplomarbeit an den Berufsbildenden Höheren Schulen (BHS)

Die BHS verstehen die abschließende Arbeit als Beitrag zur Berufsausbildung, und sie muss sich daher auf die Berufsfelder des Schultyps beziehen[8] (bm:ukk 2011b: 3). Da die Arbeiten an „reale Lebens- oder Arbeitssituationen anknüpfen" müssen, sind reine Literaturarbeiten hier nicht möglich (ebd.). Die Arbeiten werden als praxisorientierte Projektarbeiten definiert, die im Team erstellt werden müssen, wobei die Einzelleistung jedes Kandidaten/jeder Kandidatin klar ausgewiesen sein muss. Für die BAKIP und BASOP sind außerdem auch Arbeiten mit sozialwissenschaftlicher Ausrichtung möglich, wenngleich auch hier der Bezug zum Berufsfeld zwingend ist.

Als Textsorte wird ein „Sachtext" gefordert, der „unter Anwendung von Regeln für Zitate und Quellenangaben, wie sie in wissenschaftlichen Publikationen üblich sind", zu erstellen ist (ebd.: 2). Inhaltlich sind die Schüler/innen hier klar auf den Schultyp festgelegt: „Eine Diplomarbeit setzt immer bei einer realen Entwicklungs- oder Erfahrungssituation an, enthält Erkundungen oder Belege aus einer realen Arbeitssituation (Entwicklung von Produkten oder Verfahren; Analyse von kommerziellen Gegebenheiten; reale betriebswirtschaftliche Vorgänge; Arbeit mit Menschen in unterschiedlichen Lern- und Erfahrungskontexten u. a.)." (ebd.: 3) In den angeführten Beispielen bilden sich die unterschiedlichen Schultypen im weiten Feld der Berufsbildenden Höheren Schulen ab: Technische, wirtschaftliche, kaufmännische und humanberufliche Schulen sowie Bildungsanstalten für Kindergarten- und Sozialpädagogik.

Hinsichtlich des Umfanges legt man sich in der BHS nicht so eindeutig fest, es wird lediglich eine Empfehlung gegeben: Die Arbeit eines Dreierteams sollte einen Umfang von circa 80 Seiten haben.

Vorbesprechungen sind bereits im vierten Jahrgang dringend empfohlen, die formale Festlegung auf das Thema erfolgt zu Beginn des letzten Jahrganges, die Genehmigung muss auch im Berufsbildenden Schulwesen durch die Schulbehörde 1. Instanz erfolgen. Und auch hier ist eine Präsentation vorgeschrieben, wobei diese auch im außerschulischen Kontext, etwa in Kooperation mit außerschulischen Projektpartner/innen ermöglicht wird.

Einen wesentlichen Unterschied zur VWA stellt die europäische Kontextualisierung laut Europäischem Qualifikationsrahmen dar:

Gemäß der europäischen Richtlinie 2005/36/EG über die EU-weite Anerkennung von Berufsqualifikationen zählt der 5. Jahrgang an Berufsbildenden Höheren Schulen als postsekundäre Ausbildung im Umfang von wenigstens einem Jahr. Absolventinnen und Absolventen sind daher EU-weit zur Ausü-

[8] Die Anforderungen an die Diplomarbeit an den BHS sind in einer Richtlinie des Ministeriums zusammengefasst (vgl. bm:ukk 2011b), über viele Detailfragen wird aber noch diskutiert, Änderungen und Konkretisierungen sind zu erwarten.

bung von reglementierten Berufen, die in anderen Ländern bis zu 4 Hochschuljahre erfordern, berechtigt.[9] Die Ansprüche an die Diplomarbeit stehen damit im Zusammenhang, folglich wird der „Standard einer universitären Abschlussarbeit auf dem Niveau eines Short Cycle Higher Education Programmes" gefordert (bm:ukk 2011b: 6). Derartige „Short cycles" stellen einen forschungsprojektrelevanten Gegenstand auf Bachelorniveau an der Schnittstelle zwischen Berufs- und Hochschulbildung dar und sind stark arbeitsmarktorientiert (vgl. Eberhart u.a. 2009: 7).

Das Berufsbildende Schulwesen muss hier also im Hinblick auf die Anerkennung der verliehenen Berufsqualifikation postsekundäres Niveau einfordern und bestätigen. Es sollen dazu die berufsbezogenen Kenntnisse und Fertigkeiten, die sich die Schüler/innen im Laufe ihrer Ausbildung erworben haben, unter Beweis gestellt und anhand einer Aufgabenstellung auf gehobenem Niveau angewendet werden. „Die Aufgabenstellung soll betriebswirtschaftlichen, industriespezifischen, gewerblichen, natur- oder sozialwissenschaftlichen Charakter haben." (bm:ukk 2011b: 7).

Das Team, bestehend aus zwei bis maximal fünf Schüler/innen, kann von ein bis zwei Lehrpersonen, v.a. im Falle einer fächerübergreifenden Themenstellung, betreut werden. Der geforderte Aufbau der Arbeit entspricht formal demjenigen einer VWA.

3. Herausforderungen für die Lehrpersonen

Viele Lehrer/innen an den AHS haben bereits seit Jahren Fachbereichsarbeiten, an den BHS Diplomarbeiten betreut. In beiden Fällen handelte es sich hier aber um eine Option, die vor allem von selbstständigen, leistungsstarken und im Schreiben versierten Schülerinnen und Schülern gewählt wurde. In den BHS waren darüber hinaus berufsbezogene Projektarbeiten oder themenspezifische Fragestellungen zu erarbeiten. Die diesbezüglichen Standards variierten an den einzelnen Schulstandorten und vor allem in den verschiedenen Schultypen. Die AHS-Schüler/innen mussten für die mündliche Matura sogenannte Spezialgebiete ausarbeiten.

Diese unterschiedlichen Formen selbstständiger Arbeiten werden nun durch die neue Vorwissenschaftliche Arbeit und die Diplomarbeit ersetzt und stellen auch an die Lehrpersonen neue Ansprüche. Alle Schüler/innen, unabhängig von ihrem Leistungsniveau, müssen hinkünftig eine schriftliche Arbeit mit einem klar definierten inhaltlichen und formalen Standard verfassen, und wesentlich mehr Lehrpersonen werden Schüler/innen bei der Erstellung der Arbeit begleiten und betreuen müssen. Dazu kommt in den BHS der Ans-

[9] Vgl. dazu Artikel 11 und Artikel 14 in Verbindung mit Anhang III der Richtlinie 2005/36/EG des Europäischen Parlaments und des Rates vom 7. September 2005 über die Anerkennungen von Berufsqualifikationen. http://www.htl.at/fileadmin/content/Downloads/RL_2005_36EG.pdf (aufgerufen am 12. 12. 2011)

pruch eines wissenschaftlichen Standards auch in den berufsbezogenen Projekten.

Die Lehrpersonen sind also inhaltlich, arbeitszeitlich und auch methodisch-didaktisch gefordert.

Die inhaltliche Herausforderung an den AHS ist vor allem durch die große Freiheit der Schüler/innen gegeben. Zu Recht betonen die Lehrpersonen, dass es an den Universitäten Experten für kleine Bereiche gibt, eine Lehrerin/ein Lehrer für Geschichte muss aber beispielsweise das gesamte Spektrum der Geschichte abdecken. Wenngleich die Lehrpersonen die Möglichkeit haben, ein Thema, nicht aber eine/n Schüler/in abzulehnen, wird der inhaltliche Umfang die Lehrer/innen fordern.

Der Arbeitsaufwand für die Lehrer/innen ist ein weiterer wichtiger Aspekt. Da es keine Einrechnungen in die Lehrverpflichtung geben wird, sondern für die einzelnen betreuten Arbeiten Honorare ausbezahlt werden, ist die Betreuung der Arbeit zusätzlich zur Lehrverpflichtung zu erledigen. Eine gewissenhafte Auseinandersetzung mit bis zu fünf Schülerinnen und Schülern, eine kontinuierliche Projektbegleitung, eine inhaltliche Vertiefung und qualifizierte Beratung ist ein durchaus relevanter zusätzlicher Aufwand für die Lehrpersonen, welcher aus deren Sicht zu wenig gesehen wird.

In den Berufsbildenden Höheren Schulen wird vermutlich aufgrund der geforderten Berufsfeldbezogenheit die Belastung für die Lehrer/innen der berufsbezogenen Fächer besonders spürbar sein, allerdings gibt es hier zahlreiche Vorerfahrungen mit den bereits seit langem praktizierten Projektarbeiten.

Dass für viele Lehrer/innen die Erfahrung des eigenen wissenschaftlichen Arbeitens überdies weit zurück liegt und sich die diesbezüglichen Rahmenbedingungen in den letzten Jahrzehnten durch die Entwicklung der neuen Medien massiv verändert haben, führt darüber hinaus zu Unsicherheiten, vor allem bei denjenigen, die bislang kaum Fachbereichs- oder Diplomarbeiten betreut haben. Differenzierte Qualifikationsmaßnahmen in der Lehrerfort- und -weiterbildung, die diese völlig unterschiedlichen Voraussetzungen berücksichtigen, sind deshalb besonders wichtig. Darüber hinaus sind Kooperationen mit außerschulischen Partnerinnen und Partnern wie Universitätsbibliotheken von großer Bedeutung.

5. Die Perspektive der Schüler/innen

Die Kandidatinnen und Kandidaten der AHS verfügen im Zusammenhang mit der VWA über relativ viele Freiheiten: Ihre Fragestellung muss sich nicht dem Fächerkanon der Schule unterordnen. Und: Sie können sich an alle Lehrpersonen der Schule wenden, sind also in der Wahl der Betreuungsperson nicht auf diejenigen Lehrer/innen beschränkt, die sie unterrichten. Allerdings gibt es zwei Einschränkungen: Erstens muss die Kandidatin/der Kandidat eine „fachkundige“ Lehrperson ausfindig machen. Das kann vor allem dann eine Herausforderung sein, wenn sich Schüler/innen mit Fragestellungen beschäftigen wollen, die sich nicht einem Fach zuordnen lassen. Die Entscheidung darüber, ob eine Lehrperson „fachkundig" ist, obliegt im Zweifelsfall der Schulleitung. Es sollte in jedem Fall aber eine formale Zusatzqualifikation nachweisbar sein.

Die zweite Einschränkung bezieht sich auf die Zahl von höchstens fünf Arbeiten, die von einer Lehrperson zu betreuen sind.

Die Diplomarbeit an den BHS ist inhaltlich wesentlich stärker eingeschränkt, weil die Berufsbezogenheit hier eindeutig die Richtung vorgibt. Darüber hinaus wird in den offiziellen Richtlinien des Ministeriums nicht von einer *Betreuer/innenwahl* gesprochen, sondern von der *Zuordnung der Betreuungsperson* (bm:ukk: 2011b 7). Die Art der Umsetzung dieser Regelung wird sich erst in der Praxis herauskristallisieren und gewiss von Standort zu Standort variieren. Die Notwendigkeit der Teamarbeit erfordert darüber hinaus Kompromissbereitschaft und Projektmanagementfähigkeiten von Seiten der einzelnen Schüler/innen.

Ob Vorwissenschaftliche Arbeit oder Diplomarbeit – in beiden Fällen wird die Langfristigkeit des Projektes für die Schüler/innen eine große Herausforderung darstellen. Expertinnen und Experten weisen auf die verschiedenen Phasen einer wissenschaftlichen Arbeit hin: „Als Faustregel gilt, dass man für jedes Thema grob gesehen eine 1. Einarbeitungsphase, 2. Vertiefungsphase, 3. Auseinandersetzungs- bzw. Reflektionsphase, 4. Schlussfolgerungsphase und 5. Schreibphase einplanen muss." (Wildburger u. Schütze 2010: 2) Für Schüler/innen, die in der Regel zum ersten Mal eine derartige Arbeit erstellen, wird jede dieser Phasen sowohl zeitlich als auch inhaltlich eine Herausforderung darstellen, dies umso mehr, als sie neben dem schulischen Alltagsgeschäft erledigt werden muss.

6. Gelingensfaktoren für eine Innovation im Bereich der Höheren Schulen

Die abschließende Arbeit hat für die jungen Forscher/innen durchaus großes Potenzial: Sie kann ein Experimentierfeld, ein Projekt der inhaltlichen Selbstverwirklichung, die Einstimmung bzw. Vorbereitung auf den Beruf und/oder auf das Studium sein.

Damit die Schüler/innen die Möglichkeiten auch nutzen können, wird ein systematischer Kompetenzaufbau in der Sekundarstufe 2 nötig sein. Sowohl die Techniken des wissenschaftlichen Arbeitens als auch die Prinzipien der Projektarbeit sind den Schülerinnen und Schülern zu vermitteln und müssen über die Schuljahre systematisch aufgebaut und erprobt werden. Dazu gehört auch die Nutzung von öffentlichen und die Kooperation mit wissenschaftlichen Bibliotheken, vor allem für Landschulen liegt darin eine logistische Herausforderung.

Wenn Projektarbeit, Teamarbeit und selbstständiges Arbeiten im Unterricht eingebaut und konsequent umgesetzt werden, wird diese Neuerung für die Schüler/innen eine spannende Herausforderung sein, der sie auch gewachsen sind. Andernfalls könnte es in Österreich ähnliche Dynamiken geben wie in Bayern, so zu lesen in der Süddeutschen Zeitung vom 21. 10. 2011: „In ein paar Tagen müssen die Zwölftklässler ihre Facharbeit abgeben. Jetzt zählt jede Minute. Aber nicht nur für die Schüler, sondern für ihre Mütter: Die springen immer häufiger ein – und schreiben ihren Kindern die ganze Arbeit."

Solche oder ähnliche Formen des Delegierens gilt es zu vermeiden, indem man den Kandidatinnen und Kandidaten rechtzeitig den Erwerb entscheidender Kompetenzen ermöglicht, die sie für die Erstellung der abschließenden Arbeit, vor allem aber auf ihrem weiteren Ausbildungs- und Berufsweg dringend brauchen werden!

Wenn das gelingt, wird nicht nur eine neue Lernkultur in den Schulen Einzug halten, sondern die jungen Studierenden werden auch wesentlich besser vorbereitet an die Universitäten kommen.

Literaturverzeichnis

Eberhardt, Christiane u.a. (2009): Credit-Systeme als Instrumente zur Förderung des lebensbegleitenden Lernens. Bundesinstitut für Berufsbildung, Bonn. http://www2.bibb.de/tools/fodb/pdf/at_15203.pdf, aufgerufen am 12.12.2011.

bm:ukk Bundesministerium für Unterricht, Kunst und Kultur (Hrsg.) (2011a): Vorwissenschaftliche Arbeit. Eine Handreichung. http://www.bmukk.gv.at/medienpool/20130/reifepruefung_ahs_vwa.pdf aufgerufen am 13.12.2011.

bm:ukk Bundesministerium für Unterricht, Kunst und Kultur (Hrsg.) (2011b): Diplomarbeit an BHS und Bildungsanstalten. Richtlinie. Wien.

Leopold-Wildburger, Ulrike und Jörg Schütze (2010): Verfassen und Vortragen. Wissenschaftliche Arbeiten und Vorträge leicht gemacht. Springer, Berlin-Heidelberg.

Wytrzens, Hans Karl u.a. (2009): Wissenschaftliches Arbeiten. Eine Einführung. Facultas, Wien.

André Hensel

Bibliothekarische Lehrlingsausbildung in Österreich

Entwicklung und Stand der Dinge

Dieser Beitrag befasst sich mit der Entwicklung des Lehrberufes „Archiv-, Bibliotheks- und Informationsassistent/in" (ABI-Ass.) in Österreich. Neben statistischen Auswertungen wird auch auf die konkurrierende Dreigleisigkeit mit den traditionellen internen Ausbildungsschienen im österreichischen Bibliothekswesen eingegangen. Darüber hinaus wird auch die Entwicklung der vergleichbaren Lehrberufe in Deutschland (FaMI) sowie in der Schweiz und in Liechtenstein (I+D-Ass.) skizziert. Die Darstellung schließt mit einem statistischen Dreiländervergleich. Dieser Beitrag basiert auf einer ausführlichen Vergleichsstudie über die berufliche Aus-, Fort- und Weiterbildung auf der mittleren Qualifikationsebene im Archiv-, Bibliotheks-, Informations- und Dokumentationswesen (ABID) des deutschsprachigen Raumes, welche unter dem Titel „FaMI und ABID-Assistenz – quo vaditis?" als Band 12 der VÖB-Schriftenreihe mit der ISBN 978-3-85376-292-9 erscheint.

Ende 2004 wurden in Österreich die gesetzlichen Grundlagen für den Lehrberuf „Archiv-, Bibliotheks- und Informationsassistent/in" (ABI-Ass.) geschaffen. Es handelt sich dabei um einen Gruppenlehrberuf, welcher zur Gruppe der kaufmännisch-administrativen Lehrberufe gehört. Diese beinhaltet insgesamt 25 Lehrberufe mit abgestuften Verwandtschaftsgraden, welche die gegenseitige Anrechnung von Lehrjahren ermöglicht. Eine vollständige Vice-Versa-Anrechnung besteht allerdings nur zu den drei Lehrberufen der Buch- und Medienwirtschaft. ABI-Ass. können zwar auch jederzeit als Bürokaufleute tätig werden, umgekehrt müssen die Bürokaufleute jedoch ein zusätzliches Lehrjahr inklusive Lehrabschlussprüfung absolvieren, wenn sie als ABI-Ass. tätig werden wollen.

Die Lehrzeit beträgt regulär 3 Jahre, es gibt jedoch zahlreiche Ausnahmeregelungen, die von einer Externistenprüfung ohne Lehrzeit bis hin zu einer integrativen Ausbildung mit einer Lehrzeit von bis zu 5 Jahren reichen. Bei MaturantInnen wird die Lehrzeit i.d.R. auf 2 Jahre verkürzt. Soll die Lehre dagegen mit der Berufsreifeprüfung abschließen („Lehre mit Matura"), so verlängert sich die Lehrzeit auf 4 Jahre.

Was das Berufsbild laut Ausbildungsverordnung betrifft, so stammen 4 von 6 Ausbildungsschwerpunkten aus dem allgemeinen kaufmännisch-administrativen Bereich. Die Schlüsselqualifikationen (Softskills) werden nur kurz erwähnt.[1]

Bemerkenswert ist auch, dass die ABI-Lehre die traditionellen Ausbildungen für den mittleren Qualifikationsbereich nicht automatisch abgelöst hat.

[1] Vgl. ABI-Ausbildungsverordnung. In: BGBl, Teil II, Nr. 451/2004.

Es gibt auch weiterhin sowohl im Bereich der wissenschaftlichen Bibliotheken als auch im Bereich der öffentlichen Büchereien die internen Ausbildungen für den mittleren Dienst.

Ein Hauptvorteil liegt dabei in den im Vergleich zur Lehre relativ kurzen Ausbildungszeiten.

Für Bedienstete in der Kommunalverwaltung, deren Ausbildung in der Regel mit einer Dienstprüfung bzw. dem Lehrabschluss zur Verwaltungsassistenz endet, stellt der BVÖ-Kurs eine Möglichkeit dar, relativ rasch eine Zusatzqualifikation für die Betreuung der örtlichen Bücherei zu erhalten.

Darüber hinaus dienen die Kurse auch der Nachqualifizierung älterer MitarbeiterInnen; andererseits bietet sich aber auch für QuereinsteigerInnen die Möglichkeit, relativ rasch fachlich ausgebildet und integriert zu werden.

Diese konkurrierende Dreigleisigkeit hat dazu geführt, dass die Lehrlingszahlen bis heute eher bescheiden geblieben sind und nicht mit den optimistischen Prognosen übereinstimmen.

Im Jahr 2008 wurden österreichweit neben 50 ABI-Lehrlingen auch noch 23 Personen für die Universitätsbibliotheken und 42 Personen für die öffentlichen Büchereien im Rahmen interner C-Ausbildungen ausgebildet.

Das ergibt ein Gesamtverhältnis von 65 zu 50 für die traditionellen internen C-Ausbildungen.

Dabei darf nicht übersehen werden, dass die interne Ausbildung auch einen entscheidenden Nachteil hat: Sie wird eben nur intern anerkannt und bietet daher den Alumni bei der Karriereplanung weniger Flexibilität.

Mitte 2011 waren folgende ABID-Einrichtungen als ABI-Lehrbetriebe zertifiziert:

- 11 Universitätsbibliotheken: 4 in Wien, 2 in Graz und je 1 in Innsbruck, Klagenfurt, Krems, Leoben und Salzburg.
- 7 Landesarchive: Kärnten, Niederösterreich, Oberösterreich, Steiermark, Tirol, Vorarlberg, Wien.
- 6 Fachhochschulbibliotheken: Kärnten, Krems, Oberösterreich,
- Steiermark (FH Joanneum), St. Pölten, Vorarlberg.
- 6 Stadtbüchereien: Baden, Bregenz, Feldkirch, Linz, Trofaiach, Wien.
- 3 Pädagogische Hochschulbibliotheken: Kärnten, Steiermark, Tirol.
- 5 Landesbibliotheken: Niederösterreich, Oberösterreich, Steiermark, Tirol, Vorarlberg.
- Sonstige ABID-Einrichtungen, darunter die Bibliotheken der Arbeiterkammern von Vorarlberg und Wien, das Dokumentationsarchiv des österreichischen Widerstandes, die Österreichische Akademie der Wissenschaften, die Parlamentsdirektion, die Österreichische Militärbibliothek usw.

Deutlich wird in dieser Zusammenstellung die Dominanz der Hochschulbibliotheken (insgesamt 20 Uni-, FH- und PH-Bibliotheken). Im Büchereiwesen hat sich der Lehrberuf dagegen bis heute nicht gegen den BVÖ-Kurs behaupten können. Obwohl es laut BVÖ-Statistik 2010 rund 300 hauptberuflich geführte Büchereien mit rund 800 hauptberuflich Beschäftigten gibt, konnten sich bisher nur ganze 6 Büchereien dazu durchringen, Lehrlinge auszubilden.

Ein Lösungsansatz könnte ein Pilotprojekt in Kärnten sein: Im Rahmen eines Ausbildungsverbundes zwischen der FH Kärnten und der Kärntner Landesverwaltung bzw. dem Kärntner Landesarchiv wird seit einem Jahr das Modell einer Doppellehre ABI- und Verwaltungsassistenz erprobt. Diese Doppellehre dauert 4 Jahre. Im 1. Jahr ist die Berufsschule für Verwaltungsassistenz in Kärnten (St. Veit a. d. Glan), im 2. Jahr die Berufsschule für ABI-Ass. in Wien zu besuchen. Das 3. Berufsschuljahr ist doppelt zu absolvieren. Ebenso sind 2 separate Lehrabschlussprüfungen geplant.

Beispiele für freiwillige Ausbildungsverbünde finden sich auch in Ober- und Niederösterreich, wo jeweils die Landesbibliothek und das Landesarchiv bei der Lehrlingsausbildung kooperieren. Eine spartenübergreifende Ausbildung ermöglicht es den Lehrlingen, einen spartenübergreifenden „Blick über den Tellerrand“ zu werfen.

Die beiden folgenden Statistiktabellen geben die Anzahl der Lehrlinge (LL) und Lehrbetriebe (LB) sowie die Lehrlingsdichte (LD = LL : LB) jeweils zum 31.12. des Jahres wieder.[2]

Jahr	**2005**		**2006**		**2007**		**2008**		**2009**		**2010**	
LL / LB	LL	LB	LL	LB	LL	LB	LL	LB	LL	LB	LL	LB
Anzahl	14	10	38	25	50	29	41	30	43	33	53	40
LD	1,40		1,52		1,72		1,37		1,30		1,33	

Tab. 1: Gesamtstatistik Österreich 2005 – 2010

	A	K	NÖ	OÖ	S	St	T	V	W
LL	53	2	3	8	1	14	3	7	15
LB	40	4	5	3	1	8	3	6	10
LD	1,33	0,5	0,60	2,67	1,0	1,75	1,0	1,17	1,5

Tab. 2: Bundesländerstatistik 2010

Eine Befragung von 33 ausgewählten Ausbildungseinrichtungen hat Mitte 2010 folgendes Bild ergeben:

- Insgesamt 87 Lehrlinge wurden bzw. werden derzeit ausgebildet.

[2] Quelle: Wirtschaftskammer Österreich, Abteilung für Bildungspolitik. Lehrbetriebsübersicht der aktuell ausbildenden Betriebe im Internet unter http://lehr betriebsuebersicht.wko.at/frontend/default.aspx (10.01.2012).

- An 11 Einrichtungen ist die Übernahme von insgesamt 28 Lehrlingen erfolgt oder geplant.
- Dies entspricht einer Übernahmequote von ca. 30 %.
- An 16 Einrichtungen ist die Nachbesetzung von insgesamt 38 Lehrstellen erfolgt oder geplant.
- Insgesamt 7 Einrichtungen haben sowohl fertige Lehrlinge übernommen als auch die frei gewordenen Lehrstellen nachbesetzt.
- An 6 Einrichtungen ist derzeit noch nicht geklärt, wie mit den Lehrlingen bzw. Lehrstellen weiter verfahren werden soll.

Bisher wurden insgesamt 65 Lehrabschlussprüfungen durchgeführt, die Hälfte davon mit Auszeichnung bzw. gutem Erfolg:[3]

Jahr	LAP	mit Auszeichnung	guter Erfolg	bestanden	nicht bestanden
2005	1	1	0	0	0
2006	3	0	0	3	0
2007	0	0	0	0	0
2008	20	6	5	9	0
2009	18	1	8	9	0
2010	9	2	3	4	0
2011	14	1	6	5	2
Summe	65	11	22	30	2

Tab. 3: Lehrabschlussprüfungen 2005 – 2011

Exkurs 1: Die Ausbildungssituation in der Schweiz und in Liechtenstein

In der Schweiz und in Liechtenstein ist der seit 1998 bzw. 1999 bestehende Lehrberuf „Informations- und Dokumentationsassistent/in“ (I+D-Ass.) ausgelaufen.

In 11 Jahrgängen (1998-2008) wurden insgesamt mindestens 730 I+D-Ass. ausgebildet:

- Deutschschweiz: 392 Lehrlinge in insgesamt 64 Ausbildungsbetrieben mit Berufsschulen in Bern und Zürich.
- Westschweiz (frankophone Romandie): 316 Lehrlinge in 62 Ausbildungsbetrieben mit Berufsschule in Lausanne. Berufsbezeichnung: „Assistent/e en Information Documentaire“.
- Südschweiz (italienischsprachiges Tessin/Ticino): 12 Lehrlinge im ersten Jahrgang (1998) mit Berufsschule in Locarno. Danach wurde die Koordination mit der restlichen Schweiz eingestellt. 2009 meldete Locarno 3 Lehrabschlussprüfungen. Berufsbezeichnung: „Assistente all’Informazione e alla Documentazione“.

[3] Die Zahlen stammen von den Vorsitzenden der Prüfungskommissionen.

- Liechtenstein: 10 Lehrlinge mit Berufsschule in Zürich. Einziger Ausbildungsbetrieb ist die Liechtensteinische Landesbibliothek, welche ab 1999 jedes Jahr jeweils einen Lehrling aufgenommen hat.

Die folgende Tabelle gibt die Anzahl der Lehrlinge des jeweiligen Jahrgangs (Jg.) für die Deutschschweiz (DS), das Fürstentum Liechtenstein (FL) und die Romandie (RO) an:[4]

Jg.	98	99	00	01	02	03	04	05	06	07	08	ges.
DS	21	28	39	29	35	40	36	41	38	41	44	392
FL	0	1	1	1	1	1	1	1	1	1	1	10
RO	21	22	31	29	26	32	32	26	39	28	30	316
Ges.	42	51	71	59	62	73	69	68	78	70	75	718

Tab. 4: Anzahl Lehrlinge Jahrgänge 1998 – 2008 Deutschschweiz (DS), Fürstentum Liechtenstein (FL), Romandie (RO)

Ersetzt wurde der I+D-Assistenzberuf 2009 durch die Ausbildung zur/zum „Fachfrau/Fachmann Information und Dokumentation". Hintergrund war das neue schweizerische Berufsbildungsgesetz, in dessen Zuge alle Lehrberufe umgestellt werden mussten. Die neue Fachpersonenausbildung startete im August 2009 mit 70 Personen. Die ersten Abschlussprüfungen werden 2012 stattfinden. Parallel dazu lief die alte Assistenzausbildung bis 2011 (Jahrgang 2008) aus.

Grundsätzlich ist die I+D-Ausbildung im schweizerischen ABID-Wesen sehr gut integriert, da die drei maßgeblichen Berufsverbände (VSA = Archivwesen, BBS = Bibliothekswesen und SVD = Dokumentationswesen) seit 1994 in der gemeinsamen „Ausbildungsdelegation I+D" eng miteinander kooperieren. Das Aufgabenfeld der Ausbildungsdelegation umfasst die Konzeption, Organisation und Weiterentwicklung der I+D-Berufsbildung.

Exkurs 2: Die Ausbildungssituation in Deutschland

In Deutschland gibt es seit 1998 die Ausbildung zum/zur „Fachangestellten für Medien- und Informationsdienste" (FaMI). Eine Besonderheit ist das Fachrichtungsmodell mit fünf Fachrichtungen. Diese entsprechen den einzelnen Sektoren des deutschen ABID-Wesens:

Archiv, Bibliothek, Information und Dokumentation (IuD), Bildagentur sowie Medizinische Dokumentation (MedDok).

Die Fachrichtung wird zu Beginn der Ausbildung im Ausbildungsvertrag festgelegt und orientiert sich an der Art der Ausbildungseinrichtung. Im 1. bis

[4] Quelle: Ausbildungsdelegation I+D

3. Semester werden an den Berufsschulen überwiegend gemeinsame, fachrichtungsübergreifende Qualifikationen vermittelt, wobei der Gesamtanteil am Fachunterricht bei ca. 2/3 liegt. Es folgt eine große Zwischenprüfung. Im 4. bis 6. Semester stehen die fachrichtungsspezifischen Qualifikationen im Vordergrund, wobei der Gesamtanteil am Fachunterricht ca. 1/3 ausmacht.

Bis Ende 2010 wurden insgesamt 7.426 FaMI-Ausbildungsverträge abgeschlossen. Die folgende Tabelle gibt die Anzahl der Auszubildenden pro Jahrgang an:[5]

Jg.	98	99	00	01	02	03	04	05	06	07	08	09	10
FAMI	444	475	494	488	500	554	628	603	642	666	642	645	645

Tab. 5: Auszubildende 1998 – 2010 Deutschland

Interessant ist in diesem Zusammenhang der Anteil der einzelnen Fachrichtungen. Hier dominiert die Fachrichtung Bibliothek mit ca. 76 %, d.h. über ¾ aller FaMIs werden im Bibliothekswesen ausgebildet. Es folgen mit großem Abstand etwa gleichauf die Fachrichtungen Archiv sowie Information und Dokumentation mit jeweils ca. 11 %. Weit abgeschlagen und nahezu bedeutungslos sind dagegen die beiden exotischen Fachrichtungen Bildagentur und Medizinische Dokumentation mit nur jeweils ca. 1 %. Diese beiden Fachrichtungen konnten sich offensichtlich auch nach über 10 Jahren immer noch nicht in der eigenen Sparte durchsetzen und bekommen somit allmählich ein Legitimationsproblem.

Ein weiteres deutsches Spezifikum ist die Bildungs- und Kulturhoheit der deutschen Bundesländer. Dies führt einerseits zu insgesamt 15 Berufsschulen mit unterschiedlichen Schulplänen sowie andererseits zu ca. 100 (!) für die FaMI-Ausbildung zuständigen Stellen mit teilweise unterschiedlichen Prüfungsrichtlinien.

DACH-Statistikvergleich

Der Versuch, nationale Statistiken mit unterschiedlichen Erhebungsgrundlagen und Größenordnungen zu vergleichen, ist grundsätzlich problematisch. Im vorliegenden Fall muss die österreichische Zählweise, welche die Gesamtzahl aller Lehrlinge jeweils zum Stichtag 31.12. beschreibt, auf die deutsch-schweizerische Zählweise nach Jahrgängen umgerechnet werden. Dann müssen die deutschen Zahlen auf alpenländische Größenordnungen umgerechnet werden. Schließlich muss auch noch ein aussagekräftiger Vergleichszeitraum festgelegt werden. Im vorliegenden Fall sind dies die Jahre 2005 (Start ABI-Ausbildung in Österreich) bis 2008 (letzter Jahrgang der I+D-Assistenzausbildung in der Schweiz).

[5] Quelle: Statistisches Bundesamt, Referat H 204 (Forschung/Kultur/Berufsbildung).

Demnach hat die Schweiz die meisten Lehrlinge im ABID-Wesen ausgebildet, nämlich durchschnittlich 73 Lehrlinge pro Jahrgang. Es folgt Deutschland mit durchschnittlich 64 Auszubildenden pro Jahrgang, während Österreich mit durchschnittlich nur 15 Lehrlingen pro Jahrgang deutlich darunter liegt.

Bei dieser Modellrechnung muss natürlich auch die Tatsache berücksichtigt werden, dass der ABI-Lehrberuf in Österreich noch verhältnismäßig jung ist. Dennoch gibt es in Österreich offensichtlich einen gewissen Aufholbedarf, welcher vor allem im Bereich des Büchereiwesens liegt.

Dieser Beitrag basiert auf einer ausführlichen Vergleichsstudie über die berufliche Aus-, Fort- und Weiterbildung auf der mittleren Qualifikationsebene im Archiv-, Bibliotheks-, Informations- und Dokumentationswesen (ABID) des deutschsprachigen Raumes, welche unter dem Titel „FaMI und ABID-Assistenz – quo vaditis?“ als Band 12 der VÖB-Schriftenreihe mit der ISBN 978-3-85376-292-9 erscheint.

Wolfgang Hamedinger

10 Jahre Verbundorganisation neu

Verbundfamilie, Verbundarbeit, Kooperation

Mit dem seit Anfang 2002 geltenden Ausgliederungsgesetz und den darauf basierenden Vereinbarungen wurde die heute noch geltende Verbundorganisation geschaffen. Neben einer kurzen Vorstellung zu Willensbildung und Ablauf in unterschiedlichen Bereichen wird an Hand dieser Abläufe auch ein wenig über Gründe für Erfolge spekuliert.

Verbundorganisation: Rechtliche Grundlagen

Durch das am 1. Jänner 2002 in Kraft getretene „Bundesgesetz über die Österreichische Bibliothekenverbund und Service Gesellschaft mit beschränkter Haftung" wurde vor 10 Jahren ein verbindlicher Rahmen für die damals bereits tätige Verbundzentrale und den gesamten Bibliothekenverbund geschaffen. Seit Inkrafttreten des Universitätsgesetzes 2002 im Jahr 2004 ist diese Regelung der einzige verbindliche rechtliche Anker des Österreichischen Bibliothekenverbundes geworden. Sie regelt unter anderem die Befugnisse und Aufgaben im Unternehmensgegenstand der OBVSG, der insbesondere auch die „Setzung geeigneter Schritte zur Ausweitung des Bibliothekenverbundes" enthält. Weiters findet sich die Anordnung zum Abschluss einer Leistungsvereinbarung mit dem BMWF nach Anhörung der betroffenen Bibliotheken, die Höhe des Jahreszuschusses des Bundes und die Festlegung, für welche Bibliotheken welche Dienstleistungen damit abgedeckt sind. Dieser letzte Punkt nennt die Österreichische Nationalbibliothek, alle bundesstaatlichen Universitätsbibliotheken, den Verbund für Bildung und Kultur, das Österreichische Archäologische Institut und die Österreichische Akademie der Wissenschaften. Wichtig war dem Gesetzgeber auch, dass die OBVSG den Wettbewerb mit Konkurrenten nicht mit Hilfe der Bundesmittel verfälscht, und somit finden sich auch eine Kostendeckungsverpflichtung für vom Jahreszuschuss nicht abgedeckte Leistungen und das Verbot der Quersubventionierung anderer Dienstleistungen aus dem Jahreszuschuss. Schlussendlich heißt es in § 5 Abs. 1: „Die Gesellschaft ist nach kaufmännischen Grundsätzen, insbesondere jenen der Sparsamkeit, Wirtschaftlichkeit und Zweckmäßigkeit, zu führen" – auch wenn das eher die kameralistischen Grundsätze sind.

Die erwähnte Leistungsvereinbarung wurde am 15. März 2005 nach Anhörung der im Gesetz benannten Bibliotheken zwischen dem damaligen BMBWK und der OBVSG abgeschlossen. Sie legt die Details der für den Jahreszuschuss zu erbringenden Leistungen fest, wobei sich Inhalt und Umfang grundsätzlich an dem zum 1. Jänner 2003 gegebenen Stand orientieren.

Insbesondere regelt sie für die im Gesetz genannten Bibliotheken (ergänzt um die Bibliotheken der medizinischen Universitäten):

- eine allgemeine Betriebspflicht
- den Betrieb der Verbundzentrale mit den zentralen Verbunddatenbanken für alle österreichischen wissenschaftlichen Bibliotheken
- die Bereitstellung zentraler Verbunddienstleistungen
- den Betrieb des Lokalsystems des Verbundes für Bildung und Kultur (VBK)
- das Berichtswesen
- grundsätzliche Rahmenbedingungen zur Systemverfügbarkeit sowie
- Support, Behebungs- und Reaktionszeiten

Die Leistungsvereinbarung enthält als angeschlossene Organisationsvorschrift die „Allgemeinen Geschäftsbedingungen“ (AGB).

Mit dem Kunstgriff der AGB wurde ein einheitliches Organisationsmodell ermöglicht. Die Verbundteilnehmer „ex lege“ sind explizit im Errichtungsgesetz erwähnt, ihr dadurch abgedeckter Versorgungsumfang ist in der Leistungsvereinbarung spezifiziert, und die AGB werden über den Weg der Leistungsvereinbarung angewendet. Auch diese Verbundteilnehmer unterliegen bei Inanspruchnahme von nicht vom Bund finanzierten Leistungen einer kostendeckenden Entgeltforderung seitens der OBVSG; explizit hervorzuheben ist, dass auch für die Universitätsbibliotheken keine Pflicht zur Verbundteilnahme mehr besteht. Bei von der OBVSG über Einzelvertrag in den Verbund aufgenommene Einrichtungen sind die Kernprinzipien der Leistungsvereinbarung im Teilnahmevertrag enthalten und die AGB gleichrangiger Teil dieses Vertrags. Solche Teilnehmer unterliegen durchgängig dem Kostendeckungsprinzip. Durch diese Konstruktion bilden die Bestimmungen der AGB den praktischen Kern der organisatorischen Abläufe im Österreichischen Bibliothekenverbund.

„Verbundfamilie“

Die Entwicklung (und Attraktivität) des österreichischen Bibliothekenverbundes unter stabilen organisatorischen Bedingungen erschließt sich ohne zusätzliche Erläuterungen aus den tabellarischen Aufstellungen der Teilnehmerzahlen und Typverteilung für die letzten 10 Jahre[1].

[1] Besonders hervorzuheben ist, dass einzelne Teilnehmer bisher nur aus dem Verbund ausgeschieden sind, wenn die Bibliothek aufgelöst wurde.

mit Ende	Teilnehmer	repräsentierte Einzelinstitutionen
1999	22	22
2000	24	27
2001	32	47
2002	40	57
2003	43	60
2004	44	61
2005	49	68
2006	52	71
2007	56	76
2008	60	80
2009	62	82
2010	65	86
2011	66	87

Tabelle 1: Entwicklung der Teilnehmerzahlen

	1999-12-31	2011-12-31
Österreichische Nationalbibliothek	1	1
Universitäten	19	24
Landesbibliotheken		3
Pädagogische Hochschulen		3
Fachhochschulen		12
Verwaltungs- und Amtsbibliotheken (inkl. AKW)		5
Sonstige wissenschaftliche Bibliotheken (inkl. ÖAW, IMP)	2	18

Tabelle 2: Verteilung nach Bibliothekstypen

Verbundorganisation: AGB

Die AGB stellen den organisatorischen Rahmen der Zusammenarbeit im Gesamtverbund dar. Sie umfassen folgende Kapitel, wobei einzelne Kernpunkte erläutert sind:

- Definition „Verbundteilnehmer"
- Teilnehmerwerbung; Strategische Ziele; Leistungsbericht
- Die Verbundzentrale
  - Die OBVSG als Verbundzentrale hat gegenüber den Teilnehmern verschiedene Informationspflichten bei bestimmten Veränderungen, besonders hervorzuheben ist das Anhörungsrecht der bestehenden Teilnehmer vor der Aufnahme neuer Teilnehmer.
- Die Bedarfserhebung
  - Diese erfolgt durch Befragung einzelner oder mehrerer Verbundteilnehmer und in Vollversammlungen.
  - Regelungen zum Stimmgewicht: Berechnungsgrundlage ist die Gesamtzahl der über Exemplardaten im zentralen System genutzten Titelsätze auf Ebene der einzelnen ADM – jeder Teilnehmer hat daher zumindest eine und höchstens fünf Stimmen.
- Die Vollversammlung
  - Teilnehmer
  - Verfahrensvorschriften
  - Beschlusserfordernisse
  - Regelung von Umlaufbeschlüssen
  - Einsetzung von Arbeitsgruppen
  - Rede- und Antragsrecht der OBVSG
  - Vetorecht der OBVSG bei gegen gesetzlichen Auftrag oder geschäftliche Möglichkeiten verstoßenden Beschlüssen
- Die Zentrale Redaktion des Österreichischen Bibliothekenverbundes
- Der Fachbeirat der lokalen Bibliothekssystem

Diese Konstruktion hat sich in der allgemeinen Verbundarbeit als tauglich erwiesen. Sie garantiert die Partizipation und Meinungsgewichtung nach Organisationsgröße, verpflichtet die Verbundzentrale zur Abstimmung aller Initiativen im Rahmen der allgemeinen Verbundgeschäfte, gibt ihr aber auch die Möglichkeit undurchführbare oder finanziell bedenkliche Beschlüsse zu beeinspruchen.

Verbundarbeit

Die institutionalisierte Verbundarbeit läuft neben den dauerhaft angelegten Gremien Zentrale Redaktion und Beirat der lokalen Bibliothekssysteme zum größten Teil in den von der Vollversammlung eingesetzten Arbeitsgruppen. Im Lauf der Zeit wurden folgende Arbeitsgruppen eingesetzt, worin sich auch die besonderen Bedürfnisse widerspiegeln:

- AG Strategische Planung (eingesetzt nach Inkrafttreten der AGB,

unbefristet eingerichtet)
- AG Nachweis von digitalen Volltexten (abgeschlossen)
- AG Konsortiales Electronic-Resource-Managementsystem (abgeschlossen)
- AG Tool für die Verwaltung digitaler Objekte (abgeschlossen)
- AG eDOC-Erweiterung bzw. AG Primo-Implementierung (abgeschlossen)
- AG Fernleihe
- AG Bibliotheksstatistik (unbefristet eingerichtet)
- AG Aleph-Ablöse
- AG Expertengruppe RDA

Resümee und Thesen

Vorausschickend lässt sich feststellen, dass sich die organisatorische Konstruktion ausreichend bewährt hat, um in etwas abgewandelter Form auch auf assoziierte Kooperationsunternehmungen wie die zentrale Primo-Instanz übertragen zu werden. Sie wird daher auch die Grundlage für alle künftigen Herausforderungen und nötigen Reorganisationen darstellen.

Die eingerichteten Arbeitsgruppen kommen zu guten bis hervorragenden Ergebnissen, wenn die Mitglieder ausreichende Ressourcen einbringen können, stehen aber bald in der Kritik, wenn das nicht so ist. Die notwendige Unterstützung kann nicht immer aufgebracht werden, da der Pool an Expertinnen und Experten immer kleiner ist als die Erfordernisse und immer wieder dieselben Personen belastet werden.

Die Finanzsituation, an der so vieles hängt, ist im Lauf der Zeit schwieriger geworden. Mit gewissem Bedauern registrieren wir immer wieder das Fehlen einer Fördereinrichtung für Anschubfinanzierungen von Infrastruktur in Österreich, wie es z.B. die Deutsche Forschungsgemeinschaft in Deutschland ist. Darüber hinaus ist die Aufbringung zentraler Mittel seit der Universitätsumstrukturierung nahezu unmöglich geworden.

Glücklicherweise funktioniert die Kooperation innerhalb des Verbundes trotzdem oder sogar aus diesen Gründen ziemlich gut. Weder die Teilnehmer noch die Verbundzentrale sind, vorsichtig ausgedrückt, besonders üppig mit Ressourcen ausgestattet, und alle zusammen leben daher permanent das Prinzip Mängelverwaltung. Kooperationswille und -gewohnheit haben sich durch spezifische Voraussetzungen früh entwickelt und unter den gegebenen Rahmenbedingungen auch die Veränderungen der äußeren Umstände überdauert; selbst wenn in der Familie heftig diskutiert wird, hält man doch zusammen. Trotz beschränkter Mittel ist eine gewisse zentrale Unterstützung bei der Infrastruktur des Gesamtverbundes möglich; so übernimmt die OBVSG die in Summe durchaus beachtlichen Reisekosten für von einzelnen Einrichtungen entsandte Personen und stellt ein Verbund-Wiki und natürlich eine entsprechende Web-Seite bereit.

Bevor sich nun jemand genötigt sieht, aus diesen Positiva den zwingenden Schluss zu ziehen, dass wenige (oder noch weniger) Mittel doch nur von Vorteil sind, sollen aber auch noch die realen negativen Auswirkungen fehlender Finanzquellen aufgezeigt werden. Zu knappe Ressourcen führen zu sehr langen Überlegungen und nicht unerheblichen Gefahren einer Nichtumsetzung von als sinnvoll erkannten Projekten. Sie bedingen eine übergenaue Ressourcenplanung, Einschränkung auf das Allernötigste (oft ohne die Möglichkeit der Realisierung weiteren Grenznutzens) und große Anstrengungen bei der Realisierung. Und schlussendlich Ratlosigkeit über die Einrichtung als notwendig erkannter Dienste und daraus resultierende Demotivation.

Der Wunsch für die nächsten 10 Jahre Verbundarbeit ist daher zweifach: Beibehaltung und Weiterentwicklung der hocheffizienten Kooperation derzeitiger Prägung unter möglichster Berücksichtigung individueller Erfordernisse der Einzelteilnehmer; ausreichende Dotierung der als erforderlich gesehenen Lösungen für schon auf der Türschwelle stehende Probleme.

Die Ergebnisse werden großartig sein.

Wolfgang Hamedinger

Aktuelle und künftige Verbundentwicklungen

Einheit in der Vielheit

Der Beitrag behandelt die vielen verschiedenen Entwicklungen der beiden letzten Jahre, die steigenden Anforderungen und ihre Diversitäten. Eingebettet in immer stärkere internationale Zusammenhänge entwickelt sich eine signifikant größere Vielfalt von Anforderungen und Erfordernissen, denen sich auch kleinere Einrichtungen stellen müssen. Kooperative Konzepte versuchen möglichst viel Anspruch auch in die Wirklichkeit zu bringen, wieweit dies aber gelingt, hängt sehr oft von den verfügbaren Ressourcen ab. Abschließend werden mögliche zukünftige Entwicklungen erörtert und zur Diskussion gestellt.

Verbundstatus: Kennzahlen

Im österreichischen Bibliothekenverbund ist an einer Bibliothek das System Bibliotheca der Firma OCLC (vormals BOND), bei sieben Teilnehmern das Produkt Alephino in der Version 4.x, bei allen anderen das System Aleph in den Versionen 18.02 und 20.1 sowie im Verbundsystem das System Aleph in Version 20.1 im Einsatz; Aleph und Alephino stammen von der Firma Ex Libris.

Die Homogenität der Systemlandschaft erlaubt mehrere Betreuungsvarianten bei der Verbundteilnahme:

- Nutzung eines eigenen Lokalsystems Aleph unter
  - Eigenbetrieb
  - Betrieb und Systemadministration durch Dritten
  - Vollversorgung durch die OBVSG
- eigenes Lokalsystem Alephino unter
  - Eigenbetrieb
- gemeinsame Nutzung von Aleph-Systemen durch mehrere Einrichtungen („Aleph-Sharing") als ASP-Modell mit Betreuung durch die OBVSG

Derzeit sind 66 Verbundteilnehmer in der Vollversammlung vertreten, die 87 selbständige Einrichtungen repräsentieren. Im Berichtszeitraum sind die Paracelsus Medizinische Privatuniversität und das Wiener Wiesenthal Institut für Holocaust-Studien unter Verwendung von Aleph-Sharing sowie die Bibliotheken Wien (derzeit MA9, Wienbibliothek im Rathaus und MA 18, Stadtentwicklung und Stadtplanung) unter Nutzung eines von der OBVSG gehosteten Aleph-Systems neu beigetreten; wegen Auflösung ist eines der altgedientesten Verbundmitglieder, die Bibliothek St. Gabriel, ausgeschieden.

Die gemeinsame Datenbank und die verfügbaren Norm- und Fremddaten haben sich weiter vergrößert; einige Kennzahlen zum Datenbestand zeigt die folgende Tabelle:

	2011-04	2009-04	2006-09
Verbunddatenbank			
Titeldaten	8.113.509	6.982.038	5.260.000
Zeitschriftenbestandsdaten	n.v.	718.321	642.600
Exemplardaten	15.486.785	~12.300.000	~10.000.000
Fremddaten			
Deutsche Nationalbibliographie DNB	3.143.289	2.519.137	1.867.400
British National Bibliography BNB	2.090.276	1.515.680	980.200
Casalini Libri	229.899	185.170	131.500
Normdaten			
Personennamennormdatei PND	3.969.753	3.389.226	2.841.900
Gemeinsame Körperschaftsdatei GKD	1.419.519	1.272.616	1.088.300
Schlagwortnormdatei SWD	956.846	879.810	773.900
Zeitschriftendatenbank ZDB	1.568.226	1.455.899	-
Notationsdatenbank (MSC/AMS-Klassifikation, BK)	8.061	8.061	8.400
Z39.50-Quellen			
Bibliotheksverbund Bayern (BVB)	✓	✓	✓
Online-Bestand Deutsche Nationalbibliothek (DNB / ILTIS)	✓	✓	✓
Hochschulbibliothekszentrum NRW (hbz)	✓	✓	
Südwestverbund (SWB)	✓	✓	
Hessisches Bibliotheks-Informationssystem (HeBIS)	✓	✓	
Gemeinsamer Bibliotheksverbund (GBV)	✓	✓	

Verbundstatus: Daten

Das Einbringen neuer und die Pflege vorhandener Daten gehören zur laufenden Verbundarbeit.

Außergewöhnlich sind immer große Retroprojekte, da sie zusätzliche Ressourcen binden und entsprechenden logistischen Aufwand verursachen. Inzwischen haben sich einige Standardarbeitsflüsse etabliert, die es erlauben mit möglichst geringem Aufwand und unter Nutzung sämtlicher Fremddaten und Katalogisierungshilfsmittel die entsprechenden Datensätze im Verbundsystem zu erstellen; die richtige Verteilung von Datensätzen auf Zentral- und Lokalsystem erfolgt dann über die erwähnten automatischen Verfahren. Abgeschlossen werden konnte die Erfassung aller Bestände der Universitätsbibliothek Salzburg und die Erfassung der Ministerialbibliothek des Bundesministeriums für Finanzen; zweitere erfolgte innerhalb eines zweijährigen Projekts mittels Autopsie, verbunden mit einer Revision der Bestände. Ein weiteres großes Retroprojekt in Zusammenarbeit mit der Kammer für Arbeiter und Angestellte für Wien wurde eingeleitet.

Ein wichtiges Datenbereinigungsprojekt konnte Mitte 2011 abgeschlossen werden. Wie alle anderen deutschsprachigen Verbünde hält auch der österreichische Bibliothekenverbund an einer hierarchischen Katalogisierung fest; allerdings soll dabei mit zwei Hierarchieebenen das Auslangen gefunden werden. Dazu wurden nun alle sogenannten „y-Sätze" aufgelöst und damit das gesetzte Ziel erreicht. Die aufgeräumte Datensituation ermöglicht einerseits den besseren Datentausch mit den Partnerverbünden und behebt andererseits die früheren Probleme bei der Datenlieferung für Suchmaschinenumgebungen (insbesondere Primo). Darüber hinaus ermöglichte dies die Bereinigung von Parameterdateien und die Anbindung von mehreren hunderttausend Datensätzen an eDOC und somit eine weitere Verbesserung der Suchbarkeit des betroffenen Materials.

Das Projekt „Verzeichnis der künstlerischen, wissenschaftlichen und kulturpolitischen Nachlässe in Österreich" wurde im Herbst 2010 technisch abgeschlossen; damit stehen nun unter einer eigenen Oberfläche, hinter der sich ein Aleph-System verbirgt, die entsprechenden Eintragungen unter Federführung von Österreichischer Nationalbibliothek und Wienbibliothek im Rathaus zur Verfügung – komplementär zum „Österreichischen Verbundkatalog für Nachlässe, Autographen und Handschriften (ÖVK-NAH)".

Den laufenden Aktivitäten im Bereich Kataloganreicherung ist ein eigener Abschnitt gewidmet.

Verbundstatus: Zentral bereitgestellte Dienste

Im Lauf der Jahre sind verschiedene, allgemein nutzbare Dienste im Bereich der Verbundzentrale entstanden. Eine (unvollständige) Aufzählung enthält:

- Klassischer Z39.50-Zugang von und zur Verbunddatenbank zur wechselseitigen Nutzung von Katalogisaten zwischen den beteiligten Verbundzentralen sowie zur Verwendung für eigene Literaturdatenbanken
- eDOC als Arbeitsfluss und Sekundärdatenspeicher zur Einbindung eigener elektronischer Dokumente, insbesondere
  - Basisdienst und Portale
  - Konsistenztools für eDOC und Kategorie 655o im Verbunddatensatz

- OPUS-Workflow zur Bearbeitung von Hochschulschriften an einzelnen Einrichtungen
- Multinormdatei für Klassifikationen
  - Mathematics Subject Classification
  - Basisklassifikation
- Aleph-SAP-Schnittstelle
- upgrade2ac zur Angleichung nur lokal vorhandener Katalogisate an Verbunddatensätze
- Verbund der Literaturarchive (ÖVK-NAH)
- EasyTool zur optimierten Verwaltung einer Vielzahl identischer Exemplare sowie als einfaches Entlehnwerkzeug
- Zeitschriftendatenbank Berlin (ZDB)
  - Verfahren zur Bestandsdatenlieferung
  - Datenspiegel als Normdatei
- Einspielen von IVSCAN und Publikationsdaten der TU Wien
- Einspielen von eBook-Daten
- Tabellenbrowser zum Abgleich von und zur Einsichtnahme in Parameterdateien
- Konsortiallösung MetaLib/SFX
- Konsortialinstanz Primo
- Unterstützung lokaler Klassifikationsnormdateien

Neben diesen Diensten und den allgemeinen internationalen Tätigkeiten der Verbundzentrale ist die Übernahme der Tätigkeit als ISIL-Agentur für Österreich durch die OBVSG mit 7. Oktober 2010 zu erwähnen. ISIL ist das Akronym für die Festlegungen in der internationalen Norm „*ISO 15511: Information and documentation – International Standard Identifier for Libraries and Related Organizations*“. Eine eindeutige Identifikation der verschiedenen Teilnehmer an bibliothekarischen Prozessen, insbesondere beim Datenaustausch wie der Onlinekommunikation mit Normdateien ist inzwischen unerlässlich und soll durch die normkonforme Vergabe von Kennungen erreicht werden. Basierend auf der adaptierten Bibliothekssigelnorm ÖNORM A 2657 kann die ISIL aus einem regelkonformen Bibliothekssigel automatisch erzeugt werden. Grundlage für die öffentliche Verzeichnung war die ebenfalls von der OBVSG betriebene Bibliotheksadressdatenbank (ACC09), die als „Adressen-, ISIL- und Sigelverzeichnis“ unter der Adresse http://opac.obvsg.at/acc09 verfügbar ist.

Aleph

Aleph ist inzwischen ein ausgereiftes System, bei dem nur mehr evolutionäre Verbesserungen bzw. Veränderungen zu erwarten sind. Trotzdem kam es auf Initiative der deutschsprachigen Aleph-Verbundsysteme noch zu wesentlichen Ergänzungen, die mit Version 20 auch Einzug in unsere Verbundumgebung gehalten haben.

Wissenschaftliche Bibliotheken und ihre Verwaltungssysteme sind auf Bestandsaufbau und nicht auf große Mengen an ausgeschiedenem Material vorbereitet. Damit verbunden ist das Problem des Einspielens (und späteren Entfernens) von Metadatensätzen für ganze Bestandpakete, wie es mit dem Auftreten von eBooks virulent geworden ist. Die Systemerweiterung bei der Datenreplikation ermöglicht es nun erstmals, auch noch nicht vorhandene Datensätze in einem System anzulegen. Damit können die Metadaten für gewisse eBook-Pakete zentral bezogen (z.B. für Springer vom aufbereitenden hbz) und automatisch an die besitzenden Lokalsysteme weitergegeben werden. Dem Problem der massenhaften Entfernung von Bestandsdaten bei Ablauf von eBook-Paketen wird man in Aleph wahrscheinlich nicht beikommen können, für derartige temporäre Nachweise könnte ein Ansatz im Einbringen in ein vorhandenes Suchportal liegen, aus dem sich die Informationen mit vergleichsweise geringem Aufwand auch wieder entfernen lassen – dieser Ansatz wird von der OBVSG im Zusammenhang mit der von ihr betriebenen zentralen Primo-Instanz untersucht werden.

Eine andere Erweiterung der Replikation ermöglicht den Transfer lokaler Informationen in Form von Holdings in das zentrale System. Damit sind erstmals vollständige Informationen zum Besitzstatus lokaler Exemplare im zentralen System direkt abfragbar. Auf Basis dieser aus Aleph-Standardmechanismen resultierenden Informationen kommt es zu einer deutliche Erleichterung bei der Verarbeitung von Umhängungen und Löschungen; mehrere bisher verwendete Verfahren zur Prüfung und Sicherung der Datenkonsistenz können vereinfacht bzw. sogar vollständig ersetzt werden.

Eine weitere Erleichterung für die Verbesserung der Datenqualität bringt die lang ersehnte Möglichkeit der Dublettenumlenkung. Da es sich dabei um einen hochkomplexen Prozess handelt, wird es wohl kein alltäglich eingesetztes Werkzeug werden, in der Hand der Spezialisten aber ermüdende Arbeitsabläufe ersetzen und deutlich beschleunigen. Dieses Verfahren greift grundsätzlich auch für Alephino-Systeme und somit für den gesamten aktiven Verbunddatenbestand.

Als letzte große Verbesserung, die allerdings nicht unerheblichen Umstellungsaufwand für viele Lokalsysteme mit sich bringt, ist die neue ILL-Fernleihe zu nennen.

Als wesentlichstes Desiderat steht noch der Export und Import von allgemeinen bibliographischen Daten im Format MARC21 aus. In welchem Ausmaß dieser erforderlich ist und auf welche Basis er am besten zu stellen sein wird, harrt noch der Analyse. Diese wird angegangen werden, sobald die Ressourcen durch die aktuellen Großprojekte nicht mehr voll ausgelastet sind.

Primo

Ein wesentlicher Schwerpunkt der Arbeiten in der vergangenen Berichtsperiode war der technische und organisatorische Aufbau der zentralen Primo-Instanz. Diese läuft inzwischen mit der im OBV implementierten Architektur im Produktionsbetrieb, wobei auch bereits eine Migration auf eine neuere Version durchgeführt wurde. Nach Vorliegen der erforderlichen Verträge konstituierten sich die definierten Steuerungsgremien und begannen mit dem Ernten der Früchte der umfassenden Implementierungsarbeiten; dies umfasst unter anderem die Verbesserung und den Ausbau der Oberfläche(n), das Einbringen weiterer Datenquellen und die Diskussion und erste Umsetzungen einer Fülle weiterer Ideen – hier bewahrheitet sich das Sprichwort „Der Appetit kommt mit dem Essen". Schwerpunkt dieses Abschnitts ist ein Bericht über die allgemeinen Zielsetzungen sowie die Architektur der gewählten Lösung, da spezifische Erfahrungsberichte im Themenblock „Suchmaschinentechnologien im Vergleich" untergebracht sind.

Inzwischen nehmen die folgenden Einrichtungen an der zentralen Primo-Instanz teil; angegeben ist jeweils auch der Termin der Produktionsaufnahme der jeweiligen Sicht:

Einrichtung	**Produktionsaufnahme**
Universität Innsbruck	2009 – Ende Oktober
Universität Wien	2010 – März
Verbundsicht	2010 – April
Veterinärmedizinische Universität Wien	2010 – Juli
Universität Graz	2011 – Februar
Österreichische Nationalbibliothek	2011 – Mai
Wirtschaftsuniversität Wien	2011 – Juli
Universität für angewandte Kunst	2011 – November
Universität Klagenfurt	*2012 – 2. Quartal*
Medizinische Universität Wien	*2012 – 3. Quartal*
Technische Universität Wien	*2012 – 3. Quartal*
Universität Salzburg	*2012 – 3. Quartal*

Da eine zentrale Installation, die spätestens mittelfristig die einzelnen OPACs als Sucheinstiege ersetzen wird, besonders betriebssicher gestaltet werden muss, wurde die zugrunde liegende Hardware mit dem Ziel Hochverfügbarkeit in ein Dienstleisterrechenzentrum ausgelagert. Weiters hat sich die OBVSG in das österreichische Shibboleth-Biotop eingefügt, sodass die Nutzung dieser Möglichkeit damit allen Teilnehmern offen steht und Single-Sign-On in greifbare Nähe rückt.

Die folgende Abbildung verdeutlicht, in welchem Umfang Primo bereits derzeit als Integrationsplattform verwendet wird – und dass damit die Möglichkeiten noch längst nicht ausgeschöpft sind (ePub bezeichnet das institutionelle Repositorium der Wirtschaftsuniversität Wien).

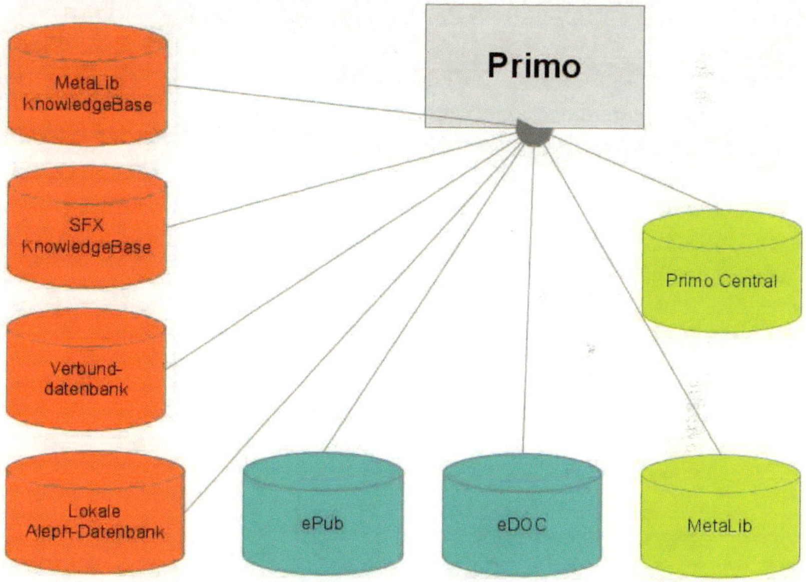

Abbildung 1: Stand von Primo als Integrationsplattform

Die nächste Abbildung zeigt die bereits realisierten Verknüpfungen zwischen den Sichten der zentralen Primo-Instanz und ihren Suchergebnissen mit verschiedenen anderen Diensten – zur Anreicherung der Suchergebnisse oder Erhöhung der Funktionalität (EOD bedeutet „eBooks on Demand“).

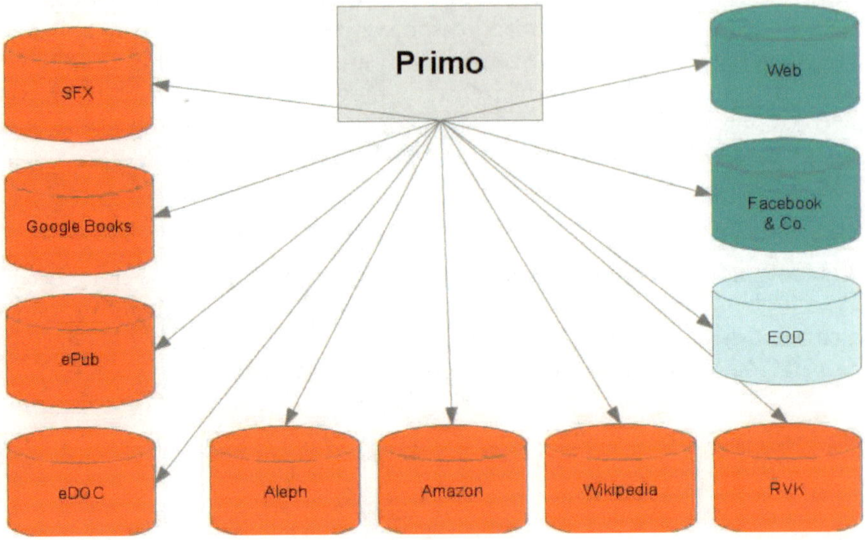

Abbildung 2: Primo Vernetzungen und Verknüpfungen

Die abschließende Graphik zeigt das komplexe Datenflussmodell der zentralen Primo-Instanz, die auch schon für verschiedene Erweiterungen vorbereitet ist:

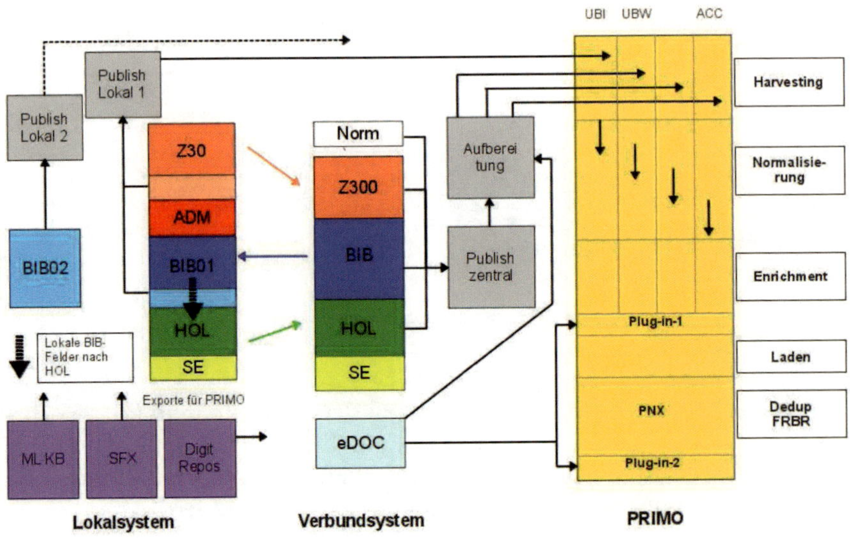

Abbildung 3: Datenmodell / Datenfluss der zentralen Primo-Instanz

Insgesamt wurden bereits größere Datenmengen, die andernfalls nicht verfügbar wären, in die einzelnen Sichten integriert, wie die Aufstellung mit Stand April 2011 zeigt:

	Summe Datensätze	**ACC01**	**Lokal**	**SFX KB**	**ML KB**	**VT eDOC**	**IVScan Push**
UIB	1.818.149	1.549.601	226.219	42.254	75	105.652	289.530
UWI	3.232.244	3.165.478	-	66.345	421	160.661	488.285
OBV	8.063.321	8.063.321	-	-	-	334.771	-
UVW	102.440	70.299	-	32.066	75	9.220	383
UGR	2.073.583	1.301.435	725.353	46.795	-	102.034	292.165
ONB	3.672.747	1.901.209	1.771.538	-	-	99.355	5
⊠	**18.962.484**					**811.693**	**1.070.368**

Die erfolgreiche Implementierung und der Ausbau der zentralen Primo-Instanz waren natürlich innerhalb der letzten beiden Jahre mit einer Fülle von Schwerpunktaktivitäten verbunden; die Überlegungen und Ideen der einzelnen Teilnehmer resultieren laufend in allgemein verwendbaren Daten- und Funktionalitätsverbesserungen, wobei der OBV vor allem auch bei den Weiterentwicklungen der Konsortialfunktionalitäten wesentlich beiträgt.

Chronologisch gestalteten sich diese Schwerpunkte etwa wie folgt:

Die Integration verschiedener Datenbestände deckt bisher tolerierte Datenfehler auf. Um eine qualitativ hochwertige und vollständige Recherche zu ermöglichen, standen und stehen bei jeder neuen Datenquelle Datenbereinigungen und -vorbereitungen im Zentrum. Die Korrektur von in den Testläufen gemeldeten Fehlern und gegebenenfalls die Vorbereitung von SFX und MetaLib stellen somit immer das Fundament der Implementierung dar.

Der Übergang zu Primo Version 3 wurde durch eine Testinstallation seit Mai 2010 vorbereitet, die Installation und Migration erfolgten dann im Dezember 2010.

Als weitere Datenquelle wurde das institutionelle Repositorium der Wirtschaftsuniversität Wien „ePub" eingebunden und als moderne Zugangsmöglichkeiten ein Mobile view der Universitätsbibliothek Wien für Smartphones vorgestellt. Den formalen Abschluss der grundlegenden Implementierungsphase bildete die Konstituierung der Steuerungsgremien mit der ersten Sitzung der Primo-Teilnehmerversammlung und der Wahl des Beirats.

Eine besonders umfangreiche Verbesserung erfolgte durch den Relaunch der Verbundsicht OBV. Dieser umfasste neben einer Gesamtüberarbeitung des Layouts auch die Anreicherung um verschiedene Verbesserungen wie eine Wikipedia-Schnittstelle, Einbindung von EOD und Buchvorschau (Google Books) sowie weitere Web-2.0-Funktionalitäten wie Share Buttons und Feedback.

Gleichzeitig wurden URLs und Permalinks wie http://opac.obvsg.at/acc01 bzw. http://permalink.obvsg.at/AC12345678 umgelenkt. Für die Endbenutzer besonders deutliche Verbesserungen sind die Möglichkeit zur regionalen Suche sowie ein Hochschulschriftenreiter als Ersatz für die bisherige Dissertationsdatenbank.

Zur internen Unterstützung wurde einerseits ein Tool zur automatischen Synchronisation der Parametertabellen für sogenannte Sharetab-Teilnehmer erstellt, da nicht synchrone Tabellen zu Problemen bei der Bestandsanzeige führen, und andererseits der Primo-Bereich auf der OBVSG-Homepage ausgebaut, der damit jetzt Informationen zu Nutzungsstatistik, View-Statistik, Datenbankzugang sowie aktuelle Neuigkeiten enthält.

Eine natürliche Weiterentwicklung der Primo-Einführung ist der schrittweise Ersatz des Aleph-OPACs durch entsprechende Primo-Funktionalitäten. Dabei erfolgt die Integration wichtiger OPAC-Funktionalitäten via REST-Schnittstelle (Representational State Transfer), die derzeit allerdings noch an einigen Einschränkungen krankt.

Besonders gravierend wegen des daraus in der Praxis resultierenden Zusatzaufwands in den einzelnen Bibliotheken ist die mangelnde Unterscheidung zwischen Bestellung und Vormerkung. An diesem Beispiel zeigt sich aber auch, dass ein allgemein als Problem empfundener Mangel zu solchem Druck aus der Primo-Gruppe auf den Hersteller führen kann, dass das Problem dann doch behoben wird (der Vormerk-Fix ist spätestens für die Version 4 angekündigt).

Die Ansprache der ILL-Fernleihe funktioniert optimal mit Aleph Version 20.

Mit 21. September 2011 hat die vom Vormerkproblem nicht betroffene Österreichische Nationalbibliothek den kühnen Schritt gewagt, alle Aleph-OPACs durch die Primo-Suche zu ersetzen. Die Universitäten Wien, Innsbruck und Graz testen intensiv mit dem Ziel, OPAC via Primo im Jahr 2012 produktiv zu setzen.

Ein weiterer Meilenstein im Ausbau der Dienstleistung ist die Einbindung des Primo Central Index, der derzeit etwa 500 Mio. Datensätze, hauptsächlich aus dem Bereich unselbständiger Literatur, enthält. Damit werden erhebliche Teile dieser im traditionellen Bibliothekskatalog kaum erschlossenen Informationen innerhalb der einheitlichen Suchoberfläche zugänglich. Während eines dreimonatigen Testzugangs ab Herbst 2010 hat eine eigene Arbeitsgruppe den Index geprüft und seine Verwendung empfohlen.

Während die Universität Innsbruck das Produkt seit Februar 2011 einsetzt, sind weitere Einrichtungen wie die Universität Wien und die Wirtschaftsuniversität Wien im Testbetrieb. Zur Erweiterung des Datenangebots ist auch ein EBSCO-Adapter im Testbetrieb, mit dem bis zu 15 EBSCO-Datenbanken durchsucht werden können.

Die Grundimplementierung der zentralen Primo-Instanz ist abgeschlossen, der Rohbau steht und ist schön verputzt und auch teilweise eingerichtet. Welche Möglichkeiten uns das neue Werkzeug bietet, ist noch keineswegs vollständig erforscht, es tauchen laufend neue Ideen und Überlegungen auf. Bereits absehbar sind jedenfalls die folgenden Schritte:

- Vermehrte Aktivierung von OPAC via Primo und insbesondere die Abschaltung des zentralen OPACs
- Sukzessive Aktivierung von Primo Central
- Produktionsaufnahme der neuen Teilnehmer
- Ausbau der Add-on-Funktionalitäten durch
  - mehr Inhaltsverzeichnisse
  - neue Exportfunktionen
  - verbessertes User-Interface
  - Verbalisierung von Klassifikationen
- Umstieg auf Version 4 voraussichtlich im 1. oder 2. Quartal 2012; diese bringt folgende besonders bemerkenswerte Verbesserungen:
  - ein neues Datenmodell mit verbesserter Mandantenfähigkeit
  - neue Facetten-Funktionen
- Integration neuer Quellen durch Teilnehmer, unter anderem
  - Neue bibliographische Datenbanken, neue Repositorien
  - E-Learning-Systeme
  - eBook-Pakete
  - Anschluss externer Lucene-Indices
- Einrichtung einer eigenen Sicht „Österreichischer Verbundkatalog für Nachlässe, Autographen und Handschriften (ÖVK-NAH)“ innerhalb der Verbundumgebung

Strategisch wichtig sind noch zwei weitere Vorhaben:

Mit der Evaluierung zusätzlicher Datendienst-Produkte (z.B. Serials Solutions) und ihrer etwaigen Einbindung wird der Grundidee der Datenintegration Rechnung getragen.

Mit der Entwicklung eines zusätzlichen Teilnahmemodells mit dem Arbeitstitel „Primo light“ will die OBVSG einer größeren Zahl von Einrichtungen den Einsatz der neuen Technologie ermöglichen und so den wechselseitigen Nutzen für alle Anwender erhöhen; die Nachnutzung der bestehenden Basis (zentrale Primo-Instanz der OBVSG), Verwendung einer eingeschränkten Lizenzvariante (Ex Libris Primo ILS), standardisierter Leistungsumfang inklusive eDOC-Integration mit Vollbetreuung ersetzen den klassischen OPAC kostengünstig durch eine hochqualitative Suchmaschinenumgebung. Auf dieser Grundlage ist auch eine einfache Aufrüstung auf eine volle Primo-Lizenz mit der Beteiligung an der institutionalisierten Mitbestimmung vorgesehen[1].

Weitere Suchmaschinen-Technologien im Verbund

Neben der großen Primo-Lösung werden im Österreichischen Bibliothekenverbund noch andere Suchmaschinenlösungen eingesetzt. Die verschiedenen Sichten der eDOC-Umgebung sind eine Eigenentwicklung der OBVSG unter Nutzung der freien Suchmaschine swish-e. Als kommerzielle Produkte sind der Discovery Service SUMMON von Serials Solutions an der Montanuniversität Leoben und der EBSCO Discovery Service an der Universität für Musik und Darstellende Kunst Graz im Einsatz. Nähere Informationen dazu werden im Themenkreis „Suchmaschinentechnologien im Vergleich“ vorgestellt.

Kataloganreicherung

Mit den verbesserten Indexierungsmethoden steigt auch die Bedeutung der Kataloganreicherung für die Qualität der Suche immer weiter an. Es wurden daher im Berichtszeitraum dazu mehrere Projekte umgesetzt und in die laufende Produktion überführt.

Die DNB erstellt seit einiger Zeit eine große Zahl qualitativ hochwertiger und frei verfügbarer Kataloganreicherungsdaten zu ihrer laufenden Produktion (insbesondere Inhaltsverzeichnisse) und verlinkt ihre bibliographischen Daten mit diesen Anreicherungsdaten. Auch zur Vermeidung unnötiger Doppelarbeiten bot sich eine automatische Verwendung dieser Daten an.

Das Verfahren läuft seit November 2010 im Regelbetrieb; ist im Verbunddatensatz ein Link zu einem Objekt der DNB enthalten, wird das Inhaltsverzeichnis übernommen und der Objektinhalt in eDOC eingespielt.

Die mengenmäßige Entwicklung zeigt die folgende Graphik:

[1] Dieser Berichtspunkt ist nach dem inzwischen erfolgten Erwerb einer Primo-Verbundlizenz durch die OBVSG bereits veraltet. Die neue Situation erlaubt deutlich mehr Modellvarianten, die nach der endgültigen Ausarbeitung den Verbundmitgliedern vorgestellt werden.

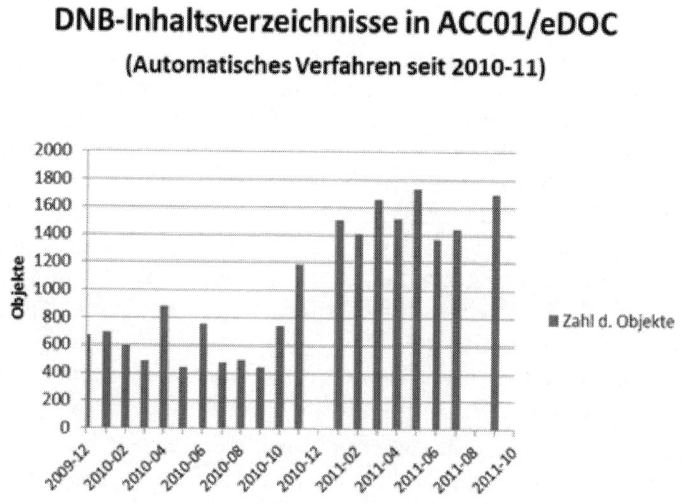

Abbildung 4: Eingespielte DNB-Inhaltsverzeichnisse

Ein weiteres Vorhaben betraf die Einspielung der von den deutschen Verbundpartnern in den letzten zwei Jahren bereitgestellten Daten innerhalb der Zeit Mai bis August 2011; diese wurden im Rahmen des Projekts „Verbundübergreifende Kataloganreicherung mit Objekten" der Bibliothekenverbünde bereitgestellt. Das Verfahren basiert auf einem Mechanismus zum Abgleich der bibliographischen Daten, das bereits 2009 entwickelt wurde und übernimmt Objekte zu bibliographischen Datensätzen der Verbunddatenbank, die noch keinen Link besitzen, in die Verbunddatenbank, nach eDOC und Primo. Abgeglichen wurde in der festgelegten Reihenfolge DNB, BVB und hbz. Die Ergebnisse sind anschließend aufgeführt.

Quelle	**Inhaltsverzeichnisse**	**Klappentexte**	**Gesamt**
DNB	23.195		23.195
BVB	11.811	2.598	14.409
hbz	40.489		40.489
Gesamt			**78.093**

Von besonderem Interesse sowohl von der erhofften Auswirkung als auch von der Menge ist die Ergänzung der bibliographischen Datensätze aus der Verbunddatenbank um Sacherschließungselemente aus den Daten der Verbundpartner; dafür in Frage kommen

- Basisklassifikation (BK)
- Regensburger Verbundklassifikation (RVK)
- RSWK-Beschlagwortung

- DDC
- Library of Congress Subject Headings (LCSH)

Dieses Projekt befindet sich im Versuchsstadium. Der bibliographische Abgleich erfolgt wieder über Programme des Projekts „Verbundübergreifende Kataloganreicherung mit Objekten", wobei die entsprechenden MAB-Felder 700f, 700g, 700b, 740, 705 und 9xx im Verbunddatensatz prinzipiell nur dann ergänzt werden, wenn sie dort fehlen. Erste Ergebnisse zeigen, dass etwa 33% der Verbunddatensätze über abgleichbare Merkmale (ISBN und Jahr) verfügen. Abhängig von der Datenquelle erfolgte bei den Treffern in mehr als 75% eine Anreicherung des Titelsatzes in zumindest einer Kategorie, bei der BK sogar bei über 80%. Die anstehenden Abgleiche gegen den vollen Datenbestand lassen eine deutliche Vermehrung der Sacherschließungselemente mit unmittelbarer Auswirkung auf die Suchmöglichkeiten erwarten.

Zusammenfassend ist die Kataloganreicherung im Licht der Suchbarkeit tatsächlich von hoher Bedeutung, da die benutzten Objekte Zusatzinformationen für die Suche enthalten, die einerseits als zusätzliche Suchkriterien verwendet werden können und andererseits Einschränkung der Suche erlauben. Deutlich erkennbar verschiebt sich der Schwerpunkt der Sacherschließungsnutzung von der verbalen Erschließung hin zu geeigneten Klassifikationssystemen, die eine verbesserte Facettierung mit sich bringen (insbesondere durch Nutzung der Basisklassifikation). Insgesamt erzeugen die Qualität und Reichhaltigkeit der bibliographischen Informationen, die Bereitstellung lizenzierter Daten und die einheitliche Aufbereitung des Materials in der Suchumgebung einen Mehrwert gegenüber Google und Co.

Unternehmungen im Verbund von allgemeinerem Interesse

Ein Bericht über die neben den allgemeinen Großvorhaben innerhalb des Österreichischen Bibliothekenverbundes durchgeführten Projekte erfordert wegen der schieren Fülle eine (subjektive) Auswahl. Von allgemeinerem Interesse sollen erwähnt werden:

- An der Oberösterreichischen Landesbibliothek wurde der HAN-Linkresolver über den X-Server an das Aleph-System angebunden.
- Die Universität Wien baut mit „Phaidra" ein großes institutionelles Repositorium auf Open-Source-Basis auf.
- OBVSG und Wienbibliothek im Rathaus migrierten sehr heterogene Datenbestände von DABIS nach Aleph und integrierten sie innerhalb einer Gesamtarchitektur.
- Die Österreichische Nationalbibliothek und die OBVSG entwickelten ein Verfahren zur Verknüpfung von DigiTool-Objekten mit Aleph-Systemen.
- Basierend auf den Vorarbeiten der AG Fernleihe kann jetzt die neue Fernleihe in Aleph ab der Version 20 aufwärts eingesetzt werden.

- Die OBVSG verbessert mit der Herausgabe eines Newsletters aus dem Österreichischen Bibliothekenverbund die Innen- und Außenkommunikation.

Gemeinsame Normdatei GND

Seit einigen Jahren laufen die Vorbereitungsarbeiten für die Verschmelzung der drei Normdateien PND, GKD und SWD zur GND. Diese Arbeiten binden erhebliche Ressourcen der Verbundzentrale und sind inzwischen soweit fortgeschritten, dass die definitiven Umstellungstermine in Kürze festgelegt werden können. Voraussichtlich im ersten Halbjahr 2012 werden alle deutschsprachigen Verbünde und natürlich die initiierende Deutsche Nationalbibliothek diese Umstellung vornehmen. Näheres zu diesem Thema wird in einem eigenen Vortragsblock mitgeteilt.

RDA

Als weiteres Vorhaben mit bedeutenden Auswirkungen steht derzeit die Einführung der RDA in Verhandlung. Es ist nicht Aufgabe dieser Zeilen, in die fachliche Diskussion dieser Maßnahme einzugreifen. Die Zuständigkeit für die Beschlussfassung einer derartigen Maßnahme liegt beim Standardisierungsausschuss, in dem Österreich durch die OBVSG vertreten wird. Die Erfahrungen von mehr als zehn Jahren haben gezeigt, dass eine gemeinsame Vorgangsweise in vielen Bereichen zu großen Vorteilen führt. Der Beschluss des Standardisierungsausschusses lautet wörtlich:

> „Der Standardisierungsausschuss spricht sich grundsätzlich für die Einführung des neuen Erschließungsstandards Resource Description and Access (RDA) im deutschsprachigen Raum aus.
>
> Da in den USA unter Führung der Library of Congress entschieden wurde, die Einführung der RDA mit Beginn des Jahres 2013 in die Praxis umzusetzen, und die Deutsche Nationalbibliothek beabsichtigt, ihrerseits Mitte 2013 ebenfalls auf RDA umzusteigen, spricht sich der Standardisierungsausschuss dafür aus, die erforderlichen Entscheidungsverfahren zur Einführung in den beteiligten Institutionen einzuleiten. Dies mit dem Ziel, in der nächsten Sitzung des Standardisierungsausschusses zu einer endgültigen Entscheidung zu kommen.
>
> Der Standardisierungsausschuss dankt allen Beteiligten für ihre Arbeiten zur Vorbereitung des Umstiegs auf die RDA im deutschsprachigen Raum und bittet die Arbeitsstelle für Standardisierung darum, in Zusammenarbeit mit den Expertengruppen und weiteren relevanten Gremien, die Umsetzung des Umstiegs zügig voranzubringen. Dazu gehören neben Überlegungen zu künftigen Datenmodellen u. a. die Erarbeitung von Anwendungsregeln, die Veröffentlichung der deutschen Übersetzung des Regelwerkstextes sowie die Durchführung von Schulungsmaßnahmen."

Daher ist nun auch Österreich gefordert, eine Entscheidung für oder gegen die Einführung der RDA herbeizuführen; damit befasst sind die jeweiligen Arbeitsgruppen in der Kommission für Formalerschließung der VÖB und im

OBV (gemeinsam mit der dortigen Zentralen Redaktion). Da die nächste Sitzung des Standardisierungsausschusses am 31. Mai 2012 stattfindet, wird sich die nächste Vollversammlung des OBV am 10. Mai 2012 mit dem Punkt beschäftigen.

Unerledigtes und nur teilweise Fertiges

Nachdem auch in dieser Berichtsperiode nicht genug Mittel zur Verfügung standen, um alle begonnenen Vorhaben und sinnvollen Ideen umzusetzen, blieb wieder einiges unerledigt. Offen geblieben sind:

- Einbringen der verbliebenen rein österreichischen Daten in die ZDB. Vor dem Laden der nur im österreichischen Pool vorhandenen Periodikadaten in die ZDB ist ein Dublettenabgleich gegen den vorhandenen ZDB-Spiegel erforderlich. Dieser erfordert ausgefeiltere Programme als derzeit vorhanden; darüber hinaus muss die Datenlieferung selbst in einem derzeit (noch) nicht verfügbaren Format erfolgen.
- Erzeugen „analytischer Holdings". Damit ist die Auflösung verbaler Bestandsangaben in maschinell eindeutig verarbeitbare Zeiträume gemeint.
- Vertiefte Datenanalyse, -korrektur und -ergänzung. Im Zuge der Primo-Implementierung konnten einige Fortschritte erzielt werden, insgesamt erinnert dieser Punkt aber an eine endlose Geschichte.
- Einarbeitung verbliebener Hochschulschriftendaten aus der im vormaligen Forschungszentrum Seibersdorf geführten Dissertationsdatenbank.
- Verbundstrukturverwaltung zur Erstellung von Auswertungen und Statistiken, Aufspüren fehlerhafter und inaktueller Eintragungen in Parameterdateien und Vermeidung von Fehlfunktionen bei Arbeitsabläufen, die verschiedene Strukturinformationen miteinander verknüpfen.

Schwergewichtige Themen der absehbaren Zukunft

Die Bibliotheken des OBV stehen auch in nächster Zeit vor weiteren Herausforderungen, von denen Linked open data und Semantic Web noch am ehesten theoretischen Charakter tragen.

Auf Grund der gewandelten Anforderungen und der fortschreitenden Entwicklung müssen die Überlegungen zur Ablöse des Aleph-Systems vorangetrieben werden. Diese umfassen unter anderem eine Analyse der abzusehenden Konsequenzen der neuen Systemarchitekturen und den Beginn einer Intensivdiskussionsphase über die künftigen Anforderungen an den Verbund und ein Aleph-Nachfolgesystem. Eine eigene Arbeitsgruppe „Aleph-Ablöse" wurde eingerichtet und hat mit einer ersten Marktsondierung begonnen. Dazu haben bereits Präsentationen des neuen Produkts Alma der Firma Ex Libris und Koha als Open-Source-Lösung stattgefunden, Produktvorstellungen von OCLC und Serials Solutions werden noch anzusetzen sein.

Analog erfordern die Problemfelder Repositorium und Langzeitarchivierung immer mehr Beachtung. Nötig erscheint eine weitere Untersuchung des

Komplexes Langzeitarchivierung auf seine (teilweise schon bekannten) Aspekte Aufwand, Sicherheit und Verteilung der Lasten, die Analyse der Kooperationsmöglichkeiten (Inland und Ausland) und die Erarbeitung von grundsätzlichen Lösungskonzepten. Flankiert werden müssen die erarbeiteten Ergebnisse durch Bekanntmachung und Werbung für die Umsetzung dieser Konzepte; dies unter der Erschwernis, dass die derzeitige Wahrnehmung in Politik und Öffentlichkeit umgekehrt proportional zur Brisanz der Problematik erscheint und man sicher mit erheblichen Kosten rechnen muss.

Gruß aus Schilda: §§ 85+86 UG-Novelle 2009

Abschließend ist noch von einem besonderen Kabinettstück zu berichten. Mit der Novelle zum Universitätsgesetz wurden auch die §§ 85 und 86 geändert, und einige sehr erwünschte Vorhaben erhielten eine gesetzliche Grundlage, nämlich die

- Einrichtung einer „Zentralen Datenbank für wissenschaftliche und künstlerische Arbeiten der Studierenden"
- Einrichtung einer „Zentralen Datenbank für wissenschaftliche Veröffentlichungen von Angehörigen der Universitäten (digitales Repositorium)"
- Aufnahme der von den Universitätsbibliotheken übergebenen, positiv beurteilten Abschlussarbeiten (soweit als elektronisch erfasster Volltext verfügbar) in einem „nationalen Repositorium"

Eine zentrale Finanzierung des nicht sehr hohen Betrags für diese Aktivitäten schien damit gesichert, ein Konzept wurde gemeinsam ausgearbeitet und an das BMWF übermittelt. Leider verschob jedoch die voll ausbrechende Krise alle Prioritäten, und nach den nur so dahineilenden Milliarden zur Bankenrettung und den dazugelegten Millionen für Verschrottungsprämien folgten unvermeidlich die Sparmaßnahmen, und damit standen die Finanzierungsmöglichkeiten des BMWF für die hoffnungsvoll geplanten Bildungsausgaben bei exakt 0 € – man möchte wirklich fast bedauern, dass das Bibliothekswesen keine spekulierende Bank und schon gar nicht systemrelevant ist, aber zumindest die Voraussetzungen für Abwrackprämien hätten wir mit ein wenig Bemühen sicher erfüllen können. Nachdem es sich aber nur um einen Teil eines in Sonntagsreden gern beschworenen Zukunftsbereichs handelt, wurden die erwähnten Paragraphen in einem Nebenabsatz der Budgetbegleitgesetze 2011 schließlich ersatzlos aufgehoben.

Ein unerfreulicher Nebeneffekt dieser Entwicklung betrifft den in das Konzept mit eingebauten URN-Resolver, dessen Realisierung damit ebenfalls in Frage gestellt ist. URN ist die Kurzbezeichnung von „Uniform Resource Name" und bezeichnet einen Standard zur Adressierung von Objekten, der bei institutioneller Verpflichtung zur persistenten, standortunabhängigen Identifizierung der Ressourcen angewandt wird und einen vom konkreten Speicherort unabhängigen Zugang zum Dokument erlaubt. Zu diesem Zweck wird ein eigener Resolver-Dienst verwendet. Derzeit erfolgt die Vergabe von

URNs an den einzelnen Einrichtungen nicht einheitlich, sodass es zu Mehrdeutigkeiten, syntaktischen Unstimmigkeiten und in Folge Beeinträchtigungen der Auffindbarkeit von Hochschulschriften und anderen Objekten kommt. Die angedachten Maßnahmen zur Bereinigung dieser Situation umfassen die Erarbeitung entsprechender Vorgaben, möglicherweise in Form einer ÖNORM-Richtlinie, unter Prüfung einer Namensraumdelegation an teilnehmende Einrichtungen sowie schließlich die Einrichtung eines entsprechenden URN-(Master)Resolvers für Österreich, wobei eine Kontaktaufnahme mit der Deutschen Nationalbibliothek und Nachnutzung bzw. Übernahme bestehender Infrastruktur sowohl schon gemachte Fehler vermeiden als auch den erforderlichen Aufwand minimieren soll.

Unter den gegebenen Umständen ist Selbsthilfe der einzig gangbare Weg. Nach der Klärung der Erfordernisse und der Identifikation der Betroffenen müssen sich Teilnehmer finden, die den finanziellen Aufwand dauerhaft zu tragen gewillt sind. Mit der Umsetzung wurde am 30. November 2011 auf einer außerordentlichen Vollversammlung des Österreichischen Bibliothekenverbundes begonnen; die bisherige Entwicklung stimmt optimistisch.

Bruno Bauer, Robert Schiller

Forum Universitätsbibliotheken Österreichs (ubifo)

Struktur, Aufgaben und Projekte der Kooperation bundesstaatlicher Universitäten in Österreich

Das Forum Universitätsbibliotheken Österreichs (ubifo) ist ein Kooperationsgremium der Universitätsbibliotheken der 21 bundesstaatlichen Universitäten sowie der Österreichischen Nationalbibliothek. Im Beitrag werden die mit dem Inkrafttreten des Universitätsgesetzes 2002 für die Universitätsbibliotheken wirksam gewordenen Änderungen skizziert. Es folgt eine Zusammenstellung der nationalen und internationalen Kooperationen, an denen die österreichischen Universitätsbibliotheken beteiligt sind. Ein weiterer Schwerpunkt des Beitrages liegt auf der Darstellung der aktuellen Projekte sowie möglicher zukünftiger Handlungsfelder des Forums.

Gründung des ubifo

Die österreichische Hochschullandschaft, bestehend aus 70 Universitäten und Hochschulen, ist geprägt von einer Vielzahl unterschiedlicher gesetzlicher Rahmenbedingungen sowie von der Zuständigkeit zweier Bundesministerien. In den Bereich des Bundesministeriums für Wissenschaft und Forschung (BMWF) fallen die 21 bundesstaatlichen Universitäten[1], die Universität für Weiterbildung Krems[2], das Institut of Science and Technology Austria[3], 13 Privatuniversitäten[4] sowie 19 Fachhochschulen[5]; für die 15 pädagogischen Hochschulen[6] ist das Bundesministerium für Unterricht, Kunst und Kultur (BMUKK) zuständig.

Aufgrund der unterschiedlichen rechtlichen Rahmenbedingungen erweist sich auch die Situation an den jeweiligen Universitäts- und Hochschulbibliotheken als sehr heterogen. Im 2011 gegründeten Forum der Universitätsbibliotheken Österreichs (ubifo) sind die 20 Universitätsbibliotheken der bundesstaatlichen, auf Basis des Universitätsgesetzes 2002 eingerichteten Universitäten sowie als kooptiertes Mitglied die Österreichische Nationalbibliothek auf Leitungsebene vertreten. Die Mitgliedschaft im ubifo begründet sich demnach in Analogie zur österreichischen Universitätenkonferenz (uniko), in der die Trägerinstitutionen der einzelnen Universitätsbibliotheken kooperieren.

1 Bundesgesetz über die Organisation der Universitäten und ihre Studien (Universitätsgesetz 2002, Novelle 2009).

2 Bundesgesetz über die Universität für Weiterbildung Krems (DUK-Gesetz 2004).

3 Bundesgesetz über das Institute of Science and Technology Austria (2006).

4 Bundesgesetz über die Akkreditierung von Bildungseinrichtungen als Privatuniversitäten (Universitäts-Akkreditierungsgesetz 1999, Novelle 2008).

5 Bundesgesetz über die Fachhochschul-Studiengänge (FHStG 1993, Novelle 2007).

6 Bundesgesetz über die Organisation der Pädagogischen Hochschulen und ihre Studien (Hochschulgesetz 2005).

Mitglieder des ubifo:

- Universitätsbibliothek Wien
- Universitätsbibliothek der Medizinischen Universität Wien
- Universitätsbibliothek der Technischen Universität Wien
- Universitätsbibliothek der Universität für Bodenkultur
- Universitätsbibliothek der Veterinärmedizinischen Universität Wien
- Universitätsbibliothek der Wirtschaftsuniversität Wien
- Universitätsbibliothek der Akademie der Bildenden Künste Wien
- Universitätsbibliothek der Universität für Angewandte Kunst Wien
- Universitätsbibliothek der Universität für Musik und Darstellende Kunst Wien
- Universitätsbibliothek der Universität Graz
- Universitätsbibliothek der Medizinischen Universität Graz
- Universitätsbibliothek der Technischen Universität Graz
- Universitätsbibliothek der Universität für Musik und Darstellende Kunst Graz
- Universitätsbibliothek der Universität Klagenfurt
- Universitätsbibliothek der Universität Leoben
- Universitätsbibliothek der Universität Linz
- Universitätsbibliothek der Universität für Künstlerische und Industrielle Gestaltung Linz
- Universitätsbibliothek der Universität Salzburg
- Universitätsbibliothek der Universität Mozarteum Salzburg
- Universitäts- und Landesbibliothek Tirol (zuständig für die Literaturversorgung der Universität Innsbruck und der Medizinischen Universität Innsbruck)
- Österreichische Nationalbibliothek

Die Vorgängerinstitutionen des 2011 gegründeten ubifo reichen zurück bis in die 50er Jahre des 20. Jahrhunderts. 1956 erfolgte die Errichtung eines Beirates für das Bildungswesen an der Österreichischen Nationalbibliothek, in dem die großen Universitätsbibliotheken vertreten waren. Weitere Entwicklungsphasen werden charakterisiert durch den Arbeitskreis für Bibliotheksreform (errichtet 1971), die 1. Konferenz der Bibliotheksdirektoren der Universitäten (errichtet 1979) sowie die ARGE Bibliotheksdirektoren (errichtet 1992).

Ziel des ubifo ist die Förderung und Repräsentation gemeinsamer Interessen, die Kooperation bei Initiativen und Projekten, die Erarbeitung von Strategien zur innovativen Entwicklung des Bibliothekswesens, die Wahrnehmung der Rolle als Schnittstelle zur Universitätenkonferenz und zu den Fachabteilungen im zuständigen Bundesministerium, die Einrichtung fachspezifischer Arbeitsgruppen und die Kooperation mit dem zuständigen Bundesministerium, der Österreichischen Nationalbibliothek und anderen nationalen und internationalen Bildungs- und Forschungseinrichtungen.

Das ubifo wird von einem Vorsitzenden und einem stellvertretenden Vorsitzenden geleitet, die jeweils für zwei Jahre gewählt werden. Zwei- bis dreimal jährlich finden zweitägige Arbeitssitzungen statt, fallweise werden zu wichtigen aktuellen Themen bzw. strategischen Fragen Arbeits- und Unterarbeitsgruppen eingerichtet; jährlich wird auch ein Fortbildungsseminar für die Mitglieder des ubifo organisiert.

Zur Unterstützung des ubifo wurde eine Koordinationsstelle eingerichtet; diese Funktion, für deren Finanzierung alle Mitglieder des ubifo gemeinsam aufkommen, wird von einem Mitarbeiter der Universität Wien im Ausmaß von 10 Wochenstunden wahrgenommen.

Vom Koordinator wurden als erste wichtige Akzente zwei Maßnahmen umgesetzt.

- Zur Information der interessierten Fachöffentlichkeit wurde eine Website (http://www.ubifo.at) eingerichtet.
- Um die interne Arbeit und Kommunikation zu verbessern, wurden Sitzungsprotokolle und Unterlagen des ubifo und auch der Vorgängerinstitution ARGE Bibliotheksdirektoren in Phaidra, dem digitalen Langzeitarchivierungssystem der Universität Wien, eingestellt; die Dokumente wurden beschlagwortet und sind – passwortgeschützt – für alle Mitglieder des ubifo nutzbar.

Universitätsbibliotheken im Universitätsgesetz 2002

Das seit 1.1.2004 voll wirksame Bundesgesetz über die Organisation der Universitäten und ihre Studien (Universitätsgesetz 2002), in dem die Universitäten als autonome, sich teilweise selbst organisierende, eigenverantwortliche, voll rechts- und geschäftsfähige Institutionen betrachtet werden, enthält neben studien- und personalrechtlichen Regelungen eine Fülle an organisationsrechtlichen Bestimmungen, sagt aber so gut wie nichts über die Einrichtung von Universitätsbibliotheken aus. An lediglich drei Stellen scheint der Begriff der Bibliothek im Gesetzestext überhaupt auf:

- § 86 Veröffentlichung von Diplom-, Masterarbeiten und Dissertationen durch Übergabe an die Bibliothek jener Universität, an welcher der akademische Grad verliehen wird;
- § 94 (3) Z 3 Bibliothekspersonal;
- § 101 (3) Einheitliche Ausbildung des Bibliothekspersonals.

De facto sind an 21 Universitäten 20 Bibliotheken eingerichtet. Die Medizinische Universität Innsbruck verfügt über keine eigenständige Bibliothek, sondern wird von der Universitäts- und Landesbibliothek Tirol betreut.

Weil die Bibliotheken – ebenso wie z.B. Fakultäten, Departments oder Institute – im Universitätsgesetz 2002 organisationsrechtlich nicht verankert sind, liegt es im Ermessen der Universitäten, ob und wie sie Bibliotheken organisieren und ferner, ob die im Universitätsgesetz vorgesehenen Managementinstrumente der Universitäten wie Organisationsplan, Entwicklungsplan, Leistungsvereinbarung und Zielvereinbarung Regelungen und Bestimmungen für die Universitätsbibliotheken enthalten. Weil der Organisationsplan im Universitätsgesetz nicht mehr Gegenstand der *Satzung* ist und die Satzungen Bibliotheken nur mehr im Zusammenhang mit Bibliotheks- und Benutzungsordnungen oder der Veröffentlichungspflicht von Abschlussarbeiten erwähnen, wird in der Folge die Satzung nicht weiter berücksichtigt.

Eine Umfrage, die im September 2011 an den Universitätsbibliotheken durchgeführt wurde, zeigt, dass nur wenige Universitätsbibliotheken in allen oben angeführten Managementinstrumenten auch tatsächlich vollständig vertreten sind (Rücklaufquote 85%; 17 von 20 Universitätsbibliotheken). Beinahe alle Universitätsbibliotheken sind in den Organisationsplänen der Universitäten als Organisationseinheiten oder als Abteilungen übergeordneter Organisationseinheiten berücksichtigt. Das organisatorische Freiheit bietende Universitätsgesetz hat etwa die Hälfte der Universitäten bewogen, die Universitätsarchive mit allen damit verbundenen Problemen den Universitätsbibliotheken zu- bzw. unterzuordnen. Nur teilweise sind die Universitätsbibliotheken in den für die Entwicklung und Finanzierung der Universitäten so bedeutsamen Managementinstrumenten Entwicklungsplan und Leistungsvereinbarung auch mit substantiellen Detailbestimmungen verankert, wobei zu berücksichtigen ist, dass Entwicklungsplan und Leistungsvereinbarung periodisch – im Vier- bzw. Dreijahresabstand – neu zu erstellen sind.

Sozusagen entgegen den Bestimmungen des Universitätsgesetzes, das unter die Hauptaufgaben des Rektors den *„Abschluss von Zielvereinbarungen mit den Leiterinnen und Leitern der Organisationseinheiten“* (§ 22 (1) Z6 Universitätsgesetz 2002) zählt, sind lediglich in 5 von 17 Universitätsbibliotheken Zielvereinbarungen, die eigentlich die Grundlagen für die gemeinsame Weiterentwicklung und kooperative Planung der Bibliotheken darstellen, zwischen den Rektoraten und den Leiterinnen und Leitern der Universitätsbibliotheken abgeschlossen worden.

Die nachfolgende Tabelle stellt das Ergebnis der Umfrage übersichtlich dar.

	Organisations-plan	Leistungs-vereinbarung	Entwicklungs-plan	Zielverein-barung
Universitätsbibliothek enthalten	94%	65%	59%	29%

Es ist daher nicht verwunderlich, dass vier von den fünf Universitätsbibliotheken, für die Zielvereinbarungen abgeschlossen wurden und die regelmäßig Berichte zu der Erreichung der Ziele abzuliefern haben, auch in den aktuellen Leistungsvereinbarungen und Entwicklungsplänen angeführt sind.

Das Modell des universitätsinternen strategischen Informationsflusses sieht vor, dass die durch Rektor oder Rektorin und die Vizerektorinnen und Vizerektoren geprägten Visionen und Missionen sowie das Profil der Universität, unter anderem verankert in Entwicklungsplan und Leistungsvereinbarung, über die Zielvereinbarungen, die zwischen dem Rektorat und den Leiterinnen und Leitern der Organisationseinheiten abzuschließen sind, über eben jene bis zu den Mitarbeiterinnen und Mitarbeitern transportiert werden.

Nationale und internationale Kooperationen

Die im ubifo vertretenen 21 Bibliotheken sind traditionell wichtige Akteure bei der Weiterentwicklung des Bibliothekswesens in Österreich[7] und bilden den Nukleus des Österreichischen Bibliothekenverbundes. Bei dem von der Österreichischen Bibliothekenverbund und Service GmbH (OBVSG) entwickelten Verbundmodell für die Implementierung der Suchmaschinentechnologie Primo beteiligen sich bisher – inklusive der Österreichischen Nationalbibliothek – ausschließlich neun im ubifo vertretene Bibliotheken.

Das Potential der Universitätsbibliotheken der auf Basis des UG 2002 eingerichteten Universitäten wird unter anderem in den Ausgaben für den Literaturerwerb evident. 2004 standen für diese 20 Universitätsbibliotheken Bibliotheken insgesamt 25,542.000 Euro für den Literaturerwerb zur Verfügung; bis 2008 wurde dieser Betrag auf 35,399.000 Euro erhöht, sodass die Ausgaben für den Literaturerwerb zwischen 2004 und 2008 um 40 Prozent gesteigert wurden.[8]

Die bedeutende Rolle der Universitätsbibliotheken als Impulsgeber für das österreichische Bibliothekswesen wird insbesondere in der Entwicklung der Kooperation E-Medien Österreich (KEMÖ) deutlich, deren Einrichtung an der Universitätsbibliothek Graz im Jahr 2005 auf eine Initiative der Universitätsbibliotheken zurückgegangen ist. Auch nach der Transferierung der Geschäftsstelle an die OBVSG im Jahr 2008 blieben die Universitätsbibliotheken maßgebliche Kraft für die Weiterentwicklung dieser bedeutendsten Kooperation für den Literaturerwerb elektronischer Medien für wissenschaftliche Bibliotheken und Informationsstellen in Österreich.[9]

7 Bruno Bauer: Universitätsbibliotheken in Österreich 2004-2006. In: Bibliotheksdienst 41 (2007), H. 3, S. 269-286.
Bruno Bauer: Nationale und internationale Kooperationen der österreichischen Universitätsbibliotheken 2007. In: Mitteilungen der VÖB 61 (2008), H. 2, S. 21-31.
Bruno Bauer: Nationale und internationale Kooperationen der österreichischen Universitätsbibliotheken 2008. In: Mitteilungen der VÖB 62 (2009), H. 2, S. 51-66.
Bruno Bauer: Nationale und internationale Kooperationen der österreichischen Universitätsbibliotheken 2009. In: Mitteilungen der VÖB 63 (2010), H. 3/4, S. 71-84.

8 Ausgaben für den Literaturerwerb: Universitätsbibliotheken insgesamt. In: Statistisches Taschenbuch. BMWF, Wien 2009.

9 Kerstin Stieg, Karlo Pavlovic: Kooperative Lizenzierung von Online-Ressourcen in Österreich. In: Mitteilungen der VÖB 63 (2010), H. 3/4, S. 90-94.

Wichtige Impulse liefern die Universitätsbibliotheken durch Engagement vieler Mitarbeiterinnen und Mitarbeiter in den einschlägigen Arbeitsgruppen des Bibliothekenverbundes (z.B.: AG Strategische Planung[10]) und in der Kooperation E-Medien Österreich (KEMÖ-Beirat).

Auch auf internationaler Ebene erweisen sich die österreichischen Universitätsbibliotheken traditionell als starke und verlässliche Partner in diversen Kooperationsprojekten. So werden etwa die Elektronische Zeitschriftenbibliothek (EZB) oder das Datenbankinformationssystem (DBIS) an fast allen Universitätsbibliotheken des Landes eingesetzt. Am Bibliotheksindex (BIX), einem freiwilligen Vergleichsinstrument für wissenschaftliche und öffentliche Bibliotheken, beteiligen sich 11 österreichische Universitätsbibliotheken[11]. An der Österreichischen Bibliotheksstatistik (ÖBS), mit der dank einer Kooperation der OBVSG mit dem hbz ein langjähriges Desiderat verwirklicht werden konnte, beteiligen sich derzeit 16 Universitätsbibliotheken; voraussichtlich ab 2012 werden sämtliche Universitätsbibliotheken der nach UG 2002 errichteten Universitäten an der ÖBS mitarbeiten.

Beim Literaturlieferdienst subito – Dokumente aus Bibliotheken – fungieren die Universitätsbibliothek Wien und die Universitätsbibliothek der Medizinischen Universität Wien seit 2001 aktiv als Lieferbibliotheken.

Am Digitalisierungsservice E-Books On Demand (EOD), mit dem das Ziel verfolgt wird, urheberrechtsfreie Bücher von 1500 bis 1900 als elektronische Bücher zugänglich zu machen, beteiligen sich fünf österreichische Universitätsbibliotheken; die Projektkoordination für dieses von 30 Bibliotheken aus 12 europäischen Ländern betriebene Bibliotheksnetzwerk liegt bei der Universitäts- und Landesbibliothek Tirol.

Bei OpenAIRE, einem von der Europäischen Kommission geförderten EU-Projekt zur Förderung von Open Access Publishing, ist die Universitätsbibliothek Wien eine von 39 Projektpartnerbibliotheken.

Projekte des ubifo

Wesentliche Ergebnisse der Tätigkeiten des ubifo sind die von ihm vorgelegten Studien zu wichtigen Themen. In der Vergangenheit wurden etwa Stu-

[10] Robert Schiller: Bericht der für den Österreichischen Bibliothekenverbund eingerichteten Arbeitsgruppe Strategische Planung an die Vollversammlung am 21. Mai 2010. In: Mitteilungen der VÖB 63 (2010), H.3/4, S. 125-128.

[11] Bruno Bauer: Bibliotheksindex – BIX an österreichischen Universitätsbibliotheken. In: Ute Bergner, Erhard Göbel (Hrsg.): The Ne(x)t Generation – Das Angebot der Bibliotheken. 30. Österreichischer Bibliothekartag Graz 2009 (Schriften der Vereinigung Österreichischer Bibliothekarinnen und Bibliothekare, 7). Graz – Feldkirch, 2010, S. 63-72.

dien zur Langzeitarchivierung[12] und zu Pay-per-use[13] erstellt; letztere wurde anlässlich der Konferenz WissKom 2010 in Jülich einer interessierten Öffentlichkeit präsentiert.[14]

In jüngster Zeit war ein wichtiges ubifo-Projekt die Entwicklung eines nationalen Archivierungskonzeptes. Diesem liegt die Idee zugrunde, dass – auf Basis einer vertraglichen Selbstverpflichtung aller an einer Kooperation interessierten Universitäten – landesweit nur mehr ein Exemplar einer Zeitschrift in gedruckter Form aufbewahrt wird, wenn der betreffende Titel online verfügbar ist. Durch das Ausscheiden von Mehrfachexemplaren wird ein großes Einsparungspotential bei der für die Universitäten immer wichtiger werdenden Ressource Raum möglich. Das Projekt wurde in den zwei Arbeitsgruppen – Vertragsgestaltung bzw. Workflow – betrieben. Das Konzept der verteilten Archivierung wurde bereits bei der IFLA-Konferenz in Puerto Rico 2011 präsentiert und hat dort große Beachtung gefunden.[15]

Eventuell wird dieses Konzept im Rahmen eines von den Wiener Universitäten seit Herbst 2011 betriebenen Projektes für die Errichtung einer gemeinsamen Depotbibliothek Berücksichtigung finden, in die historische Bestände aus den Universitätsbibliotheken der beteiligten Universitäten eingebracht werden sollen.

12 Bruno Bauer, Elisabeth Böllmann, Georg Fessler, Hans Hrusa, Bettina Kann, Adelheid Mayer, Georg Stern-Erlebach, Johanna Totschnig: Bericht über die Langzeitarchivierung digitaler Objekte an österreichischen Universitätsbibliotheken; erstellt im Auftrag der Arbeitsgemeinschaft der BibliotheksdirektorInnen der österreichischen Universitätsbibliotheken und der Österreichischen Nationalbibliothek. Wien, 2007. Online verfügbar: https://fedora.phaidra.univie.ac.at/fedora/get/o:63607/bdef:Content/get

13 Bruno Bauer, Georg Fessler, Helmut Hartmann, Brigitte Kromp, Karlo Pavlovic, Eveline Pipp, Kerstin Stieg: Stellungnahme der ARGE BibliotheksdirektorInnen zur Anfrage des Forums Budget der Österreichischen Universitätenkonferenz zum Thema „Pay-per-use Abkommen mit Verlagen“ (Inklusive Stellungnahme zur Rückfrage). Wien, 2009. Online verfügbar: https://fedora.phaidra.univie.ac.at/fedora/get/o:103329/bdef:Container/get/Stellungnahme_Pay_Per_View_I.pdf bzw. https://fedora.phaidra.univie.ac.at/fedora/get/o:103329/bdef:Container/get/Stellungnahme_Pay_Per_View_II_nach_Rueckfrage_der_UNIKO_.pdf

14 Helmut Hartmann, Kerstin Stieg: The End of the World as We Know It – Pay-per-View als Ersatz für Lizenzverträge und Zeitschriftenabonnements in Österreich. In: Bernhard Mittermaier (Hrsg.): eLibrary – den Wandel gestalten. 5. Konferenz der Zentralbibliothek, 08.-11. November 2010, Jülich. WissKom 2010 (Schriften des Forschungszentrums Jülich, / Reihe Bibliothek/Library, 20), S. 195-206. Online verfügbar: http://juwel.fz-juelich.de:8080/dspace/bitstream/2128/4298/1/Stieg_Hartmann_Bib_20.pdf

15 Brigitte Kromp, Wolfgang Mayer: Gemeinsame Archivierung: neues Geld statt altem Raum. In: World Library and Information Congress: 77th IFLA General Conference and Assembly. Puerto Rico, 13-18 Aug. 2011. Online verfügbar: http://conference.ifla.org/past/ifla77/113-kromp-de.pdf

In jüngster Zeit wurden von einer Fokusgruppe des ubifo auch Vorarbeiten für eine nationale Studie über zukünftige Anforderungen an den österreichischen Universitätsbibliotheken geleistet. Derzeit wird die Möglichkeit geprüft, die „nationale Studie" auf die Ebene des Österreichischen Bibliothekenverbundes zu transferieren. Anregung dazu bot die Schwerpunktinitiative „Digitale Information"[16] in Deutschland, in der wichtige Themenfelder des wissenschaftlichen Bibliotheks- und Informationswesens und deren zukünftige Entwicklung für Deutschland dargestellt werden.

Aktuell wird vom ubifo die Publikation eines Sammelbandes vorbereitet, der Beiträge über die wichtigsten von den Universitätsbibliotheken zu leistenden Aufgaben beinhalten soll. In der geplanten Publikation sollen auch wichtige nationale und internationale Kooperationen der Universitätsbibliotheken aus der Sicht der jeweiligen Partnerorganisationen vorgestellt werden; weiters sind Kurzporträts der einzelnen im ubifo vertretenen Universitätsbibliotheken vorgesehen.

Zukünftige Handlungsfelder des ubifo

Als wichtige zukünftige Handlungsfelder des ubifo in unmittelbarer Zukunft sind die Ablöse des bestehenden Bibliothekssystems im Österreichischen Bibliothekenverbund[17], die Weiterentwicklung der Konsortien im Hinblick auf die aufgrund der Auswirkungen der aktuellen Wirtschaftskrise für die nächsten Jahre zu erwartenden stagnierenden oder reduzierten Bibliotheksetats und die Umstellung auf E-Only bei wissenschaftlichen Fachzeitschriften zu nennen[18].

Vergleicht man die Situation der Literatur- und Informationsversorgung in Österreich etwa mit Deutschland über einen längeren Zeitraum, so ist als gravierender Unterschied festzuhalten, dass eine gänzlich unterschiedliche Fördersituation zwischen den beiden Ländern besteht. Während die Deutsche Forschungsgemeinschaft (DFG) Forschungsinfrastruktur (etwa National- bzw. Allianzlizenzen oder Open-Access-Publikationsfonds) fördert, gibt es in Österreich keine entsprechenden Förderprogramme durch den FWF oder eine andere vergleichbare Institution.

[16] Schwerpunktinitiative „Digitale Information". Berlin 2009. Online verfügbar: http://www.allianzinitiative.de/fileadmin/user_upload/keyvisuals/atmos/pm_allianz_digitale_information_details_080612.pdf

[17] Bruno Bauer, Christine Hinterhofer, Rudolf Lindpointner, Inge Neuböck, Josef Steiner: Zukunftsperspektiven für den österreichischen Bibliothekenverbund – Anforderungen an ein zukünftiges Bibliothekssystem aus der Perspektive der Österreichischen Nationalbibliothek, der Universitätsbibliotheken, der Landesbibliotheken, der Bibliotheken der pädagogischen Hochschulen und der Verwaltungs- und Amtsbibliotheken. In: Mitteilungen der VÖB 64 (2011), H. 1, S. 128-142.

[18] Bruno Bauer: Austrian university libraries on their way toward e-only for scholarly journals. In: Library Connect newsletter, March 2011, S. 3.

In der bereits angeführten Schwerpunktinitiative „Digitale Information" der Allianz der deutschen Wissenschaftsorganisationen wurden sechs zukunftsweisende Aktionsfelder identifiziert, die es im Hinblick auf eine Verbesserung der bestehenden Informationsinfrastrukturen zu entwickeln gilt (nationale Lizenzierung, nationale Hosting-Strategie, Forschungsprimärdaten, Open Access, rechtliche Rahmenbedingungen, virtuelle Forschungsumgebung).[19]

Auch wenn die 2008 von der European University Association (EUA) beschlossenen „Recommendations from the EUA Working Group an Open Access" den Anstoß für die 2010 veröffentlichten „Empfehlungen der Österreichischen Universitätenkonferenz (uniko) zu einer Open-Access-Politik der Universitäten"[20] gegeben haben, wurden an den österreichischen Universitäten, abgesehen von der Universität Wien, bisher kaum konkrete Schritte zu Open Access gesetzt.[21] Einen vielversprechenden Ansatz zur Beförderung von Open Access brachte die im Universitätsrechtsänderungsgesetz 2009 vorgesehene „Zentrale Datenbank für wissenschaftliche und künstlerische Arbeiten". Vertreter des ubifo hatten bereits begonnen, mit der laut Gesetz mit der Umsetzung zu beauftragenden Österreichischen Bibliothekenverbund und Service GmbH konkrete Umsetzungsschritte für dieses zukunftsweisende Projekt zu planen, als diese Bestimmung des Universitätsrechtsänderungsgesetzes – als eine unmittelbare Folge der Wirtschaftskrise – durch das Budgetbegleitgesetz 2010 wieder eliminiert worden ist.[22]

Weil also eine nationale Perspektive für Open Access derzeit nicht realisierbar ist, wurde im Spätherbst 2011 vom ubifo die Arbeitsgruppe „Open Access an den österreichischen Universitäten" eingesetzt; diese soll erheben, welche Rahmenbedingungen für den goldenen Weg bzw. den grünen Weg zu Open Access Publishing an den Universitäten bestehen und – angeregt durch die Ergebnisse einer internationalen aktuellen Open-Access- Studie[23] – inwieweit die Wissenschaftlerinnen und Wissenschaftler Open Access als Publikationsmodell in die Praxis umsetzen.

[19] Edith Stumpf-Fischer, Bruno Bauer: Die politische Rolle der Wissensspeicher und -vermittler Bibliotheken. Potenzial und Perspektiven für klassische Think Tanks. In: Thomas Köhler, Christian Mertens (Hrsg.): Jahrbuch für Politische Beratung: eine klassische Alternative 2010/11. Wien – Köln – Weimar: Böhlau, 2011, S. 165-180.

[20] Empfehlungen der Österreichischen Universitätenkonferenz (uniko) zu einer Open-Access-Politik der Universitäten. Beschluss vom 12. Jänner 2010.

[21] Bruno Bauer, Kerstin Stieg: Open Access Publishing in Österreich 2010. In: Bibliotheksdienst 44 (2010), H. 7, S. 700-710.

[22] Josef Pauser: Error! – „Zentrale Datenbank für wissenschaftliche und künstlerische Arbeiten" wurde Ende 2010 wieder beerdigt. In: Mitteilungen der VÖB 64 (2011), H. 1, S. 120-124.

[23] Bruno Bauer: Österreichische Wissenschaftlerinnen und Wissenschaftler und der Goldene Weg zu Open Access: Ergebnisse der „Study of Open Access Publishing" (SOAP). In: Mitteilungen der VÖB 64 (2011), H. 3,/4, S. 413-428.

Service Management, Innovationsmanagement, Change Management

Klaus Kempf

Allen das Gleiche oder jedem das Seine?

Zielgruppenorientierte Servicepolitik als strategische Herausforderung – Überlegungen und Ansätze der Bayerischen Staatsbibliothek

Bibliotheken jedweder Couleur laufen derzeit Gefahr, sich im „Mehrfrontenkampf" zwischen sich stetig individueller gestaltenden Nutzererwartungen und -wünschen sowie dynamisch wachsenden technologischen Herausforderungen und chronischem Ressourcenmangel aufzureiben. Dem bibliothekarischen „Urwunsch" folgend allen und allem gerecht zu werden führt zu einem Dienstleistungseinerlei und Profillosigkeit, die am Ende keinen mehr, weder Nutzer noch Bibliothekare, zufriedenstellt. Es ist notwendig, sich wieder auf das Produkteinmaleins zu besinnen, d.h. Zielgruppen zu definieren und aus dem Blickwinkel geratenen Kernaufgabenstellungen wieder den gebührenden Platz einzuräumen sowie ein Service- und Dienstleistungsportefeuille auf- und auszubauen, das unter Einbeziehung der Ressourcenkomponente auch längerfristig leistbar ist. Die BSB hat hier in den letzten Jahren sowohl im konventionellen als auch im digitalen Dienstleistungsbereich einiges an Zielgruppenarbeit geleistet und ein entsprechendes Produkt-/Serviceportefeuille aufgebaut, das mit kooperativen Komponenten versehen auch für andere Bibliotheken von Interesse sein könnte.

1. Trends und Rahmenbedingungen

Bibliotheken sind mehr denn je Getriebene der allgemeinen technologischen Entwicklung. Die Entwicklung der Informationstechnologie vollzieht sich dabei nach wie vor in Quantensprüngen. Aktuell im Mittelpunkt stehen auf breiter Front mobile Anwendungen für alle nur denkbaren Informationen. Daneben zeigen sich durch das Aufkommen der Cloud-Technologie Alternativen für die bisherige Führung der Lokalsysteme ab. Nicht nur die Technik im engeren Sinne ist ein Beschleunigungsfaktor, sondern auch die Revolution, die sich parallel dazu im Informations- und Kommunikationsverhalten vollzieht. Spätestens mit dem Aufkommen von *Web 2.0* steht der Dialog, ja die Interaktion zwischen Informationsanbieter und Informationssuchendem, und zwar auf Augenhöhe, im Vordergrund, wobei sich die Rollen auch umkehren können. Dazu kommt das Phänomen der „sozial eingebetteten Information", wie dies bei den sozialen Netzwerken *Facebook* und *Twitter* der Fall ist.

Mit den scheinbar grenzlosen Möglichkeiten von Information und Kommunikation im Internet ist eine extreme Individualisierung des Informationsverhaltens einhergegangen, weniger vielleicht der tatsächlichen Informationsbedürfnisse, wobei sich hier die Erhebung, worin der konkrete Informationsbedarf besteht, schwierig gestaltet. Nach Information suchen vollzieht sich heute weitgehend nach dem Motto: Recherchieren = Googeln, also hierarchiefrei und an keine Experten – wie z.B. Bibliotheken – mehr angelehnt. Der Nutzer hat sich (scheinbar) von der Bibliothek „emanzipiert".

Letzteres macht es für Bibliotheken immer schwieriger, wirklich bedarfsgerechte Serviceangebote zu formulieren und an den Mann/die Frau zu bringen. Im Unterschied zu den scheinbar grenzenlos wachsenden und scheinbar immer neuen Bedarf generierenden Technologien müssen sie in vielen Fällen nicht nur relativ, sondern absolut mit immer weniger Ressourcen auskommen. Dringender denn je bedarf es daher vor dem Mitteleinsatz in einem ersten Schritt einer überaus sorgfältigen Analyse von Nachfrage, Nachfragegruppen und Nachfragefaktoren sowie in einem zweiten, damit überlappenden Schritt eine einerseits möglichst nachfragekongruente und andererseits aber auch ressourcen- und kostenbewussten Entwicklung des bibliothekarischen Dienstleistungs- und Serviceangebots auf den Weg zu bringen.

2. Möglichkeiten und Grenzen bibliothekarischer Zielgruppenarbeit und Produktpolitik

Vor dem Hintergrund des immer weiter Auseinanderklaffens von informatorischen Wünschen (und Bedarf) einerseits und den realen Möglichkeiten der Bibliotheken, darauf eine adäquate Antwort, sprich: Serviceleistung, zu finden, erlebt die Bibliothekstypologie, d.h. die Lehre von den unterschiedlichen Bibliothekstypen mit ihren unterschiedlichen, mehr oder minder klar voneinander abtrennbaren Aufgabenstellungen, in gewisser Weise eine Renaissance. Je nach Herkommen und institutioneller Vorgabe, also Bibliothekstyp öffentliche Bibliothek, Hochschulbibliothek, Spezialbibliothek usw., ergeben sich mehr oder minder eindeutige Zielgruppenprioritäten. Das hört sich banal an, ist jedoch de facto eine Abkehr von der bisherigen Entwicklung, wo jede Bibliothek mehr oder minder meinte, alles tun und für jedermann anbieten zu müssen. Wir haben also wieder eine verstärkte Spezialisierung auf der Informationsanbieterseite, der Bibliotheksseite, zu vergegenwärtigen. Jede Bibliothek ist gut beraten sich angesichts des Grunddilemmas, der immer stärkeren Spreizung von explodierender Nachfrage und stetig geringer werdenden eigenen Möglichkeiten hierauf mit Diensten antworten zu können, wieder zu besinnen, welche Benutzer sind meine „Stammkunden", und damit einhergehend, was ist mein „Kerngeschäft". Problematisch ist diese Entwicklung natürlich vor allem für Bibliotheken, die sich selbst als universal verstehen und es gewohnt waren, unter ihrem Dach sehr heterogene Benutzergruppen mit einem entsprechend vielfältigen und ausdifferenziertem Serviceangebot zu bedienen.[1]

Zwei weitere Grundwahrheiten, die hier nochmals expressis verbis festgestellt werden müssen, lauten: So gut wie für alle Bibliotheken gilt, dass das vorhandene Dienstleistungsangebot, also sowohl die einzelnen überhaupt angebotenen Dienstleistungen als auch die Bedeutung, die ihnen im Verhältnis untereinander, im jeweiligen sog. Produktmix der Bibliothek zukommt, nicht das Ergebnis einer vormaligen gezielten Marktanalyse oder gar Marketingstrategie ist, sondern es sich ebenso im Laufe der Zeit entwickelt hat.

Und weiter: Unabhängig vom Bibliothekstyp kennen Bibliotheken regelmäßig folgende Archetypen von Serviceleistungen

- Standardisierte (Basis-)Dienste
- Gruppenspezifisch orientierte Dienstleistungen
- Individualisierte (Standard-)Dienstleistungen

Diese Grunddienste werden regelmäßig, das ist eine Erfahrungstatsache, von allen Zielgruppen bedarfsorientiert, d.h. in unterschiedlichem Umfang, neben anderen, spezifischeren Diensten in Anspruch genommen. Für bestimmte Benutzergruppen eigens entwickelte Dienste, wie z.B. spezielle Schulungsangebote, sind oftmals ein Saisongeschäft (Beginn des Semesters, des Schuljahres etc.), und schließlich werden individuelle Serviceleistungen i.d.R. – schon aus Ressourcengründen – nicht eigens für den Einzelfall entwickelt, sondern sind Varianten schon anderweitig vorhandener Dienste, wie z.B. Sonderregelungen bei der Ausleihe bestimmter Medien für bestimmte (privilegierte) Nutzer.

3. Die Besonderheiten des bibliothekarischen Dienstleistungs- und Produktportfolios

Die eingangs geschilderte dramatische Umbruchsituation, die die Bibliotheken in ihrem Umfeld sowohl auf der Angebots- bzw. Technikseite als auch auf der Nachfrageseite erleben, suggeriert die Notwendigkeit eines Totalausstiegs aus den bisherigen Servicekonzepten und eine komplette Hinwendung zu rein virtuellen Diensten. Dieser Eindruck verstellt jedoch den Blick auf die Realität. Eine weitere Besonderheit von Bibliotheken ist, dass sie zu den Dienstleistungsanbietern gehören, die ein im Vergleich zu anderen Serviceeinrichtungen sehr stabiles, über lange Zeiträume sich nur graduell veränderndes Produktportfolio aufweisen. Die Aussagen des Boston-Consulting-Group-Modells zum Produkt-Portfolio bzw. Produktlebenszyklus in Unternehmen und die zuletzt auch im Bibliothekswesen daraus abgeleiteten Schluss-

[1] Das Vorgehen einer Hochschulbibliothek wurde von Oliver Kohl-Frey in seinem Beitrag auf dem 97. Dt. Bibl.Tag 2008 in Mannheim vorgestellt. Vgl. ders.: Zielgruppenorientierte Angebote in Informationskompetenz: Das Beispiel der Universität Konstanz (online zu finden unter: http://www.opus-bayern.de/bib-info/Volltexte/2008/600/pdf)

folgerungen für eine forcierte Innovationspolitik[2] treffen auf Bibliotheken nur sehr bedingt und/oder mit anderen Zeithorizonten zu.[3] Konkret: Bibliotheken haben i.d.R. sehr lang laufende Produktlinien mit trotz aller technologischen Umbrüche und Weiterentwicklungen im Grunde nur graduellen Variationen.

Es zeigt sich weiterhin, dass die Bedeutung einer Zielgruppe für die Bibliothek regelmäßig nicht nur durch den Bibliothekstyp vorgegeben ist, sondern auch deren Zugriff auf bestimmte Dienste der Bibliothek i.d.R. im hohen Maße nicht oder nur sehr graduell durch eine bestimmte Produktqualität beeinflusst wird, sondern ganz maßgeblich durch *externe* Faktoren bestimmt wird. Als Beispiel für die durchschlagende Wirkung externer Faktoren kann im Hochschulbibliotheksbereich die Einführung der neuen Studienordnung mit Bachelor- und Masterabschlüssen dienen. Damit hat sich die Nachfrage der Studenten nach bestimmten Diensten der Bibliothek erheblich verstärkt oder aber auch abgeschwächt: Ein weitgehend fest definierter Literaturkanon mit einer veränderten Lehrsituation, konkret: starken Verschulungstendenzen, fördert die Nutzung der Lesesäle und der Lehrbuchsammlungen, während die Nachfrage nach spezifischer Literatur parallel dazu nachlässt. Ein anderes Beispiel unterstreicht ebenfalls die Bedeutung, die Veränderungen im unmittelbaren Umfeld der Bibliothek für die Inanspruchnahme von Dienstleistungsangeboten haben: Die Digitalisierung historischer Werke auf breiter Front, wie dies z.B. im Rahmen des GoogleBookSearch-Projekts geschieht, führt zumindest mittelfristig zu einer deutlich verringerten Ausleihe der jeweiligen gedruckten Ausgaben, da die digitalen Kopien, mittlerweile i.d.R. sogar als Volltextversion jederzeit über das Internet recherchierbar und – da nicht mehr urheberrechtsgebunden – frei zugänglich und für jedermann leicht nutzbar angeboten werden.[4]

2 Näheres zum Boston-Consulting-Group-Modell vgl. unter wikipedia/wiki/BCGmatrix.org

3 Der Kollege Rudolf Mumenthaler, Innovationsmanager an der Bibliothek der ETH Zürich, hat sich in den letzten Jahren nachdrücklich und verdienstvoll des Themas Innovation in Bibliotheken angenommen und dabei auch das vorstehend erwähnte Produktlebenszyklusmodell der BCG bzw. dessen Anwendung im Bibliothekswesen propagiert. Vgl. ausführlich dazu, aber auch zu anderen Aspekten strategischer Produktportfoliopolitik in Bibliotheken: Mumenthaler, Rudolf: Innovations- und Produktmanagement an einer Hochschulbibliothek am Beispiel der ETH-Bibliothek, Zürich. Vortrag auf dem Dt. Bibl.Tag 2010 in Leipzig (vgl. die Präsentation unter: http://www.slideshare.net/ruedi.mumenthaler/innovationroduktmanagement bzw. ders.: Innovationsmanagement an Hochschulbibliotheken, Vortrag auf dem Dt. Bibl.Tag 2009 in Erfurt, vgl. dazu näher: http://www.slideshare.net/ruedi.mumenthaler/innovationsmanagement-an-hochschulbibliotheken)

4 Die Bayerische Staatsbibliothek digitalisiert seit 2007/8 im Rahmen der genannten Initiative mit *Google* ca. 1 Million urheberrechtsfreie Bände aus ihrem Bestand. Es lässt sich leicht nachweisen, dass mit der zunehmenden Verfügbarkeit der Digitalisate bzw.

Wenn Bibliotheken ihr aktuelles Produktportfolio, also Dienstleistungsangebot, in Frage stellen und Neuerungen ins Auge fassen, geht es i.d.R. um eine Produktdiversifikation und/oder Weiterentwicklung von bereits eingeführten Produkten/Produktlinien und nicht oder nur sehr selten um eine radikale Abkehr von bisher verfolgten Produkten bzw. Produktgruppen. Der Anlass für eine solche Neuorientierung ist allerdings häufig die Entdeckung oder auch Wiederentdeckung einer bisher u.U. vernachlässigten Zielgruppe oder einer, die neu hinzugekommen ist, wie z.B. die Oberschüler für die Bayerische Staatsbibliothek.

Last but not least muss festgehalten werden, dass die technologische Entwicklung und der dadurch entstehende Druck auf die Bibliotheken, weniger textgebunden oder buchorientiert, sondern stattdessen multimedialer zu denken und zu agieren sowie in jeder Hinsicht „sichtbarer" zu werden, es mit sich bringt, dass Aktivitäten („Produkte") in den Fokus rücken, die bisher im bibliothekarischen Produktportfolio ein Randdasein führten oder eher anderen Kultursparten wie Museen zugerechnet wurden. Beispiel: Ausstellungswesen oder auch die zunehmende Nutzung der Bibliotheksräume für das Abhalten sehr unterschiedlicher, nicht bibliotheksspezifischer Veranstaltungen (Eventwesen).

4. Die Neuformulierung und Neuausrichtung des bibliothekarischen Produktmix

Überprüft man das zuvor Gesagte auf seine konkrete Umsetzung, so kann man für nachfolgend aufgeführte „klassische" Bibliotheks(kern)dienstleistungen, wie

- (bibliographische) Informations- und Auskunftsdienste
- Lesesaalnutzung (bestimmter Medien)
- Dokumentbereitstellung (rückgabepflichtige und nicht rückgabepflichtige) im Wege der Orts- und Fernleihe sowie der Dokumentlieferung
- Sonder(dienst)leistungen: z.B. Ausstellungen

folgende aktuelle Produkterweiterung und Produktausformungen feststellen:

- Die bisherigen (bibliographischen) Informations- und Auskunftsdienste haben eine stärkere Differenzierung erfahren. Sie mutierten einerseits infolge der Verfügbarkeit der Internettechnologien zu Online-Auskunftsdiensten, wozu in jüngster Zeit der „Webdialog" via *Twitter* und *Facebook* tritt, andererseits haben sich parallel dazu (individuelle oder gruppenspezifische) Informationskompetenzschulung unter Nutzung von E-

zuletzt auch deren Volltextversionen im Internet die Ausleihe bzw. Nutzung der jeweiligen gedruckten Exemplare deutlich, ja teilweise dramatisch zurückgegangen ist: Nimmt man das Jahr 2008 als Basisjahr (100), so ist die Ausleihe von Werken, die zwischen 1501 und 1700 bzw. solchen, die zwischen 1701 und 1840 erschienen sind, bis August 2011 auf 67,6 bzw. 35,7 % zurückgegangen.

Learning-Komponenten in den Bibliotheken als neue Dienstleistung etabliert.

- Neben die „klassische“ oben erwähnte Dokumentbereitstellung tritt mehr und mehr eine virtuelle über sog. Fachportale oder sog. virtuelle Fachbibliotheken betriebene, integrierte Dienstleistung, die im Sinne des „one-stop-shopping“ aus der (Meta-)Recherche in unterschiedlichen Nachweisinstrumenten per Mouseklick das Ordern und die unmittelbare (Online-)Bereitstellung von digitalen Dokumenten ermöglicht.
- Die früher mehr oder minder erzwungene Lesesaalnutzung für bestimmte Medien, die nicht ausgeliehen wurden, wurde und wird abgelöst von einem differenzierten Lesesaalangebot, abgestimmt nach individuellem Lern- und Studienverhalten, sowie örtlichem Raumangebot von Lesesälen oder auch sog. Carrels mit komfortablen, multimedial ausgerüsteten (Einzel-)Arbeitsplätzen bis hin zum Angebot von unterschiedlich großen und ausgerüsteten Gruppenarbeitsräumen.
- Die frühere Sonder- oder Nebendienstleistung „Ausstellung“ ist in manchen Bibliotheken (wieder) zu einer Hauptaktivität aufgewertet worden. Dabei werden neben der Präsentation der Exponate und der Herausgabe eines Katalogs fast im Gleichschritt zu der sich stetig weiter entwickelnden Informationstechnologie mehr und mehr digitale Ausstellungskomponenten, wie gestengesteuerte virtuelle Präsentationsgeräte bis zu virtuell-multimedialen Ausstellungsspaziergängen sowie Mobilversionen von laufenden Ausstellungen (vgl. die Ludwig-II-Apps der BSB), im Sinne der sog. augmented reality[5]) zu integralen Bestandteilen des neuen Ausstellungs- und Präsentationskonzepts, was im besten Fall hilft, neue Zielgruppen zu erschließen.

4. Die neue Service- und Produktpolitik der BSB

Die Bayerische Staatsbibliothek ist traditionell eine universal ausgerichtete Forschungsbibliothek mit einem geisteswissenschaftlichen Fächerschwer-

[5] Ein erstes, gleichwohl beeindruckendes Beispiel lieferte die BSB hier mit der Entwicklung und Herstellung (zusammen mit der Bayerischen Staatlichen Schlösser-, Gärten- und Seenverwaltung) der sog. Ludwig-II-Apps. Im Zusammenhang mit mehreren Ausstellungen, die die genannte Partnereinrichtung, aber auch die BSB selbst 2011 aus Anlass des 125. Todestages des populären bayerischen Königs veranstaltete, wurde erstmals im deutschen Sprachraum von einer Bibliothek diese mobile, auf aktueller Daten- und Erkenntnisbasis aufsetzende Dienstleistung produziert. Sie ist ein durchschlagender Erfolg und erfreut sich gerade bei jungen Leuten großer Popularität. Vgl. ausführlich: Geiger, Stephanie: Bibliotheken in der Informationsflut. Die Bayerische Staatsbibliothek nutzt Apps zur Wissensvermittlung, in: NZZ, v. 27.12.2011, Nr. 302, S. 6; Ceynowa, Klaus: Innovative Nutzungsszenarien für digitale Inhalte: die Augmented-Reality-App „Ludwig II. – Auf den Spuren des Märchenkönigs“, in: Bibliotheksmagazin, 2012, 1. - S. 3-8)

punkt. Sie versteht sich grundsätzlich als eine „öffentliche Bibliothek", d.h. sie ist offen für jedermann, sofern ein irgendwie geartetes wissenschaftliches Interesse vorliegt. Gleichwohl gehen etwa 80 % ihrer Dienste an Hochschulangehörige i.w.S. Sie ist das Rückgrat der lokalen und regionalen Literaturversorgung in Bayern bei gleichzeitig starker nationaler und stetig wachsender internationaler Inanspruchnahme.

Die BSB hat zu Beginn des 21. Jahrhunderts ihre bisherige Zielgruppenorientierung und Produktpolitik grundlegend auf den Prüfstand gestellt. Herausgekommen ist eine Neuorientierung in der Zielgruppenarbeit und ein erheblich überarbeitetes, erneuertes Service- und Dienstleistungskonzept. Seine Eckpunkte beinhalten:

- Radikale Öffnung des Hauses, sowohl was Räume, Öffnungszeiten als auch Nutzergruppen betrifft[6]
- Breit artikulierte und forcierte Digitalisierungs- und multimediale Innovationspolitik[7]
- (Re-)Naissance der Bibliothek als Lern- und Begegnungsort

Die Ergebnisse können sich sicherlich sehen lassen, wie dies die nachfolgende Tabelle mit einigen markanten Basisleistungszahlen zeigt:

Leistungszahlen der BSB	**2002**	**2010**	
Zahl der eingeschriebenen Nutzer	49.000	71.000	+45%
Öffnungszeiten Lesesaal	74	112	+51%
Zahl der Lesesaalbesuche	489.000	1.179.000	+141%
Orts- und Lesesaalleihe	1,17 Mio	2,02 Mio	+73%
Informationsdienste / Anfragen	97.000	152.000	+57%
Schulungsangebote	100	440	+340%
Fernleihe u. Dokumentlieferung	204.000	381.000	+86%

Abb. 1: Leistungskennzahlen der BSB 2002 und 2010

6 Teil dieser neuen Strategie ist auch eine offensive Vermietungsstrategie von ausgewählten Räumlichkeiten der BSB an ausgewählte (kommerzielle) Interessenten. Vgl. ausführlich: Schnitzlein, Peter: Zwischen allen Büchern ist Ruh' – Das war einmal. Die Vermietungsaktivitäten der Bayerischen Staatsbibliothek, in: Bibliotheksmagazin, 2007, 1. – S. 8 - 14

7 Vgl. näher: Ceynowa, Klaus: Massendigitalisierung für die Wissenschaft – Zur Digitalisierungsstrategie der BSB, in: Information, Innovation, Inspiration. 450 Jahre Bayerische Staatsbibliothek. Hrsg. Rolf Griebel. München.- 2008, S. 241 – 252; Brantl, Markus/Schoger, Astrid: Das Münchner Digitalisierungszentrum zwischen Produktion und Innovation, a.a.O., S. 253 – 281; Kempf, Klaus: Ein (organisatorischer) Maßanzug für hybride Zeiten: Organisationsentwicklung an der Bayerischen Staatsbibliothek, a.a.O., S. 559 - 586

5. Beispiele für die neue Zielgruppen- und Produktpolitik an der BSB

Die Neuausrichtung der Zielgruppen- und Produktpolitik umfasste ein ganzes Bündel von Maßnahmen. Dabei erlag man nicht der Versuchung, „neu" oder „innovativ" mit „digital" gleichzusetzen. Vielmehr wurde ganz bewusst auf eine Mischung von Verbesserungen der einzelnen Serviceleistungen im virtuellen und konventionellen Bereich gesetzt. Nach einigen Jahren Erfahrung kann man sagen, dass dieses Konzept richtig war und man sagen kann, die Mischung macht's. Anhand ausgewählter markanter Beispiele soll kurz die Vorgehensweise, aber auch die bunte Mischung der sehr unterschiedlichen Innovationsbemühungen, fokussiert auf die jeweils primäre Zielgruppe, aufgezeigt werden.

- Student im Hauptstudium/Wissenschaftler: „Virtuelle Fachbibliothek"
- Wissenschaftler/Doktoranten: „Forscherlesesaal"
- (Ober-)Schüler: Informationskompetenzschulung

1. Beispiel: „Virtuelle Fachbibliothek"

Als Forschungsbibliothek von Weltrang liegt der BSB natürlich die Zielgruppe der wissenschaftlich Arbeitenden, d.h. fortgeschrittenen Studenten und Fachwissenschaftler, besonders am Herzen. Hier wurde in den letzten Jahren eine Dienstleistung entwickelt, die für die BSB nicht einzig ist, sondern im Gegenteil sich an fast allen herausragenden wissenschaftlichen Bibliotheken in Deutschland, wenn auch mit unterschiedlicher fachlicher Akzentuierung, findet. Es handelt sich um den Aufbau von Fachportalen, sog. virtuellen Fachbibliotheken.

Ausgangspunkt für den Aufbau der „virtuellen Fachbibliotheken" oder kurz auch ViFas genannt, ist das sog. Sondersammelgebietssystem der Deutschen Forschungsgemeinschaft (DFG). Dieses seit 1949 existierende Förderprogramm sieht in seinem Kern eine dezentralisierte Erwerbung hochspezieller Literatur zu allen Wissensgebieten und in allen Sprachen weltweit vor. Das Ziel ist, dass in Deutschland für die Forschung zumindest ein Exemplar von auch sehr selten nachgefragten, wissenschaftlich relevanten Veröffentlichungen verfügbar ist. An diesem nationalen Sondersammelgebietsplan nehmen derzeit über 70 Bibliotheken teil.

1998 wurde dieses Programm um die Komponente eines verbesserten Nachweises über das Internet ergänzt, und es wurde der Aufbau der erwähnten ViFas begonnen. Heute gibt es für alle relevanten Wissenschaftsgebiete zusammen 25 Fachportale. Sie gewähren Zugang zu allen einschlägigen Dokumenten unabhängig von Medientyp oder Speicherform. Für das Selbstverständnis der betroffenen Bibliotheken bzw. ihre Serviceangebote ist damit ein ganz wesentlicher Paradigmenwechsel einhergegangen: Sie wurden von einer Hol- zur Bringbibliothek. Konkret heißt dies: Das Fachportal erlaubt dem einschlägig interessierten Nutzer in einem ersten Schritt eine parallele, qualitätskontrollierte Metasuche über alle verfügbaren, fachlich relevanten Datenquellen unterschiedlichsten Charakters (von Bibliothekskatalogen bis Internetquellensammlungen). In einem zweiten Schritt kann der Nutzer aufsetzend auf den Suchergebnissen die Verfügbarkeit der fachlich einschlägigen (gedruckten und digitalen) Dokumente feststellen und in einem weiteren Schritt entweder über ein Linkresolving sich die Online-Volltextdokumente gleich auf den Bildschirm holen bzw. downloaden oder im Falle nur gedruckt vorliegender Dokumente mittels Dokumentlieferdienste die Bestellung in die Wege leiten. Mit diesem Angebot wurde die Sichtbarkeit, Zugänglichkeit und Verfügbarkeit von Materialien in jedweder Form erheblich verbessert, und man kam dem Leitbild der Bibliothek als „One-Stop-Shop" einen entscheidenden Schritt näher.

Die BSB unterhält zwischenzeitlich alleine oder in enger Zusammenarbeit mit fachlich benachbarten SSG-Bibliotheken insgesamt sechs ViFas.[8] Neben den vorstehend beschriebenen Grundkomponenten enthalten die Fachportale noch weitere „Servicebausteine", wie Neuerwerbungs-Alerting-Dienste, Sucheinschränkungsmöglichkeiten mittels sog. Filter, die Erstellung von Literaturlisten ist möglich, genauso wie Personalisierungsfunktionen, Newsletters u.a. verfügbar sind. In neuerer Zeit werden vermehrt fachlich einschlägige Volltextkollektionen und die automatisierte Suche auch in diesen angeboten. Es

[8] Vgl. Generell zum Thema ViFa aus Sicht der BSB: Moravetz-Kuhlmann, Monika: Sondersammelgebietsbibliothek und modernes Informationszentrum – die Bayerische Staatsbibliothek und ihre Rolle in der überregionalen Literaturversorgung. In: Information, Innovation, Inspiration. 450 Jahre Bayerische Staatsbibliothek. Hrsg. von Rolf Griebel u.a. – München 2008. S. 419-435.; Diess/Jamble, Jeanette: "Elektronisch frei Haus" – Zugang zu Fachinformationen über Virtuelle Fachbibliotheken. In: Bibliotheksmagazin, 1,2008, S. 49-53. Zu den einzelnen BSB-ViFa: Horstkemper, Gregor: Informationsbündelung, Literaturversorgung, Publikumsunterstützung – Bibliothekarische Dienstleistungen für die Geschichtswissenschaften im Umbruch. In: Information, Innovation, Inspiration, a.a.O., S. 437-458; Diet, Jürgen: Effiziente Informationsvermittlung für Musikwissenschaftler mit Hilfe der ViFaMusik. In: Information und Ethik. 3. Leipziger Kongress für Information und Bibliothek. Hrsg. von Barbara Lison. Wiesbaden 2007. S. 647-649; Wirtz, Gudrun: Die Virtuelle Fachbibliothek Osteuropa „aus eigener Kraft", In: Die Osteuropa- bibliothek der Zukunft. Das Bibliotheks- und Informationswesen zu Osteuropa vor neuen Herausforderungen. 37. ABDOS-Tagung, Marburg, 26. bis 28. Mai 2008. Referate und Beiträge. Zusammengestellt von Franz Görner. Berlin 2009, S. 98-105. (Staatsbibliothek zu Berlin – Preussischer Kulturbesitz, Veröffentlichungen der Osteuropa-Abteilung, Bd. 37); Kölbl, Andrea Pia: Willkommen-Bienvenue-Benvenuti! Das fachübergreifende Informationsportal für die Frankreich- und Italienforschung sowie die Allgemeine Romanistik: Die Virtuelle Fachbibliothek Romanischer Kulturkreis / Die Vifarom. In: BFB 4. Jg. / H. 1, 2010. S. 6-9; Höpfner, Ruth: Die virtuelle Fachbibliothek Propylaeum: Acht Fachsichten auf die Altertumswissenschaften. In: BFB 4. Jg. / H. 2,2010. S. 110-113; Götz, Franz Jürgen: Information-Retrieval im Kontext Virtueller Fachbibliotheken. Vortrag auf dem Bibliothekartag in Erfurt 2009, http://www.opus-bayern.de/bib-info/volltexte/2009/805.

besteht die Tendenz der Weiterentwicklung der ViFas zu einem fachlich orientiertern Discovery-Service.[9] Im Moment steht die ViFa aber – bei Drittbibliotheken – noch neben dem jeweiligen lokalen Bibliothekssystem, weil es an der technischen Integration mit dem jeweiligen lokalen Katalog- und Ausleihsystem fehlt sowie keine direkte Durchleitung zu den vor Ort lizenzierten elektronischen Volltexten (Zeitschriften und E-Books) besteht. Dies und andere Faktoren haben dazu beigetragen, dass die ViFas zwar als hochkarätiges Fachinformationsangebot angesehen werden, bisher jedoch das große Echo, sprich: Massennachfrage, in den meisten Fach-Communities noch auf sich warten lässt. Es wird sich in den nächsten Jahren zeigen, ob ein solches differenziertes Informationsangebot sich neben dem der kommerziellen Suchmaschinenanbieter mit ihren viel weniger komplexen Such- und Antwortstrukturen behaupten können wird.[10]

2. Beispiel: Einrichtung und Eröffnung eines Forschungslesesaals (Aventinus-Lesesaal)

Die Verbesserung und Weiterentwicklung der konventionellen Dienste wurde, wie oben bereits festgestellt wurde, gegenüber dem Aufbau neuer virtueller Serviceleistungen nicht vernachlässigt. Im Gegenteil. Ein wesentlicher Einstieg hierzu war die radikale Erweiterung der Öffnungszeiten des sog. Allgemeinen Lesesaals als augenfälliges Zeichen für die Neuausrichtung des Hauses. Heute gibt es eine 7-Tage-Öffnung von 8.00 Uhr bis 24.00 Uhr und damit Zugang zu 160.000 Bänden Freihandbestand sowie zu den dort in Selbstbedienung ausgelegten Lesesaalbestellungen: Bei rund 550 Leseplätzen bringt dies über eine Million Besucher im Jahr ins Haus.

Da das Haus sich gegenüber früher nunmehr mehr Nutzergruppen zuwendet, wenn auch in deutlicher Servicestufendifferenzierung, wurde im Allgemeinen Lesesaal ein sichtbar abgetrennter und kontrollierter Bereich für wissenschaftlich arbeitende Nutzer eingeführt. Für letztere stehen darüber hinaus bei spe-

[9] Als „Discovery Service" im Zusammenhang mit Bibliotheken bezeichnet man einen Webdienst, bei dem in heterogenen Quellen (Metadaten und Volltexte) unter Einbeziehung der eigenen Bibliotheksressourcen (Bibliothekskatalog) parallel recherchiert werden kann.

[10] Vgl. ausführlich zu den Stärken und Schwächen des ViFa-Konzepts sowie der Nutzung der ViFas die Studie, die von der DFG bereits im Jahr 2007 in Auftrag gegeben worden war: Virtuelle Fachbibliotheken im System der überregionalen Literatur- und Informationsversorgung. Studie zu Angebot und Nutzung der virtuellen Fachbibliotheken. Erstellt v. Heinold, Spiller & Partner Unternehmensberatung, November 2007. Einzusehen auf www.hspartner.de Dokumentenstatus Version 3.5. vom 3.12.2007. Weiterhin: Evaluierung des von der Deutschen Forschungsgemeinschaft geförderten Systems der Sondersammelgebiete. Empfehlungen der Expertenkommission SSG-Evaluation auf Grundlage der Ergebnisse der Evaluierungsuntersuchung der Prognos AG hervorgegangen aus der Sitzung der Expertenkommission SSG-Evaluation am 9. März 2011 in der Deutschen Nationalbibliothek in Frankfurt.

ziellem Interesse weitere fünf Lesesäle zur Verfügung, nämlich der Zeitschriftenlesesaal mit einer Auslage von ca. 18.000 aktuellen Periodika, der ganz neu hergerichtete Lesesaal Karten + Bilder und Musikwissenschaften, der Lesesaal Osteuropa, Orient, Ostasien (= 3O-Lesesaal), der Lesesaal für Handschriften und seltene Drucke. Auch wurden durchgehende und deutlich verlängerte Öffnungszeiten eingeführt, auch wenn sie nicht an die des Allgemeinen heranreichen. Zu diesen vier genannten kommt seit 2010 ein fachübergreifender eigener sog. Forscherlesesaal, der Aventinus-Lesesaal.

Der letztgenannte ist seit Februar 2010 in Betrieb. Er ist zum einen eine Antwort auf den starken Zuspruch, den insbesondere der Allgemeine Lesesaal seit der Neuorganisation durch ein breites studentisches Publikum erfährt und zur Folge hat, dass die Stammklientel, die Forscher, zunehmend Klage über fehlende Arbeitsplätze und mangelnde Ruhe führten, zum anderen ist es seit geraumer Zeit ein Desiderat auf Seiten der Bibliothek, die besonders schützenswerte Literatur nicht mehr weiter in den großen Lesesaal zu geben. Primär für die Einrichtung des Forschungslesesaals war natürlich der Nachfragedruck von Forscherseite: Allein die explizit angemeldeten Forschungsaufenthalte beliefen sich zuletzt auf jährlich 1770 – 52 % davon dauerten mehr als 3 Tage, 34% zwischen 3 -7 Tage, 24% gar länger als eine Woche. Dazu kommt ein gerütteltes Maß an „Laufkundschaft“, d.h. in München ansässige oder nach München einpendelnde, die Bestände der BSB für wissenschaftliche Zwecke in Anspruch nehmende Nutzer.

Es war klar, dass die neue Räumlichkeit, die von Anfang mit einigen Erwartungen bedacht worden war, nicht an beliebiger Stelle im Hause angesiedelt sein konnte. Entscheidend war die Qualität des Raumes an sich, seine Lage im Hause und seine Anbindung an andere Räumlichkeiten sowie seine Zugänglichkeit aus anderen Abteilungen. Es wurde der Beschluss gefasst, den im zweiten Stock des Hauses gelegenen Kartenlese-saal dazu heranzuziehen. Die Kartenabteilung war mit der Musikabteilung zusammengelegt worden. und man nutzte ab sofort gemeinsam den bisherigen Musiklesesaal. Im zweiten Obergeschoß in der Südwestecke des Gebäudes angesiedelt, liegt er mit im nobelsten Bereich des Hauses. Er bietet geradezu ideale Lichtverhältnisse, ist für die Benutzer sehr gut erreichbar und hat eine direkte Verbindung zu den Magazinräumen.

Auf ca. 285 qm sind 62 Arbeitsplätze eingerichtet worden, die in ihren Maßen deutlich über die Größe der Standardarbeitsplätze in den übrigen Lesesälen hinausgehen. In dem 8 m hohen Raum ist eine zweistöckige Galerie – für die Unterbringung von ca. 20.000 Werken Freihandbestand; Schwerpunkt Geisteswissenschaften, vor allem Bavarica, Geschichte/Altertum und Altphilologie – eingebaut. Wie im Allgemeinen Lesesaal ist auch hier eine Mischung aus Selbstbedienung und bibliothekarischer Betreuung bei der Bereitstellung der BSB-eigenen Bestände gegeben. Im angrenzenden Magazin, das jetzt freien Zugang bietet, werden alle BSB-eigenen Werke, die von den Aventinussaalnutzern aus den Magazinen bestellt wurden und die Erscheinungsjahre von 1501 bis 1840 aufweisen, ausgelegt. Der Lesesaal ist von 8.00-19.00 Uhr (außer Sonntag) immer zugänglich.

Der Zutritt ist ausschließlich Berechtigten erlaubt und möglich, d.h. Forschern, die sich hierfür angemeldet und eine entsprechende Zugangsberechtigung erhalten haben (technischer Zugang mittels multifunktionaler Mifare-Benutzerkarte). Als ideal wird ein Besucherzuspruch von ca. 35.000 Besuchern im Jahr angesehen, mehr als 70.000 sollen es jedoch auf keinen Fall werden. Nach Eröffnung im Februar 2010 und noch etwas verhaltenem Beginn wurden im genannten Kalenderjahr dort 19.156 Nutzer willkommen geheißen. 2011 kam man in den ersten drei Quartalen auf rund 24.000 – es kann demnach von 32.000-35.000 Nutzern, verteilt auf das Gesamtjahr, ausgegangen werden.[11]

3. Beispiel: (Ober-)Schüler und (Gymnasial-)Lehrer zum Lernen in der Bibliothek – ein neues Serviceangebot für eine neue Zielgruppe

Ab dem Schuljahr 2007 griff in Bayern die Reform der gymnasialen Oberstufe Platz. Die Schüler machen danach in nur noch 8 Jahren Abitur. Im letzten Schuljahr ist u.a. ein sog. Wissenschaftsseminar (mit Facharbeit) vorgeschrieben. Die Oberschulreform hat erhebliche Auswirkungen auf die Nutzung der Bibliothek durch die Oberschüler. Die Schulbibliotheken fristen in Bayern auch an Gymnasien seit jeher ein Schattendasein. Ausnahmen bestätigen hier die Regel.[12] Die BSB sah und sieht sich daher in der Pflicht, auch für diese Nutzergruppe, die bisher eigentlich gar nicht zu ihren Zielgruppen zählte, ein adäquates Serviceangebot zu formulieren.[13]

Mit der Inkraftsetzung der Oberstufenreform wurde die BSB für (Gymnasiums-)Schüler ab 16 Jahre geöffnet. Seither gibt es auch gezielte Schulungsmaßnahmen, d.h. vor allem spezielle Führungen und gezielte Einführungen in die wesentlichen Benützungsfunktionen der Bibliothek. Seit dem Beginn des Schuljahres 2011 wurde das Serviceangebot für diese zahlenmäßig beachtliche Nutzergruppe um eine weitere Maßnahme angereichert: Es wurde ein eigenständiges Multiplikatorenschulungskonzept entwickelt bzw. umgesetzt.

11 Vgl. ausführlich zu Konzept und Einrichtung des neuen Forscherlesesaals Hilpert, Wilhelm: Optimale Bedingungen fürs wissenschaftliche Arbeiten. Die BSB eröffnet den Aventinus-Lesesaal, in: BUB, 62 (2010), Heft 5, S. 398-400; Schnitzlein, Peter: Neue Arbeitsumgebung für die Geistes- und Kulturwissenschaften. Der Aventinus-Forschungslesesaal der BSB, in: Bibliotheksmagazin, 2/2010, S. 37-39.

12 Erst in der jüngsten Zeit bestehen Bestrebungen, dies durchgreifend zu ändern. Vgl. Dahm, Klaus: Mehr Service für Schulbibliotheken. Drei Pädagogen erweitern das Beratungsangebot der Landesfachstelle für das Öffentliche Bibliothekswesen, in: Bibliotheksforum Bayern (BFB), 5 (2011) Heft 3, S. 287-288

13 Vgl. Hilpert, Wilhelm/Schwarz, Stephan: Schüler an der Bayerischen Staatsbibliothek, in: Bibliotheksforum Bayern (BFB), 3 (2009) Heft 2, S. 88-89.

Dabei wurde auf teilweise bereits bewährte Konzeptkomponenten in der Schul- und Schülerarbeit zurückgegriffen. Eine lautete „Vernetzung mit Partnereinrichtungen". Eine probate Partnereinrichtung heißt hier seit Jahren Stadtbibliothek München. Mit ihr bzw. deren Zentralbibliothek im Gasteig wird seit geraumer Zeit bei der Betreuung der Oberschüler eng zusammengearbeitet. Motto: Erst ist die Stadtbibliothek dran, danach kommt die BSB.[14] Die anderen Partnereinrichtungen sind die Schulen bzw. Gymnasien in München und Umgebung/Oberbayern. Letztere haben natürlich ein ganz eigenes Interesse daran. Die jeweiligen Betreuungslehrer melden ihre Schulklassen jeweils ca. ein halbes Jahr vor dem gewünschten Besichtigungstermin bei der BSB an. Ihr persönlicher Partner ist oftmals ein fachlich einschlägig vorgebildeter, von der BSB beschäftigter „Volontier", nämlich ein Gymnasiallehrer i.R. Zusammen konzipiert man die Führungen und führt sie i.d.R. auch gemeinschaftlich durch. Dies, d.h. die unmittelbare Betreuung durch die Bibliothek bzw. ihre dafür zuständigen Mitarbeiter (für Führungen und Schulungen stehen drei Hauptamtliche und – in Teilzeit – der schon erwähnte Volontier zur Verfügung), reicht aber mittlerweile nicht mehr aus. Mit 15 bis 20 Schülerführungen mit jeweils bis zu 40 Teilnehmern – 2010 waren es insgesamt 167 Führungen mit rund 3.400 Teilnehmern – hat man die absolute Obergrenze des Machbaren erreicht.

Man ist deswegen auf die Idee verfallen, zu einer indirekten, jedoch genauso anspruchsvollen, aber effizienteren Betreuung überzugehen. In Kooperation mit dem Staatsinstitut für Schulqualität und Bildungsforschung (ISB) und der regionalen Lehrerfortbildung (RLFB) haben erfahrene Mitarbeiter aus dem Bereich der Benutzerbetreuung Kurse und Kursmaterialien entwickelt, nach denen Lehrer aus den Gymnasien im Münchner Umland/RegBezirk Oberbayern geschult werden, die dann – auf diese Weise als Multiplikatoren ausgebildet – ihrerseits wiederum ihre Schüler für die Benutzung in der BSB vorbereiten. Die Multiplikatoren können außerhalb der Schulung, die sie in den Räumen der Bibliothek, normalerweise im EDV-Labor des Bibliotheksverbundes Bayern erhalten, ergänzend auf entsprechende Lehrmaterialien, die auf der Website der BSB abgelegt sind, zurückgreifen. Die Multiplikatorenschulung wird als offizielle Fortbildungsveranstaltung geführt und ist damit für Lehrer attraktiv. Lernziel ist nicht, dass die Lehrer die Schulklasse in der BSB führen können, sondern dass sie in der Lage sind, die Grundfunktionen, die die Schüler unmittelbar betreffen, wie die Literaturrecherche und -bestellung, zu vermitteln. Für letztere winkt ein Extrabonbon: Wer sich als besonders geschickt im Handhaben der Bibliotheksdienste erweist, hat die

[14] Zur Zusammenarbeit zwischen der Münchner Stadtbibliothek und der BSB in der Benutzerschulung von Schülern: Riehm, Hanne/Schwarz, Stephan: Gemeinsame Angebote für Schülerinnen und Schüler der Kollegstufe. Bericht über eine Kooperation der Münchner Stadtbibliothek Am Gasteig und der Bayerischen Staatsbibliothek, in: Bibliotheksforum Bayern (BFB), 3 (2009) Heft 2, S. 85-87.

Möglichkeit eines Berufspraktikums an der BSB. Resümee: Die von Bibliothekaren geschulten Lehrkräfte – alleine 2011 wurden vier Veranstaltungen mit jeweils 25 Teilnehmern abgehalten – vergaben für die erteilten Unterrichtsstunden bisher nur Bestnoten. Gewinner sind die Schulen und die Bibliothek und am Ende, so die beidseitige Hoffnung, natürlich die Schüler.[15]

[15] Vgl. ausführlich zur Multiplikatorenschulung an der BSB: Schwarz, Stephan/Bielemeier, Günter: Was macht die Maus mit dem Buch? Neues Modell einer Multiplikatorenschulung an der Bayerischen Staatsbibliothek, in: Bibliotheksmagazin, 2011, Heft 3. - S. 69-75

Maria Seissl, Wolfram Seidler

Von der Strategieentwicklung zu ubw:innovation

Ein Werkstattbericht aus der Universitätsbibliothek Wien

2009 wurde an der Universitätsbibliothek Wien (UB Wien) ein Strategieentwicklungsprozess begonnen mit dem Ziel, strategische Handlungsfelder für die Weiterentwicklung und Neuausrichtung der Bibliothek in den kommenden Jahren zu erarbeiten. In diesen Prozess waren alle MitarbeiterInnen mit einbezogen. Der Werkstattbericht schildert die Anliegen des Prozesses und das Vorgehen bei der Umsetzung und gibt einen ersten Einblick in die Arbeit der aus diesem Prozess hervorgegangenen Innovationsstelle der UB Wien.

Einleitung

Die Universität Wien mit ca. 100.000 Studenten und 9.400 Angestellten (davon 6.700 WissenschaftlerInnen) ist die größte Universität Österreichs und die drittgrößte Europas. Die Forschungsschwerpunkte der Universität liegen vor allem im naturwissenschaftlichen (Physik – Quantenmechanik, Biologie – Molekularbiologie) und einem starken, international anerkannten geisteswissenschaftlichen Bereich.

Die Universitätsbibliothek beschäftigt 300 Vollzeitäquivalente bei einem Bestand von 6,9 Mill. Bänden und etwa 19.000 lizensierten E-Journals. Sie ist damit die größte wissenschaftliche Bibliothek Österreichs.

Maßnahmen zur organisatorischen Vereinheitlichung des Bibliothekssystems begannen in den 80er Jahren des vorigen Jahrhunderts mit dem Ziel, ein einschichtiges Bibliothekssystem zu implementieren. Dieses Ziel ist fast zur Gänze erreicht: Die Bibliothek verteilt sich heute auf 47 Standorte mit einem Platzbedarf von etwa 53.000 m^2. Es herrschen starke Bestrebungen, eine weitere Zentralisierung durch Zusammenlegung von Standorten und Bibliotheken zu erzielen.

Die organisatorische Struktur umfasst neben den einzelnen Bibliotheken zwölf zentrale Services– Teams wie Bibliothekssystem und digitale Bibliothek, EDV, Integrierte Medienbearbeitung für die Fachbereichsbibliotheken, Clearingstelle Konsortien, Koordinierter Bestandsaufbau, Öffentlichkeitsarbeit u.a. – sowie sechs Spezialabteilungen (Open Access, Bibliometrie, Forschungsdokumentation, PHAIDRA, Sammlungen der Universität Wien und neuerdings eine Innovationsstelle).

Warum Strategieentwicklung – warum Innovationsmanagement?

Strategieentwicklung ist nicht nur eine Forderung, die an die Bibliotheken zu richten ist. Im sich wandelnden Informationssektor ist Strategieentwicklung ein notwendiges Element, Wege der eigenen Positionierung zu finden, Stärken und Schwächen zu analysieren, das eigene Verhältnis zur Universität zu klären – etwas, was gerade in unserem Fall notwendig ist, nachdem die Bibliothek historisch sehr spät in den organisatorischen Verband der Universität gefunden hat.

Dieser Anforderung gehorchend begann 2009 die formelle Etablierung eines Strategieentwicklungsprozesses, mit dem Ziel, die UB Wien „fit" zu machen für eine sich rasant ändernde Gegenwart und eine dynamische Zukunft. Selbstverständlich gab es aber auch die Forderung der Universitätsleitung an die Bibliothek, Überlegungen anzustellen, wie sie sich in den kommenden Jahren positionieren will.[1]

So begann dieser Prozess zunächst mit vielen Fragen, vor allem auf der Führungsebene, die speziell um die Wahl des richtigen Managementinstruments, die Voraussetzungen für das Gelingen eines solchen Prozesses, die Beteiligung der MitarbeiterInnen, Vorgaben u.a. kreisten. Es mussten dafür auch die notwendigen Voraussetzungen geschaffen werden. Denn der Prozess sollte – hier zitiere ich den ehemaligen Vizedirektor Andreas Brandtner – dem kooperativen und „postheroischen" Führungsstil der UB-Leitung entsprechen, also transparent und partizipatorisch angelegt sein. Alle MitarbeiterInnen sollten eingeladen werden, sich daran zu beteiligen.

Die Direktion – selbst das Entscheidungsteam in diesem Prozess – richtete eine sogenannte Steuerungsgruppe ein, die sich aus 13 MitarbeiterInnen aus allen Bereichen der Bibliothek zusammensetzte und deren Aufgabe es war, diesen Prozess zu planen, zu organisieren, zu koordinieren und in Zusammenarbeit mit der Bibliotheksleitung Entscheidungen zu treffen, die das Wie, das Was und das Wohin des Prozesses bestimmen sollten. Wichtigste Aufgabe dieser Gruppe war jedoch die Kommunikation dieses Prozesses innerhalb der Organisation. All das wurde in den ersten Monaten mit Hilfe einer externen Beratung angegangen.

Zwei Großgruppentage standen am Beginn: Alle KollegInnen waren eingeladen, an einem workshopartigen Zusammentreffen teilzunehmen (das Stichwort hier lautet: *Open Space*; die formale und inhaltliche Offenheit dieser Organisationsform bei den beiden Events sollte zum Kennzeichen des gesamten Prozesses werden!). Die Bibliotheken blieben an diesen beiden Tagen geschlossen. Es gab keine inhaltlichen Vorgaben von oben – was wohl auch für die Bibliotheksleitung einen starken Lernprozess implizierte, vor allem da das Ganze ergebnisoffen gedacht wurde; eine gewisse Unwägbarkeit des „Ausgangs" musste mit einkalkuliert werden. Im Open Space wurde eine Vielzahl von Ideen entwickelt, in welchen Bereichen der Bibliothek intensiv gearbeitet und entwickelt werden sollte. Auch das „traditionelle" Rollenbild von BibliothekarInnen wurde in Frage gestellt und „Visionen" formuliert, an deren Realisierung es zu arbeiten galt bzw. natürlich immer noch gilt.

[1] Ein ausführlicher Bericht zum Strategieentwicklungsprozess ist unter http://phaidra.univie.ac.at/o:57631 zu finden.

Festzuhalten – und hervorzuheben – ist, dass also nicht einfach eine Arbeitsgruppe eingesetzt wurde, die ein Papier für die Universitätsleitung ausarbeiten sollte, sondern ein völlig neuer Prozess eingeleitet wurde, der die Arbeit an unserer Bibliothek in den letzten beiden Jahren entscheidend geprägt hat. Es wurde eine neue Arbeitsform entwickelt, die doch über die Form der Arbeitsgruppen, wie sie schon seit längerem an der Bibliothek existiert haben, hinausging: die *Prototypen.* Mit dieser Arbeitsform sollte ermöglicht werden, Ideen in einer schnellen Folge von Experiment, Feedback und Adaption auszuprobieren, ohne dem Druck des Erfolges ausgesetzt zu sein. Ein Ergebnis ist dabei nicht vorherzusehen.

Einrichtung eines Innovationsmanagements an der Bibliothek

In einem der Open-Space-Workshops, der sich mit „Services und neuen Aufgaben" beschäftigte, wurde eine Idee geboren, nämlich die „Spielwiese". Es wurde der Wunsch artikuliert, im Rahmen der bibliothekarischen Tätigkeit das Konzept von Freiräumen strategisch einzusetzen, um – unbelastet von der Routinearbeit und ohne Erfolgsdruck – neue Ideen entwickeln und ausprobieren zu können, also insgesamt ein Programm zur Innovationsförderung an der Bibliothek auszuarbeiten.

Dies war Aufgabe des dafür ins Leben gerufenen Prototyps *P4L: Prototypes for Libraries*, bestehend aus sieben MitarbeiterInnen, die sich zum Ziel setzten, dafür ein Konzept zu entwickeln, in das die oben erwähnten Anliegen einfließen konnten. Weiters sollten erste Schritte eines strategischen Innovationsmanagements diskutiert werden. Im Verlauf der Diskussionen wurde ein Mangel an organisatorischer wie auch inhaltlicher Innovation in der UB Wien festgestellt. Anliegen des Prototypen war es, die konkrete Planung für den Aufbau eines Innovationsmanagements innerhalb der Universitätsbibliothek zu übernehmen und darüber hinaus auch am Durchlaufen einer Testphase beteiligt zu sein.

Die MitarbeiterInnen stellten fest, dass es zwar nicht an einzelnen Innovationen innerhalb der Bibliothek fehlt (Beispiele dafür sind etwa Bibliometrie, PHAIDRA, Open Access). In einigen Arbeitsbereichen werden innovative Ansätze entwickelt, jedoch meist ohne Zusammenführung mit jenen Stellen, die entweder davon betroffen sind oder die inhaltlich einbezogen werden könnten bzw. sollten. Daher wurde die Notwendigkeit der Implementierung einer eigenständigen Innovationsstelle, die hier koordinierend, planend und fördernd eingreift, als immer dringlicher empfunden.

Die Innovationsstelle (ubw:innovation)

Die Arbeit im Rahmen des Prototypen P4L mündete in die formelle Errichtung einer Stabsstelle ubw:innovation durch die Bibliotheksdirektion. Dabei standen das Bestreben der Bibliothek, sich als innovative Einrichtung an der Universität zu positionieren und zu präsentieren, der Wunsch, Antworten auf die rasante technologische Entwicklung im Bereich der Informationstechnologie zu finden, die systematische Erfassung, Analyse und Koordination innovativer Ideen und Vorschläge zu gewährleisten, den MitarbeiterInnen bei der Umsetzung ihrer Ideen Unterstützung anzubieten und damit ein innovationsfreundliches Umfeld innerhalb der Bibliothek aufzubauen, im Vordergrund der Überlegungen.

Als Kernaufgaben der Innovationsstelle hatte die Arbeitsgruppe vier Bereiche definiert, die dann in die Aufgabenstellung von *ubw:innovation* übernommen wurden. Diese sind:

1. Trendbeobachtung und -analyse: Durch das Monitoring fachspezifischer Literatur und einschlägiger technologischer Entwicklungen sowie die systematische Teilnahme an einschlägigen Veranstaltungen und Konferenzen sollen Trends im Bereich der relevanten Informationstechnologie rechtzeitig erkannt, ihre Relevanz beurteilt und mögliche Umsetzungen angestoßen werden.
2. Schaffung von Freiräumen für MitarbeiterInnen der Bibliothek, um Ideen und Projekte auch umsetzen zu können. Dazu sollen regelmäßige Treffen und Workshops initiiert und organisiert werden, um einen möglichst großen Teil des kreativen Potenzials der MitarbeiterInnen zu aktivieren.
3. Projektberatung und Projektentwicklung: Eine besonders wichtige Aufgabe ist es, koordinierend und beratend bei der Entwicklung und Durchführung von innovativen Ideen in Form von Prototypen bzw. Projekten tätig sein. Dazu gehören das Angebot einer gemeinsamen Analyse und Bewertung, der Ausarbeitung von Vorschlägen für die Ressourcenaktivierung im personellen wie budgetären Bereich und die konkrete Projektbegleitung und –dokumentation.
4. Eine weitere Aufgabe der Innovationsstelle wird die Anregung und Unterstützung der Publikationstätigkeit der MitarbeiterInnen in einschlägigen Fachpublikationen als Abschluss durchgeführter Projekte sein.
5. Strategische Planung: Eine wesentliche strategische Aufgabe von *ubw:innovation* besteht in der Koordinierung der bereits laufenden, innovativen Projekte, auch um Parallelentwicklungen und Doppelgleisigkeiten schon im Vorfeld zu vermeiden. Dazu ist die Innovationsstelle als Schnittstelle eingerichtet.

Die Ideendatenbank

In den ersten Monaten nach Einrichtung der Innovationsstelle wurde eine Datenbank entwickelt, in die alle MitarbeiterInnen der Bibliothek Ideen eingeben können. Die vorgeschlagenen Ideen werden den strategischen Feldern, die im Strategieentwicklungsprozess identifiziert wurden, zugewiesen, um eine erste Zuordnung zu erreichen. Diese strategischen Felder wurden in den Open-Space-Workshops erarbeitet und umfassen folgende Bereiche: *Organisationskultur* und *Organisationsstruktur, Soziale, wirtschaftliche und ökologische*

Verantwortung / Corporate Social Responsibility (CSR – ein Handlungsfeld, das auch bereits einen festen organisatorischen Niederschlag innerhalb der Bibliothek gefunden hat[2]), *Budget – Infrastruktur – Räume, MitarbeiterInnen, Bestand, Services und neue Aufgaben, Kooperationen im Bibliotheks- und Forschungsbereich, BenützerInnen, Wissens- und Informationsvermittlung* sowie *Öffentlichkeitsarbeit.*

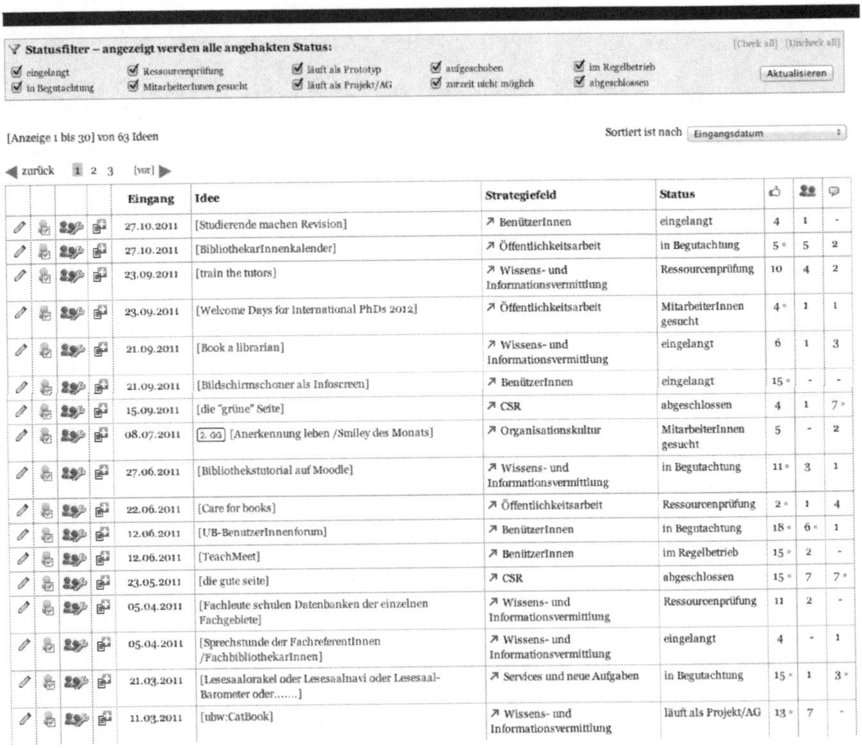

Statusfilter – angezeigt werden alle angehakten Status: [Check all] [Uncheck all]

eingelangt · in Begutachtung · Ressourcenprüfung · MitarbeiterInnen gesucht · läuft als Prototyp · läuft als Projekt/AG · aufgeschoben · zurzeit nicht möglich · im Regelbetrieb · abgeschlossen — Aktualisieren

[Anzeige 1 bis 30] von 63 Ideen — Sortiert ist nach Eingangsdatum

zurück 1 2 3 [vor]

Eingang	Idee	Strategiefeld	Status			
27.10.2011	[Studierende machen Revision]	↗ BenützerInnen	eingelangt	4	1	-
27.10.2011	[BibliothekarInnenkalender]	↗ Öffentlichkeitsarbeit	in Begutachtung	5 «	5	2
23.09.2011	[train the tutors]	↗ Wissens- und Informationsvermittlung	Ressourcenprüfung	10	4	2
23.09.2011	[Welcome Days for International PhDs 2012]	↗ Öffentlichkeitsarbeit	MitarbeiterInnen gesucht	4 «	1	1
21.09.2011	[Book a librarian]	↗ Wissens- und Informationsvermittlung	eingelangt	6	1	3
21.09.2011	[Bildschirmschoner als Infoscreen]	↗ BenützerInnen	eingelangt	15 «	-	-
15.09.2011	[die "grüne" Seite]	↗ CSR	abgeschlossen	4	1	7 »
08.07.2011	2. GG [Anerkennung leben /Smiley des Monats]	↗ Organisationskultur	MitarbeiterInnen gesucht	5	-	2
27.06.2011	[Bibliothekstutorial auf Moodle]	↗ Wissens- und Informationsvermittlung	in Begutachtung	11 »	3	1
22.06.2011	[Care for books]	↗ Öffentlichkeitsarbeit	Ressourcenprüfung	2 «	1	4
12.06.2011	[UB-BenutzerInnenforum]	↗ BenützerInnen	in Begutachtung	18 «	6 «	1
12.06.2011	[TeachMeet]	↗ BenützerInnen	im Regelbetrieb	15 »	2	-
23.05.2011	[die gute seite]	↗ CSR	abgeschlossen	15 «	7	7 »
05.04.2011	[Fachleute schulen Datenbanken der einzelnen Fachgebiete]	↗ Wissens- und Informationsvermittlung	Ressourcenprüfung	11	2	-
05.04.2011	[Sprechstunde der FachreferentInnen /FachbibliothekarInnen]	↗ Wissens- und Informationsvermittlung	eingelangt	4	-	1
21.03.2011	[Lesesaalorakel oder Lesesaalnavi oder Lesesaal-Barometer oder.......]	↗ Services und neue Aufgaben	in Begutachtung	15 «	1	3 »
11.03.2011	[ubw:CatBook]	↗ Wissens- und Informationsvermittlung	läuft als Projekt/AG	13 »	7	-

Abbildung 5: Ideendatenbank

Weiters bietet die Datenbank Funktionen, die aus sozialen Netzwerken bekannt sind, etwa ein *Gefällt mir,* aber auch die Möglichkeit, Interesse an der Mitarbeit an einzelnen Projekten kundzutun. Wichtig ist, dass mit der Eingabe einer Idee (die im Übrigen auch anonym erfolgen kann) keinerlei Verpflichtung besteht, an der Realisierung selbst mitzuwirken. Diese Datenbank hat bislang großen Zuspruch erfahren, wobei man nicht verschweigen darf, dass insgesamt gesehen der Kreis der Ideenbringer und -träger eingeschränkt bleibt – etwas mehr als 100 KollegInnen (also ca. 25%) benützen die Datenbank, der Kreis der aktiv Mitarbeitenden beträgt etwa 40 Personen.

2 Vgl. http://bibliothek.univie.ac.at/csr.html

Erfahrungen

Nach etwa einem Jahr konnten wir bereits einige interessante Erfahrungen sammeln. Der überwiegende Teil der Ideen beschäftigt sich mit internen Kommunikations- und Geschäftsprozessen. Weiters finden sich vorrangig Ideen, die neue bzw. neuartige BenutzerInnenservices im Auge haben. Der aktive Personenkreis (s.o.) ist stabil, was wohl auch ein Hinweis auf die vorhandenen personellen Ressourcen ist, die über ihre „eigentliche" Arbeit hinaus in der Lage und willens sind, die notwendige Zeit für zusätzliche Arbeit aufzubringen. Auch entsteht ein nicht geringer Teil der Ideen deutlich aus bestehender Unzufriedenheit mit einzelnen Abläufen, Gegebenheiten etc.

Schlussfolgerungen

Innovationsmanagement an unserer Bibliothek ist etwas Neues – Patentrezepte, wie das zu erfolgen hätte, gibt es keine. Wie am Beispiel der Universitätsbibliothek Wien zu sehen ist, steht oft mehr die interne Innovation im Vordergrund; technologische Entwicklungen im Bibliothekswesen werden derzeit mehr oder weniger nur „beobachtet". Innovationen hingegen finden an vielen Stellen der Bibliothek statt. Eine wesentliche Aufgabe des Innovationsmanagements ist die Sichtbarmachung von innovativen Prozessen und das Bemühen, diese besser zu steuern. Sichtbarmachung ist sowohl nach innen als nach außen erforderlich. Dies gilt auch auf dem Gebiet der internen Kommunikation: Unsere KollegInnen müssen und sollen wahrnehmen, was wir tun – Kommunikation soll horizontal zur Organisationsstruktur stattfinden.

Innovation ist auch nicht notwendigerweise gleich technologische Innovation. Ist dem „Vorwurf" des „Altmodischen" durch (technische) Innovationen zu begegnen? Ohne Vermittlung vor allem an die universitäre Öffentlichkeit, welche Services und Produkte die Bibliothek denn zur Verfügung stellt bzw. entwickelt, wird die entsprechende Anerkennung ausbleiben. Dies ist insbesondere im Hinblick auf die Wahrnehmung der Bibliothek bedeutsam – in einigen Bereichen werden wir immer noch als riesige Büchersammlung identifiziert, die vor allem zu viel Raum in Anspruch nimmt.

Auch wenn die UB Wien sicherlich in vielen Bereichen in Österreich eine Vorreiterrolle spielt, kann und darf nicht verschwiegen werden, dass dies immer hart an den Ressourcengrenzen (sowohl finanzieller als auch personeller Art) kratzt! Daher muss mittelfristig Innovationsmanagement einhergehen mit einem Personalentwicklungskonzept, das diese innovativen Prozesse weiter entwickeln kann, um zu gewährleisten, dass all die guten Ideen der KollegInnen nicht letztendlich an Mangel scheitern. Das erfordert vor allem ein strategisches Konzept, wohin sich die Bibliothek bewegen will und in welchen Bereichen sie Kompetenzen aufbauen bzw. ausbauen möchte. Dazu soll die Innovationsstelle einen wesentlichen Beitrag leisten.

Johannes Andresen

Zugang zu allen Bibliotheken – Das Projekt Südtiroler Leseausweis

Seit einigen Jahren bestehen Überlegungen, einen gemeinsamen Ausweis für alle Südtiroler Bibliotheken zu schaffen. Dieser Südtiroler Leseausweis ist wesentlicher Baustein einer auch politisch verankerten virtuellen „Bibliothek Südtirol". Unter Federführung der Landesbibliothek Dr. Friedrich Teßmann konnte das Projekt im Jahr 2011 umgesetzt werden. Projektpartner waren neben den Softwarehäusern der eingesetzten Bibliotheksverwaltungsprogramme die bibliothekarische Fachstelle und die Abteilung Informationstechnik in der Südtiroler Landesverwaltung sowie der Bibliotheksverband Südtirol in seiner Funktion als EDV-Dienstleister für die Bibliotheken des Landes.

2011 konnte ein schon länger gewolltes Vorhaben umgesetzt werden. Für die Bürgerinnen und Bürger sollte der Zugang zur Südtiroler Bibliothekslandschaft vereinfacht und vereinheitlicht werden. Um das Projekt einordnen zu können, sollen zunächst die Eckpunkte des Südtiroler Bibliothekswesens geschildert werden, soweit sie Auswirkungen auf Planung und Umsetzung hatten.

Rahmenbedingungen

Südtirol ist ein kleinräumig strukturiertes Land. Eine Bevölkerung von 500.000 Einwohnern, die sich aus den drei Sprachgruppen Deutsche, Italiener und Ladiner zusammensetzt, ist in 116 Gemeinden organisiert. Abgesehen von fünf Stadtgemeinden mit einer Einwohnerzahl zwischen 20.000 und 40.000 und der Hauptstadt Bozen mit rund 100.000 Einwohnern bewegt sich die Mehrzahl der Gemeindegrößen unterhalb von 3.000 Einwohnern. Diese räumliche Verteilung schlägt sich auch in der Struktur des Südtiroler Bibliothekswesens nieder. Streng genommen müsste man den Begriff in den Plural setzen, denn neben dem deutschen und ladinischen Bibliothekswesen existiert in analoger Ausprägung auch ein italienisches Bibliothekswesen, auch wenn zwischen den autonom verwalteten Bereichen vielfältige inhaltliche Verbindungen bestehen. Beide Bereiche verfügen über jeweils eine Fachstelle und stützen sich auf zentrale Bibliotheksdienstleister, die in Vereins- oder Genossenschaftsstruktur organisiert sind. Diese übernehmen meist Dienstleistungsaufgaben in den Bereichen Katalogisierung und EDV-Betreuung. In den Aufbaujahren hat man erfolgreich versucht, die Nahversorgung der Bevölkerung mit Medien sicherzustellen. So ist in nahezu jeder Gemeinde ein Bibliothekssystem entstanden, das zumindest über einen Hauptsitz, nicht selten zusätzlich auch über Außenstellen in Gemeindefraktionen verfügt. In zehn zentralen Orten fungieren sogenannte Mittelpunktbibliotheken als Koordinationsstellen. Sie sind durchwegs hauptamtlich betreut und in ihren Bestandsgrößen mit Kleinstadtbibliotheken in Deutschland und Österreich vergleichbar. Die Hauptamtlichkeit ist hingegen kein durchgängiges Merkmal der Südtiroler Bibliothekslandschaft. Von den 112 erwähnten Bibliothekssystemen ist ein gutes Drittel mit hauptamtlichem Personal versehen, knapp zwei Drittel werden von einem Stab ehrenamtlicher Mitarbeiterinnen betreut.

Bibliothek Südtirol

Das Bibliotheksgesetz aus dem Jahr 1983 gibt der Landesbibliothek Dr. Friedrich Teßmann neben dem Auftrag als wissenschaftliche Universalbibliothek die Literaturversorgung der Bevölkerung sicherzustellen, auch eine zentrale Funktion im Gefüge des Südtiroler Bibliothekswesens. Zusammen mit dem Amt für Bibliotheken und Lesen als Fachstelle und dem Bibliotheksverband Südtirol als Interessenvertretungsorgan und vor allem zentralem Medienbearbeitungsdienstleister nimmt die Landesbibliothek landesweite Aufgaben wahr, wie etwa die Koordination des Südtiroler Leihverkehrs. In dieser Funktion hat sie 2010 die Aufgabe übertragen bekommen, den „Südtiroler Leseausweis" anzugehen. Der Auftrag geht zurück auf die kultur- und bildungspolitische Verankerung einer „Bibliothek Südtirol" im Koalitionsprogramm der jetzigen Landesregierung. Dort heißt es, dass die „Bildung ‚einer Bibliothek Südtirol', das heißt einer technisch, fachlich und räumlich vernetzten Bibliothekslandschaft sowie eines gemeinsamen Bibliothekenzentrums" vorangetrieben werden soll. Bricht man diese politische Willensäußerung auf die bibliothekarische Fachebene herunter, sind damit drei zentrale Dienstleistungen für die Bevölkerung verbunden: 1) ein verbesserter Verbundkatalog als Nachweisinstrument aller relevanten Bibliotheksbestände, 2) der Ausbau des interbibliothekarischen Leihverkehrs zwischen den Südtiroler Bibliotheken, um die Medienversorgung gerade in den dezentralen Orten zu erleichtern und 3) die Schaffung eines gemeinsamen Leseausweises, wobei der Ausweis neben der Dienstleistung am Bürger auch im engeren Wortsinn als sichtbares Zeichen der „Bibliothek Südtirol" dienen könnte. Aus dem Koalitionsprogramm lässt sich zudem ableiten, perspektivisch die Trennung zwischen deutschem und ladinischem Bibliothekswesen auf der einen Seite und dem italienischen Bibliothekswesen auf der anderen Seite zu überwinden. So ist eine Ausweitung auf die italienische Bibliothekswelt bereits in der Planungsphase vorgesehen worden.

Steuerungsinstrumente

Nicht unerheblich zu erwähnen ist die Tatsache, dass die oben erwähnten Fachstellen durch Förderbeiträge, Fachberatung und eine zentrale Ankaufspolitik schon immer Steuerungselemente für die Entwicklung des Südtiroler Bibliothekswesens in der Hand hatten. Dies hat sich für das Projekt positiv bemerkbar gemacht. Zu nennen sind der zentrale Ankauf der Bibliothekssoftware und die damit einhergehende zentrale Verwaltung der Lizenzen sowie die zentrale Wartung und Betreuung der Softwarepakete durch den Bibliotheksverband Südtirol. So wird flächendeckend im deutschsprachigen Bibliothekswesen die Software Bibliotheca2000 der Firma OCLC, ehemals BOND, eingesetzt. Auch die Universitätsbibliothek Bozen arbeitet mit dieser

Software. Analog dazu setzt die italienische Südtiroler Bibliothekswelt auf das Softwarepaket Aleph von der Firma Ex Libris. Die Landesbibliothek stellt mit ihrer relativ frühen EDV-Einführung einen Sonderfall dar. So kommt hier die Software BIS-C der Firma DABIS zum Einsatz. Diese Beschränkung auf drei im Einsatz befindliche Programme wirkt sich, wie wir noch sehen werden, positiv auf den gewählten technischen Weg aus.

Projektidee

Jedes Projekt startet mit einer mehr oder minder klaren Idee. Auch wenn sie vielleicht nicht schriftlich fixiert ist, so existiert sie meist in den Köpfen der Projektverantwortlichen. In diesem Fall war es die Vorstellung, ein Südtiroler Leseausweis sollte in technischer Hinsicht alle Benutzerdaten aller angeschlossenen Bibliotheken zentral verwalten, und alle bisher in den Bibliotheken verwendeten Benutzerausweise sollten durch einen neuen Ausweis ausgetauscht werden. Diese Vorstellung musste bereits in einer frühen Projektphase revidiert werden. Hier ist vor allem die Beratung durch die Bozner EDV-Firma Alpin zu nennen, die Erfahrungen aus dem kommerziellen Bereich mit Kartensystemen mitbrachte und dadurch vielleicht auch den oft zitierten „Blick von außen" einbringen konnte, der manch liebgewonnenen blinden Fleck unbarmherzig aufdeckte.

So wurden alternative Lösungsansatze gefunden. Das Projekt sah zwar immer noch den Aufbau einer zentralen Benutzerdatenbank vor, die über maschinenlesbare Schnittstellen mit den Bibliotheksprogrammen vor Ort kommunizieren sollte, um die gegenseitige Authentifizierung von Benutzerdaten zu ermöglichen. Die Verwaltung, Änderung, Neuanlage von Benutzern sollte jedoch weiterhin vor Ort in der jeweiligen Bibliothek geschehen. Vereinfacht ausgedrückt wird ein normierter Teilauszug des lokalen Benutzerdatensatzes in Kopie in der zentralen Datenbank hinterlegt. Dieser Datensatz dient den darauf zugreifenden Bibliotheken zur Authentifizierung eines ihnen fremden Benutzers. Auch von einem flächendeckenden Austausch aller im Einsatz befindlichen Benutzerausweise verabschiedete man sich – nicht zuletzt aus Kosten- und Logistikgründen – frühzeitig. Alle derzeitigen Benutzerausweise können weiterhin verwendet werden.

Bürgerkarte

Eine parallele Entwicklung der Südtiroler Landesverwaltung konnte hingegen in die Projektstruktur eingebaut werden. In Südtirol wird derzeit die sogenannte „Bürgerkarte Südtirol (BKS)" entwickelt. Sie wird an jeden Bürger Südtirols ausgeteilt werden und dient in ihren Basisfunktionalitäten zunächst als Gesundheitskarte. Mit der in vierfacher Weise codierten sogenannten Steuernummer, einem italienweit einmaligen alphanumerischen Code, kann der Bürger sich gegenüber den Gesundheitsbehörden ausweisen und Dienste in Anspruch nehmen. Die Bürgerkarte soll darüber hinaus jedoch generell als

Authentifizierungsinstrument des Bürgers gegenüber Dienstleistungen der öffentlichen Hand zum Einsatz kommen. So lag es nahe, die Bürgerkarte als optionale Authentifizierungsmöglichkeit in das Projekt einzubinden. Sie könnte auch in naher Zukunft den ursprünglich geplanten einheitlichen Bibliotheksausweis ersetzen. Ihre Vierfachcodierung über Barcode, Magnetstreifen, Chip und RFID-Tag könnte sie zudem zum Schweizer Taschenmesser des Bibliothekswesens machen, musste im Rahmen des Projekts doch auch die unterschiedliche technische Ausstattung in den beteiligten Bibliotheken berücksichtigt werden. So setzt etwa das italienische Bibliothekswesen auf die Magnetstreifentechnik, die Mehrzahl der deutsch- und ladinischsprachigen Bibliotheken verwendet Barcodeleser, wobei die RFID-Technik bei Neu- und Umbauten sowohl im Medienbereich als auch bei der Benutzeridentifikation auf dem Vormarsch ist.

Ein erstes Datenmapping zwischen den Benutzerdaten der Landesbibliothek und einem Datenauszug der Bürgerkarte ermöglicht seit Januar 2012, zunächst in einer Testphase, die Verwendung der Bürgerkarte als Leseausweis in der Landesbibliothek.

Projektstruktur

Die engere Projektphase umfasste den Zeitraum von Frühjahr 2010 bis Herbst 2011, wobei die Projektarbeit im Nachhinein betrachtet presswehenartig verlief. Die Projektverantwortung lag bei der Landesbibliothek Dr. Friedrich Teßmann. Hier liefen alle Fäden zusammen. Ihr oblag es zunächst ein Konzept auszuarbeiten, dieses Konzept mit den Partnereinrichtungen und den beteiligten Firmen abzustimmen, die Aufträge zu vergeben und abzurechnen. In einem engeren Kreis waren das Amt für Bibliotheken und Lesen als zuständige Fachstelle, der Bibliotheksverband Südtirol in seiner Funktion der Softwarebetreuung in den öffentlichen Bibliotheken und die Abteilung Informationstechnik als zuständiges Organ für die Entwicklung der Bürgerkarte beteiligt. Standen in den Gesprächen mit der Fachstelle und der Abteilung Informationstechnik strategische Fragen im Vordergrund, war der Verband der wichtigste Ansprechpartner in der intensiven Testphase. Zur Umsetzung wurden im Wesentlichen drei Aufträge an externe Projektpartner vergeben. Die Bozner Softwareschmiede Alpin Solutions zeichnete für das technische Gesamtkonzept und die Programmierung der zentralen Systembauteile wie den Aufbau der zentralen Datenbank und der zentralen Gateway-Anwendung, die Webschnittstelle als Administratorenschnittstelle und vor allem die SOAP-Schnittstelle als maschinenlesbare Schnittstelle für Drittanbieter verantwortlich. Von einer im Gesamtkonzept bereits vorgesehenen LDAP-Schnittstelle wurde in der jetzigen Phase abgesehen. Das Konzept wurde so gestaltet, dass in den beiden Bibliotheksprogrammen Bibliotheca2000 und BIS-C relativ geringe Sonderprogrammierungen notwendig wurden. Somit ergingen weitere Aufträge an die Firma OCLC, vormals BOND, für die Adaptierung der gewünschten Funktionalitäten im Programm Bibliotheca2000 und an die Firma DABIS für die Sonderprogrammierung in BIS-C, dem Programm, das in der Landesbibliothek zum Einsatz kommt.

Im Gesamtprozess waren zudem mehrere Beteiligungsschleifen durch die öffentlichen Bibliotheken vorgesehen. Ihre Rückmeldungen aus der Praxis führten zu Modifikationen der Anforderungen, vor allem in den Bereichen „Datenschutz“ und „Programmhandling“.

Technik

Ein Benutzer von Bibliothek A kommt mit seinem dort ausgestellten Ausweis in Bibliothek B und möchte dort ein Medium ausleihen. Das Bibliotheksprogramm von Bibliothek B meldet, dass dieser Benutzer ihm unbekannt ist und fragt im Hintergrund bei der zentralen Datenbank nach. Ist dort ein entsprechender Datensatz hinterlegt, wird dieser auf dem Bildschirm angezeigt und nach Bestätigung durch den Mitarbeiter am Ausleihschalter heruntergeladen und lokal abgespeichert. Nun kann der Ausleihvorgang fortgesetzt werden. Der Benutzer aus Bibliothek A ist fortan in Bibliothek B für zukünftige Besuche registriert.

Dieser simpel erscheinende Vorgang setzt im Hintergrund Schnittstellenarbeit voraus: Insgesamt 12 Anwendungsfälle mussten analysiert und in Workflows umgesetzt werden. Dazu dient eine Reihe von Datenprozessen, von denen hier nur die zentralen drei vorgestellt werden sollen. So überprüft der Prozess isUser anhand der Ausweisnummer und des Bibliothekssigels, ob der vorgelegte Bibliotheksausweis in der angegebenen Bibliothek als gültiger Benutzer geführt wird. Der Prozess getUserData überträgt die Benutzerdaten von der zentralen Datenbank in die lokale Bibliothekssoftware, und der Prozess putUserData aktualisiert einen lokal gespeicherten Benutzerdatensatz in der zentralen Datenbank.

Herausforderungen

Was sich auf dem Papier recht einfach beschreiben lässt, brachte in der Praxis einige Herausforderungen mit sich. So musste zunächst vereinbart werden, welches Set an Daten überhaupt übertragen und genutzt werden soll. Die Programme arbeiten mit unterschiedlichen Benutzerdatensätzen. So galt es, einen Mindestdatensatz festzulegen, der die Pflichtfelder beider Programme beinhaltete. Zusätzlich benötigte Daten können nach dem Download lokal ergänzt werden. Ebenso war grundsätzlich zu vereinbaren, wie das Verfahren auf Connectivity-Ausfälle reagieren soll. In diesem Fall wird der noch zu übertragende Datensatz markiert und bei erneuter Verbindung automatisch hochgeladen. Auch für die Leistungsfähigkeit des Systems lagen naturgemäß keine Erfahrungswerte vor. Um auf hohe Serverlasten vorbereitet zu sein, wurden eine serverseitige Skalierbarkeit und ein mehrstufiges Cache-System eingerichtet. Grundsätzlich kann jedoch festgehalten werden, dass jeweils nur sehr geringe Datenmengen übertragen werden müssen.

Waren die erstgenannten Hürden vorwiegend technischer Natur, galt es auch, Antworten auf die heterogene Datenqualität zu finden. Ein Grundproblem bestand darin, dass in den Südtiroler Bibliotheken teilweise gleiche Ausweisnummernkreise vorhanden sind. Eine Ausweisnummer aus Bibliothek A konnte somit auch in Bibliothek B vorkommen. Somit konnte sie nicht als eindeutiger Schlüssel verwendet werden. Um dem zu begegnen, wurde das bereits vorhandene Südtiroler Bibliothekssigelsystem in die Abfrage eingebunden. Benutzereindeutigkeit entsteht nun durch die Kombination aus Bibliotheks- sigel und Ausweisnummer. Ein Beispiel: Kann die Ausweisnummer 1234 mehrmals in Südtiroler Bibliotheken vorkommen, ist die Kombination 152-1234 eindeutig, wobei die ersten drei Ziffern jeweils eine Bibliothek eindeutig codieren. So konnte eine strukturelle Datenkonsolidierung erreicht werden.

In der Praxis kommt es auch vor, dass ein und dieselbe Person bereits über mehrere Bibliotheksausweise verfügt. So besitzt sie vielleicht einen Ausweis ihrer Wohnortbibliothek und zusätzlich einen weiteren von der Bibliothek ihres Arbeitsortes. Auch wenn eine Reihe automatisierter Verfahren zur maschinellen Dublettenbereinigung existieren, war bei einer aktiven Leserzahl von ca. 120.000 Personen nur für den Bereich des deutschen und ladinischen Bibliothekswesens mit einem nicht unerheblichen intellektuellem Aufwand zu rechnen, um die Daten auch in dieser Hinsicht zu konsolidieren. Da die Einführung der Bürgerkarte die Ausgangssituation zukünftig verändern wird, wurde zunächst darauf verzichtet.

Ebenso musste die strengen Datenschutzbestimmungen der italienischen Gesetzgebung berücksichtigt werden. Hierbei kam dem Projekt zugute, dass seit 2003 eine einheitliche Datenschutzerklärung bei der Erstanmeldung in allen Südtiroler Bibliotheken verwendet wird. Sie deckt die Verwendung der Benutzerdaten für den Aufbau zentraler bibliothekarischer Datenbanken ab. Der Zugriff auf die zentrale Datenbank erfolgt zudem über eine SSL-Datenübertragung und eine im Programmcode hinterlegte passwortgeschützte bibliotheksspezifische Kennung, die dem jeweiligen Mitarbeiter an der Ausleihtheke nicht bekannt ist.

Im Austausch mit den beteiligten Bibliotheken wurde auch festgelegt, dass Änderungen von Benutzerdaten nur durch die „Heimatbibliothek" möglich sein sollen und lokale Sperrungen nicht für das Gesamtsystem greifen.

Fazit

Das Projekt Südtiroler Leseausweis wurde in rund eineinhalb Jahren umgesetzt. Die externe Beratung und der Einbezug der Bibliotheken haben dem Projekt gut getan. Zudem war die Ausgangslage für ein solches Vorhaben in Südtirol durch zentrale Programmlizenzen und eine zentrale Programmbetreuung günstig. Auch der relativ kleine Partnerkreis führte zu kurzen Kommunikationswegen, mit denen rasch auf Veränderungen reagiert werden konnte. Eine Woche vor dem Österreichischen Bibliothekartag war das System technisch einsatzbereit. Die flächendeckende Implementierung wird mit Hilfe des Bibliotheksverbands Südtirol ab Februar 2012 erfolgen und dann den Benutzern der Südtiroler Bibliotheken einen vereinfachten Zugang ermöglichen. Der Südtiroler Leseausweis ist vielleicht eine Komfortfunktion, aber mit bibliothekspolitischer Signalwirkung.

Veronika Plößnig

Change Management an Universitätsbibliotheken

Unterschiedliche Methoden der Durchführung und deren Erfolg

Im Mittelpunkt der Studie steht die Frage, mit welchen Methoden, Methodenbausteinen und Instrumenten Führungskräfte im Bibliothekswesen bei der Durchführung von Change-Management-Prozessen unterstützt werden können. Dazu werden Veränderungsprozesse an deutschen wissenschaftlichen Bibliotheken vorgestellt, die auf ganz unterschiedliche Weise umgesetzt wurden: Es handelt sich um die Universitätsbibliothek der Technischen Universität München, die Universitätsbibliothek Passau sowie einige Bibliotheken in Baden-Württemberg und Nordrhein-Westfalen, die gemeinsam das Modell der Kollegialen Beratung entwickelten. Als Forschungsmethoden für diese Studie wurden Instrumente der Qualitativen Sozialforschung gewählt: Die Datenerhebung erfolgte mittels qualitativer, problemzentrierter Interviews mit den beteiligten Führungskräften,. die Auswertung der Daten mittels der Methode der Qualitativen Inhaltsanalyse nach Mayring. Die Studie wurde mit einer Einschätzung und Bewertung der aus den Daten gewonnenen Erkenntnisse mit Fokus auf die Forschungsfrage abgeschlossen.

1. Einleitung

Aufgrund der sich permanent ändernden Anforderungen an die Dienstleistungen einer wissenschaftlichen Bibliothek – verwiesen sei hier stellvertretend auf das Schlagwort der Digitalen Bibliothek (vgl. Hobohm 1997, S. 293 ff.) – ergibt sich die Notwendigkeit, die Organisationsstruktur einer Bibliothek sowie Arbeitsprozesse und -abläufe anzupassen. Dies kann auch im Rahmen eines Change-Management-Prozesses (im Folgenden CM-Prozess) geschehen.

Im Mittelpunkt dieses Beitrags steht die Frage, mit welchem Modell, mit welchen Methodenbausteinen Führungskräfte im Bibliothekswesen bei der Durchführung von CM-Prozessen unterstützt werden können?[1]

Eine Frage, die sich daran anschließt, lautet: Wie verhalten sich die Führungskräfte von Bibliotheken bei der Durchführung von CM-Prozessen?

Zur Beantwortung dieser Fragen wurden drei Ansätze an deutschen wissenschaftlichen Bibliotheken ausgewählt und analysiert, an denen auf unterschiedliche Weise Veränderungsprozesse umgesetzt wurden: die Universitätsbibliothek der Technischen Universität München (TUM), die Universitätsbibliothek Passau und der Ansatz der Kollegialen Beratung.

1 Für das Folgende vgl. ausführlich meine Master Thesis: Plößnig, Veronika (2010): Change Management an Universitätsbibliotheken. Unterschiedliche Methoden der Durchführung und deren Erfolg. Master Thesis. Universität, Wien. Online verfügbar unter http://othes.univie.ac.at/15257, zuletzt geprüft am 09.03.2012.

2. Forschungsfrage, Forschungsdesign, theoretischer Hintergrund

Bei der Studie handelt es sich um die Analyse dreier Change-Management-Prozesse im Sinne von Einzelfallstudien und die anschließende Interpretation des jeweiligenVeränderungsprozesses. Als Forschungsmethoden wurden Instrumente der Qualitativen Sozialforschung gewählt, konkret: qualitative, problemzentrierte Interviews, so wie eine an der Qualitativen Inhaltsanalyse orientierte Auswertung der Transkripte.

Die Studie ist in folgende Kontexte eingebettet – die hier ausführlich darzustellen nicht möglich ist: organisationstheoretische Zugänge mit einem Blick auf den Begriff der Organisation selbst; eine Auseinandersetzung mit den Spezifika wissenschaftlicher Bibliotheken; den theoretischen Konzepten des Change Mangagements und zuletzt mit den Themenkomplexen Führung, Leitung, Management aus einer bibliothekarischen Sicht.

Im Mittelpunkt des empirischen Teils der Studie steht die Darstellung der Veränderungsprozesse an der Universitätsbibliothek der TUM, der Universitätsbibliothek Passau sowie das Modell der Kollegialen Beratung. Die Untersuchung schließt mit einer Einschätzung und Bewertung der aus den Daten gewonnenen Erkenntnisse unter Berücksichtigung der zu Beginn aufgeworfenen Fragen.

3. Die Universitätsbibliothek der Technischen Universität München[2]

Die Universitätsbibliothek der TUM besteht aus 10 Teilbibliotheken an drei Standorten und verfügt über einen Bestand von ca. 1,7 Millionen elektronischen und gedruckten Medien. Sie ist für die Literaturversorgung von dreizehn Fakultäten mit über 20.000 Studierenden zuständig. Die 112 Personalstellen der Bibliothek verteilen sich auf ca. 120 Personen.[3]

Die Ziele des an dieser Bibliothek eingeleiteten Veränderungsprozesses bestanden einerseits in einer internen Umstrukturierung, d.h. in der Veränderung der Organisationsstruktur: Ein integrierter Geschäftsgang und das Prinzip der Teamarbeit sollten in allen Abteilungen eingeführt werden. Andererseits strebte man die Veränderung der Bibliothekslandschaft an der TUM an: von einem zweischichtigen System hin zu einem System der „funktionalen Einschichtigkeit“ (Kallenborn 2004, S. 318).

Wie wurde der Veränderungsprozess umgesetzt (vgl. Kallenborn 2004, S. 320)? Die Absicht, Teamarbeit einzuführen, wurde im Haus vorgestellt und

2 Die Darstellung des Veränderungsprozesses an der Universitätsbibliothek der TUM folgt Kallenborn 2004. Dabei fasse ich – ebenso wie bei der Darstellung des Veränderungsprozesses an der UB Passau und der Kollegialen Beratung – Ziele, Umsetzung und Ergebnisse des Prozesses zusammen.

3 Vgl. http://www.ub.tum.de/bibliotheksentwicklungsplan#Archiv: Frühere Bibliotheksentwicklungspläne (Zugriff am 09.03.2012)

diskutiert, der organisatorische und personelle Rahmen der einzelnen Bereiche – wieviele Teams beispielsweise in der Medienbearbeitung wofür zuständig sein sollten oder, dass es kein Team mit mehrheitlich schlechter qualifizierten Kollegen/innen geben sollte – wurde durch die Bibliotheksleitung vor Beginn des Teamfindungsprozesses vorgegeben.

Wichtig war dabei, dass der gesamte Prozess durch den Personalrat der Universität sowie durch die Betriebspsychologin, die auch den Teamfindungsprozess moderierte, begleitet wurde. Ebenso wurden Seminare und Klausuren für die Führungsebene sowie Seminare zum Thema Teamarbeit für die Mitarbeiter/innen durchgeführt.

Universitätsinterne und -externe Evaluierungen – Evaluierungskommission des Senats (1996), Evaluierung durch den Leiter der Universitätsbibliothek Frankfurt und die Unternehmensberatung Booz, Allen & Hamilton (BAH) (1998), Evaluierungskommission unter Leitung des Generaldirektors der Bayerischen Staatsbibliothek (2002) – hatten schon zuvor u.a. sinkende Etats, Personalabbau, „(...) eine unkoordinierte Erwerbung in den Fakultäten (...)" (Kallenborn 2004, S. 319) sowie das Vorhandensein von über 200 Lehrstuhlbibliotheken mit unterschiedlichen Benutzungsmodalitäten festgestellt. Faktoren, die es für die Bibliothek erschwerten, die aufgrund von technischen Weiterentwicklungen und wachsenden Benutzerzahlen gestiegenen Anforderungen zu erfüllen.

Maßnahmen zur internen Umstrukturierung waren daher nötig. Diese führten zu Synergieeffekten in der Bearbeitung und zu einer besseren gegenseitigen Unterstützung (vgl. Kallenborn 2004, S. 320). Ein weiterer wichtiger Faktor war der Aufbau eines Kommunikationsnetzes, das die Einrichtung von Mailinglisten, die Einführung einer Mitarbeiter/innenzeitung und die regelmäßige Durchführung von Treffen auf allen Organisationsebenen umfasste. Auch das Fortbildungsangebot wurde erweitert (Kallenborn 2004, S. 325).

„Schmerzhaft" (Kallenborn 2004, S. 320) für manche Mitarbeiter/innen war die räumliche Zentralisierung im Zuge der Umstrukturierung. Versuche, den integrierten Geschäftsgang zu unterlaufen, wurden unterbunden.

Eine anfangs befürchtete „'Gleichmacherei' aller Mitarbeitenden" (Kallenborn 2004, S. 320) ist nicht eingetreten, da es auch in der neuen Struktur Spezialtätigkeiten gibt, die herausgehobene Tätigkeitsfelder bieten.

Die unterschiedlichen Interessenlagen aller Beteiligten im Zusammenhang mit der Veränderung der Bibliothekslandschaft haben Kompromisse notwendig gemacht (vgl. Kallenborn 2004, S. 322 f.):

- Vereinheitlichung der geltenden Benutzungsregelungen durch den Entwurf einer neuen Bibliotheksordnung durch Bibliotheksbeirat und Universitätsbibliothek 2002

- Konzeption und Umsetzung eines neuen Verteilungsmodells aller durch das Ministerium[4] zugewiesenen Literaturmittel und Bewirtschaftung dieser Mittel durch die Universitätsbibliothek
- Aufbau von Handapparaten an Lehrstühlen nur aus zusätzlichen Mitteln der Fakultäten
- Durchführung einer Benutzerbefragung

Die Empfehlungen der Unternehmensberatungsfirma BAH wurden nicht vollständig übernommen, dienten aber als Ausgangsbasis für die Veränderungen.

4. Die Universitätsbibliothek Passau[5]

Die UB Passau verfügt über einen Gesamtbestand von über zwei Millionen physischen Einheiten, hat über 80 Mitarbeitern/innen und besteht aus der Zentralbibliothek und fünf Teilbibliotheken. Ihre Hauptaufgabe ist die Literaturversorgung der Hochschule, darüber hinaus ist sie aber auch wissenschaftliche Universalbibliothek in der Region Niederbayern.[6]

Ziele des Veränderungsprozesses an dieser Bibliothek waren die Veränderung der gesamten Organisationsstruktur sowie die Einführung eines integrierten Geschäftsganges.

Wie wurde der Veränderungsprozess hier umgesetzt? 1996 wurde vom Freistaat Bayern eine Mitarbeiter/innenbefragung im öffentlichen Dienst beschlossen mit dem Ziel, konkrete Verbesserungsprozesse in staatlichen Einrichtungen anzuregen. Diese erbrachte 2002 für die UB Passau zusammengefasst folgendes Ergebnis: Einerseits bestand bei den Bibliothekar/innen eine hohe Identifikation mit ihrem Beruf; andererseits waren in den Bereichen Führung, Fortbildung und interne Kommunikation große Defizite feststellbar. Zudem war für die Mitarbeiter/innen kein offensichtlicher Zusammenhang mehr zwischen Leistung und beruflichem Aufstieg erkennbar – es herrschte ein Gefühl der Stagnation Wie konnten die gesetzten Ziele nun mittels des einzuleitenden Veränderungsprozesses erreicht werden?

Im Freistaat Bayern steht für die Kommunikation zwischen Mitarbeitern/innen auf der einen und Führungskräften auf der anderen Seite das so genannte Jahresgespräch zur Verfügung. Das Jahresgespräch kann aber auch, wie im Falle der UB Passau, von der Leitung einer Organisationseinheit auf die gesamte Organisation umgelegt werden. Damit wird es zu einem Instru-

4 Das zuständige Ministerium ist das Bayerische Staatsministerium für Wissenschaft, Forschung und Kunst (StMWFK).

5 Die Darstellung des Veränderungsprozesses folgt Wawra 2006.

6 Vgl. http://www.ub.uni-passau.de/bibliotheksprofil.html#c841 Zugriff am 07.02.2012. Im Jahr 2008 hatte die Bibliothek 84 Mitarbeiter/innen, davon 49 Ganztags- und 35 Teilzeitbeschäftigte.

ment der strukturierten Kommunikation zwischen der Organisationsleitung und der gesamten Belegschaft.[7] Welche Absicht stand hinter dieser Vorgangsweise? Zum einen sollten dadurch die Befunde aus der Mitarbeiter/innenbefragung überprüft werden, zum anderen sollten diese Gespräche aber – und das ist ein wichtiger Punkt – als Basis für notwendige bzw. mögliche Veränderungsmaßnahmen dienen. Auf der Grundlage dessen hat die Bibliotheksleitung ein Diskussionspapier zur Veränderung der Organisationsstruktur erstellt und eine Arbeitsgruppe dazu eingerichtet. Das Papier wurde allen Mitarbeitern/innen zur Verfügung gestellt. Flankierend beschäftigten sich kleinere Arbeitsgruppen mit spezifischen Themen. Damit wurde ein komplexer Kommunikationsprozess in Gang gesetzt, der allen Mitarbeitern/innen die Möglichkeit bot, sich in die Diskussion einzubringen.

Am Ende des Diskussionsprozesses stand dann ein Entwurf für eine neue Organisationsstruktur und ein entsprechender Geschäftsverteilungsplan, der eine Reihe von neuen Funktionen vorsah. Diese Funktionen wurden bibliotheksintern ausgeschrieben. Nicht in allen Fällen kam es dann allerdings zu Neubesetzungen, denn manche Funktionen waren ohnehin bereits durch Mitarbeiter/innen besetzt, in anderen Fällen war aus fachlicher Sicht keine Neubesetzung notwendig. Hinsichtlich der Bewertung des Prozesses hat sich gerade das Instrument des Jahresgesprächs aus Sicht der Bibliotheksleitung bewährt, da es dazu beigetragen hat, die Veränderungen „(…) positiv einzuordnen und zu verstehen" (Wawra 2006, S. 43).

„Eine kritische Phase" (Wawra 2006, S. 45) im Umstrukturierungsprozess trat ein, als auf einige intern ausgeschriebene Stellen keine Bewerbungen erfolgten. Dies wurde von der Bibliotheksleitung auf die mit der Aufgabe von gewohnten Tätigkeiten und sozialen Umgebungen zusammenhängende Unsicherheit zurückgeführt und durch „Umsetzungen" gelöst (Wawra 2006, S. 45).

5. Der Ansatz der Kollegialen Beratung[8]

Das Konzept der Kollegialen Beratung wurde 2007 von einer Gruppe von Hochschulbibliotheken aus Nordrhein-Westfalen[9] und Baden-Württemberg[10] in dieser Form entwickelt und erprobt.

[7] Wobei dies nicht das Jahresgespräch zwischen Mitarbeitern/innen und unmittelbaren Vorgesetzten ersetzt (vgl. Wawra 2006, S. 42).

[8] Die Darstellung des Veränderungsprozesses folgt Vogt 2007, 2009. Vgl. aber auch Depping, Ralf; Kreische, Joachim (05.06.2008), Eich, Ulrike (05.06.2008), Kirchgäßner, Adalbert (05.06.2008), Wittenauer, Volker (05.06.2008).

[9] BTH Aachen, UB Bielefeld, ULB Bonn, ULB Düsseldorf, UB Duisburg-Essen, USB Köln, ULB Münster, UB Paderborn

[10] UB Konstanz, UB Heidelberg

Was ist unter Kollegialer Beratung zu verstehen, wovon unterscheidet sie sich? Der Ansatz der Kollegialen Beratung ist ein strukturierter und transparenter Beratungsprozess mit dem Fokus auf Qualitätsmanagement. Dabei fungieren Kollegen/innen aus anderen Bibliotheken als Berater/innen und verbinden fachliches Detailwissen mit dem Blick „von außen". Nicht gemeint ist mit dem Ansatz Kollegiale Beratung der Ratschlag unter Kollegen/innen auf der Basis von informellen Kontakten.

Charakteristisch für die Kollegiale Beratung sind u.a. folgende Komponenten: Beratung auf derselben Ebene, Beratung auf Gegenseitigkeit und die Einbeziehung der Mitarbeiter/innen. Die Beratung erfolgt unter Fachleuten mit derselben beruflichen Ausrichtung (hier Bibliothekare/innen aus Universitätsbibliotheken), auf derselben hierarchischen Stufe, der Leitungsebene, also gewissermaßen auf Augenhöhe, da jede teilnehmende Bibliothek berät und beraten wird. Besonders wichtig ist die Einbeziehung der Mitarbeiter/innen: Sie stellen Informationen für die Berater/innen zusammen, müssen sich so im Vorfeld mit ihren Aufgaben und Tätigkeiten auseinandersetzen und formulieren Fragen an die Berater/innen. Diese sprechen in der Folge nicht nur mit der Bibliotheksleitung, sondern vor allem mit den Mitarbeiter/innen. Sie tun dies ohne Beisein der Leitung, um ein möglichst umfassendes Bild von der Situation zu gewinnen.

Die Vorteile dieses Ansatzes sind u.a. folgende:

Durch denselben fachlichen Hintergrund ist keine lange Einarbeitungszeit der Berater/innen notwendig. Die Kenntnis der eigenen wie auch anderer Bibliotheken erleichtert das Ziehen von Vergleichen. Da auch die eigene Bibliothek im Verlauf der gegenseitigen Beratung „(...) kritisch begutachtet (...)" wird, formulieren die Berater/innen ihre Empfehlungen „(...) eher behutsam und konstruktiv (...)" (Vogt 2009, S. 273) auf der Basis von Kollegialität und Kooperation anstelle von Evaluierung und Kritik.

Allerdings erfordert die Umsetzung dieses Konzepts ein hohes Maß an Zeit, Aufwand und Engagement.

Zusammenfassend kann festgehalten werden, dass im Rahmen der Umsetzung der Kollegialen Beratung die typischen Schritte eines Beratungsprozesses absolviert wurden, wie u.a. die Auftragsklärung, die Erarbeitung von Unterlagen, die Organisation des Besuches, die Erstellung eines Berichts mit Beobachtungen und Empfehlungen durch die Berater/innen sowie die Diskussion der Ergebnisse und deren hausinterne Kommunikation und letztlich die Erarbeitung von Maßnahmen.[11]

Hinsichtlich der *Sinnhaftigkeit* bzw. Nachhaltigkeit des Modells der Kollegialen Beratung sei ausführlich Renate Vogt zitiert: „Wenn es um die Tauglichkeit der Kollegialen Beratung als Instrument der Qualitätsentwicklung geht,

[11] Vgl. Königswieser 2011.

ist es letztlich nicht entscheidend, welcher Prozentsatz der Empfehlungen explizit umgesetzt wird. Wesentlich sind die angestoßenen Denk- und Kommunikationsprozesse und die veränderte Grundeinstellung in Bezug auf Qualitätsmanagement in allen Dimensionen" (Vogt 2009, S. 275).

Am Ende ist zwar nicht ein Handbuch zur Nachnutzung des Konzepts entstanden – dies wurde ursprünglich im Rahmen eines DFG-Antrages angestrebt; (vgl. Vogt 2008, Z 28 f.). Aus Sicht der Verfasserin dieses Beitrags können die Vorträge bzw. Aufsätze der beteiligten Projektpartner/innen dennoch als Leitfaden für die jeweiligen Abschnitte einer Kollegialen Beratung genommen werden, da darin die relevanten Schritte im Beratungsprozess – wie z. B. Aspekte und Aufgabenstellungen im Vorfeld und während des Prozesses oder die Kommunikation der Ergebnisse – dargestellt und diskutiert werden.[12]

6. Ergebnisse der Studie

Mit Blick auf die Ausgangsfragen lassen sich die Ergebnisse der Studie folgendermaßen zusammenfassen:

Ausgangslage

- Gestaltungsmöglichkeiten
  Alle drei untersuchten Veränderungsprozesse zeigen, dass für die Umsetzung der angestrebten Veränderungen innerhalb der Universitätsbibliothek die Unterstützung durch die Hochschulleitung absolut notwendig ist, denn diese Unterstützung wirkt sich positiv auf den internen Handlungsspielraum der Bibliotheksleitung aus.
- Externe Beratung
  Hinsichtlich der Frage nach einer externen Beratung des Veränderungsprozesses lässt sich bei zwei im Rahmen der Master Thesis untersuchten Modellen – der UB TU München und der UB Passau – eine Haltung im Sinne von „ja, aber" feststellen: Beratung ja, aber zu bestimmten Zeitpunkten oder anlässlich bestimmter Themenstellungen im Prozess. An der UB der TUM wurde eine externe Beratung hinsichtlich der Evaluierung der Bibliothekssituation an der Hochschule und der Teambildung hinzugezogen.[13] An der UB Passau beschloss die Bibliotheksleitung eine externe Beratung ebenfalls zur Unterstützung der Teambildung hinzuzuziehen[14], mit der Annahme, einer Unternehmensberatung, die in die Teams geht „(...) erzählt man ganz freier und berichtet viel eher (...)" (Wawra 2008, Z 73) von den eigenen Ideen. Die Bibliotheksleitung geht noch weiter und spricht

[12] Vgl. Depping, Ralf; Kreische, Joachim (05.06.2008), Eich, Ulrike (05.06.2008), Kirchgäßner, Adalbert (05.06.2008), Wittenauer, Volker (05.06.2008).

[13] Vgl. Kallenborn 2004.

[14] Vgl. Wawra 2006, S. 47.

sich auch dafür aus, bei Zertifizierungen und Qualitätsmanagementmaßnahmen externe Beratung in Anspruch zu nehmen.

Umsetzung

- Positive und negative Meilensteine
  Veränderungsbereitschaft bei zumindest einem Teil der Mitarbeiter/innen wirkt motivierend und stärkend für Führungskräfte. Sie sollten dennoch auf die Widerstände und Ängste der Mitarbeiter/innen gefasst sein, die mit dem Status Quo zufrieden waren und gegebenenfalls versuchen, an diesem festzuhalten.
- Wirkung einer Methode auf die Mitarbeiter/innen
  Durch die Erhebung und Zusammenstellung von Daten schärft die Kollegiale Beratung als Modell den Blick für den Vergleich mit anderen Bibliotheken. Sie erzeugt auch eine selbstbewusstere Haltung und eine skeptische Sicht auf Instrumente wie BIX.
- Kommunikation
  Kommunikation in diversen Formen ist nicht nur ein wirksames Mittel für Führungskräfte im Hinblick auf den Umgang mit Widerständen und Ängsten, sondern ist insgesamt ein wichtiges Führungsinstrument zur nachhaltigen Umsetzung von Veränderungen. Die Auswertung der Interviews zeigt, dass für die Kommunikation mit den Mitarbeitern/innen der Faktor Offenheit besonders hervorzuheben ist.
- Leitung und Führung
  Führungsverständnis, Führungsstil und soziale Kompetenzen von Führungskräften sind mindestens so ausschlaggebend für die Umsetzung von Veränderungsprozessen wie die Wahl der Methode.

7. Anwendbarkeit der Ansätze

Sind folgende Voraussetzungen in einer Bibliothek und für einen entsprechenden Projektpartner gegeben, bietet sich das Modell der Kollegialen Beratung an:

- Prozessoptimierung und Effizienzsteigerung in einem konkreten, am besten unmittelbar bibliothekarischen Problembereich
- Bereitschaft zu großem Engagement und hohem zeitlichen Aufwand
- Offenheit, Fähigkeit zur Selbstkritik und zum Umgang mit Kritik, eine Haltung des „Hinsehens, wie es andere machen" als *Soft Skills* der Führungskräfte und eine entsprechende Betriebskultur
- Bereitschaft zur Einbeziehung der Mitarbeiter/innen
- Bereitschaft zur offenen Kommunikation der Beweggründe und der Ergebnisse an die Mitarbeiter/innen im Hinblick auf das Gelingen des Beratungsprozesses und dessen Nachhaltigkeit
- Kommunikation des Projekts gegenüber der Hochschulleitung als Form des Qualitätsmanagements

- Ziel der Förderung einer selbstbewussteren, aber auch skeptischeren Haltung der Mitarbeiter/innen gegenüber den Ergebnissen von Rankinginstrumenten
- Ziel der Förderung einer Haltung des „Hinsehens, wie es andere machen" auch bei nachgeordneten Führungsebenen und Mitarbeitern/innen

Kollegiale Beratung muss aber nicht in allen Fällen das Mittel der Wahl sein. Sind die folgenden Voraussetzungen gegeben, dann bietet sich eine Vorgangsweise analog zur Universitätsbibliothek der TUM oder der Universitätsbibliothek Passau an:

- Umsetzung eines Veränderungsprozesses im Hinblick auf die gesamte Organisation der Bibliothek
- Ausgeprägte Kommunikationskultur gegenüber der Hochschule sowie gegenüber den Mitarbeiter/innen während und im Anschluss an den Veränderungsprozess
- Bereitschaft zur Hereinnahme von externer Beratung anlässlich bestimmter Problemstellungen bzw. zu bestimmten Zeitpunkten im Veränderungsprozess
- Akzeptanz von externer Beratung durch die Hochschulleitung (wie im Falle des Veränderungsprpozesses an der TUM)
- Veränderungsbereitschaft bei zumindest einem Teil der Mitarbeiter/innen
- hohe Bereitschaft zur Schaffung einer Kultur des Wandels

Es zeigt sich also, dass sich die drei Untersuchungsgegenstände zu zwei Ansätzen oder Herangehensweisen von/an Veränderungsmanagement zusammenfassen lassen: die Umsetzung eines Veränderungsprozesses der gesamten Organisation einerseits – UB Passau und UB der TUM – und die Prozessoptimierung von einzelnen Schritten im Bearbeitungsprozess zur Qualitätsentwicklung – Kollegiale Beratung – andererseits. Die untersuchten Veränderungsprozesse unterscheiden sich entlang dieser Linie. Mit Blick auf die Methode der Kollegialen Beratung sei noch einmal hervorgehoben: gefördert wird eine Einstellung des „Hinsehens, wie es andere machen", die Erzeugung einer skeptischen Haltung gegenüber Rankinginstrumenten wie BIX, die Stärkung des Selbstbewusstseins der Mitarbeiter/innen durch die Beschäftigung mit Vergleichskennzahlen.

8. Schluss

Die Studie hat versucht, die Komplexität von Veränderungsprozessen in der Analyse abzubilden. Grundsätzlich kann festhalten werden, dass es überaus sinnvoll es ist, sich im Vorfeld von Veränderungsprozessen mit Erfahrungen und Modellen anderer auseinanderzusetzen.

Eines zeigt die Unteruchung jedoch auch deutlich: Starre Modelle bzw. Generalisierungen bringen wenig. Es sind letztlich unterschiedliche Herangehensweisen und Methodenbausteine, die je nach Ausgangslage und Führungsverständnis zum Ziel führen können. Notwendig ist eine genaue Analyse der Ausgangssituation der jeweiligen Bibliothek. Es muss klar herausgearbeitet und als Ziel formuliert werden, worin die Veränderungen bestehen sollen: Soll es um Veränderungen der Organisationsstruktur gehen, um die Verbesserung einzelner Bearbeitungsprozesse, um neue Dienstleistungsangebote oder um alle drei Komponenten? Erst auf der Basis dieser Analysen ist es zielführend, sich über die Wahl der Methoden des Veränderungsprozesses in Diskussion zu begeben – dies zeigt sowohl der Blick in die Literatur, als auch die in dieser Studie untersuchten Veränderungsprozesse.

Abschließend sei Gerd Paul zitiert: „EIN Modell kann es angesichts der Komplexität und Vielfalt der Probleme und Herausforderungen gar nicht geben“ (Paul 2002, S. 1110). Dem kann ich mich aufgrund der Komplexität von Ausgangslagen, historisch gewachsener Strukturen, aktuellen Problemfeldern moderner wissenschaftlicher Bibliotheken und vor dem Hintergrund meiner Auseinandersetzung mit der Thematik nur anschließen.

Literaturverzeichnis

Depping, Ralf; Kreische, Joachim: Köln – Düsseldorf – „die kleine Lösung“. Vortrag gehalten am 5. Juni 2008 auf dem 97. Deutschen Bibliothekartag in Mannheim. Online verfügbar unter http://www.opus-bayern.de/bib-info/volltexte/2008/584/pdf/kollegiale%20Beratung%20Mannheim%20-%20Vortrag.pdf, zuletzt geprüft am 09.03.2012.

Eich, Ulrike (2008): Qualitätsmanagement durch kollegiale Beratung: Anlass, Wahl der Partner, Wahl der Themen. Vortrag gehalten am 5. Juni 2008 auf dem 97. Deutschen Bibliothekartag in Mannheim. Online verfügbar unter http://www.opus-bayern.de/bib-info/volltexte/2008/434/pdf/Vortrag%20MA.pdf, zuletzt geprüft am 09.03.2012.

Hobohm, Hans-Christoph (1997): Auf dem Weg zur lernenden Organisation: neue Management-Konzepte für die Digitale Bibliothek. In: Bibliothek 21 (3), S. 293–300.

Kirchgäßner, Adalbert (2008): Qualitätsentwicklung durch kollegiale Beratung. Diskussion und Umsetzung der Empfehlungen. Vortrag gehalten am 5. Juni 2008 auf dem 97. Deutschen Bibliothekartag in Mannheim. 97. Online verfügbar unter http://nbn-resolving.de/urn:nbn:de:bsz:352-opus-57617, zuletzt geprüft am 09.03.2012.

Königswieser, Roswita; Hillebrand, Martin (2011): Einführung in die systemische Organisationsberatung. 6. Auflage. Heidelberg: Carl-Auer-Verl. (Compact).

Plößnig, Veronika (17.10.2008): Change Management an Universitätsbibliotheken. Interview mit Reiner Kallenborn. Universitätsbibliothek der Technischen Universität München.

Plößnig, Veronika (14.11.2008): Change Management an Universitätsbibliotheken. Interview mit Renate Vogt. Universitätsbibliothek Bonn.

Plößnig, Veronika (28.11.2008): Change Management an Universitätsbibliotheken. Interview mit Steffen Wawra. Universitätsbibliothek Passau.

Plößnig, Veronika (2010): Change Management an Universitätsbibliotheken. Unterschiedliche Methoden der Durchführung und deren Erfolg. Master Thesis. Universität,

Wien. Online verfügbar unter http://othes.univie.ac.at/15257, zuletzt geprüft am 09.03.2012.

Universitätsbibliothek Technische Universität München: Bibliotheksentwicklungsplan 2004 - 2008. Online verfügbar unter http://www.ub.tum.de/bibliotheksentwicklungsplan#Archiv:%20Fr%C3%BChere%20Bibliotheksentwicklungspl%C3%A4ne, zuletzt geprüft am 09.03.2012.

Vogt, Renate (2007): Kollegiale Beratung als Instrument des Qualitätsmanagements in Bibliotheken. In: *Bibliotheksdienst* 41 (11), S. 1118-1126.

Vogt, Renate (2009): Qualitätsentwicklung durch kollegiale Beratung. In: Ulrich Hohoff und Stefan Siebert (Hg.): 97. Deutscher Bibliothekartag in Mannheim 2008. Wissen bewegen ; Bibliotheken in der Informationsgesellschaft. Frankfurt am Main: Klostermann (Zeitschrift für Bibliothekswesen und BibliographieSonderbände, 96), S. 269-280.

Wawra, Steffen (2006): Qualitätsmanagement: neue Organisationsstrukturen an der Universitätsbibliothek Passau mittels neuer Instrumente von Mitarbeiterführung und Mitarbeiterbeteiligung. In: Daniela Lülfing und Kathrin Kessen (Hg.): „Geld ist rund und rollt weg, aber Bildung bleibt". 94. Deutscher Bibliothekartag in Düsseldorf 2005. Unter Mitarbeit von Kathrin Kessen. Frankfurt am Main: Klostermann (Zeitschrift für Bibliothekswesen und Bibliographie / Sonderhefte, 89), S. 29-47.

Wittenauer, Volker (2008): Qualitätsentwicklung durch Kollegiale Beratung. Vorbereitung und Durchführung aus Sicht der beratenden Bibliothek. Vortrag gehalten am 5. Juni 2008 auf dem 97. Deutschen Bibliothekartag in Mannheim. Online verfügbar unter http://www.opus-bayern.de/bib-info/volltexte/2008/439, zuletzt geprüft am 09.03.2012.

Georg Fessler

„Brauchen Sie die gedruckte Ausgabe noch?"

Erfahrungen an der Universitätsbibliothek der Wirtschaftsuniversität Wien mit dem schrittweisen Umstieg auf E-only bei Zeitschriften

Dieser Beitrag ist ein Erfahrungsbericht einer großen wirtschaftswissenschaftlichen Universitätsbibliothek, die schrittweise das wissenschaftliche Zeitschriftenangebot auf E-only umstellt. Es werden Voraussetzungen für einen solchen Umstieg besprochen, Hindernisse und Herausforderungen behandelt und Veränderungen am Markt für wissenschaftliche Fachzeitschriften aufgezeigt.

Einleitung

Die Universitätsbibliothek der Wirtschaftsuniversität Wien bietet ForscherInnen und Studierenden ein breites Angebot an Zeitschriftenliteratur. Neben Tages- und Wochenzeitungen, Wirtschaftsmagazinen, Fach- und Branchenzeitschriften stellt ein breites Spektrum wissenschaftlicher Fachzeitschriften der Wirtschafts- und Sozialwissenschaften, der Rechtswissenschaften und anderer Disziplinen das Herz dieses Bestandes dar.

Die Wirtschaftsuniversität Wien ist mit über 25.000 Studierenden und mehr als 500 wissenschaftlichen MitarbeiterInnen eine der größten Universitäten Europas mit Schwerpunkt Betriebs- und Volkswirtschaft. Im Sommer 2013 wird die WU an einen neuen Campus in den Wiener Prater übersiedeln.[1] Das derzeit zweischichtige Bibliothekssystem mit einer Hauptbibliothek und über sechzig, von den akademischen Einheiten selbst verwalteten Institutsbibliotheken wird in ein einschichtiges System umgewandelt, bei dem alle Bibliotheksprozesse von einem Bibliotheksteam gesteuert werden.

Der Neubau einer Bibliothek beschleunigt die Diskussion um grundsätzliche Fragestellungen. Für das Angebot an wissenschaftlichen Zeitschriften ist das zentrale Thema: In welchem Ausmaß kann diese Literaturart auf ausschließlich elektronische Versorgung (E-only) umgestellt werden? Dieser Beitrag ist ein Erfahrungsbericht einer großen wirtschaftswissenschaftlichen Universitätsbibliothek, die schrittweise das wissenschaftliche Zeitschriftenangebot auf E-only umstellt[2].

1 Näheres zum Neubau der WU unter: www.campuswu.at

2 Ein guter Überblick zum Thema Umstieg auf E-only bei wissenschaftlichen Zeitschriften ist in Cox, J. and L. Cox (2010) zu finden.

Gemischtes Angebot aus verschieden Quellen

Das Zeitschriftenangebot an der WU setzt sich 2011 (2010) aus rund 1.700 (2.200) gedruckten Zeitschriften und 16.000 (13.000) elektronischen Zeitschriften zusammen und speist sich aus folgenden Zugängen:

- Einzelabonnements: Hier wurden schon in den letzten Jahren systematisch die gedruckten Ausgaben um die elektronische Version ergänzt. Bei vertrauenswürdigen Verlagen und soliden Lizenzbedingungen wurde auf E-only umgestiegen. Neu bestellte Abonnements werden in der Regel E-only abgeschlossen, außer es sprechen dezidiert Gründe der Nutzungsart oder die mangelnde Qualität der elektronischen Version für die gedruckte Version.
- Über Konsortialverträge gibt es von folgenden Verlagen Zugriff auf elektronische Zeitschriften, entweder über Pakete oder im Wege eines Cross-Access-Zugangs zu Zeitschriften, die andere Konsortialteilnehmer abonniert haben: Association for Computing Machinery (ACM), Beck, Elsevier, Emerald, LexisNexis, LibraryPressDisplay, Linde, RDB, Sage, Springer, Taylor & Francis und Wiley-Blackwell.
- Zeitschriften, die im Paket, aber nicht über Konsortien erworben werden: Hier handelt es sich einerseits um von Verlagen zusammengestellte Fachpakete oder von der Bibliothek zusammengestellte Pakete, die aber gemeinsam als Paket verhandelt und bezahlt werden: IEEE Digital Library Computer Society, Incisive Media, Institutional Investor.
- Backfiles: Das sind Pakete von elektronischen Zeitschriftenaltbeständen bis zurück zum ersten Heft. Backfiles wurden in den letzten Jahren von den Verlagen Elsevier, Emerald und Springer sowie von JSTOR angekauft.
- Zeitschriftenvolltexte, die in Aggregatordatenbanken wie ABI/Inform ProQuest, EBSCO Business Source Premier und wiso enthalten sind: Solche Angebote eignen sich als Ergänzung zu den Volltextangeboten der Verlage, werden aber ohne Kontrolle über die einzelnen Titel im Paket und ohne dauerhafte Archivrechte angeboten.

Strategisches Ziel E-only

Die WU hat sich dafür entschieden, bei wissenschaftlichen Fachzeitschriften das strategische Ziel zu verfolgen, möglichst weitgehend auf ausschließlich elektronische Versorgung umzustellen. Die Vorteile elektronischer Zeitschriften sind bekannt: Möglichkeit der gleichzeitigen und ortsungebundenen Nutzung, Zugang rund um die Uhr, Durchsuchbarkeit und elektronische Verarbeitung der Inhalte, Anreicherung der Artikel um multimediale Inhalte und Daten sowie diverse Services (wie z.B. Alerts) auf den Verlagsplattformen. Nicht zuletzt sind durch den Wegfall der gedruckten Ausgaben Kostenersparnisse bei Prozess-, Lager- und Bindekosten für die Bibliothek zu erwarten, denen wiederum neue Aufgaben und Anforderungen bei der Betreuung elektronischer Zeitschriften gegenüberstehen.

Nicht die gesamte Zeitungs- und Zeitschriftenliteratur kann und soll zur Gänze auf E-only umgestellt werden. Bei Tages- und Wochenzeitungen, News- und Wirtschaftsmagazinen, Fach- und Branchenzeitschriften ist die Art der Informationsaufnahme und die Lesepraxis anders als bei wissenschaftlichen Fachzeitschriften. Hier spielt das Durchblättern ohne Suche nach einer bestimmten Information, das Entdecken von Neuem durch Browsen eine wichtige Rolle. Kurze Texte, Infoboxen, Grafiken und das Layout unterstützen diese Art der Informationsaufnahme. Auch wenn sich bei Zeitungen und Magazinen das Angebot und die NutzerInnengewohnheiten durch mobile Endgeräte und Tablet-Computer zunehmend ändern, bietet die WU-Bibliothek diese Literaturart auch weiterhin gedruckt an. Für die Bibliothek am neuen WU-Campus ist eine Zeitschriften-Lounge geplant, in der das Angebot an Zeitungen und Magazinen ausgebaut werden wird.

Bei wissenschaftlichen Zeitschriften entspricht das Angebot der Verlage nicht immer den Ansprüchen, die einen Umstieg auf E-only ermöglichen. Dabei geht es einerseits um die Qualität der Verlagsplattformen – falls überhaupt vorhanden – und andererseits um Lizenzbedingungen und Preisgestaltung.

Bei den technischen Anforderungen an die Verlagsplattform geht es neben Benutzerfreundlichkeit und Funktionsvielfalt um die Qualität und Vollständigkeit, in der die Volltexte angeboten werden. Manchmal werden nur HTML- und keine PDF-Versionen der Volltexte angeboten, was seitengenaues Zitieren aus der elektronischen Quelle unmöglich macht. Bei den Zugangsregelungen spielt ein unkompliziertes Authentifizierungssystem eine wichtige Rolle, um den Anforderungen einer Massenuniversität gerecht zu werden.

Bei den Lizenzbedingungen sind Archivrechte und Fernzugriffsrechte eine zentrale Notwendigkeit. Sogenannte Post-Cancellation-Rights lehnen sich an die Situation bei den gedruckten Zeitschriften an: Auch bei elektronischen Abonnements sollen die Inhalte der Jahre, für die der Abopreis bezahlt worden ist, dauerhaft zur Verfügung stehen. D.h., dass nach dem Storno eines E-only-Abos, das für die Jahre 2001 bis 2010 bezahlt wurde, für diesen Zeitraum dauerhafte Zugriffsrechte vertraglich geregelt sind und auch nach einem Storno weiter bestehen. Diese Lizenzregelung muss um vertrauenswürdige technische und organisatorische Maßnahmen der Langzeitarchivierung ergänzt sein. Fehlen Archivrechte und Strategien zur Langzeitarchivierung, stellt das eine große Hürde für einen Umstieg auf E-only dar.

Bei der Preisgestaltung für elektronische Zeitschriften und Zeitschriftenpakete sind die Bibliotheken mit einer großen Vielfalt von Modellen konfrontiert. Hier ist man weit von einer Standardisierung der Preismodelle entfernt. Steuerlich sind elektronische Zeitschriften benachteiligt, weil für sie der normale und nicht der begünstigte Mehrwertsteuersatz wie bei gedruckten Ausgaben verrechnet wird.

Fallbeispiel: Umstieg aller Elsevier-Zeitschriften auf E-only

Der erste Verlag, dessen Zeitschriftenangebot an der WU zur Gänze auf E-only umgestellt wurde, war Elsevier. Seit dem Jahr 2010 werden alle Zeitschriften dieses Verlages ausschließlich in elektronischer Version angeboten. Die Ausgangslage im Jahr 2009 war, dass für das österreichische Elsevier-Konsortium Verhandlungen für einen neuen Vertrag für den Zeitraum 2010-2012 bevorstanden. Zu dieser Zeit hatte die WU 64 Print-Abonnements dieses Verlages und Zugang zu den drei Fachpaketen „Business, Management, Accounting“, „Economics, Econometrics, Finance“ und „Social Sciences“. Eine Analyse der Nutzungsstatistiken über einen Zeitraum von drei Jahren ergab, dass unter den 50 meistgenutzten Zeitschriften nur 32 Titel direkt abonniert waren. 18 der 50 meistgenutzten Zeitschriften waren nur über die Fachpakete elektronisch verfügbar. Diese 18 Zeitschriften wurden an der WU nie in gedruckter Version angeboten – und wurden von den BenutzerInnen auch nicht nachgefragt. Diese Erfahrung bestärkte die Bibliothek bei dem Entschluss, mit Elsevier auf E-only umzusteigen.

Wichtiger als die Frage „gedruckt oder elektronisch?“ war das Thema, welche Zeitschriften als voll bezahlte Abonnements zu halten waren; einerseits, um volle Archivrechte für diese Zeitschriften zu erwerben, aber auch für den Fall eines möglichen Ausstiegs aus dem Konsortium, um dann die wichtigsten Zeitschriften abonniert zu haben. Bei gegebenen budgetären Möglichkeiten wurde versucht, möglichst viel genutzte Titel als Vollabos zu führen. Weiters musste darauf geachtet werden, auch weniger genutzte Titel als Vollabo zu beziehen, die durch die Fachpakte nicht abgedeckt waren, aber für einzelne Institute von Interessen waren, wie z.B. computerwissenschaftliche oder statistische Zeitschriften.

Die Analyse der Nutzungsstatistiken und der benötigten Titel führte zu folgender Neugestaltung des Angebots von Elsevier-Zeitschriften:

- 32 Abonnements wurden storniert, 32 auf E-only umgestellt und 25 neue Zeitschriften E-only abonniert.
- In Summe wurden somit 57 Zeitschriften E-only mit Archivrechten abonniert.
- Die Rückmeldungen der Institute auf E-only waren positiv, es wurden keine gedruckten Ausgaben eingefordert.
- Neben diesen Abonnements werden rund 400 Titel über drei Fachpakete ohne Archivrechte bezogen.
- Die Verrechnung erfolgt einmal im Jahr auf einer Rechnung, die alle Abonnements, die Fachpakete und den Konsortial-Beitrag umfasst und direkt vom Verlag gelegt wird.

2011 wurden ähnliche Projekte für weitere Verlage durchgeführt. Mit Jänner 2012 wurden alle Zeitschriften der Verlage Springer, Taylor & Francis und Wiley-Blackwell auf E-only umgestellt. Von den insgesamt 177 Abonnements dieser Verlage wurde von den Instituten nur bei 11 Zeitschriften Bedarf an gedruckten Heften angemeldet, die über sogenannte Deep-Discount-Price-Angebote der Verlage zu einem reduzierten Preis neben dem elektronischen Abonnement angeboten werden.

Hindernisse und Herausforderungen

Wie bereits eingangs erwähnt, eignet sich nicht die gesamte Zeitschriftenliteratur zum Umstieg auf E-only oder ist das digitale Angebot der Verlage nicht immer zufriedenstellend. Aber auch wenn auf Sachebene alles für einen Umstieg spricht – was sind die Hindernisse und Herausforderungen auf dem Weg zu einer E-only-Welt?

The Medium is the Message!

Für die akademischen Einheiten einer Universität stellt die Umstellung auf E-only eine weitreichende Änderung dar. Obwohl die konkrete Literaturversorgung für die Forschung schon jetzt großteils elektronisch und zentral über die Bibliothek erfolgt, fällt es schwer, sich von der Jahrzehnte lang gewohnten Institution „Institutsbibliothek", in der einige Zeitschriften in gedruckter Form aufliegen, zu lösen. Im Zuge der Vorbereitung auf die Übersiedlung der WU werden möglichst viele derzeit noch gedruckt vorliegende Zeitschriften auf E-only umgestellt und in Einzelfällen institutsspezifische Zeitschriften in Handapparaten der wissenschaftlichen MitarbeiterInnen angesiedelt.

Die Akzeptanz von E-only ist bei den wissenschaftlichen MitarbeiterInnen weit verbreitet, aber unterschiedlich stark ausgeprägt. Das hat einerseits mit fachspezifisch oder persönlich unterschiedlichen Arbeitsweisen und Lesegewohnheiten zu tun. Auch das Lebensalter oder die Vertrautheit mit den Funktionen der Verlagsplattformen spielt eine wichtige Rolle. Vor Überraschungen ist man im Rahmen eines E-only-Projekts aber nicht gefeit. So kann es vorkommen, dass WissenschaftlerInnen auf einem Informatikinstitut weiterhin die Belieferung mit gedruckten Ausgaben einfordern, während honorige Professoren aus literaturlastigen Disziplinen mit Freude auf E-only umsteigen.

Aber oft hat das Bestehen auf der gedruckten Version nichts mit optimaler Literaturversorgung zu tun. Institutsbibliotheken sind auch ein Raum am Institut, der für Besprechungen, kleine Lehrveranstaltungen oder Ähnliches genutzt wird. Verschwinden die gedruckten Werke, ist vielleicht auch der Raum in Frage gestellt, ist die Sorge. Selbst verfasste Beiträge oder Zeitschriften, die man als HerausgeberIn betreut, sollen letztendlich doch auf Papier und schön gebunden in Griffweite vorhanden sein. Der Umstieg auf E-only ist in der Regel auch mit der Zentralisierung von Entscheidungsprozessen und Budgets verbunden – Themen, die im inneruniversitären Diskurs schnell schwierig werden können. Auch Personalfragen – wer hat bisher die Institutsbibliothek betreut? – spielen bei einem Umstieg auf E-only vielleicht eine Rolle. Und nur vordergründig banal ist die Frage, in welchem Rahmen denn das nächste Fernsehinterview gemacht werden soll, wenn die Seriosität vermittelnde Bücher- oder Zeitschriftenwand im Hintergrund plötzlich abhandengekommen ist.

Herausforderungen für die Bibliothek durch E-only

In vielen Bibliotheken werden gedruckte und elektronische Zeitschriften von unterschiedlichen Abteilungen betreut. An der WU-Bibliothek werden im zuständigen Referat Zeitschriftenmanagement beide Medienformen gemeinsam bearbeitet, was den Vorteil bringt, dass Arbeitsprozesse integriert durchgeführt werden und Erwerbung/Lizenzierung, Bearbeitung, Nachweis, Fehlerverfolgung und Katalog- und Datenpflege in den verschiedenen Systemen effizient betreut werden.

Gedruckte Zeitschriften	Elektronische Zeitschriften
Einzelabo	Paket
Listenpreis	Verhandelter Preis
Kauf - Eigentum der Bibliothek	Lizenzvertrag - Nutzungsbedingungen
Lokale Lieferanten	Bezug aus weltweiten Quellen
Eingangskontrolle, Mahnung	Listenabgleich, Troubleshooting
Verwaltung und Nachweis in einem Katalogsystem	Katalog, EZB, SFX, Primo, Excel, Access …
Manuelle Tätigkeiten und Arbeit im Nachweissystem	Arbeit in Informationssystemen
Katalogisieren	Metadatenmanagement
Nutzung in der Bibliothek	Zugriff am Campus und über Fernzugriff
Binden, Bestandspflege, Magazin	Sicherung von Archivrechten und elektronische Langzeitarchivierung
Bestandszahlen	Nutzungsanalyse
Alle Prozesse in Hand der Bibliothek	Verstärkte Zusammenarbeit mit Verlagen, Systemanbietern, IT, Konsortienstelle
Qualität der Printausgabe	Usability von Verlagsplattformen
Viele Rechnungen für Einzeltitel	Rechnungen mit hohen Beträgen für Pakete

Tabelle 1: Gedruckte Zeitschriften und elektronische Zeitschriften aus Sicht der Bibliothek

Gleichzeitig stellt die parallele Betreuung beider Medienarten hohe Anforderungen an die Abteilung. Es ist in diesem Beitrag nicht möglich, auf diese unterschiedlichen Herausforderungen im Detail einzugehen. In Tabelle 1 sind die unterschiedlichen Charakteristika der beiden Welten aus Sicht der Bibliothek schlaglichtartig beleuchtet, wobei festzuhalten ist, dass in beiden Welten komplexe und anspruchsvolle Tätigkeiten zu bewältigen sind.

Änderungen am Markt für wissenschaftliche Fachzeitschriften

In der Print-only-Zeit bezog die WU-Bibliothek die meisten Zeitschriften über mehrere Zeitschriftenagenturen, die als Zwischenhändler für eine Standardisierung der Geschäftsprozesse, vereinheitlichte Rechnungslegung und diverse Services rund um die gedruckten Hefte sorgten. Die direkte Abwicklung von Abonnements mit den Verlagen war eher ein Ausnahmefall.

Das Aufkommen elektronischer Zeitschriften und neuer Geschäftsmodelle hat die kommerziellen Beziehungen zwischen Bibliothek, Verlagen und Zeitschriftenagenturen verändert. Schon bei elektronischen Einzelabonnements, aber noch viel mehr bei Zeitschriftenpaketen sind Preis und Lizenz Verhandlungssache zwischen Verlag und Bibliothek. Dieses Abgehen von standardisierten Preisen und Konditionen beschneidet die funktionale Rolle der Agentur, zudem kommt es bei Lizenzen für E-only-Abos wie auch Zeitschriftenpaketen zu einem direkten Vertragsabschluss zwischen Bibliothek und Verlag. Auch klassische Services wie Mahnung bei verzögerter Lieferung oder Nachbestellen von fehlenden Heften gibt es in der elektronischen Welt nicht mehr. Nicht, dass hier nicht laufendes Troubleshooting notwendig ist, falls lizenzierte Inhalte nicht zugänglich sind oder technische Schwierigkeiten auf den Verlagsplattformen auftreten. Die Fehlerverfolgung erfolgt hier aber in der Regel in direkter Kommunikation zwischen Bibliothek und Verlag, auch weil der Agentur die Möglichkeit fehlt, die korrekte Freischaltung von Inhalten selbst zu überprüfen.

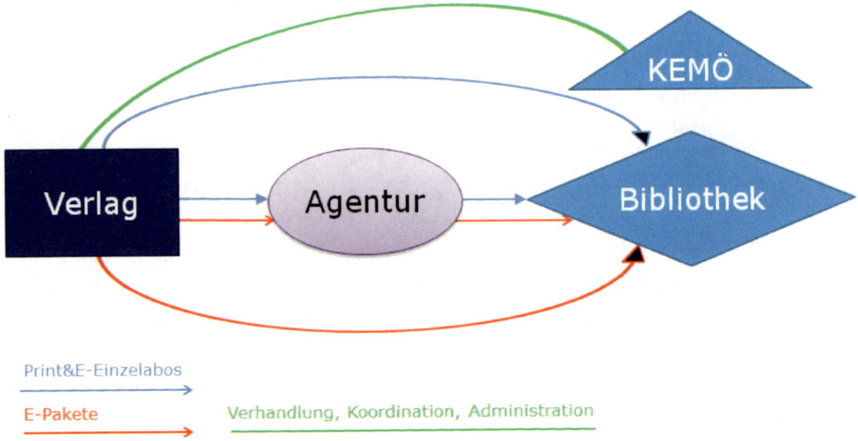

Abb. 1: Akteure am Markt für wissenschaftliche Fachzeitschriften in der Print- und E-Welt

Durch den Beitritt der WU-Bibliothek zu einer Reihe von Zeitschriftenkonsortien veränderten sich die kommerziellen Beziehungen der Akteure weiter (siehe Abbildung 1). Konsortialverträge umfassen viele Vertragspartner, sind komplex und oft auf mehrere Jahre abgeschlossen. Die von wissenschaftlichen

Bibliotheken Österreichs gegründete Kooperation E-Medien Österreich (KEMÖ) vertritt in Verhandlungen die Interessen der an Konsortien teilnehmenden Bibliotheken, koordiniert und administriert das Konsortium. Dabei ist es wichtig zu verstehen, dass die KEMÖ nicht wie Agenturen als Zwischenhändler zwischen Verlagen und Bibliotheken steht, sondern eindeutig der Sphäre der Bibliotheken hinzuzuzählen ist, von ihnen bezahlt und institutionell gesteuert wird, um deren Verhandlungsmacht zu bündeln und optimale Konditionen für die Bibliotheken zu verhandeln.

So wie die Digitalisierung des wissenschaftlichen Zeitschriftenwesens zu massiven Veränderungen bei den Verlagen wie auch Bibliotheken geführt hat, verändert sich durch diese Entwicklung auch die Rolle der Agenturen grundlegend. Die direkten kommerziellen Beziehungen zwischen Bibliothek und Verlagen werden zunehmen, die Agenturen werden weniger in ihrer klassischen Funktion des Zwischenhändlers, sondern vermehrt als Dienstleister im heterogenen Angebot akademischer elektronischer Medien gefordert sein.

Abhängigkeiten und Handlungsspielräume

Der Plan, das Zeitschriftenangebot der WU-Bibliothek auf E-only umzustellen, war mit Diskussionen um die mögliche Gefahr verbunden, sich dadurch in eine zu große Abhängigkeit von Verlagen zu begeben und die Kontrolle über die Bestände der Bibliothek zu verlieren. Gleichzeitig stand die Frage im Raum, ob eine moderne Versorgung mit wissenschaftlicher Zeitschriftenliteratur mit gedruckten Ausgaben überhaupt noch vorstellbar ist und von den BenutzerInnen akzeptiert werden würde.

Der zentrale Grund für die Abhängigkeit von den Verlagen liegt nicht in der Medienform, sondern in der monopolartigen Struktur des Marktes für wissenschaftliche Fachinformationen begründet. In der Regel gibt es nur einen Anbieter eines bestimmen Informationsprodukts, was diesen in eine starke Position bringt, Preise und Konditionen diktieren zu können. Am Umstieg auf elektronische Versorgung, in vielen Bereichen auf E-only, führt kein Weg vorbei. Gerade deshalb ist es wichtig, die Bedingungen, unter denen die E-only-Versorgung stattfindet, genau zu definieren und Modelle zu verfolgen, die gewisse Handlungsspielräume für die Bibliothek offen hält. Dafür ist bei wissenschaftlichen Fachzeitschriften unter anderem folgendes zu beachten:

- Auch wenn die elektronische Version viele Vorteile bringt, sollte der Bezug der gedruckten Form nicht kategorisch ausgeschlossen werden. Besonders wenn technische und vertragliche Mindeststandards nicht erfüllt sind, sollten sich Bibliotheken diese Option offen halten.
- Als Alternative zu einem Abonnement sollte den BenutzerInnen auch der unkomplizierte Bezug von einzelnen Artikeln über Pay-Per-View-Bestellungen und Document Delivery ermöglicht werden.
- So verführerisch es sein kann – auch aus Gründen der vereinfachten Verwaltung –, einen „Big Deal“ für das Gesamtangebot eines Verlages einzu-

gehen, sollte bei solchen Lösungen Exit-Strategien mitbedacht werden. Hat eine Bibliothek nur mehr ein Gesamtpaket ohne Differenzierung nach Einzeltitel oder Teilpaketen lizenziert, sind generell, aber gerade in Zeiten knapper Budgets die Handlungsspielräume gegenüber dem Verlag sehr eingeschränkt.

- Entwicklungen wie z.B. bei den Zeitschriften der American Psychological Association, die elektronisch ausschließlich im Gesamtpaket über die Datenbank PsycARTICLES, aber nicht als elektronische Einzelabonnements verfügbar sind, sollte entgegengetreten werden. Stattdessen sollten Bibliotheken auf flexiblen Modellen mit Auswahlmöglichkeiten bestehen: Diese Optionen könnten sich auf verschieden große Fachpakete beziehen, auf gestaffelte Zeiträume, die lizenziert werden, oder ob der Zugriff nur für den Lizenzzeitraum bezahlt oder dauerhafte Archivrechte mit gekauft werden.
- Vertraglich zugesicherte Archivrechte müssen von soliden, verlagsunabhängigen Lösungen der elektronischen Langzeitarchivierung abgesichert sein. Ergänzend können landesweit abgestimmte Initiativen einer zentralen oder dezentralen Archivierung einer letzten verbleibenden gedruckten Zeitschrift nützlich sein.
- Steht eine Bibliothek vor der Entscheidung, sich für ein Verwaltungssystem für elektronische Medien zu entscheiden, sollte auch hier größtmögliche Flexibilität sichergestellt sein. Ob das durch ein System einer Agentur möglich ist, über die auch Inhalte gekauft und lizenziert werden, sollte genau geprüft werden, ansonsten sollten unabhängige ERM-Systeme bevorzugt werden.

Literatur

Cox, J. and L. Cox 2010. E-only scholarly journals: overcoming the barriers. [pdf] London: Research Information Network. Available at: http://www.rin.ac.uk/our-work/communicating-and-disseminating-research/e-only-scholarly-journals-overcoming-barriers [Accessed 16. February 2012]

Adalbert Kirchgäßner

Was kosten elektronische Bücher?

Erwerbungs- und Beschaffungskosten elektronischer Bücher bei unterschiedlichen Angebotsmodellen

Immer mehr Monographien, Nachschlagewerke und weitere Einzelwerke werden heute in elektronischer Form angeboten. Die Angebote enthalten unterschiedliche Geschäftsmodelle: Sie variieren von Einzeltiteln über begrenzte Sammlungen mit oder ohne Einzeltitelauswahl bis zu kompletten Jahresproduktionen eines Verlages. Diese unterschiedlichen Angebotsformen führen dazu, dass die Arbeitsabläufe in der Bibliothek angebotsbezogen differenziert werden müssen. Einerseits ist die jeweils passende Angebotsform auszuwählen, andererseits sind die Beschaffungs- und Bearbeitungsabläufe auf die jeweilige Angebotsform anzupassen, um den Arbeitsaufwand zu begrenzen. Der Beitrag diskutiert, welcher Aufwand bei der Auswahl der passenden Angebotsform und der Beschaffung und Bearbeitung mit dem jeweils passenden Arbeitsablauf entsteht, um die Gesamtkosten der Beschaffung bei unterschiedlichen Geschäftsmodellen einander gegenüberzustellen.

Angebotsformen

Es gibt – vereinfacht – drei Grundformen des Angebotes: Einzeltitel, offenes Paket und geschlossenes Paket.

Einzeltitel. Werden Titel einzeln angeboten, haben diese Titel einen Einzelpreis (evtl. gibt es Rabatte wie bei gedruckten Büchern), und oft gibt es keine Metadaten oder die Übernahme der Metadaten für den Einzeltitel ist aufwendiger als die direkte Katalogisierung. Bearbeitung und Erschließung dieser Einzeltitel erfolgt analog zu den gedruckten Büchern. Wird der Titel auf einer Plattform angeboten, für die ein Nutzungsvertrag besteht, gibt es einen feststehenden Preis, und ist es ein Einzelobjekt, sollte es keine weiteren technischen Probleme geben. Die Freischaltung entspricht der Lieferung. – Hier handelt es sich meist um Kauf.

Offenes Paket. Ein offenes Paket besteht aus mehreren Einzeltiteln. Diese Titel werden vom Abnehmer aus einer größeren Titelmenge ausgewählt, und meist muss eine Mindestanzahl oder ein Mindestumsatz erreicht werden. Die Titel können entweder für das Paket auf Dauer ausgewählt werden oder während der Lizenzlaufzeit können von Zeit zu Zeit Titel nach Bedarf und Nutzeranforderung ausgetauscht werden. Pakete können auf Dauer gekauft oder auf Zeit lizenziert werden. Bei den Paketen mit der Möglichkeit des Titeltausches handelt es sich meistens um zeitlich befristete Lizenzen. Die Pakete liegen meist auf einer Verlagsplattform, und es muss eine spezielle Lizenz vereinbart werden. Metadaten werden zum Teil angeboten.

Geschlossenes Paket. Der Lieferant bietet ein Paket an, das in seiner Titelzusammenstellung feststeht und nur in dieser Zusammenstellung zu bekommen ist. Diese Pakete liegen ebenfalls auf den Verlagsplattformen, für jedes Paket ist eine Lizenz abzuschließen, und meist sind Metadaten zu bekommen.

Bei der Beschaffung der Titelgesamtheiten variieren die Abläufe von Paket zu Paket und von Verlag zu Verlag. Bei offenen Paketen ist der Inhalt zu bestimmen oder auszuhandeln. Die Lizenz ist zu verhandeln und die Technik zu klären. Die Lizenz muss verwaltet werden, und die Erschließung mit Metadaten ist zu organisieren.

Kostenuntersuchung

Materialkosten

Die Materialkosten beim Einzeltitel sind die Kosten für den Inhalt und die Bereitstellung bzw. Zugänglichmachung. Die Kosten für den Inhalt sind meistens fix, und die Bereitstellungskosten hängen von den technischen Gegebenheiten ab.

Die Kosten von Buchpaketen sind komplexer. Wird nicht das vollständige Paket gebraucht, ist zu prüfen, wie groß der Anteil der für die Bibliothek irrelevanten Titel im Paket ist, ob die gewünschten Titel einzeln zu bekommen sind und wie sich der Paketpreis zur Summe der Einzelpreise der gewünschten Titel verhält. Dabei sind auch Rabatte für den Kauf mehrerer Pakete sowie Konsortialrabatte zu berücksichtigen. Der Paketpreis kann ein fixer Preis sein, er kann aber auch vom Inhalt bestimmt sein, wenn der Preis sich aus den Preisen von ausgewählten Titeln oder Titelgesamtheiten ableitet. Der Preis für die gewünschten Titel wird umso ungünstiger, je mehr nicht gewünschte Titel mitgekauft werden müssen, und er wird umso günstiger, je mehr Rabatte gewährt werden.

Bedingt durch die Komplexität der Objekte und der Nutzungsmöglichkeiten dieser Objekte wurden von Anfang an viele Titel elektronischer Bücher (und Zeitschriften) nicht als Einzeltitel, sondern in Titelgesamtheiten (Paketen) angeboten. Je mehr Titel in einem Paket enthalten sind, desto geringer sind folglich die dem einzelnen Titel zurechenbaren Beschaffungs- und Bearbeitungskosten. Umfassen Pakete aber mehr Titel, als man erwerben will, sei es, dass es sich um geschlossene Pakete handelt, sei es, dass die Mindestmenge des flexiblen Paketes größer ist als die gewünschte Menge, hat das auf die „Materialkosten“ und auf die Prozesskosten Auswirkungen. Muss man mehr Titel erwerben als gebraucht werden, steigen die „Materialkosten“, weil die Kosten für die nicht gewünschten Titel auf die gewünschten Titel aufgeschlagen werden müssen.

Die Gesamtkosten sind also durch die Anzahl der gewünschten Titel und nicht durch die Anzahl aller im Paket enthaltenen Titel zu teilen, um zu den echten Stückkosten zu kommen. Andererseits sind die Prozesskosten ebenfalls nur durch die Anzahl der gewünschten Titel zu teilen und nicht durch die Gesamtzahl der enthaltenen Titel, wodurch die Prozesskosten je Titel steigen.

	Paket mit vorgegebener Titelmenge		Paket mit Auswahl aus vorgegebener Titelmenge		
		Zukauf von Einzeltiteln möglich	mit Mindestmenge	ohne Mindestmenge	Titel austauschbar
Kauf	✓	✓	✓	✓	
Lizenz	✓	✓	✓	✓	✓
Anzahl Titel im Paket	feste Anzahl	wachsende Anzahl	feste Anzahl	feste Anzahl	variabel

Tab. 1: Übersicht über die Paketformen

Prozesskosten

Die Arbeitsprozesse haben eine vordergründig lineare Struktur:

- Auswahl
- Überprüfung
- Beschaffung
- Bereitstellung
- Erschließung
- Pflege
- Erneuerung
- Archivierung

Dabei wirken bibliotheksseitig bei Auswahl und Beschaffungsentscheidung das Fachreferat und je nach Objektgröße und Entscheidungsstruktur der Bibliothek die Erwerbungsleitung und die Direktion mit. Die Interaktion mit dem Lieferanten ist im Gegensatz zur Beschaffung von Objekten mit dem Abschluss des Beschaffungsvorganges nicht abgeschlossen. Wenn das online zur Verfügung gestellte Werk auf der Plattform des Anbieters genutzt wird, ist während der gesamten Nutzungsdauer die Zusammenarbeit mit dem Anbieter erforderlich.

Die Arbeitsprozesse für den Einzel- und Paketkauf – ohne die Vorgänge für die Pflege und während der langfristigen Bereitstellung – sind in Tabelle 2 einander gegenübergestellt.

		Einzeltitel nach Angebot		Paketkauf	
1	Kauf-wunsch/ Angebot	Angebot geht ein		Angebot für Paket geht ein	
2	Prüfung	Entscheidung über Weiterleitung an Fachreferenten wird getroffen (Kriterien: technische Realisierung, Nutzungsmöglichkeiten, grundsätzliche inhaltliche Relevanz)	Ltg. MBearb.	Entscheidung über Weiterleitung an Fachreferenten wird getroffen (Kriterien: technische Realisierung, Nutzungsmöglichkeiten, grundsätzliche inhaltliche Relevanz)	Ltg. MBearb.
3	Kaufent-scheidung	Erwerbungsentscheidung	FR/Ltg. MBearb.	Erwerbungsentscheidung	FR / Ltg. MBearb.
4	Lizenz-verhandlung	Vorliegen einer Lizenz wird geprüft	Ltg. MBearb.	Vorliegen einer Lizenz wird geprüft	Ltg. MBearb.
		⊠ falls nein: Lizenz und evtl. Preisgestaltung wird verhandelt		⊠ falls nein: Lizenz und evtl. Preisgestaltung wird verhandelt	
		⊠ falls sich neue Erkenntnisse ergeben: Information wird an Fachreferenten weitergegeben		⊠ falls sich neue Erkenntnisse ergeben: Information wird an Fachreferenten weitergegeben	
		definitive Kaufentscheidung inkl. Etatzuordnung wird getroffen	FR/Ltg. MBearb.	definitive Kaufentscheidung inkl. Etatzuordnung wird getroffen	FR / Ltg. MBearb
5	Vertrag	⊠ Vertrag wird abgeschlossen	Ltg. MBearb.	Vertrag wird abgeschlossen	Ltg. MBearb
6	Bestel-lung	Bestellung beim Anbieter wird durchgeführt. Anbieter wird informiert, an wen die Freischaltinformation und die Rechnung gehen soll.	Bearb.E-Medien	Bestellung beim Anbieter wird durchgeführt. Anbieter wird informiert, an wen die Freischaltinformation und die Rechnung gehen soll.	Ltg. MBearb.
7	Lizenz-verwal-tung	⊠ ggf. wird Lizenz in elektronischer Form abgelegt		Bestellnr. wird auf dem Vertrag vermerkt, Lizenz wird in elektronischer Form abgelegt	Bearb.E-Medien
		⊠ Originalvertrag wird abgelegt		Originalvertrag wird abgelegt	
8	Bearbei-tung	Bestellkatalogisierung wird durchgeführt			
		Einzelbestellungen werden angelegt		Sammelbestellung wird angelegt	Bearb.E-Medien
				⊠ ggf. wird Nachweis in DBIS vorgenommen	ZSS
		Freischaltinformation geht ein		Freischaltinformation geht ein	Bearb.E-Medien
		Zugang wird geprüft		Zugang wird geprüft	
		Katalogisat wird ergänzt, Nachweis in weiteren Systemen		Erschließung wird organisiert, Nachweis in weiteren Systemen	
				Paketsigel, Metadaten via Verbund	
		Benachrichtigung Fachreferent		Benachrichtigung von Link-Resolving, Fachreferent	
		Rechnung geht ein und wird bearbeitet		Rechnung geht ein und wird bearbeitet	

Legende	Ltg. MBearb.	Leitung Medienbearbeitung
	FR	Fachreferent
	Bearb. E-Medien	Sachbearbeitung
	unterlegte Schritte	Arbeitsschritte, die bei Bedarf erfolgen

Tab. 2: Vergleich der Arbeitsschritte im Erwerbungsprozess

Beschaffungsprüfung – inhaltlich und technisch

Um den Aufwand für die Einzeltitelbeschaffung mit dem Aufwand für die Paketbeschaffung zu vergleichen, sind die einzelnen Arbeitsschritte zu untersuchen, wie sie in Tabelle 2 aufgeführt sind. Beide Prozesse enthalten die gleichen Schritte. Die Reihenfolge der Arbeitsschritte ist vordergründig linear.

Im Gegensatz zur Beschaffung von gedruckten Materialien, bei welchen die Voraussetzungen und die Beschaffungsbedingungen vor der Beschaffung meist vollständig ermittelt werden können, kann die Prüfung der Beschaffungs- und Nutzungsmodalitäten bei vielen Produkten nur schrittweise erfolgen, was zu einem – zum Teil mehrfach – rekursiven Prozessverlauf führt. Je nach Komplexität und Kostengröße des Objektes sind zusätzlich zur fachlichen Entscheidung Entscheidungen der Erwerbungsleitung oder der Bibliotheksleitung erforderlich.

Der Aufwand der technischen Prüfung hängt davon ab, ob man es mit einer neuen technischen Plattform, einer bekannten Plattform, aber neuen technischen Eigenschaften des Produktes oder mit bekannten Eigenschaften auf einer bekannten Plattform zu tun hat. Und der Aufwand für die Lizenzverhandlung ist ebenfalls sehr unterschiedlich: Die Beschaffung eines Produktes, für das bereits eine Lizenz vorliegt, weil das Objekt im Rahmen einer vorhandenen Lizenz beschafft wird, erfordert einen geringen Aufwand für die Lizenz.

Der Aufwand steigt, je umfänglicher die Lizenz ist und je mehr Bedingungen in dem vorliegenden Vertrag enthalten sind, die bisher noch nicht vorgekommen sind. Wenn Bedingungen in der vorliegenden Form nicht zu erfüllen sind oder von der Bibliothek so nicht akzeptiert werden, kann dies zu sehr aufwendigen Verhandlungen führen. Der Aufwand für die Beschaffung ist also umso größer,

- je mehr über die Bedingungen der Beschaffbarkeit und Nutzbarkeit ermittelt werden muss,
- je mehr Personen in der Bibliothek an der Entscheidung beteiligt sind,
- je größer der Aufwand für die technische Prüfung ist und
- je größer der Aufwand für die Lizenzverhandlungen ist.

Preisverhandlungen

Eine weitere Einflussgröße sind die Preisverhandlungen. Bei „normalen" Einzeltiteln, deren Kosten sich in der Größenordnung der Preise gedruckter Bücher bewegen, lohnt es meist nicht, über den einzelnen Preis zu verhandeln. Hat man sich für die Einzeltitel einer technischen Plattform entschieden, empfiehlt es sich, – wie bei der konventionellen Beschaffung – Pauschalkonditionen auszuhandeln und die Einzeltitel normal zu bestellen. Sobald es sich um größere Objekte, flexible Titelgesamtheiten oder um Titel innerhalb von Konsortialangeboten handelt, wird es komplizierter. Die Preise hängen dann von den Verhandlungen mit dem Anbieter, bei Konsortialverhandlungen vom Verhandlungsgeschick des Konsortialvertreters und von den Einkaufsentscheidungen der anderen Bibliotheken ab. Ein weiteres Problem ist, dass Konsortialbeschaffungen nur dann hilfreich sind, wenn vorbeugend eingekauft wird oder ein Rahmenvertrag für künftige Beschaffungen ausgehandelt wurde. Wenn akuter Bedarf an einzelnen Titeln besteht, ist es oft nicht möglich, die Beschaffung solange hinauszuschieben, bis sich ein Konsortialvertrag zur kostengünstigeren Beschaffung ergibt.

Lizenzverhandlungen

Der Aufwand für die Lizenzverhandlungen hängt davon ab, ob Objekte innerhalb bestehender Verträge erworben werden, ob bestehende Verträge erweitert oder ob neue Verträge ausgehandelt werden müssen. Dabei ist der Aufwand für den einzelnen Vertrag vom Vertragsumfang abhängig. Innerhalb eines bestehenden Vertrages kann bestellt werden, während ansonsten die rechtliche Basis für die Beschaffungen erst vereinbart werden muss.

Erwerbungsbearbeitung und Erschließung

Eine weitere wesentliche Kostenvariable ist die Bearbeitung. Bei Einzelbeschaffungen ist jeder Titel einzeln zu bearbeiten, wie bei der Beschaffung konventioneller Titel. Werden Titelgesamtheiten eingekauft, kann die Bearbeitung und Erschließung für den einzelnen Titel deutlich kostengünstiger erfolgen, wenn die Bearbeitung und Freischaltung für das ganze Paket erfolgt und wenn die Erschließung über Metadaten erfolgt, die vom Verlag geliefert, vom Verbund bereitgestellt oder direkt in das eigene Katalogsystem eingespielt werden können. Der Aufwand der Freischaltung hängt auch davon ab, wie die angebotene Zugangstechnik in das von der Bibliothek genutzte technische Umfeld passt.

Die Erschließung erfordert in etwa den gleichen Aufwand, ob ein Einzeltitel erschlossen wird oder ob eine Titelgesamtheit erschlossen wird, für die es Metadaten gibt. Die Erschließungskosten je Titel sind also umso geringer, je mehr Titel mit einem Vorgang erschlossen werden können. Dies gilt auch dann, wenn zusätzlich zu den Titeldaten die Inhalte der bereitgestellten Objekte erschlossen und für die Recherche bereitgestellt werden.

Kauf oder Lizenz

Die Ausgaben- und Kostenstruktur wird auch davon bestimmt, ob es sich um einen „Kauf“ oder eine Lizenz handelt. Bei einem Kauf erwirbt man ein Dauernutzungsrecht, oft auch das Recht, die Daten ausgeliefert zu bekommen und auf eigener Plattform mit den gleichen Nutzungsbedingungen, die für die Anbieterplattform gelten, zur Nutzung bereitzustellen. Beim Kauf entstehen hohe Anfangskosten und geringe Bereitstellungskosten über die Nutzungszeit hinweg. Mit einer Lizenz wird ein zeitlich begrenztes Nutzungsrecht erworben, und die Lizenz muss erneuert werden, wenn diese über den vereinbarten Zeitraum hinaus genutzt werden soll. Für eine Lizenz fallen meist gleichbleibende (oder steigende) Kosten über die ganze Nutzungszeit hinweg an. Wenn die Wahl zwischen Lizenz und Kauf möglich ist, sollte sich die Entscheidung daran orientieren, wie lange die zu beschaffenden Objekte voraussichtlich zur Nutzung bereitgestellt werden sollen. Für Objekte, die nur kurzfristig gebraucht werden, kann die reine Lizenz günstiger sein als ein Kauf.

Werden Lizenzen beschafft, die regelmäßig erneuert werden müssen, so ist in regelmäßigen Abständen die „Kaufentscheidung“ zu wiederholen. Diese Entscheidung kann die regelmäßige Auswertung der Nutzung der bereitgestellten Objekte umfassen, um sicherzustellen, dass die weiter für dieses Objekt bereitzustellenden Mittel sinnvoll genutzt werden.

Bereitstellung, Pflege und Aussonderung

Möchte man zu einer Gesamtkostenbetrachtung kommen, sind zusätzlich zu den Kosten für die Beschaffung und Erschließung auch die Kosten der Bereitstellung und Pflege zu vergleichen.

Gesamtkostenabschätzung

Tabelle 3 zeigt die Kostenschätzung für die einzelnen Prozessschritte. Die Kosten für den einzelnen Titel bzw. das einzelne Objekt sind meist umso geringer, je mehr Titel oder Objekte mit einem Vorgang gleichzeitig abgehandelt werden können. Andererseits steigen die Kosten, je mehr der Aufwand für Prüfung, Entscheidung und Bearbeitung für den Beschaffungsvorgang wegen der steigenden Komplexität im technischen Bereich, in der Preis- und Beschaffungsstruktur oder in den Lizenzbedingungen steigt. In den meisten Arbeitsschritten dürfte der Aufwand je Titel für die Einzeltitelbeschaffung höher sein als bei der Paketbeschaffung. Weniger Aufwand besteht vor allem dann bei Einzeltiteln, wenn diese auf einer bereits genutzten Plattform hinzugekauft werden.

Kosten für Einzel-Beschaffung		**Kosten für Paket-Beschaffung**
Auswahl	> <	Auswahl
Überprüfung	> <	Überprüfung
Beschaffung	>	Beschaffung
Bereitstellung	>	Bereitstellung
Erschließung	>	Erschließung
Pflege	> =	Pflege
Erneuerung	>	Erneuerung
Archivierung	> =	Archivierung

Tab. 3: Vergleich der Kosten der Arbeitsschritte

Die Prozesse laufen bei der Beschaffung von Einzeltiteln meist analog zu den Prozessen der Beschaffung von Büchern, und die Prozesskosten entsprechen dann den dort anfallenden Kosten. Die Kosten der Bereitstellung sind die Kosten für den Stellplatz und die Ausleihe, Kosten der Bestandspflege sind Bindekosten, Reparaturkosten und die Entsorgung nicht mehr gebrauchter Bände.

Bei der Beschaffung von Paketen weichen die Prozesse mehr oder weniger ab. Eine pauschale Abschätzung der Abweichungen ist derzeit nicht möglich, und eine detaillierte Kostenuntersuchung wurde noch nicht vorgenommen.

Erhard Göbel

Zweimal Klicken führt zum Kauf

Patron-Driven-Acquistion von E-Books an der Universitätsbibliothek Graz

Die Universitätsbibliothek Graz setzt seit Juni 2011 als eine der ersten wissenschaftlichen Bibliotheken im deutschen Sprachraum die *Patron-Driven Acquisition* für die Erwerbung von E-Books ein. Im vorliegenden Beitrag werden Motive, Vorarbeiten und Erfahrungen aufgezeigt.

Auswahl, Erwerbung, Erschließung und Bereitstellung relevanter Literatur sind Kernaufgaben einer Bibliothek. Eine Universitätsbibliothek kauft primär Werke, die für die Verwendung in Forschung, Lehre und Studium in den an der Universität gelehrten Fächern benötigt werden. Angesichts der Budgetlage an vielen wissenschaftlichen Bibliotheken geht es darum – unter Ausnützung des Erwerbungsetats – Literatur anzukaufen, die auch wirklich verwendet wird. Aus Untersuchungen ist bekannt, dass ein hoher Prozentsatz der gekauften Literatur niemals verwendet wird. Als Beispiel sei eine Untersuchung an der University of Denver genannt, die ergab, dass viele erworbene Bücher nicht den Bedürfnissen der BenutzerInnen entsprachen: Von fast 127.000 in den Jahren 2001 – 2004 katalogisierten Büchern wurden bis 2009 39,6% nie entlehnt, obwohl sie zumindest bereits fünf Jahre in der Bibliothek verfügbar waren.[1]

Üblicherweise entscheidet die Bibliothek über den Ankauf von Werken; BenutzerInnen können nur Ankaufsvorschläge an die Bibliothek richten. Bei der Patron-Driven Acquisition (PDA) werden tausende – noch unbezahlte – E-Books im OPAC den BenutzerInnen zur Verfügung gestellt und einzelne E-Books – für die BenutzerInnen unbewusst – nach dem BenutzerInnenverhalten erworben. Diese Literaturauswahl durch die BenutzerInnen statt durch das Bibliothekspersonal stellt einen Paradigmenwechsel dar.

Planung

An der Universitätsbibliothek Graz werden E-Books in Paketen bzw. im Einzeltitelkauf durch Entscheidung des Bibliothekspersonals (meist FachreferentInnen) erworben. Im Jahr 2010 wurde man auf die PDA der Plattform MyILibrary aufmerksam, die über den Aggregator Missing Link angeboten wird. MyILibrary bietet rund 250.000 Werke von über 600 Verlagen an; der monatliche Zuwachs liegt bei 5.000 Titeln. Der Kauf eines E-Books erfolgt, wenn der Volltext durch BenutzerInnen ein zweites Mal geöffnet wurde.

1 Vgl. Levine-Clark, Michael: Building a Demand-Driven Collection: The University of Denver Experience. In: Swords, David A. (Hrsg.): Patron-Driven Acquisitions: History and best Practices. Berlin : De Gruyter, 2011, S. 45-60

Zuerst wurden mit Missing Link die Voraussetzungen und Rahmenbedingungen abgeklärt. Die Universitätsbibliothek Graz müsste eine Vorauszahlung in Höhe von mindestens 40.000 USD (plus MWSt.) leisten. Von diesem Guthaben würden die laufend erworbenen E-Books bezahlt.

Wesentlich war es damals zu erreichen, dass der Vertrag unbefristet läuft, d. h. es gibt keinen definierten Zeitraum, in dem das Guthaben zu verbrauchen sein wird. Es steht der Bibliothek auch frei, nach Verbrauch des Guthabens den Vertrag durch neuerliche Zahlung zu verlängern. Die Bibliothek hat volle Kostenkontrolle, weil keine nachträglichen Kosten entstehen können.

Erhoben wurde auch, welche Verlage mit MyILibrary kooperieren und welche E-Books sie im Angebot haben, insbesondere ob auch Neuerscheinungen zeitnah zur Verfügung stehen werden. Weiters wurde ermittelt, ob und wie nach Fachgebieten eingeschränkt werden kann.

Ein ganz wichtiger Punkt – der ein Stolperstein für ein solches Projekt sein könnte – ist die IT-Frage. Es war der technische Support durch den Lieferanten zu eruieren, welche Daten uns in welcher Qualität zur Verfügung gestellt werden könnten.

In der Folge wurden die ersten Schritte in der Universitätsbibliothek Graz gesetzt. Die Idee musste der Institution und den MitarbeiterInnen präsentiert werden. Weiters musste geklärt werden, ob das entsprechende Budget zur Verfügung gestellt wird, und es musste abteilungsübergreifend ein Workflow entwickelt werden, da vor allem in der Startphase der Bereich der SystembibliothekarInnen zeitlich sehr beansprucht werden würde.

Eine besondere Herausforderung bestand in der Überwindung – erwarteter – interner Vorbehalte:

- Der Umstand, dass BenutzerInnen den Kauf von E-Books bestimmen werden, stellt für die Universitätsbibliothek Graz völliges Neuland dar.
- E-Books werden noch immer als neues Medium gesehen, das auf gewisse Vorbehalte stößt.
- Der Kauf von E-Books kommt oft teurer als der Kauf von Druckausgaben.

Entscheidung und Vorarbeiten

Anfang 2011 fällte die Leitung der Universitätsbibliothek Graz die Entscheidung für die PDA der Firma MyILibrary, vertrieben durch Missing Link. Nun galt es jene Literatur auszuwählen, die im OPAC aufscheinen sollte. Dazu wurden folgende Auswahlkriterien unter Einbeziehung der FachreferentInnen erarbeitet:

- Aus einer Liste von etwa 600 Verlagen wurden etwa 120 ausgewählt, deren Titel im Paket enthalten sein sollten.[2]

[2] Dazu gehören renommierte Verlage wie Ashgate Publishing, Blackwell Publishing, Brill, Cambridge University Press, Cengage, Edinburgh University Press, Editions Ro-

- Es wurden alle Fachgebiete gewählt, zu denen an der Universität Graz Studien angeboten werden.
- Erscheinungszeitraum: Es wurden nur Werke der Erscheinungsjahre 2010 und folgende gewählt.
- Die Preisobergrenze pro E-Book soll GBP 200,-- (ohne MWSt.) betragen.

Zeitlich aufwändig gestalteten sich die Vorarbeiten für die Integration der Daten in den OPAC. Im Regelfall stellt der Aggregator die MARC-Daten nach dem von der Bibliothek erarbeiteten Auswahlprofil. Die Bibliothek wandelt diese MARC-Daten in MAB-Daten um und führt anhand der ISBN einen Dublettencheck durch, um zu verhindern, dass bereits früher erworbene E-Books noch einmal erworben werden. Für die Durchführung des Dublettenchecks anhand der ISBN müssen die Daten vorher bereinigt werden, denn die MARC-Daten beinhalten auch Angaben zur Bindeart, z.B. „(cloth : alk. paper)", im ISBN-Datenfeld.

Eine spezielle Herausforderung an der Universitätsbibliothek Graz war, dass ein in Print vorhandenes Werk mittels PDA nicht als E-Book zur Verfügung gestellt werden soll. Das erforderte weitere Vorarbeiten: Der Aggregator stellte die bereits eingeschränkten Titeldaten im Excel-Format zur Verfügung. SystembibliothekarInnen der Universitätsbibliothek Graz mussten diese Daten für Aleph lesbar machen und eine Dublettenkontrolle im Gesamtbestand durchführen. Nach der Dublettenkontrolle wird die Auswahlliste (Excel) nach Löschen gefundener Dubletten an den Aggregator gesandt. Die dann vom Aggregator gelieferten Daten werden in der Bibliothek von MARC in MAB umgewandelt.

Ein weiterer wichtiger Schritt ist die Datenanreicherung: In einzelnen Datenfeldern werden alle Datensätze, die zu diesem PDA-Programm gehören, gekennzeichnet. Nur mit dieser Maßnahme ist gewährleistet, dass die Datensätze der E-Books, die im Rahmen dieses Programms nicht gekauft werden, nach Ende des Programms durch SystembibliothekarInnen ohne besonderen Aufwand aus dem OPAC entfernt werden können.

Nach dieser Datenanreicherung und einer erneuten ISBN-Dublettenkontrolle werden die Daten nach einem abschließenden Funktionstest ins lokale Aleph-Echtsystem eingespielt.

Organisation und Verlauf

Der/die BenutzerIn sucht nach Literatur in Aleph oder Primo und gelangt dabei zu einem E-Book. Nach einem Klick auf „Volltext" im OPAC erscheint bei E-Books aus dem PDA-Paket eine Infoseite der Plattform MyILibrary mit

dopi, Elsevier Science and Technology, Emerald Group, John Benjamins, McGraw-Hill, MIT Press, Multilingual matters, Open University Press, Oxford University Press, Palgrave Macmillan, Pearson Education Inc., SAGE Publications, Taylor & Francis, Wiley, Wilev VCH, Wirtschaftsverlag, Wolters Kluwer Law & Business.

bibliographischen Angaben und ein Abstract bzw. eine Inhaltsbeschreibung. Wird dann auf dieser Seite auf den Link „Open now“ geklickt, erscheint das Buch im Volltext. Dieser Klick auf „Open now“ wird vom System registriert, und der zweite Klick durch diese/n oder eine/einen BenutzerIn löst den Kauf des E-Books aus. Der Kauf ist für BenutzerInnen nicht erkennbar.

Der Aggregator liefert monatlich eine vollständige Liste erworbener E-Books inklusive der Einzelpreise. Der Gesamtbetrag wird vom vorausbezahlten Guthaben abgezogen. Anhand dieser Liste neu erworbener E-Books werden in der Abteilung Buch- und Medienbearbeitung die Datensätze in Aleph bearbeitet: Die lokalen Datensätze werden durch Verbunddatensätze ersetzt.

Im Abstand von zwei Monaten liefert der Aggregator Updates mit neu erschienenen Titeln, die nach der oben genannten Methode (Dublettenkontrolle ...) bearbeitet und ins System eingespielt werden.

Der Vertrag zwischen dem Aggregator und der Universitätsbibliothek ist zeitlich unbefristet. Ab Erreichen eines vorher definierten Guthabenstandes kann das Profil des PDA-Paketes auf Wunsch der Bibliothek verändert werden. Auch kann die Bibliothek entscheiden, das restliche Geld nach eigenen Wünschen zu verwenden. Nach Vertragsende werden seitens der Bibliothek die lokalen Datensätze für nicht erworbene E-Books gelöscht oder der Vertrag durch weitere Zahlungen verlängert.

An der Universitätsbibliothek Graz wurde die interne Regelung getroffen, dass Mitarbeiterinnen nicht durch bewusstes Klicken Käufe von E-Books auslösen dürfen und dass die BenutzerInnen nicht über die Kaufmöglichkeit mit der PDA informiert werden. Bei Ankaufswünschen – sei es etwa von Studierenden oder WissenschaftlerInnen – für gedruckte Bücher, die im PDA-Programm als E-Books angeboten werden, aber noch nicht gekauft wurden, werden die Vorschlagenden darauf aufmerksam gemacht, dass dieses Werk als E-Book „zur Verfügung steht“. (Mit dieser Formulierung wird vermieden zu sagen, dass das E-Book noch nicht gekauft wurde.) An der Universitätsbibliothek wird generell kein Print-Exemplar gekauft, wenn das E-Book erworben wurde; Ausnahmen können an den dezentralen Bibliotheken gemacht werden.

Nach knapp vier Monaten – inklusive drei Monaten Sommerferien mit geringerer Nutzung von Bibliotheksressourcen – kann das statistische Material leider noch nicht als relevant angesehen werden. Im genannten Zeitraum gab es (Stand: 18.10.2010) 565 Zugriffe, 123 E-Books wurden erworben, von denen über 90 bereits mehr als nur zweimal genutzt wurden. Mehr als 200 weitere E-Books wurden nur einmal geöffnet.

Die drei meist genutzten Titel sind „The Law and Practice of the United Nations“ von Benedetto Conforti aus dem Verlag Brill sowie „Culture of Animal Cells“ von R. Ian Freshney, publiziert bei Wiley-Blackwell, mit jeweils 19

Zugriffen und „Cultures and Organizations; Software for the mind" von Gert Hofstede, erschienen bei McGraw-Hill Publishing, mit 18 Zugriffen.

Die anfänglichen Bedenken an der Bibliothek, BenutzerInnen würden durch „Herumklicken" zahlreiche E-Books kaufen, die dann doch nicht verwendet würden, werden durch diese Werte entkräftet.

Ausblick

Der Aggregator (Missing Link) wies uns darauf hin, dass zahlreiche der als E-Books erworbenen Titel auch häufig in der Printausgabe von Bibliotheken bestellt werden, was auf eine gute Zusammenstellung des PDA-Paketes im OPAC hinweist.

Die PDA für E-Books bietet interessante Perspektiven für serviceorientierte Bibliotheken, die ihre Erwerbungspolitik darauf ausrichten, unter bestmöglicher Ausnützung des Erwerbungsetats möglichst jene Werke zu erwerben, die von den BenutzerInnen tatsächlich verwendet werden. Der Umstand, dass viele Zeitschriften nur mehr in elektronischer Form angeboten werden, fördert auch die Akzeptanz des neuen Mediums E-Book.

Es liegt an den Bibliotheken dieses Angebot zu forcieren. Die E-Books aus dem PDA-Programm sind wie alle am Campus zugänglichen E-Books für den IP-Adressenkreis der Universität freigeschaltet. Die Erfahrung zeigt, dass viele BenutzerInnen darauf aufmerksam gemacht werden müssen, dass sie für den Zugriff auf E-Books von außerhalb des Campus einen VPN-Client einmalig installieren und konfigurieren und vor dem aktuellen Zugriff starten müssen.

Die exakten Nutzungsstatistiken, die Aufschluss über die Zahl der Zugriffe geben, sind außerdem eine ideale Unterlage, um gegebenenfalls den kaufmännisch orientierten Unterhaltsträger der Bibliothek angesichts schwieriger Finanzlage auf die Notwendigkeit und Effizienz der PDA hinzuweisen. Mit dem Angebot der E-Books über PDA demonstriert eine Bibliothek auch Bereitschaft zu innovativem Handeln.

Ania López, Peter Mayr

„*EVA* hilft beim Bücherkauf!"

Effiziente Nutzung von Fernleihen für bedarfsorientierten Bestandsaufbau: Der „Erwerbungs-Vorschlag-Assistent" am Hochschulbibliothekszentrum NRW

Im Rahmen eines Studienprojektes wurde mit dem „Erwerbungs-Vorschlag-Assistenten" (EVA) ein Prototyp erstellt, welcher den zuständigen Fachreferenten einer Bibliothek ermöglicht, vorab zu entscheiden, ob eine passive Fernleihe ausgeführt wird oder stattdessen das gewünschte Medium für die eigene Bibliothek angeschafft wird. Dabei werden die Fernleihbestellungen während einer bestimmten Karenzzeit aufgehalten, nach bestimmten Kriterien gefiltert und in aufgearbeiteter Form für die jeweils zuständigen Fachreferenten bereitgestellt. Dieses Projekt konzentrierte sich auf die Fernleihbestellungen, die über das System des hbz-Verbundes bearbeitet werden, und beschränkte sich somit auf die Verbund-Bibliotheken. Das entwickelte Modell ist als zusätzliches – optionales – Modul der Online-Fernleihe gedacht.

Motivation

Passive Fernleihen können von NutzerInnen wahrgenommene Mängel im lokalen Bestand einer Bibliothek aufzeigen. Diese – eigentlich banale – Aussage stand am Beginn dieses Projektes.

Vor der Automatisierung der Fernleihbestellungen wurden in Deutschland Bücher per „Roten Leihschein" bestellt. Der damalige Arbeitsablauf führte dazu, dass die einzelnen Fachreferenten diese Leihscheine vor dem Versand an potentielle Lieferbibliotheken nochmals prüfen und die angefragten Bücher gegebenenfalls für den eigenen Bestand erwerben konnten.

Im Zuge der beispielsweise ab 2002 im hbz[1]-Verbund eingeführten Endbenutzerbestellsysteme entfiel dieser Zwischenschritt. Fernleihbestellungen wurden ab diesem Zeitpunkt direkt an die Lieferbibliotheken übermittelt. Auch wenn dies natürlich eine enorme Beschleunigung des Bestellvorgangs und somit eine Steigerung der Servicequalität für die Nutzer bringt, so werden dadurch auch die Fachreferenten vom Informationsfluss abgeschnitten. Der „Erwerbungsvorschlagsassistent" soll nun helfen, den nutzerorientierten Bestandsaufbau zu verbessern, ohne dabei das hohe Serviceniveau der Fernleihe zu senken.

Ziel des Projektes EVA war es, ein Verfahren für die teilnehmenden Bibliotheken zu konzipieren, welches den zuständigen Fachreferenten ermöglicht, vorab zu entscheiden, ob eine passive Fernleihe ausgeführt oder stattdessen das gewünschte Medium für den eigenen Bestand angeschafft wird.

[1] Hochschulbibliothekszentrum, die Verbundzentrale für Nordrhein-Westfalen und Rheinland-Pfalz

Dabei sollen die Fernleihbestellungen nach bestimmten Kriterien gefiltert und in aufgearbeiteter Form für den jeweils zuständigen Fachreferenten bereitgestellt werden. Dieser kann dann innerhalb einer definierten Karenzzeit die Entscheidung über Anschaffung oder Fernleihe treffen. Im Falle einer Entscheidung gegen die Anschaffung soll eine schnelle und einfache Weiterleitung an das Fernleihsystem gewährleistet werden.

Das vorgestellte Projekt konzentrierte sich auf die Fernleihbestellungen, die über den ZFL Server[2] des hbz bearbeitet werden, und beschränkt sich somit auf die teilnehmenden Bibliotheken. Das entwickelte Modell ist als zusätzliches Modul der jetzigen Fernleihe gedacht, und jede teilnehmende Bibliothek soll entscheiden können, ob sie es in Zukunft für ihren Bestandsaufbau nutzen möchte.

Gelegenheit

Dieses Projekt ist im Rahmen des berufsbegleitenden Masterstudiengangs „Bibliotheks- und Informationswissenschaft" an der FH Köln entstanden. Im dritten Semester ist die Durchführung von drei Praxisprojekten vorgeschrieben. Der „Erwerbungs-Vorschlags-Assistent" (EVA) wurde dabei als sogenanntes „Großes Praxisprojekt" mit einem definierten *workload* von 240 Stunden und einem Bearbeitungszeitraum vom 26. April bis zum 30. August 2010 durchgeführt.

Aus dem Kontext des Studiums ergab sich die Möglichkeit einer institutionsübergreifenden Zusammenarbeit. Damit konnten sowohl die Expertise aus der Fachreferentenarbeit an der Universitätsbibliothek Duisburg-Essen als auch aus der Fernleihabteilung des regionalen Bibliotheksverbundes genutzt werden. Nach Ablauf der Projektphase wurde das „EVA"-Modul in den Regelbetrieb übergeführt und läuft seit dem 30. September 2011 als reguläre Dienstleistung des hbz.

Vorarbeiten

Die folgenden ähnlich gelagerten Verfahren wurden im Rahmen des Projektes untersucht:

Nachnutzung von Fernleihbestellungen: An einigen Institutionen in Nordrhein-Westfalen werden Fernleihbestellungen der eigenen Nutzer (passive Fernleihe) nachträglich per E-Mail an die Bibliothek geleitet. Um alle Fachreferenten der jeweiligen Institution zu erreichen, ist die Zieladresse meist ein Mailverteiler.

Eine weitere Nachnutzung von Fernleihbestellungen wird zentral vom Bayerischen Bibliotheksverbund angeboten. Hierbei werden alle passiven Fernleihen innerhalb des Verbundes in einer Datenbank gespeichert. Zusätzlich erfolgt

[2] Zentraler Fernleih-Server

eine Anreicherung der Fernleihdaten, indem beispielsweise weitere bibliographische Informationen oder die Anzahl der Bestellungen hinzugefügt wird. Diese Information kann dann von jeder teilnehmenden Bibliothek genutzt und ausgewertet werden. Durch ein Suchformular kann nach bestimmten passiven Fernleihen gesucht werden (z.B. eingegrenzt nach Fach, Zeitraum, etc.).

Integriertes Erwerbungsformular in der Digitalen Bibliothek: Die „Digitale Bibliothek" (DigiBib) ist ein Such- und Bestellportal, das von der hbz-Verbundzentrale betrieben und von öffentlichen und Hochschul-Bibliotheken in Deutschland und Österreich eingesetzt wird. In Nordrhein-Westfalen bietet die Digitale Bibliothek seit dem letzten Release in einigen lokalen Sichten ein Bestellvorschlagsformular an, mit dem Nutzer ihrer Bibliothek Titel zur Anschaffung empfehlen können. Dieses Formular wird dann zentral an die zutreffende Bibliothek versandt. Im besten Fall wird dadurch eine Fernleihe vermieden.

Bei beiden Verfahren zeigen sich in der Praxis Nachteile: Im ersten Fall erfolgt die Auswertung der Fernleihinformationen erst im Nachhinein, es kommt also unter Umständen zu einer Doppelung von Fernleihe und Erwerbungsvorgang. Im letzteren Fall trifft der Nutzer die Entscheidung, ob eine Fernleihe durchgeführt wird, und nicht der jeweilige Fachreferent.

Konzept und Arbeitsabläufe

Ein erstes am hbz entstandenes Konzept wurde evaluiert und angepasst. Die Gründe für die seinerzeit stattgefundene Ablehnung des Grundkonzepts durch das zuständige Gremium wurden genau analysiert und die Rahmenbedingungen für das Projekt dahingehend angepasst.

Folgende Grundgedanken waren beim Design der Arbeitsabläufe wichtig:

- *„Unnötige" Fernleihen sollen vermieden werden.*
  Fernleihe auf Medien, die eine wertvolle Ergänzung des lokalen Bestandes bilden können und die in einem vertretbaren Zeitraum beschaffbar sind, sollen abgefangen werden.
- *Die Fachreferentin/der Fachreferent soll schnell und komfortabel über die Fernleihe entscheiden können.*
  Eine Weboberfläche soll eine einfache Bearbeitung der potentiellen Erwerbungsvorschläge ermöglichen, um die Gesamtbearbeitungszeit der Fernleihvorgänge nicht unnötig zu erhöhen.

Auch wenn der Erwerbungsvorschlagsassistent in Zusammenarbeit mit der Universitätsbibliothek Duisburg-Essen entwickelt wurde, so sollte das fertige Projekt generell für die an der Online-Fernleihe im hbz-Verbund teilnehmenden Bibliotheken einsetzbar und eine Nachnutzung einzelner Teilmodule auch außerhalb des Verbundes möglich sein.

Aus diesem generellen Anspruch heraus wurden auch zwei Arbeitsabläufe entwickelt: neben dem „Standard-Workflow“, mit der Option die Fernleihen aufzuhalten, auch ein „Alternativmodus”, bei dem die Bestelldaten nur parallel zur Fernleihe im Modul gespeichert werden. Dieses Vorgehen ermöglicht auch Bibliotheken einzubinden, die keine „Schnellerwerbung” als Arbeitsvorgang definiert haben.

Standard-Workflow

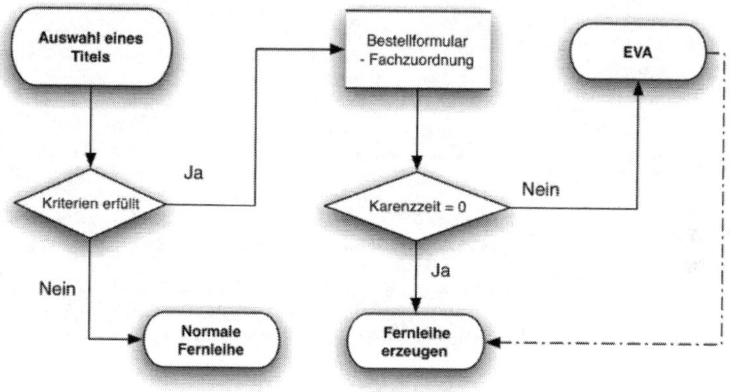

Abb.: 1: Standard-Workflow

In der Sicht jeder teilnehmenden Bibliothek ist eine Fächerklassifikation hinterlegt (angelehnt z.B. an die Verteilung der Fakultäten bzw. Fachreferate). Zu jedem dieser Fächer kann eine „Karenzzeit“ definiert werden, die festlegt, ob und gegebenenfalls für wie lange eine potentielle Fernleihe den Fachreferenten zur Begutachtung vorgelegt werden soll.

Entspricht eine potentielle Fernleihe den allgemeinen (ISBN vorhanden, Verfügbarkeit im Buchhandel gegeben), sowie den bibliotheksspezifischen (z.B. Erscheinungsjahr > X) Kriterien, so wird dem Nutzer im Bestellformular eine Fächerauswahl angeboten, um das Medium inhaltlich zu klassifizieren.

Beim Absenden dieser Bestellung leitet das System anhand zweier Alternativen weiter:

1. *Die Karenzzeit für das ausgewählte Fach ist 0.* In diesem Fall wird die Fernleihe sofort durchgeführt und die bibliographischen Daten parallel als Erwerbungsvorschlag in das Modul geschrieben.
2. *Die Karenzzeit für das ausgewählte Fach ist größer als 0.* In diesem Fall wird keine Fernleihe abgesetzt, sondern nur der Erwerbungsvorschlag erzeugt. Der Nutzer erhält darüber eine Rückmeldung, sowie eine Nummer (mit „EVA:“ Präfix) für weitere Rückfragen (vgl. Abb. 2).

Abb. 6: Information über die Umwandlung einer Fernleihe in einen Erwerbungsvorschlag

Der Erwerbungsvorschlag scheint mit dieser Nummer dann auch im Benutzerkonto der DigiBib auf. Die Fachreferenten der teilnehmenden Bibliothek können über eine zugangsgeschützte Weboberfläche die eingegangen Erwerbungsvorschläge sichten und bearbeiten.

Alternativmodus

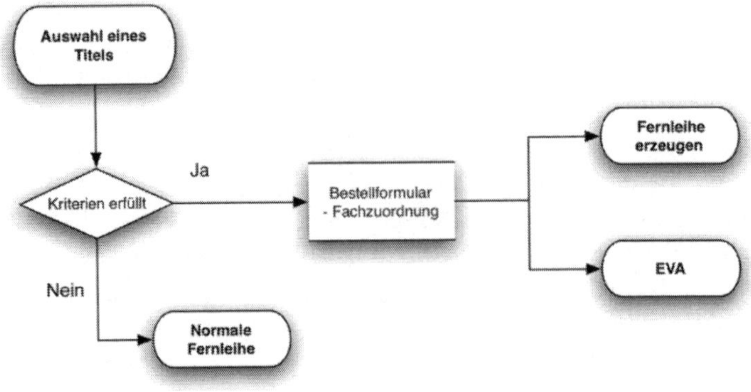

Abb. 7: Alternativmodus

Bei dieser Variante wird der normale Ablauf der Fernleihe nicht unterbrochen. Für die Nutzer ändert sich der Bestellvorgang daher vordergründig nicht. Sie werden lediglich unter Umständen um eine fachliche Zuordnung ihrer Fernleihbestellung gebeten.

Parallel zu dieser Fernleihe werden aber mit den Daten der Bestellungen potentielle Erwerbungsvorschläge erzeugt, und die Daten können von den Fachreferenten nachgenutzt werden.

Eine wesentliche Verbesserung zum eingangs beschriebenen Verfahren der Mailbenachrichtigung über Fachreferentenverteiler besteht darin, dass die Vorschläge vorselektiert und dem richtigen Fachreferenten zugeordnet werden.

Ergebnisse

Ergebnis des Projekts war ein funktionsfähiger Prototyp mit drei Modulen:
- die automatisierte Analyse von Fernleihen auf ihre Eignung als Erwerbungsvorschlag
- eine Fachreferenten-Oberfläche zur Bearbeitung der Vorschläge
- ein Tracking-Modul für EndnutzerInnen

Automatisierte Analyse von Fernleihen

Aus den von den Nutzern aufgegebenen Fernleihen werden automatisiert potentielle Erwerbungsvorschläge herausgefiltert. Im ersten Schritt wurden primär formale Kriterien geprüft. Wichtig ist etwa die Verfügbarkeit im Buchhandel, dies bedingt das Vorhandensein einer ISBN, mit der über entsprechende Schnittstellen eine Abfrage durchgeführt wird. Ein weiteres Kriterium ist das Erscheinungsjahr. Nur aktuelle Literatur soll bestellt werden. Jede Institution kann dabei das für sie in Frage kommende Mindesterscheinungsjahr frei definieren.

Fachreferentenoberfläche

Jeder Fachreferent soll zentral an einer Stelle die für seine Fächer in Frage kommenden Erwerbungsvorschläge bearbeiten können und mit wenig Aufwand seine Entscheidung über eine Anschaffung oder Weiterleitung als Fernleihe treffen.

Abbildung 4 zeigt diese Fachreferentenoberfläche. Erwerbungsvorschläge können per E-Mail oder als CSV-Datei exportiert oder gegebenenfalls an den Fernleihserver weitergeleitet werden. Für Rückfragen können die Nutzer per E-Mail kontaktiert werden.

Zusätzlich ermöglicht eine Personalisierungsfunktion Urlaubszeiten, Länge der Karenzzeit und Vertretungsregelungen individuell festzusetzen.

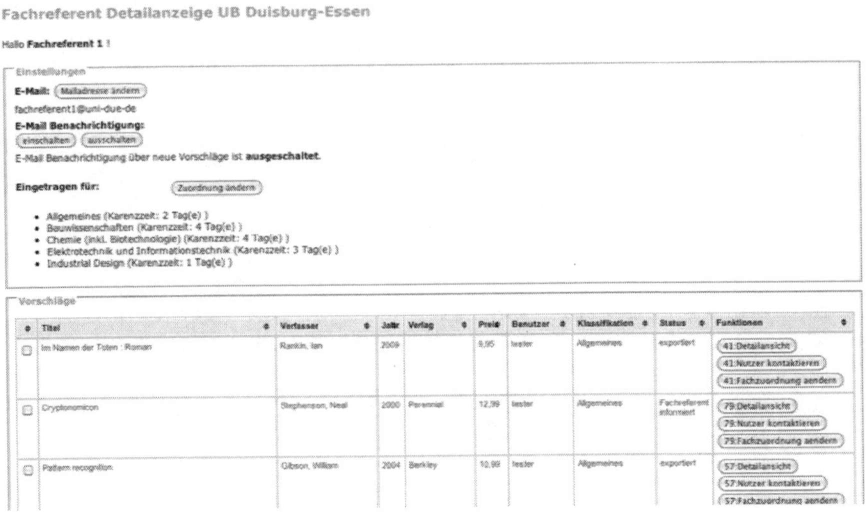

Abb. 8: Fachreferentenoberfläche auf dem Testserver

Tracking-Modul für EndnutzerInnen

Der Erwerbungsvorschlagsassistent ändert unter Umständen den normalen Ablauf einer Fernleihe für den Endnutzer. Eine Trackingschnittstelle ist daher notwendig, um die Nutzer transparent und in Echtzeit über den Status ihres Buchwunsches zu informieren. Diese Schnittstelle ist in das Fernleihkonto des Bestellportals integriert.

Aktueller Stand

Am 30. September 2011 lief der Produktionsbetrieb des EVA-Moduls an. Inzwischen nutzen 7 Bibliotheken den Erwerbungsvorschlagsassistenten, darunter sind etwa große Universitätsbibliotheken wie Duisburg-Essen oder Bielefeld, aber auch Fachhochschulbibliotheken, wie die FHB Münster oder die Bibliothek der Hochschule Niederrhein.

Etwa ein Drittel der aufgegebenen Fernleihen erfüllen die Kriterien zur Umwandlung in einen Erwerbungsvorschlag, und so befanden sich Ende 2011 bereits über 6 800 Vorschläge im System.

Zukünftiges

Für die Zukunft ist natürlich die Ausweitung des Nutzerkreises angedacht. Zusätzlich sollen die aus den ersten Monaten gewonnenen Erfahrungen evaluiert werden, um die Auswirkungen von EVA auf die Fernleih- und Erwerbungsprozesse in den Bibliotheken genauer zu untersuchen. Einzelne Module des EVA-Systems können auch außerhalb der Fernleihstruktur des hbz-

Verbundes eingesetzt werden. Um die Nachnutzung dieser Komponenten zu fördern, ist eine Veröffentlichung unter einer *Open-Source*-Lizenz geplant.

Insgesamt konnte mit diesem Projekt ein wichtiger Baustein für den nutzerorientierten Bestandsaufbau geschaffen werden. Durch die neu geschaffene Möglichkeit, den automatischen Ablauf der Bestellung in bestimmten Fällen zu unterbrechen, ist auch eine qualitative Überprüfung der Fernleihen möglich. Zusätzlich ist durch die Auswertung der Informationen gesichert, Titel am tatsächlichen Bedarf der Nutzer orientiert zu kaufen und damit die allgemein sinkenden Erwerbungsetats zu optimieren.

Heidrun Wiesenmüller

Das neue Regelwerk 'Resource Description and Access' (RDA)

Zwischen Wunsch und Wirklichkeit

Vorgestellt werden zunächst prinzipielle Unterschiede zwischen der angloamerikanischen und der deutschsprachigen Katalogisierungstradition beim betriebenen Aufwand, bei Haupteintragungen und beim Datenmodell. Danach werden wichtige Grundprinzipien von RDA erläutert: die hohe Bedeutung einer Kompatibilität zu AACR2 und das nur oberflächliche Verständnis von Internationalität, die Orientierung an FRBR, die Rolle der Datenelemente in RDA und die Grundregeln bei der bibliographischen Beschreibung. Es zeigt sich, dass RDA aufgrund allzu großer Rücksichtnahme auf die bisherige angloamerikanische Katalogisierungspraxis seine Ziele nur zum Teil erreichen kann. Schließlich werden einige Überlegungen zur möglichen Umsetzung von RDA im deutschsprachigen Raum angestellt.

Die angloamerikanische Katalogisierungstradition

Das im Juni 2010 erschienene neue Regelwerk 'Resource Description and Access' (RDA) ist der Nachfolger der 'Anglo-American Cataloguing Rules' (AACR2). Es ist deshalb nützlich, sich zunächst etwas näher mit der angloamerikanischen Katalogisierungstradition zu beschäftigen. Denkt man an Katalogisierung z.B. in den USA, so fällt einem zuerst die Praxis des 'copy cataloguing' ein, also die Fremddatenübernahme. Diese findet in ähnlichem Umfang wie bei uns statt, wird allerdings häufig von angelernten Hilfskräften ausgeführt. Dem gegenüber steht das 'original cataloguing' – also die Erst- bzw. Eigenkatalogisierung –, die sowohl Formal- als auch Sacherschließung umfasst und durch hochqualifizierte Bibliothekare geleistet wird. Diese haben in der Regel zuerst ein Fachstudium absolviert und danach ein Masterstudium in 'Library and Information Science'. Vergleicht man dies mit den Strukturen etwa in Deutschland, so wäre die Entsprechung der so genannte 'höhere Dienst'. Ein Pendant zum 'gehobenen Dienst', d.h. Bibliothekaren mit Fachhochschulstudium (Diplom oder Bachelor), gibt es in den USA nicht.

Bei der Katalogisierung wird nach AACR2 generell ein deutlich höherer Aufwand betrieben als in der RAK-Welt. So ist die bibliographische Beschreibung ausführlicher: Ein gutes Beispiel dafür sind Aufsatzbände, bei denen üblicherweise die Verfasser und Sachtitel von bis zu zwölf Beiträgen in einer Fußnote erfasst werden. Auch die Zahl der Eintragungen liegt höher; es werden z.B. bis zu drei Herausgeber berücksichtigt. Mit erstaunlicher Leidenschaft widmet man sich Körperschaften: Beispielsweise gelten – anders als nach RAK – alle Kongresse als Körperschaften, sofern sie einen Namen haben. Es werden deshalb auch Kongresse vom Typ 'Tagung der xy-Gesellschaft' angesetzt, für die es bei uns keine eigenen Normdatensätze gibt. Der Informationsgehalt angloamerikanischer Katalogisate liegt zweifelsohne höher als der von RAK-Katalogisaten. Allerdings ist der konkrete Nutzen der Informationen mitunter fraglich – gerade im Bereich der Körperschaften, die in der Recherche bekanntlich kaum nachgefragt werden.

Vergleicht man RAK und AACR2 unter dem Aspekt der Haupteintragung, so stößt man auf zahlreiche Unterschiede: Öfter als bei uns wird die Haupteintragung unter einem Verfasser gemacht, z.B. auch bei Bildbänden und bei Werken von bis zu drei Verfassern mit erkennbar getrennten Textanteilen. Es gibt mehr Urheber, da nicht nur der Körperschaftsbegriff selbst breiter ist (z.B. gelten auch Projekte, Expeditionen und Schiffe als Körperschaften), sondern auch das Verständnis dessen, was Urheber ausmacht: Diese sind nicht auf anonyme Werke beschränkt, und manches, was nach RAK nur eine sonstige beteiligte Körperschaft wäre, ist nach AACR2 ein Urheber. Anders ist auch das Kriterium, nach dem entschieden wird, ob der Urheber die Haupteintragung erhält: Nach RAK ist nur zu prüfen, ob der Urheber im Sachtitel genannt oder dazu zu ergänzen ist. AACR2 definiert hingegen bestimmte Typen von Publikationen, die stets unter dem Urheber eingetragen werden, u.a. offizielle Stellungnahmen einer Körperschaft, Besitzkataloge (z.B. eines Museums) sowie Kongressbände.

Auch das in der angloamerikanischen Welt übliche Datenmodell unterscheidet sich erheblich von unserem: Üblich sind 'flache' Datensätze ohne Abbildung von Hierarchien (z.B. bei mehrbändigen Werken). Ebenfalls praktisch unbekannt sind Verknüpfungen zwischen Normdatensätzen und Titeldatensätzen. Die Zusammenführung etwa aller Titel eines Autors erfolgt nicht über eine Identnummer (also dadurch, dass alle Titel mit demselben Normdatensatz verknüpft sind), sondern dadurch, dass in allen Titeln derselbe normierte Textstring – die Ansetzungsform – verwendet wird. Dies ist übrigens auch der Grund, warum die Lebensdaten von Personen stets Teil der Ansetzungsformen sind – diese müssen ja eindeutig sein. Ganz ähnlich verläuft die Zusammenführung bei einer Schriftenreihe: Bei allen Bänden wird derselbe normierte Titel der Reihe eingetragen. Haben mehrere Reihen denselben Titel, so wird auch hier sozusagen 'individualisiert', etwa durch Hinzufügen des Verlags, z.B.: 'Historische Studien (Matthiesen Verlag)'. Dieses etwas antiquiert anmutende Datenmodell hat in der Praxis viele Nachteile. Die Änderung einer Ansetzungsform bedeutet erheblichen Arbeitsaufwand: In jeder (!) Bibliothek muss dann ein Vorgang angestoßen werden, bei dem in allen betroffenen Titeldatensätzen die bisherige Ansetzungsform durch die neue ersetzt wird. Vielfach setzen die Bibliotheken dafür externe Dienstleister ein, die in gewissen Abständen den gesamten Datenpool der Bibliothek mit den aktuellen 'Authorities' der Library of Congress abgleichen und veraltete Ansetzungen aktualisieren. Im Folgenden sollen nun einige wichtige Grundprinzipien von RDA erläutert werden.

Kompatibilität zu AACR2 vs. Internationalität

Die Kompatibilität zu AACR2 ist das vielleicht wichtigste Prinzip von RDA: „The need to integrate data produced using RDA into existing databases (…) has been recognized as a key factor in the design of RDA." (RDA 0.2). Viele Entscheidungen bei der Entwicklung von RDA sind nur vor diesem Hintergrund verständlich. Eine wichtige Leitlinie war insbesondere, dass es wegen des damit verbundenen Arbeitsaufwands möglichst keine Änderungen bei den Ansetzungsformen und den Haupteintragungen geben sollte.

Tatsächlich sieht kaum eine Ansetzungsform in RDA anders aus als in AACR2 – selbst da, wo eine Änderung eigentlich zwingend nötig gewesen wäre. Ein Beispiel dafür sind juristische Zusätze wie 'GmbH' oder 'e.V.' in Namen von Körperschaften. In der Verlagsangabe bleiben solche Zusätze künftig erhalten, denn in der bibliographischen Beschreibung folgt RDA dem 'modernen' Prinzip, eine Entität so wiederzugeben, wie sie sich selbst darstellt. Eine entsprechende Regelung hätte man auch bei der Ansetzung von Körperschaften erwartet. Dort findet sich jedoch weiterhin die alte AACR2-Regel, nach der juristische Zusätze wegzulassen sind (RDA 11.2.2.10). Die innere Konsistenz des neuen Regelwerks wird dadurch beeinträchtigt.

Einer der ganz wenigen Fälle, in denen die Haupteintragung geändert wurde, betrifft Werke von mehr als drei Verfassern: Diese sind jetzt nicht mehr Sachtitelwerke, sondern Verfasserwerke (RDA 6.27.1.3). Ansonsten ändert sich an den Haupteintragungen in der Regel nichts, womit auch alle Unterschiede zu RAK erhalten bleiben. Aber warum löst RDA sich nicht überhaupt vom antiquierten Konzept von Haupt- und Nebeneintragungen? Zwar wird die Bezeichnung 'main entry' nicht mehr verwendet, aber die Sache selbst ist unterschwellig immer noch vorhanden. Deutlich wird dies bei den Regeln zur Bestimmung des normierten Zugangspunktes für ein Werk (RDA 6.27.1): Dafür wird der Vorzugstitel des Werkes entweder mit der Ansetzungsform einer Person kombiniert (z.B. 'Hemingway, Ernest, 1899-1961. For whom the bell tolls') oder mit der einer Körperschaft (z.B. 'Hamline University. Biennial catalogue of Hamline University'), oder er besteht – wenn weder eine Person noch eine Körperschaft als geistiger Schöpfer verantwortlich ist – nur aus dem Vorzugstitel (z.B. 'Anthologie de la poésie baroque française'). Ganz klar spiegelt sich hier die alte Dreiteilung in Verfasserwerk, Urheberwerk und Sachtitelwerk wider.

Der Hintergrund dafür ist die bereits angesprochene Praxis, Beziehungen mit Hilfe normierter Textstrings darzustellen. Dies gilt auch für Beziehungen zu einem anderen Werk, wie am Beispiel der Schriftenreihen schon gezeigt wurde. Bei einer Sammlung von drei Romanen von Ernest Hemingway beispielsweise würde man gemäß AACR2 für jedes enthaltene Werk eine Nebeneintragung in der Form 'Hemingway, Ernest, 1899-1961. For whom the bell tolls' anlegen. Zwar sieht RDA auch die Möglichkeit einer Verknüpfung über Identnummern vor, doch bleibt die Textstring-Methode weiterhin erlaubt

(RDA 24.4.2). Und da die Form des dafür zu verwendenden normierten Zugangspunktes abhängig von der Haupteintragung ist, kann man auf diese nicht verzichten. Beispielhaft sieht man hier, wie das – durchaus vorhandene! – Streben nach Modernität von der Rücksichtnahme auf die derzeitigen technischen Gegebenheiten konterkariert wird.

Nach außen hin zeigt RDA ein erkennbares Bemühen um Internationalität: So findet sich das Wort 'Anglo-American' nicht mehr im Titel des Regelwerks; auch gibt es Beispiele in unterschiedlichen Sprachen. Bei den Regeln selbst ist das Verständnis von Internationalität jedoch vergleichsweise oberflächlich: Es beschränkt sich darauf, dass man auch eine andere Arbeitssprache als Englisch benutzen sowie Zahlen, Daten etc. gemäß der eigenen Konventionen angeben darf (RDA 0.11.2).

Unverändert stark auf die angloamerikanische Welt zugeschnitten sind hingegen beispielsweise die AACR2-Regeln für Werke aus den Bereichen Recht, Religion und amtliche Mitteilungen. Auf entsprechende Kritik aus Frankreich und Deutschland hin wies das Lenkungsgremium JSC (Joint Steering Committee for Development of RDA) auf das Problem der Kompatibilität mit den vorhandenen Daten hin. Für spätere Ausgaben von RDA wurde eine stärkere Internationalisierung zumindest in Aussicht gestellt.

Orientierung an FRBR

Das bekannteste Grundprinzip von RDA ist sicher seine Orientierung am theoretischen Referenzmodell der 'Functional Requirements for Bibliographic Records' (FRBR). Um das so genannte 'bibliographische Universum' abzubilden, definiert FRBR drei Gruppen von Entitäten (Objekten) mit jeweils bestimmten Merkmalen, sowie die zwischen diesen Entitäten bestehenden Beziehungen (vgl. Wiesenmüller 2008). Die Entitäten der Gruppe 1 sind Werk, Expression, Manifestation und Exemplar. Das in Abb. 1 dargestellte Werk 'L'économie institutionelle' beispielsweise besitzt zwei Expressionen – die französische Originalfassung und die englische Übersetzung. Jede Expression wird in einer oder mehreren Manifestationen verkörpert: Die englische Fassung gibt es z.B. in einer Druckausgabe und als E-Book. Jede Manifestation schließlich liegt in mindestens einem konkreten Exemplar vor. Die zwischen einem Werk, seinen Expressionen, Manifestationen und Exemplaren bestehenden Beziehungen werden als Primärbeziehungen bezeichnet.

In der Abbildung blau dargestellt sind die Entitäten der Gruppe 2: Diese repräsentieren Personen und Körperschaften, die für die Entitäten der Gruppe 1 verantwortlich sind, z.B. den geistigen Schöpfer des Werkes, den Übersetzer der englischsprachigen Expression, die Verlage als Produzenten der Manifestationen und die Bibliotheken als Besitzer der Exemplare. Die Gruppe 3 schließlich (hier grün dargestellt) umfasst alle Entitäten, die Thema eines Werkes sein können, berührt also den Bereich der Sacherschließung.

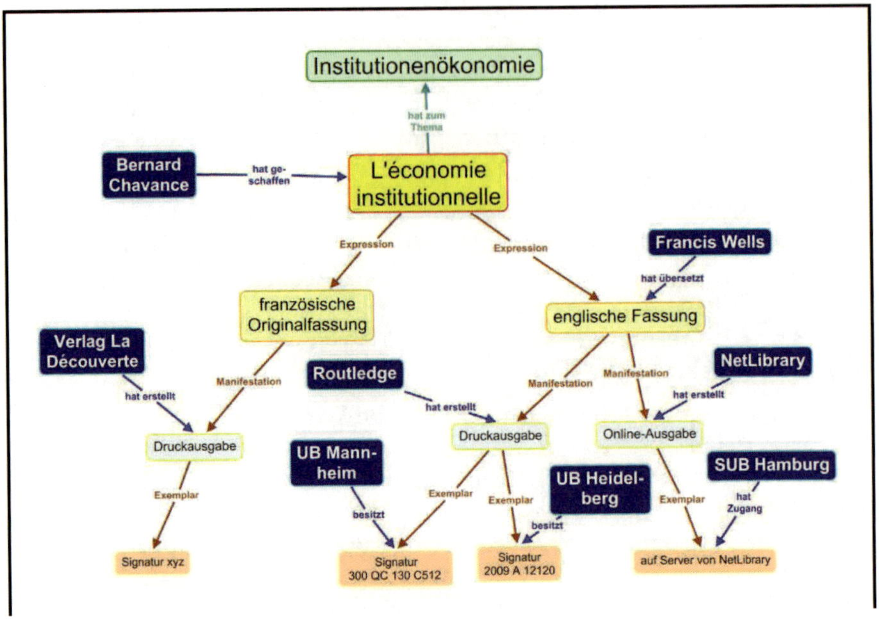

Abb. 1: Beispiel für FRBR-Entitäten und Beziehungen

Stellt man RDA und FRBR gegenüber, so erschließt sich die innere Logik: In den ersten vier Abschnitten von RDA werden die unterschiedlichen FRBR-Entitäten behandelt, z.B. die Gruppe 2 im Abschnitt 3 – dort sind also u.a. die Ansetzungsregeln für Personen und Körperschaften zu suchen. Ab Abschnitt 5 folgen die verschiedenen Arten von Beziehungen, die zwischen FRBR-Entitäten bestehen können: Im Abschnitt 6 geht es beispielsweise um die Beziehung zwischen der Entitätengruppe 2 und der Entitätengruppe 1 – hier findet man also die Regeln für Eintragungen unter Personen und Körperschaften.

In heutigen Titeldatensätzen sind die Ebenen Werk, Expression und Manifestation typischerweise vermischt: Gibt es beispielsweise eine Eintragung unter einem Verfasser und eine unter einem Übersetzer, so gehört erstere zum Werk und letztere zur Expression. Das Gros der Informationen in unseren Katalogisaten – z.B. die Sachtitel- und Verfasserangabe, der Erscheinungsvermerk oder die Umfangsangabe – ist hingegen auf der Ebene der Manifestation angesiedelt. Interessant ist nun, wie RDA mit dieser Situation umgeht: Verlangt das neue Regelwerk, diese Ebenen sozusagen 'auseinanderzuziehen' und getrennte Datensätze für Werke, Expressionen und Manifestationen anzulegen? Auf den ersten Blick scheint es so, denn es heißt, dass die erfassten Daten die Primärbeziehungen abbilden sollen (RDA 17.2). Freilich gibt es ein 'Schlupfloch': Die Primärbeziehungen können auch durch eine so genannte zusammengesetzte Beschreibung ausgedrückt werden: Bei dieser werden Elemente, die das Werk und/oder die Expression identifizieren, mit der Beschreibung der Manifestation kombiniert (RDA 17.4.2.3). Dies freilich ist nichts anderes als der Status quo in heutigen Katalogen – wer möchte, kann also so weitermachen wie bisher. Und es ist sicher kein Zufall, dass im US-amerikanischen RDA-Test (vgl. Wiesenmüller 2011) ausschließlich diese Option zur Anwendung kam.

RDA-Datenelemente

Während AACR2 noch von einer ISBD-Darstellung ausging, steht RDA auf dem durchaus einleuchtenden Standpunkt, dass zwischen der Erfassung der Daten und ihrer Darstellung eine klare Trennlinie zu ziehen ist (RDA 0.1). Definiert werden Datenelemente und ihre Inhalte. Nicht vorgeschrieben wird, wie diese den Benutzern zu präsentieren sind. Wenn gewünscht, ist eine ISBD-Darstellung aber weiterhin möglich.

Die in RDA definierten Datenelemente haben eine viel höhere Granularität als die Kategorien im MARC-Format, d.h. sie sind viel feiner untergliedert und genauer spezifiziert. Damit soll gewährleistet werden, dass Maschinen die Daten leichter verarbeiten können – Stichwort 'Semantic Web'. So gibt es etwa im Bereich der physischen Beschreibung nicht weniger als zwölf unterschiedliche RDA-Elemente für 'andere physische Details', u.a. Illustrationsgehalt, Herstellungsmethode (z.B. Radierung, Lithographie), Verkleinerungsrate (z.B. bei Microfiches) oder Datenformat (z.B. MP3, TIFF). In MARC 21 steht für all dies nur ein einziges Unterfeld zur Verfügung. Solange in diesem Format erfasst wird, kann dieser Vorteil also überhaupt nicht zum Tragen kommen: Stattdessen werden die mühsam auseinander dividierten RDA-Datenelemente wieder undifferenziert in dasselbe Unterfeld gepackt.

Eine wichtige Unterscheidung in RDA ist die zwischen Kernelementen und anderen Elementen: Kernelemente müssen stets erfasst werden, andere Elemente hingegen nur dann, wenn es ansonsten zu Verwechslungen mit einer anderen, ähnlichen Entität kommen könnte (RDA 0.6.1). Bei den Merkmalen einer Manifestation (RDA 0.6.2) gehören beispielsweise der Sachtitel und die erste Verfasserangabe zu den Kernelementen, nicht aber Zusätze zum Sachtitel, Paralleltitel und weitere Verfasserangaben. Bei den Eintragungen (RDA 0.6.6) gilt nur der erste geistige Schöpfer, d.h. der erste Verfasser bzw. Urheber, als Kernelement. Weitere Verfasser und Urheber sowie alle sonstigen beteiligten Personen (z.B. Herausgeber oder Übersetzer) und Körperschaften sind generell fakultativ, ebenso z.B. Eintragungen unter Schriftenreihen (RDA 0.6.8).

Ob und inwieweit über die Kernelemente hinaus noch weitere Elemente erfasst werden, kann die jeweilige Katalogisierungsstelle entweder mit einer Richtlinie regeln oder in das Ermessen des Einzelnen stellen (RDA 0.6.1). Wer bei den weiteren Elementen das volle Potenzial ausschöpfen möchte, dem bieten sich nahezu unbegrenzte Möglichkeiten: Bei den Eintragungen gibt es beispielsweise keinerlei zahlenmäßige Begrenzung (man kann also z.B.

zehn Herausgeber berücksichtigen), und man kann nahezu alle Personen und Körperschaften erfassen, die in einer wie auch immer gearteten Beziehung zur jeweiligen Ressource stehen. Geradezu normal sind Eintragungen unter Verlagen (RDA 21.3.1.3).

Entsprechend kann der Informationsgehalt von RDA-Katalogisaten (und damit auch der Katalogisierungsaufwand) erheblich schwanken: Möglich sind einerseits hochkomplexe, weit über die derzeitige AACR2-Praxis hinausgehende Titelaufnahmen, andererseits können die Katalogisate aber auch auf einige wenige Basis-Informationen (die Kernelemente) verkürzt werden. Der Informationsgehalt von Katalogisaten gemäß RAK, AACR2 und RDA ist in Abb. 2 schematisch dargestellt. Besonders bemerkenswert ist der extrem hohe Spielraum bei der Anwendung von RDA.

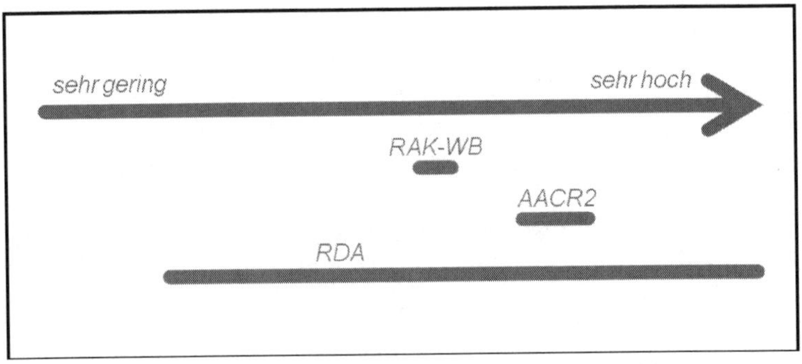

Abb. 2: Informationsgehalt von Katalogisaten nach RAK, AACR2 und RDA

Näher an der Vorlage

Bei der bibliographischen Beschreibung bleibt RDA näher an der Vorlage: Es wird nichts mehr abgekürzt und – zumindest gemäß der Standardregel – auch nichts mehr weggelassen. Anstatt einfach nur „Lang" wird man also künftig schreiben: „Peter Lang, Internationaler Verlag der Wissenschaften". In Verfasserangaben bleiben die Personalangaben erhalten, und es werden sämtliche Personen abgeschrieben – auch dann, wenn es mehr als drei sind.

Die genauere Wiedergabe führt nicht nur zu mehr Schreibarbeit (sofern nicht bereits Fremddaten vorliegen), sondern bedeutet auch, dass nicht mehr zwischen Wesentlichem und Unwesentlichem unterschieden wird. Gerade bei der bibliographischen Beschreibung gibt es allerdings sehr viele Alternativen und Optionsregeln, welche nicht selten die Beibehaltung der bisherigen Praxis ermöglichen: Hält man sich an diese, so kann man etwa auch weiterhin Personalangaben weglassen und bei mehr als drei Namen auf den ersten kürzen.

RDA im deutschsprachigen Raum – strategische Überlegungen

Die Betrachtung hat gezeigt, dass RDA fraglos einige gute Schritte voran macht, etwa bei der Orientierung an FRBR und der klaren Trennung von Erfassung und Präsentation. Deutlich wurde freilich auch ein Dilemma von RDA: Die starke Rücksichtnahme auf die derzeitige Praxis konterkariert die Modernisierungsbestrebungen und erschwert die Anwendung auf internationaler Ebene. Eine vielleicht überraschende Erkenntnis ist, dass die Katalogisierung mit RDA nicht einheitlicher, sondern vielmehr uneinheitlicher werden könnte. Mit Blick auf eine Einführung im deutschsprachigen Raum lässt sich außerdem festhalten, dass es zwar vielfach großen Spielraum bei der Umsetzung gibt, zum Teil aber auch sehr genaue und nicht umgehbare Vorgaben. Dazu gehören beispielsweise die Regeln für Haupteintragungen unter Körperschaften.

Ein Umstieg auf RDA setzt sowohl Strategien für den Umgang mit den vorhandenen Daten als auch für die Neukatalogisierung voraus. Ersterer erfordert einen schwierigen Balanceakt: Denn einerseits möchte man aus nachvollziehbaren Gründen möglichst wenige rückwärtige Änderungen machen, andererseits muss die Benutzbarkeit des Gesamtdatenpools langfristig sichergestellt werden. Eine zentrale Rolle spielen dabei die Normdaten: Diese sind sozusagen das 'Rückgrat', das unsere Daten auch über den Regelwerkswechsel hinweg zusammenhalten kann. Sie müssen deshalb zwingend großflächig umgearbeitet werden.

Einen wichtigen Schritt dabei stellt die Umstellung auf die 'Gemeinsame Normdatei' (GND) und die zugehörigen Übergangsregeln dar, welche RDA vielfach bereits vorwegnehmen. Beispiele dafür sind die Aufgabe der Unterscheidung zwischen ortsgebundenen und nicht ortsgebundenen Körperschaften oder die Verwendung gebräuchlicher deutscher Namen für Geographika (z.B. künftig 'Mailand' statt 'Milano'). Nur ein Teil der nötigen Änderungen kann maschinell erfolgen; der Aufwand für intellektuelle Nacharbeiten wird erheblich sein. Nichtsdestoweniger dürfen in diesem Bereich keine Abstriche gemacht werden: Wir müssen dafür sorgen, dass das derzeit vorhandene Konsistenz- und Qualitätsniveau zumindest in einigen Jahren wieder erreicht wird!

Für die Neukatalogisierung sind – gerade angesichts der Vielfalt von RDA – gemeinsame Festlegungen unverzichtbar. Bei der Entwicklung der Anwendungsregeln sollte man eher pragmatisch als puristisch vorgehen und unbedingt auch Aspekte der Wirtschaftlichkeit und der Nutzerbedürfnisse berücksichtigen. Durch die Nutzung vorhandener Spielräume lassen sich die Brüche zu den existierenden Daten in vielen Fällen gering halten. Insbesondere wäre ein Mindeststandard zu definieren, der sich nicht an den RDA-Kernelementen, sondern am RAK-Niveau orientiert: Beispielsweise würde man dann zweite und dritte Verfasser sowie den ersten Herausgeber auch weiterhin immer erfassen – unsere Benutzer werden es uns danken! Für massenhaft anfallende Materialien wie z.B. Netzpublikationen, die nur noch (halb-)automatisch erschlossen werden können, könnte ein zweiter, niedriger liegender Mindeststandard festgelegt werden.

Eine RDA-Konformität um jeden Preis sollte es nicht geben, denn dies kann sich unser Bibliothekswesen schlichtweg nicht leisten. Dort, wo der Aufwand hoch und der Nutzen gering wäre, sollte man gewisse Abweichungen von der 'reinen Lehre' in Kauf nehmen. Beispielsweise sollten für Kongresse vom Typ 'Tagung der xy-Gesellschaft' auch weiterhin keine eigenen Normdatensätze angelegt werden. Bei manchen Problembereichen ist außerdem zu hoffen, dass sie sich durch die Weiterentwicklung des Regelwerks mittelfristig von selbst erledigen werden.

Von großer Bedeutung ist schließlich die Frage des Datenmodells. Auf eine 'FRBRisierung', die diesen Namen tatsächlich verdient, ist die deutschsprachige Welt weit besser vorbereitet als die angloamerikanische. Dennoch ist auch hier Maßhalten angesagt: Denn eine zu ambitionierte Umsetzung von FRBR könnte dazu führen, dass die deutschsprachige Community damit international weitgehend alleine dastünde. Der Spannungszustand zwischen Wunsch und Wirklichkeit wird – wenn wir uns auf das neue Regelwerk einlassen – auch bei uns immer wieder spürbar sein.

Literaturverzeichnis

RDA (2010). In: RDA Toolkit / American Library Association, Canadian Library Association, and CILIP. Kostenpflichtig online abrufbar, URL: http://www.rdatoolkit.org/ (Zugriff 14.01.2012)

Wiesenmüller, Heidrun (2008): Zehn Jahre 'Functional Requirements for Bibliographic Records' (FRBR) : Vision, Theorie und praktische Anwendung. In: Bibliothek : Forschung und Praxis 32, H. 3, S. 168-179, URL: http://www.bibliothek-saur.de/2008_3/348-359.pdf (Zugriff 14.01.2012)

Wiesenmüller, Heidrun (2011): Gewogen und für zu leicht befunden : die Ergebnisse des RDA-Tests in den USA. In: Bibliotheksdienst 45, H. 8/9, S. 678-691, URL: http://www.zlb.de/aktivitaeten/bd_neu/heftinhalte2011/Erschliessung01080911_BD.pdf (Zugriff 14.01.2012)

Verena Schaffner

'Functional Requirements for Bibliographic Records' (FRBR)

Werkclustering in Primo – erste Umsetzungsversuche an der Universitätsbibliothek Wien

Der vorliegende Beitrag[1] beschäftigt sich vor allem mit der praktischen Anwendung von FRBR (Functional Requirements for Bibliographic Records) und ersten Umsetzungsversuchen in Primo an der Universitätsbibliothek Wien. Nach einer kurzen Einführung in das ER-Modell werden Forschungsergebnisse zur FRBRisierung von MAB2-Datensätzen dargestellt. Anschließend daran werden die Bildung von Werkclustern und die Möglichkeit der FRBR keys in Primo erläutert. Obwohl sowohl MAB2-Datensätze als auch Primo nicht wirklich FRBR-konforme Datenpräsentation vorsehen, kann dennoch ein verbessertes Browsing in Suchergebnissen ermöglicht werden.

FRBR – dieses Akronym und das, was sich dahinter verbirgt, wird inzwischen seit über zehn Jahren immer wieder in der Bibliothekswelt diskutiert. Häufig wird FRBR als eine neue Sichtweise auf das bibliographische Universum bezeichnet (vgl. Maxwell 2008, S.1), die es ermöglicht, die bestehende Katalogtradition im Licht der „digitalen Umgebung" zu sehen (vgl. Tillett 2004, S.7). FRBR wird von William Denton sogar als ein Höhepunkt bzw. ein möglicher/vorläufiger Endpunkt der Katalog(isierungs)theorie beschrieben (vgl. Denton 2007, S.35). Und auch das Ex- Libris-Produkt Primo, das 2009 im Österreichischen Bibliothekenverbund implementiert wurde, bietet Optionen, die eine Bildung von sogenannten FRBR-Gruppen ermöglicht.

1 FRBR und FRBRisierung

1.1 FRBR – eine Einführung

Das Akronym FRBR steht für „Functional Requirements for Bibliographic Records", zu Deutsch „Funktionale Anforderungen an bibliografische Datensätze" und bezeichnet eine Studie der IFLA[2] Study Group on the Functional Requirements for Bibliographic Records, deren Bericht 1998 erstmals veröf-

1 Dieser Beitrag bezieht sich auf den zweiten Teil des Vortrags „FRBR und RDA in Österreich – ein Werkstattbericht aus der AG RDA der VÖB und EG RDA des ÖBV in Beispielen" von Roswitha Müller und Verena Schaffner am 31. Österreichischen Bibliothekartag in Innsbruck, und geht vor allem auf die praktische Umsetzung von FRBR in Primo ein. Die Erkenntnisse zu dieser Thematik finden sich in ausführlicher Form in der Master Thesis „FRBR in MAB2 und Primo – ein kafkaesker Prozess?", welche die Autorin dieses Aufsatzes 2011 an der Universität Wien eingereicht hat.

2 „The International Federation of Library Associations and Institutions (IFLA) is the leading international body representing the interests of library and information services and their users. It is the global voice of the library and information profession." (Website IFLA)

fentlicht wurde. 2008 wurde eine überarbeitete Fassung der FRBR herausgegeben, welche 2009 ins Deutsche übersetzt wurde. Laut Block et al. sind die FRBR ein „logisches Denkmodell für bibliographische Beschreibungen" (Block et al. 2005, S.1231), welches aber auf einer abstrakten Ebene verbleibt. Sie sind kein neues Katalogisierungsregelwerk und auch kein neues Datenformat, sondern lediglich ein abstraktes Referenzmodell, für welches das sogenannte Entity-Relationship-Modell (Entitäten-Beziehungs-Modell, ER-Modell) eingesetzt wird (vgl. Wiesenmüller 2008, S.349). FRBR bildet jedoch die Grundlage für das neue Katalogisierungsregelwerk Resource Description and Access (RDA), welches in Zukunft international und mit großer Wahrscheinlichkeit auch im deutschsprachigen Raum zur Anwendung kommen wird.

Im Rahmen der Datenanalyse der IFLA Study Group on FRBR wurden zehn Entitäten herausgearbeitet, welche drei Gruppen zugeordnet wurden. Die Entitäten der Gruppe 1 beinhalten „die Produkte von intellektuellen bzw. künstlerischen Anstrengungen, die in bibliografischen Sätzen genannt oder beschrieben sind: *Werk, Expression, Manifestation* und *Exemplar*" (FRBR deutsch 2009, S.12). Die zweite Gruppe beinhaltet Entitäten, die „für die physische Produktion und Verbreitung oder für den Schutz der Entitäten der Gruppe 1 verantwortlich sind" (FRBR deutsch 2009, S.13). Hierin enthalten sind Personen und Körperschaften, die zu den Entitäten der Gruppe 1 in einer Verantwortlichkeitsbeziehung stehen. Die dritte Gruppe von Entitäten umfasst jene, die als Thema von Werken auftreten. Enthalten sind „*Begriff* (ein abstrakter Gedanke bzw. eine Idee), *Gegenstand* (ein physisches Ding), *Ereignis* (eine Tätigkeit oder ein Ereignis) und *Ort* (eine geografische Ortsangabe)" (FRBR deutsch 2009, S.16). Zwischen den Entitäten herrschen Beziehungen, die als „Vehikel für die Darstellung der Verbindungen zwischen zwei Entitäten und damit als Hilfsmittel für Benutzer zur ‚Navigation' innerhalb der Gesamtheit einer Bibliografie, eines Katalogs oder einer bibliografischen Datenbank" (FRBR deutsch, S.55) dienen.

Die Entitäten der Gruppe 1 sind diejenigen, die wohl den meisten Bekanntheitsgrad erlangt haben und mit denen die FRBR als Erstes assoziiert werden – sie sind das Rückgrat des Modells (vgl. Wiesenmüller 2008, S.350). Das Werk wird als „eine individuelle intellektuelle bzw. künstlerische Schöpfung" (FRBR deutsch, S.16) definiert. Die Expression ist „die intellektuelle bzw. künstlerische Realisierung eines *Werkes*" (FRBR deutsch 2009, S.19). Wird ein Werk in einer Expression realisiert, dann muss diese in einer physischen Verkörperung auftreten, nämlich als Manifestation. Die Manifestation entspricht ungefähr dem, was in der deutschsprachigen Katalogisierungstradition als „Ausgabe"[3] bezeichnet wird (vgl. Wiesenmüller 2008, S.351). Die

3 „§2[,]1 Als Ausgabe wird die Gesamtheit der bibliographisch identischen Exemplare bezeichnet, die bei der Veröffentlichung eines Werkes entstanden sind." (RAK-WB online 2007, S.1)

vierte Entität der Gruppe 1 ist schließlich das Exemplar (item): „ein einzelnes Stück einer *Manifestation.* Die als *Exemplar* definierte Entität ist eine konkrete Entität. In vielen Fällen ist sie ein einzelner physischer Gegenstand“ (FRBR deutsch 2009, S.23). Diese Entität kann für die/den deutschsprachige/n KatalogisiererIn mit „Vorlage“[4] übersetzt werden: In der Verbundkatalogisierung, die im deutschsprachigen Raum üblich ist, wird für das Exemplar, welches einer Bibliothek vorliegt, ein „Manifestationsdatensatz“ gebaut, der für alle anderen Bibliotheken, die ebenfalls ein Exemplar dieser Manifestation vor sich haben, nutzbar ist. Zwischen diesen vier Entitäten der Gruppe 1 besteht eine gleichsam hierarchische Beziehung, wobei der Grad der Abstraktion von oben nach unten abnimmt (vgl. Wiesenmüller 2008, S.350). Ein Werk realisiert sich in einer oder mehreren Expressionen, welche sich in einer oder mehreren Manifestationen verkörpern. Von diesen Manifestationen kann es eines oder mehrere Exemplare geben.[5]

1.2 FRBR in der Praxis – FRBRisierung von Datensätzen

Derzeit werden Bibliothekskataloge vielfach als eine mehr oder weniger chaotische Anzeige von Suchergebnissen wahrgenommen, die in Listenform wiedergegeben werden (vgl. Teixeira et al. 2008, S.7). Eine sinnvolle (inhaltliche) Ordnung liegt nicht vor, und auch die Beziehungen, die zwischen Treffern vorherrschen, werden keineswegs transparent gemacht (vgl. Wiesenmüller 2009, Folie 3-9). Mithilfe von FRBR könnten diese unübersichtlichen Listen nun geordnet und benutzerInnenfreundlicher aufbereitet werden – die Online-Suche und das Browsing würden vereinfacht und komfortabler.

Seit Einführung der EDV im Bibliothekswesen wurden zig Millionen Datensätze nach den gängigen Regeln und Datenformaten erstellt. FRBR ist aus einer Analyse von schon bestehenden Datensätzen hervorgegangen: Das heißt, dass Attribute der Entitäten des ER-Modells bereits jetzt vorhanden sind, denn „[t]hese entities represent the information traditionally reflected in the formal cataloging part of bibliographic records.“ (Žumer/Riesthuis 2002, S.79) Die Katalogisierung erstellt derzeit eine „Mixtur“ aus FRBR-Attributen, wobei der Fokus auf Manifestationsmerkmale gerichtet ist (vgl. O'Neill 2002, S.3). Allerdings, so haben Forschungen gezeigt, sind die Attribute nicht in der Form vorhanden, dass ohne weiteres „FRBR-Bäume“ für die Datenpräsentation extrahiert werden könnten.

Der Forschungszweig, der sich mit der Anwendung von FRBR auf bereits bestehende Katalogdaten beschäftigt, wird FRBRisierung bezeichnet (vgl. Teixeira et al. 2008, S.7). Vor allem im angloamerikanischen Raum wurden

[4] „§1 Als Vorlage wird das zu katalogisierende und im Katalog nachzuweisende Exemplar einer Ausgabe eines Werkes bezeichnet.“ (RAK-WB online 2007, S.1)

[5] Die Anwendung des ER-Modells FRBR auf ein Werk mit vielen Expressionen und Manifestationen ist keineswegs immer eindeutig – vgl. Schaffner 2011.

viele Studien[6] durchgeführt, welche die FRBR-Tauglichkeit von bibliographischen Datensätzen im Datenformat MARC21[7] durchleuchten.

Auch das Datenformat MAB2 (Maschinelles Austauschformat für Bibliotheken), welches im Österreichischen Bibliothekenverbund (OBV) zur Anwendung kommt, wurde auf seine FRBR-Tauglichkeit hin untersucht. Bereits 2004 hat man an der Deutschen Nationalbibliothek (DNB) begonnen, sich mit der FRBRisierung von MAB2-Datensätzen auseinanderzusetzen. Es wurde nicht nur ein FRBR-MAB-Mapping[8] erstellt, sondern es wurde auch versucht, MAB2-Daten in ihrer Präsentation FRBR-konform aufzubereiten (vgl. Heuvelmann 2005, S.1). Eine grobe Zuordnung der Entitäten-Gruppen (Entitäten der Gruppe 1 → MAB-TITEL und MAB-LOKAL, Entitäten der Gruppe 2 → MAB-PND, MAB-GKD und MAB-SWD, Entitäten der Gruppe 3 → MAB-SWD) ist zwar eindeutig, aber auf „die einzelnen Entitäten bezogen machen sich […] deutliche Inkongruenzen bemerkbar, die hauptsächlich dadurch bedingt sind, dass die FRBR andere, eher an der angloamerikanischen Praxis orientierte Kategorisierungen vorgenommen haben.“ (Block et al. 2005, S.1235)

MAB2 ist demnach nur bedingt FRBR-tauglich, denn die deutschsprachige Katalogisierungstradition[9] und vor allem die derzeit angewendeten Regeln für die alphabetische Katalogisierung in wissenschaftlichen Bibliotheken (RAK-WB), an welchen sich das Datenformat orientiert, sehen jene Attribute, die für eine strukturierte FRBR-konforme Datenpräsentation vonnöten wären, nicht vor.

Nichtsdestotrotz wird mithilfe der Suchmaschinentechnologie Primo von Ex Libris eine Datenpräsentation angestrebt, welche an FRBR angelehnt ist. Somit ist die Auseinandersetzung mit MAB2 hinsichtlich FRBR-konformer Datenpräsentation in Österreich notwendig geworden. Primo wurde 2009 im OBV implementiert.[10] Es handelt sich um ein Produkt der Firma Ex Libris,

6 Bsp. für solche Studien: O'Neill 2002, Hickey et al. 2002.

7 MARC21 = Machine Readable Cataloging; „1999 entstand MARC21 als ‚harmonisierte' Version aus USMARC und dem ähnlichen kanadischen Format CAN/ MARC. Das britische Bibliothekswesen unter Federführung der British Library (BL) beschloss 2000 den Umstieg von UKMARC zu MARC21 […]. Seit 2004 wird MARC21 von der BL als Intern-, Katalogisierungs- und Austauschformat eingesetzt.“ (Porth 2009, S.10)

8 Vgl. Tabelle FRBR => MAB 2004.

9 Ein weiterer Aspekt, der im Falle von MAB2 nicht außer Acht gelassen werden darf und der in der Form in der MARC21-Welt nicht maßgeblich ist: Es werden bspw. für mehrbändige Werke oder Schriftenreihen mit Stücktitel hierarchische Datenstrukturen aufgebaut.

10 Die UB Wien hat den öffentlichen Betabetrieb Anfang März 2010 aufgenommen – Primo ist die neue Suchmaschine der Universität Wien, die den Namen u:search trägt: http://usearch.univie.ac.at. Im OBV ging die „Suchmaschine des Österreichischen Bibliothekenverbundes“ Ende März 2010 online: http://search.obvsg.at/OBV.

das „den Prinzipien eines ‚next generation library catalog' oder ‚Katalog 2.0' folgt" (Putz 2010, S.228).

2 FRBR und Primo

Primo richtet sich explizit an EndnutzerInnen und bietet eine Suchoberfläche, die nicht von der verwendeten Software abhängig ist. Es kommt zu einer Trennung von Erfassungs- und Präsentations-/Recherchesystem (vgl. Knitel 2010, S.56). In Österreich werden die MAB2-Daten aus Aleph in sogenannte PNX-Sätze (Primo normalized XML) konvertiert, wobei die Regeln hierfür von der jeweiligen Primo anwendenden Bibliothek eingestellt werden können. Dieser Vorgang wird Normalisierung genannt.

Dabei kann jede Kategorie eines MAB2-Datensatzes, sogar jeder einzelne Indikator und jedes einzelne Subfeld für sich genommen angesprochen und den einzelnen Sektionen eines PNX-Satzes zugeteilt werden (vgl. Knitel 2010, S.63). PNX-Sätze sind in mehrere Sektionen unterteilt, wobei eine davon als FRBR-Sektion bezeichnet wird: FRBR keys können eingestellt werden, d.h. dass hier programmiert werden kann, welche Informationen eines MAB2-Datensatzes eingefügt werden, die in weiterer Folge zu einem Clustering von PNX-Sätzen führen (vgl. Knitel 2010, S.62f.). Es gibt also in Primo die Möglichkeit mithilfe der FRBR-Sektion und den dazugehörigen FRBR keys, die jede teilnehmende Verbundbibliothek, die Primo implementiert, selbst einstellen kann, eine Art von Clustering (FRBR-Gruppen) zu erreichen. Einer der geclusterten Datensätze wird dann in der Trefferliste angezeigt, mit dem Vermerk „Dies ist 1 von xy Ausgaben". Die jeweils weiteren Treffer, welche dasselbe Werk beinhalten, werden erst dann angezeigt, wenn man bewusst auf diesen Vermerk klickt[11]:

[11] Es wird im Falle von Werkclustern also kein „Metadatensatz" gebildet. Einer der Datensätze, der im Werkcluster enthalten ist, wird für die Anzeige nach oben gepusht. Der Erscheinungsvermerk und sonstige Angaben, die nur diese eine Manifestation betreffen, werden für das Front End ausgeblendet. Jedoch kann das Icon links (noch) nicht versteckt werden – somit ist es derzeit fraglich, ob LeserInnen hinter dem „Dies ist 1 von xy Ausgaben"-Vermerk tatsächlich auch andere Medienarten vermuten. In Graphik 1 wird das E-Book für die Anzeige des Werkclusters nach oben gepusht. Es ist nicht selbsterklärend, dass sich unter den insgesamt 18 angegebenen Ausgaben auch Druckschriften finden.

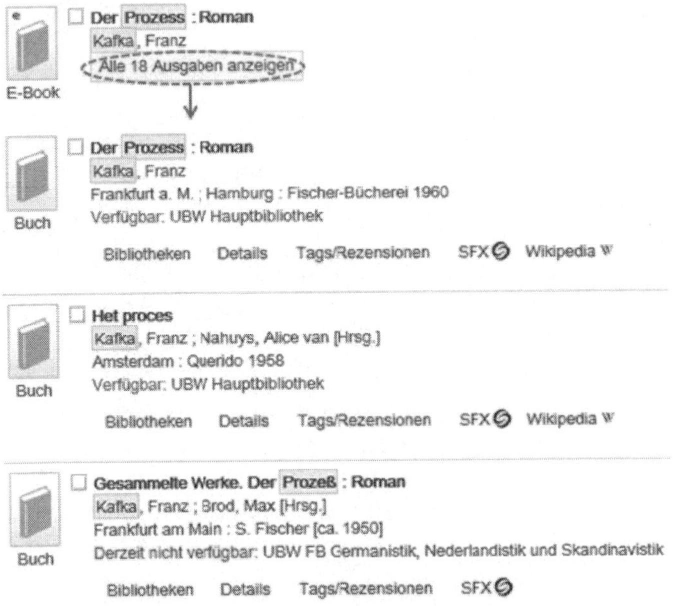

Um dieses Clustering zu erreichen, hat die Universitätsbibliothek Wien (UBW) folgende FRBR keys eingestellt:

key 1		**key 3**	
100_	Verfasser	304	Einheitssachtitel
oder 540	ISBN	oder 331	Hauptsachtitel
oder 100b	1. beteiligte Person		
wenn beide keys mit den gleichen Inhalten befüllt sind → „FRBRisierung“ in der Anzeige			

In den key 1 wird der Inhalt der 100_ eingetragen, wenn eine solche Kategorie vorhanden ist. In dieser wird üblicherweise der/die VerfasserIn/AutorIn einer Vorlage eingegeben. Gibt es keine 100_ im Datensatz, so werden die ersten fünf Stellen der ISBN[12] (Kategorie 540) herangezogen. Für diese Einstellung hat man sich aus folgendem Grund entschieden: An der UBW werden viele Lehrbücher angekauft, welche über die Jahre in vielen Auflagen erscheinen. Vor allem für Werke, die in vielen Ausgaben vorliegen, erscheint das Clustering in Primo sinnvoll. Da solche Lehrbücher häufig keine AutorInnen haben, sondern nur HerausgeberInnen, welche erfahrungsgemäß über die Jahre wechseln können, wurde beschlossen, die ISBN als Kriterium he-

12 ISBN = International Standard Book Number

ranzuziehen: Somit können wenigstens verschiedene Auflagen von Lehrbüchern, die beim selben Verlag erscheinen, zusammengeführt werden. Da ISBNs aber erst seit ca. den 1970er Jahren in Verwendung sind, kann es natürlich vorkommen, dass Datensätze ohne ISBN vorzufinden sind – sollte auch keine 540 enthalten sein, so wurde eingestellt, dass der Inhalt der Kategorie 100b herangezogen wird, also die beteiligte Person (z.B. HerausgeberInnen). Diese können zwar im Laufe der Jahre wechseln, aber somit können Sachtitelwerke[13] ohne ISBN mit denselben Herausgebern in der Trefferliste zusammenfinden.

In den key 3 werden jene Inhalte eingetragen, die in der Kategorie 304 (Einheitssachtitel[14]) eines Datensatzes stehen. Ist keine 304 enthalten, so wird der Inhalt der Kategorie 331 (Hauptsachtitel) herangezogen. Somit werden Übersetzungen in der Trefferanzeige zusammen angezeigt. Über die Normalisierungsregeln wird eingestellt, dass nur bestimmte Inhalte einer MAB-Kategorie übernommen werden. Für die Bildung der FRBR keys werden die Nichtsortierzeichen zu Beginn eines Sachtitels bspw. nicht übernommen. Auch die Sprachbezeichnung in Kategorie 304, welche nach dem Einheitssachtitel in Spitzklammern angegeben wird[15], wird nicht übernommen, da ansonsten kein Matching zustande käme (Bsp.: 304 *<<Der>> Prozeß <niederländ.>* wird zu *prozess*).

Der Werkcluster in Graphik 1 wird im Hintergrund dementsprechend durch folgende Einträge im PNX-Satz erreicht: Aus der 100_ der MAB2-Datensätze wird der/die AutorIn in normalisierter Form in den key 1 eingetragen: *kafka franz.* Key 3 beinhaltet den Inhalt aus Feld 304 resp. Feld 331, ebenfalls in normalisierter Form: *prozess.* Die PNX-Sätze, die dieselben Inhalte in key 1 und key 3 aufweisen, werden in der Trefferliste im Front End als ein Treffer bzw. Werkcluster angezeigt. Es wird im Falle von VerfasserInnenwerken ein AutorIn-Titel-Key gebildet. Primo scheint sich hier am Work-Set-Algorithmus von Thomas B. Hickey zu orientieren. Hickey et al. definieren fünf Regeln zum Bilden von keys, wobei in Primo nur die erste Regel angewendet werden kann: „1. Construct a key based on the normalized primary author and title." (Hickey et al. 2002) Das Bilden weiterer keys zum Abgleich mit weiteren Datensätzen ist nicht möglich – ein Schwachpunkt von Primo.

13 „Als Sachtitelwerk wird eine Ausgabe eines Werkes bezeichnet, die die Haupteintragung unter einem Sachtitel erhalt." (RAK-WB online 2007, §35,3) und „Ein anonymes Werk erhält die Haupteintragung unter dem Sachtitel, a) wenn das Werk keinen Urheber hat; b) wenn es einen Urheber hat, aber nach den Bestimmungen der §§631-695 nicht die Haupteintragung unter diesem erhält." (RAK-WB online 2007, §696,1)

14 „Als Einheitssachtitel wird derjenige Sachtitel bezeichnet, der einheitlich für alle Ausgaben eines Werkes bestimmt wird." (RAK-WB online 2007, §20,2)

15 „Zur Unterscheidung verschiedensprachiger Ausgaben eines Werkes wird bei Übersetzungen dem Einheitssachtitel die betreffende Sprachbezeichnung als Ordnungshilfe hinzugefügt." (RAK-WB online 2007, §517,1)

Sind nämlich mehrere Werke in einer Manifestation enthalten, kann dies in Primo nicht abgebildet werden. Ein Datensatz kann nur einer einzigen FRBR-Gruppe zugeordnet werden.

Manche Datensätze, die ebenfalls eine Manifestation des Werkes *Der Prozess* beschreiben, finden jedoch aus anderen Gründen nicht in die entsprechende FRBR-Gruppe. Für eine maschinelle Interpretation braucht es formal korrekte Datensätze. Bereits kleinste Fehler in der bibliographischen Beschreibung können dazu führen, dass eine Manifestation nicht in den Werkcluster integriert wird: „Entgegen anders lautender Gerüchte macht eine Suchmaschine wie Primo kontrollierte Metadaten keinesfalls obsolet." (Knitel 2010, S.64) Wird zum Beispiel der Einheitssachtitel vergessen oder beinhaltet der (Einheits-sach-)Titel einen (Tipp-)Fehler, werden diese Datensätze als Einzeltreffer gelistet (außer es existieren noch andere Datensätze, die genau dieselben Fehler aufweisen. Dann würden diese bibliographischen Beschreibungen eine eigene FRBR-Gruppe bilden).

Bisher geleistete FRBRisierungsforschung hat gezeigt, dass Datensätze nicht genügend Informationen enthalten, um verlässlich Expressionen identifizieren zu können (vgl. O'Neill 2002, S.154f.). Historisch gewachsene Datenbestände und unterschiedliche Erschließungstiefe sind die Umstände, die die Identifikation von Expressionen anhand vorliegender Datensätze nicht nur erheblich erschweren, sondern de facto verunmöglichen. Vielfach wird daher auf die Darstellung der Expressionsebene verzichtet (vgl. O'Neill 2002, S.157). Jedoch lassen sich Manifestationen nach verschiedenen Kriterien einschränken bzw. sortieren (vgl. Wiesenmüller 2008, S.357). In Primo kommt es zu einem Werkclustering – mittels Facetten können die gebündelten Manifestationen nach verschiedenen Gesichtspunkten, wie nach Sprache, Thema, AutorIn, Erscheinungsjahr, Schlagwort, Standort, Medium, Form und Klassifikation gefiltert werden. Somit wird ein Browsing in den Suchergebnissen ermöglicht (vgl. Putz 2010, S.228). Auch hier gilt wiederum: Je korrekter die vorliegenden Datensätze, desto besser die Darstellungsergebnisse in Primo.

Schlussbemerkungen

Mit der Suchmaschinentechnologie von Primo ergibt sich die Möglichkeit, die bereits vorhandenen MAB2-Datensätze anders zu präsentieren als bisher: Während die gängigen OPAC-Anzeigen häufig lange Trefferlisten sind, die nur bedingt ein Browsing ermöglichen, kann nun über Normalisierungsregeln vieles aus MAB2-Datensätzen herausgezogen werden, um eine verbesserte Navigation im Katalog zu ermöglichen und das Potential strukturierter Daten zu nutzen. FRBRisierung mithilfe von FRBR keys in Primo ist allerdings nicht wirklich das, was das Modell idealiter vorsieht: Ein Werkcluster kann gebildet werden, um Datensätze in eine FRBR-Gruppe zusammenzuführen, jedoch ist dies weit von einer Denkweise Richtung Entity-Relationship-Modell entfernt. Solange jede Manifestation nur einem einzigen Werk zugeordnet wird, ist auch eine Abbildung des bibliographischen Universums nicht in seiner vollen Fülle möglich. Derzeit wird bei Verfasserwerken ein key aus Autor und Titel gebildet, wodurch relativ gute Ergebnisse des Zusammenführens unterschiedlicher Manifestationen erreicht werden können. Ein Vorteil von FRBR, nämlich die Zusammenführung unter dem Werk, kann somit genutzt werden. Über die Facetten-Funktionalität wird versucht, unter anderem die Expressionsebene abzubilden. Hier folgt Primo dem internationalen Trend, die Expressionsebene über Filtereinstellungen verfügbar zu machen. Solange die Datensätze jene Informationen enthalten, die für die Facettenbildung maßgeblich sind, kommt es hier zu umfangreichen Einschränkungsmöglichkeiten der Treffermenge.

Man darf nicht außer Acht lassen, dass die vorhandenen Datensätze nicht im Hinblick auf eine Datenpräsentation, welches sich einem ER-Modell verpflichtet, erstellt wurden. Es wurde und wird nach wie vor streng vorlagegemäß vorgegangen und keineswegs auf abstrakte Entitäten in strukturierter Form eingegangen. Dass die derzeitige Herangehensweise und Praxis der Formalerschließung ganz anders funktioniert und nicht auf FRBR vorbereitet ist, kann nicht geleugnet werden, denn „the very fact that the process of cataloguing is being theorized, almost at a philosophical level, is a change *per se.*" (Le Boeuf 2001, S.17)

Die derzeit vorliegenden Metadaten sind zu einem Großteil zu inkonsistent, um ein maschinelles Extrahieren von FRBR-Ebenen zu ermöglichen. Ein Werkclustering, wie es in Primo ermöglicht wird, ist nicht für alle Manifestationen eines Werkes gewährleistet. Dennoch kann durch eine Orientierung an FRBR und mithilfe von Softwaretechnologien wie Primo ein Mehrwert für die Datenpräsentation geleistet werden, wenn auch die Datenlage keineswegs perfekt ist. Vor allem im Hinblick auf Sachtitelwerke, Schriftenreihen, mehrbändige Werke, hierarchische Datenstrukturen etc. sind weitere Forschungen notwendig. Auch könnten Studien zur BenutzerInnensicht durchaus hilfreiche Impulse für eine Weiterentwicklung hinsichtlich verbessertem Browsing in bibliographischen Metadaten liefern.

Literaturverzeichnis

Block, Barbara / Hengel, Christel / Heuvelmann, Reinhold / Katz, Cornelia / Rusch, Beate / Schmidgall, Karin / Sigrist, Barbara (2005): Maschinelles Austauschformat für Bibliotheken und die Functional Requirements for Bibliographic Records. Oder: Wieviel FRBR verträgt MAB? In: Bibliotheksdienst, 39, 2005, Nr. 10, S.1231-1244.

Denton, William (2007): FRBR and the History of Cataloguing. In: Taylor, Arlene G. (Hg.) (2007): Understanding FRBR. What it is and how it will affect our retrieval tools. Westport (u.a.): Libraries Unlimited, S.35-57.

[FRBR deutsch 2009] Arbeitsstelle für Standardisierung (Hg.) (2009): Funktionale Anforderungen an bibliografische Datensätze: Abschlussbericht der IFLA Study Group on the Functional Requirements for Bibliographic Records. Stand: Februar 2009. Online unter: http://www.d-nb.de/standardisierung/pdf/frbr_deutsch_09.pdf (letzter Zugriff: 01.07. 2009).

Heuvelmann, Reinhold (2005): FRBR-Strukturierung von MAB-Daten, oder: Wieviel MAB passt in FRBR? Online unter: http://www.d-nb.de/standardisierung/pdf/mab_in_frbr.pdf (letzter Zugriff: 05.09.2011).

Hickey, Thomas B. / O'Neill, Edward T. / Toves, Jenny (2002): Experiments with the IFLA Functional Requirements for Bibliographic Records (FRBR). In: D-Lib Magazine Vol. 8, Number 9. Online unter: http://www.dlib.org/dlib/september02/hickey/09hickey.html (letzter Zugriff: 14.01.2012).

Knitel, Markus (2010): Architektur und Parametrisierung von Primo im Österreichischen Bibliothekenverbund: ein Überblick. In: Mitteilungen der VÖB 63, 2010, Nr.1/2, S.56-68. Online unter: http://www.obvsg.at/fileadmin/files/obvsg/publ/knitel_vm_63_1.pdf (letzter Zugriff: 22.07.2011).

Le Boeuf, Patrick (2001): FRBR and Further. In: Cataloging and Classification Quarterly 32, 2001, Nr. 4, S.15-52.

Maxwell, Robert L. (2008): FRBR. A Guide for the Perplexed. Chicago: American Library Association.

O'Neill, Edward T. (2002): FRBR: Functional Requirements for Bibliographic Records. Application of the Entity-Relationship Model to Humphry Clinker. In: Library Resources & Technical Services 46, 2002, Nr. 4, S.150-159.

Putz, Michaela (2010): Primo an der Universitätsbibliothek Wien. Ein Werkstattbericht. In: Bergner, Ute / Göbel, Erhard (Hg.) (2010): The Ne(x)t Generation. Das Angebot der Bibliotheken. 30. Österreichischer Bibliothekartag, Graz 2009, S.227-232.

Schaffner, Verena (2011): FRBR in MAB2 und Primo – ein kafkaesker Prozess? Möglichkeiten der FRBRisierung von MAB2-Datensätzen in Primo, exemplarisch dargestellt an Datensätzen zu Franz Kafkas „Der Process". Master Thesis, Wien. Online unter: http://hdl.handle.net/10760/16193 (letzter Zugriff: 14.01.2012).

[RAK-WB online 2007] Regeln für die alphabetische Katalogisierung in wissenschaftlichen Bibliotheken (RAK-WB). 2. überarbeitete und erweiterte Auflage, Stand: April 2006 (einschließlich der Aktualisierungen nach der 4. Ergänzungslieferung). Elektronische Ausgabe aus 2007. Online unter: http://files.d-nb.de/pdf/rak_wb_netz.pdf (letzter Zugriff: 05.09.2011).

[Tabelle FRBR => MAB 2004] Expertengruppe MAB-Ausschuss / Arbeitsgruppe MAB – FRBR: Tabelle FRBR => MAB. Online unter: http://www.d-nb.de/standardisierung/pdf/frbr_mab.pdf (letzter Zugriff: 05.09.2011).

Teixeira, Teresa / Lopes, Margarida / Freire, Nuno / Borbinha, José (2008): Report on FRBR experiments. Online unter: http://www.theeuropeanlibrary.org/portal/organisation/cooperation/telplus/documents/TELplus-D3%206_v1%204_2008_07_29.pdf (letzter Zugriff: 22.07.2011).

Tillett, Barbara (2004): What is FRBR? A Conceptual Model for the Bibliographic Universe. Library of Congress: Cataloguing Distribution Service. Online unter: http://www.loc.gov/cds/downloads/FRBR.PDF (letzter Zugriff: 05.09.2011).

[Website IFLA] Website der International Federation of Library Associations and Institutions. Online unter: http://www.ifla.org/ (letzter Zugriff: 05.09.2011).

Wiesenmüller, Heidrun (2008): Zehn Jahre 'Functional Requirements for Bibliographic Records' (FRBR). In: Bibliothek 32, 2008, Nr. 3, S.348-359.

Wiesenmüller, Heidrun (2009): Die 'Functional Requirements for Bibliographic Records' (FRBR) – Das Modell und seine Anwendungsmöglichkeiten. Präsentation am Bibliothekartag in Erfurt: ‚Treffpunkt Standardisierung' am 3. Juni 2009. Online unter: http://www.opus-bayern.de/bib-info/volltexte/2009/652/pdf/FRBR%20Bibliothekartag%202009%20Wiesenmueller.pdf (letzter Zugriff: 21.07.2011).

Žumer, Maja / Riesthuis, Gerhard J. A. (2002): Consequences of Implementing FRBR: Are we Ready to Open Pandora's Box? In: Knowledge Organization 29, 2002, Nr. 2, S.78-86.

Margit Sandner

Normdateiarbeit und Sacherschließungspraxis

im Österreichischen Bibliothekenverbund an der Schwelle zur Gemeinsamen Normdatei (GND)

Ausgehend von den strukturellen Voraussetzungen für eine kooperative verbale und klassifikatorische Inhaltserschließung im Österreichischen Bibliothekenverbund (OBV) unter den vom Bibliothekssystem Aleph vorgegebenen datentechnischen Rahmenbedingungen wird die verbundinterne Zusammenarbeit im Bereich der inhaltlichen Erschließung skizziert. Der Redaktionsverlauf für Neuansetzungen in der Schlagwortnormdatei (SWD) wird genauer erklärt. Ein kurzer Rückblick auf die Entwicklung seit Neubesetzung der SWD-Zentralredaktion 2004 nach mehrjähriger Vakanz und auf den Einstieg aller SacherschließerInnen (SEs) in das Online-Redaktionsverfahren für Normdaten (PND- und SWD-ONR) in den Jahren 2008-2010 verdeutlicht den notwendig gewesenen Paradigmenwechsel. Schließlich werden die zahlreichen im Zuge des ONRs selbst entwickelten und seither bereits mehrmals aktualisierten funktionellen Hilfen erläutert. Ein Großteil davon wird die SEs auch in der Gemeinsamen Normdatei (GND) unterstützen, und zwar sowohl im OBV als auch in den anderen Aleph-Anwender-Verbünden. Der intensive Pflegeaufwand für solche Hilfefunktionen erscheint angesichts ihrer Nachhaltigkeit in der täglichen Praxis sämtlicher SEs durchaus gerechtfertigt und trägt ganz wesentlich zur erforderlichen Qualität der Normdaten bei. Nicht unerwähnt soll das parallel zum ONR entstandene elektronische Tool zur Liste der fachlichen Nachschlagewerke „NSW online" bleiben, steht es doch allen die Normdateien aktiv Nutzenden seit Herbst 2010 frei zur Verfügung.

Sacherschließungsarten im OBV

Im Österreichischen Bibliothekenverbund (OBV), einem seit etwa 1990 kooperativ online katalogisierenden, immer noch wachsenden Verbund erfolgt die inhaltliche Erschließung einheitlich *verbal* mittels Deskriptoren aus der „Schlagwortnormdatei" (SWD) nach den „Regeln für den Schlagwortkatalog" (RSWK) und seit einigen Jahren außerdem zusätzlich auch *klassifikatorisch* – kooperativ, aber nicht flächendeckend – auf der Basis folgender Verbundklassifikationen: „Basisklassifikation" (BK), „Dewey-Dezimalklassifikation" (DDC), „Mathematical Subject Classification" (MSC) und „Regensburger Verbundklassifikation" (RVK) sowie vereinzelt lokal nach tradierten Haussystematiken.

Input an Sacherschließungsdaten

Ein wichtiger Anteil der Sacherschließung (SE) im OBV gelangt durch passive und aktive *Fremddatennutzung* in den Katalog: verbindlich aus der Deutschen Nationalbibliothek (DNB) und optional aus anderen Verbünden des deutschsprachigen Raumes. Seit dem Projekt „Kooperative Verbundanwendungen" (KVA) geschieht dies zunehmend multilateral und – über das Funktionsfeld 026 – automatisch.

Die *Eigenleistung* besteht aus der – je nach den Usancen der jeweiligen Verbundbibliothek – optionalen Notationsvergabe für Klassifikationen auf der Grundlage gemeinsamer Verbundrichtlinien der „Zentralen Redaktion SE" (ZRSE) sowie aus der obligatorischen Beschlagwortung nach RSWK/SWD inklusive der bei Bedarf nötigen Neuansetzungen in den Normdateien SWD und PND.

Strukturelle Voraussetzungen

Das *Bibliothekssystem* „Aleph" gibt die datentechnischen Rahmenbedingungen für die SE vor und bietet die MAB-Felder der Titeldatenbank ACC01 mit den Segmenten 700 für Klassifikationen und 900 für Schlagwörter (SW) sowie die der korrespondierenden Normdatenbank ACC12 an. Nur aus ACC12 heraus, also aus der österreichischen SWD (ÖSWD) ist in Aleph eine Verlinkung zum SW-Feld der Titeldaten möglich! Das gilt auch für Personen-SW, die ursprünglich aus der Personennamendatei (PND) stammen. Dies bedeutet, dass der PND-Teilbestand „s" (SW) daher auch in der ÖSWD bereit gehalten werden muss.

Innerhalb der *Verbundstruktur* kooperieren zahlreiche wissenschaftliche österreichische Bibliotheken und ihre Teilbibliotheken sowie einige Teilverbünde verschiedener Unterhaltsträger und werden von einer Verbundzentrale serviciert, die beispielsweise auch die Normdaten regelmäßig aktualisiert.

Die Bibliotheksdirektor/innen aller Verbundbibliotheken, der Leiter der Verbundzentrale OBVSG sowie ein Fachbeirat führen *bibliothekspolitisch-strategische* Entscheidungen herbei. *Operative Entscheidungen* werden im obersten Verbundgremium „Zentrale Redaktion" (ZR) bzw. für die SE in der ZRSE erarbeitet. – Beides erfolgt auf der Grundlage von *Verbundstatuten* und vor dem Hintergrund einer stetigen, verbundübergreifenden Zusammenarbeit in den einschlägigen Gremien des deutschsprachigen Raums, in die der OBV seine Delegierten als Mitglieder von Experten- und Arbeitsgruppen des Standardisierungsausschusses (StA) an der DNB entsendet, und der daraus resultierenden Kooperation nach außen. Dies bedingt auch die entsprechende Spiegelung kooperativer Workflows nach innen. – Im OBV existieren daher *drei Zentralredaktionen* für die Normdateien GKD und ÖZDB (Gemeinsame Körperschaftsdatei, zusammen mit der österreichischen Zeitschriftendatenbank) sowie PND, die nach ihrem Selbstverständnis lediglich für die Formalerschließung tätig ist – beide sind an der Österreichischen Nationalbibliothek (ONB) angesiedelt – und SWD mit Sitz an der Universitätsbibliothek Wien (UBW).

Die SWD-Arbeit im OBV

Personell arbeiten derzeit für die Normdatenpflege der inhaltlichen Erschließung im OBV etwa 100 Sacherschließer/innen (SEs) betreut von ihren ca. 25 Lokalredakteur/innen (ÖSWD-LRs) mit der Zentralredakteurin (ÖSWD-ZR) zusammen und rekurrieren bei Bedarf auf die Expertise eines Pools von fachlichen Ansprechpersonen (ÖSWD-FRs) aus dem Kreis der SEs. – Etwa ein Drittel aller LRs sind an einzelnen Verbundbibliotheken als alleinige SEs tätig.

Rückblick

Die *Anfänge* der SWD-Arbeit reichen in die ausgehenden 1980er Jahre zurück, aber erst ab 1994 gab es eine österreichische SWD-Zentralredaktion[1]. Ab 2002 war die SWD im OBV jedoch neuerlich für etwa zwei Jahre verwaist, und auch die SE-Gremien des StA blieben genauso lange unbesetzt.

Ein *Neubeginn* wurde erst wieder im Laufe des Jahres 2004 möglich. Zunächst bedurfte es der Freilegung verschütteter Strukturen und der behutsamen Motivation zu einer neuen Qualität verbundinterner Zusammenarbeit samt Errichtung einer funktionstüchtigen Kommunikationsschiene zwischen den SEs und der ÖSWD-ZR, vor allem aber der Schaffung lokaler SWD-Redaktionen in den SE-Abteilungen aller Verbundbibliotheken und ihrer Vernetzung und Wiederanbindung an den für mindestens zwei Jahre unterbrochenen Informationsfluss sowie der Aufholung eines Mangels an Routine und Regelwerkskompetenz. Dies gelang nach und nach durch periodische ÖSWD-LR-Arbeitstreffen und führte *mit „sanften Reformen"* wie etwa der Einführung eines verbundinternen Redaktionsfeldes in der ACC12 und der Bereitstellung spezifischer Templates für die unterschiedlichen SW-Arten zu ersten Fortschritten.

Ein *sichtbarer Erfolg* zeigte sich, als die SEs begannen, ihre Neuansetzungen selbst elektronisch in den verbundweiten Aleph-Datenpool einzugeben, und als die LRs diese Schlagwörter direkt online redigierten. Das einzige *Manko* stellten damals noch die Personenschlagwörter dar, die „nur" in der ACC12 eingegeben werden konnten und nicht sofort in der PND mündeten.

Das PND-ONR

2008 ermöglichte schließlich eine neue Schnittstelle für Normdaten allen Verbünden erstmals die direkte Kommunikation mit den Quelldateien in einem *Online-Redaktionsverfahren* (ONR). – Zuerst wurde die PND dafür geöffnet. Die SEs im OBV nahmen diese Herausforderung als Chance an und ergriffen sie für zwei große Veränderungen gleichzeitig: zum einen für den Umstieg auf das ONR an sich und zum anderen für ihren *aktiven Einstieg in die PND.*

Das Verfahren ist unter den Aleph-Rahmenbedingungen und angesichts zahlreicher angesammelter älterer Eigenansetzungen (AS-Sätze) ziemlich komplex. Es bedeutete also einen echten *Paradigmenwechsel* mit hohem Schulungs- und

[1] Margit Sandner, Entwicklung der SWD-Arbeit in Österreich. In: New Perspectives on Subject Indexing and Classification. Essays in Honour of Magda Heiner-Freiling. Hrsg. von der DNB – Leipzig, Frankfurt, Berlin 2008, S. 215-219.

Lernaufwand. – Ein kleines Projekt im Vorfeld erlaubte die vorbereitende Sichtung zahlreicher älterer AS-|p|-Sätze in der ÖSWD-ZR und erleichterte den SEs und LRs diesen großen Schritt ein wenig.

Das SWD-ONR

2009 folgte der stufenweise Umstieg auf das *ONR in der SWD-Arbeit* des OBV. Dafür wurden gemeinsam mit den ÖSWD-LRs hilfreiche, speziell ausgerüstete Erfassungstemplates erarbeitet, und zwar für *Werke*: se-pt, se-t, se-m(ovies), se-j(us); für *Geografika*: se-g, se-bw (mehrgliedrige |g| wie Bauwerke u. ä.); für *Körperschaften*: se-c, se-k; für *Sachschlagwörter*: se-s; für *Motive*: se-mot und für *Hinweissätze*: se-hws.

In engster Zusammenarbeit zwischen der ÖSWD-ZR und dem Normdaten-Betreuer der Verbundzentrale wurden template-spezifische Zusatzfunktionalitäten mittels *Subfeld-Maskierungen* geschaffen.

Sie wirken sich Qualität sichernd aus:

- einerseits als *Schreibhilfelisten* zur Tippfehlervermeidung und zugleich als Regelwerksstütze (z.B. passende „F8-Listen" nach der verbindlichen Rangfolge aus der „Liste der fachlichen Nachschlagewerke zu den Normdateien" für das Feld Quelle 808a, etwa mit der Maskierung „g" im Template „se-g" oder die jeweils möglichen Codes für Entitätenuntertypen zu dem entsprechend maskierten Feld 068z),
- andererseits als *Feldhilfetabellen* mit Copy & Paste-Inhalten (z.B. die Abkürzungen amerikanischer Bundesstaaten als Homonymenzusätze bei Ortsnamen für das Feld 800g im Template „se-g").

Der SE-Redaktionsverlauf im OBV

Der *Redaktionsverlauf* für SWD- und PND-Neuansetzungen via ONR und für das Hochschicken von bei Wiederaufgreifen zu überarbeitenden AS-Sätzen sieht vor, dass alle SEs die Datensätze mit *Katalogisierungslevel* 3 abspeichern, dass ihre LRs sie dann lokal redigieren und auf Level 2 setzen oder zuvor noch via FRs einer fachlichen Zwischenredaktion zuführen – u.a. dafür wird *das verbundinterne Redaktionsfeld* 078_ gebraucht, in dem stets auch die lokale Herkunftskennung eines Datensatzes und sein redaktioneller Stand nachvollziehbar sind, und wo auch Änderungsvermerke und kleine Mitteilungen an die (nächst höhere) Redaktion abgelegt werden können: All dies ist indexiert und daher suchbar – und, dass schließlich die ZR den Datensatz endredigiert, mit Level 1 versieht und abfertigt.

Für dieses komplexe, gestufte, über ganz Österreich verteilte Redaktionsverfahren ist *ein weiteres verbundinternes SWD-Feld* 078q sehr wichtig: Zur Nachvollziehbarkeit des Recherche-Grades einer Neuansetzung verwenden wir es für erfolglos eingesehene Quellen und auch für den Vermerk zu zwar vorgeschriebenen, lokal jedoch nicht vorhandenen Nachschlagewerken

(NSW) aus der Rangfolgeliste. Analog zu Feld 808a stehen für die unterschiedlichen SW-Arten hier Feldhilfetabellen zur Verfügung.

„NWS online" – das elektronische Tool zur NSW-Liste

An dieser Stelle muss auch kurz über ein nachhaltiges „Nebenprodukt" aus dem SWD-ONR des OBV berichtet werden: Der „Leidensdruck der Druckausgabe", also der in der DNB jährlich neu erscheinenden verbindlichen „Liste der fachlichen Nachschlagewerke zu den Normdateien" war 2008 offenbar groß genug, um den Versuch zu wagen, Abhilfe zu schaffen. In einem studentischen Projekt im Rahmen des Wiener ULG für BID bot sich uns die Chance dafür. Ein Prototyp wurde modelliert, erfolgreich mit sämtlichen Daten der Druckausgabe 2009 befüllt und schließlich mit zahlreichen Links zu den im Verbund-OPAC vorhandenen herkömmlichen und elektronischen NSW versehen. – Als solches wurde das Tool auch vom ehemaligen ULG-Projektteam in einer Posterpräsentation für Newcomer auf dem 100. Deutschen Bibliothekartag 2011 in Berlin vorgestellt.

In einer Weiterentwicklung an der UBW samt Einbettung in das vorhandene CMS MovableType (MT) und einer Benutzerverwaltung wurde das Tool für sämtliche Verbundbibliotheken und bald auch für alle SWD-Kooperationspartner zur aktiven Nutzung geöffnet und der Fachöffentlichkeit im Herbst 2010 in einer Beta-Version vorgestellt[2]. – Vorher führten wir noch Datenbereinigungen nach der Migration in MT und die Aktualisierung 2010 durch. Zwar erwies sich das Tool nach seiner Öffnung als zu wenig mächtig, um die Daten unterschiedlicher Verbünde ohne Performance-Verlust anzuzeigen, aber die Suche läuft sehr stabil und steht im Internet allen frei zur Verfügung[3].

Da die DNB bereits dringend auf der Suche nach einer Ablöse ihrer Papierversion ist, bleibt nun zu hoffen, dass bald eine ausreichend tragfähige Software für das Tool zum Einsatz kommt. Die Kooperation mit der DNB, sowohl mit den Abteilungen „Bibliographische Dienste" und „IT" als auch mit der SE-Abteilung, bei der ja die inhaltlich-redaktionelle Verantwortung der Liste für alle Anwender liegt, hat sich im Zusammenhang mit der besonders umfangreichen Aktualisierung 2011 von „NSW online", wenn auch nicht parallel zum Erscheinen der Druckausgabe im Mai, so doch noch rechtzeitig vor dem Fälligwerden der nächsten Ausgabe und deutlich vor dem GND-Start, nämlich im vierten Quartal 2011, sehr gut entwickelt.

2 Margit Sandner, NSW online. Elektronisches Tool zur „Liste der fachlichen Nachschlagewerke". In: Dialog mit Bibliotheken, 2010, H. 2, S. 53-62. – Vgl. auch Vortrag bei der GfKl-Tagung 2011 in Frankfurt am Main: http://nbn-resolving.de/urn:nbn:de:bsz:ch1qucosa-82210

3 Web-Adresse: http://www.univie.ac.at/nsw/

... an der Schwelle zur GND

Wenn SWD, PND, GKD (mit ZDB) und die EST (Einheitssachtiteldatei des Deutschen Musikarchivs) im ersten Quartal 2012 in die *Gemeinsame Normdatei* (GND) migriert werden, sind die SEs im OBV wohl gut dafür gerüstet.

Die Normdaten werden künftig in der GND in einem für den deutschsprachigen Raum neuen Format gehalten, denn anstelle von MAB-2 kommt MARC-21 als Austauschformat zum Einsatz. Dies bedeutet für alle Normdatenanwender/innen einen neuerlichen Paradigmenwechsel in Folge der Migration, die zahlreiche *Übergangsregeln* (ÜR) erfordert. Diese ÜR mussten umsichtig formuliert, gründlich erprobt und kritisch abgestimmt werden. Bald werden sie von allen erlernt und bleiben in Verzahnung mit den geltenden Regelwerken einige Jahre hindurch in Anwendung. – Sowohl die ÜR als auch die noch zu erwartenden dazu gehörige Anwendungsbestimmungen werden in einer Aleph-tauglichen Übersetzung aktuell gehalten. Sie sind zugleich Vorboten des künftigen Regelwerks RDA, dessen Einführung ihrerseits einen Formatwechsel der Titeldaten nach sich ziehen wird.

Die künftige GND-Arbeit für SEs im OBV

Nicht nur im OBV und nicht nur für SEs wird es im GND-ONR in Aleph wieder unterschiedliche, entitätenspezifische Templates mit möglichst vielen der bisher gewohnten Hilfefunktionen geben.

In enger Kooperation der drei Aleph-Verbünde – HBZ, BVB (mit KOBV) und OBV – entstehen derzeit im Rahmen der unter Federführung der DNB mit allen Kooperationspartnern auf Hochtouren laufenden Vorbereitungen für den GND-Umstieg auch die nötigen Materialien für die geplanten Multiplikatorenschulungen in allen Verbünden und für deren zeitnah folgende Breitenschulungen in den Verbundbibliotheken.

Unsere älteren Eigenansetzungen (AS-Sätze) werden in eine dem GND-Format annähernd entsprechende Felderung umgewandelt und vor einer Wiederverwendung – wie bisher auch – gründlich überarbeitet, aktualisiert und über die Schnittstelle in der Quelldatei gespeichert.

Alle Normdatenanwender/innen werden zum selben Zeitpunkt auf die GND umsteigen, denn vor Beginn der Migration werden die bisherigen Normdateien geschlossen. – Ein Zusammenrücken auf Ebene der bisher getrennt arbeitenden Formal- und Sacherschließung legt sich auch im OBV nahe und ist ansatzweise bereits spürbar.

Verena Lenes

Web-2.0-Strategien für öffentliche Bibliotheken

Mittendrin statt nur dabei

Ausgehend von drei Entwicklungen, die das Internet derzeit stark verändern, nämlich: den sozialen Netzwerken, allen voran *Facebook* und *Twitter*, der steigenden Verfügbarkeit von mobilem Internet und entsprechenden Endgeräten sowie der zunehmenden Verbreitung von standortbezogenen Diensten, zeigt dieser Artikel die mögliche Rolle der Bibliothek in dieser dem ständigen Wandel unterworfenen Online-Welt auf und hilft eine *Web-2.0*-Strategie für öffentliche Bibliotheken zu erarbeiten. Anhand von ausgewählten Beispielen werden mögliche *Web-2.0*-Strategien und Kanäle vorgestellt. Ziel ist es, Bibliotheken zu ermutigen, sich im *Web 2.0* einzubringen, nicht nur zu beobachten, sondern aktiv mitzugestalten.

1. Einleitung

Wenn neue Bibliothekszweigstellen geplant werden, sind heutzutage Einkaufszentren beliebte Standorte – die hohe Kundenfrequenz soll sich auch in der Bibliotheksnutzung niederschlagen. Ähnlich verhält es sich mit dem *Web 2.0*: Bibliotheken haben mit ihrer eigenen Webseite zwar einen fixen „Standort“ im Netz, können aber zusätzlich dort virtuelle „Zweigstellen“ aufbauen, wo sich die InternetnutzerInnen ohnehin aufhalten: auf *Facebook*, *Twitter* und anderen sozialen Netzwerken.

Vernetzung, Sichtbarkeit, Kommunikation

Die NutzerInnen des *Web 2.0* sind gut vernetzt: Durchschnittliche *Facebook*-NutzerInnen haben 130 Freunde (Facebook, 2012a). Die Vernetzung hat den Vorteil der erhöhten Sichtbarkeit der Beiträge. Interaktionen von Personen mit einer *Facebook*-Seite (Kommentare zu Beiträgen, Gefällt-mir-Angaben) können beispielsweise von den *Facebook*-Freunden der interagierenden Fans gesehen werden. So erreicht ein Beitrag nicht nur die Fans einer *Facebook*-Seite, sondern erhöht mit jedem Klick auf „gefällt mir” und mit jedem Kommentar die Sichtbarkeit für (Noch-)Nicht-Nutzer der Bibliothek bzw. *Facebook*-Seite.

Hinzu kommt, dass die Inhalte im *Web 2.0* sehr einfach mit der „Teilen”-Funktion (Share) oder einem Tweet in den eigenen Nachrichtenstrom übernommen werden können. Dabei bleibt die ursprüngliche Quelle erhalten, und die Bibliothek ist einmal mehr nur einen Mausklick weit entfernt.

Facebook-Fans und *Twitter*-Follower zu sammeln passiert aber nicht zum Selbstzweck. Es geht vielmehr darum, die Sichtbarkeit der Bibliothek zu erhöhen, ähnlich wie man es sich von einem attraktiven Standort in einem Einkaufszentrum verspricht. Diese Sichtbarkeit ist auch ein Instrument gegenüber den Erhaltern der Bibliothek. Es ist schwieriger, eine Einrichtung mit viel öffentlicher Unterstützung, mit Personen, die sich öffentlich als „Fans" der Bibliothek bekennen, einzusparen, ohne großes negatives Aufsehen zu erregen (vgl. Neuer, 2011, 17).

Ein Ziel, das der Wissensturm Linz mit der Präsenz im *Web 2.0* verfolgt, ist außerdem das verstaubte Image der Bücherverwaltungsstelle loszuwerden und NutzerInnen wie (Noch-)Nicht-NutzerInnen zu kommunizieren, dass wir als Bibliothek ein attraktives Angebot für alle Bevölkerungsgruppen und Anforderungen eines modernen Lebens bieten möchten.

Ein weiterer Vorteil von *Web-2.0*-Präsenzen ist, dass sie zur Kommunikation einladen. Zwar haben Kunden die Möglichkeit der Bibliothek ein E-Mail zu schreiben, aber die Hemmschwelle eines Kommentars auf *Facebook* oder eines Tweets ist niedriger, der Umgangston lockerer, und die Antwort der Bibliothek hat den zusätzlichen Vorteil, dass sie wiederum für alle sichtbar ist.

2. *Facebook*

Facebook ist derzeit unangefochten das größte soziale Netzwerk weltweit. Nach eigenen Angaben hat *Facebook* über 800 Millionen aktive NutzerInnen, also Personen, die sich in den letzten 30 Tagen mindestens einmal eingeloggt haben (Facebook, 2012b).

Als *Facebook* die 600-Millionen-Mitglieder-Grenze überschritt, kursierte folgender Tweet im Netz (z.B. von @seounited weitergeleitet[1]):

Weltbevölkerung:
China
Indien
Facebook

Natürlich lassen sich Einwohnerzahlen von Staaten nicht mit der Anzahl von Facebook-Profilen vergleichen, aber es ist ein ausdrucksstarkes Bild, um eine Vorstellung von dieser enormen Zahl zu erhalten.

In Österreich sind 2.650.560 Personen auf *Facebook* registriert (Social Media Radar, 2012). Das sind 31,4 Prozent der österreichischen Bevölkerung (vgl. Statistik Austria, 2011).

Laut BVÖ-Statistik waren im Jahr 2010 insgesamt 1.132.371 Personen in Österreich als Bibliothekskunden registriert. Zwar lassen sich die Zahlen eines

1 https://twitter.com/#!/seounited/status/44317204900098048

kostenlosen Onlinedienstes und einer jährlich zu erneuernden, oft nicht kostenlosen Mitgliedschaft in einer Bibliothek nicht einfach so gegenüberstellen, aber die große Differenz macht deutlich, dass *Facebook* mehr als ein „Hype" ist, den es abzuwarten gilt und den Bibliotheken aussitzen können. Es ist vielmehr aus dem Internet nicht mehr wegzudenken und eine ernstzunehmende Kommunikationsplattform, mit der sich Bibliotheken beschäftigen müssen.

Die auf *Facebook* gebotene Möglichkeit, eine große Zahl an Menschen zu erreichen und mit ihnen zu kommunizieren, können und sollen auch Bibliotheken für sich nutzen. Kein anderes Medium ermöglicht es, so kostengünstig potentiell so viele Menschen zu erreichen.

Sich auf *Facebook* einbringen sollen Bibliotheken nicht zuletzt, um ihre öffentliche Wahrnehmung zu verbessern und um bei Diskussionen um Privatsphäre und Datenschutz im Netz einen informierten Beitrag leisten zu können. Bibliotheken haben die Möglichkeit, mit verhältnismäßig geringem Aufwand genau da anzusetzen und sich online zu präsentieren, wo die Benutzer sich ohnehin aufhalten.

Mittlerweile haben die meisten Bibliotheken eine Webseite mit aktuellen Informationen zu Öffnungszeiten, Gebühren und Veranstaltungen. Aber diese Webseiten rufen BenutzerInnen nur auf, wenn sie einen konkreten Informationsbedarf haben, *Facebook* hingegen wird von mehr als der Hälfte der aktiven NutzerInnen täglich (Facebook, 2012a) und ohne konkreten Informationsbedarf aufgerufen, um zu erfahren, was es Neues gibt, und mit der Erwartung, unterhalten zu werden. Fotos, Statusupdates und Links, die von der Bibliothek auf *Facebook* gepostet werden, erscheinen direkt im Nachrichtenstrom der Fans, zwischen den Updates ihrer Freunde und Bekannten. Beiträge auf *Facebook* haben also die besten Voraussetzungen viel häufiger wahrgenommen zu werden, als die Webseite aufgerufen werden würde, und die Bibliothek hat so die Möglichkeit Teil des Online-Alltags ihrer BenutzerInnen zu werden.

Kosten

Eine *Facebook*-Seite anzulegen ist kostenlos. Die einzigen Kosten, die in diesem Zusammenhang entstehen, sind Personalkosten für die Betreuung der Seite. Betreuung umfasst nicht nur das Recherchieren und Posten von Beiträgen, sondern auch das Monitoring der Seite, damit auf Fragen und Kommentare zeitnah eingegangen werden kann.

Fazit

Eine *Facebook*-Seite sollte der zentrale Punkt der *Web-2.0*-Strategie einer öffentlichen Bibliothek sein. Sollte sich eine Bibliothek aus Personalgründen oder Datenschutzbedenken gegen eine *Facebook*-Seite entscheiden, ist eine

Kooperation mit einer themenverwandten *Facebook*-Seite, zum Beispiel der Gemeinde oder einer anderen Bildungseinrichtung empfehlenswert. So können NutzerInnen von *Facebook* auf die Webseite der Bibliothek geleitet werden.

2. *Twitter*

Twitter ist ein Microblogging-Dienst. Jeder kann sich bei *Twitter* mit einem Benutzernamen registrieren und Beiträge schreiben. Diese Beiträge, genannt Tweets, können nicht mehr als 140 Zeichen haben. Man kann die Beiträge anderer Nutzer abonnieren und wird damit zu einem Follower dieser Person. Genauso können eigene Tweets durch andere Nutzer abonniert werden. Per Knopfdruck können Tweets an die eigenen Follower („Abonnenten") weitergeleitet werden (=retweet). So können Nachrichten innerhalb von Minuten dezentral über die ganze Welt verbreitet werden.

Twitter hat laut Social Media Radar in Österreich ca. 65.000 NutzerInnen, also wesentlich weniger als *Facebook*. Für Bibliotheken ist *Twitter* als Plattform auch deshalb schwieriger zu nutzen – die Follower-Zahlen steigen langsamer als die Fans bei *Facebook*, und es gibt keine „Gefällt-mir"-Funktion, die die Interaktion so einfach macht und dabei den Seitenbetreibern hilft abzuschätzen bzw. zu messen, wie sie wahrgenommen werden.

Fazit

Twitter würde ich Bibliotheken als Social-Media-Kanal dementsprechend nur eingeschränkt empfehlen. Es braucht mehr Engagement und Zeit, *Twitter* gewinnbringend zu bedienen.

Wozu sich *Twitter* aber hervorragend eignet, ist zur informellen, schnellen und unkomplizierten Vernetzung unter BibliothekarInnen. Es sind bereits viele BibliothekarInnen auf *Twitter* registriert, darunter zum Beispiel Monika Bargmann (Wien-Bibliothek im Rathaus; auf *Twitter*: @librarymistress), Daniel Weger (Bibliotheksverband Südtirol; @vega75) und Mark Buzinkay (MB Informationsdesign; @mbuzinkay).

Sie erzählen aus ihrem Arbeitsalltag, *twitter*n Hinweise auf interessante Neuigkeiten und Entwicklungen im Bibliothekswesen, und leiten Artikel zu spannenden Projekten weiter. Damit wird der Nachrichtenstrom eine einfache Möglichkeit, sich im jeweiligen Interessensgebiet am laufenden zu halten und mit anderen BibliothekarInnen zu vernetzen.

3. Standortbezogene Dienste / Location Based Services

Das Internet wird mobil

Laut „Mobile Communications Report 2011“ nutzen 51% der ÖsterreicherInnen zwischen 15 und 59 mobiles Internet, 56% nutzen ein Smartphone (Mobile Marketing Association Austria, 2011).

Der Zugriff auf das Internet über mobile Endgeräte verändert auch die Nutzung. Es ist möglich, und wie die Zahlen zeigen, mittlerweile alltäglich, unterwegs auf das Internet zuzugreifen, um sich zu informieren oder um Informationen mit anderen zu teilen. So können Fotos vom Skitag gleich von der Piste online gestellt werden, mit dem Smartphone im Lokal die Zutaten eines Cocktails abgefragt werden und anschließend der Fahrplan für die Heimfahrt mit dem öffentlichen Verkehrsmittel.

Ein mögliches Szenario für die mobile Nutzung einer Bibliothekswebseite könnte etwa sein, am Nachhauseweg noch schnell nachzusehen, ob die Zweigstelle heute geöffnet hat und ob das gewünschte Medium gerade verfügbar ist.

Damit dieses Nutzungsszenario nicht nur theoretisch möglich ist, sondern auch durchführbar und benutzerfreundlich ist, muss die Webseite mobil nutzbar sein. Die Hauptfrustrationsquellen bei der Nutzung mobiler Webseiten sind lange Ladedauer, schwierige Bedienung und schwer auffindbare/lesbare Informationen (Prillinger, 2011).

Daraus folgt, dass mobile Webseiten in erster Linie einfach, übersichtlich und auch auf einem kleinen Bildschirm gut bedienbar sein müssen. Dazu gehört z.B.
- dass Bedienelemente groß genug sind, damit bei einem Touchscreen nicht versehentlich die falschen angewählt werden,
- dass keine Menüs verwendet werden, die auf Touchscreens nicht einfach bedient werden können,
- dass kein Flash verwendet wird, weil es auf iOS-Geräten nicht genutzt werden kann und oft lange Ladedauer hat.

Die Vorteile einer mobilen Webseite gegenüber einer App erläutert Horst Prillinger in seinem Beitrag in diesem Tagungsband.

Standortbezogene Dienste

Wenn man das Internet mit einem Smartphone oder tragbaren Gerät mittels SIM-Karte nutzt, kann das Gerät seinen eigenen Standort entweder anhand eines GPS-Empfängers oder der am nächsten verfügbaren Funkmasten, in die es eingewählt ist, bestimmen.

Diese Funktion kann Zusatznutzen bei der Verwendung von mobilen Webseiten schaffen. Die Büchereien Wien haben das bei ihrer mobilen Webseite (http://m.buechereien.wien.at) sehr anschaulich umgesetzt. Wird die Seite „Standorte und Öffnungszeiten" aufgerufen, fragt die Seite den eigenen Aufenthaltsort ab und präsentiert die geographisch am nächsten gelegene Zweigstelle. Der Standort der Bibliothek wird auch in einer eingebundenen Google Map angezeigt. Tippt man diese Karte an, wird die Google-Map-Applikation aufgerufen und man kann z.B. die Route vom eigenen Standort zur Bibliothek berechnen und anzeigen lassen.

Standortbezogene Empfehlungen

Verschiedene Webseiten bzw. Applikationen bieten standortbezogene Empfehlungen an. Sucht man z.B. eine gute Pizzeria in der nächsten Umgebung, wird der Standort ermittelt, und die nächstgelegenen Pizzerien werden angezeigt. Zusatznutzen ensteht dadurch, dass NutzerInnen die Lokale bewerten bzw. rezensieren können.

Die bekanntesten Empfehlungsportale sind Foursquare, *Facebook* Places, Qype, Google Places, Gowalla und Yelp. Foursquare bietet zusätzlich zu den Empfehlungen die Möglichkeit in ein Lokal „einzuchecken", also zu sagen, dass man gerade diesen Ort besucht. Die Person, die am häufigsten eincheckt, wird „Mayor", also Bürgermeister eines Ortes. Für Stammgäste oder Bürgermeister können von Unternehmen besondere Angebote geschaffen werden, um die Treue zu belohnen. NutzerInnen der Empfehlungsplattformen sind oft gut vernetzt und ein Check-in ist damit gleichzeitig eine Werbung für das Unternehmen – NutzerInnen halten sich hier nicht nur auf, sie tun es auch öffentlich kund.

Die Nutzung dieser Plattformen durch Unternehmen wird aber auch kritisiert. Bei Marketingaktionen wie Vergünstigungen für Stammkunden werden NutzerInnen ermutigt private Daten, wie ihren momentanen Standort, online preiszugeben, oft ohne über die Risiken aufgeklärt zu werden.

Unabhängig von Vermarktung von besonderen Mayor- oder Stammkundenangeboten ist es aber möglich und sinnvoll die Webseiten wie Yelp, Qype, Google Places etc. auf Einträge zur Bibliothek zu überprüfen. In vielen Fällen tragen KundInnen Lokalitäten, die sie regelmäßig besuchen in die Empfehlungsportale ein. Diese Einträge sollten korrigiert und um Informationen wie z.B. zu den Öffnungszeiten, Parkmöglichkeiten und Verfügbarkeit von WLAN ergänzt werden. Für einen einheitlichen Auftritt nach außen lohnt es sich auch, das Logo der Bibliothek oder ein Bild mit gutem Wiedererkennungswert hinaufzuladen.

Ziel eines aktuellen Eintrags bei Empfehlungsseiten ist wiederum, die Sichtbarkeit der Bibliothek auch bei NichtnutzerInnen zu erhöhen. Der Wissensturm etwa liegt gegenüber dem Linzer Hauptbahnhof. Ein mögliches Szenario wäre zum Beispiel, dass jemand für einen Termin nach Linz fährt und am Bahnhof seine Qype-App aufruft, um einen Ort zu finden, wo er die nächsten zwei Stunden in Ruhe arbeiten kann, WLAN und Steckdosen vorhanden sind und nicht geraucht wird. Dieser Nutzer hätte die Stadtbibliothek sonst womöglich nicht in Betracht gezogen. Auf diese Weise kann Empfehlungsmarketing genutzt werden, um das Image der eigenen Einrichtung positiv zu beeinflussen und die Sichtbarkeit zu erhöhen.

Monika Bargmann weist in den Büchereiperspektiven 4/2011 auch auf LibraryThing als Dienst hin, bei dem die Bibliothek als Veranstaltungsort eingetragen werden kann. LibraryThing hat rund 1,4 Millionen NutzerInnen weltweit, also wesentlich weniger als diverse andere Social-Media-Plattformen. Die Zielgruppe, BücherliebhaberInnen, ist aber auf Bibliotheken zugeschnitten. Die eingetragenen Veranstaltungsorte, Buchhandlungen und Bibliotheken können auch als App abgerufen werden, die wieder den eigenen Standort abfragt und die nächstgelegenen Orte anzeigt.

Literaturhinweise

Bargmann, Monika (2011): LibraryThing: Ein Erfahrungsbericht in: Büchereiperspektiven 4/11.

Bergmayr, Katharina Marie (2011): Wir sprechen mit! Social-Media-Einsatz in den Büchereien Wien in: Büchereiperspektiven 4/11.

Digital Affairs (2012): Social Media Radar Austria. http://socialmediaradar.at/ (Zuletzt abgerufen am 10. Jänner 2012).

Facebook (2012a): Statistics. https://www.facebook.com/press/info.php?statistics (Zuletzt abgerufen am 10. Jänner 2012).

Facebook (2012b): Factsheet. https://www.facebook.com/press/info.php?factsheet (Zuletzt abgerufen am 10. Jänner 2012).

Mobile Marketing Association Austria (2011): Mobile Werbung wird zunehmend beliebter. MMA Austria publiziert den Leitfaden mobiler Trends im „Mobile Communications Report 2011". http://austria.mmaglobal.com/presse/mobile-werbung-wird-zunehmend-beliebter-mma-austria-publiziert-den-leitfaden-mobiler-trends-i (Zuletzt abgerufen am 10. Jänner 2012).

Neuer, Johannes (2011): Die sozial vernetzte Bibliothek. Eine Erfolgsgeschichte der New York Public Library. In: Büchereiperspektiven 4/11.

Prillinger, Horst (2011): Mobile Services der UB Wien: wie und warum wir Webseiten geschrumpft und Quadratcodes geklebt haben. http://homepage.univie.ac.at/horst.prillinger/temp/prillinger_innsbruck.pdf?mid=508 (Zuletzt abgerufen am 10. Jänner 2012).

Statistik Austria (2011): Registerzählung 2011: Österreich zählt mehr als 8,4 Mio. Einwohner. http://www.statistik.at/web_de/dynamic/presse/059977 (Zuletzt abgerufen am 10. Jänner 2012).

Susanne Lehnard-Bruch

„Always in touch" – auch in Bibliotheken?

Zur Nutzung mobiler Bibliotheksservices

Mit der wachsenden Zahl der verkauften mobilen Endgeräte wie Smartphones und Tablet-PCs steigt auch die mobile Internetanwendung. Dies hat Auswirkungen auf die Präsentation der Webinhalte und Webangebote von Bibliotheken. Nutzungszahlen oder Studien zu Anforderungen an mobile Bibliotheksanwendungen wurden im deutschsprachigen Raum bislang nicht veröffentlicht. Im Rahmen einer Masterarbeit wurden Rahmenbedingungen für die Entwicklung mobiler Bibliotheksservices und über qualitative Leitfadeninterviews aus Nutzersicht sinnvolle Anwendungsszenarien ermittelt. Die Befragten sahen den größten Bedarf in der mobilen Nutzung des Bibliothekskatalogs inklusive der Selbstbedienungsfunktionen. Übersichtlichkeit und einfache Bedienbarkeit sowie die Auswahl kontextspezifischer und personalisierter Angebote versprechen eine hohe Nutzungsakzeptanz.

Das Mobiltelefon ist mittlerweile für Menschen aller Gesellschaftsschichten ein Alltagsgegenstand. Eine breite UMTS-Abdeckung, sinkende Tarifkosten und immer leistungsfähigere mobile Endgeräte fördern die steigende Nutzung und die zunehmende Verbreitung. Der Trend beim Kauf von Mobiltelefonen geht zum Smartphone. Durch seine Ausstattung – Betriebssystem, Funktionen eines Personal Digital Assistant (PDA), direkter Internetzugang – sowie der Bereitstellung einer Plattform zum Herunterladen von Applikationen (Definition Smartphone nach Morgan Stanley Research 2009, S. 110) hat es wesentlich zum Anstieg der mobilen Internetnutzung beigetragen. Nach dem Mobile Internet Report ist ein Smartphone von 2009 so leistungsstark wie ein PC von 2001 (ebda.) – und bietet viel mehr als Telefon und PC: Es ist Uhr und Organizer, dient als mp3-Player und Fernseher, bietet Kamera und Videoaufnahme, ist Spielzeug, Taschenrechner und Navigationsgerät. Wurden die nach 1970 geborenen noch als „Digital Natives" bezeichnet, könnte sich dies bei den nach 2000 aufgewachsenen Menschen in „Smart Natives" wandeln (Google, OTTO Group TNS Infratest und Trendbüro 2010, S. 9 oder Arte 13.02.2011). Wer sind die „Smart Natives"? Welche mobile Internetdienste werden genutzt und wie werden sie genutzt?

Nutzung des mobilen Internets

Zahlen zur Nutzung des mobilen Internets liegen national wie international vor. Die veröffentlichten Nutzungszahlen variieren allerdings je nach Definition des Begriffs „Mobiles Endgerät" (Erfassung inklusive der Nutzung von Notebooks, Netbooks bzw. Tablet-PCs alternativ zur reinen Mobiltelefon- bzw. Smartphone-Nutzung) und der Grundgesamtheit (z.B. der Einschränkung auf „Onliner" oder Mobiltelefonbesitzer alternativ zur Auswertung einer Stichprobe, die sich aus der deutschen Bevölkerung z.B. ab 14 Jahren zusammensetzt). Laut Statistischem Bundesamt Deutschland nutzen 2010 18

Prozent der befragten Personen ab 16 Jahren das Internet über das Mobiltelefon oder PDA (20 Prozent Männer, 12 Prozent Frauen), bei einer Beschränkung auf Mobiltelefone reduziert sich die Nutzung leicht auf 16 Prozent. Die Zahl der mobilen Internetnutzung junger Erwachsener liegt allerdings höher als 18 Prozent: Von den 16- bis 24jährigen nutzen 22 Prozent das mobile Internet, die Zahl steigt bei der Altersgruppe der 25- bis 44jährigen auf 23 Prozent. Signifikant sind hierbei die Steigerungsraten mobiler Internetnutzung: Waren es 2008 noch 13 Prozent aller Mobiltelefonbesitzer[1], hat sich die Zahl der „Onliner" 2011 mit 28 Prozent mehr als verdoppelt (Accenture 2011, S. 7).

Im Ländervergleich Deutschland, Österreich und Schweiz sind bei der Altersstruktur mobiler Internetnutzer keine nennenswerten Unterschiede festzustellen, allerdings ist der Anteil der mobilen Internetnutzung in Österreich und der Schweiz deutlich höher (ebda. S. 8). Grund hierfür dürften die günstigeren Tarife vor allem für Vielsurfer sein.

Von den unterschiedlichen mobilen Diensten werden am häufigsten Kommunikations- und Informationsdienste genutzt: Lesen und Schreiben von E-Mails, Informationen nachschlagen, das Abrufen von Nachrichten, Wettermeldungen und Wegbeschreibungen. Die größten Zuwachsraten haben allerdings Unterhaltungsprogramme, Online-Communities und Bildungsprogramme. Die typische mobile Internetnutzung gilt als „kurz und gezielt" (Google, OTTO Group TNS Infratest und Trendbüro 2010, S. 14). Zwar werden mobile Internetdienstleistungen überwiegend unterwegs abgerufen, aber auch an Orten, an denen ein stationärer PC zur Verfügung steht wie zum Beispiel am Arbeitsplatz oder zu Hause.

Benutzerbefragung – Methodik und Ergebnisse

Diese Aussagen wurden in einer qualitativen Erhebung, die im Frühjahr 2011 im Rahmen einer Masterarbeit in Form von offenen, nicht standardisierten Leitfadeninterviews durchgeführt wurden, bestätigt (Lehnard-Bruch, Susanne 2011).

Im deutschsprachigen Raum sind bislang weder detaillierte Nutzungsstatistiken noch Ergebnisse von Benutzerbefragungen vor oder nach Implementierung eines mobilen Angebots in der Fachliteratur publiziert. Im nichtdeutschsprachigen Raum wurden Benutzerumfragen einzelner Bibliotheken veröffentlicht. Es handelt sich jedoch überwiegend um quantitative Untersuchungen, die über Fragebogen durchgeführt wurden und die Nutzungsgewohnheiten bzw. die Verbreitung mobiler Endgeräte und das potenzielle Interesse an vorgegebenen mobilen Bibliotheksservices abfragen. Die Erkenn-

[1] Aus Gründen der Lesefreundlichkeit wird auf die parallele Nennung weiblicher und männlicher Formen verzichtet. Auch in generalisierter Form sind stets beide Geschlechter gemeint.

tnisse dieser Umfragen sind nur bedingt für die deutschsprachige Bibliothekslandschaft gültig. Ziel der durchgeführten Befragung war es daher, Verständnis für das Nutzungsverhalten und den Nutzungskontext von Bibliotheksbenutzern zu gewinnen und Bedarf sowie Nutzungsszenarien mobiler Angebote am Beispiel der Bibliotheken des Landesbibliothekszentrums Rheinland-Pfalz[2] zu erfahren. Über das Schneeballprinzip wurden neun Bibliotheksbenutzer für die explorativen Interviews gewonnen; die Gespräche wurden aufgezeichnet und anschließend transkribiert (Basistranskript) und ausgewertet.

Besitzer von Smartphones haben die mobile Internetrecherche in ihren Alltag und in ihr Rechercheverhalten integriert. Die Nutzungshäufigkeit ist vor allem von den unterschiedlichen Gerätetypen abhängig, denn diese „haben Einfluss auf das Nutzerverhalten, denn wer ein modernes Handy besitzt, nutzt es auch öfter zum Surfen" (Accenture 2010, S. 6). Dies zeigt sich auch bei den Befragungsergebnissen: Alle Befragten geben an, täglich das mobile Internet zu nutzen. Alle Befragten haben eine Flatrate – der Kostenaspekt, einer der größten Hinderungsgründe für die Nichtnutzung, greift folglich nicht. Ubiquität wird als der wesentliche Vorteil bei der Nutzung des Smartphones genannt: Unabhängig vom Aufenthaltsort zu kommunizieren und Informationen abzurufen, vermittelt, vor allem bei den jüngeren Gesprächspartnerinnen, das Gefühl der Sicherheit und hilft, Zeit und Wege zu sparen. Der Vorteil der effektiven Ausnutzung von Zeit wird unter zwei Aspekten betont. Er wird einerseits bei der Angabe der Orte mobiler Internetnutzung deutlich, andererseits aber auch bei den Anwendungsszenarien. Das Smartphone wird von den Befragten primär unterwegs genutzt: an Orten, an denen man „die Zeit gut überbrücken" oder an denen die erhaltene Information direkt genutzt werden kann. Das Smartphone wird aber auch zu Hause aus Gründen der Bequemlichkeit der PC-Nutzung vorgezogen, z.B. um den Weg zum PC oder Laptop sowie das Booten des Rechners zu vermeiden.

Ein weiteres Merkmal der mobilen Nutzung ist die Kontextabhängigkeit. Kontextspezifische Anwendungen können ortsbezogen, handlungsbezogen, zeitbezogen oder interessenbezogen sein (Zobel 2001, S. 51). Bei den Interviewpartnern spielen vor allem Location Based Services und der aktionsbezogene Kontext eine große Rolle. Dies zeigen die geschilderten Alltagssituationen: die Suche nach der nächsten Tankstelle oder eines nahe gelegenen Restaurants, nach Verkehrsverbindungen oder nach dem aktuellen Fernsehprogramm am Abend zu Hause. Push-Dienste für dynamisch erzeugte Informationen im Kontext Zeit (z.B. eine aktuelle Veranstaltung) oder Interesse (z.B. das Abonnieren eines Newsletters oder eines RSS-Feeds) werden als bestehende Anwendungen nicht erwähnt.

2 Landesbibliothekszentrum Rheinland-Pfalz: Homepage. URL: http://www.lbz-rlp.de/ (08.01.2012).

Mobile Bibliotheksservices

Die Befragung ergab, dass Zeitvertreib, das effektive Nutzen von Zeit sowie ein persönliches, situationsabhängiges Informationsbedürfnis die Hauptmotivation für die mobile Nutzung darstellen.

Für die inhaltliche Gestaltung mobiler Bibliotheksservices leiten sich aufgrund der gewonnenen Erkenntnisse folgende allgemeine Anforderungen ab:

- Die Inhalte müssen für den einzelnen bei der Nutzung unterwegs oder für die schnelle Informationssuche relevant sein („Libraries must plan to meet the needs...of people on the move", Ally und Needham 2008, S. 38).
- Die Inhalte müssen für die Nutzung unterwegs oder für die schnelle Informationssuche geeignet sein („Libraries must plan to meet ...the style of people on the move", ebda).

Die Interviewpartner verbinden mit dem mobilen Angebot einer Bibliothek primär und überwiegend eine mobiloptimierte Literaturrecherche, wobei deutlich wurde, dass diese nur in bestimmten Nutzungsszenarien interessant ist: zur Ausnutzung von Zeit z.B. während einer Bahnreise oder zur schnellen, gezielten Suche.

Eine Funktionalität, die dem sonstigen Verhaltensmuster der mobilen Internetnutzung nahe kommt, ist das Verlängern von Leihfristen: Die Verlängerung ist eine kurze Aktion, die sich für das Erledigen in ansonsten „ungenutzten" Zeitfenstern eignet. Viele Bibliotheken bieten per E-Mail Voraberinnerungen an, die auf das nahende Leihfristende und auf die Verlängerungsmöglichkeit hinweisen. Das Versenden und Empfangen von E-Mails zählt zu den wichtigsten Nutzungsmotiven des mobilen Internets. Mehr als 50 Prozent der Onliner rufen mehrmals wöchentlich ihre E-Mails über das Mobiltelefon ab (Tomorrow Focus Media 2011, S. 21). Daher wäre die Integration einer mobiloptimierten Verlängerungsfunktion sinnvoll.

Nachrichten werden als Push-Dienst, individuell einstellbar gewünscht, also zum Beispiel nur, wenn ein direkter, persönlicher Vorteil erzielt wird oder es sich um eine relevante Information handelt wie geänderte Benutzungsbedingungen oder Öffnungszeiten. Der Wunsch nach Personalisierung wird auch an anderen Stellen deutlich: bei der Eingrenzung der Sucheinstiege auf bestimmte Themengebiete oder der Gestaltung von Neuerwerbungslisten. Auf die Einstellbarkeit eines Interessensprofils wird hohen Wert gelegt, um nicht gewünschte Informationsflut zu vermeiden.

Nach einer Recherche direkt Volltexte zu lesen ist bei einigen Befragten auch bei der mobilen Nutzung vorstellbar, sofern die Darstellung für das kleine Display optimiert ist. Bei längeren Texten wird jedoch überwiegend das Lesen am PC bevorzugt. Eine Empfehlung für oder gegen die Integration von Volltextdatenbanken lässt sich aufgrund der durchgeführten Befragung nicht aussprechen. Die Frage könnte durch eine ergänzende quantitative Befragung auf eine breitere Datenbasis gestellt werden. Zudem sollten in diese Überlegungen auch die Nutzung von Tablet-PCs einbezogen werden. Diese eignen sich besser zum Lesen von Texten aufgrund des größeren Displays.

Von dem Vorschlag einer Anfahrtsbeschreibung abgesehen, handelt es sich bei allen anderen vorgeschlagenen mobilen Bibliotheksservices um einzelne Nennungen. Für den auf das Mobiltelefon bezogenen und im angloamerikanischen Raum verbreiteten SMS-Auskunftsdienst scheint nach den Aussagen der Interviewpartner kein Bedarf zu bestehen. Die SMS-Kommunikation hat vielmehr einen „persönlichen Charakter" und wird mit einem privaten Kontext in Verbindung gebracht. Lediglich für das Empfangen von SMS-Nachrichten wird ein Nutzen gesehen, sofern die Art der Nachrichten individuell einstellbar ist und eine Antwort schneller als eine E-Mail erfolgen würde. Erstinformationen wie Öffnungszeiten, Kontaktinformationen oder auch eine kurze Bibliothekseinführung stufen die Befragten als relevante Dienste für die Nutzung unterwegs ein.

Als neue Bibliotheksservices wird die Navigation zum Buch über die WLAN-Infrastruktur oder die Recherche über eine Bilderkennung vorgeschlagen. Letztere ermöglicht die Suche im Bibliothekskatalog ohne Texteingabe, was durch die kleine bzw. fehlende Tastatur eine Vereinfachung darstellt. Sie könnte aber bei entsprechendem Entwicklungsaufwand auch zu einer Weitersuche bei einem vorliegenden Buch nach ähnlichen Treffern, z.B. mit gleichem Schlagwort, ausgebaut werden.

Weitaus weniger aufwändig zu implementieren, aber gleichwohl Mehrwert erzeugend, ist die Nutzung von QR-Codes. Hierfür gibt es in Bibliotheken zahlreiche Anwendungsszenarien[3], die zum Teil auch während der Interviews als Vorschläge geäußert wurden. Neben dem Werbezweck beispielsweise auf eigenen Plakaten, Flyern, Schulungs- und sonstigen Informationsmaterialien, der „Warenkorbfunktion" nach einer Katalogrecherche oder der Schnittstelle zwischen gedruckten und elektronischen Medien entstand im Gespräch die Idee, Bibliotheksservices in einen anderen Nutzungskontext einzubetten: Als Beispiele wurden die Ergänzung von Informationen und Literaturlisten bei Beschreibungen von Denkmälern der Stadt oder von Exponaten in Ausstellungen anderer Kultureinrichtungen sowie eine Anzeige in Schülerzeitungen genannt, die einen QR-Code enthält und auf eine Bibliotheksvorstellung oder eine Einführung in die Bibliotheksbenutzung per Film verlinkt. Auch die Option des mobilen Bezahlens wurde von zwei Interviewpartnern angesprochen und könnte im Kontext zum Beispiel beim Bezahlen von Säumnisgebühren Anwendung finden.

[3] Vgl. Voß, Viola: QR-Codes im bibliothekarischen Einsatz. In: netbib, Stand: 29.04.2011. Online verfügbar unter http://log.netbib.de/archives/2011/04/29/qr-codes-im-bibliothekarischen-einsatz (08.01.2011).

Die Befragungsergebnisse erheben keinen Anspruch auf Repräsentativität, werfen aber ein Schlaglicht auf das Nutzerverhalten und die Nutzungsmotivation sowie die Erwartungen an mobile Bibliotheksservices. Einige der von den Interviewpartnern vorgeschlagenen mobilen Services sind in Bibliotheken bereits umgesetzt (Pfeifenberger 2010, S. 47-55 bzw. Lehnard-Bruch 2011, S. 14 -17), die Befragten nennen aber auch neue, im Bibliothekskontext noch nicht realisierte Dienste. Die Vielfalt der Vorschläge zeigt, dass es zahlreiche Möglichkeiten gibt, Bibliotheksservices aufzubauen, welche die Vorteile der mobilen Nutzung Ubiquität, Kontextspezifität, Lokalisierbarkeit, Personalisierung, Datenproaktivität und Bequemlichkeit bedienen.

Mobiles Webdesign – weniger ist mehr

Einfachheit und Übersichtlichkeit des mobilen Angebotes wurden nahezu in jedem Interview gefordert. Damit ein mobiles Angebot als „einfach" wahrgenommen und dem Anspruch des schnellen Suchen und Findens (technisch) entspricht, muss es den Usability-Anforderungen für die mobile Nutzung gerecht werden. Unter anderem sollte

- die erschwerte Dateneingabe wegen der fehlenden oder kleinen Tastatur bzw. der fehlende Maus berücksichtigt sein;
- aufgrund der Bildschirmgröße bei der Navigation und dem Seitenaufbau das Scrollen vermieden werden, um dem Anwender einen schnellen Überblick zu ermöglichen;
- Ladezeiten wegen je nach Verbindungsrate möglicher langsamen Datenübertragung vermieden werden.

Beim Aufbau eines mobilen Dienstes kann es allerdings nicht nur darum gehen, bestehende Dienste technisch an die mobilen Endgeräte anzupassen. Anwendungssituationen und Nutzungsverhalten der zukünftigen Nutzer müssen vielmehr in die strategischen Überlegungen einbezogen werden. Eine Reduzierung auf Angebote, die für die mobile Nutzung relevant sind, trägt zur Einfachheit und Übersichtlichkeit bei. Nutzungskontext und das schnelle Ermitteln eines zufriedenstellenden Suchergebnisses bestimmen die Akzeptanz des Angebotes.

Zusammenfassung und Fazit

Der *Horizon-Report 2011* stellt fest: „People expect to be able to work, learn, and study whenever and wherever they want."(Johnson, Larry [u.a.] 2011, S. 3) Bibliotheken als Teil der Informations- und Bildungslandschaft stehen vor der Entscheidung, ihre Internetdienstleistungen für die mobile Nutzung zu optimieren. Damit wird zum einen ein bestehender, aktiver Kundenkreis an anderen Orten erreicht, zum anderen können neue, auf das Smartphone angepasste Dienstleistungen dazu beitragen, neue Kunden zu gewinnen.

Wie sowohl Nutzungsstudien als auch die Ergebnisse der durchgeführten Interviews zeigen, wird das Smartphone in drei charakteristischen Situationen genutzt: zur Ausnutzung von Zeit unterwegs, bei zielgerichtetem Informationsbedarf oder alternativ zum stationären PC aus Gründen der Bequemlichkeit. Das Smartphone dient als Instrument zur Kommunikation, zur Informationssuche und zum Zeitvertreib. Zu einem allgemeinen Informationsbedürfnis wie dem Abrufen von Nachrichten oder Wetterprognosen kommt ein in einer konkreten Lebenssituation entstehendes Informationsbedürfnis hinzu. Dabei handelt es sich häufig um Alltagssituationen. Genau unter dieses Anwendungsszenario fallen mobile Bibliotheksservices: Die mobil präsentierten Dienstleistungen sollten sich für die Suche unterwegs oder zum Füllen von Leerzeiten eignen oder eine Frage schnell und einfach beantworten. Hierzu gehören die Beantwortung von Orientierungsfragen (Wann ist geöffnet? Wo finde ich die Bibliothek? Wen kann ich bei Fragen ansprechen?) und die Katalogrecherche mit den Selbstbedienungsfunktionen.

Blickt man auf die mobilen Angebote im kommerziellen Sektor, stellt man fest, dass dort der potenzielle, große Markt der Smartphone-Nutzer längst erkannt und unterschiedliche mobile Anwendungen eingesetzt werden – seien es native Applikationen, mobiloptimierte Websites, QR-Codes, Augmented-Reality-Anwendungen (z.B. Layar, Wikitude, Yelp) oder Angebote wie M-Payment, Mobile Ticketing oder Mobiles Couponing. Die Vielzahl und Vielfältigkeit dieser Aktivitäten korrespondieren mit den Prognosen, die in Untersuchungen wie dem Horizon-Report oder der Delphie-Studie (Gerneth, Kessel und Wolf 2009) veröffentlicht wurden.

Berücksichtigt man den starken Aufwärtstrend beim Verkauf von Smartphones, wird die Internetrecherche zunehmend von mobilen Endgeräten durchgeführt werden – damit wird voraussichtlich auch die Erwartungshaltung der Nutzer, Bibliotheksangebote unterwegs zu nutzen, steigen. Um ihren Platz in der Informationslandschaft zu behaupten, müssen nach Ally Bibliotheken mobile Services anbieten, denn:

> „As other sectors of society start using mobile technology to conduct business and to access information, libraries will be forced to deliver information on mobile technology…so that people on the move can learn and access information anywhere and at any time. This will have an impact on how libraries operate in the future." (Ally und Needham 2008, S. 38)

Literaturverzeichnis[4]

Accenture (2010): „Mobile Web Watch"-Studie 2010. Durchbruch auf Raten – mobiles Internet im deutschsprachigen Raum. Online http://www.accenture.com/ch-de/Documents/PDF/Accenture_Mobile_Web_Watch_2010.pdf.

Accenture (2011): Die Chancen der mobilen Evolution. Mobile Web Watch 2011 Deutschland, Österreich, Schweiz. Online http://www.accenture.com/SiteCollectionDocuments/Local_Germany/PDF/Accenture-Studie-Mobile-Web-Watch-2011.pdf.

4 Alle Internetquellen wurden zuletzt geprüft am 08.01.2012.

Ally, Mohamed; Needham, Gill (Hg.) (2008): M-libraries. libraries on the move to provide virtual access. London: Facet. Online http://www.usq.edu.au/~/media/USQ/m-libra ries/m-libraries2007Book.ashx.

Arte: Alltag eines Smart-Natives. Video vom 13.02.2011. Online http://videos.arte.tv/de/videos/alltag_eines_smart_natives_3713896.html.

Gerneth, Marlene; Kessel, Tanja; Wolf, Malthe (2009): Zukunft und Zukunftsfähigkeit der Informations- und Kommunikationstechnologien und Medien. Internationale Delphi-Studie 2030, nationaler IT-Gipfel Stuttgart 2009. München u.a. Online http://www.medialine.de/media/uploads/projekt/medialine/docs/forschung/zukunft_ikt_2009.pdf.

Google, OTTO Group TNS Infratest und Trendbüro (2010): Go smart – 2012. Stand: 21.06.2010. Online http://www.ottogroup.com/media/docs/de/studien/gosmart.pdf.

Johnson, Larry [u.a.] (2011): The Horizon Report. 2011 Edition. Austin, Tex.: New Media Consortium. Online http://net.educause.edu/ir/library/pdf/HR2011.pdf.

Lehnard-Bruch, Susanne (2011): Mobile Nutzung bibliothekarischer Services : Anforderungen an Bibliotheken mit heterogenen Zielgruppen ; explorative Untersuchung am Beispiel der Regionalbibliotheken des Landesbibliothekszentrums Rheinland-Pfalz. Fachhochschule Köln, Masterarbeit, 2011. Online http://digitool.hbz-nrw.de:1801/webclient/DeliveryManager?pid=4259966&custom_att_2=simple_viewer.

Morgan Stanley Research (Hg.) (2009): The Mobile Internet Report. Stand: 15.12.2009. Online http://www.morganstanley.com/institutional/techresearch/pdfs/mobile_internet_report.pdf.

Pfeifenberger, Regina (2010): Pocket library. Bibliothekarische Dienstleistungen für Smartphones ; Innovationspreis 2010. Humboldt-Univ., Masterarbeit, Berlin, 2009. Wiesbaden: Dinges & Frick (BIT online. Innovativ ; 27). Online http://nbn-resolving.de/urn:nbn:de:kobv:11-100105972.

Statistisches Bundesamt (2011): Wirtschaftsrechnungen. Private Haushalte in der Informationsgesellschaft – Nutzung von Informations- und Kommunikationstechnologien. Wiesbaden (Fachserie 15, Reihe 4). Online http://www.destatis.de/jetspeed/portal/cms/Sites/destatis/Internet/DE/Content/Publikationen/Qualitaetsberichte/WirtschaftsrechnungenZeitbudget/IKT2010,property=file.pdf.

Tomorrow Focus Media (2011): Mobile Effects Mai 2011 – Deutschland erobert das mobile Internet! Stand: April 2011. Online http://www.tomorrow-focus-media.de/uploads/tx_mjstudien/Mobile_Effects_29042011_01.pdf.

Zobel, Jörg (2001): Mobile Business und M-Commerce. Die Märkte der Zukunft erobern. München: Hanser.

Horst Prillinger

Warum wir Webseiten geschrumpft und Quadratetiketten geklebt haben

Neue mobile Webangebote der Universitätsbibliothek Wien

Mobile Endgeräte (Smartphones, Tablets) weisen im Gegensatz zu traditionellen Computern ein äußerst starkes Wachstum auf. Es ist daher für Bibliotheken unumgänglich, Online-Informationen auch so aufzubereiten, dass sie auf diesen Geräten dargestellt werden können. Die Universitätsbibliothek Wien hat im Jahr 2011 einen mobilen Webauftritt entwickelt, der versucht, den Benutzererwartungen von schneller Auffindbarkeit von Informationen und kurzen Ladezeiten zu entsprechen. Statt einer Smartphone-App wurde aus Gründen der schnelleren Umsetzbarkeit und der geringeren Kosten eine HTML-basierte Lösung erarbeitet, die einfach über zusätzliche Templates vom bestehenden Content Management System (CMS) generiert wird. Für den Online-Katalog wurde das Primo-Mobile-Frontend geringfügig modifiziert. Zusätzlich zu den mobilen Webseiten wurden Möglichkeiten sondiert, über lokal angebrachte Quick Response (QR) Codes Informationen auf Mobilgeräten abrufbar zu machen.

1. Wachstumsmarkt Mobilgeräte

Im Gegensatz zu Desktop- und Laptop-Computern zeigt der Markt mobiler Endgeräte (Smartphones, Tablets) nicht nur ein ungebrochenes Wachstum; dieses fällt sogar wesentlich kräftiger aus, als ursprünglich prognostiziert wurde. Während die weltweiten Verkaufszahlen von Smartphones zwischen 2004 und 2009 bei etwa 200 Mio. Stück/Jahr annähernd gleich blieben, zeigt eine Untersuchung von IHS iSuppli vom Juli 2011 eine Verdreifachung dieser Zahlen zwischen 2009 und 2011 und prognostiziert eine Verfünffachung bis 2015.[1] Eine Studie von Morgan Stanley aus dem Jahr 2009 sagte voraus, dass die Verkäufe von Smartphones im Jahr 2012 jene von Desktop- und Notebook-PCs überholen würden,[2] tatsächlich zeigte jedoch eine Studie von KPCB aus dem Jahr 2011, dass dieser Punkt bereits im 4. Quartal 2010, also zwei Jahre früher, erreicht worden war.[3]

Zwar beziehen sich diese Zahlen allesamt nur auf die Verkaufsdaten und nicht auf den tatsächlichen Gerätebestand bei den Endusern; wenn aber – wie von KPCB vorausgesagt – bereits 2013 doppelt so viele Smartphones und Tablets wie Notebooks und Desktop-PCs verkauft werden, so heißt das, dass sich im Laufe dieses Jahrzehnts das Nutzerverhalten und die Nutzererwartungen in Bezug auf Online-Angebote drastisch verändern werden. Mehr mobile Benutzer bedeuten auch für Bibliotheken, dass Wege gefunden werden müssen, wesentliche Informationen auch mit Mobilgeräten abrufbar zu machen.

1 Vgl. McGrath.
2 Vgl. Meeker, DeVitt & Liang, 5.
3 Vgl. Murphy & Meeker, 7.

2. Mobile Inhalte

Da der Zugriff über mobile Endgeräte – zumindest derzeit noch – üblicherweise von unterwegs erfolgt, muss und soll es nicht Ziel sein, alle derzeit online befindlichen Informationen einfach auf eine mobile Oberfläche zu portieren. Die Mehrzahl aller mobilen wie nicht mobilen Websites ist schon jetzt mit nur geringfügig relevanten Informationen überfrachtet, die die Benutzer meist überfordern. Einer Studie von Qualcomm zufolge sind 80% der Benutzer von mobilen Webangeboten frustriert:

> [Smartphone users] are frustrated by the time required to access the content they want. ... [They complain of] slow page loads, the need to click through too many pages and having to scroll through too much irrelevant content.[4]

Eine andere Studie von Modapt und Morrissey & Co belegt, dass 40% der mobilen Benutzer die Navigation durch mobile Seiten zu kompliziert finden, und weitere 20% haben Probleme damit, die Seiten zu lesen oder Informationen zu finden.[5] Dies sollte als deutlicher Hinweis auf die Notwendigkeit einfacher inhaltlicher Strukturen, klares Layout und das Beschränken auf Notwendiges verstanden werden.

Die Studie von Modapt und Morrissey weist auch darauf hin, dass 40% der Nutzer zu lange Wartezeiten beim Abrufen von Daten bemängeln.[6] Einer Studie von iLocalSearch zufolge erwarten 58% von weltweit befragten Smartphone-Usern, dass eine Webseite in weniger als drei Sekunden geladen wird. In Deutschland sind es sogar 68%.[7] Auch wenn Zugriffszeiten stark von der Qualität der Datenverbindung abhängen, so sollte dieses Ergebnis doch auch als Anregung verstanden werden, die übertragenen Datenmengen gering zu halten.

3. Designphilosophie

Die aus diesen Daten für das mobile Webangebot der Universitätsbibliothek Wien abgeleitete Designphilosophie ist daher sehr stark auf Reduktion ausgelegt, sowohl was Design und Struktur als auch Inhalte betrifft. Benutzer, die Informationen von unterwegs abrufen, suchen in der Mehrzahl Informationen unmittelbarer Relevanz – etwa, wann die Bibliothek geöffnet ist, wann ihre Bücher abgeholt werden können bzw. fällig sind, oder um schnell ein bestimmtes Buch zu bestellen. Dass umfangreichere Recherchen über ein Mobilgerät durchgeführt werden, ist allein wegen des Handlings dieser Geräte eher unwahrscheinlich und wurde daher beim Design auch explizit nicht berücksichtigt.

4 Zit. in Gardner.
5 http://www.marketingprofs.com/charts/2011/5767/smartphone-users-frustrated-with-mobile-web-experience
6 Ebda.
7 Vgl. Harris.

Zuvor war noch die Frage zu klären, ob eine HTML-basierte Lösung über Webseiten oder eine eigene Smartphone-Applikation (App) entwickelt werden sollte. Für die eigene App spricht zwar die volle Unterstützung des User-Interface, die enge Integration mit anderen Funktionen des Smartphones und die bessere Präsenz mit einem Icon auf der Handy-Oberfläche, andererseits müsste für jede Smartphone-Plattform eine eigene App entwickelt werden, und bei jedem Update fällt ein neuer Entwicklungsaufwand an; diese Lösung ist somit zwar „smarter", aber auch deutlich kostenintensiver.

Die Webredaktion der Universitätsbibliothek Wien beschloss daher, das nicht „app-like" Verhalten in Kauf zu nehmen und eine plattformunabhängige, HTML-basierte Lösung zu entwickeln. Dies stellte sich sehr schnell als sehr gute Lösung heraus, da der nötige Arbeitsaufwand extrem gering war: Es waren nur drei wesentliche Arbeitsschritte notwendig:

Zum Ersten musste der HTML-Code für lediglich drei sehr simpel aufgebaute Übersichtsseiten geschrieben und Icons für die einfache Navigation entworfen werden. Die Gestaltung dieser Seiten wurde dabei vom ehemaligen mobilen Design der University of Minnesota Library[8] inspiriert. Dabei wurde auf Übersichtlichkeit und freundlichen Eindruck besonders Wert gelegt:

Abb. 1: Startseite und weitere Menüseiten der mobilen Website der UB Wien

[8] http://www.lib.umn.edu/mobile/

Wichtig war es, die Funktionalitäten zu priorisieren und in drei Blöcken zusammenzufassen. Auf jeder Seite befindet sich analog zur regulären Website auch ein Suchschlitz für die Suchmaschine u:search (Primo).

Zum Zweiten wurde für das Content Management System (CMS) der Universitätsbibliothek ein zusätzliches neues Template für die mobilen Seiten geschrieben. Mit dessen Hilfe wird für jede existierende Seite automatisch eine zweite Seite mit dem mobilen Layout generiert; jede Änderung im CMS wird automatisch auf beide Seiten übernommen. Bei der inhaltlichen Betreuung fällt somit überhaupt kein zusätzlicher Arbeitsaufwand an.

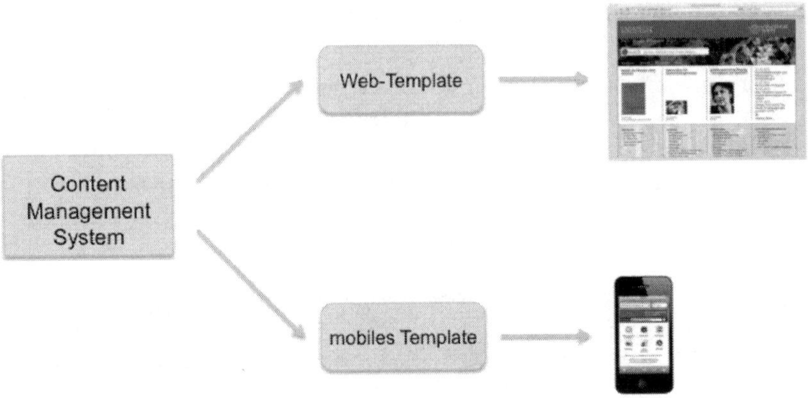

Abb. 2: Veröffentlichungsmechanismus

Der dritte Arbeitsschritt bestand darin, die mobile Recherche im Online-Katalog zu ermöglichen. Dazu wurde das Primo Mobile-Modul entsprechend angepasst. Auch hier wurde großes Augenmerk auf Übersichtlichkeit gelegt. Da davon ausgegangen wird, dass von unterwegs wahrscheinlich nach Titeln mit bekanntem Autor und Titel gesucht wird, die man schnell von unterwegs bestellen will, wurde das Ausgabelayout dahingehend vereinfacht. Auf die Anzeige von Facetten wurde bewusst verzichtet, und Angaben zum Bestellen von Exemplaren wurden nach oben verschoben, sodass diese weitgehend ohne Scrollen sichtbar sind. Es entstand damit eine einfache, übersichtliche Oberfläche für die schnelle Recherche.

Abb. 3: Anpassung von Primo Mobile für die mobile Website der UB Wien

Ein weiteres Desiderat bei diesem Arbeitsschritt war es, eine übersichtliche Darstellung des Benutzerkontos zu erstellen, da das Überprüfen und Verlängern entlehnter Bücher als typische mobile Anwendung betrachtet wurde. Das von Aleph gebotene Interface war in dieser Hinsicht unzureichend, da nur mit mehrfachem Horizontal- und Vertikalscrollen lesbar. Es gelang hier, mittels PHP-Abfragen an den Aleph Xserver einfache, übersichtliche Seiten zu generieren, die mit Mobilgeräten gut lesbar sind.

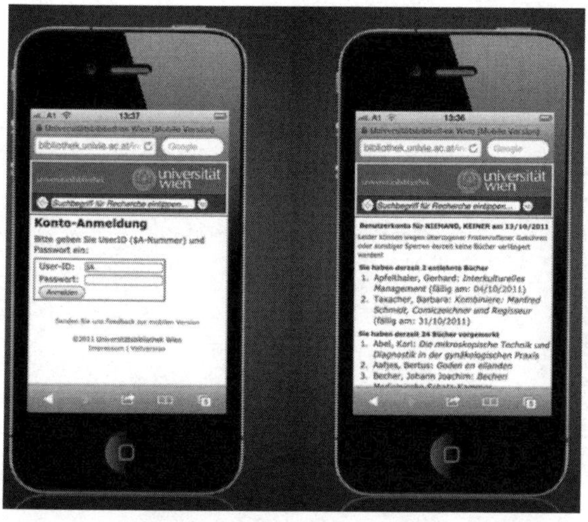

Abb. 4: Neue Benutzerkontoabfrage unter Verwendung von Aleph Xserver

4. Benutzerfeedback und Zugriffszahlen

Das Benutzerfeedback für die mobilen Webseiten war von Anfang an sehr positiv. Die Zugriffszahlen bestätigen ebenso die Wichtigkeit des Angebots: Im Mai 2011, ein Monat nach dem Launch, hatte die Startseite der mobilen Website 0,4% der Zugriffe der regulären Startseite, im Oktober 2011 waren es 0,6% und im Januar 2012 bereits 1,2%. Dies mag auf den ersten Blick nicht sonderlich eindrucksvoll erscheinen, doch sind diese Zahlen durchaus signifikant: Die mobile Website hat damit nämlich mehr Zugriffe als eine ganze Reihe von Fachbereichsbibliotheken und nur geringfügig weniger als die englische Website der Universitätsbibliothek (1,4%). Gerade diese letzte Zahl belegt eindrucksvoll die Notwendigkeit der mobilen Webseiten, denn niemand würde wohl die Notwendigkeit englischsprachiger Webinhalte anzweifeln, und im Gegensatz zu diesen verzeichnen die mobilen Seiten immer noch einen eindrucksvollen Besucherzuwachs.

5. QR-Codes

Mit der Einrichtung eines web-basierten mobilen Informationsangebots bot sich auch die Möglichkeit, über lokal angebrachte Quick Response (QR) Codes Informationen direkt auf Smartphones abrufbar zu machen. Bei QR-Codes handelt es sich um zweidimensionale Barcodes, die vom Smartphone mit Hilfe spezieller Software (QR-Code-Reader, meist gratis) gelesen und interpretiert werden können. Ein QR-Code kann entweder einen URL aufrufen, eine Telefonnummer anwählen, einen SMS-Text senden oder einen Text anzeigen. Es wurde eine Reihe von Anwendungsmöglichkeiten sondiert, wie etwa Regalbeschreibungen im Großen Lesesaal und Direktlinks zu häufig benötigten E-Journals am Zeitschriftenregal der Fachbereichsbibliothek Rechtswissenschaften.

Abb. 5: Beispiel eines QR-Codes und der damit verknüpften Information

Angedacht ist auch, in Freihandregalen zusätzlich zu physisch vorhandenen Büchern auch Platzhalter mit QR-Codes mit Direktlinks zu E-Books und Forschungsdatenbanken anzubringen, um Benutzer vermehrt auf Online-Angebote aufmerksam zu machen.

Quellen

Gardner, W. David. „8 in 10 smartphone users frustrated by content". *InformationWeek.* 19.11.2009. http://www.informationweek.com/news/mobility/smart_phones/221900337 (abgerufen am 13.2.2012).

Harris, Sadie-Michaela. „What do mobile users want?" 2011. https://ilocalsearch.net/what-do-mobile-users-want (abgerufen am 13.2.2012).

McGrath, Dylan. „Tablets, smartphones hit sales of CE devices". *EE Times.* 28. Juli 2011. http://www.eetimes.com/electronics-news/4218334/Tablets-smartphones-hit-sales-of-CE-devices (abgerufen am 13.2.2012).

Meeker, Mary. DeVitt, John. Wu, Liang. „Internet Trends". 2010. http://www.morganstanley.com/institutional/techresearch/pdfs/MS_Internet_Trends_060710.pdf (abgerufen am 13.2.2012).

Murphy, Matt. Meeker, Mary. „Top mobile Internet trends". 2011. http://www.scribd.com/doc/48586092/KPCB-Top-10-Mobile-Trends (abgerufen am 13.2.2012).

„Smartphone users frustrated with mobile web experience". 2011. http://www.marketingprofs.com/charts/2011/5767/smartphone-users-frustrated-with-mobile-web-experience (abgerufen am 13.2.2012).

Daniel Weger

Gefällt mir? Follow? +1? – Soziale Netzwerke und Bibliotheken

Social Networks haben sich in den letzten Jahren zu einem festen Bestandteil der Onlinewelt entwickelt und gehören gerade bei der jungen Generation inzwischen zum Alltag (96% der (dt.) 14-29-Jährigen sind in einem sozialen Netzwerk registriert). Dies eröffnet auch den Bibliotheken neue Wege, mit ihren Nutzer/innen zu interagieren, sie in einer neuen Art miteinzubinden und ihnen die Angebote der Bibliothek auf modernen Kommunikationskanälen näher zu bringen. Aber welche Möglichkeiten hat man als Bibliothek in einer oft Trends unterworfenen, sich schnell wandelnden digitalen Umgebung? Wie kommuniziert man zielgruppengerecht, und welche Ressourcen braucht man zur Betreuung der Seiten und zur Pflege einer Community? Bedarf es einer breit angelegten Social-Media-Strategie und kompetenten Fachpersonals, oder genügt es, eine *Facebook*-Seite anzulegen und dort auf Veranstaltungen und Medientipps hinzuweisen? Das Referat soll anhand von konkreten Beispielen einen Einblick geben in bestehende Auftritte von Bibliotheken und von den bisherigen Erfahrungen berichten.

In den letzten Jahren hat sich das Internet zu einem Medium entwickelt, dessen Nutzung für viele Menschen unverzichtbar geworden ist. Laut der größten Studie zur Internetnutzung in Deutschland sind dort 74,7% der Bevölkerung online.[1] Während dabei E-Mail weiterhin die meistgenutzte Kommunikationsform bleibt, erfreuen sich die so genannten Sozialen Netzwerke (*Social Networks*) steigender Beliebtheit. Soziale Netzwerke im Internet sind Plattformen, die es den Nutzern erlauben, über persönliche Profile mit anderen zu kommunizieren oder sich zu präsentieren. Man kann sich über sie mit Freunden und Bekannten unterhalten, Meinungen austauschen, Links auf Artikel und Videos teilen, Fotos hochladen oder kommentieren und vieles mehr. Da die Nutzung solcher Plattformen zudem technisch einfach und kostenlos ist, verwundert der hohe Zuspruch nicht. In der Altersgruppe zwischen 14 und 29 Jahren sind in Deutschland 96% der *Onliner* in einem Social Network registriert (Stand: Mai 2011). Trotzdem sind soziale Netzwerke keine reine Domäne der Jugend: Die meisten Mitglieder sind zwischen 35 und 44 Jahre alt; der Durchschnitts-User eines sozialen Netzwerks ist 37 Jahre alt.[2]

Web im Web: Soziale Netzwerke

Wie sich die Verbreitung der Social Networks über die Jahre entwickelt hat, kann man sehr gut an den *Weltkarten der Sozialen Netzwerke* ablesen, die der

[1] Online heißt: sie nutzen das Internet; Stand: Juli 2011; Daten abrufbar unter http://www.nonliner-atlas.de

[2] Daten: weltweit; Stand: Juni 2011; Quelle: http://www.facebookbiz.de/artikel/altersstruktur-in-sozialen-netzwerken

Italiener Vincenzo Cosenza alle sechs Monate veröffentlicht.[3] Zurzeit sind drei große Plattformen von Bedeutung: *Facebook*, *Twitter* und *Google+*. Während in der Folge auf *Facebook* als dem Big Player hier das Hauptaugenmerk gerichtet sein soll, seien die Dienste *Twitter* und *Google+* nur kurz erwähnt.

Twitter wird gemeinhin zu den Social Networks gezählt, unterscheidet sich aber doch beträchtlich von den beiden anderen hier zitierten. *Twitter* ist ein 2006 gegründeter so genannter Mikroblogging-Dienst, bei dem man in Kurzmitteilungen (so genannten Tweets, beschränkt auf 140 Zeichen) mit der Welt kommunizieren kann und der 2011 weltweit 300 Millionen eingeschriebene Nutzer aufweist. Er wird oft (ähnlich wie SMS) von Smartphones aus genutzt und punktet vor allem mit der Geschwindigkeit der News und der Kommunikation. Eine Auflistung aller deutschsprachigen Bibliotheken, die *Twitter* nutzen, gibt es unter http://www.liswiki.org/wiki/Microblogs#Organizational. Insgesamt sehe ich *Twitter* mehr als Instrument zu Interaktion und zu fachlichem Austausch mit Kolleg/innen denn als ideale Plattform für die Bibliothek. Zudem ist die Durchdringung im Vergleich (noch) gering: In Österreich kommt auf 100 aktive *Facebook*-Nutzer gerade einmal 1 aktiver *Twitter*-Nutzer.[4]

Google+ hingegen ist ein noch junges Soziales Netzwerk (offizieller Start: 28.06.2011), das in den ersten drei Monaten aber bereits 40 Millionen Mitglieder vorweisen kann. Die transparente Vorgehensweise von *Google*, die einfache Einteilung der Kontakte in so genannte Kreise (*Circles*) sowie die Möglichkeit, problemlos Video-Chats mit mehreren Personen (*Hangouts*) einzurichten, brachten dem Dienst viel positive Resonanz. Da es derzeit noch nicht möglich ist, so genannte *Unternehmensseiten* einzurichten, können sich auch Bibliotheken noch nicht offiziell auf *Google+* präsentieren. Hier wird die weitere Entwicklung zu beobachten sein, vor allem, ob der Anstieg von Nutzer/innen kontinuierlich so weitergeht und ob die geplanten Unternehmensseiten den Bibliotheken interessante Möglichkeiten bieten werden.

Der Marktführer: Facebook

Mit aktuell 800 Millionen aktiven Mitgliedern hat *Facebook* sich als der Marktführer im Bereich der Sozialen Netzwerke etabliert; in Österreich haben Anfang Oktober 2011 2.620.000 Menschen einen *Facebook*-Account (nur aktive Nutzer/innen: mindestens 1 Login in den letzten 30 Tagen). Dies sind 31% der Bevölkerung; wenn man nur die Menschen rechnet, die in Österreich überhaupt über einen Online-Zugang verfügen, sind es sogar über 40%. Weltweit halten sich die Menschen heute schon online länger in *Facebook* auf als bei Suchmaschinen, und immer mehr Inhalte und Links werden über die Plattform unter Freunden und Bekannten weitergegeben. *Facebook* bietet

3 Abrufbar unter: http://www.vincos.it/world-map-of-social-networks/
4 Quelle: www.socialmediaradar.at/twitter.php; Stand Oktober 2011

dabei nicht nur Einzelpersonen die Möglichkeit, ein eigenes Profil anzulegen und sich mit Bekannten zu vernetzen, sondern ermöglicht es auch Firmen und Institutionen, sich mit einer eigenen Seite innerhalb des Netzwerkes zu präsentieren. Keine große Marke kann heute auf einen eigenen *Facebook*-Auftritt verzichten; im Gegenteil: Die Besucherzahlen sind dort um ein Vielfaches höher als auf den traditionellen Webseiten der Unternehmen.

Facebook-Seite für Bibliotheken?

Das bedeutet, dass auch Bibliotheken die Möglichkeit haben, sich als Institution auf *Facebook* zu präsentieren. Dabei kann eine *Facebook*-Seite nicht die Webseite einer Bibliothek ersetzen, aber sie kann diese sehr sinnvoll ergänzen. Während sich eine meist relativ statische Homepage, ob nun als eigenständiger Auftritt oder im Rahmen der Seite des Trägers (Universität, Stadt/Gemeinde, Schule), auch weiterhin gut eignet, um Basisinformationen zur Bibliothek zu veröffentlichen, kann man auf einer *Facebook*-Seite mit kurzen und aktuellen Beiträgen zusätzliche Öffentlichkeitsarbeit leisten. Für die Einrichtung einer *Facebook*-Seite sprechen meines Erachtens dabei folgende Aspekte:

- einfache technische Handhabung (es werden keine EDV- oder Programmierkenntnisse benötigt; im Notfall ist die Seite sogar unterwegs über Smartphone betreubar);
- hohe Reichweite (viele Personen aus der eigenen Zielgruppe verfügen über einen *Facebook*-Account; auch für alle Menschen ohne *Facebook*-Account ist die Seite online abrufbar);
- hohe Sichtbarkeit (man muss nicht hoffen, dass jemand eine Webseite aktiv sucht oder entdeckt, sondern die eigenen Einträge erscheinen direkt auf der Pinnwand der so genannten Fans);
- kostenloses Angebot (es bedarf keiner Fixausgaben für Erstellung, für Server, für Webdesignfirmen, für Wartung; einzig die Zeitressourcen der betreuenden Person fallen an);
- individuelle Anpassungsmöglichkeiten (*Facebook* ermöglicht eine ganze Reihe von grafischen und inhaltlichen Anpassungen; über so genannte iFrame-Tabs können eigene Reiter mit bibliotheksrelevanten Themen gestaltet werden);
- Gewinnung neuer junger Nutzer/innen (über einen gut gestalteten *Facebook*-Auftritt können neue Zielgruppen angesprochen werden, die auf diese Weise die ihnen bisher unbekannten Angebote der Bibliothek entdecken).

Generierter Mehrwert

Die Voraussetzungen sind also gut: Es bedarf keines großen Aufwandes, eine *Facebook*-Seite einzurichten. Doch was ist der Nutzen, was der Mehrwert, der wirklich generiert werden kann? Wenn man versucht, die Gründe, die für eine derartige Social-Media-Aktivität sprechen, zu bündeln, kommt man auf drei Kernbereiche, die ich im Folgenden erläutern werde: a) Öffentlichkeitsarbeit, b) Interaktionsmöglichkeit, c) Imageverbesserung.

a) Öffentlichkeitsarbeit und Außenkommunikation:

Das Betreiben einer *Facebook*-Seite stellt eine moderne Form der Öffentlichkeitsarbeit dar, bei der man eine direkte Kommunikationsmöglichkeit mit den Nutzer/innen erhält (und zudem eine direkte Kommunikationsmöglichkeit mit potentiellen neuen Nutzer/innen!), durch die man ein Instrument zur Hand bekommt, um die veröffentlichte Meinung maßgeblich mitgestalten zu können und – last, but not least – über die man Neuigkeiten sehr einfach und sehr rasch verbreiten kann. Der vielleicht wichtigste Aspekt dabei ist das berühmte *Abholen der Menschen dort, wo sie sich aufhalten*, was durch den unmittelbaren Kontakt eine neuartige und starke Kundenbindung generiert.

b) Interaktion und Feedback:

Durch die Postings auf einer eigenen *Facebook*-Seite gewährt man allen die Möglichkeit einer direkten Kontaktaufnahme und Interaktion, man schafft eine direkte Feedback-Möglichkeit für Nutzer/innen (durch *Gefällt-mir*-Klicks oder Kommentare), man gewährt als Bibliothek eine 24/7-Erreichbarkeit für Fragen oder Feedback und kann andererseits auf eine 24/7-Erreichbarkeit der Nutzer/innen zurückgreifen, um dringende oder kurzfristige Meldungen (z.B. bei Veranstaltungen) anzubringen. Dadurch kann es auch gelingen, online eine neue Gemeinschaft (*Community*) aufzubauen, die die Bibliothek aus einem anderen Blickwinkel kennen lernt und sie unterstützt. Einen interessanten Aspekt stellen zudem der Austausch und die Vernetzung mit Partnern und mit anderen Bibliotheken dar, die ebenfalls auf *Facebook* präsent sind und mit denen man gezielt interagieren kann.

c) Imageverbesserung und moderne Kommunikationsform:

Wenn man als Bibliothek in sozialen Netzwerken präsent ist, verzichtet man nicht auf die Möglichkeit einer nachhaltigen Imageverbesserung der Institution Bibliothek. Dabei ist es relativ einfach, immer noch vorherrschende Vorurteile und Stereotype gegenüber Bibliotheken (*verstaubt, altmodisch*) zu entkräften und im Gegenzug auch aufzuzeigen, dass Bibliotheken als Informationsdienstleister im Web präsent sind und gut mit neuen modernen Kommunikationsformen umgehen können. Nicht zuletzt muss hier darauf hingewiesen werden, dass man die Darstellung der eigenen Institution auf neuen Plattformen nicht anderen überlassen sollte, sondern diese selbst in die Hand nehmen und mitgestalten sollte, und dies ist nur möglich, wenn man selbst auch auf den entsprechenden Plattformen aktiv ist.

Bausteine für die Umsetzung: Personal

Wie bei jeder Dienstleistung, die man anbietet und bei der die strukturellen Rahmenbedingungen ziemlich klar vorgegeben sind, hängt das Gelingen stark von der Kompetenz und vom Engagement der Person ab, die mit der Umsetzung betraut wird. Folgende zwei Grundvoraussetzungen sollte die Person mitbringen, die den *Facebook*-Auftritt einer Bibliothek betreut: Grundkenntnisse in Öffentlichkeitsarbeit und Marketing sowie Erfahrung im Umgang mit Social Media (wer nicht selbst privat die Plattformen nutzt, wird die Prozesse und Abläufe nur schwer verstehen und richtig interpretieren). Zudem muss die Person eigenverantwortlich und ohne Rückfragen agieren dürfen (in Sozialen Netzwerken muss schnell reagiert werden; Warteschleifen sind fehl am Platz), sie muss bereit sein, ständig dazuzulernen und Neues auszuprobieren (fast wöchentlich gibt es Änderungen und Neuerungen, auf die man eingehen sollte), und natürlich soll sie selbst Spaß an der Sache haben (aufgestülpte Aufgaben funktionieren in diesem Bereich nicht). Weitere gute Voraussetzungen für das Gelingen eines Auftrittes sind von der Sache überzeugte Vorgesetzte (die viel freie Hand lassen oder zumindest keine Steine in den Weg legen), ein starker Rückhalt durch das Bibliotheksteam (das Ideen liefert und Feedback gibt), eine offene Bewerbung der *Facebook*-Seite durch die Bibliothek (auf Flyern, Plakaten, Webseite, in Mail-Signaturen etc.), die ständige Beobachtung der Seite und das schnelle Reagieren-Können auf Anfragen (Social Media ist kein Nine-to-five-Job, wo Fragen tagelang unbeantwortet bleiben können) sowie eine zweite Person, die bei Urlaub oder Krankheit jederzeit bei der Betreuung des Auftritts einspringen kann. Der Zeitaufwand für die professionelle Betreuung einer *Facebook*-Seite schwankt je nach Intensität und Größe der Bibliothek und des entsprechenden Auftritts zwischen 1-2 Stunden wöchentlich und 1-2 Stunden täglich.

Bausteine für die Umsetzung: Inhalte

Das Gelingen des Auftritts ist prinzipiell stark von den Inhalten abhängig, die man über die Seite verbreitet und mit denen man zielgruppengerecht an die Öffentlichkeit tritt. Formal sollen die Inhalte regelmäßig erfolgen (ob die Frequenz nun einmal täglich oder zwei Mal wöchentlich lautet, ist eine individuelle Entscheidung, die mit den eingesetzten Ressourcen zusammenhängt), in lockerem, dem Netzwerk entsprechendem Umgangston formuliert sein (kein abgehobenes Behördendeutsch, aber auch kein platter und fehlerhafter Sprachgebrauch) und offen sein für Feedback und auch kritische Stimmen (Kommentar- und Postingfunktion freigeschaltet; auf Kritik sachlich und schnell reagieren). Inhaltlich kann die Palette breit sein; mehr Feedback (und damit mehr Sichtbarkeit) erhält man, wenn man interessante News, attraktive Bilder oder aktuelle Links postet. Ein gewisses Gespür dafür, welche Inhalte in welcher Situation angemessen sind, ist dabei unabdingbar. Die Beiträge sollten zudem nie platte Werbebotschaften beinhalten; wenn man etwas bewerben möchte, empfiehlt es sich, die Botschaft gut dosiert und eingebettet zu präsentieren. Bei der Planung der Inhalte gilt es sich immer vor Augen zu halten, für welche Zielgruppe man die Postings erstellt, und dabei zu bedenken, dass a) die Menschen Mitglied bei *Facebook* sind, um sich zu unterhalten (und nicht, um mit Informationen zugespammt zu werden), und b) die Menschen grundsätzlich an anderen Menschen interessiert sind (und nicht an Einrichtungen oder Institutionen). Deshalb wird man prinzipiell leichter Erfolg haben, wenn es gelingt, in der Formulierung unterhaltsam oder witzig zu sein, wenn man es schafft, Kommunikation anzustoßen und wenn man hin und wieder kleine Einblicke hinter die Kulissen möglich machen kann.

Best-Practice-Beispiele

Die Präsentation dieses Referats ist online unter http://www.slideshare.com/bibliotheksverband abrufbar. Dort habe ich 19 Screen-shots mit Best-Practice-Beispielen von *Facebook*-Seiten von Bibliotheken (Folien 18 - 36) abgebildet, die zeigen sollen, welche Möglichkeiten man bei der Einbindung von Diensten hat, auf welche Art und Weise man gelungen kommuniziert und wie man mit einfachen Bildern viel erreichen kann. Die Screenshots zeigen folgende Bibliotheken (in Klammer der Aspekt, der verdeutlicht wird):

- Stadtbibliothek Neuss (schnelle zeitnahe Meldungen, hier: Ausfall Onleihe, hervorragend verknüpft mit Hinweis auf Flohmarkt, auf Top5-Onleihe-Bestsellern und auf Samstagsöffnungszeiten);
- Büchereien Wien (Ankündigung Einführung WLAN, lockerer Umgangston);
- Stadtbibliothek Köln (automatisierte Einbindung eines Blogartikels der Bibliothek; Nutzung von Synergien);
- Mediothek Krefeld (Kritik einer Nutzerin in Bezug auf ein Posting; schnelle Reaktion der anderen Nutzer und der Mediothek selbst);
- Büchereien Wien (Präsentation der Veranstaltungen in eigens programmiertem Reiter; dadurch keine Berieselung der Fans mit Veranstaltungspostings);
- Universitätsbibliothek Wien (kleines Album mit zehn Bildern als Hinweis auf eine aktuelle Ausstellung im Foyer der Bibliothek);
- Stadtbibliothek Dormagen (eigener programmierter Reiter mit bildlich aufbereiteten Links zu allen Webservices der Bibliothek);
- Wienbibliothek im Rathaus (direkte Implementierung des Web-OPACs in den *Facebook*-Auftritt);
- Bayerische Staatsbibliothek (Implementierung von eigenem Katalog, von Worldcat-Suche und von eigener Online-Auskunft über einen speziellen Reiter);
- Zentralbibliothek für Wirtschaftswissenschaft Hamburg und Kiel (Einbau des eigenen Online-Infoservices EconDesk direkt in die *Facebook*-Seite);
- Stadtbibliothek Erlangen (eigener Reiter mit den YouTube-Info-Videos der Bibliothek, die direkt in *Facebook* angesehen werden können);
- Wissensturm Linz (eigener programmierter Reiter mit aktuellen Medientipps, importiert aus der LibraryThing-Präsenz der Bibliothek);
- Österreichisches Bibliothekswerk (eigene Reiter mit Verlinkungen zu den Projekten *Leselandschaft* und *Rezensionen online*);

- Mediothek Krefeld (Werbung durch Einchecken: Für einen *Facebook*-Check-In in der Mediothek gibt es einen Gutschein fürs Lesecafé);
- ETH-Bibliothek Zürich (Einbindung der Foursquare-Präsenz in den *Facebook*-Auftritt);
- Büchereien Wien (Pinnwand-Foto mit einem Jungen in einer Bücherkiste und passender Bildunterschrift: 157 Likes);
- Büchereien Wien (eigenes Album *Fundstücke* mit witzigen Zetteln aus zurückgegebenen Medien);
- Büchereien Wien (Foto einer Bibliothekarin mit Buch auf dem Kopf als witzige Interpretation und schnelle Reaktion auf aktuell diskutiertes Thema *Pastafarianismus*);
- Stadtbibliothek Erlangen (Einblick hinter die Kulissen durch Foto Büro und Bibliothekar/innen und witzige Beschreibung eines Arbeitstages).

Tipps und Hilfsmittel

Eine ausführliche Schritt-für-Schritt-Anleitung zur Erstellung einer neuen Seite bietet die 2011 erschienene *Checkliste Eine Facebook-Seite für die One-Person Library anlegen* von Julia Bergmann und Jürgen Plieninger.[5] Außerdem gibt es in *Facebook* selbst eine nach außen geschlossene Gruppe[6], wo sich Hunderte Bibliothekar/innen, die *Facebook*-Seiten betreuen, gegenseitig Ratschläge und Tipps geben und einander behilflich sind. Eine ausführliche Liste mit Links zu nahezu allen (deutschsprachigen) Bibliotheken auf *Facebook* gibt es als Wiki[7]. Das ZBW – Leibniz-Informationszentrum Wirtschaft schließlich führt unter www.bibcharts.eu ein Ranking von Bibliotheksauftritten bei *Twitter* und *Facebook*, das auf den Follower-/Fan-Zahlen aufbaut.

Fazit

Eine *Facebook*-Seite kann für viele Bibliotheken eine sinnvolle Ergänzung der Präsentation nach außen sein. Ob man dabei letztlich *nur* auf die eigenen Veranstaltungen verweist und den einen oder anderen Buchtipp platziert, oder ob man versucht, mit den Nutzer/innen zu interagieren, kontinuierlich interessante Inhalte zu posten oder gar zusätzliche Seiten einprogrammiert, hängt von der Größe der Bibliothek, von der eigenen Zielsetzung und von den vorhandenen Ressourcen ab. Mein Referat hat sich schwerpunktmäßig mit *Facebook* befasst; in den Grundzügen gelten die Ausführungen jedoch für alle Social-Media-Aktivitäten, die man als Bibliothek betreiben kann. Wenn man die unter http://www.socialmediaradar.at gelisteten 1000 erfolgreichsten *Facebook*-Seiten in Österreich durchforstet, befindet sich mit dem hervorragenden Auftritt der Büchereien Wien nur eine einzige Bibliotheksseite darun-

5 Sie kann unter http://www.bib-info.de/kommissionen/kopl/publikationen/checklisten.html (pdf, 800 kb) heruntergeladen werden.

6 http://www.facebook.com/groups/biblio admin

7 http://www.liswiki.org/wiki/Libraries_ at_Facebook

ter. Nichtsdesto-trotz zeigen Indikatoren wie die Einführung von Social-Media-Guidelines in Universitäten und Öffentlichen Verwaltungen oder einzelne Leuchtturmprojekte wie der Auftritt der Polizei Hannover auf *Facebook*, dass langsam ein Umdenken stattfindet und dass Social Media im Allgemeinen und Soziale Netzwerke im Besonderen auch im Öffentlichen Bereich und in der Politik als ernst zu nehmende Felder an Bedeutung gewinnen. Die Bibliotheken können dabei eine wichtige Rolle spielen und ihre Stärken in neuer Form ausspielen.

Karin Aleksander

Gendern heißt ändern!

Erfahrungen aus der Geschichte der Genderbibliothek des ZtG an der Humboldt-Universität zu Berlin[1]

Die Genderbibliothek an der HU Berlin, gegründet im Dezember 1989, ist sowohl Fachinformationseinrichtung für Studierende des Studiengangs Gender Studies, Spezialbibliothek für wissenschaftlich Arbeitende aus dem In- und Ausland als auch Navigatorin auf der Suche nach Literatur für transdisziplinär Forschende verschiedenster Disziplinen. – Diese Besonderheit zeigt ihren Platz zwischen mehreren Stühlen: Einerseits ist sie eng mit der Mutterorganisation ZtG und dem Studiengang und damit der wissenschaftlichen Entwicklung der Gender Studies verbunden, andererseits muss sie wegen des Studiengangs eng mit der Universitätsbibliothek zusammenarbeiten und die Entwicklung im traditionellen Bibliothekswesen verfolgen. Außerdem kooperiert die Genderbibliothek erfolgreich mit den Netzwerken der Frauen- und Lesbeninformationseinrichtungen. – Da transdisziplinär Forschende und Studierende Literatur aus zahlreichen, immer wieder wechselnden und aktuell neu entstehenden Disziplinen bzw. Gebieten benötigen, erfordert das für die Arbeit in der Genderbibliothek, immer wieder neues Wissen zu verstehen, flexibel mit den Schlagworten umzugehen, neue Beschaffungs- und Recherchewege zu gehen, neue Methoden zu erlernen und neue technische Mittel einzusetzen (OPAC seit 2001, Weblog seit 2006, GenderWiki seit 2006). Wenn so ein ständiger Wandel notwendig ist, erscheinen auch bisherige Notwendigkeiten wandelbar, weshalb es möglich ist, bisher feste Größen im Bibliothekswesen wie Katalog, Verschlagworten, Normsprache etc. zu hinterfragen, allgemein zur Diskussion zu stellen und übers Gendern erfolgreich zu ändern.

Mir ist bewusst, dass sich das Thema meines Vortrages etwas kategorisch anhört, weil ein Imperativ am Anfang steht. Gendern heißt ändern! In der Bibliothekswelt umweht uns schon seit vielen Jahren (oder sogar Jahrzehnten) ein Slogan, der genau auf den Wandel setzt, nämlich: Das einzig Konstante ist der Wandel! Ich möchte das ernst nehmen und aus der Perspektive einer Genderbibliothek meine Gedanken dazu ergänzen, was insgesamt für den Wandel von Bibliotheken vorteilhaft wäre. Zwar ist unsere Genderbibliothek eine recht kleine Einrichtung, dazu eine *One Person Library*, aber sie existiert schon über 20 Jahre lang und hat vor allem den Vorteil des Genderblicks. Den möchte ich Ihnen nicht vorenthalten und deshalb einige Erfahrungen

[1] Der Vortrag wurde original frei gehalten auf der Basis einer Prezi-Präsentation, die online verfügbar ist: http://www.uibk.ac.at/ulb/bibliothekartag_11/programm-und-vortraege/praesentationsfolien_mittwoch/aleksander_gendern-heisst-aendern.pdf.
Der Text wurde nachträglich auf der Grundlage der Präsentation geschrieben.

aus der Geschichte der Genderbibliothek verallgemeinern, die hoffentlich umsetzbar sind für die vielen Bibliotheken, die Sie vertreten. Konkret werde ich mich mit dem Genderblick solchen Themen zuwenden, die m.E. besonders dringlich und umfassend geändert werden müssen: die Systematiken, Normdateien, die Sprache in ihnen und damit in der Bibliothekswelt. Die Beispiele wählte ich aus der Genderbibliothek, aus Frauen- und Lesbenbibliotheken sowie aus traditionellen Bibliotheken, hier insbesondere die Schlagwortnormdatei (SWD) und die Regensburger Verbundklassifikation (RVK).

Am Anfang steht die Frage: Was heißt gendern?

Gendern[2] heißt z.B. in Bezug auf Personen Genderkompetenz, in Bezug auf Handlungen, etwas geschlechtersensibel zu gestalten und in Bezug auf Sprache, eine geschlechtersensible Sprache zu verwenden.

Was ist Genderkompetenz?[3]

1. Genderkompetenz heißt, sensibilisiert zu sein für die Analyse von Geschlechterverhältnissen und (potenziellen) Diskriminierungsstrukturen sowie motiviert zu sein, einen Beitrag zum Abbau der Ungleichheit der Geschlechter zu leisten. Hier geht es um das WOLLEN.
In diesem Sinne habe ich z.B. den Bibliothekstag in Berlin, im Juni 2011, unter Genderaspekten analysiert.[4]

2. Genderkompetenz heißt, Wissen um Strategien und Methoden zu besitzen, z.B. die Gender-Analyse, die im eigenen Arbeitsgebiet angewendet werden. Hier geht es um das KÖNNEN. In der Bibliotheksgeschichte z.B. klafft hier noch eine große Lücke, wie der gerade erschienene Band zum 100. Deutschen Bibliothekstag beweist, der keinen Genderbezug enthält.

3. Genderkompetenz heißt, Genderwissen zu besitzen, also die Komplexität der Kategorie Gender als ein historisch gewachsenes System sozialer Hierar-

2 Für diesen Vortrag verwendete ich allgemeinverständliche und zugängliche Quellen, die ermöglichen, sich selbst einen ersten Überblick zu verschaffen, z.B. das Glossar des österreichischen Portals „Gender + Bildung", das auch ein Video „Begriffserklärung Gender" anbietet (http://www.gender.schule.at/index.php?&modul=glossar&what=suchergebnisse&TITEL=Glossar&st=G), das Glossar der Geschäftsstelle Gender Mainstreaming Freiburg im Breisgau (http://www.freiburg.de/servlet/PB/show/1182624/Glossar%20Gender%20Mainstreaming.pdf) und die archivierten Internetseiten des GenderKompetenzZentrums am ZtG der HU Berlin (2003-2010; unter: http://www.genderkompetenz.info/) Alle Internetquellen: 12.01.2012

3 Vgl.: GenderKompetenzZentrum HU Berlin: http://www.genderkompetenz.info/genderkompetenz (12.01.2012)

4 Aleksander, Karin: Gender auf dem Bibliothekartag 2011? = Fehlanzeige! In: Bibliotheksdienst, Berlin 45(2011)8/9, S. 673-677; Online: http://www.zlb.de/aktivitaeten/bd_neu/heftinhalte2011/Bibliotheken01080911_BD.pdf (12.01.2012)

chie zu verstehen. Hier geht es um WISSEN, und erst auf dieser Grundlage sind gendersensible Systematiken und Normdateien möglich.

Frauen sind auf diesem Gebiet keineswegs bevorteilt, sie denken und handeln nicht per se geschlechtergerecht, sondern müssen es ebenso lernen wie Männer:

> Nur die Wahrnehmung der heimlichen Verbündung von Weiblichem und Männlichem erlaubt die Interpretation des Geschlechterverhältnisses. Frauen sind heillos verstrickt im Verhältnis zum anderen Geschlecht – ebenso wie die Männer. … Jede Veränderung in der Geschlechtsidentität, im Verhalten in der Geschlechtsrolle zieht deshalb auch immer eine Veränderung des anderen Geschlechts nach sich.[5]

Was muss im Bibliotheksbereich geändert werden?

Geändert werden müssen Systematiken, Normdateien und die dazu verwendete Sprache. Das möchte ich an Beispielen aus den Katalogen der Genderbibliothek, von Frauen- und Lesbenbibliotheken und traditionellen Bibliotheken zeigen.
Beginnen möchte ich mit der Genderbibliothek selbst, weil das Thema „Gendern heißt ändern" auch für uns selbst zutrifft und meist, auch von der Frauen- und Geschlechterforschung, zuerst auf das Veränderungspotenzial der anderen gezeigt wird. Dabei geht es um die Weiterentwicklung wissenschaftlicher Begriffe selbst, um den Entwicklungsprozess von der Frauen- zur Geschlechterforschung, aber auch um den Genderblick in den eigenen Reihen.
In der über 20-jährigen Geschichte der Genderbibliothek[6] wurden sowohl die Bezeichnungen der Systematikgruppen als auch spezielle Schlagworte auf der Grundlage dieser Entwicklungsprozesse mehrfach geändert oder ergänzt. Trotz unserer geringen personellen und finanziellen Möglichkeiten setzen wir auf einen Service, der die Informationen für Studium und Forschung optimal aufbereitet. Bereits 1998 begannen wir deshalb, die Artikel aus Sammelbänden und Zeitschriften in unserem Rechercheprogramm zu erfassen. Der Vergleich, wie ein Sammelband in verschiedenen Katalogen aufgenommen wurde, zeigt unter diesem Aspekt, dass das Beispielwerk *Das Geschlecht der Wissenschaften: zur Geschichte von Akademikerinnen im 19. und 20. Jahrhundert* (2010 herausgegeben von U. Auga u.a.) im Onlinekatalog der Genderbibliothek mit der Liste aller Einzeltitel erscheint. Der Beispielklick auf den Einzeltitel *Disziplinierung und Geschlecht in den Geisteswissenschaften in den USA und Deutschland* (von L. Harders) zeigt ausführliche Schlagworte und dazu Personennamen und Geografika.

Im Gegensatz dazu stellt der Onlinekatalog der Deutschen Nationalbibliothek (DNB) zwar den Sammelband vor, aber mit sehr groben Schlagworten

[5] Heenen, Susann (Hrsg.): Frauenstrategien. Frankfurt/M. : Neue Kritik, 1984. S. 8

[6] Aleksander, Karin: 20 Jahre Genderbibliothek. In: Bulletin-Info. Berlin 20(2010)41, S. 6-9 Online: http://www.gender.hu-berlin.de/forschung/publikationen/gender-bulletins/info-41/bulletin-info-41 (12.01.2012)

und eingeordnet in die Sachgruppe Erziehung, Schul- und Bildungswesen. Das entspricht dem Auftrag der DNB: *Jede Veröffentlichung wird mindestens einer Sachgruppe der Deutschen Nationalbibliografie zugeordnet.*[7] Eine Sachgruppe Geschlechterforschung oder Gender Studies existiert nicht. Außerdem bietet die DNB in ihrer Erfassung ein extra Inhaltsverzeichnis des Sammelbandes an, das aber auf der Suche nach dem Einzeltitel der Veröffentlichung nicht durchsucht wird.

Die Ariadne-Datenbank in der Österreichischen Nationalbibliothek (ÖNB) bietet dagegen wie die Genderbibliothek auch die zum Sammelband gehörenden Einzeltitel an, aber mit normierten und damit weniger Schlagworten.

Die Genderbibliothek als wissenschaftliche Spezialbibliothek stellt mit ihrem Service, die Artikel aus Sammelbänden und Zeitschriften zu erfassen, ca. viermal mehr bibliographische Informationen als bibliothekarischen Mehrwert zur Verfügung. Sie unterstützt mit den differenzierten Schlagworten, die sich auch aus dem konkreten Zusammenwirken mit Lehrenden und Studierenden ergeben, deren Studien- und Forschungsbedürfnisse.

Eine andere Herausforderung offenbart sich für die Genderbibliothek, wenn sie die Kritik der Frauen- und Lesbenbibliotheken an den traditionellen Klassifikationen und Normdateien in Bezug auf die Kategorien *Mann* und *Frau* auf ihre Arbeit selbst bezieht. In den im Dachverband der deutschsprachigen Frauen-, Lesbenarchive, -bibliotheken und Dokumentationseinrichtungen (i.d.a.) seit 1994 zusammengeschlossenen Einrichtungen existiert eine völlig andere Folie, auf der die einzelnen Systematiken und Schlagworte (z.T. auch Thesauri) beruhen. So wie in den traditionellen Systematiken die (unbewusste?) Grundlage aller Arbeit der Mann ist, so ist die (bewusste?) Grundlage in den i.d.a-Einrichtungen die Frau. So sehr wir Spezialistinnen uns daran stören, dass Frauen in den traditionellen Systematiken und Normdateien immer noch nicht hinreichend vorkommen, so wenig stört es die meisten, dass in unseren Systemen die Kategorie *Mann* fehlt.

Eine Recherche, wie häufig die Schlagworte *Frau/Mann* bzw. *Frauen/Männer*, auch in Zusammensetzungen, in i.d.a.-Bibliothekskatalogen verwendet werden, ergab Folgendes:

	Genderbibliothek Berlin	**Stichwort Wien**	**belladonna Bremen**	**FrauenMediaturm Köln**
Frau	2.377	3.393	1.064	8.338
Frauen.	13.678	16.853	4.521	24.125
Mann	501	740	180	945
Männer.	1.760	1.617	369	1.679
Männ.	3.282	1.992	474	2.720

Stand: Okt. 2011 / Trunkierungszeichen ist der Punkt

7 Vgl.: http://www.d-nb.de/wir/ueber_dnb/inhaltserschl.htm

Die Genderbibliothek, Stichwort und der FrauenMediaTurm arbeiten mit der gleichen Software und bieten vergleichbar viele Datensätze in ihren Onlinekatalogen an (zwischen 44.000 und 50.000). Das Archiv- und Dokumentationszentrum belladonna in Bremen zählt als Vergleichsgruppe mit einem geringeren Bestand und bewusst öffentlichem und Weiterbildungsfokus. Zusammen mit Stichwort sammelt belladonna schwerpunktmäßig Literatur unter lesbischen Aspekten.

Es zeigt sich, dass die Genderbibliothek die Kategorien *Frau/Mann* weniger verwendet, aber am häufigsten die Komposita von Männ* und Männer*, wie Männerforschung, Männlichkeit etc. Stichwort und FrauenMediaTurm verfügen über einen spezifischen Thesaurus, der in vielen Fällen automatisch Zuordnungen vergibt, die im Schlagwortfeld erscheinen.

Die geringe Anzahl des Schlagwortes *Frau* in der Genderbibliothek ist zudem ein Relikt aus der Vergangenheit und wird bei Neuvorlage des Datensatzes meist spezifiziert in z.B. Frauenleben, Frauenberuf oder Frauengeschichte. Die häufigen Zusammensetzungen der Kategorie *Mann/Männer* sind dagegen bewusst eingeführte Schlagworte seit dem Erstarken der Männerforschung und Männerbewegung.

Seitdem stellt sich für die Genderbibliothek dieselbe Frage für die Verschlagwortung und Systematisierung wie in den traditionellen Bibliotheken: Wie sind sie gendersensibel zu gestalten? Ist es ausreichend, die Literatur der Männerforschung in eine extra so bezeichnete Systematikgruppe einzuordnen? Oder sollte ein Buch über die veränderten Bedingungen männlicher Erwerbsarbeit nicht besser in einer Gruppe *Erwerbstätigkeit* stehen, die dann nicht mehr *Frauenarbeit* oder *Weibliche Erwerbstätigkeit* heißt und beide als Untergruppen enthält? Ich bevorzuge diesen Weg, der auch für die Genderbibliothek eine Menge Arbeit bereithält, sowohl praktisch, aber vorher theoretisch und bewusstseinsmäßig.

Wie werden die Kategorien Mann/Frau in traditionellen Bibliotheken verwandt?

In der Schlagwortnormdatei (SWD) werden beide Kategorien in ähnlicher Weise beschrieben und sie werden hier zum Vergleich gegenübergestellt:

Kursiv gedruckt sind all die Begriffe, die sich bei *Mann* bzw. *Frau* allein finden. Dabei fällt auf, dass außer *Lebemann* und *Macho* keine weiteren Begriffe mit negativer oder besonderer Konnotation beim Schlagwort *Mann* angeboten werden. Bei *Frau* gibt es hingegen zahlreiche besondere Unterbegriffe mit Bezug auf Behinderung, Opfer u.a., die auf dieser Ebene beim Mann fehlen. In der SWD gibt es aber durchaus die Begriffe *Hausmann, Sünder, Radikaler, Toter* (jedoch nicht *Nebenmann, misshandelter Mann* oder *First Gentleman/First Spouse).* Hier zeigt sich ein Durcheinander, was m.E. durch den vorherrschenden androzentrischen Blick bedingt ist.

Im Vergleich dieser Gegenüberstellung mit den Thesaurusgruppen *Frauen/Männer* im FrauenMediaTurm zeigt sich dort, dass die Kategorie *Männer* inhaltlich weniger aufgefächert ist und ebenfalls keine zu *Frauen* identischen Begriffe enthält (z.B. *Täter*, aber keine Täterin).

<table>
<tr><th colspan="2">|s|**Mann** IDN 040373630</th><th colspan="2">|s|**Frau** IDN 040182029</th></tr>
<tr><td>BF</td><td>|s|Erwachsener Mann</td><td>BF</td><td>|s|Erwachsene Frau</td></tr>
<tr><td></td><td></td><td>BF</td><td>|s|*Weib*</td></tr>
<tr><td>BF</td><td>|s|Männlicher Erwachsener</td><td>BF</td><td>|s|Weibliche Erwachsene</td></tr>
<tr><td>BF</td><td>|s|Männer</td><td>BF</td><td>|s|Frauen</td></tr>
<tr><td>OB</td><td>|s|Erwachsener</td><td>OB</td><td>|s|Erwachsener</td></tr>
<tr><td>UB</td><td>|s|Alleinstehender Mann</td><td>UB</td><td>|s|Alleinstehende Frau</td></tr>
<tr><td>UB</td><td>|s|Älterer Mann</td><td>UB</td><td>|s|Ältere Frau</td></tr>
<tr><td>UB</td><td>|s|Ehemann</td><td>UB</td><td>|s|Ehefrau</td></tr>
<tr><td>*UB*</td><td>*|s|Gentleman*</td><td></td><td></td></tr>
<tr><td>UB</td><td>|s|Geschiedener Mann</td><td>UB</td><td>|s|Geschiedene Frau</td></tr>
<tr><td>UB</td><td>|s|Junger Mann</td><td>UB</td><td>|s|Junge Frau</td></tr>
<tr><td></td><td></td><td>*UB*</td><td>*|s|Ausländerin*</td></tr>
<tr><td>*UB*</td><td>*|s|Lebemann*</td><td>*UB*</td><td>*|s|First Lady*</td></tr>
<tr><td>*UB*</td><td>*|s|Macho*</td><td>*UB*</td><td>*|s|Frau <20-40 Jahre>*</td></tr>
<tr><td></td><td></td><td>*UB*</td><td>*|s|Frau <30-40 Jahre>*</td></tr>
<tr><td></td><td></td><td>*UB*</td><td>*|s|Frau <40 Jahre>*</td></tr>
<tr><td></td><td></td><td>*UB*</td><td>*|s|Frau <50-60 Jahre>*</td></tr>
<tr><td></td><td></td><td>*UB*</td><td>*|s|Frau <50 Jahre>*</td></tr>
<tr><td></td><td></td><td>*UB*</td><td>*|s|Blinde Frau UB*</td></tr>
<tr><td></td><td></td><td>*UB*</td><td>*|s|Getrenntlebende Frau*</td></tr>
<tr><td></td><td></td><td>*UB*</td><td>*|s|Hausfrau*</td></tr>
<tr><td></td><td></td><td>*UB*</td><td>*|s|Landfrau*</td></tr>
<tr><td></td><td></td><td>*UB*</td><td>*|s|Misshandelte Frau*</td></tr>
<tr><td></td><td></td><td>*UB*</td><td>*|s|Nebenfrau*</td></tr>
<tr><td></td><td></td><td>*UB*</td><td>*|s|Sünderin*</td></tr>
<tr><td></td><td></td><td>*UB*</td><td>*|s|Taubstumme Frau*</td></tr>
<tr><td></td><td></td><td>*UB*</td><td>*|s|Weibliche Radikale*</td></tr>
<tr><td></td><td></td><td>*UB*</td><td>*|s|Weibliche Selbständige*</td></tr>
<tr><td></td><td></td><td>*UB*</td><td>*|s|Weibliche Tote*</td></tr>
<tr><td></td><td></td><td>*VB*</td><td>*|s|Weiblichkeit*</td></tr>
</table>

Fazit:

Indem die Frauen- und Genderbibliotheken in ihren Systematiken und Normdateien auf der Grundfolie *Frau* bestehen, handeln sie ebenso einseitig, wie sie es den traditionellen Bibliotheken mit deren androzentrischem Blick berechtigt zuschreiben. Die Lösung aus dem Dilemma kann keine *bloße Addition der weiblichen Hälfte des fehlenden Wissens* (sein*), sondern das gesamte Gefüge der Wissenschaften muss aus feministischer Perspektive gänzlich de- und rekonstruiert werden.*[8] So ein neues methodisches Vorgehen für die SWD und Systematiken ist dringend geboten.

Beispiel gender in der SWD und Regensburger Verbundklassifikation (RVK)

In der SWD-Online kommt der Begriff *gender* nicht vor! *Geschlechterforschung* ist unter *Forschung* eingeordnet und in *Frauenforschung* und *Männerforschung* unterteilt, was diskussionswürdig ist.

In der RVK zeigen sich in den letzten Jahren Veränderungen. Wurde noch 2000 ein von unserem Zentrum betreutes Projekt zur gendersensiblen Umarbeitung der RVK, das in Gänze vorliegt (!), abgelehnt, so sind inzwischen durch den Druck von Publikationen und Forschungsergebnissen der Frauen-, Männer- und Geschlechterforschung in verschiedenen Disziplinen Gender-Systemstellen eingerichtet worden. Solche gibt es laut Register in der Geschichte/Antike, Ethik, Philosophie, Religion, Kunst, Mythologie, Theologie, Psychotherapie, Psychologie, in einzelnen Philologien und nicht mehr nur in der Soziologie!

Geschlechtersensibler Sprachgebrauch

Abschließend noch einige Sätze zum gendersensiblen Sprachgebrauch, der mir besonders am Herzen liegt. An der Sprache sind wir zu erkennen, heißt es. Die Wörter *Benutzerausweis* (anstatt Bibliotheksausweis) oder *Autor* (anstatt Autor/Autorin) auf den Internetseiten der Bibliotheken, in Online-Katalogen oder Verlagspublikationen zeigen deutlich, welch androzentrischer Blick hier (noch) waltet. Viel diffiziler sind patriarchalisch geprägte Begriffsbildungen aufzudecken, die auch noch in der SWD auftauchen, wie z.B. sexueller Missbrauch oder Frauenhandel.

Hier widerspiegelt die verwendete Sprache den Standpunkt der sprechenden Personen – patriarchalisch, androzentrisch oder humanistisch, demokratisch. Hier wird deutlich, dass es nicht allein darum geht, nur das Geschlecht einer Person sprachlich angemessen zu berücksichtigen, sondern auch weitere kategoriale Aspekte wie ethnische, religiöse sowie das Alter und sexuelles Begehren.

8 Kahlert, Heike: Androzentrismus. In: Kroll, Renate (Hrsg.): Metzler Lexikon Gender Studies, Geschlechterforschung. Stuttgart : Metzler, 2002. – S. 11

Welches Weltbild habe ich mir angeeignet und gebe ich mittels meiner Sprache weiter? Die Welt ändert sich ständig, also kann ich auch ein einmal angeeignetes Weltbild ändern und das sprachlich viel schneller als real. Einzige Voraussetzung ist, es muss durch meinen Kopf, es muss mir bewusst werden, dass z.B. Frauen, wenn sie sprachlich nicht direkt angesprochen, sondern mitgemeint sind, sprachlich auch nicht sichtbar sind.

Auch das ist ein Grund, weshalb ich mit einer Kollegin und vielen anderen, die uns heute schon unterstützen, zum 100. Bibliothekartag, wie es in Österreich und auch in Deutschland immer noch heißt, einen Antrag gestellt habe, diese Zusammenkunft zukünftig BIBLIOTHEKSTAG zu nennen. Im Kern des Antrages geht es darum, die Bezeichnung für das jährlich stattfindende fachliche Qualifizierungstreffen nicht nach dem Geschlecht der arbeitenden Personen zu bezeichnen – also nicht mit dem generischen Maskulinum –, sondern nach dem Berufsfeld selbst. So werden auch die ca. 80% Frauen in Bibliotheken in die Bezeichnung Bibliothekstag eingeschlossen. Außerdem arbeiten längst nicht mehr nur Bibliothekare und Bibliothekarinnen in einer Bibliothek, sondern auch Auszubildende, Fachangestellte für Medien und Informationsdienste und Fachkräfte mit vielen anderen Berufsbezeichnungen.[9]

Bisher gibt es immer noch Hürden für die Diskussion. Wir brauchen weitere Verbündete, die dieses Anliegen in ihre Bibliotheksverbände und Gruppen transportieren und sich und anderen damit bewusst machen, dass es lohnt, den eigenen blinden Fleck in Bezug auf *gender* zu beseitigen. Frauen betrifft das ebenso wie Männer. Mir ist klar, dass das noch ein weiter Weg ist, weil er, wie die US-Wissenschaftlerin Elizabeth Minnich schon 1982 prophezeite, fundamental ist:

> What we [feminists] are doing, is comparable to Copernicus shattering our geocentricity, Darwin shattering our species-centricity. We are shattering andro-centricity and the change is fundamental. [10]

Gendern heißt also ändern, und für die Zukunft gilt: Nur von Verwandelten können Wandlungen ausgehen. (Sören Kierkegaard)

Weiterführende Literatur:

Aleksander, Karin: Gender in Bibliotheken. In: Genderfaktor : Macht oder neuer Dialog ; mit Genderblick auf Bibliotheken oder Bibliotheken im Genderblick . Berlin : Simon Verlag für Bibliothekswissen, 2010. S. 9-36.

Aleksander, Karin: Frauenbibliotheken, Lesbenbibliotheken, Genderbibliotheken. In der Rubrik: Bibliotheken in Deutschland / Bibliothekslandschaft / Frauenbibliotheken (seit Jan. 2011) http://www.bibliotheksportal.de/bibliotheken/bibliotheken-in-deutschland/bibliothekslandschaft/frauenbibliotheken.html.

9 Der Antrag soll im Weblog des VDB zur Diskussion gestellt: http://www.vdb-online.org/ Kontakt für ein Exemplar: karin.aleksander@gender.hu-berlin.de

Margit Hauser

Die Wiener feministische Bibliothek STICHWORT

Eine Selbstdarstellung

Der Artikel stellt die feministische Bibliothek STICHWORT im Kontext deutschsprachiger Frauenarchive und -bibliotheken vor.

STICHWORT ist eine feministische Bibliothek und ein Archiv zur Neuen Frauenbewegung mit Schwerpunkt Österreich. Es ist aus der Frauenbewegung entstanden und wird vom Verein Frauenforschung und weiblicher Lebenszusammenhang getragen, der 1982 als einer der ersten Vernetzungszusammenhänge feministischer Wissenschaftlerinnen in Österreich entstanden war. STICHWORT kann in vieler Hinsicht als typisches Beispiel einer feministischen Bibliothek gesehen werden.

Frauenbibliotheken und -archive im Kontext der Bewegung

Frauenbibliotheken und -archive sind im deutschsprachigen Raum ab Anfang der 1970er Jahre, somit wenige Jahre nach Beginn der Neuen Frauenbewegung, als Infrastruktur und Gedächtnis der Bewegung entstanden. Aus der Erkenntnis, dass Frauen ihre eigene Geschichte erst mühsam suchen müssen, folgte nicht zuletzt, dass Frauen ihre Geschichte selbst dokumentieren müssen, um dem Verschweigen und Verzerren von Frauengeschichte entgegenzuwirken. Mit Beginn der Frauenforschung, zuerst in selbstorganisierten Arbeitskreisen, danach an den Universitäten, begann zugleich die Dokumentation der Forschungsergebnisse. Die große Welle feministischer Publikationen setzte Mitte bis Ende der 1980er Jahre ein.

Im Kontext der Kritik der Neuen Frauenbewegung am herrschenden Bildungswesen wurde auch Kritik an den existierenden Archiven und Bibliotheken formuliert: einerseits betreffend des Fehlens von Büchern und Quellen von und über Frauen; andererseits wurden Thesauri und Schlagwortkataloge als unvollkommen und sexistisch kritisiert; eine Kritik, der gegenüber sich das Bibliothekswesen im Übrigen bis heute eher verschlossen zeigt.[1] Der Aufbau von eigenen Archiven und Bibliotheken gehörte daher zum ganzheitlichen Konzept feministischer Bildungsarbeit mit ihren Abendschulen, Frauensommerunis, Frauencamps, später auch feministischen Mädchenschulen, Lehrgängen wie dem Feministische Grundstudium und der europäischen Frauenuniversität. Die Elemente der feministischen Bildungsarbeit sind prägend für die in der Neuen Frauenbewegung entstandenen Archive und Bibliotheken:

1 Illustriert sei die Hartnäckigkeit des Systems in Österreich wie in Deutschland am Beispiel des Kongresstitels „Bibliothekartag“, mit dem der hohe Anteil von Frauen im Berufsfeld unsichtbar gemacht wird.

Dazu gehört der von Frauen verwaltete Raum und die selbstbestimmte Tradierung von weiblichem Wissen und neu und positiv bewerteter weiblicher Erfahrung.

Die meisten Einrichtungen beinhalten – in jeweils unterschiedlicher Gewichtung – sowohl ein Archiv als auch eine Bibliothek, wobei die Bestände in Formalerfassung, Aufstellung und Zugänglichkeit oft stark miteinander verquickt sind. Im deutschsprachigen Raum gibt es derzeit rund 40 Einrichtungen, von denen die meisten im Dachverband i.d.a. vernetzt sind. Vor allem Deutschland verfügt durch seine dezentrale Frauenbewegungsgeschichte, aber auch durch die Vielzahl von Universitätsstädten mit ihren Frauen- und Genderforschungsangeboten über ein dichtes Netz von Frauenarchiven und -bibliotheken, die einander durch thematische und regionale Schwerpunkte ergänzen und manchmal auch mit Frauenbildungszentren verknüpft sind. In Österreich, wo sich die Neue Frauenbewegung im Wesentlichen auf wenige Brennpunkte konzentriert hat, sind vor allem STICHWORT, ArchFem und AEP-Bibliothek in Innsbruck und DOKU Graz anzuführen. Auf die derzeitige Situation dieser Einrichtungen wird am Ende des Beitrags noch einmal eingegangen werden.

STICHWORT Bibliothek

Die seit Anfang der 1980er Jahre aufgebaute Bibliothek von STICHWORT umfasst zurzeit 14.000 Titel zu feministischer Theorie und Politik sowie Belletristik. STICHWORT bietet eine niederschwellige Bibliothek für alle an Frauen- und Geschlechterfragen interessierten Frauen und ist gleichzeitig Infrastruktur für Gender Studies mit einem breiten Spektrum an Büchern und Fachzeitschriften zu allen Gebieten der Frauen- und Geschlechterforschung. Nutzerinnen kommen aus ganz Österreich, darüber hinaus erreichen uns Anfragen aus Deutschland und den anderen angrenzenden Ländern, vereinzelt auch aus den USA und Asien. Für Wiener Studentinnen und Wissenschaftlerinnen ist die Bibliothek von STICHWORT oftmals die erste Anlaufstelle bei ihrer Literatursuche. Weitere Nutzerinnengruppen sind zum Beispiel Künstlerinnen, die sich den theoretischen Hintergrund für ihre Projekte erarbeiten, Mitarbeiterinnen von frauenpolitischen und feministischen Organisationen, Journalistinnen sowie privat an Literatur oder Sachbüchern interessierte Frauen.

Besonderheiten des Bibliotheksbestandes sind zum einen frühe europäische und US-amerikanische Werke der feministischen Theorie aus den 1960er und 1970er Jahren. In vielen herkömmlichen Bibliotheken wurden sie damals als nicht von allgemeinem Interesse eingestuft und fehlen dort bis heute. Im STICHWORT hält das Nutzerinneninteresse an den frühen Klassikerinnen in immer wiederkehrenden Wellen bis heute an, der Bestand wird auch hier laufend ergänzt. Zum anderen verfügt STICHWORT über einen großen Bestand an „grauer Literatur“ – Forschungsberichte, Hochschulschriften,

Broschüren u.a. Schriften. Sie stellen wichtige Dokumente aus Forschung und Bewegung dar, die teilweise sonst nicht erhalten und erschlossen sind.

Eine weitere Besonderheit, die ebenso wie die genannten typisch für Frauenbibliotheken ist, ist die detaillierte Inhaltserschließung. Alle Titel – Bücher, Zeitschriften, graue Literatur – sind in der STICHWORT-Datenbank erfasst und nach eigener, feministisch reflektierter Systematik inhaltlich erschlossen. Die Systematik war Anfang der 1980er Jahre, vor Erscheinen der ersten deutschsprachigen feministischen Thesauri erarbeitet worden und wird seitdem laufend erweitert. STICHWORT erfasst und erschließt dabei nicht nur Gesamttitel, sondern auch alle Artikel in den vorhandenen feministischen wissenschaftlichen Zeitschriften und in großem Ausmaß auch Beiträge in Sammelwerken. Trotz des heutigen Angebots an kommerziellen bibliografischen Datenbanken ist die STICHWORT-Datenbank für einzelne feministische Theoriezeitschriften die einzige Quelle zur den Artikeldaten und bietet somit eine zusätzliche Informationsqualität. Die lokale STICHWORT-Datenbank erlaubt zudem die übergreifende Recherche in Bibliotheks- und Archivbeständen.

STICHWORT Archiv

Typisch für Archive neuer sozialer Bewegungen werden in Frauenarchiven in der Regel sämtliche Materialien, die die Frauen- und Lesbenbewegung dokumentieren, dem Archiv zugerechnet, wie das Beispiel von STICHWORT zeigt.

STICHWORT dokumentiert die Neue Frauenbewegung und Lesbenbewegung ab den 1970er Jahren in Österreich. Wir verfügen über Quellenmaterial zu derzeit 750 Frauengruppen (von kurzfristigen Aktionsgruppen bis zu langjährigen Verbänden) aus ganz Österreich. Wir sammeln v.a. Flugschriften, Plakate, Bild-Ton-Dokumente, Interna, Broschüren und Berichte der Gruppen. Weiters verfügt STICHWORT über eine Zeitschriftensammlung mit ca. 730 internationalen feministischen und Lesbenzeitschriften, davon ca. 50 aktuelle; ein Zeitungsausschnittarchiv, das Einblick in die Berichterstattung zu frauenrelevanten Themen in den Mainstreammedien vor allem der achtziger und neunziger Jahre gibt, eine Videosammlung mit Spiel- und Dokumentarfilmen, Fotos, Audiodokumente und eine Objekte- und Transparentesammlung.

Das Archiv, das für das kurzfristige Informationsbedürfnis innerhalb der Frauenbewegung, als Grundlage neuer frauenbewegter Aktivitäten, gegründet wurde, wird in den letzten Jahren verstärkt unter historischen Aspekten und für Ausstellungen genutzt.

Rechercheservice Feministischer Informationsdienst

1999 wurde mit dem Rechercheservice *Feministischer Informationsdienst* ein zusätzliches und in Österreich neues Angebot für all jene ins Leben gerufen, die an Information zur Lebenssituation von Frauen und zu geschlechtsspezifischen Fragen und Forschungsinhalten interessiert sind. Ausgangspunkt war das wachsende gesellschaftliche Bedürfnis nach rascher, vorstrukturierter, kompetent aufbereiteter Information auch im Bereich geschlechtsspezifischer Fragen. STICHWORT verfügt über die nötigen Kenntnisse und Kompetenzen zur gezielten Informationssuche in diesem Bereich und nutzt dafür seine enge Vernetzung mit anderen Frauenarchiven und -bibliotheken. STICHWORT bietet die Zusammenstellung von Fakten und Dossiers, Erstellung von Literaturlisten aus internationalen Datenbanken, Hilfestellung bei der Beschaffung von Texten und Dokumenten sowie Vermittlung von Informationsstellen zu speziellen Fragestellungen. Das Angebot wird unter anderem von Fraueneinrichtungen, Forschungsinstituten, DissertantInnen sowie freien und universitären WissenschaftlerInnen aus ganz Österreich und dem Ausland genutzt.

Veranstaltungsprogramm

Im Sinne der Verknüpfung von feministischer Theorie und Praxis bietet STICHWORT seit 1996 ein Veranstaltungsprogramm mit wissenschaftlichen Vorträgen und Buchpräsentationen, literarischen Lesungen, Diskussionen und spezialisierten Internet-Workshops. Bisher fanden 140 Veranstaltungen statt.

STICHWORT hat einen wichtigen Stellenwert als Ort deutschsprachiger feministischer Theoriediskussion außerhalb der Universitäten. Im Rahmen von Buchpräsentationen und Vorträgen sprachen in den letzten Jahren bekannte österreichische, deutsche und Schweizer Wissenschaftlerinnen auf dem Gebiet der Frauen-, Gender- und Lesbenforschung. In den literarischen Themenreihen – Österreichische Literatur, Literatur junger Autorinnen, Lesbenliteratur, Grenzüberschreitungen – lasen bisher rund vierzig bekannte und weniger bekannte Autorinnen aus Österreich, der Schweiz, Deutschland und Slowenien. Ein besonderes Angebot von STICHWORT sind die Internet-Workshops zur Einführung in die Online-Literaturrecherche für Frauen- und Genderforschung, die bereits vierzig Mal stattfanden, in den letzten Jahren in Kooperation mit den Universitäten Wien und Graz.

Vernetzungen

STICHWORT war bei seiner Gründung 1983 eine Vorreiterin für frauenorientierte Informationsangebote in Österreich und ist heute Teil einer einschlägigen Infrastruktur in allgemeinen Bibliotheken und spezialisierten Einrichtungen. Diese Einrichtungen organisieren sich und kooperieren im Rahmen von *frida* (<www.frida.at>). STICHWORT war einige Jahre lang an den Ausbildungsangeboten von *frida* im Rahmen der ÖGDI und der FH Eisenstadt beteiligt und hat an den bisher durchgeführten wissenschaftlichen Projekten von FRIDA mitgewirkt, unter anderem bei der Erstellung des frauenspezifischen Thesaurus, *thesaurA,* sowie bei *kolloquia*, einem Sammelband von Lehrgrundlagen zum feministischen Dokumentations- und Bibliothekswesen, und wirkt derzeit an einer Forschungsarbeit zur Bibliothekarinnengeschichte in Österreich mit.

Darüber hinaus ist STICHWORT in den internationalen Strukturen von Fraueninformationseinrichtungen aktiv. STICHWORT arbeitet im Dachverband der deutschsprachigen Frauenarchive und -bibliotheken, i.d.a., mit über 30 weiteren feministischen Einrichtungen in Deutschland, der Schweiz, Luxemburg und Italien zusammen (<www.ida-dachverband.de>). STICHWORT ist in laufende Arbeitsprojekte des Dachverbandes wie der Einspielung sämtlicher Zeitschriftenbestände in die ZDB als eigener Verbund i.d.a. involviert und zudem seit mehreren Jahren im Vorstand tätig.

Darüber hinaus ist STICHWORT durch das sogenannte Know-how-Netzwerk („The World of Women's Information") mit Fraueninformationseinrichtungen in aller Welt vernetzt und nimmt nach Möglichkeit an den internationalen Tagungen teil. Ein Beispiel für die Arbeit in der internationalen Vernetzung ist das 2009-2011 durchgeführte EU-Projekt FRAGEN (FRAmes on GENder), ein Unterprojekt von QUING im 6. EU-Rahmenprogramm, das eine Online-Volltextdatenbank der einflussreichsten frauenpolitischen Texte in den EU-Ländern erstellt hat (<www.fragen.nu>).

Aktuelle Situation und Stellenwert von STICHWORT

Frauen- und geschlechtsspezifische Themen sind heute selbstverständlicher und populärer Gegenstand der Auseinandersetzung in den Medien geworden. An den Universitäten haben sich eigene Studien und Lehrgänge zur Frauen- und Geschlechterforschung etabliert. Gleichzeitig gibt es jährlich eine Fülle an neu erscheinender Literatur. Mit gezielter Auswahl ist STICHWORT bemüht, dem Bedarf zu entsprechen und ein repräsentatives Bibliotheksangebot sicherzustellen.

Auch das Interesse an den gesammelten Dokumenten zur Neuen Frauenbewegung steigt: Die Neue Frauenbewegung wird heute als relevante neue soziale Bewegung wahrgenommen, historisch beforscht und in Ausstellungen vermittelt. Das Archiv von STICHWORT wird in steigendem Ausmaß als Leihgeberin für Ausstellungen sowie für Publikationen, Filme, Fernseh- und Radiobeiträge angefragt. Nicht nur die Fülle des Materials, sondern auch die detaillierte Erfassung und Erschließung machen die Sammlungen von STICHWORT für Kuratorinnen, Herausgeberinnen und Redakteurinnen attraktiv.

Parallel dazu wächst seit Jahren die Notwendigkeit, einen Ort für die Bewahrung der Dokumente von mittlerweile 4 Jahrzehnten Frauenbewegung zu bieten. Vor allem seit der Übersiedlung in neue größere Räume Ende 2010 hat STICHWORT zahlreiche größere Bibliotheks- und Archivbestände von privaten Überlasserinnen und Vereinen übernommen. Dies ist das Ergebnis jahrzehntelanger Bemühungen, durch die sich STICHWORT als Sammlungsort frauenbewegter Dokumente positioniert hat, aber auch Folge akuter Schließungen anderer Frauenarchive. Hier sind die 2011 erfolgten Übernahmen des Archivs der *AUF. Eine Frauenzeitschrift* mit wertvollen Dokumenten zur Neuen Frauenbewegung in Wien, weiters des Innsbrucker feministischen Archivs *ArchFem* sowie der Archivbestände des *DOKU Graz* hervorzuheben, die beide aufgrund der aktuellen Sparmaßnahmen in Bund und Ländern ihre Archive nicht mehr fortführen können. Es kommt somit zu einer Konzentration der Archivmaterialien zur Neuen Frauenbewegung im STICHWORT.

Auch STICHWORT ist von den nunmehrigen budgetären Einschnitten im Bereich des wissenschaftlichen Bibliothekswesens betroffen: Aufgrund der Sparmaßnahmen der Bundesregierung wird die Förderung des Bundesministeriums für Wissenschaft und Forschung für private wissenschaftliche Bibliotheken und Archive in Österreich mit 2012 eingestellt und die dafür zuständige Abteilung dem Vernehmen nach aufgelöst. Für die betroffenen rund vierzig Einrichtungen, darunter alle sieben frauenspezifischen Bibliotheken und Archive in Österreich, entsteht dadurch eine ausgesprochen prekäre Situation, und für einige von ihnen ist, wie erwähnt, der Weiterbetrieb nicht mehr möglich. Von umso größerer Wichtigkeit wird daher die Absicherung der einzigen verbleibenden Einrichtung zur Archivierung der Neuen Frauenbewegung in Österreich werden. Dies und die Aufarbeitung der umfangreichen Übernahmen werden daher den Arbeitsschwerpunkt von STICHWORT in den nächsten Jahren bilden.

STICHWORT. Archiv der Frauen- und Lesbenbewegung
Bibliothek Dokumentation Multimedia
1040 Wien, Gusshausstraße 20/1A+B
Kontakt: Mag.ª Margit Hauser
e-mail: office@stichwort.or.at, Tel.: 01 812 98 86
<www.stichwort.or.at>

Thomas Csanády, Michaela Scheibl

Zur Bibliothek der Dominikaner von Leoben

Eine Spurensicherung anhand historischer Quellen

Die Bibliothek des Dominikanerklosters von Leoben gelangte im Zuge der Aufhebung des Klosters im Jahr 1811 nach Graz. Dabei legte man ein Verzeichnis der Bestände an, das sich heute im Steiermärkischen Landesarchiv befindet. Das Bücherkonvolut wurde, soweit sich aus noch vorhandenen Akten rekonstruieren ließ, zum Teil in den Bestand der damaligen K. K. Lyzealbibliothek aufgenommen, zum größeren Teil aber als Massenware versteigert. Es ist anzunehmen, dass dieser Teil der Sammlung letztendlich „in die Stampfe" gelangte; das übliche Ende von – aus der Sicht aufgeklärter Josephinisten – unbedeutenden Bibliotheken. Übrig blieben diverse Archivalien, vier zeitgenössische Buchverzeichnisse und eine Handvoll Werke, die anhand von Besitzeinträgen eindeutig dem Leobener Dominikanerorden zuzuordnen sind. Mit Hilfe dieser Quellen, die im Steiermärkischen Landesarchiv, im Stadtarchiv Leoben und in der Universitätsbibliothek Graz aufbewahrt werden, wird ein Porträt der verlorenen Bibliothek entworfen. Ein jüngst aufgefundenes Übernahme- und Versteigerungsverzeichnis erlaubt eine relativ genaue Bestimmung der in den Bestand der UB Graz übernommenen Bücher.

Im Zuge der Aufhebung des Dominikanerklosters in Leoben (1811)[1] wurde die dort vorhandene Klosterbibliothek beschlagnahmt und nach Graz verbracht. Dort angekommen, gelangten einige wenige Bücher in den Bestand der K. K. Lyzealbibliothek[2]. Dieses Schicksal teilten sie mit der bereits 1786 aufgehobenen Dominikanerbibliothek von Pettau (vgl. Kern & Mairold 1967, Bd. 3, S. XVIIIf.). Die Masse der Leobener Bücher wurde aber im Rahmen von zwei Auktionen versteigert. Von diesem Buchbestand fehlt jede Spur und es ist anzunehmen, dass der Großteil davon früher oder später „in die Stampfe" gelangte; das übliche Ende von Büchern, deren Inhalt den Vorstellungen aufgeklärter Josephinisten widersprach.[3]

Übrig geblieben sind diverse Archivalien, vier zeitgenössische Bücherverzeichnisse und eine Handvoll Werke, die anhand von Besitzeinträgen eindeutig der Bibliothek der Dominikaner von Leoben[4] zuzuordnen sind. Mit

[1] Zum Dominikanerkloster Leoben vgl. die jüngst erschienene Publikation Joham & Hoyer 2011.

[2] Ehemalige Bibliothek der Jesuitenuniversität (gegründet 1585/86) bis zur Aufhebung des Jesuitenordens 1773; ab 1827 Bibliothek der Karl-Franzens-Universität; vgl. Krones 1886, S. 7, 512.

[3] „Jedes Buch daher, für welches kein vernünftiger Grund der Brauchbarkeit spricht, Wercke, die … nie über die Mittelmäßigkeit gereicht haben, sind durchaus nicht aufzunehmen. Der ganze Wust unbrauchbarer Gebet- und Andachts Bücher, Legenden und übrigen theologischen Ungereimtheiten ist ohne Weiters in die Stampfe zu geben"; Archiv der UB Graz, UB 1786-95. 1. 10485.

[4] Der vorliegende Beitrag entspricht einer gekürzten Fassung des von uns im eingangs erwähnten Sammelband veröffentlichten Berichts: Csanády & Scheibl 2011. Zusätz-

Hilfe dieser Quellen, die im Steiermärkischen Landesarchiv, im Stadtarchiv Leoben und in der Universitätsbibliothek (UB) Graz aufbewahrt sind, soll ein Porträt der verlorenen Bibliothek entworfen werden.

Frühe Quellen zur Bibliothek der Leobener Dominikaner

Das Dominikanerkloster Leoben wurde nach Angabe einer von den Stadtvätern von Leoben ausgestellten Schenkungsgarantie für ein Grundstück, geeignet zum Kirchen- und Klosterbau, im Jahr 1280 gegründet (vgl. Hoyer 2011a, S. 10-21). Über eine Bibliothek ist aus dieser und der folgenden Zeit nichts bekannt, doch war das Kloster sicher mit Büchern ausgestattet, da diese unerlässlich waren für Gottesdienst und Studium. Letzteres spielte im „Ordo fratrum Praedicatorum" (OP), dem Dominikanerorden, der viele angesehene Gelehrte und Wissenschaftler hervorbrachte, eine bedeutende Rolle (vgl. Walz 1935, S. 111; Finger 1989, S. 338). Büchersammlungen waren bei den Dominikanern nicht dem Zufall überlassen, sondern „Ergebnis klarer Vorstellungen und Zielsetzungen". Sie dienten dem Studium als Mittel zum Zweck der Predigt, die als vornehmste Aufgabe des Ordens angesehen wurde (vgl. Staub 1980, S. 346-349).

Erst im Jahr 1467 wird die Dominikanerbibliothek von Leoben erstmals schriftlich erwähnt. Ausdrücklich wird darüber berichtet, dass die Witwe Anna Meczen 40 Pfund Pfennige für den Bau einer Bibliothek stiftete: „Als vns die tugentlich vnd edle fraw Anna des Andre Meczen säliger gedächtnüß witib viertzigk phundt pfening geben hat zu dem paw der librey vnsers klosters vnd zu ander nottdurfft hie zw Leuben ..."[5]

Zu den ältesten Büchern, die aus der Leobener Bibliothek bekannt und an der UB Graz erhalten sind, gehören zwei Sammelhandschriften aus dem 14. und 15. Jahrhundert: Ms 1330 (vgl. Kern 1956, Bd. 2, S. 292f.), eine Predigthandschrift, deren Einband den Codex als Teil einer Kettenbibliothek ausweist, und Ms 657 (vgl. Kern 1942, Bd. 1, S. 397), welches Teile der Summa Theologica des Thomas von Aquin und Kommentare zum Canticum Canticorum enthält. Drei andere Grazer Handschriften, die Alexander Graf in seinem Beitrag über die Reuner Annalen nach Kern mit Fragezeichen zur Leobener Provenienz versehen hat, die Codd. Univ.-Bibl. Graz, Mss 1221, 1225 und 1423 (vgl. Graf 1958, S. 24, Anm. 138)[6] lassen keine Besitzspuren der Dominikaner erkennen. Im 1967 erschienenen Indexband des Grazer Handschriftenkatalogs wurde die Provenienz für zwei der drei genannten Codices (Mss 1221 und 1423) bereits auf „Chorherrenstift Seckau" verändert (vgl. Kern & Mairold 1967, Bd. 3, S. 102. 113). Für die dritte Handschrift

lich enthält er die Auswertung einer erst nach dessen Erscheinen entdeckten, wichtigen Quelle aus dem Archiv der UB Graz.

5 StLA, AUR 7593a Cop., 1476-03-12.

6 Wir danken Herrn Alfred Joham für diesen Hinweis.

gilt nach wie vor: „Herkunft wohl gleich wie Hs. 1221" – das wäre Seckau (Kern 1956, Bd. 2, S. 258). Von den 34 Handschriften, die im Katalog der Dominikanerbibliothek von 1788/89[7] angeführt werden, entspricht inhaltlich keine dem Grazer Codex Ms 1225.

Weitere Handschriften aus der Zeit vor der Klosteraufhebung konnten in der Batthyány-Bibliothek in Alba Julia (Karlsburg, Siebenbürgen) nachgewiesen werden (vgl. Frank 1968, S. 268). Laut dem Catalogus Concinnus Librorum Manuscriptorum Bibliothecae Batthyányanae[8] handelt es sich dabei um die Handschriften Nr. 120, 210, 211, 212, 214, 215 und 219. Aus den Katalogeinträgen geht hervor, dass sich alle Handschriften durch Besitzeinträge und andere Vermerke dem Leobener Dominikanerkloster zuweisen lassen. Neben Sammelhandschriften, die vornehmlich Predigten enthalten, finden sich auch die „Visiones" der Hl. Katharina von Siena. Soweit die Codices datiert sind, handelt es sich um Exemplare aus dem 15. und frühen 16. Jahrhundert.

Wie die Handschriften nach Alba Julia gekommen sind, ist ungewiss. Auffallend ist die Signaturenfolge, die darauf hinweisen könnte, dass die Bücher im Verband in die Bibliothek kamen, die 1792 von dem bedeutenden Kulturmäzen und Wissenschafter Bischof Ignaz Graf Batthyány (vgl. Wurzbach von 1856, Bd. 1, S. 176) gegründet wurde. Das Batthyánaeum beherbergt 709 Manuskripte, von denen viele aus österreichischen Bibliotheken angekauft wurden (vgl. Breith 2011, S. 327f.). Vielleicht gehören die dort befindlichen Leobener Handschriften zu jenen Werken, die während der Reformationszeit zur Geldbeschaffung veräußert werden mussten. Ein Ratsprotokoll vom 18. November 1564 berichtet, dass „… das closter mit verkhauffung der Liberey, Gloggen vnnd zurgerichtes zimerholz dermassen außgeödt [wurde], das nur weniges mer darinnen vorhanden ist."[9]

Natürlich muss es in diesem Fall einen oder mehrere Zwischenbesitzer gegeben haben, denen Batthyány die Bücher Ende des 18. Jahrhunderts abkaufte. Vielleicht befinden sich in der Batthyány-Bibliothek archivalische Quellen, aus denen sich die Herkunft der Bücher erschließen lässt.

Mitte des 18. Jahrhunderts kam es zur Errichtung einer neuen Bibliothek im Zuge groß angelegter baulicher Veränderungen im Kloster. Die Umsiedelung der Bücher wurde von umfangreichen konservatorischen Maßnahmen begleitet, da sich viele der Werke in einem bedauernswerten Zustand befanden.[10]

7 Siehe den folgenden Abschnitt.

8 Vgl. Catalogus Concinnus Librorum Manuscriptorum Bibliothecae Batthyányanae. Exaratus per Robertum Szentiványi. Ed. Quartea Retractata Adaucta Illuminata. Szeged 1958, 68, 108ff., 356. Wir danken Frau Ute Bergner und Frau Petra Scheiblechner für Literaturhinweise in diesem Zusammenhang.

9 Stadtarchiv Leoben, RP, 1564, 77f.

10 Vgl. StLA, Handschriften Bürgerg. Gruppe XII, Nummer 4, pag. 204; pag. 352.

Der im Folgenden beschriebene Katalog bildet aller Wahrscheinlichkeit nach ihre durch Verluste gezeichnete Neuaufstellung ab.

Der „Catalogus" von 1788/89

Die wichtigsten Quellen, die Aufschluss über den Bestand der Dominikanerbibliothek und seine Entwicklung in den letzten (etwa) 20 Jahren ihres Bestehens geben können, sind der „Catalogus uiber die Bibliothek des Dominikanerklosters zu Leoben im Herzogthum Steiermark"[11], der in zweifacher Ausführung vorhanden ist, ein Bücherverzeichnis[12], das anlässlich der Aufhebung des Klosters in Leoben angelegt wurde und eine Abschrift desselben, auf welche später noch zurückzukommen sein wird.[13]

Beim Catalogus, der vom Grazer Historiker Herwig Ebner auf die Jahre 1770/80 datiert wurde (vgl. Ebner 1975, S. 21 Anm. 1), tatsächlich aber von 1788/89 stammt,[14] handelt es sich um einen Folioband von ursprünglich 56 Blatt; 55 Blatt sind bis heute erhalten geblieben. Der Katalog verzeichnet 1544 Titel in 1861 Bänden, davon 34 Handschriften *(„manuscr.")*.[15] Dabei ist zu beachten: Bei mehrbändigen Werken verzeichnet der Katalog oft keine Bandzählung, wodurch sich nicht nachvollziehen lässt, ob hinter identischen Kurztitelangaben die Bände ein und desselben Werkes oder mehrere Exemplare oder gar verschiedene Ausgaben gemeint sind. Teilweise sind mehrbändige Exemplare über mehrere Fachgruppen verstreut, was zu einer doppelten Titelzählung geführt haben könnte. Die gestörte Ordnung der Bibliothek spiegelt sich auch darin wider, dass Bücher zum Teil in falschen Fachgruppen stehen und dort verzeichnet wurden.[16]

Der Aufbau des Katalogs scheint die räumliche Anordnung des Bibliotheksbestandes abzubilden. Das Bücherverzeichnis ist in sieben, mit Großbuchsta-

[11] StLA, Archiv Leoben, Schuber 174, Heft 970; Leoben Stadt K 149, H 1351 (= Catalogus).

[12] StLA, Archiv Leoben, Schuber 174, Heft 970; Leoben Stadt K 149, H 1351. Der genaue Titel lautet: „Verzeichniß der Bücher, welche in der Bibliothek des Dominikaner=Klosters in Leoben bey der Aufhebung desselben sich fanden am 12. Oktober 1811." (= Bücherverzeichnis 1811).

[13] Archiv der UB Graz. UB 1811-15. 1747/1808. Es handelt sich um die unter Anm. 4 genannte Quelle, die unter anderen Akten des Archivs der UB Graz „begraben" war.

[14] Der Katalog weist auf fol. 55^v die Unterschrift von Johannes Jager als Prior des Leobener Dominikanerkonvents auf. Da Johannes Jager (Jäger, 1722-1800) nur etwa von Beginn 1788 bis 17. März 1789 Prior des Leobener Konvents gewesen ist, darf die Abfassung des Katalogs in diesem Zeitraum angenommen werden; vgl. Hoyer 2011b, S. 203.

[15] Ebner, der der Bibliothek der Dominikaner in den 70er Jahren einen Aufsatz gewidmet hat, kommt auf 1793 „Buchtitel bzw. Bände"; vgl. Ebner 1975, S. 15.

[16] Z.B. ein *Missale romano gotticum* auf fol. 51^v, das in der Gruppe *Polemici, politici, libelli precatorii* zu finden ist.

ben benannte, thematische Fachgruppen[17] eingeteilt, die sich wiederum in Untergruppen gliedern.[18]

Auffallend ist die geringe Zahl der Handschriften (34) und Inkunabeln (16)[19], die mit hoher Wahrscheinlichkeit mit den bereits genannten Bücherveräußerungen zu Reformationszeiten in Verbindung gebracht werden kann. Im Übrigen war die Haltung der Dominikaner ihren Bibliotheken gegenüber auch ganz allgemein gesehen sehr nützlichkeitsorientiert und wenig vom Konservierungsbedürfnis anderer Orden geprägt. Veraltete Werke wurden gern verkauft, um für den Erlös neue Literatur anschaffen zu können (vgl. Powitz 1996, S. 291 u. 293; Finger 1989, S. 338).

Das Schicksal der Dominikanerbibliothek nach der Aufhebung

Im Zuge der Aufhebung des Dominikanerklosters am 7. August 1811 ging der Bestand der Klosterbibliothek in den Besitz der Grazer K. K. Lyzealbibliothek über. Anhand der im Stmk. Landesarchiv und im Archiv der UB Graz aufbewahrten Akten lässt sich das Schicksal der Bücherbestände nachverfolgen.

Zwischen dem 12.-15. Oktober 1811 erstellten der Leobener Hauptschuldirektor Johann Zeugner (vgl. Staffenberger 1965, S. 80) und sein Schulgehilfe Vinzenz Neuper (vgl. Freudenthaler 1930, S. 256f.) ein „Bücherverzeichniß", das 1021 Bände und 286 kleinere Werke[20] umfasste. Sie wurden insgesamt auf 2670 Gulden 52 Kreuzer[21] geschätzt, wobei die Bibeln den höchsten Schätzpreis erzielten (11-15 Gulden), während die Inkunabeln erstaunlich gering bewertet wurden. Wie im Katalog von 1788/89 erfolgte auch hier die grundlegende Auflistung der Werke nach Fachgruppen. In tabellarischer Anordnung erscheinen des Weiteren Angaben über: Autor, Titel, Erscheinungsort, Erscheinungsjahr, Format, Vollständigkeit, Schätzwert und Büchernummer.

17 Die Ordnung der Fachgruppen folgt den mittelalterlichen Bibliothekskatalogen, die traditionellerweise zunächst immer die Bibeln, Bibelkommentare, Kirchenväter und mittelalterliche kirchlichen Autoren nennen; vgl. Derolez 1983, S. 113f.

18 Zur näheren Beschreibung des Katalogs vgl. Ebner 1975 und Csanády & Scheibl 2011, S. 350-353.

19 Die Inkunabeln (Frühdrucke aus der Zeit von 1452-1500) stammen aus Basel, Bologna, Köln, Nürnberg, Venedig und Würzburg, darunter mehrere Bände mit Werken des Thomas von Aquin; vgl. Ebner 1975, S.16. Von den 16 Inkunabeln im Catalogus sind im Bücherverzeichnis von 1811 nur noch drei vorhanden.

20 Siehe Anm. 10. Vgl. auch Ebner 1975, S. 16.

21 Bücherverzeichnis 1811, 40v; vgl. auch: StLA, HS XVI 43, Beilage 89. Hauptaufhebungs-Inventar (Dominikaner Leoben). Diese Summe findet sich bei Ebner 1975, S. 16. Weissofner hingegen nennt die Summe von 534 fl., die, parallel zur ersten Summe, ebenfalls im Hauptaufhebungsinventar genannt wird; vgl. Weissofner 1985, S. 45.

Ebner hat in seiner Abhandlung von 1975 einen Vergleich zwischen Katalog und Verzeichnis durchgeführt.[22] Dabei stellte er fest, dass die Bibliothek innerhalb des Zeitraums, der zwischen der Abfassung der beiden Inventare liegt, ein Drittel ihres Buchbestandes verloren hatte, wobei die Bücher des 15. Jahrhunderts von der Dezimierung besonders betroffen waren (vgl. Ebner 1975, S. 17). Als Ursachen dafür werden die französische Besatzung (1806) und Plünderungen (1809) angeführt (vgl. ebd.).

Die Übersiedlung der Dominikanerbibliothek nach Graz dürfte nur mit Verzögerungen von statten gegangen sein. Aus einem von Markus Wilhelm Sandmann, Kustos der Lyzealbibliothek,[23] am 1. April 1813 an das K. K. Gubernium adressierten Brief erfährt man, dass die offizielle Übernahme der Bibliothek bereits im August 1812 stattfand[24], ihre Überstellung aber erst im darauffolgenden November durchgeführt wurde. Die Bücher wurden in 11 halbstarken Fässern auf der Mur nach Graz geflößt.[25] Dem Transport beigegeben war eine „Fassliste", die den Inhalt der einzelnen Fässer bezeichnet und die Unterschrift Sandmanns trägt. Er bestätigt damit, die Bücher am 12. November 1812 *„richtig erhalten"* zu haben.[26]

Nach Auswahl der Bücher, die den Bestand der Lyzealbibliothek ergänzen sollten, fand am 30. März 1813, nach dreifacher Ankündigung in den Steyermärkischen Intelligenzblättern[27], eine „Bücher-Lizitation" statt. Zusammen mit der Leobener Dominikanerbibliothek wurde auch die Bibliothek des Augustiner-Eremitenklosters Fürstenfeld versteigert.[28] Die Auktion war jedoch nur schwach besucht und es konnten einige wenige Werke veräußert werden. Aus dem Bestreben heraus, eine weitere, voraussichtlich wenig gewinnbringende Versteigerung der nunmehr zum „Zentnergut" degradierten Reste zu vermeiden, sprach sich Sandmann gegenüber dem K. K. Gubernium dafür aus, dem Angebot des Grazer Buchhändlers Christian Trötscher[29] statt-

22 Spuren seiner Tätigkeit sind im Originalkatalog zu entdecken: Er kennzeichnete die Werke, die sowohl im Katalog als auch im Inventar vorhanden waren, mit blauen Kugelschreiberhäkchen.

23 1811 hatte Joseph Alois Jüstel die Leitung der Lyzealbibliothek inne. Sandmann übernahm die Direktion erst 1817; vgl. Wurzbach von 1874, Bd. 28, S. 185.

24 Archiv der UB Graz. UB 1811-15. 28. Konzept.

25 Vgl. Archiv der UB Graz. UB 1811-15. 27.

26 Vgl. Archiv der UB Graz. UB 1811-15. 28. Konzept (Beilage: Fassliste). Vgl. dazu Csanády & Scheibl 2011, S. 354 (s. dort Abb. 62).

27 Beilageblatt der „Grätzer Zeitung", das vor allem Anzeigen und amtliche Verlautbarungen enthält. Es besitzt keine Seitenangaben. Vgl. Steyermärkische Intelligenzblätter zu Nr. 47 der Grätzer Zeitung v. 23.3.1813, zu Nr. 48 v. 24.3.1813 und zu Nr. 50 v. 29.3.1813.

28 Archiv der UB Graz. UB 1811-15. 28. Konzept.

29 Christian Friedrich Trötscher, gebürtig aus Amlishagen in Franken, war in „Grätz" seit 1799 als Buch-, Kunst-, Musikalienhändler und Verleger tätig. Sein Geschäft lag auf

zugeben, der für den gesamten Restbestand einen Pauschalpreis von 60 Gulden geboten hatte.[30]

Offensichtlich schenkte das Gubernium dem begründeten Antrag jedoch kein Gehör. Wie man nämlich aus einem weiteren Bericht Sandmanns vom 1. September 1813 erfährt, fand am 31. August desselben Jahres eine weitere Lizitation der Leobener und Fürstenfelder Klosterbibliotheksbestände statt. Von dieser zweiten Versteigerung ist ein Lizitationsprotokoll erhalten, das dem Bericht beigelegt ist. Es gibt darüber Auskunft, welche Werke an wen, und um welchen Preis verkauft wurden. So erstand z.B. „Herr Doctor Leßnig [das] Lewenwald Arzneybuch[31] in fol. [um] 30 kr".[32] Außerdem klärt sich das Schicksal der unveräußerlichen Restbestände: Sie wurden zu einem Gesamtpreis von 56 fl vom bürgerlichen Handelsmann Christian Fleck erstanden. Insgesamt erbrachte die zweite Versteigerung einen Gewinn von 73 fl 6 kr. Sandmann bittet „das Nöthige an das Kameral Zahlamt zu erlassen" und den genannten Betrag an die Bibliothek zu überweisen.[33] Laut kaiserlicher Direktive vom 23. September 1782 sollten die aus der Veräußerung von Dubletten eingenommenen Gelder zur Pflege und Ergänzung des Bibliotheksbestandes verwendet werden.[34]

Erst im September 1813 und infolge einer Aufforderung des K. K. Guberniums an Sandmann[35] erhielt schließlich auch die K. K. Hofbibliothek in Wien ein Verzeichnis über die Bestände des Dominikanerkonvents Leoben, das sie jedoch mit dem kurzen Kommentar, sie hätte „nichts auszuwählen befunden"[36], an die Lyzealbibliothek zurücksandte.

Letztgenannte Quelle[37] wird von Sandmann als „Verzeichniss über die zu veräußernden Bücher sub B" bezeichnet.[38] Dabei handelt es sich um die bereits erwähnte Abschrift des Bücherverzeichnisses von 1811, das offenbar erst an der Lyzealbibliothek angefertigt wurde. Das grob zusammengenähte, einbandlose Heft wird heute im Archiv der UB Graz im Faszikel UB 1811-15

dem „Platz neben dem Bendlischen Hause"; vgl. „Bücher-Anzeige" in: Steyermärkische Intelligenzblätter zu Nr. 49 der Grätzer Zeitung v. 27.3.1813.

30 Vgl. Archiv der UB Graz. UB 1811-15. 28. Konzept.

31 D. i. Adamus a Lebenwaldt, Land-, Stadt- und Hauß-Artzney-Buch, in welchem angezeigt wird, wie man denjenigen Kranckheiten, welche ein gantzes Land oder mehr Oerther anstecken ... Widerstand thun könne ... Nürnberg: Lochner 1695.

32 Archiv der UB Graz. UB 1811-15. 28. Konzept (Beilage Lizitationsprotokoll).

33 Vgl. Archiv der UB Graz. UB 1811-15. 28. Konzept.

34 Vgl. LA R & K Sach. 204 A, 1-3. 1782.

35 Vgl. Archiv der UB Graz. UB 1811-15. 28. 19670.

36 Archiv der UB Graz. UB 1811-15. 28. 23004.

37 Die bereits mehrfach angesprochene Abschrift des Bücherverzeichnisses von 1811 befindet sich im Archiv der UB Graz unter der Faszikelnummer UB 1811-15. 1747/1808.

38 Archiv der UB Graz. UB 1811-15. 28. Konzept.

unter der Zahl 1747/1808 aufbewahrt und konnte erst kürzlich anhand der von Sandmann erwähnten, „mit schwarz oder rothen [sic] Bley“[39] durchgeführten Unterstreichungen identifiziert werden (Abb. 1). Diese wurden angebracht, um alle Werke zu kennzeichnen, die zur Ergänzung der Lyzealbibliothek übernommen oder bei der Versteigerung veräußert worden waren.[40]

Spuren der Leobener Dominikanerbibliothek

Mit der Versteigerung hatte die Dominikanerbibliothek Leoben endgültig aufgehört zu existieren. Über das weitere Schicksal der versteigerten Bücher ist nichts bekannt. Ein Großteil der von Fleck erworbenen Werke wanderte wahrscheinlich früher oder später in die Stampfe.

Die Bücher, die von der Lyzealbibliothek übernommen worden waren, sind im Buchbestand der Karl-Franzens-Universität Graz aufgegangen. Einige Werke an der UB Graz konnten in den 70er Jahren von Maria Mairold anhand von Besitzeintragungen (Abb. 2) und roten Rückensignaturen dem Bestand der Leobener Dominikanerbibliothek zugewiesen werden.[41]

Durch die Auffindung des annotierten Bücherverzeichnisses „sub B“ konnte über diese schon bekannte Liste hinaus festgestellt werden, wie viele Bücher und welche Titel tatsächlich aus dem Bestand der Leobener Dominikanerbibliothek von der Lyzealbibliothek übernommen wurden. Man erkennt dies daran, dass die Bücher im Verzeichnis „sub B“ mit dem Verweis „pro bibliotheca“ oder „für die Bibliothek“ angemerkt sowie mit Rötelstift gekennzeichnet wurden. Rote Markierungen finden sich auch bei verlorengegangenen Exemplaren, ergänzt durch die Randvermerke „deest“ oder „geht ab“. Solche roten Markierungen kommen auch ohne (!) Zusatzbemerkungen vor. Die Bedeutung dieser Einträge bleibt aber durch das Fehlen eines Protokolls der ersten Versteigerung offen. Es ist jedoch naheliegend, dass es sich hierbei um die Kennzeichnung von Werken handelt, die bei der ersten Auktion am 30. März 1812 versteigert wurden. Im Gegensatz dazu konnte durch den Vergleich mit dem Lizitationsprotokoll nachgewiesen werden, dass die Anstreichungen „mit schwarzem Bley“ auf die zweite Auktion Bezug nehmen. Nicht nur, dass die Titel der so bezeichneten Werke einander entsprechen, es stimmen auch die Angaben über ihren Verkaufserlös in beiden Listen überein.

Bei den übernommenen Büchern handelt sich um insgesamt 37 Titel in 81 Bänden[42] aus den folgenden Fachgruppen:

[39] Ebd.

[40] Vgl. ebd.

[41] Diese Liste wurde jüngst veröffentlicht; vgl. Csanády & Scheibl 2011, S. 356f.

[42] Bei diesen Titeln gibt es Überschneidungen mit den bereits von Mairold gefundenen Bänden, die z. T. auch in der Liste „sub B“ erwähnt sind.

Biblia Sacra

Erhard, Thomas P.[43] Biblia sacra Vulgatae editionis auctoritate Sixti V. et Clementis VIII. pont. max. recognita. 2. Partes. 2. Ed. Augsburg: Strötter 1726.

Lex, prophetae, hagiographi canonici, veteris nempe testamenti libri. qui originario nobis etiamnum ore loquuntur. ex hebraico in latinum ad literam versi, [et] in usum theologiae candidatorum vulgati, adjecta editione vulgata ad exemplar Siatinum anno 1592 in typographia Vaticana impressum. Vienna: Heyinger 1743-47.

Fröhlich, Erasmus. Novum Domini nostri Jesu Christi Testamentum Graecum Latine ad litteram redditum et in usum theologi. Quatuor Evangelia continens. Vienna 1740.

Bibliorum Interpretes

Lapidae, Cornelii P.,[44] Commentarii in acta Apost., epistolas Canonicas, et apocalypsim. Antverpiae 1672.

Idem, Commentarius in Ecclesiasten, canticum Cantic. et Lib. Sapientiae. Antverpiae 1672.

Idem, Commentarius in Josue, Judicum, Ruth. IV Lib. Regum et Paralipomenon, Tomus Imus Continens Lib. Josue, Judicum, Ruth, I. Regum. Antverpiae 1676.

Idem, Commentarii in XII. prophetas minores. Antverpiae 1673.

Idem, Commentarii in Estram, Nehemiam, Tobiam, Judith, Esther, Machabeos. Antverpiae 1669.

Idem, Commentarius in Ecclesiasticum. Antverpiae 1674.

Idem, Commentarii in Pentateuchum Moysis. Antverpiae 1671.

Idem, Commentarii in Salomonis proverbia. Antverpiae 1671.

Idem, Commentarii in IV. prophetas majores. Antverpiae 1676.

Idem, Commentarii in Jeremiam prophetam, Threnos et Baruch. Antverpiae 1675.

Idem, Commentarii in omnes divi Pauli epistolas. Antverpiae 1665.

Le Blanc, Thomas P.[45] Commentaria Amplissima Concionatoria in omnes Davidis Psalmos. Tom. I-VI. Coloniae Agrippinae 1679-1682.

Peichart, Francisci P.[46] Matthaeus oder Erklärung der Evangelien. Teil 1-4. Wien 1752.

[43] Das Werk konnte im Bestand der Abteilung für Sondersammlungen der UB Graz unter der Sign. III 54.761 identifiziert werden. Ein Besitzvermerk verbindet das Buch unmittelbar mit der Person des Leobener Priors Johannes Jäger: „ad usum fr. Joannis Jager S. Ord. Praed. Filii conventum leobnensis"; vgl. dazu Csanády / Scheibl 2011, S. 357.

[44] Cornelissen a Steen. Es scheint, als wären die Bände des 17. Jahrhunderts in der UB Graz durch solche des 18. ersetzt worden. Es handelt sich um die Nummern 8-19 im Verzeichnis.

[45] Die Nummern 20-25 im Verzeichnis; vgl. Archiv der UB, UB 1811-15. 1747/1808.

[46] Das Werk konnte an der UB Graz nicht nachgewiesen werden.

Concionatores germanici et veteres

Tschupick, Johann Nepomuk,[47] der Gottesgelahrtheit Doktors, kaiserl. Königl. Hofpredigers sämmtliche Kanzelreden auf alle Sonn- und Festtage, wie auf Fasten- und Geheimnißreden. Vollständiges Verzeichniß der merkwürdigsten Sätze, welche in den zehn Bänden der Kanzelreden des Hochwürdigen Herrn Johann Nepomuck Tschupick, der Gottesgelahrtheit Doktors, kaiserl. Königl. Hofpredigers, enthalten sind. Bde. 1-10. Augsburg 1787.

[Henri de Rocquigny de Bulonde][48] P. H. von Bülonde, Hofpredigers Sr. Majestät der höchstseligen Königinn von Frankreich, Predigten über verschiedene Gegenstände. Aus dem Französischen übersetzt. Bde. 1-3. Augsburg: Wolff 1777.

[Pierre Pacaud][49] Pacaud, Priesters des Oratori Jesu, Predigten für den Advent, die Fasten, und übrige Hauptfeste der Kirche. Aus dem Französischen übersetzt, und mit gedoppelt nützlichem Inhalte versehen, Drey Theile. Augsburg; Innsbrugg: Wolff 1765.

Kurze Predigten[50] nach der heiligen Messe, Bamberg u. Würzburg: Goebhardt 1780.

[Jean-Baptiste Girard][51] Des hochwürdigen Herrn Girard Pfarrherrn zu Saint-Loup sämmtliche Predigten. Aus dem Französischen übersetzt. 5 Theile. Zweyte verbesserte Auflage, Augsburg: Rieger 1772.

Bossuet, Jacques Bénigne,[52] Gesammelte Predigten. Aus dem Franz. Übers. von Wolfgang Holzmayer. Steyr: Holzmayr 1780.

[47] Tschupik: Nummern 1-10; die Nummern 1-2 sollten „für die Bibliothek" übernommen werden. Das vollständige Werk ist an der UB Graz unter der Sign. I 51.804 vorhanden, trägt aber keinen Besitzvermerk der Dominikaner von Leoben; vgl. Archiv der UB, UB 1811-15. 1747/1808.

[48] Das Werk ist unter der Sign. I 51.612 an der UB Graz vorhanden und durch einen Besitzvermerk und eine rote Rückensignatur den Leobener Dominikanern zuweisbar; vgl. Csanády & Scheibl 2011, S. 357

[49] Vgl. Csanády & Scheibl 2011, S. 357. Die Bände konnten von Maria Mairold im Bestand der UB Graz identifiziert werden (Sign. I 51.611). Auffälligerweise ist dieses Werk, das einen Besitzeintrag der Leobener Dominikaner enthält, in der Liste „sub B" nicht rot angezeichnet.

[50] Beide Bände des Werkes eines Anonymus sind an der UB Graz vorhanden (Sign. I 51.617). Sie tragen Besitzspuren der Theologischen Bibliothek der Universität Graz; ein Besitzeintrag der Leobener Dominikaner kann nicht nachgewiesen werden.

[51] Vgl. Csanády & Scheibl 2011, S. 357. Die Bände konnten im Bestand der UB Graz identifiziert werden (Sign. I 51.618). Der Besitzeintrag wurde unkenntlich gemacht, doch die rote Rückensignatur lässt eine eindeutige Zuweisung des Werkes zur ehemaligen Bibliothek der Leobener Dominikaner zu.

[52] Das Werk ist an der UB Graz nicht vorhanden. Das Verzeichnis bemerkt dazu: „Nr. 1. 2. 3. 4. u. 5. Th. gehen ab". Der 6., 13. und 14. Teil wurde für die Bibliothek übernommen; vgl. Archiv der UB, UB 1811-15. 1747/1808.

Historici profani

[Le Beau, Claude][53] Des Herrn Le Beau, Professors der Universität zu Paris ... Geschichte des morgenländischen Kayserthums, von Constantin dem Großen an ... Bde. 1-19. Leipzig [und Frankfurt] 1765-1780.

Crevier, Jean Baptiste Louis,[54] Histoire des empereurs romains depuis Auguste jusqu' à Constantin <dt.> Römische Kayserhistorie vom Augustus an, bis zum Constantinus. Bde. 1-12. Dreßden 1756-1769.

Humanioristae

Grammatica latino-germanico-slavonica.[55] Ex pervetusto exemplari ad modernam in Carniolica Lingua loquendi methodum accomodata, a plurimis expurgata mendis, et germanicis aucta dictionibus, a quodam linguae slavicae, amatore in communem utilitatem, studiosae Juventuti, interioris Austriae, specialiter dedicata/Hipolit, ... Ljubljana: Mayr 1715.

Lonchamps, Jean Alexandre / Franciosini, Lorenzo,[56] La novissima grammatica delle trè lingue Italiana, Franzese e Spagnuola. Venetia 1668

Pomey, François,[57] Novus candidatus rhetoricae, altero se candidior comptiorque ... Norimbergae: Endter 1699.

Mixti

Philidor, François-André / Stamma, Philipp,[58] Die Kunst im Schachspiel ein Meister zu werden. das ist: Ein neuer Unterricht, wie man in kurzem dieses so edle und beliebte Spiel nach seiner Vollkommenheit erlernen könne. Strasburg: König 1764.

Wie eine genaue Überprüfung des Bücherverzeichnisses „sub B“ gezeigt hat, steht zu vermuten, dass nicht alle Bücher, die von der Lyzealbibliothek übernommen wurden, durch einen entsprechenden Vermerk gekennzeichnet

53 Le Beau wurde „pro bibliotheca“ übernommen. Das Werk ist an der UB Graz jedoch nicht nachweisbar.

54 Der 12-bändige Crevier ist an der UB Graz vorhanden, allerdings ohne Besitzeintrag der Dominikaner: Sign. I 15.236 [die alte Sign. „70/3 u“ stimmt mit den verschiedenen Verzeichnissen nicht überein].

55 Dieses Werk eines Anonymus wurde „pro bibliotheca” übernommen und ist an der UB Graz vorhanden (Sign. I 34.487). Es ist durch die rote Rückensignatur den Leobener Dominikanern zuweisbar.

56 Franciosino ist an der UB vorhanden, enthält jedoch keinen Besitzvermerk der Dominikaner (Sign. I 34.277). Das Werk ist als ehemaliger Bestand des Inst. f. Klass. Philologie ausgewiesen.

57 Pomey wurde von Maria Mairold unter der Sign. I 35.641 im Bestand der UB Graz identifiziert. Das Werk enthält verschiedene Besitzeinträge, darunter auch den der Dominikaner von Leoben; vgl. Csanády & Scheibl 2011, S. 357.

58 Philidor besitzt den Eintrag „pro bibliotheca“, konnte aber an der UB Graz nicht nachgewiesen werden.

wurden. So fehlt bei den Werken von Bulonde, Girard und Pacaud der „pro bibliotheca"-Vermerk. Rätselhaft bleibt außerdem der Fall der zweibändigen Bibelinkunabel, Venedig, Arrivabene 1787/88, UBG-Sign. II 7441, die durch den Besitzeintrag „Iste liber est conventus Leobiensis ordinis praedicatorum" (fol. 4r) dem Leobener Konvent zuordenbar ist, jedoch in keinem der vier genannten Bücherverzeichnisse aufscheint.

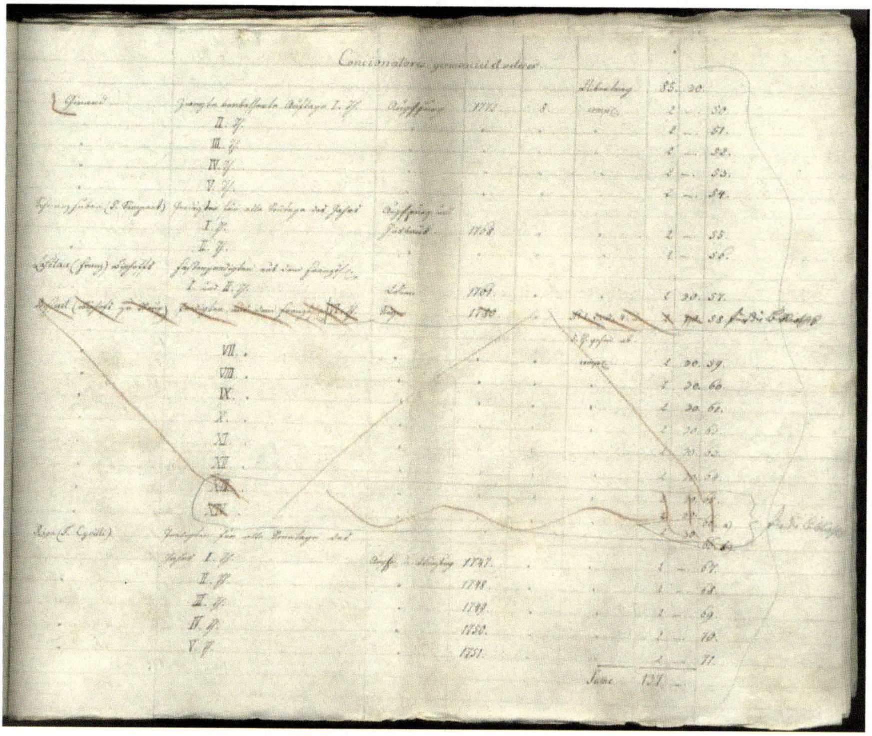

Abb. 1: Detail aus dem Verzeichnis „sub B". Archiv der UB Graz.

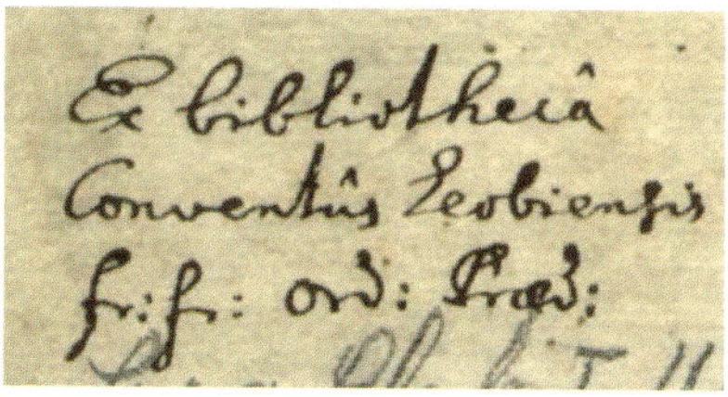

Abb. 2: Besitzvermerk der Dominikaner von Leoben.

Zusammenfassung

Nicht alle in dieser Liste verzeichneten Werke sind derzeit an der Hauptbibliothek der UB Graz auffindbar. Das könnte damit zusammenhängen, dass diese Bestände nach Umwandlung der Lyzeal- in die Universitätsbibliothek an diverse Institute verteilt wurden und sich vielleicht noch heute in diesen Sammlungen befinden. Einen deutlichen Hinweis darauf bietet z.B. Pomeys „Novus candidatus rhetoricae". Das Werk zählt heute zum Bestand der Abteilung für Sondersammlungen an der UB Graz (RARA 2), sein vormaliger Standort ist aber noch durch ein Signaturenschild eines Grazer Universitätsinstituts ausgewiesen. Dies lässt vermuten, dass auch in Zukunft weitere Bände an diversen Instituten gefunden werden können. Es kann aber nicht ausgeschlossen werden, dass einige der Werke im Lauf der Zeit ausgemustert wurden und auf diese Weise verloren gingen.

Während Ebner noch sagen musste, dass über das weitere Schicksal der Klosterbibliothek nur wenig bekannt sei (vgl. Ebner 1975, S. 17), ließ sich der Umgang mit der Bibliothek aus dem vorhandenen Aktenmaterial recht gut rekonstruieren. Die Vorgangsweise entspricht der Norm, wie mit kleineren und für unbedeutend gehaltenen Bibliotheken verfahren wurde. Dieses Schicksal hatte die Bibliothek der Dominikaner mit vielen anderen Ordensbibliotheken zu teilen.

Literaturverzeichnis

A Quellen:

UB Graz / Abtl. f. Sondersammlungen:

- Codd. Graz, Mss 657, 1330.

Archiv der UB Graz:

- UB 1786-95. 1. 10485.
- UB 1811-15. 1747/1808.
- UB 1811-15. 27.
- UB 1811-15. 28. Konzept.
- UB 1811-15. 28. 19670.
- UB 1811-15. 28. 23004.
- UB 1811-15. 28. Konzept (Entwurf April 1813).

Steiermärkisches Landesarchiv:

- StLA, HS XVI 43, Beilage 89. Hauptaufhebungs-Inventar (Dominikaner Leoben)
- StLA, AUR 7593a Cop., 1476-03-12.
- StLA, Archiv Leoben, Schuber 174, Heft 970; Leoben Stadt K 149, H 1351. Der genaue Titel lautet: „Catalogus uiber die Bibliothek des Dominikanerklosters zu Leoben im Herzogthum Steiermark." (= Catalogus)
- StLA, Archiv Leoben, Schuber 174, Heft 970; Leoben Stadt K 149, H 1351. Der genaue Titel lautet: „Verzeichnißs der Bücher, welche in der Bibliothek des Dominikaner=Klosters in Leoben bey der Aufhebung desselben sich fanden am 12. Oktober 1811." (= Bücherverzeichnis 1811)
- StLA, Handschriften Bürgerg. Gruppe XII, Nummer 4: Leoben (Hedenig-Chronik).

- StLA R & K Sach. 204 A, 1-3. 1782.

Archiv Stadt Leoben:

- RP 1564, 77f.

B Sekundärliteratur:

Breith, Astrid u. a., Manuscripta germanica. Deutschsprachige Handschriften des Mittelalters in Bibliotheken und Archiven Osteuropas, in: ZfdA Beiheft 15 (2011).

Catalogus Concinnus Librorum Manuscriptorum Bibliothecae Batthyányanae. Exaratus per Roertum Szentiványi. Ed. Quartea Retractata Adaucta Illuminata. Szeged 1958.

Csanády, Thomas & Scheibl, Michaela, Die historische Bibliothek der Dominikaner von Leoben, in: Vom Kloster zum Einkaufszentrum. Die Geschichte des Dominikanerklosters in Leoben. Hrsg. von Alfred Joham & Wolfram Hoyer. Leoben: Selbstverlag der Stadt Leoben 2011, 245-363.

Derolez, Albert, Art. Bibliothek. I. Allgemein. Frankenreich, Deutschland, Frankreich, Italien, in: LMA 2 (1983), 113-117.

Ebner, Herwig, Die Bibliothek des ehemaligen Dominikanerklosters Leoben, in: Der Leobener Strauß. Beiträge zur Geschichte, Kunstgeschichte und Volkskunde der Stadt und ihres Bezirkes 3 (1975), 15-22.

Finger, Heinz, Art. Dominikanerbibliotheken, in: LGB^2 2 (1989) 338f.

Frank, Isnard Wilhem, Hausstudium und Universitätsstudium der Wiener Dominikaner bis 1500, Wien 1968 (= Archiv für österreichische Geschichte 127).

Freudenthaler, Joseph, Alt-Leoben. Bausteine zu einer Heimatkunde, Graz 1930.

Graf, Alexander, Die Reuner Annalen. Festgabe für Andreas Posch, Graz 1958 (= Beiträger zur Erforschung steirischer Geschichtsquellen 46. NF 14).

Hoyer, Wolfram, „Wir, Prior und Convent Predigerordens ad sanctum Florianum allhier zu Leoben ..." Fragmente zur Geschichte des Leobener Dominikanerklosters bis ins 16. Jahrhundert, in: Vom Kloster zum Einkaufszentrum. Die Geschichte des Dominikanerklosters in Leoben. Hrsg. von Alfred Joham & Wolfram Hoyer. Leoben: Selbstverlag der Stadt Leoben 2011a, 10-34.

Hoyer, Wolfram, Barocke Blüte und unverdientes Ende. Das Geschick der Leobener Dominikaner zwischen 1700 und 1811, in: Vom Kloster zum Einkaufszentrum. Die Geschichte des Dominikanerklosters in Leoben. Hrsg. von Alfred Joham & Wolfram Hoyer. Leoben: Selbstverlag der Stadt Leoben 2011b, 166-280.

Joham, Alfred & Hoyer, Wolfram (Hrsg.): Vom Kloster zum Einkaufszentrum. Die Geschichte des Dominikanerklosters in Leoben. Selbstverlag der Stadt Leoben 2011.

Kern, Anton: Die Handschriften der Universitätsbibliothek Graz. 1. Leipzig 1942 (= Verzeichnis der Handschriften im Deutschen Reich 2). 2. Wien 1956 (= Handschriftenverzeichnisse österreichischer Bibliotheken. Steiermark 2). 3. Mairold, Maria: Nachträge und Register, Wien 1967 (= Handschriftenverzeichnisse österreichischer Bibliotheken. Steiermark 3).

Krones, Franz von, Geschichte der Karl-Franzens-Universität in Graz. Festgabe zur Feier Ihres Dreihundertjährigen Bestandes, Graz 1886.

Powitz, Gerhardt, Libri inutiles in mittelalterlichen Bibliotheken. Bemerkungen über Alienatio, Palimpsestierung und Makulierung, in: Scriptorium 50, 2 (1996), 288-304.

Staffenberger, Karin: Leoben zur Zeit der Franzoseneinfälle, Diss., Wien 1965.

Staub, Kurt Hans, Geschichte der Dominikanerbibliothek in Wimpfen am Neckar (ca. 1460-1803). Untersuchungen an Hand der in der Hessischen Landes- und Hochschulbibliothek Darmstadt erhaltenen Bestände, Graz 1980 (= Studien zur Bibliotheksgeschichte 3).

Steyermärkische Intelligenzblätter zu Nr. 47-50 der Grätzer Zeitung v. 23.3.-29.3.1813.

Walz, Angelus, Vom Buchwesen im Predigerorden bis zum Jahre 1280, in: Lang, Albert u.a. (Hrsg.), Aus der Geisteswelt des Mittelalters. Studien und Texte Martin Grabmann zur Vollendung des 60. Lebensjahres von Freunden und Schülern gewidmet, Münster i. W. 1935 (= Beiträge zur Geschichte der Philosophie und Theologie des Mittelalters. Texte und Untersuchungen. Suppl. 3,1), 111-127.

Weissofner, Franz, Die Bibliotheken der unter Josef II. und Franz II. (I.) aufgehobenen Klöster des Herzogtums Steiermark zur Zeit der Aufhebung. Eine Darstellung aus den Quellen, Hausarb., Graz 1985.

Wurzbach, Constantin von, Biographisches Lexikon des Kaiserthums Oesterreich. Wien 1856-1891.

Herwig Jobst

Arbeiterkammer-Bibliothek digital

Konzept, Realisierung, laufender Betrieb

Ende März 2011 starteten sieben Länderarbeiterkammern eine gemeinsame digitale Bibliothek. Der Beitrag schildert kurz Ausgangslage, Projektplanung und –umsetzung, Startphase und Übergang in den Normalbetrieb. Besonderes Augenmerk gilt dabei Fragen des Bestandsaufbaus.

Die Rahmenbedingungen

Die Arbeiterkammern (AK) in Österreich sind Interessenvertretungen aller Arbeitnehmerinnen und Arbeitnehmer – auf Gesetzgebungsebene durch ihre Stellungnahmen zu Gesetzesentwürfen, in der politischen Diskussion durch – oft auch wissenschaftlich erarbeitete – Vorschläge und Positionsbezüge und direkt für das einzelne AK-Mitglied durch Rechtsberatung und individuelle Förderung. Dazu gehören auch die öffentlich zugänglichen Bibliotheken, die es in sieben der neun AK-Länderkammern gibt.

Diese sieben Bibliotheken sind voneinander unabhängig, eingebettet in ihre jeweilige, in großer Autonomie agierende Länderkammer. Sie haben unterschiedliche Zielsetzungen (von öffentlicher Stadtbibliothek mit Zweigstellen bis wissenschaftlicher Spezialbibliothek), unterscheiden sich daher auch sehr stark in Größe, Personalausstattung und verfügbaren Ankaufsbudgets. Sie haben unterschiedliche Bibliotheksverwaltungssysteme, unterschiedliche Regelwerke der formalen und inhaltlichen Erschließung und Kataloge, bieten unterschiedliche Medien an.

Das gemeinsame Projekt

Und doch gibt es jetzt ein gemeinsames Vorgehen, ein gemeinsames Projekt. Denn bei allen Unterschieden stehen die sieben Bibliotheken vor denselben Herausforderungen: Die Unterhaltsträger (die Arbeiterkammern) verlangen von ihnen, dass sie zur Erfüllung ihrer Aufgaben und Ziele optimal beitragen und den sich wandelnden Bedürfnissen und Erwartungen ihrer Mitglieder gerecht werden. Die Leserinnen und Leser erwarten, dass die Bibliothek sich ihren neuen Formen des Informations- und Wissenserwerbs anpasst, neue Medien anbietet und Anschluss an die digitalen Welten erlaubt. Und die Informationswelt – die Information Provider und Verlage, die Computerproduzenten und Softwareanbieter, die Suchmaschinen und die anderen Bibliotheken – setzt laufend neue technische und operationelle und qualitative Standards, die zu erfüllen sind.

Die <AK-Bibliothek digital>

Das gemeinsame Projekt ist die <AK-Bibliothek digital>, eine Online-Bibliothek, die E-Books anbietet und verleiht. Sie soll von den bestehenden und vertrauten Bibliotheksstrukturen ausgehend den Leserinnen und Lesern auf breiter thematischer Basis den Einstieg in diese für viele noch neue Buchwelt ermöglichen. Die Interessierten holen sich ihre Berechtigung bei den beteiligten AK-Bibliotheken. Mit der Umsetzung des von diesen Bibliotheken erarbeiteten organisatorischen Konzepts und dem laufenden technischen Betrieb, den so eine Online-Bibliothek erfordert, wurde ein Aggregator betraut: Er verhandelt die E-Book-Lizenzen mit den Verlagen, speichert die E-Book-Dateien und bereitet sie als Datenbank für den Download auf, er erfasst sie katalogmäßig und macht sie online suchbar, richtet die entsprechende Homepage ein und wartet sie, er kontrolliert den Benützungszugang und führt Statistiken.

In diesem Projekt sind die sieben beteiligten Bibliotheken über den Schatten ihrer Autonomie gesprungen, und haben einzelne Kompetenzen an das gemeinsame Ganze abgegeben: So wurde es ein Projekt (und nicht sieben), das zu einer Bibliothek führte (und nicht sieben), die sich aus einem Budget speist und von einem Management geführt wird. Die Managementaufgaben im laufenden Betrieb übernimmt eine der beteiligten Bibliotheken (wechselnd nach dem Rotationsprinzip): Zu ihren Aufgaben gehören die Verhandlungen und der laufende Kontakt mit dem Aggregator, die Durchführung der Bestellungen, die Buchhaltung und die Budgetkontrolle. Dezentral bei den einzelnen Teilnehmerbibliotheken bleiben die durchaus unterschiedlich gehandhabte Zugangsregelung, die Leseradministration und die Anbindung der neuen digitalen Bibliothek an die vorhandene. Dezentral bleiben auch die Öffentlichkeitsarbeit und die Werbung.

Der Bestandsaufbau

In einer Mischung aus zentral und dezentral erfolgt der Bestandsaufbau der <AK-Bibliothek digital>.

Zwei der sieben Bibliotheken teilen sich die zentrale Beschaffung: In den Sachgebieten, für die sie zuständig sind, wählen sie kontinuierlich und systematisch und mit dem Blick auf das Ganze aus dem Angebot, das der Aggregator zur Verfügung stellt. Darüber hinaus gehende, ergänzende Vorschläge kommen von allen beteiligten Bibliotheken. Die Abgleichung dieser Vorschläge, die Durchführung der Bestellung und die Abrechnung erfolgen dann wieder zentral durch die Bibliothek, die mit dem Management betraut ist.

Aber wie steht es um das Angebot an E-Books, aus dem wir wählen können?

Das bestimmen zunächst einmal die Verlage: Deren Kerngeschäft sind weiterhin gedruckte Bücher, und viele Verlage (besonders kleinere, und hochspezialisierte) lassen es dabei bewenden; von ihren Produkten gibt es keine e-Version.

Wenn die Verlage doch E-Books anbieten, dann zumeist mit zeitlicher Verzögerung (weil das Kerngeschäft weiterhin gedruckte Bücher sind); und weil ihre Furcht groß ist, die E-Book-Version bedrohe das Geschäft mit dem gedruckten Buch, und diese Gefahr noch grösser erscheint angesichts technisch immer vielfältigerer und einfacherer Download-Möglichkeiten, misstrauen sie den Bibliotheken: Diese werden zu Orten der unkontrollierten Mehrfachnutzung, des illegalen Kopierens und Herunterladens. Viele E-Books werden daher für die Nutzung in Bibliotheken nicht freigegeben.

Das Angebot an Literatur, das die <AK-Bibliothek digital> in ihren Bestand nehmen kann, hängt aber nicht nur von den Verlagen ab, sondern auch vom Aggregator: Mit welchen Verlagen führt er Lizenzverhandlungen? Kann man das beeinflussen? Welche E-Books erwirbt er? Kann man auch das beeinflussen? Bietet er sie seinen Kunden in Paketen an (alles oder nichts), oder ermöglicht er eine individuelle Auswahl? Gelten Einfachlizenzen (immer nur eine Entlehnung pro Buch und Lizenz) oder Mehrfachlizenzen?

Und dann wählt die Bibliothek aus dem Angebot des Aggregators. Entscheidend dabei ist das inhaltliche Profil der Bibliothek (allgemein/spezial, öffentlich/wissenschaftlich), und ihr Auftrag (als Teil der Arbeiterkammer: Wissensvermittlung, Bildung, Fortbildung). Als Korrektiv wichtig sind direkt geäußerte LeserInnenwünsche und regelmäßige Nutzungsanalysen (welche E-Books aus welchen Themenbereichen werden wie oft entlehnt?).

Die Relation zu den sieben Trägerbibliotheken

Die <AK-Bibliothek digital> ist, wie oben schon ausgeführt, eine für sich stehende, selbständige, ihren eigenen Prinzipien folgende Bibliothek. Und sie ist zugleich das Produkt sehr unterschiedlicher Bibliotheken, die durchaus unterschiedliche Erwartungen an sie haben. Entsprechend unterschiedlich sehen denn auch die Beziehungen zu ihr aus und die Aufgaben, die sie übernehmen soll.

Sie kann *Substitution* sein: Das E-Book ersetzt das gedruckte Buch im Bestand.

Sie kann *Ergänzung* sein: zum einen inhaltlich (die E-Books vergrößern ein bestehendes Angebot, was bis dahin aus Platzgründen nicht möglich war, oder wegen des zu großen Manipulationsaufwands); zum anderen medial (die Leserinnen und Leser verlangen die digitale Version).

Und sie kann *Erweiterung* sein: auch hier zum einen inhaltlich (die E-Books erlauben den Schritt in neue Sachgebiete: ohne Platzbedarf, zu geteilten Kosten, mit geringem Manipulationsaufwand); zum anderen medial (das E-Book ist in diesen neu angebotenen Sachgebieten die einzige Publikationsform). So ist etwa eine der Trägerbibliotheken, die bis dahin belletristikfreie <AK-

Bibliothek Wien für Sozialwissenschaften>, durch die Teilnahme an dem Projekt <AK-Bibliothek digital> für ihre Leserinnen und Leser mit einem Schlag auch zu einer Bibliothek der Schönen Literatur geworden – ausschließlich mit E-Books.

Die Gegenwart

Die <AK-Bibliothek digital> läuft seit März 2011, medial stark beachtet und erstaunlich erfolgreich: Nach dem ersten halben Jahr gab es 4.500 registrierte Leserinnen und Leser, 8.000 E-Books und 30.000 Entlehnungen.

Die Hälfte des Bestands ist Belletristik, dann folgen zu etwa gleichen Teilen (je ca. 15%) Sozialwissenschaften, Geisteswissenschaften und Ratgeber aller Art; den Rest bilden Technik und Naturwissenschaften.

Die Jahrgänge der Leserinnen und Leser folgen der Normalverteilung, mit leichter Verschiebung zu den jüngeren hin; die größte Gruppe bilden allerdings etwas überraschend die 40-bis 50Jährigen. Sieben Personen sind über 80 Jahre alt.

Die Zukunft

Die Zukunft der <AK-Bibliothek digital> liegt zunächst in der Fortführung und Konsolidierung der Gegenwart. Fast alles ist für uns neu und muss erst Routine werden. Auch für einen Rückblick ist es noch zu früh.

Eine zukunftsweisende Strategie gibt es allerdings bereits: spezielle Angebote für spezielle Lesergruppen aufbereiten und sichtbar/recherchierbar machen. Begonnen wurde mit den Betriebsräten, fortgesetzt mit den sich Ausbildenden in den Gesundheitsberufen. So entstehen Spezialbibliotheken innerhalb der Bibliothek, die das Angebot strukturieren.

Zukunftsweisend ist die <AK-Bibliothek digital> auch bereits auf einem anderen Gebiet geworden: Sie hat die Zusammenarbeit der Länderkammerbibliotheken intensiviert und beflügelt. Das macht Lust auf Fortsetzung in neuen gemeinsamen Projekten.

Rita Ostermann

Das E-Book in der öffentlichen Bibliothek

am Beispiel der Arbeiterkammer-Bibliothek digital

Fast alle gängigen Medieninhalte der Unterhaltungs- und Informationsliteratur liegen in digitaler Form vor und werden vermehrt in Büchereien angeboten. Um allen Arbeitnehmern Österreichs unabhängig vom Wohnort und den Öffnungszeiten der realen Bibliotheken Zugang zu Informations- und Unterhaltungsmedien zu bieten, hat die Arbeiterkammer am 23. März 2011 eine virtuelle Zweigstelle der bestehenden AK-Büchereien eingerichtet. Die AK-Bibliothek digital ist eine Internetbibliothek, die von sieben Länderarbeiterkammern Österreichs gemeinsam betrieben wird. Im Endausbau soll diese erste Verbundlösung im Bereich der öffentlichen Bibliotheken ganz Österreich erreichen. Beginnend mit 7.000 E-Book-Lizenzen wird jährlich um 33% des Letztbestandes erweitert und das Medienangebot auf E-Audios und E-Papers ausgedehnt. Besondere Bedeutung kommt den AK-Publikationen zu, die exklusiv in den Medienbestand integriert sind. Über sogenannte „Spezialbibliotheken" wird die AK-Bibliothek digital als flexible Informationsplattform für spezielle Gruppen (Betriebsräte, Lehrlinge, Auszubildende bestimmter Berufsgruppen...) genutzt. Überregionale Zusammenarbeit, geschickte Aufgabenverteilung, ungewöhnliche Ideen und die Entwicklung von Spezialangeboten unterscheiden die AK-Bibliothek digital von anderen virtuellen Bibliotheken und begründen den Erfolg des Konzepts.

Beinahe alle gängigen Medieninhalte sowohl der Informations- als auch der Unterhaltungsliteratur liegen heute in digitaler Form vor und werden bereits seit einiger Zeit verstärkt in wissenschaftlichen und öffentlichen Bibliotheken angeboten. Als Interessensvertreter der Arbeitnehmerinnen und Arbeitnehmer zählt die Arbeiterkammer seit den Zwanzigerjahren des vorigen Jahrhunderts zu den wichtigsten Trägern des wissenschaftlichen und öffentlichen Bibliothekswesens in Österreich. Einen Schwerpunkt im Bildungsauftrag der Arbeiterkammer stellt die gleichmäßige Versorgung ihrer Mitglieder mit allen notwendigen Informationen dar, die für das Bestehen in der Wissensgesellschaft wichtig sind. Mit der Gründung der AK- Bibliothek digital kommt die Interessensvertretung der Arbeitnehmerinnen und Arbeitnehmer dieser Zielsetzung recht nahe: Das Informationsangebot steht den Interessierten unabhängig von Bibliotheksöffnungszeiten sowie Wohn- und Arbeitsort in einer zeitgemäßen Form zur Verfügung.

Bisher gibt es keine ähnliche österreichweite digitale Verbundlösung im Bereich der öffentlichen Büchereien. Deshalb ist dieses Projekt einerseits eine innovative bibliothekarische Maßnahme. Andererseits unterstreicht die Arbeiterkammer ihr großes Engagement für das zentrale Anliegen Bildung und bietet ihren Mitgliedern auf diesem Gebiet Komfort und Qualität.

So starteten am 23. März 2011 die öffentlichen und wissenschaftlichen Bibliotheken von sieben Länderarbeiterkammern eine gemeinsame digitale Bibliothek als virtuelle Zweigstelle der bestehenden Einrichtungen. Beginnend mit 7.000 E-Book-Lizenzen soll die AK-Bibliothek digital den Leserinnen und Lesern auf einer breiten thematischen Basis den Einstieg in diese für viele noch neue Medienwelt erschließen.

Das Konzept

Die AK-Bibliothek digital ist eine Verbundlösung, an der im Endausbau alle österreichischen Bundesländer beteiligt sein sollen. Unabhängig von Wohnort und Öffnungszeiten der Bibliothek steht das Angebot an E-Books für alle Leserinnen und Leser 24 Stunden am Tag und 7 Tage pro Woche zur Verfügung.

Der Bestand dieser digitalen Bibliothek ist auf Grund unterschiedlicher Lizenzbedingungen nicht deckungsgleich mit dem Angebot der realen AK-Bibliothek. Trotzdem werden alle Leserschichten angesprochen. So umfasst der virtuelle Buchbestand einerseits die inhaltlichen Schwerpunkte der bestehenden physischen Bibliotheken der Länderkammern (Ratgeber-, Fach- und Sachliteratur, Belletristik, Kinder- und Jugendliteratur…) und ergänzt diese. Andererseits wird arbeiterkammereigenen Publikationen (Studien, Fachpublikationen, Zeitschriften, etc.) ein besonderer Stellenwert eingeräumt: Diese erhalten über die AK-Bibliothek digital eine vollkommen neue Verteilungsschiene.

Außerdem wird auf die Anforderungen bestimmter Zielgruppen, die den Arbeiterkammern nahe stehen (Betriebsräte, Lehrlinge, Auszubildende bestimmter Berufsgruppen), besonders reagiert: Für diese werden „Spezialbibliotheken“ eingerichtet, in denen all jene E-Books gesammelt werden, die für die betreffende Gruppe wichtig sind und die jederzeit für jeden Nutzer bereit stehen. Diese „Spezialbibliotheken“ werden per Mausklick geöffnet und führen Interessierte sehr schnell – ohne aufwändige Recherche im umfangreichen Bibliothekskatalog – zum gewünschten Ergebnis.

Der mediale Schwerpunkt liegt zunächst auf E-Books. Abhängig von absehbaren technischen und organisatorischen Weiterentwicklungen wie Internetbandbreite, Formatstandards und Angebotsvielfalt sollen in weiterer Folge zusätzliche E-Medien wie Hörbücher, Filme und E-Papers (elektronische Zeitungen und Zeitschriften) angeboten werden.

Die Zusammenarbeit

Zusammenarbeit zwischen Bibliotheken ist ein Modell mit Zukunft, das bereits bisher von einigen wenigen mit Erfolg praktiziert wird[1]. Dabei geht es in erster Linie darum, durch Synergieeffekte Geld zu sparen, die Effizienz der Verwaltungen durch gemeinsame Aufgabenerfüllung zu erhöhen und die Stärken der einzelnen Bibliotheken für alle nutzbar zu machen.

[1] Vgl. dazu Stierle 2009, S. 628-631

Projekte mit mehreren Partnern, die über Bundesländergrenzen hinweg räumlich verteilt sind, sind meistens anspruchsvoll und kommunikationsintensiv. Das Projekt Online-Bibliothek entpuppt sich allerdings schnell als ideales Gemeinschaftsprojekt: Es gibt keinen Standortvorteil, und es geht nicht um die Dominanz einer größeren Stadt. Als zusätzliches Angebot macht es keiner bestehenden Einrichtung Konkurrenz. Eine gemeinsame Online-Bibliothek ist im Idealfall innovativ und öffentlichkeitswirksam.

Die Bibliothekare und Wissensmanager der Bundesländerarbeiterkammern von Burgenland, Kärnten, Salzburg, Steiermark, Tirol, Vorarlberg und Wien hielten strikt an dem gemeinsamen Ziel einer digitalen Bibliothek für alle fest. In nur 4 gemeinsamen Arbeitssitzungen wurde das Projekt entwickelt und umgesetzt: Nach nur 18 Monaten begann der gemeinsame Betrieb zu laufen.

Auch wenn heute bereits die oben genannten 7 Bundesländer an der virtuellen Zweigstelle der AK-Bibliotheken beteiligt sind, ist es das große Ziel der Arbeiterkammern, auch die verbleibenden zwei Bundesländer Nieder- und Oberösterreich ins Boot zu holen, um eine österreichweite digitale Bibliothek zu verwirklichen.

Die Fakten

Die Zusammenarbeit der Länderkammern wurde für alle wichtigen Belange beschlossen.

- Auswahl des externen Projektpartners
- Technische Umsetzung
- Finanzierung
- Bestandsaufbau
- Verwaltung
- Ausbau des Medienbestandes
- Erstellung von Spezialbibliotheken

Die Firma ciando GmbH mit Sitz in München ging als Bestbieter aus dem europaweiten Ausschreibungsverfahren hervor und wurde als externer Projektpartner für die Realisierung der AK-Bibliothek digital gewählt. Sie ist momentan der im deutschsprachigen Raum größte E-Book-Anbieter mit Bibliothekslizenzen: Derzeit (Stand: Jänner 2012) kann aus einem Angebot von 145.000 Lizenzen ausgewählt werden. [2]

Das Geschäftsmodell war bis vor kurzem auf wissenschaftliche Bibliotheken ausgerichtet und weist einige Besonderheiten auf, die für den Vertragsabschluss ausschlaggebend waren:

Flexibilität: Relativ kostengünstig konvertiert ciando vorhandene Eigenpublikationen in E-Books und nimmt sie exklusiv in den Medienbestand auf. Da-

[2] Ciando 2012

durch kann die Arbeiterkammer eine Auswahl an eigenen Studien und Fachpublikationen über diese neue Bibliothek zugänglich machen.

Unterschiedliche Lizenzarten: ciando bietet zwei verschiedene Lizenzarten an. Bücher mit A-Lizenzen sind sequenziell entlehnbar. Ist ein Buch verliehen, steht es für die Dauer der Entlehnfrist für andere Leserinnen und Leser nicht zur Verfügung. Ein Großteil der Bücher wird allerdings mit B-Lizenzen angeboten, die beliebig oft parallel und hintereinander verliehen werden können. Bücher mit B-Lizenzen stehen allen Leserinnen und Lesern jederzeit zur Verfügung. Dieses Angebot ist für eine Verbundlösung wie die AK-Bibliothek digital von besonderer Bedeutung.

Kaufmodell: Die E-Books werden bei ciando einzeln und nicht in Paketen gekauft und gehen in den Besitz der Bibliothek über. Jene Bücher, die im Rahmen von regelmäßigen Bestandsbereinigungen aus dem OPAC ausgeschieden werden, stehen weiterhin als Archivexemplare zur Verfügung.

Die AK-Bibliothek digital ist eine selbstständige Bibliothek mit einem eigenen Bibliotheksportal. Der Medienpool ist Gemeinschaftseigentum. Der direkte Zugang zu diesem Portal erfolgt über die Internetauftritte der beteiligten Länderkammern. Über das Portal gelangt man zum Web-OPAC der AK-Bibliothek digital. Aus den Erfahrungen anderer virtueller Bibliotheken[3] weiß man, dass die Integration des digitalen Bestandes in bereits bestehende Bibliotheks-OPACS ein für den Erfolg und die Akzeptanz von digitalen Medien wichtiger Schritt ist. Deshalb bieten einzelne Länderkammern das E-Book-Angebot über ihren bisherigen Bibliotheks-OPAC an. Login, Recherche und Entlehnvorgang werden dann auch über den OPAC der jeweiligen AK-Bibliothek durchgeführt. Für den Leser bedeutet dies, dass er auf E-Books zugreifen kann, ohne zu bemerken, dass er die eigene Bibliothek verlässt. Die Finanzierung der AK-Bibliothek digital erfolgt nach einem Länderschlüssel, der über die Anzahl der Arbeitnehmer in dem betreffenden Bundesland errechnet wird.

Der Verwaltungsaufwand wird mithilfe des Projektpartners so gering wie möglich gehalten. Ciando bietet seinen Kunden nicht nur ein Bibliotheksportal mit OPAC, Entlehnmodul und Leserverwaltung, sondern auch eine bequeme Möglichkeit für den Erwerb der E-Books. Über die Auswahloberfläche für Bibliotheken bekommt man Zugriff auf die zur Verfügung stehenden Titel. Für die Recherche gibt es die allgemein üblichen Möglichkeiten (Suche nach Kategorien, Verlagen, Schlagwort, Titel, Erscheinungsjahr usw.). Die Bestellung der Medien für den Bestandsaufbau und -ausbau erfolgt dezentral. Bibliothekarinnen und Bibliothekare aus den einzelnen Länderkammern legen E-Books jener Fachbereiche, für die sie zuständig sind, in den Waren-

3 Vgl. dazu Bohne-Lang und Matrisciano 2011, S. 634-639

korb. Der verantwortliche Koordinator überprüft diesen Warenkorb einmal monatlich auf Budgetverträglichkeit und führt die Bestellung durch.

Für den Ausbau des Medienbestandes wurde beschlossen, dass pro Jahr um 33% des Letztbestandes erweitert werden soll. Das bedeutet, dass bei einem erwarteten Stand von 9.000 Lizenzen Ende 2011 im Jahr 2012 ungefähr 3.000 Titel dazukommen werden.

In Betrieb sind bisher die *Betriebsrätebibliothek* und die *Bibliothek für Auszubildende der nichtärztlichen Gesundheitsberufe*, in Planung und Verhandlung sind die *Bibliothek für Konsumenten* und eine *Bibliothek für Lehrlinge*, in der sich die Unterlagen für die Lehrabschlussprüfungen befinden werden.

Der Einstieg

Um die AK-Bibliothek digital nutzen zu können, ist die einmalige Registrierung als Benutzer notwendig. Wegen der bisherigen unterschiedlichen Modalitäten und der verschiedenen Wünsche der einzelnen Arbeiterkammern sowie der bestehenden AK-Bibliotheken ist dieser Vorgang unterschiedlich geregelt. Für alle Länderkammern gilt aber, dass die Registrierung grundsätzlich online und für die Nutzer vollkommen problemlos erfolgt. Alle Leserinnen und Leser erhalten zunächst einen kostenlosen Test-account für 14 Tage. Auf welche Weise die Umwandlung des Testzuganges in einen Dauerzugang erfolgt, fällt ausschließlich in die Kompetenz der jeweils zuständigen AK-Bibliothek bzw. Länderkammer.

Nach erfolgter Registrierung steht den Leserinnen und Lesern das Angebot der AK-Bibliothek digital uneingeschränkt zur Verfügung. Um E-Books herunterzuladen, muss das entsprechende Onlineportal besucht und nach den gewünschten Titeln gesucht werden. Ausgewählte E-Books werden nach Eingabe der Nutzerkennung auf den PC heruntergeladen und anschließend (optional) auf einen E-Book-Reader übertragen. Neben den klassischen E-Book-Readern kann man außerdem Tablet-PCs und Smartphones für das Entlehnen und Lesen von E-Books verwenden.[4] Diese Geräte ermöglichen wie die E-Book-Reader der neuesten Generation das Downloaden der gewünschten E-Books ohne Umweg über den PC.

Die Nutzung

Die Nutzung der E-Books ist zeitlich befristet. Während der Verleihdauer von 14 Tagen kann das Buch uneingeschränkt gelesen und beinahe uneingeschränkt ausgedruckt werden. Nach 14 Tagen (336 Stunden) werden die E-Book-Dateien unleserlich. Für die Praxis bedeutet dies, dass sich die Bücher „von selbst zurückgeben". Für einen weiteren Gebrauch muss das E-Book neuerlich heruntergeladen werden.

[4] Vgl. dazu Mumenthaler 2010, S. 207-221

Erste Zahlen

Am 23. März wurde die AK-Bibliothek digital eröffnet. Der Bestand umfasste zu diesem Zeitpunkt 6.962 Exemplare. Nach 8 Tagen wurden 8.927 Verleihe gezählt. Am 30. September standen auf Grund des laufenden Bestandsausbaus den Nutzern bereits 7.956 Exemplare zur Verfügung. In den sechs Betriebsmonaten wurden allein in Tirol über 11.500 Entlehnungen durchgeführt. Interessant ist auch die Auswertung der direkten Internet-Zugriffe auf die AK-Bibliothek digital in Tirol (das sind Zugriffe über *Google*-Favoriten oder eine gezielte Sucheingabe bei *Google*). Von 23. März bis 30. Juni 2011 wurden bei steigender Tendenz 3.911 Zugriffe gezählt.

Erfahrungen und Ausblick

Auch im gemeinsamen laufenden Betrieb funktioniert die Zusammenarbeit auf allen Ebenen. Während der Bestandsaufbau nach Sachgebieten, die Zuständigkeit für die technische Infrastruktur und die Verbindung zu den Providern längerfristig den einzelnen Länderkammern zugeteilt wurde, gibt es zeitbegrenzte Verantwortlichkeiten, die die beteiligten Bibliotheken im Rotationsprinzip übernehmen. Dazu zählen Budgetverantwortung, internes Management und die Vertretung nach außen.

Darüber hinaus gibt es jene Bereiche, die die beteiligten Bibliotheken infolge der durchaus unterschiedlichen Profile und gültigen Benutzerordnungen autonom regeln, etwa die Leserverwaltung, die Gebührenordnung und die Entscheidung, ob das E-Book-Angebot auch in den bereits bestehenden Bibliotheks-OPAC integriert wird.

Diese Mischung aus Gemeinsamkeiten und kleinen Unterschieden macht das Projekt AK-Bibliothek digital sehr flexibel und interessant: Alle Partner stehen in engem Kontakt, tauschen sich aus, lernen und profitieren voneinander.

So kann zum Beispiel die Aussage, dass die Integration des E-Book-Angebots in den bestehenden OPAC der Bibliothek für die Akzeptanz von digitalen Medien von Vorteil ist, mit Sicherheit bestätigt werden. Sowohl der Anteil der Leser als auch der Anteil an Entlehnungen jener Länderbibliotheken, die die Schnittstelle zwischen ciando und dem eigenen Provider eingerichtet haben, ist überdurchschnittlich groß.

Der Start der AK-Bibliothek digital wurde von gleichzeitigen Pressekonferenzen in allen Bundesländern begleitet. Beiträge im ORF und in den regionalen Medien ermöglichten einen beeindruckenden Einstand der virtuellen Zweigstelle der AK-Bibliotheken. Später erfolgte die Werbung nur mehr länderautonom und nicht zeitgleich. Durch die Nachbesserung des Auswertungsmoduls bei ciando ist es relativ einfach, die Reaktionen der Nutzerinnen und Nutzer auf diese Werbung zu beobachten. Und so wissen wir, dass auch der Erfolg einer virtuellen Bibliothek nicht von selbst gegeben ist, sondern mit viel Arbeit verbunden ist. Ständige Verbesserung des Angebots, Ansprechen des Zielpublikums bei Veranstaltungen, die Einrichtung der „Spezialbibliotheken", Workshops bei Informationsveranstaltungen und das bloße Lesen auf einem E-Book-Reader in größeren Menschenansammlungen bringt mehr neue Leser in die AK-Bibliothek digital als teure Bannerwerbung auf verschiedenen Internetportalen.

Die am AK-Verbund beteiligten Länderkammern sind sich jedenfalls einig: Wenn die öffentliche Bibliothek weiterhin ihren Auftrag erfüllen will, so müssen Ideen und Ressourcen zusammen Wege öffnen, die von den Kunden einfach genutzt werden können. Wir haben eine große Chance zum richtigen Zeitpunkt genutzt und eine fast österreichweite digitale Bibliothek verwirklicht, die allen unseren Lesern uneingeschränkt zur Verfügung steht.

Literaturverzeichnis

Bohne-Lang, Andreas ; Matrisciano, Jutta: Der schnelle Weg zum Nutzer. In: BuB 63 (2011) 9, S. 634 – 639

Ciando E-Books für Bibliotheken unter http://www.ciando.com/service/bibliotheken/ [Stand 28.12.2011]

Mumenthaler, Rudolf: E-Book-Reader und ihre Auswirkungen auf Bibliotheken. In Bergmann, Julia ; Danowski, Patrick (Hrsg.): Handbuch Bibliothek 2.0. München: De Gruyter Saur, 2010. S. 207 - 221

Stierle, Thomas: Interkommunale Zusammenarbeit bei der Bereitstellung von E-Medien. In BuB 61 (2009) 9, S. 628 - 631

René Christian Thalmair

Was ist und was tut eine österreichische Landesamtsbibliothek?

Landesamtsbibliotheken stehen selten im Rampenlicht der öffentlichen Wahrnehmung. Im Folgenden soll der Frage nachgegangen werden, was eine Landesamtsbibliothek ist und tut. Zu diesem Zweck werden Merkmale einer Landesamtsbibliothek dargestellt und diskutiert. Diese Überlegungen sind ein (kleiner) Teil meiner Masterarbeit mit dem Titel: „Welche Vorteile haben untereinander vernetzte und von Informationsexperten geleitete Landesamtsbibliotheken für eine Landesverwaltung?"[1]

Obwohl man theoretisch davon ausgehen könnte, dass Landesbedienstete in jeder österreichischen Landesverwaltung durch eine Landesamtsbibliothek[2] mit Literatur und Informationen unterstützt werden, stellt sich die Wirklichkeit ungleich vielschichtiger dar. In Österreich gibt es derzeit 4 Landesamtsbibliotheken, konkret in Oberösterreich[3], Salzburg[4], Tirol[5] und Vorarlberg[6]. In den fünf verbleibenden Bundesländern finden sich in Kärnten und der Steiermark größere Abteilungsbibliotheken, die jeweils der Abteilung Verfassungsdienst zugeordnet sind. Im Burgenland, in Niederösterreich und in Wien übernehmen Landesbibliotheken die Funktion einer Landesamtsbibliothek als ein kleiner Aufgabenbereich neben vielen und höher gewichteten Aufgaben.[7]

1 Inspirierender Betreuer der Masterarbeit ist Dr. Josef Pauser, Leiter Bibliotheksmanagement und Interne Kommunikation (Abt. I/7) sowie stv. Leiter Interne Information und Kommunikation (Bereich I/B/1), Verfassungsgerichtshof, Wien.

2 Wenn nicht anders angegeben, verwende ich die Begriffe „Landesamtsbibliothek" und „Amtsbibliothek" synonym. Um den besonderen Charakter der in dieser Arbeit untersuchten Bibliotheken hervorzuheben, präferiere ich überwiegend den Begriff „Landesamtsbibliothek". Österreichische Landesamtsbibliothekare (konkret jene aus Linz, Bregenz und Innsbruck) bevorzugen den Begriff „Amtsbibliothek" (anstelle des Begriffs „Landesamtsbibliothek") in ihren Signaturen.

3 Die Amtsbibliothek des Amtes der Oberösterreichischen Landesregierung (ABOÖ) leitet MMag. Karl Ratzenböck.

4 Auf ausdrücklichen Wunsch der Leiterin findet die Landesamtsbibliothek der Salzburger Landesregierung keine Berücksichtigung in meiner Untersuchung.

5 Die Amtsbibliothek des Amtes der Tiroler Landesregierung (ABT) leitet Mag.a Hildegard Neuner. Vgl. auch Neuner 2010.

6 Die Amtsbibliothek des Amtes der Vorarlberger Landesregierung (ABVbg) leitet Dipl.-Bibl.in (FH) Julia Fend.

7 In Graz sprach ich mit Mag.a Schadia Badr und Dr.in Renate Krenn-Mayer, Juristinnen der Abt. Verfassungsdienst und Zentrale Rechtsdienste im Amt der Steiermärkischen Landesregierung. In Klagenfurt führte ich ein Interview mit Tanja Klösch aus der Abt. Verfassungsdienst im Amt der Kärntner Landesregierung. In Wien stellten sich die Leiterin der Wienbibliothek im Rathaus, Dr.in Sylvia Mattl-Wurm, und der Leiter der Zentralen Dienste der Wienbibliothek im Rathaus, Mag. Christian Mertens,

Erst eine Zusammenschau dieses breiten Spektrums an unterschiedlichen Ausgestaltungen der Funktion Landesamtsbibliothek in den österreichischen Landesverwaltungen ermöglicht einen Überblick oder eine Annäherung an das Phänomen Landesamtsbibliothek in Österreich:

- Braucht es überhaupt eine (eigenständige, zentrale) Landesamtsbibliothek in einer Landesverwaltung?
- Wer soll diese Einrichtung betreuen (welche Vorteile ergeben sich aus der Anstellung eines Informationsexperten)?
- Sollen sich österreichische Landesamtsbibliotheken untereinander vernetzten?

Um dem Phänomen „Landesamtsbibliothek“ auf die Spur zu kommen, war ich in den österreichischen Bundesländern mit Ausnahme von Salzburg vor Ort und führte mit den jeweiligen Leiterinnen und Leitern der Landesamtsbibliotheken bzw. jener Einrichtungen, die die Funktion einer Landesamtsbibliothek übernehmen bzw. die dieser am nächsten kommen, ein Interview.

Zur Analyse der Interviews bediente ich mich relativ frei der Indikatoren des Bibliotheksindex für wissenschaftliche Bibliotheken (BIX 2012). Dieser gliedert sich in vier Dimensionen *Angebot, Nutzung, Effizienz, Entwicklung*, sodass ich schließlich in Anlehnung an die BIX-Indikatoren auf folgende 12 Kategorien der Analyse kam:

> Nutzerinnen und Nutzer – Nutzung – Zufriedenheit – Schulungen – Medien, Bibliotheksprogramm, Aufstellungssystematik – Zusammenarbeit – die Landesamtsbibliothek in der Landesstruktur – Messkriterien für Effizienz – Leistungskatalog – Fortbildung – Marketing – Zukunftsprojekte.

Diese Kategorien ergänzte ich um weitere Kategorien, die besonders den Mehrwert einer Vernetzung belegen oder widerlegen sollen. Dies sind:

> Bibliotheksziele, Bibliotheksauftrag, Bestandsentwicklungsplan – zwischenbehördlicher Leihverkehr – Erwerbungskooperation – Dublettentausch – gemeinsame Zeitschriftenverzeichnisse, Dokumentenserver, virtuelle Bibliothek – Reaktivierung der VÖB-Kommission – gemeinsame Schulungen, gemeinsamer Auftritt bei Bibliothekartagen, professionelles Auftreten nach außen, Austausch, bessere Recherchestrategien.

Diese Aufzählung soll einen Eindruck vermitteln, wie komplex und vielschichtig eine Analyse österreichischer Landesamtsbibliotheken ist.[8]

zur Verfügung. Im Burgenland stand mir Dr. Jakob Perschy, der Leiter der Burgenländischen Landesbibliothek, Rede und Antwort, und schließlich konnte ich in St. Pölten Mag. Hans-Joachim Alscher, stellvertretender Bibliotheksdirektor der Abteilung niederösterreichisches Landesarchiv und niederösterreichische Landesbibliothek, interviewen.

8 Eine grundsätzliche Hilfestellung für meine Analyse boten Bolt 2010, Arbeitsgemeinschaft 2000, Arbeitsgemeinschaft 2004 und Cuninghame 2009.

Grundlegend für jede Analyse ist zunächst eine Diskussion der verwendeten Termini. In meiner Analyse soll sich die Betrachtung auf den Terminus „Landesamtsbibliothek“ konzentrieren.

Was ist eine Landesamtsbibliothek?

An erster Stelle sind Charakteristika zu nennen, die auf beinahe jede Bibliothek zutreffen und insofern wenig überraschen: Bestandsaufbau, Bestandspflege, Ausleihe, Fernleihe, ... Informationsrecherchen usw.

Auf meinem Weg zu einer Definition möchte ich allerdings über diese eher trivialen und zu erwartenden Charakteristika hinausgehen und jene Merkmale beschreiben, die im Besonderen Landesamtsbibliotheken kennzeichnen. Mit dieser Herangehensweise möchte ich vor allem eine Diskussion in der „scientific community of librarians“ anregen.

Eine Umschreibung des Begriffes „Landesamtsbibliothek“ impliziert Fragen der Daseinsberechtigung solch spezifischer bibliothekarischer Einrichtungen. Ausgewählte Merkmale, die Landesamtsbibliotheken kennzeichnen, sind:

Homogenität der Nutzergruppe

Aus meiner Sicht muss jeder Definitionsversuch einer Landesamtsbibliothek an der spezifischen Nutzergruppe ansetzen. Dies stellt den charakteristischen Unterschied zu anderen Bibliotheken dar, da die spezielle Nutzergruppe (Verwaltungsfachleute) relativ homogen strukturiert ist. Die Ausrichtung auf diese Nutzergruppe haben alle Landesamtsbibliotheken gemeinsam. Und daraus lassen sich bereits ein Bibliotheksauftrag und ein Bibliotheksziel ableiten, nämlich die Informationsversorgung von Verwaltungsbediensteten. Folglich sind alle österreichischen Landesamtsbibliotheken einer relativ homogenen Gruppe von Spezialbibliotheken zuzurechnen.

Qualitätsverbesserung von Verwaltungsabläufen

Die rascher werdenden Verwaltungsabläufe und die je kürzere Bearbeitungsdauer von Verwaltungsakten erfordern eine entsprechend rasche Auskunftstätigkeit und möglichst kurze Bearbeitungs- und Durchlaufzeiten (von der Bestellung über die professionelle bibliothekarische Einarbeitung bis zur Ausleihe). Die Landesamtsbibliothek stellt nicht nur Informationen für den alltäglichen Gebrauch der Verwaltungsfachleute zur Verfügung, sondern unterstützt auch die Ausarbeitung strategischer Entscheidungen mit entsprechender Fachliteratur und Fachzeitschriften.

Verwaltungsfachleute müssen rasch benötigte Informationen nicht erst bei Bedarf mühevoll suchen und beschaffen. Umso bedeutsamer werden daher gut sortierte – im Vergleich zu Abteilungsbibliotheken bietet eine Landesamtsbibliothek größere und umfassendere Bestände – und rasch verfügbare und zugängliche Literaturbestände.

Eine Landesamtsbibliothek, in der die wesentlichen einschlägigen Quellen, Kommentare, Zeitschriftenartikel aufbereitet und verfügbar gehalten werden, muss folglich als ein Beitrag zu einer effizienteren Verwaltung gewertet werden. Da eine Landesamtsbibliothek über Computerarbeitsplätze, WLAN, Druck- und Scanmöglichkeiten verfügt, darf auch der Aspekt der Zeitökonomie als ein wesentlicher Vorteil einer eigenständigen Landesamtsbibliothek gelten. Dieser Mehrwert (durch die Aufbereitung qualitativ hochwertiger und aktueller Informationen) verbessert die Qualität der Verwaltungsabläufe einer Behörde.

Sobald es gelingt, den Landesbediensteten bewusst zu machen, dass die Landesamtsbibliothek ihr Ansprechpartner bei Recherchen, Ankaufwünschen, Informationsbeschaffung und sonstigen bibliothekarischen Auskünften ist, werden Verwaltungsabläufe effizienter, da Klarheit darüber besteht, an wen sich der Verwaltungsbedienstete mit bestimmten Anfragen wenden soll/kann. Ein zeitraubendes Weiterleiten von Anfragen oder Abklären von Zuständigkeiten entfällt. Die Landesamtsbibliothek entwickelt sich zu einem Kompetenzzentrum innerhalb des Wissensmanagements einer Behörde.

Kostenersparnis durch Vermeidung von Parallelabläufen (z.B. bei der Informationsbeschaffung und der -aufbereitung)

Parallel geführte Abteilungsbibliotheken sind um ein Vielfaches kostenintensiver (Standardwerke werden in einer höheren Anzahl angekauft, Synergien bei der Nutzung und bei der Bearbeitung bleiben ungenützt).

Intensiv genutzte Bestände können an einem zentralen für alle Landesbediensteten leicht zugänglichen Ort aufgestellt werden. Durch ein Zusammenziehen von gleichen Beständen können weitere Synergien erzielt werden. So ist es beispielsweise nicht nötig die Materialien zu den LGBl. in sämtlichen Abteilungen gebunden aufzustellen, sondern es wird genügen diese an ein bis zwei zentralen Orten verfügbar zu halten. Die Synergien an eingesparten Buchbindekosten und Anschaffungskosten sind dabei evident. Dieser zentrale Ort der Aufbereitung und Bereitstellung sollte die Landesamtsbibliothek sein.

Gleiches trifft auf stets teurer werdende Zeitschriftenabonnements zu. Diese könnten auf ein bzw. wenige Exemplare reduziert werden, die dann entweder in der Landesamtsbibliothek aufgestellt oder zuerst in den Umlauf geschickt werden. An diesen beiden Beispielen wird der Vorteil einer eigenständigen Landesamtsbibliothek bereits deutlich (größere Effizienz, finanzielle Synergien).

Parallel geführte Abteilungsbibliotheken verbrauchen auch personelle Ressourcen, da jede einzelne Abteilungsbibliothek betreut werden muss. Es werden weiter zeitliche Ressourcen von Mitarbeiterinnen und Mitarbeiter gebunden, die aufgrund eines fehlenden Retrievalsystems Arbeitszeit in die Suche, Beschaffung und Aufbereitung von Informationen investieren müssen. Eine eigenständige Landesamtsbibliothek ermöglicht daher für Landesbedienstete nicht nur einen Gewinn an Zeit, vielmehr werden qualitativere Recherchemöglichkeiten und ein breiteres Spektrum an Informationen zugänglich gemacht.

Abteilungsbibliotheken werden in aller Regel von Abteilungssekretärinnen „nebenbei" mitbetreut. Es ist schwer vorstellbar, dass Abteilungssekretärinnen und -sekretäre – um ein Beispiel zu nennen – e-books verwalten und bereitstellen. Dies nicht nur aus dem Grund einer möglichen technischen Überforderung, handelt es sich doch um Personal ohne entsprechende bibliothekarische Fachausbildung. Schwerwiegender ist der Umstand, dass personelle Ressourcen in vielen Abteilungen gebunden werden. Ohne ein koordiniertes Vorgehen sind Parallelstrukturen unvermeidbar. Und würde man eine entsprechende Koordinierung der Literaturbestände aller Abteilungen einer Landesverwaltung einrichten wollen, wäre dies ein enormer personeller, technischer, wartungsintensiver, administrativer und finanzieller Aufwand.

Erhöhung der Informationskompetenz durch Schulungen der Landesbediensteten

Ein Informationsspezialist als der Ansprechpartner für Informationsfragen ist prädestiniert dafür, Schulungen zu Recherchestrategien und zur OPAC-Benützung abzuhalten. Schulungen der Landesbediensteten sind ein probates Mittel die Fachkenntnisse eines Informationsspezialisten weiterzugeben und im Sinne einer Professionalisierung von Verwaltungsabläufen diese einzubringen. Ähnlich wie ein Jurist, der sich nach abgelegter Dienstprüfung besondere Kenntnisse und Erfahrungen in einem Rechtsbereich erwirbt und zu einem Experten in seinem Fachgebiet wird, entwickelt auch ein Informationsexperte Fertigkeiten im Umgang mit Informationen.

Dieses Know-how steht der gesamten Landesverwaltung zur Verfügung und kann im Rahmen von Schulungen weitergegeben und vermittelt werden. Es kann auch darüber hinausgehend eingesetzt werden, indem der Informationsspezialist als Experte zu Ausschusssitzungen beigezogen wird.

Der Vorteil eines Informationsexperten in einer Landesamtsbibliothek im Hinblick auf Schulungen besteht folglich in der Bündelung von Informationskompetenzen (Suche, Recherche, Aufbereitung, Retrieval), die sowohl punktuell in Form von themenspezifischen Schulungen als auch institutionell im Rahmen einer Landesamtsbibliothek den Landesbediensteten zu Verfügung stehen.

Leitung durch (mindestens) eine/n wiss. Bibliothekar/in zur Erreichung, Aufrechterhaltung und zum Ausbau eines qualitativ hochwertigen Dienstleistungsangebotes

Ein Informationsexperte ist nicht nur in der Lage, die Rechercheanfragen zu bearbeiten, er ist auch für die Aufbereitung des Bestandes verantwortlich. Dabei kann auf Verschiebungen des Benutzerinteresses rasch reagiert und neuere Entwicklungen und Innovationen weitergegeben werden (Newsletter generieren oder Verlinkungen zu online verfügbaren Rechtsquellen zugänglich machen). Der Vorteil eines Informationsexperten in einer Landesamtsbibliothek besteht in seiner Aufgabe als Manager. Er koordiniert, bereitet auf und macht neuere Entwicklungen in den Bereichen e-content und Neuerscheinungen zugänglich. Er ist die Verbindung zwischen externen Angeboten und den Verwaltungsbediensteten. Er bewertet und implementiert die konkreten Wünsche der Hauptnutzergruppe und entwickelt damit das Informationsangebot der Landesamtsbibliothek weiter.

Anders als in großen Universalbibliotheken, wo Spezialisierung in aller Regel die Fokussierung auf einen Aspekt der Buchbearbeitung meint, soll ein Informationsspezialist in einer Landesamtsbibliothek möglichst alle Aspekte der Buchbearbeitung und der Kundenbetreuung ausreichend beherrschen. Neben diesem Universalismus soll er zugleich die Eigenarten der Hauptnutzergruppe so weit als möglich berücksichtigen. Das Spektrum reicht dabei von Umgangsformen über spezifisch juristische Kenntnisse bis hin zur Bereitschaft, ein Amt nach außen zu repräsentieren. Für den Allround-Job in einer kleinen Spezialbibliothek benötigt der Informationsspezialist umfassende bibliothekarische und dokumentarische Fachkompetenz; d.h. Kenntnisse in den konventionellen und elektronischen Informationsquellen (von Print-Bibliographien bis Online-Datenbanken und Internet), den Recherche-Techniken und -Methoden, den verschiedenen Publikationsarten und Medien (Amtsdruckschriften, Normen ...), der Informationsproduktion und -verteilung (vom Buchhandel bis zum elektronischen Publizieren, von der Fernleihe bis zur Dokumentlieferung). Für die Verwaltung der Bibliothek/Informationsabteilung sind Kenntnisse der Bibliotheksbetriebslehre (Ablauforganisation, Organisation der Bestände, Ausleihe usw.), der Formal- und Inhaltserschließung, Haushalts- und Verwaltungsrecht wichtig.[9]

Da heute keine Bibliothek mehr ausschließlich auf Basis ihrer eigenen Bestände und Ressourcen funktionieren kann, sind Kenntnisse über die aktuelle Entwicklung im Bibliothekswesen, Kooperationsmöglichkeiten mit anderen Bibliotheken, Verbünden und das aktive Networking unerlässlich.

Mit wachsender Erfahrung ist der Informationsexperte in einer Landesamtsbibliothek der Ansprechpartner bei Informationsanfragen für Landesbedienstete und kann auch als Experte zu Ausschusssitzungen beigezogen werden. Dieser repräsentiert auch das Amt einer Landesregierung nach außen, indem er z.B. bei Fachtagungen und -kongressen Referate hält, Praktikanten betreut, Schulungen anbietet, im Rahmen von Universitätslehrgängen unterrichtet oder Verhandlungen mit Verlagen und Lieferanten führt.

Das Amt einer Landesregierung gewinnt durch einen Informationsexperten in einer Landesamtsbibliothek einen Spezialisten, der nicht zuletzt mit innovativen Ideen die Landesamtsbibliothek zu einem Bibliotheks-Kompetenzzen-

[9] Vgl. Behm-Steidel 2000, S. 21f.

trum weiterentwickeln kann. Im Idealfall wird die Landesamtsbibliothek als Kompetenzzentrum im Bereich Wissensmanagement betrachtet. [10]

Die Überlegungen zur Umschreibung einer Landesamtsbibliothek möchte ich in der folgenden Tabelle zusammenfassen:

traditionell	mein Standpunkt
Bestandsaufbau von Fachliteratur Bestandspflege Ausleihe Informations-recherchen Fernleihe Zeitschriftenumläufe usw.	Homogenität der Nutzergruppe (primär Verwaltungsfachleute) Einbindung in Verwaltungsstruktur einer Landesverwaltung (z.B. Stärkung der corporate identity einer Landesverwaltung) Qualitätsverbesserung von Verwaltungsabläufen Kostenersparnis durch Vermeidung von Parallelabläufen (z.B. bei der Informationsbeschaffung und -aufbereitung) Ausdruck eines modernen Wissensmanagements Erhöhung der Informationskompetenz durch Schulungen der Landesbediensteten Dienstleistungsorientierung (Unterstützung von Verwaltungsabläufen durch Informationsbeschaffung,-aufbereitung, -retrieval, -bereitstellung und -vermittlung) Erschließung innovativer neuer Medien (Datenbanken, e-books) Öffentlichkeitswirksamkeit Sozialer Raum (der Ruhe wie auch der Kommunikation) Leitung durch (mindestens) eine/n wiss. Bibliothekar/in zur Erreichung, Aufrechterhaltung und zum Ausbau eines qualitativ hochwertigen Dienstleistungsangebotes

Tab.: Merkmale von Landesamtsbibliotheken

Ich hoffe, ich konnte zeigen, dass Landesamtsbibliotheken aus bibliothekarischer Sicht höchst anspruchsvoll, faszinierend und noch weitgehend unentdeckt sind.

Literaturverzeichnis

Aigner, Reinhold (1953): Die Amtsbibliothek im Steiermärkischen Landesarchiv. In: Mitteilungen des steiermärkischen Landesarchivs 3, S. 79-83.

Arbeitsgemeinschaft der Parlaments- und Behördenbibliotheken (Hrsg.) (2004): Leipziger Memorandum. Die Behördenbibliothek im Zeitalter elektronischer Information. Verabschiedet von der Mitgliederversammlung der Arbeitsgemeinschaft der Parlaments- und Behördenbibliotheken auf dem 2. Leipziger Kongress für Information und Biblio-

[10] Der Bereich Wissensmanagement in Landesverwaltungen gewinnt zunehmend an Bedeutung. Stellvertretend möchte ich das Modell der wirkungsorientierten Verwaltungsführung, das in der Oberösterreichischen Landesverwaltung umgesetzt wird, nennen (vgl. Land Oberösterreich 2011).

thek. Leipzig. Verfügbar unter: http//www.apbb.de/memorandum_apbb.pdf (Stand 04.01. 2012).

Arbeitsgemeinschaft Hannoverscher Behördenbibliotheken (Hrsg.) (2000): Behördenbibliotheken in Niedersachsen. Sonderheft. Hannover. Verfügbar unter: http//www.hb.niedersachsen.de/ahb/festschr/sonderheft.pdf (Stand 04.01. 2012).

Behm-Steidel, Gudrun (2000): Informationsspezialisten für Behördenbibliotheken. In: Arbeitsgemeinschaft Hannoverscher Behördenbibliotheken (Hrsg.): Behördenbibliotheken in Niedersachsen. Hannover. S. 21-23. Verfügbar unter: http://www.ahb.niedersachsen.de/ahb/festschr/sonderheft.pdf (Stand 04.01. 2012).

BIX (2012): Der Bibliotheksindex. Verfügbar unter: http://www.bix-bibliotheksindex.de/index.php?id=178 (Stand 04.01.2012).

Bolt, Nancy/Burge, Suzanne (Hrsg.) (2010): Richtlinien für Behördenbibliotheken. IFLA Professional Reports 118. Den Haag. Verfügbar unter: http//www.ifla.org/files/hq/publications/professional-report/118.pdf (Stand 04.01.2011).

Cuninghame, Keith (2009): Guidelines for legislative libraries. 2. Aufl. IFLA Publications 140. München 2009.

Land Oberösterreich (2010): Management- und Unternehmenskonzept. Verfügbar unter: http://www.land-oberoesterreich.gv.at/cps/rde/xbcr/SID-A9AB7905-07971149/ooe/WOV2021_Management_und_Unternehmenskonzept_Internet_Top.pdf (Stand 04.01.2012)

Landes-Rechnungshof Vorarlberg (Hrsg.) (2010): Prüfbericht über das öffentliche Bibliothekswesen. Bregenz. Verfügbar unter: http://www.lrh-v.at/pdf/pruefberichtoeffentliches.pdf (Stand 04.01.2011).

Neuner, Hildegard (2010): Die Amtsbibliothek des Landes Tirol. In: Mitteilungen der VÖB 63,1/2, S. 77-82.

Max Kaiser

Austrian Books Online

Das *Google-Books*-Projekt an der Österreichischen Nationalbibliothek

In Kooperation mit Google digitalisiert die Österreichische Nationalbibliothek ihren historischen, urheberrechtsfreien Druckschriftenbestand. Rund 600.000 Bände vom sechzehnten bis neunzehnten Jahrhundert werden digitalisiert. Das Projekt „Austrian Books Online" zeigt, dass Public Private Partnerships erfolgreich zum Ziel von Kulturerbeinstitutionen beitragen können, umfassenden Zugang zu ihren Beständen zu ermöglichen. Die Nicht-Exklusivität solcher Partnerschaften und der freie Zugang zu den Digitalisaten ist hierfür Voraussetzung. Der Artikel erläutert die Rahmenbedingungen der Partnerschaft, zeichnet den Projektaufbau und die Workflows nach und gibt einen Ausblick auf die Pläne zur Zugänglichmachung der digitalen Ressourcen.

In Zusammenarbeit mit dem Internetunternehmen Google digitalisiert die Österreichische Nationalbibliothek ihren gesamten historischen Druckschriftenbestand. Diese Kooperation ist die bislang größte österreichische Public Private Partnership im Kulturbereich. Im Projekt *Austrian Books Online*[1] werden rund 600.000 ausschließlich urheberrechtsfreie Werke vom Anfang des 16. Jahrhunderts bis zur zweiten Hälfte des 19. Jahrhunderts mit insgesamt rund 200 Millionen Seiten digitalisiert und über *Google Bücher* sowie die Digitale Bibliothek der Österreichischen Nationalbibliothek kostenfrei zugänglich gemacht. Der historische Buchbestand der Österreichischen Nationalbibliothek zählt zu den bedeutendsten Sammlungen weltweit.

Google Bücher, von Google Ende 2004 initiiert, besteht aus zwei Programmen: Im sogenannten „Partnerprogramm" kooperiert Google mit mehr als 10.000 Verlagen weltweit, die ihre Bücher zur Digitalisierung und Onlineveröffentlichung zur Verfügung stellen. Den BenutzerInnen wird in *Google Bücher* eine begrenzte Anzahl von für die Suche relevanten Buchseiten gezeigt. Über die Anzahl der Seiten, die pro Buch angezeigt werden, entscheidet der Verlag. Bei Interesse können die BenutzerInnen das Buch über einen Link zur Website des Verlags oder zu einem Onlinehändler erwerben.

Im „Bibliothekenprogramm" kooperiert Google mit rund 40 renommierten Bibliotheken weltweit in der Digitalisierung, darunter bislang 13 Bibliotheken in Europa.[2] Neben der Österreichischen Nationalbibliothek arbeiten in Europa auch die Nationalbibliotheken von Italien, den Niederlanden, der

1 http://www.onb.ac.at/austrianbooksonline

2 Eine aktuelle Liste der Partner findet sich in den „Frequently Asked Questions" von *Austrian Books Online*: http://www.onb.ac.at/austrianbooksonline/faq.htm.

Tschechischen Republik sowie die British Library mit Google zusammen. Projektpartner ist auch die Bayerische Staatsbibliothek, die bereits mehr als 500.000 Bücher mit Google digitalisiert hat.

Als Ergebnis der Partnerschaften mit Verlagen und Bibliotheken können über *Google Bücher* (http://books.google.at) bereits mehr als 20 Millionen digitalisierte Bücher gefunden und durchsucht werden. Davon sind rund drei Millionen Bände urheberrechtsfrei und werden vollständig im Volltext angezeigt. Anders als in den USA digitalisiert Google in Europa mit Bibliotheken ausschließlich urheberrechtsfreie Werke.

Rahmenbedingungen der Kooperation der Österreichischen Nationalbibliothek mit Google

Die Kooperation zwischen der Österreichischen Nationalbibliothek und Google wurde der Öffentlichkeit im Juni 2010 vorgestellt. Begleitend zur Ankündigungspressekonferenz stellte die Österreichische Nationalbibliothek eine umfangreiche Projektwebsite mit ausführlichen „Fragen und Antworten" zu den wesentlichen Aspekten der Partnerschaft ins Netz.[3] Diese FAQs, die deutsch und englisch vorliegen, werden ständig aktualisiert.

Für das Ziel einer umfassenden Digitalisierung des historischen Buchbestandes der Österreichischen Nationalbibliothek lag die Partnerschaft mit Google nahe, verfügt das Unternehmen doch nicht nur über die erforderlichen Ressourcen, sondern auch über vieljährige praktische Erfahrung in der Massendigitalisierung. Die Kosten für die Volltextdigitalisierung von Büchern sind sehr hoch und betragen typischerweise zwischen 50 und 100 Euro pro Band.[4] Ohne Kooperation mit einem Partner wie Google wäre ein Projekt der Größenordnung von *Austrian Books Online* für die Österreichische Nationalbibliothek daher kaum leistbar gewesen. Google kommt für die Kosten von Volltextdigitalisierung, Transport und Versicherung auf, die Österreichische Nationalbibliothek trägt den nicht unerheblichen Aufwand für die logistischen Prozesse innerhalb der Bibliothek, die erforderlichen Anpassungen der Metadaten und für die Qualitätskontrolle, Speicherung, Sicherung und Bereitstellung ihrer Digitalisate.

Die Kooperation zwischen der Österreichischen Nationalbibliothek und Google wird durch klar definierte Rahmenbedingungen geleitet, die im übrigen den wesentlichen Empfehlungen des im Jänner 2011 veröffentlichten

[3] http://www.onb.ac.at/austrianbooksonline/faq.htm.

[4] Vgl. dazu Nick Poole. The Costs of Digitising Europe's Cultural Heritage. A Report for the Comité des Sages of the European Commission. November 2010. http://ec.Europa.eu/information_society/activities/digital_libraries/doc/refgroup/annexes/digiti_report.pdf.

Berichts *The New Renaissance*[5] einer hochrangigen EU-Expertengruppe sowie den Eckpunkten der Empfehlung der EU-Kommission *Zur Digitalisierung und Online-Zugänglichkeit kulturellen Materials und dessen digitaler Bewahrung*[6] vom Oktober 2011 entsprechen:

- Es dürfen ausschließlich urheberrechtsfreie Werke digitalisiert werden.
- Die Kooperation mit Google ist nicht exklusiv. Die Österreichische Nationalbibliothek kann daher denselben Buchbestand jederzeit auch mit anderen Partnern digitalisieren.
- Die Entscheidung darüber, welche Bücher für die Digitalisierung in Frage kommen, trifft ausschließlich die Österreichische Nationalbibliothek.
- Die Logistik- und Digitalisierungsprozesse werden durch das Institut für Restaurierung der Österreichischen Nationalbibliothek begleitet und evaluiert.
- Die Österreichische Nationalbibliothek erhält Kopien sämtlicher Digitalisate inklusive der Volltexte und kann diese zur nichtkommerziellen Nutzung über ihre Digitale Bibliothek zugänglich machen. Die Einschränkungen in Bezug auf die nichtkommerzielle Nachnutzung durch Dritte sind zeitlich begrenzt.
- Google und die Österreichische Nationalbibliothek sind verpflichtet, die vollständigen Digitalisate inklusive der Volltexte kostenfrei zugänglich zu machen. Diese Verpflichtung besteht auch über die Dauer der Kooperation hinaus.
- Die Österreichische Nationalbibliothek kann ihre Digitalisate auch über andere Plattformen wie das europäische Kulturportal *Europeana* zugänglich machen und an Forschungspartner weitergeben.
- Die Österreichische Nationalbibliothek kann die Kooperation beenden, sollte sich herausstellen, dass sie nicht den Erwartungen entspricht.

Neben der Verbesserung der Zugänglichkeit der digitalisierten Werke leistet das Projekt *Austrian Books Online* auch einen wichtigen Beitrag zur Konservierung der Bücher, da in Zukunft ja nicht immer die wertvollen Originale benützt werden müssen. Zudem ist die Digitalisierung des historischen Buchbestands der Österreichischen Nationalbibliothek Teil der Bestandssicherung für den Katastrophenfall.

5 The New Renaissance. Report of the „Comité des Sages". Reflection Group on Bringing Europe's Heritage Online. Jänner 2011. http://ec.europa.eu/information_society/activities/digital_libraries/doc/refgroup/final_report_cds.pdf. Deutsche Übersetzung: http://ec.europa.eu/information_society/activities/digital_libraries/doc/executivesumma ry/final_renaissace_de.pdf.

6 http://ec.europa.eu/information_society/activities/digital_libraries/doc/recommendati on/recom28nov_all_versions/de.pdf.

Projektdurchführung

In einem Vorprojekt in der zweiten Jahreshälfte 2010 wurden die Voraussetzungen für die operative Projektphase geschaffen. Wichtig war insbesondere die Einbettung des Projekts, das fast sämtliche Abteilungen des Hauses berührt, in die Organisationsprozesse der Österreichischen Nationalbibliothek und die Vernetzung mit den sonstigen laufenden Projekten. Geplant werden mussten die für die operative Phase erforderlichen Personalressourcen und organisatorischen Maßnahmen. Den größten Raum nahm in der Vorbereitung die Planung der logistischen Abläufe ein.

Es werden keine Bücher individuell für die Digitalisierung ausgewählt. Vielmehr wird buchstäblich Regal für Regal digitalisiert. Nicht Teil des Projekts sind lediglich Bücher, die aufgrund ihres fragilen Zustands, ihres Formats oder ihres besonderen Wertes für Digitalisierung nicht in Frage kommen. Vor der Digitalisierung wird jeder einzelne Band auf seine Eignung evaluiert. Digitalisiert werden neben den historischen Buchbeständen inklusive der Werke im Prunksaal der Österreichischen Nationalbibliothek auch die urheberrechtsfreien Bücher der Kartensammlung, der Sammlung von Handschriften und Alten Drucken, der Musiksammlung und des Theatermuseums. Teil des Projekts sind auch die Bestände der Fideikommissbibliothek, d.h. der ehemaligen Privatbibliothek des Hauses Habsburg-Lothringen. Handschriften und Manuskripte werden in diesem Projekt nicht digitalisiert.

Derzeit sind an der Österreichischen Nationalbibliothek rund 70 Personen mit dem Projekt befasst, von denen mehr als 20 MitarbeiterInnen ausschließlich für *Austrian Books Online* arbeiten, und zwar in den Bereichen Buchlogistik, Buchvorbereitung, Metadaten und Katalogisierung, Konservierung und Restaurierung, Datendownload und Qualitätskontrolle, Softwareentwicklung, IT-Infrastruktur und Projektmanagement.

Ende 2010 wurde mit den großflächigen Bücheraushebungen begonnen und schließlich im Frühjahr 2011 die Digitalisierung gestartet. Bis Ende 2011 wurden rund 50.000 Bände digitalisiert, die zum größten Teil bereits in digitaler Form über *Google Bücher* abrufbar sind.

Die logistischen Prozesse sind komplex und aufwändig. Derzeit finden die Bücheraushebungen vor allem im barocken Prunksaal der Österreichischen Nationalbibliothek statt, der eine besondere logistische Herausforderung darstellt. So sind die rund 200.000 Bände teilweise in drei Reihen hintereinander aufgestellt. Um die Effizienz der Bücheraushebung und -rückstellung zu erhöhen, wird mit einer Hebebühne gearbeitet, die allerdings aus Platzgründen in der Galerie nicht zum Einsatz kommen kann.

In einem für das Projekt neu adaptierten Manipulationsbereich werden die Bücher vor der Digitalisierung durch ein Bearbeitungsteam überprüft und mit Barcodes versehen. Barcodes sind für das Tracking im Logistik- und Digitalisierungsprozess und für die spätere Verlinkung der Digitalisate mit den entsprechenden Metadaten im elektronischen Katalog erforderlich. Der historische Buchbestand der Österreichischen Nationalbibliothek ist zwar katalogisiert, jedoch müssen für dieses Projekt Anpassungen an den Katalogisaten vorgenommen werden. So muss jeder neue Barcode mit einem Metadatensatz verknüpft werden. Besonders aufwändig sind mehrbändige Werke: Hier wird für jeden einzelnen Titel ein eigener neuer Datensatz („Stücktitel") angelegt. Das Projekt führt daher auch zu einer signifikanten Katalogverbesserung. Komplexere Katalogisierungsfälle, die sich nicht im festgelegten zur Verfügung stehenden Zeitrahmen von derzeit maximal acht Minuten pro Band durchführen lassen, werden von einem eigenen Team bearbeitet. Dies betrifft beispielsweise die sogenannten Adligate, also Bände, bei denen in früheren Jahrhunderten mehrere Werke zusammengebunden wurden. In einem zeitintensiven Prozess muss jedes einzelne Werk identifiziert, katalogisiert und einem Barcode zugeordnet werden.

Ein Sonderfall sind die rund 100.000 Bände der bislang noch nicht katalogisierten Fideikommissbibliothek. Die Katalogisierung wird durch ein Team von vier MitarbeiterInnen durchgeführt. Somit wird dieser wichtige Bestand nicht nur digitalisiert, sondern erstmals auch im elektronischen Katalog nachgewiesen und somit suchbar sein.

Zu den vorbereitenden Arbeiten gehört auch die abermalige Überprüfung und Freigabe der Bände durch das Institut für Restaurierung. Wenn erforderlich, werden durch das Restaurierungsteam Sicherungsarbeiten vorgenommen, etwa Verstärkung von Buchrücken, Sicherung von Einbänden oder Fixieren von losen Blättern.

Die Volltextdigitalisierung erfolgt in einem Digitalisierungszentrum von Google in Deutschland. Google verwendet eine innovative Scan-Technologie, die eine äußerst buch-schonende Digitalisierung erlaubt. Sämtliche Prozesse wurden mit dem Institut für Restaurierung der Österreichischen Nationalbibliothek und dem Österreichischen Bundesdenkmalamt abgestimmt. Da es sich um temporäre Ausfuhr von Kulturgut ins Ausland handelt, müssen alle Lieferungen vorab durch das Bundesdenkmalamt genehmigt werden. Die Bücher werden nach dem Rücktransport abermals überprüft, wieder in das Bibliothekssystem eingebucht und schließlich in ihre Regale zurückgestellt. Derzeit sind Werke, die im Rahmen des Projekts *Austrian Books Online* digitalisiert werden, für LeserInnen durchschnittlich drei Monate nicht benutzbar.

Digitalisate und Digitale Bibliothek

Pro Jahr müssen derzeit mehr als 15 Millionen digitalisierte Seiten automatisiert von Google übernommen und verarbeitet werden. Die Digitalisate haben dieselbe Qualität wie jene, die über *Google Bücher* angeboten werden und setzen sich aus Bilddateien, Volltextdateien (OCR-Ergebnisse) und Strukturdaten zusammen. Google stellt die Daten über eine Softwareschnittstelle bereit. Für Datendownload, -kontrolle und -ablage wird die von der Österreichischen Nationalbibliothek entwickelte Applikation ADOCO (*ABO Download and Control)* eingesetzt.

Anspruchsvoll ist insbesondere die Qualitätssicherung. Viele der an *Google Bücher* teilnehmenden Bibliotheken verzichten aufgrund der großen Datenmengen in diesem Massendigitalisierungsprojekt ganz auf Qualitätskontrolle. Die Österreichische Nationalbibliothek hat sich dafür entschieden, Qualitätskontrolle auf Basis automatisierter Routinen und repräsentativer Stichproben durchzuführen. Ziel ist nicht das Auffinden einzelner Fehler, sondern EDV-unterstütztes Entdecken von Clustern möglicher systematischer Probleme. Diese solcherart herausgefilterten Digitalisate können dann in einem zweiten Schritt manuell überprüft werden. Bei der automatisierten Qualitätskontrolle kann die Österreichische Nationalbibliothek auf Ergebnissen von EU-Forschungsprojekten zu digitaler Langzeitarchivierung und Massendigitalisierung aufbauen.[7]

Die Speicherung von Digitalisaten und OCR-Daten erfordert eine signifikante Erweiterung des Massenspeichersystems der Österreichischen Nationalbibliothek. Die JPEG-2000 Masterfiles werden redundant abgelegt, die Access-Versionen für die BenutzerInnen werden jeweils „on-the-fly" über einen Image Content Server generiert.

Um die Zitierbarkeit und permanente Identifikation der digitalisierten Werke sicherzustellen, wird für jeden Buchtitel bzw. Band ein URN („Uniform Resource Name") aus dem von Nationalbibliotheken verwalteten Namensraum NBN („National Bibliography Number") vergeben.[8] In Zusammenarbeit mit der Österreichischen Bibliothekenverbund und Service GmbH (OBVSG) wird derzeit ein URN-Resolver implementiert, der ab Ende 2012 im Österreichischen Bibliothekenverbund zum Einsatz kommen wird. Hierbei kann auf Software der Deutschen Nationalbibliothek, die bereits seit mehreren Jahren einen Persistent Identifier Resolution Service betreibt, aufgebaut werden.[9]

Ab Ende 2012 wird die Österreichische Nationalbibliothek die Digitalisate sukzessive über ihre Digitale Bibliothek zugänglich machen. In einer ersten Ausbaustufe werden BenutzerInnen die digitalisierten Bücher über die seit Frühjahr 2011 zur Verfügung stehende *QuickSearch*-Suchmaschine der Österreichischen Nationalbibliothek finden. Für die Bereitstellung der Digitalisate wird derzeit ein Book-Viewer entwickelt, der u.a. Funktionalitäten wie Blät-

[7] Planets: http://www.planets-project.eu; IMPACT: http://www.impact-project.eu; SCAPE: http://www.scape-project.eu.

[8] Zu URN NBNs allgemein siehe aktuell die Reports der persID Initiative: http://www.persid.org/initiative.html.

[9] Zur URN-Strategie der Deutschen Nationalbibliothek siehe: http://www.persistent-identifier.de/?link=3352.

tern und Zoomen enthalten wird. Es wird auch möglich sein, einzelne Seiten bzw. komplette Bücher als PDFs herunterzuladen. Im Rahmen des Projekts digitalisierte historische Tageszeitungen werden über das bewährte Interface des Zeitungsportals der Österreichischen Nationalbibliothek ANNO (*Austrian Newspapers Online*[10]) bereitgestellt werden.

In einer zweiten Ausbaustufe, voraussichtlich ab Ende 2013, wird auch eine Volltextsuche in den Inhalten der Bücher möglich sein. Auch die Entwicklung spezieller Applikationen für mobile Endgeräte (z.B. iPhone, iPad, Android-Geräte) ist für einen späteren Zeitpunkt geplant. Die Österreichische Nationalbibliothek wird die digitalen Bücher auch über andere Plattformen, wie das europäische Kulturportal *Europeana* oder das Portal der europäischen Nationalbibliotheken *The European Library*, zugänglich machen.

Ausblick

Vor allem die in naher Zukunft mögliche Volltextsuche im digitalisierten historischen Buchbestand der Österreichischen Nationalbibliothek wird neue Möglichkeiten für die Forschung eröffnen.[11] Die BenutzerInnen werden bei der Suche nach relevanten Büchern nicht mehr auf den Katalog der Österreichischen Nationalbibliothek eingeschränkt sein, sondern werden auch die Inhaltsverzeichnisse, Register oder den Text der Bücher nach Wörtern oder Phrasen durchsuchen können und so auf Werke stoßen, die sie andernfalls möglicherweise nicht gefunden hätten. Mittelfristig plant die Österreichische Nationalbibliothek, die digitalen Volltexte mit zusätzlichen Informationen anzureichern und auf dieser Basis neben einer Volltextsuche weitere Services anzubieten. So sollen beispielsweise Ortsnamen und Personennamen in Texten identifiziert werden. Diese können dann für die Suche speziell indiziert und mit anderen Ressourcen („Linked Data") verlinkt werden.

Die Anwendung neuer computerunterstützter Methoden auf große Volltext-Corpora ermöglicht neue wissenschaftliche Fragestellungen in den Geistes-, Kultur- und Sozialwissenschaften. Durch die Integration der digitalisierten Ressourcen in digitale Forschungsinfrastrukturen stehen diese für datenzentrierte Fragestellungen zur Verfügung. Ein Beispiel für das neu entstehende, datenzentrierte Forschungsparadigma ist der „Digging into Data Challenge", der von einer internationalen Kooperation von Forschungsförderungseinrichtungen seit 2009 ausgeschrieben wird.[12] Ein Werkzeug für die als „Culturo-

[10] http://anno.onb.ac.at.

[11] Vgl. Gregory Crane. What Do You Do with a Million Books? In D-Lib Magazine, März 2006. http://www.dlib.org/dlib/march06/crane/03crane.html.

[12] „The idea behind the Digging into Data Challenge is to address how ‚big data' changes the research landscape for the humanities and social sciences. Now that we have massive databases of materials used by scholars in the humanities and social sciences – ranging from digitized books, newspapers, and music to transactional data like web

mics“[13] bezeichneten Analysemethoden auf Grundlage einer großen Datenbasis („Big Data“) stellt Google selbst seit Ende 2010 mit seinem „Books Ngram Viewer“[14] zur Verfügung, der es ermöglicht, Häufigkeitsanalysen von Wörtern oder Phrasen im Textkorpus von *Google Books* durchzuführen.

Austrian Books Online wird in den nächsten Jahren den bedeutenden historischen Buchbestand der Österreichischen Nationalbibliothek einem weltweiten Publikum unabhängig von Ort und Zeit zugänglich machen. Das Projekt wird die Verfügbarkeit der Werke signifikant verbessern und somit einen Beitrag zur Demokratisierung von Wissen und Kultur leisten. Aktuelle Informationen zu *Austrian Books Online* inklusive ausführlicher „Fragen und Antworten“ sind auf der Projektwebsite (http://www.onb.ac.at/austrianbooks online/) zu finden.

searches, sensor data or cell phone records – what new, computationally-based research methods might we apply?” http://www.diggingintodata.org.

13 http://www.culturomics.org. Vgl. Jean Baptiste Michel u.a. 2011. Quantitative Analysis of Culture Using Millions of Digitized Books. In Science 331/6014, 176–182. Online seit 16.12.2010: http://www.sciencemag.org/content/331/6014/176 (DOI: 10.1126/scien ce.1199644).

14 http://ngrams.googlelabs.com. N-Gramme sind das Ergebnis der Zerlegung eines Textes in Fragmente und finden Anwendung u.a. in der Computerlinguistik.

Cornelia Diebel

Sammlung und Langzeitarchivierung von E-Journals

an der Deutschen Nationalbibliothek

Der Beitrag beschreibt die Strategie und den Stand der Umsetzung der Deutschen Nationalbibliothek zur Sammlung von Internetdokumenten, sogenannten Netzpublikationen. Die technischen Voraussetzungen bezüglich der Nutzung von Metadatenformaten, der Festlegung von zu sammelnden Dateiformaten und zu nutzenden Schnittstellen werden beschrieben, genauso wie die besonderen Herausforderungen bei der Sammlung von E-Journals, die in der Zuordnung von verschiedenen Teilen zum Ganzen liegen. Empfehlungen zweier deutschen Initiativen in Bezug auf die Sicherstellung von Perpetual Access im Bereich des digitalen Contents insbesondere von E-Journals werden aufgegriffen und am konkreten Beispiel der Nutzung von Metadaten im NLM-DTD/Schema und des Schemas von CrossRef darstellt.

1. Einleitung

Mit Inkrafttreten des Gesetzes über die Deutsche Nationalbibliothek (DNBG)[1] vom 22. Juni 2006 (BGBl. I S. 1338) hat die Deutsche Nationalbibliothek den Auftrag der Sammlung, Erschließung, Verzeichnung und Archivierung von sogenannten unkörperlichen Medienwerken erhalten. Der Begriff „Medienwerke in unkörperlicher Form" steht synonym für Netzpublikationen oder Online-Publikationen. Darunter werden elektronische Veröffentlichungen verstanden, die über ein öffentliches Netz, heute über das Internet, verfügbar sind. Die Sammelpflicht umfasst sowohl Internetpublikationen mit Entsprechung zum Print-Bereich wie E-Books und E-Journals als auch web-spezifische Medienwerke wie Webseiten. Weitere Beispiele für Netzpublikationen sind Hochschulprüfungsarbeiten, Musikdateien und Digitalisate.

Um diesen umfassenden Auftrag erfüllen zu können, geht die Deutsche Nationalbibliothek beim Aufbau der Sammlung von Netzpublikationen stufenweise vor. Zunächst wird die einzelobjektbezogene Sammlung von Netzpublikationen mit der oben genannten Entsprechung zum Printbereich vorangetrieben. In einem weiteren Schritt werden automatisierte Verfahren zur Sammlung ganzer Gruppen von Objekten, wie etwa vollständiger Websites, entwickelt.

2. Technische Konzepte

Grundlegendes Konzept der Deutschen Nationalbibliothek bei der Sammlung von Netzpublikationen ist die Entwicklung und Nutzung automatisierter Verfahren. Nur durch eine weitgehend automatische Bearbeitung des

[1] http://www.gesetze-im-internet.de/dnbg/index.html (Stand 02.01.2012)

täglichen Zugangs kann die Menge der Netzpublikationen, die in den Sammelauftrag der Deutschen Nationalbibliothek fallen, bewältigt werden.

Für die Umsetzung von automatisierten Verfahren im Zusammenhang mit der Übernahme von Netzpublikationen in das Archiv- und Katalogsystem (Ingest) der Deutschen Nationalbibliothek müssen drei grundlegende Voraussetzungen erfüllt sein. Das ist zuerst die Verwendung von standardisierten Metadatenformaten für die Beschreibung und den Nachweis der Netzpublikationen im Katalog- bzw. Recherchesystem. Genauso wichtig sind die Festlegung der aus Sicht der digitalen Langzeitarchivierung (dLZA) sammelfähigen Dateiformate und die Definition von Schnittstellen zur Übertragung der Objekte auf Abliefererseite und auf Seiten der Deutschen Nationalbibliothek.

2.1 Standardisierte Metadatenformate

Bibliotheken haben seit Jahrhunderten Metadaten ihrer Sammlungsobjekte vorliegen. Inzwischen haben deskriptive Metadaten auch außerhalb der Bibliotheken eine hohe Bedeutung erlangt und werden bereits bei der Produktion von Objekten, auch bei der Produktion von Netzpublikationen erstellt. Diese bereits beim Produzenten erstellen Metadaten nachzunutzen und nicht erneut per Autopsie zu erstellen, ist ein wichtiges Ziel der Deutschen Nationalbibliothek. Aus diesem Grund sammelt die Deutsche Nationalbibliothek in der jetzigen Ausbaustufe des Geschäftsprozesses für Netzpublikationen lediglich Objekte, die bereits mit Metadaten geliefert werden können. Unterstützte Metadatenformate sind augenblicklich ONIX 2.1[2], das im Bereich der Verlage einen verbreiteten Standard darstellt, MARC21[3] als nationales und internationales bibliothekarisches Austauschformat, das auch von einigen Verlagen bedient werden kann und zusätzlich XMetaDissPlus[4] als etabliertes Metadatenformat im Bereich der universitären Repositorien.

Für all diese Metadatenformate wurden Mindestanforderungen an die bibliografische Beschreibung definiert und in sogenannten Metadaten-Kernsets[5] veröffentlicht. Die Mindestanforderungen orientieren sich an wichtigen Elementen der bibliografischen Beschreibung, die in der Regel von Datenproduzenten bereits erfasst wurden. Beispiele hierfür sind der Titel der Publikation, Angaben zu Autorinnen und Autoren, zu Verlagen und zu Erscheinungsjahren.

2 http://www.editeur.org/15/Previous-Releases/#About%20R%202.1 (Stand 02.02.2012)
3 http://www.loc.gov/marc/ (Stand 02.02.2012)
4 http://www.d-nb.de/standards/pdf/ref_xmetadissplus_v2-1.pdf (Stand 02.02.2012)
5 http://www.d-nb.de/netzpub/ablief/kernset_metadaten.htm (Stand 02.02.2012)

2.2 *Dateiformate*

Um die wichtige Funktion der digitalen Langzeitarchivierung von Online-Ressourcen gewährleisten zu können, ist es von großem Vorteil, wenn die Dateiformate der zu sammelnden Objekte Standardformaten mit offenen Spezifikationen folgen. Der Vorteil offener Dateiformate besteht in der prinzipiellen Möglichkeit der Nachbildbarkeit von Anwendungsprogrammen, wenn diese bereits vom Markt verschwunden sind oder von aktuellen Betriebssystemen nicht mehr unterstützt werden. Aktuell sammelt die Deutsche Nationalbibliothek Netzpublikationen hauptsächlich in PDF (alle Ausprägungen, bevorzugt aber PDF/A), EPub und bei Bildformaten TIFF und JPEG.

2.3 *Schnittstellen*

Für die Übertragung der Netzpublikationen (jeweils Metadaten mit zugehörigem Objekt) bietet die Deutsche Nationalbibliothek zurzeit drei Schnittstellen zur Ablieferung: ein Webformular und zwei automatisierte Ablieferungsverfahren, hier je ein Push- und ein Pullverfahren. Das Push-Verfahren nutzt ein Ablieferungskonto (einen sogenannten Hotfolder), über das per SFTP- oder WebDAV-Schnittstelle aktiv Objekt- und Metadaten an die Deutsche Nationalbibliothek übertragen werden können. Abgeliefert werden einzelne Transferpakete, die gezippt als Container jeweils ein Objekt mit einem dazugehörigen Metadatensatz enthalten. Das Pull-Verfahren setzt auf dem OAI Protocol for Metadata Harvesting auf. Hierüber können alle für die Verarbeitung notwendigen Metadaten und über die Auswertung eines abgesicherten Bereitstellungslinks auch das Objekt vom Produzenten zur Abholung bereitgestellt werden.

3. Herausforderungen bei der Sammlung von E-Journals

Die in Abschnitt 2 beschriebenen technischen Konzepte sind für die Sammlung von E-Books in der Deutschen Nationalbibliothek bereits umgesetzt und stellen so eine breitflächige Sammlung von monografischen Netzpublikationen sicher. Der Zugang an monografischen Netzpublikationen des Jahres 2011 beträgt über 93.000 Publikationen, inkl. Hochschulveröffentlichungen. Für eine ähnlich umfassende Sammlung von E-Journals sind weitere Herausforderungen zu meistern.

Als Zeitschrift wird ein Werk definiert, das sich durch ein fortlaufendes und mehr oder weniger regelmäßiges Erscheinen von Monografien abgrenzt. Zeitschriften als fortlaufende Sammelwerke haben keinen von vornherein geplanten Abschluss und bestehen in der Regel aus mehreren Beiträgen. Der Aspekt des fortlaufenden Erscheinens bedingt bei der Sammlung von E-Journals die Notwendigkeit der Zuordnung von einzelnen Teilen (Heften oder Artikeln) eines E-Journals (also den eigentlichen zu sammelnden Objekten) zu dem jeweiligen Titel eines E-Journals. Hierfür wird es notwendig, in den Ablieferprozessen Identifier wie die ISSN oder die Identifikationsnummer der Zeitschriftendatenbank zu definieren, die durch festgelegte Abgleichsverfahren die automatische Zuordnung von Teilen einer Zeitschrift zum Zeitschriftentitel ermöglichen.

Neben der Zuordnung und Verknüpfung von zusammengehörigen Teilen besteht im Bereich der Zeitschriften die Schwierigkeit, dass kein umfassend verbreitetes Standardmetadatenformat vorhanden ist.

3.1 Sicherstellung eines dauerhaften Zugriffs bei E-Journals

Die Aufgabe der Deutschen Nationalbibliothek besteht vor allem darin, die langfristige Verfügbarkeit von Inhalten herzustellen. Im Rahmen der Sammlung von E-Journals trägt die Deutsche Nationalbibliothek dazu bei, sowohl einen dauerhaften Zugriff als auch die digitale Langzeitarchivierung sicherzustellen.

Mit Aspekten der Sicherstellung eines dauerhaften Zugriffs auf wissenschaftliche Informationen und hier vor allem auf die besonders wichtigen Inhalte von E-Journals haben sich in den letzten Jahren zwei Initiativen in Deutschland beschäftigt.

Die Studie „Dauerhaften Zugriff sicherstellen: Auf dem Weg zu einer nationalen Strategie zu Perpetual Access und Hosting elektronischer Ressourcen in Deutschland“[6], in Auftrag gegeben von der Allianz der deutschen Wissenschaftsorganisationen, widmet sich dem Thema Erhalt der dauerhaften Verfügbarkeit (Perpetual Access) von digitalen Inhalten, besonders im Bereich von E-Journals und hier im Bereich von lizenzpflichtigem Material, das bislang häufig nicht von Bibliotheken gehostet wurde. Bibliotheken richten ihre Bestände jedoch zunehmend auf rein elektronische Varianten aus: Im Unterschied zu gedruckten Materialien ist der Zugriff auf elektronische Ausgaben des lizensierten Contents dann nicht mehr gewährleistet, wenn die Daten bei den Produzenten nicht mehr zur Verfügung stehen.

Die Studie, auch Beagrie-Studie genannt, spricht insgesamt 30 Empfehlungen in den Bereichen technische Infrastruktur, Standards, Geschäftsmodelle, Kosten, Finanzierung und Organisatorisches aus. Wichtig in diesem Zusammenhang ist vor allem die Empfehlung Nr. 10: „Technische Richtlinien und Anforderungen als Ergänzung zu Lizenzvereinbarungen erarbeiten und vereinbaren. Auf diese Weise sollten verbreitete Standards gefördert werden, z.B. Nutzung von NLM-DTD/Schema.“[7]

[6] Deutsche Forschungsgemeinschaft im Auftrag der Allianz der deutschen Wissenschaftsorganisationen, 2009

[7] vgl. Deutsche Forschungsgemeinschaft im Auftrag der Allianz der deutschen Wissenschaftsorganisationen, 2009, S. 16 und S. 101

Die von der Gemeinsamen Wissenschaftskonferenz des Bundes und der Länder (GWK) einberufene *Kommission Zukunft der Informationsinfrastruktur (KII)* betrachtet in ihrem teilweise auf die Beagrie-Studie bezugnehmenden Gesamtkonzept acht zentrale Handlungsfelder, die für die Sicherstellung einer Informationsinfrastruktur in Deutschland zentrale Wirkung haben.[8] Beteiligt waren u.a. Wissenschaftsorganisationen, Hochschulen, DFG, Bibliotheken und auch die Deutsche Nationalbibliothek. Das zweite der acht miteinander in Beziehung stehenden Handlungsfelder beschäftigte sich mit Konzepten im Bereich Hosting/Langzeitarchivierung. Auch die hier gegebenen Empfehlungen im technischen Bereich umfassen die Festlegung verbindlicher Standards und Verfahren.

Im Rahmen der Gespräche und Kontakte mit vielfältigen Ablieferern konnte die Deutsche Nationalbibliothek – wie oben erwähnt – die Erfahrung machen, dass im Bereich der E-Journals wenig gültige Standards existieren, so dass die ausgesprochenen Empfehlungen von der Deutschen Nationalbibliothek ausdrücklich unterstützt werden.

3.2 Metadatenformate NLM-DTD und CrossRef

Zu den technischen Voraussetzungen zur Ablieferung von E-Journals gehört die Etablierung von einer überschaubaren Anzahl verwendeter Metadatenformate. Dies wäre ein wesentlicher Schritt in Richtung der automatischen Übernahme von Inhalten und Nachweisen auch für E-Journals. Neben dem erwähnten Datenformat der National Library of Medicine (NLM-DTD/-Schema) bedienen einige Verlage, vor allem diejenigen, die die DOI nutzen, auch das Schema von CrossRef. Die Untersuchung beider Metadatenformate hat ergeben, dass für die Speicherung von Zugriffs- und Objektinformationen auch im Hinblick auf die Bedürfnisse der Deutschen Nationalbibliothek alle wichtigen Informationen enthalten sind.

NLM Journal Archiving and Interchange Tag Suite

An der NLM wurde die sogenannte Journal Archiving and Interchange Tag Suite[9] mit dem Ziel entwickelt ein allgemeines Format bereitzustellen, mit dem Verlage und Archive Zeitschrifteninhalte austauschen können. Die Tag Suite besteht aus verschiedenen DTDs, eine für Bücher und drei für Zeitschriften, letztere unterschieden in eine sogenannte grüne DTD für die Archivierung (Archiving and Interchange Tag Set), eine blaue für Publikationszwecke (Journal Publishing Tag Set) und eine orangefarbene Authoring-DTD, die für Autorenarbeitsplätze eingesetzt werden kann. Alle DTDs erlauben sowohl die Strukturierung von Content als auch von Metadaten. Die zitierte Studie benennt die blaue Journal-Publishing-DTD als die am meisten

[8] vgl. Kommission Zukunft der Informationsinfrastruktur, 2011, S. 48
[9] http://dtd.nlm.nih.gov/ (Stand 02.01.2012)

verwendete. Hier können für einzelne Objekte sowohl Journal-Metadaten als auch Artikel-Metadaten angelegt werden.

Wichtige Metadatenelemente für die Strukturierung der Zeitschriftenartikel in den Nachweissystemen der Deutschen Nationalbibliothek sind die Ausgabebezeichnung, die Nennung von Autorinnen oder Autoren, der Titel, das Erscheinungsdatum und die Zuordnung zur zugehörigen Zeitschrift.

Die Ausgabebezeichnung ordnet einen Zeitschriftenartikel einer Ausgabe (issue) oder einem Band (volume) zu. In der Journal-Publishing-DTD sind die Elemente „issue" und „volume" Teil der Artikel-Metadaten.

Autorinnen oder Autoren, aber auch andere beteiligte Personen können über das Element „contrib" und ein zugehöriges Attribut transportiert werden.

Über die Struktur „article-meta" und das Container-Element „title-group" können verschiedene Arten von Titeln transportiert werden. Das Erscheinungsdatum wird im Element „pub-date" festgehalten, das wiederholbar ist. Über das dazugehörige Attribut „pub-type" können Veröffentlichungszeitpunkte verschiedener Formen transportiert werden, wie z.B. „EPub" für elektronische Publikation (nicht zu verwechseln mit dem Format-Standard EPUB).

Für die Zuordnung zu einem Zeitschriftentitel ist die Struktur „journal-meta" und das darin enthaltene Containerelement „journal-title-group" vorgesehen, das den Titel der Zeitschrift im Element „journal-title" mit weiteren Elementen für Untertitel, übersetzte Titel usw. klammert.

CrossRef

Verlage, die ihre Publikationen mit Digital Object Identifiern (DOI) versehen, müssen diese bei einer Agentur registrieren. Dies kann z.B. über CrossRef geschehen. Das Ziel aus Sicht von CrossRef bei der Ablieferung von Metadaten ist die Beschreibung des Objekts, auf das sich die DOI bezieht. Das CrossRef-XML-Metadata-Deposit-Schema[10] eignet sich daher nicht für die Strukturierung von Inhalten, aber für die Übertragung bibliografischer Metadaten und ist hierfür bei einigen Verlagen in Benutzung

Alle der oben benannten relevanten Metadaten können über CrossRef-Elemente ebenfalls abgeliefert werden. Genaue Angaben zur Ausgabebezeichnung werden über die Struktur „journal_issue" genauso abgebildet wie Angaben zur Zeitschrift selbst über die Struktur „journal_metadata". Angaben zu Artikeln können mit Angaben zu Titeln und Personen über die Struktur „journal_article" abgebildet werden.

[10] http://www.crossref.org/help/Content/CrossRef%20Schema/deposit_schema.htm (Stand 02.01.2012)

4. Ausblick

Es ist zu wünschen, dass möglichst viele Beteiligte im Publikations- und Archivierungsprozess die Notwendigkeiten erkennen, die sich für die langfristige und optimale Nutzbarkeit digitaler Angebote stellen, und sich über einheitliche technische Anforderungen verständigen. Die Voraussetzungen zur dauerhaften Nutzung der E-Journals müssen auch bei Lizenzierungsmodellen ins Bewusstsein gerückt werden. Erst die Bereitstellung von weitgehend standardisierten Metadaten und die Nutzung von Schnittstellen ermöglicht die effiziente Sicherstellung des dauerhaften Zugriffs auf den relevanten digitalen Content. Hierzu müssen nicht nur gut funktionierende Ingest-Prozesse aufgebaut werden, sondern es ist auch notwendig, sich ständig darüber auszutauschen. Bibliotheken müssen sich untereinander verständigen, und Verlage müssen mit Bibliotheken das Gespräch suchen, um die Notwendigkeiten beider Seiten verstehen zu können und Standards zu vereinbaren.

Literaturverzeichnis

Deutsche Forschungsgemeinschaft im Auftrag der Allianz der deutschen Wissenschaftsorganisationen (2009): Dauerhaften Zugriff sicherstellen. Auf dem Weg zu einer nationalen Strategie zu Perpetual Access und Hosting elektronischer Ressourcen in Deutschland. Charles Beagrie Limited in Zusammenarbeit mit Globale Informationstechnik GmbH. Online verfügbar unter http://www.allianzinitiative.de/fileadmin/hosting_studie_d.pdf (Stand 02.01.2012).

Kommission Zukunft der Informationsinfrastruktur (2011): Gesamtkonzept für die Informationsinfrastruktur in Deutschland. Empfehlungen der Kommission Zukunft der Informationsinfrastruktur im Auftrag der Gemeinsamen Wissenschaftskonferenz des Bundes und der Länder. Online verfügbar unter http://www.leibniz-gemeinschaft.de/?nid=infrastr (Stand 02.01.2012).

Veronika Prändl-Zika

EuropeanaConnect – Neue Technologien für *Europeana*

Europeana ist ein innovatives Internet-Portal, das erstmals das digitale kulturelle Erbe Europas über einen gemeinsamen Zugang vereinigt und damit nie dagewesene Verbindungen zwischen Werken und Sammlungen verschiedener Institutionen durch wenige Klicks ermöglicht. Ende 2011 waren 21 Millionen digitale Objekte (Musikfiles, Bilder, Landkarten, Partituren, Videos, Dokumente, Bücher) von Kulturinstitutionen in ganz Europa über Europeana abrufbar. Das von der Österreichischen Nationalbibliothek koordinierte EU-Projekt EuropeanaConnect (Mai 2009 – Oktober 2011) vereinigte 30 Projektpartner aus 14 europäischen Ländern und war in den Anfängen der Europeana gemeinsam mit dem Projekt Europeana v1.0 eines der wichtigsten technologischen Kernprojekte, das zentrale Komponenten für die Europeana entwickelte. EuropeanaConnect erarbeitete gemeinsam mit Europeana v1.0 das Europeana Data Model (EDM), entwickelte mehrsprachige Suchoptionen in 10 europäischen Sprachen, trug wesentlich zur Konzeption des Europeana-Lizenz-Frameworks bei, arbeitete an benutzerfreundlichen Services und an einer Reihe von Backend-Lösungen, die den operativen Betrieb der Europeana optimieren. Außerdem war EuropeanaConnect der wichtigste Musik-Aggregator für Europeana. Der Artikel wird auf die angeführten Aspekte detaillierter eingehen.

Europeana

Europeana als große gemeinsame europäische Initiative im Kulturerbesektor präsentiert sich als ein Portal und versteht sich als Referenzpunkt zur europäischen Kultur im Internet.

Angestoßen wurde die Idee zu einer gemeinsamen europäischen digitalen Bibliothek bereits im Jahr 2005, als der damalige Direktor der Französischen Nationalbibliothek Paris, Jean Noël Jeanneney, den Artikel *Googles Herausforderung. Für eine europäische Bibliothek* (Jeanneney 2006) als Antwort auf Googles Digitalisierungsvorhaben publizierte. Die Idee für eine digitale europäische Bibliothek wurde sehr bald von der Europäischen Kommission aufgegriffen und in der *i2010: Digital Libraries* (EU-Kommission 2005) formuliert:

> The EU's digital libraries initiative sets out to make all Europe's cultural resources and scientific records – books, journals, films, maps, photographs, music, etc. – accessible to all, and preserve it for future generations (EU-Kommission 2005).

Nach einer Reihe von Konsultationsprozessen, Empfehlungen und Resolutionen der Kommission war es im November 2008 soweit, die *European Digital Library Europeana* war geboren und deren Koordination an die European Digital Library Foundation, später umbenannt in Europeana Foundation, an der Koninklijke Bibliotheek in Den Haag übertragen.

Europaweit arbeiten seitdem an die 30 EU-Projekte mit den darin vertretenen Kulturinstitutionen daran, die Europeana mit Referenzen zu Werken des europäischen Kulturerbes zu verbinden bzw. die Europeana technologisch immer weiter zu verbessern und benutzerfreundliche Services zu integrieren. Europeana speichert die Metadaten der Objekte und leitet direkt auf die Digitalisate auf den Portalen der Institutionen weiter. Derzeit hält die Europeana bei 21 Mio. Metadateneinträgen, wovon 13,7 Mio. auf Bilder, 7 Mio. auf Texte und der Rest auf Ton- und Videofiles entfallen. Mittlerweile beteiligen sich europaweit rund 1500 Institutionen an der Europeana.

Im *Europeana Strategic Plan 2011 – 2015* (Europeana 2011) hat sich die Europeana folgende 4 strategische Ziele gesetzt:
- Europeana als offene und vertrauenswürdige Quelle des europäischen Erbes zu etablieren,
- die Förderung des Wissenstransfers und der Innovation im Kulturerbesektor voranzutreiben,
- den zeit- und ortsungebundenen Zugriff auf das kulturelle Erbe zu ermöglichen,
- die Einbeziehung der Benützer zu fördern, um sie am kulturellen Erbe teilhaben zu lassen.

Technologisch wurde die Europeana seit Jänner 2009 zunächst von *Europeana v1.0* und seit Mai 2009 gemeinsam mit EuropeanaConnect entwickelt und immer weiter optimiert. Beide Projekte sind 2011 ausgelaufen und werden teilweise von den Projekten *Europeana v2.0* und *Europeana Awareness* weitergeführt. Das *ASSETS* Projekt entwickelt ähnlich wie EuropeanaConnect Technologien für Europeana, wobei sich die Entwicklung der Software Services in diesem Projekt auf eine Verbesserung der Suche, des Browsens und der Interfaces innerhalb der Europeana konzentriert.

Anfang 2011 wurde die Europeana Search API (Application Programming Interface) veröffentlicht und nach dem Open Search Standard zugänglich gemacht. Diese ermöglicht einerseits die Einbettung von Europeana Collections auf der eigenen Website, andererseits die Weiterentwicklung von Anwendungen in Europeana und damit eine Anpassung an die eigenen Erfordernisse.

Seit 11. Oktober 2011 erscheint das Portal in einem neuen benutzerfreundlichen Design.

EuropeanaConnect

EuropeanaConnect war ein Best Practice Network im *e*Content*plus*-Programm der Europäischen Kommission mit einer Laufzeit von Mai 2009 bis Oktober 2011 und einem Gesamtbudget von 5,6 Mio. Euro, wovon 80 % durch die EU gefördert wurden. Das Projekt vereinigte 30 Institutionen aus 14 europäischen Ländern und war in sechs thematisch sehr unterschiedliche Arbeitspakete unterteilt, die im Unterschied zu den meisten anderen Europeana-Projekten vor allem neue Technologien für Europeana entwickelten. Darüber hinaus lieferte EuropeanaConnect wesentliche Beiträge zum Europeana Licensing Framework und war der größte Aggregator für Musikbeiträge.

Semantischer Layer

Ein übergeordnetes Ziel der Europeana lautet, die Europeana als verbundenen Datenraum (linked data) unterschiedlicher Quellen/Institutionen zu organisieren und dadurch den Benutzern bessere Suchergebnisse zu ermöglichen und neue Zusammenhänge in der großen Vielfalt des kulturellen Erbes herzustellen.

Um dies zu erreichen, arbeitete EuropeanaConnect gemeinsam mit Europeana v1.0 am Aufbau eines Europeana-internen semantischen Layers. Schon bald wurde allerdings klar, dass die Öffnung der Europeana Linked Data für das gesamte Internet weitere Verbindungen mit anderen Datenräumen und dadurch noch mehr Zusammenhänge und Referenzen von digitalen Objekten aufzeigen würde. In weiterer Konsequenz wurde der *Europeana Linked Open Data Pilot* (Europeana 2011) im Frühsommer 2011 veröffentlicht, der erstmals einen Teil der Europeana-Daten als Linked Open Data (LOD) verfügbar macht.

Für den zugrunde liegenden semantischen Layer mussten die großen Sammlungen, Thesauri und Normdateien der europäischen Kulturinstitutionen, die jeweils ihren individuellen Metadatenstandards folgen, aufeinander abgestimmt werden. Die *Europeana Semantic Elements – ESE* (Europeana v1.0 2011) dienten als Basis, reduzierten allerdings die unterschiedlichen Metadatenstandards auf einen kleinsten gemeinsamen Nenner. In einem weiteren Entwicklungsschritt wurde das *Europeana Data Model – EDM* (Europeana 2011) erstellt, welches nicht nur die volle Bandbreite der unterschiedlichen Metadaten aller Institutionen unterstützt, sondern auch die weitere Anreicherung der Metadaten mit Informationen ermöglicht, die für den semantischen Layer notwendig sind.

EuropeanaConnect hat sehr wesentlich zur Entwicklung dieses Models beigetragen. Die semantische Kontextualisierung der Europeana erfolgte durch die kontinuierliche Anreicherung der Datensätze mithilfe geeigneter Vokabularien und Collections, die Implementierung erfolgte mit RDF (Resource Description Framework), OAI ORE (Open Archives Initiative Object Reuse and Exchange – für die Organisation der Metadaten) und Konvertierung der Vokabularien nach SKOS (Simple Knowledge Organisation System).

Mehrsprachiger Zugang zu Europeana

Europeana als europaweiter Service, der für alle Bürger in gleicher Weise verfügbar sein soll, hat auch den mehrsprachigen Zugriff als eines der wichtigen Ziele formuliert. Ähnlich wie die semantischen Funktionen basiert auch die mehrsprachige Abfrage und Suche in Europeana auf komplexen Prozessen, die auf linguistische Werkzeuge und unterschiedliche Sprachmodule zurückgreifen. In EuropeanaConnect wurde neben dem Mapping kontrollierter Vokabularien in verschiedene Sprachen und der Entwicklung von Übersetzungsmodulen für die mehrsprachige Abfrage vor allem an der Entwicklung des Europeana Language Resource Repositorys gearbeitet, auf das die unterschiedlichen Übersetzungsdienste in der Europeana zurückgreifen. Dieses besteht aus einer Sammlung von Komponenten und Ressourcen für die linguistische Analyse von Texten, wie z.B. Stopp-Wortlisten, Software für die Sprachenidentifikation und morphologische Analyse, Eigennamenerkennung und Wörterbücher. Um die Integration dieser Ressourcen in die Europeana leichter zu ermöglichen, wurden sie an eine gemeinsame Programmierschnittstelle (API) angepasst.

Die mehrsprachige Europeana ist derzeit noch „work in progress", einzelne Module müssen erst implementiert werden.

Benutzerorientierte Anwendungen

EuropeanaConnect erarbeitete methodische Grundlagen, die die Benutzerperspektive der Europeana in den Vordergrund stellen. Als wichtige Voraussetzung für eine hohe Akzeptanz des Portals gilt neben den hochwertigen Inhalten die benutzerfreundliche, verständliche und leicht zu bedienende Oberfläche des Portals.

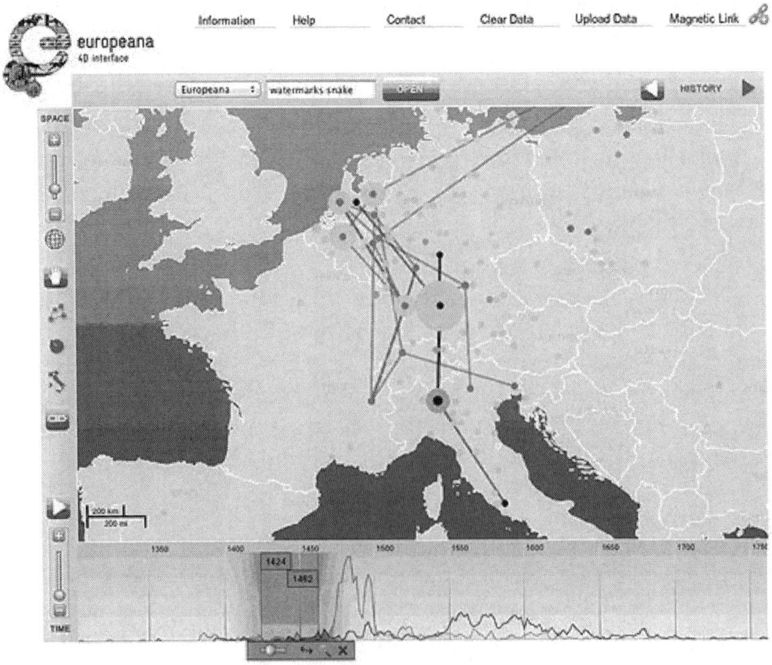

Abb. 1: Europeana 4D – Spatio-Temporal Interface (EuropeanaConnect 2011)

EuropeanaConnect hat in diesem Zusammenhang einen Personas-Katalog erstellt, der archetypische Repräsentanten von Europeana-Benutzern nach

Ausbildungs- und sozialem Hintergrund, ihrer Affinität zu neuen Technologien und ihren Navigationsfähigkeiten und Suchverhalten klassifiziert. Die Europeana Personas waren die Grundlage für Usability-Tests verschiedener Europeana Services und begleiten den Europeana-Entwicklungsprozess, der als sichtbares Ergebnis in einem neuen, attraktiveren und intuitiveren Portaldesign mündete, das im Oktober 2011 der Öffentlichkeit präsentiert wurde.

Darüber hinaus entwickelte EuropeanaConnect die neuartige Suchoberfläche *Europeana 4D* (Stockmann 2011), die einen visuellen Zugang zur Europeana ermöglicht (s. Abbildung 1). Die Einbeziehung der zeit- und ortsbezogenen Metadaten des Europeana-semantischen Layers resultiert in der Abbildung der Europeana-Einträge auf einer Landkarte, die nach zeitlichen Kriterien ausgewählt werden kann. Mithilfe einer Zeitleiste am unteren Ende der Karte können Objekte auch nach Epochen abgefragt werden.

Ein interaktives Tool ist die *YUMA Universal-Multimedia Annotator Suite* (Simon 2011), die Europeana die Möglichkeit bietet, Annotierungsfunktionen für Audio- und Video-Inhalte sowie für Bilder und Karten zu integrieren. Dieses Annotationswerkzeug eröffnet ein weites Feld der interaktiven Auseinandersetzung mit Europeana-Inhalten, indem Benutzer Objekte mit zusätzlichen Informationen und Fakten anreichern und somit den breiteren Kontext zu diesen Objekten herstellen.

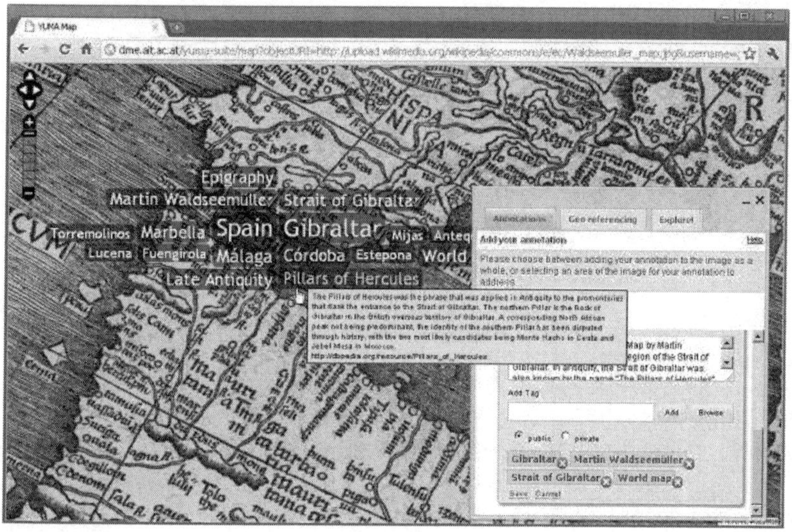

Abb. 2: YUMA Annotation Tool: Semantic tagging with the Context Tag Cloud (Simon 2011)

Der mobile Zugriff auf Europeana ist eine weitere Entwicklung aus EuropeanaConnect. Der Einstieg in die Europeana von mobilen Endgeräten über eine speziell angepasste Oberfläche wurde durch eine eigens entwickelte Applikation realisiert. Durch den Zugriff auf die geografischen Metadaten des Semantischen Layers wurde auch eine ortsbezogene Suche, die sogenannte „Around-me"-Funktion ermöglicht, die es Benutzern erlaubt, Werke und Institutionen in der Nähe ihres aktuellen Standortes ausfindig zu machen und real zu besuchen. Mit diesem Tool in Verbindung steht die Implementierung von Geographischen Information Services (GIS) bestehend aus Geoparser und Gazetteer (Ortsverzeichnis), die dazu beitragen, die Metadaten der Objekte mit geografischen Referenzen anzureichern.

Abb.3: Europeana interface adapted for smart phones (EuropeanaConnect 2011)

Integration von Infrastrukturkomponenten und Diensten

Wesentliche Arbeit in EuropeanaConnect wurde in die Entwicklung und Integration von Infrastrukturkomponenten investiert, die zumeist hinter den Kulissen ihre Arbeit leisten. Diese Komponenten tragen zu verbesserten Prozessen und dadurch besseren Suchergebnissen bei und bieten eine Reihe von interaktiven Möglichkeiten für die Besucher des Portals.

- Eine wichtige Back-End-Entwicklung für Europeana ist die REPOX-Software, die eine OAI-PMH-(Open Archives Initiative Protocol for Metadata Harvesting)-Management-Infrastruktur bereitstellt und damit das Management des Metadaten-Harvestings und das Hinzufügen großer Mengen von Metadaten aus tausenden von europäischen Inhaltsanbietern automatisiert.
- Ein Print-on-Demand-Service für Bücher wurde in das Europeana-Portal integriert und steht den Benutzern zur Verfügung.
- Der Europeana Resolution Discovery Service (ERDS) ist ein weiterer entscheidender Back-End-Dienst. Der ERDS ermöglicht die langfristige Iden-

tifikation digitaler Objekte, z.B. wenn ursprüngliche Links ungültig geworden sind oder Objekte an neuen Orten (URLs) im Netz stehen.

Europeana Licensing Framework

Die Klärung rechtlicher Fragen ist eine der großen Herausforderungen der Europeana, die europaweit mit Kulturinstitutionen in unterschiedlichen rechtlichen Kontexten, gerade was Urheberrechtsfragen anbelangt, zusammenarbeitet. EuropeanaConnect beschäftigte sich in einem eigenen Arbeitspaket mit diesem komplexen Bereich und trug wesentlich zur Ausarbeitung einer Mustervereinbarung über den Datenaustausch mit Europeana (*Europeana Data Exchange Agreement*) (Europeana 2011) bei, die einerseits die Bereitstellung und andererseits die Wiederverwertung der deskriptiven Metadaten regelt. Auf Grundlage der von Europeana in weiterer Folge mit den Kulturinstitutionen abgeschlossenen Vereinbarungen werden die Metadaten in der Europeana lizenzfrei zur Verfügung gestellt.

Diese Vereinbarung stellt einen Meilenstein in der Entwicklung der Europeana dar, indem sie einerseits die Beziehungen zwischen Europeana und ihren Partnern regelt, andererseits die Forderungen des „*New Renaissance Report*" des Comité des Sages (Comité des Sages 2011) einbezieht und auf den „*Europeana Strategic Plan 2011-2015*" (Europeana 2011) abgestimmt ist.

EuropeanaConnect hat darüber hinaus an der *Europeana Public Domain Charter* (Europeana 2011) mitgearbeitet, einer Grundsatzerklärung, die in sechs Sprachen übersetzt wurde und das Ziel verfolgt, gemeinfreie Werke und ihre Digitalisate möglichst ohne Einschränkungen zugänglich zu machen und zu erhalten. Gleichzeitig wurde in Zusammenarbeit mit *Creative Commons* eine Möglichkeit geschaffen, gemeinfreie Inhalte in der Europeana mit dem *Public Domain Mark* zu markieren.

Um das schwierige Feld der lizenzrechtlichen Belange sowohl für Inhaltsanbieter als auch für Benutzer leichter durchschaubar zu machen, wurden in EuropeanaConnect auch zwei unterstützende Tools bereitgestellt. Der *Public Domain Calculator* (Zeinstra 2011) liefert den Benützern Hinweise, ob sich ein Werk in einem bestimmten Land in der Public Domain befindet, während das *Europeana License Selection Tool* (Zeinstra 2011) Inhaltsanbieter dabei unterstützt, im Rechtsfeld des Europeana-Metadatenschemas einen der Europeana-Terminologie entsprechenden Vermerk zu den Nutzungsbestimmungen einzutragen, denen das gelieferte Element oder der Datensatz entspricht.

Musik für Europeana

EuropeanaConnect war der größte Audio-Aggregator der Europeana und hat in einem aufwändigen Kommunikationsprozess viele kleine Musikarchive gewonnen, ihre Musik und die dazugehörigen Texte, Bilder und Videos über die Europeana zugänglich zu machen. Viel Arbeit ist in diesem Bereich in die Metadatenharmonisierung der unzähligen individuellen Metadatenformate gegangen, und die Klärung von Fragen des geistigen Eigentums von Audioinhalten stand sehr oft in der Diskussion mit diesen kleineren Institutionen im Vordergrund. Zur Unterstützung der Musikarchive bei all diesen Prozessen wurde eine Reihe von Tools und Guidelines entwickelt, die helfen, Barrieren zur Teilnahme an der Europeana zu überwinden. EuropeanaConnect hat damit auf dem schwierigen Feld der Bereitstellung von Musikinhalten auf Europeana Pionierarbeit geleistet und die ursprünglichen Ziele bei weitem übertroffen. Über EuropeanaConnect wurden 300.000 Musikfiles auf Europeana zugänglich gemacht. Eine virtuelle AudioAusstellung zum Thema *Weddings in Eastern Europe* (Dahlig-Turek, Gordon 2011) wurde aus den vielfältigen Materialien zusammengestellt und ist auf der Europeana abrufbar.

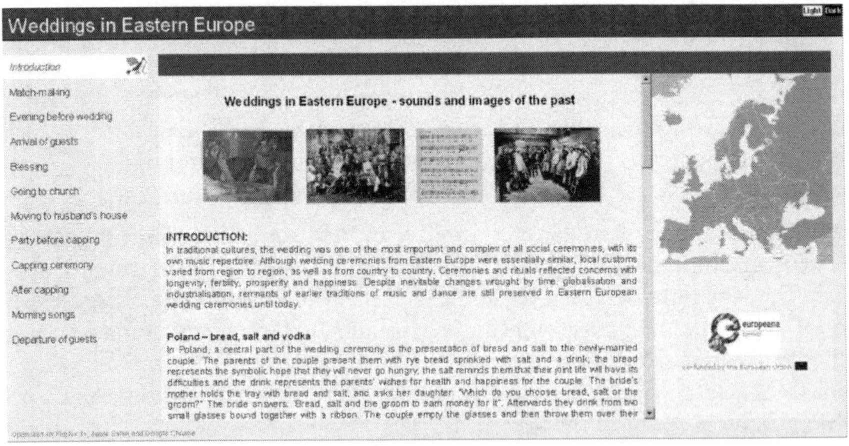

Abb.4: Europeana Audio Exhibition (Dahlig-Turek, Gordon 2011)

EuropeanaConnect – ein komplexes Projekt

EuropeanaConnect war in mancherlei Hinsicht ein komplexes Projekt, da es unterschiedliche Vorgaben zu erfüllen hatte. Einerseits mit klar formulierten eigenen Zielen, andererseits auf die technischen Anforderungen und Abläufe sowie die Geschäfts- und Policy-Vorgaben der Europeana abgestimmt, trug EuropeanaConnect wesentlich zu einer effizienten Kommunikationskultur innerhalb der „Europeana Group of Projects" bei. Die Einbindung der *Europeana Foundation* als Projektpartner in EuropeanaConnect erwies sich dabei als eine nützliche Strategie und erleichterte somit den permanenten Austausch mit dem *Europeana Office*. Die konsequente Nutzung der Entwicklungsumgebung in *EuropeanaLabs* durch die EuropeanaConnect-Software-Entwickler und die lückenlose Veröffentlichung des entwickelten Codes trugen sehr wesentlich zur erfolgreichen Integration der technischen Komponenten bei. Als eine der größten Herausforderungen der Softwareentwicklung kristallisierten sich die sich z.T. verändernden Strategien einer im Entstehungsprozess befindlichen Europeana heraus. Entwicklungen, die Ende 2008 noch nicht vorhersehbar waren und deshalb in den Projektplänen noch nicht berücksichtigt werden konnten, mussten auch in EuropeanaConnect angepasst und mit der EU abgestimmt werden. Manche der ursprünglich eingeplanten Services konnten daher noch nicht in vollem Umfang in die Europeana integriert werden, einige von ihnen finden sich im *Europeana Thought Lab.*

Referenzen:

Comité des Sages (2011): The New Renaissance Report, http://ec.europa.eu/infor mation_society/activities/digital_libraries/doc/refgroup/final_report_cds.pdf; http://ec. europa.eu/information_society/activities/digital_libraries/comite_des_sages/index_en. htm (Stand 19.01.2011)

Creative Commons: http://creativecommons.org/ (Stand 19.01.2011)

Creative Commons (2010): Public Domain Mark, http://creativecommons.org/press-releases/entry/23755, http://www.version1.europeana.eu/web/guest/news//blogs/euro peana-and-creative-commons-launch-new-public-domain-mark (Stand 19.01.2011)

Dahlig-Turek, E.; Gordon, M.: (2011): Weddings in Eastern Europe, Europeana Audio Exhibition, http://exhibitions.europeana.eu/exhibits/show/weddings-in-eastern-europe, http://econnect.ait.co.at/wedding-exhibition/ (Stand 19.01.2011)

EU-Kommission: Digital Agenda for Europe: Digital Libraries Initiative, http://ec.europa. eu/information_society/activities/digital_libraries/index_en.htm (Stand 19.01.2011)

Europeana (2011): Europeana Data Exchange Agreement, http://www.version1.euro peana.eu/web/europeana-project/newagreement/ (Stand 19.01.2011)

Europeana (2011): Europeana Linked Open Data Pilot, http://pro.europeana.eu/linked-open-data (Stand 19.01.2011)

Europeana (2011): Europeana Public Domain Charter, http://version1.europeana. eu/web/europeana-project/publications (Stand 19.01.2011)

Europeana (2011): Europeana Strategic Plan 2011 – 2015, http://version1.europeana. eu/c/document_library/get_file?uuid=c4f19464-7504-44db-ac1e-3ddb78c922d7&group Id=10602 (Stand 19.01.2011)

Europeana (2011): Europeana Strategic Plan 2011 – 2015, http://version1.europeana. eu/c/document_library/get_file?uuid=c4f19464-7504-44db-ac1e-3ddb78c922d7&group Id=10602 (abgerufen am 19.01.2011)

Europeana (2011): Public Domain Leitfaden http://www.version1.europeana.eu/ c/document_library/get_file?uuid=fdbfab52-e599-4558-a888-149d34331e19&groupId =10602 (Stand 19.01.2011)

Europeana (2011): The Europeana Licensing Framework http://www.europeana con-nect.eu/documents/D4.1.3_eConnect_Europeana%20licensing%20framework_v1.0_ BNL_KL.pdf (Stand 19.01.2011)

Europeana Foundation: http://www.europeana-libraries.eu/web/europeana-foundation (Stand 19.01.2011)

Europeana ThoughtLab http://pro.europeana.eu/reuse/thoughtlab (Stand 19.01. 2011)

Europeana v1.0 (2011): Definition of the Europeana Data Model elements, http://version1.europeana.eu/c/document_library/get_file?uuid=9783319c-9049-436c-bdf9-25f72e85e34c&groupId=10602 (Stand 19.01.2011)

Europeana v1.0 (2011): Europeana Semantic Elements Specification, http://version1.europeana.eu/c/document_library/get_file?uuid=77376831-67cf-4cff-a7a2-7718388eec1d&groupId=10128 (Stand 19.01.2011)

EuropeanaConnect 2011: EuropeanaConnect – Results, November 2011, http://www.europeanaconnect.eu/documents/D7.2.5_Briefpublishablefinalreport_v1.0.pdf (Stand 19.01.2011)

EuropeanaLabs: http://www.europeanalabs.eu/ (Stand 19.01.2011)

Heinen D., Hesselmann T. (2010): EuropeanaConnect D3.4.3 – Rich mobile client for accessing Europeana, http://www.europeanaconnect.eu/documents/D3.4.3_Rich_mobile_client_for_accessing_Europeana_v1.0.pdf (Stand 19.01.2011)

Jeanneney, J.-N. (2006): Googles Herausforderung. Für eine europäische Bibliothek, Klaus Wagenbach Verlag, Berlin, ISBN-10 3803125340, ISBN-13 9783803125347

Simon, R. (2010): EuropeanaConnect D 5.6.1 – Multimedia Annotation Service, Documentation and Final Prototype, http://dme.ait.ac.at/annotation/ (Stand 19.01.2011)

Stockmann Ralf (2011): Europeana 4D, EuropeanaConnect D3.3.3 – Tested prototype ready for deployment in release 1.2–1.6 of Europeana: http://wp1187670.wp212.webpack.hosteurope.de/e4d/; http://europeana.eu/portal/thoughtlab_semantic searching.html (Stand 19.01.2011)

Zeinstra, M. (2011): Europeana License Selection, EuropeanaConnect D4.4.1 – Licence Selection Tool, http://www.europeanaconnect.eu/documents/D4.4.1%28D4.2.1%29_eConnect_Licence%20Selection%20Reference_v1.0_KL.pdf (Stand 19.01.2011)

Zeinstra, M. (2011): Public Domain Calculator, EuropeanaConnect D4.4.2 – Public Domain Helper Tool, http://www.europeanaconnect.eu/results-and-resources.php?page=8#Calculator, http://www.outofcopyright.eu/ (Stand 19.01.2011)

Europeana Projekte:

ASSETS Project: http://www.assets4europeana.eu/ (Stand 19.01.2011)

Europeana Awareness Project: http://pro.europeana.eu/web/europeana-awareness (Stand 19.01.2011)

Europeana v1.0: http://version1.europeana.eu/web/europeana-project/ (Stand 19.01.2011)

Europeana v2.0 Project: http://pro.europeana.eu/web/europeana-v2.0 (Stand 19.01.2011)

EuropeanaConnect: www.europeanaconnect.eu (Stand 19.01.2011)

EuropeanaConnect Partners

Arbeitspaket Semantic Layer: Humboldt University Berlin (Arbeitspaketleiter: Stefan Gradmann); German National Library; National Technical University of Athens; University of Vienna; Vrije Universiteit, Amsterdam; XEROX European Research Center, Grenoble

Arbeitspaket Mehsprachiger Zugang zu Europeana: Humboldt University Berlin (Arbeitspaketleiterin: Vivien Petras); CELI S.R.L., Torino; German National Library; University of Padua; Vrije Universiteit, Amsterdam; XEROX European Research Center, Grenoble

Arbeitspaket Benutzerorientierte Anwendungen: Royal Library of Denmark (Arbeitspaketleiterinnen: Gitte Petersen, Birte Christensen-Dalsgaard); German National Library; OFFIS e.V. (Oldenburg Research and Development Institute for Information Technology Tools and Systems); State- and University Library Göttingen; University College London Consultants (UCLC)

Arbeitspaket Europeana Licensing Framework: National Library of Luxembourg (Arbeitspaketleiter: Patrick Peiffer); Amsterdam University Press; Kennisland / Knowledgeland, Amsterdam; RBB – Rundfunk Berlin-Brandenburg; University of Amsterdam

Arbeitspaket Integration von Infrastrukturkomponenten und Diensten: AIT Austrian Institute of Technology GmbH (Arbeitspaketleiter: Joachim Jung); German National Library; Innsbruck University Library; Instituto Superior Técnico, Lisbon; National Library of the Netherlands; National Library of Portugal; University of Vienna

Arbeitspaket Audio Aggregation: RBB – Rundfunk Berlin-Brandenburg (Arbeitspaketleiter: Johannes Theurer); Angewandte Informationstechnik Forschungsgesellschaft, Graz (AIT); Hungarian Academy of Sciences; Institute of Lithuanian Literature and Folklore, Vilnius; Polish Academy of Sciences; Slovenian Academy of Sciences

Arbeitspaket Dissemination: Eremo s.r.l., Cupramontana (Arbeitspaketleiterin: Monika Segbert-Elbert); Austrian National Library

Arbeitspaket Projektmanagement und Koordination: Austrian National Library (Koordinator: Max Kaiser, Arbeitspaketleiterin: Veronika Prändl-Zika); Eremo s.r.l., Cupramontana

Ludger Syré

Von der Fotostelle zur Digitalisierungswerkstatt

Das Digitalisierungskonzept der Badischen Landesbibliothek in Karlsruhe

Aufbau und Betrieb von Digitalisierungszentren sind nicht länger Privileg großer Staats- und Universitätsbibliotheken. Gerade die Landes- und Regionalbibliotheken verfügen aufgrund ihres Alters, ihrer Geschichte und ihrer Bestandsentwicklung über umfangreiche und wertvolle Sonderbestände, die – mit Blick auf das Angebot der Europäischen Digitalen Bibliothek (Europeana) – einen zentralen Beitrag zur digitalen Präsentation des europäischen kulturellen Erbes leisten können. Der Vortrag schildert Aufbau, Ausstattung (Hardware, Software, Personal), Geschäftsgang und Ziele der im Jahre 2010 an der Landesbibliothek eingerichteten Digitalisierungswerkstatt; er präsentiert das Internetangebot der Digitalen Sammlungen, beschreibt die hinter der Projektauswahl stehende Digitalisierungsstrategie und setzt diese in den Kontext landesweiter Bemühungen um die Bereitstellung von eContent durch wissenschaftliche Bibliotheken, Archive und Museen.

Die Entscheidung für den Aufbau einer eigenen Digitalisierungsumgebung

Spätestens mit der Zuweisung der Handschrift C des Nibelungenliedes zur dauerhaften Aufbewahrung (2001) erkannte die Badische Landesbibliothek (BLB) die Notwendigkeit, ihre Handschriften nicht nur im Rahmen von Ausstellungen, sondern auch auf ihrer Homepage zu präsentieren. Doch erst 2009 eröffnete sich die finanzielle Möglichkeit zum Aufbau einer eigenen Digitalisierungswerkstatt. Vor dem Start waren zwei wichtige Entscheidungen zu treffen: die der Scannerhardware und die der Digitalisierungssoftware.

Die Auswahl der Scannertechnik wurde maßgeblich von der einzuschlagenden Digitalisierungsstrategie beeinflusst. Von vornherein stand fest, dass die BLB einerseits Handschriften und andererseits Drucke digitalisieren würde. Infolgedessen mussten für beide Materialarten geeignete Geräte beschafft werden. Der Kameratisch wurde bei Manfred Mayer, dem Erfinder und Konstrukteur des Grazer Buchtisches, in Auftrag gegeben. Beim Aufsichtscanner fiel die Entscheidung für das CopiBook des französischen Herstellers i2s.

Hinsichtlich der Digitalisierungssoftware standen im Sommer 2009 folgende Alternativen zur Wahl: 1. das kommerziell vertriebene Produkt Visual Library der Firma Walter Nagel, das von dieser zusammen mit dem Software-Hersteller semantics entwickelt worden ist und sich in mehreren Bibliotheken im Einsatz befand; 2. die zunächst für eigene Zwecke vom Göttinger Digitalisierungszentrum entwickelte Software GOOBI, für die es damals noch keine Installationsfirma gab; 3. das von der Universitätsbibliothek Heidelberg entwickelte System DWork, das zum damaligen Zeitpunkt nur an seinem Entstehungsort im Einsatz war.

Die BLB entschied sich für den Kauf von Visual Library, weil die personell bis an ihre Grenzen ausgelastete IT-Abteilung der Bibliothek eine langwierige Adaption von GOOBI und von DWork nicht hätte leisten können. Eine kommerzielle „schlüsselfertige" Lösung bot für eine Bibliothek, die frisch mit der Digitalisierung beginnen und möglichst bald Ergebnisse vorweisen wollte, den bequemeren und sichereren Einstieg.

Der Umbau der Fotostelle in eine Digitalisierungswerkstatt

Im Frühjahr 2010 konnte mit dem Umbau der bisherigen Fotostelle begonnen werden. Die aus der Ära der analogen Fototechnik stammenden Fotolaboreinrichtungen wurden ausgebaut und die Räumlichkeiten so saniert, dass die Scanner aufgestellt und mehrere PC-Arbeitsplätze eingerichtet werden konnten. Ein großer Posten waren die Investitionen in die IT-Infrastruktur. Da das hausinterne Datennetz für die zu erwartenden Datenmengen keineswegs ausgelegt war, musste ein Gigabit-Netzwerk eingezogen werden. Der Visual Library Server wurde als redundantes und hochvolumiges Speichernetzwerk mit einer Kapazität von zweimal 10 Terabyte ausgestattet, die, wie sich bald herausstellen sollte, viel zu gering bemessen war. Bereits im Sommer 2011 wurde daher die Kapazität auf 30 TB erhöht. Die Mitarbeiter-Arbeitsplätze erhielten Workstations mit jeweils zwei 22-Zoll-Monitoren.

Nachdem in den Sommermonaten 2010 der für die BLB konstruierte Kameratisch geliefert, aufgebaut und erklärt, der Aufsichtscanner in Betrieb genommen, die Digitalisierungssoftware installiert worden war, schloss eine Schulung den Aufbauprozess ab. Damit waren alle technischen Voraussetzungen erfüllt, damit die Digitalisierungswerkstatt zum 1. September 2010 ihren Betrieb aufnehmen konnte. Dies geschah, was die personelle Ausstattung betrifft, durchaus auf bescheidener Basis, nämlich mit einem frisch examinierten Bibliothekar (100%), einer im Zeitalter analoger Fotografie ausgebildeten Fotolaborantin (75%) und einer studentischen Hilfskraft (10,5 Wochenstunden).

Gleichwohl konnten die Digitalen Sammlungen als neues Angebot auf der Homepage der BLB am 1. Dezember freigeschaltet werden. Presse und Publikum waren zur Besichtigung der neuen Produktionsstätte ebenso geladen wie zur Betrachtung der ersten Arbeitsergebnisse auf dem Bildschirm, immerhin 207 Handschriften(-fragmente), 23 Musikalien, 42 Autographen und 72 Drucke, zusammen also über 340 digitale Objekte einschließlich der zuvor schon im Netz präsentierten Stücke. Schon ein halbes Jahr später, im Mai 2011, wurde die Marke von eintausend online gestellten Objekten überschritten.

Die Ausstattung der Digitalisierungswerkstatt

Der Grazer Buchtisch ist speziell für die objektschonende Bilderfassung von sensiblen Materialien konstruiert. Das Modell der BLB, der Kameratisch KT

5242 FLEX, kann Bücher in einer Größe bis 52 x 42 cm erfassen. Als Aufnahmekamera wird eine Canon EOS 1 Ds Mark III (mit 21 Mio. Pixel) eingesetzt, die mit dem Zeiss-Objektiv Makro-Planar 2/50 mm ZE arbeitet.

Da beim Grazer Buchtisch bekanntlich zunächst die Recto- und danach die Versoseiten aufzunehmen sind, bevor diese in der korrekten Reihenfolge zusammengesetzt werden, ist eine Nachbearbeitung notwendig. Mittels Photoshop CS4 werden die erzeugten RAW-Daten weiterbearbeitet, d.h. die Bilder werden vom Quer- ins Hochformat gedreht, beschnitten, nachgeschärft und erfahren eine Tonwertkorrektur, bevor zuletzt das TIFF erstellt wird.

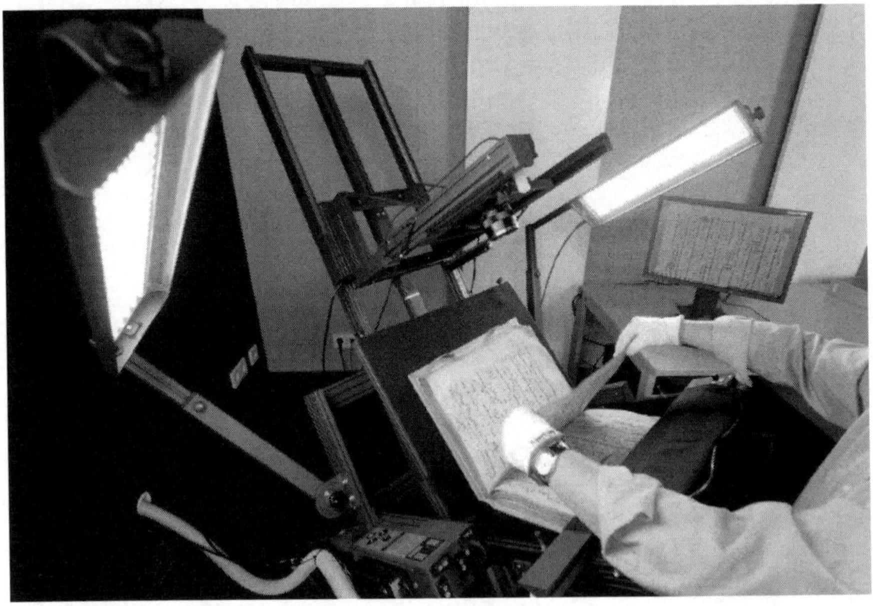

Abbildung: Digitalisierung einer Handschrift am Grazer Buchtisch (Foto: Uli Deck)

Der Farb-Aufsichtscanner CopiBook RGB+ der Firma i2s für Vorlagenformate bis DIN A 2 (etwa 44 x 64 cm) besitzt eine Auflösung von 300 dpi. Der Zusatzmonitor an der Mittelsäule zeigt ein Vorschaubild an, das die Position der aufzunehmenden Seite im festgelegten Scanrahmen wiedergibt; dadurch lassen sich mangelhaft geschnittene Images vermeiden. Als problematisch erwies sich die Beleuchtungseinheit des CopiBooks. Die beidseitig angebrachten Lampen erzeugten im Buchfalz einen deutlich sichtbaren Schatten. Deshalb musste das Gerät nachträglich um eine an der Scannersäule befestigte LED-Leuchte ergänzt werden.

Im Dezember 2010 wurde ein weiterer Scanner aufgestellt. Dieses in erster Linie zur Abwicklung von Bestellungen der aktiven Fernleihe eingesetzte Gerät kann in der übrigen Zeit für die Digitalisierung mitbenutzt werden.

Der Zeutschel Omniscan OS 12000 C Advanced, der ebenfalls für DIN-A-2-Formate geeignet ist und mit einer Auflösung von 300 dpi scannt, wurde allerdings ohne die optionale Bildverbesserungssoftware bestellt. Als sehr nachteilig erweist sich auch die fehlende Livebildvorschau, so dass häufig einzelne Scans wiederholt werden müssen.

Der Geschäftsgang in der Digitalisierung

Der zunächst am grünen Tisch entworfene Geschäftsgang ist nach Betriebsbeginn dem tatsächlichen Arbeitsprozess angepasst worden. Sofern es sich bei dem zu digitalisierenden Dokument um ein Buch aus dem Bereich der Sondersammlungen handelt, steht am Beginn des Digitalisierungsprozesses die konservatorische Prüfung des Objekts. Diese Frage richtet sich an die Restauratorinnen der BLB, die deshalb in den Geschäftsgang eingebunden sind.

Gemäß dem Motto „Kein Digitalisat ohne Katalogisat" steht am Anfang des Workflows die Erstellung einer Titelaufnahme in der Datenbank des Südwestverbundes. Das Katalogisat für die elektronische Ressource lässt sich aus der Katalogaufnahme des Originals generieren, sofern ein solches vorhanden ist.

Dann beginnt der zweite, aufwendigere Teil des Geschäftsgangs, die Paginierung und Strukturierung, wobei gleichzeitig die Qualitätskontrolle im Hinblick auf Vollständigkeit und Imagequalität stattfindet. Nach der Zusammenführung von Daten und Bildern können die Digitalisate in die Oberfläche der Digitalen Sammlungen eingebunden und damit zur Präsentation auf der Homepage freigegeben werden.

Ein mitunter eher unterschätztes Problem betrifft die Datenspeicherung und Langzeitsicherung. Angesichts einer durchschnittlichen Bilddateigröße von 30 Megabyte für alle Materialarten wächst der Speicherplatzbedarf schnell und stark an und konfrontiert dadurch eine Landesbibliothek, die ohne Unterstützung eines großen, vorzugsweise universitären Rechenzentrums auskommen muss, mit erheblichen finanziellen Folgekosten.

Ziele und Aufgaben der Digitalisierungswerkstatt

Die Digitalisierungswerkstatt dient drei Zwecken: Zum einen hat sie die Wünsche von Nutzern zu erfüllen, sofern sich diese auf Bestände der BLB beziehen; zum anderen bearbeitet sie Aufträge aus dem Haus; und zum dritten werden fremdfinanzierte Projekte abgewickelt.

Um im Auftrag von Benutzern Fotoarbeiten und Reproduktionen anzufertigen, unterhielt die BLB jahrzehntelang eine Fotowerkstatt, deren Auftragszahlen zuletzt rückläufig waren. Das 2010 frisch entworfene und mit neuen Preisen versehene Auftragsformular für Reproduktionsarbeiten enthält im analogen Bereich nur noch ein kleines Angebot.

Im digitalen Sektor wird zwischen Gebrauchsdigitalisaten (JPEG, 150 dpi) und Druckvorlagen (TIFF, 300 dpi) unterschieden. Die Preise für die Farbscans bis zu einer maximalen Vorlagengröße von DIN A 2 variieren nach der Größe der Ausgabeformate (DIN A 5 bis DIN A 2). Dass bei der Bestellung von Gebrauchsdigitalisaten das vollständige Werk abgenommen werden muss, hat zu keinem Benutzerprotest geführt.

Das zweite Standbein der Werkstatt sind die hausinternen Aufträge. Ein Beispiel dafür sind die Handschriftenkataloge; die darin abgedruckten wissenschaftlichen Beschreibungen der einzelnen Handschriften werden mit den digitalisierten Handschriften verlinkt, um dem Nutzer über die schmalen bibliographischen Metadaten hinaus fundierte Informationen zu den einzelnen Codices zu liefern.

Den bei weitem größten Umfang nehmen freilich die Arbeiten für die Digitalisierungsprojekte ein. Für das Jahr 2011 wurden der Bibliothek zwei Projektpakete bewilligt. Die Stiftung Kulturgut Baden-Württemberg förderte die Digitalisierungsbemühungen mit einem Betrag, der die Erzeugung von knapp 100.000 Images ermöglichte. Aus Sondermitteln des Ministeriums für Wissenschaft, Forschung und Kunst zur Förderung von Digitalisierungsvorhaben an den wissenschaftlichen Bibliotheken erhielt die BLB Mittel für rund 44.000 Images. Einige Projekte können in der hauseigenen Werkstatt mit studentischen Hilfskräften erledigt werden; inzwischen sind im Schichtbetrieb sieben Studierende beschäftigt. Insgesamt übersteigt das Volumen jedoch die Kapazitätsgrenze der Werkstatt, so dass bestimmte Teilprojekte – Drucke des 19. und 20. Jahrhunderts – an Dienstleistungsfirmen vergeben wurden.

Digitalisierungsprogramm und Digitalisierungsprojekte

Die großen Linien im Digitalisierungskonzept der BLB ergeben sich aus der schicksalhaften Geschichte der Bibliothek und ihrer Überlieferung. Im Mittelpunkt stehen die singulären Bestände, Bestände, die im Bereich Historische Bestände archiviert werden. Dies sind zu allererst die Handschriften. Auch wenn sich manche Codices aus konservatorischen oder technischen Gründen einer Digitalisierung entziehen mögen, so ändert das nichts an der grundsätzlichen Absicht, den Bestand an Handschriften möglichst vollzählig zu digitalisieren.

Für die ersten Projekte im Jahre 2011 wurden 40 Pergament-Handschriften der Reichenau und 50 Papier-Handschriften aus St. Peter ausgewählt, mit zusammen rund 32.000 Images. Die Provenienz St. Peter wurde bestimmt, weil die Universitätsbibliothek Freiburg ein Kooperationsprojekt zur virtuellen Rekonstruktion der früheren Klosterbibliothek gestartet hat.

Auch die Musikalien, bei denen es sich in vielen Fällen um Handschriften und damit um Alleinbesitz handelt, sind an vorderster Stelle in die Digitalisierungsstrategie einbezogen: Dedikationswerke vom Hof in Donaueschingen mit ca. 5.000 Images und 400 Werke des Karlsruher Hofkapellmeisters Johann Melchior Molter mit 8.000 Seiten. Begünstigt wird ihre Digitalisierung dadurch, dass sie im internationalen Quellenlexikon der Musik RISM (Réper-toire International des Sources Musicales) erfasst sind und diese Daten wiederum erfolgreich in die Datenbank des Südwestverbundes überführt werden konnten.

Zu den wenigen überlieferten Druckbeständen zählt eine Kollektion badischer Kleinschriften. Sie umfasst etwa 900 Einzelwerke, überwiegend Gelegenheitsschriften zu Jubiläen und anderen Anlässen, in nicht wenigen Fällen unikale Überlieferung. Bestände dieser Art sind es, die einer Landesbibliothek ihr charakteristisches Profil geben und die der Forscher zu Recht in einer Bibliothek dieses Typs erwartet.

Eine wichtige Quelle für die Lokalforschung sind bekanntermaßen die Adressbücher. Die Originalbände des 1818 zum ersten Mal erschienenen Karlsruher Adressbuches sind durch häufige Nutzung und den fortschreitenden Papierzerfall sehr stark gefährdet; die Jahrgänge zwischen 1818 und 1949 wurden daher mit Hilfe eines Dienstleistungsunternehmens digitalisiert, insgesamt ca. 110 Bände mit rund 54.000 Seiten.

Gleiches gilt für eine weitere regionalgeschichtlich bedeutsame Quelle, die Verhandlungen des Badischen Landtags. Die Protokoll-, Beilagen- und Registerbände umfassen insgesamt 250.000 Seiten, verteilt auf etwa 600 Bände. Angesichts dieses Volumens war eine Zerlegung in Teilprojekte geradezu zwingend. Den Anfang machten die Jahrgänge 1899 bis 1933, die von einer Dienstleistungsfirma gescannt, aber von eigenen studentischen Hilfskräften strukturiert werden.

Mit den genannten Projekten startete die BLB in das Zeitalter der Digitalisierung. Für das Jahr 2012 wurde eine Prioritätenliste entworfen, auf der erneut mittelalterliche Handschriften, badische Musikalien und regionale Druckschriften stehen werden.

Die Präsentation der Digitalen Sammlungen

Mit Visual Library hat sich die BLB für ein Produkt entschieden, das den gesamten Digitalisierungsvorgang im Blick hat, von der Vorbereitung der Vorlagen über das Einscannen, die Qualitätssicherung und die Nachbearbeitung bis zur Web-Präsentation. Die an das Layout der eigenen Homepage angepasste Präsentation der *Digitalen Sammlungen* (URL: http://digital.blb-karlsruhe.de/) entspricht der Visual-Library-typischen Darstellung.

Die Gliederung des Angebots folgt den großen Bestandsgruppen. In einer virtuellen Schatzkammer werden ausgewählte, gelegentlich wechselnde Spitzenstücke des Handschriftenbestandes gezeigt.

Über die Klassifikation hinaus bietet Visual Library zusätzliche Zugänge zu den elektronischen Werken an: Die listenförmige Zusammenstellung der Dokumente kann entweder nach Autoren oder nach Erscheinungsjahren bzw.

größeren Zeiträumen erfolgen. Der weiteren Filterung des Titelangebots innerhalb der Listensuche dienen ausgewählte Facetten, nämlich Autoren/Beteiligte, Zeiträume, Schlagwörter und Erscheinungsorte. Eine Detailsuche ist in den Metadaten möglich, eine Volltextsuche in den Strukturdaten, wobei jeweils aus bestimmten Ausgabeoptionen gewählt werden kann. Schließlich wird auch der tagesaktuelle Überblick über die neu ins Netz gestellten Werke angeboten.

Die Navigation ist mehr oder weniger selbsterklärend. Unter „Titel" werden neben der Vorschau auf eine ausgewählte Buchseite die bibliographischen Metadaten aufgeführt. Unter „Inhalt" wird die Struktur des Dokuments wiedergegeben, also das Ergebnis der Erfassung von Kapitelüberschriften und anderen inhaltlichen Gliederungselementen. Unter „Übersicht" werden alle Seiten im Miniaturbild-Format angezeigt.

Das Springen von Seite zu Seite oder zum Buchanfang bzw. Buchende und das Drehen einer Seite sind ebenso möglich wie das Skalieren auf Fensterhöhe bzw. Fensterbreite, die Vergrößerung bzw. Verkleinerung und die Zoomansicht. Im PDF-Format können die Dokumente heruntergeladen werden. Eine Software zur Volltexterkennung ist bislang nicht im Einsatz.

Für den Datentransfer bietet Visual Library eine OAI-Schnittstelle, die den Weg in verschiedene Portale öffnet, wobei als Metadatenformat natürlich METS/MODS verwendet wird. Der Deutschen Bibliothek und der Europeana werden die digitalisierten Dokumente und die Metadaten zur Verfügung gestellt. Eine Verlinkung auf die *Digitalen Sammlungen* der BLB wurde auch dem Zentralen Verzeichnis Digitalisierter Drucke (ZVDD), dem gemeinsamen Portal für Bibliotheken, Archive und Museen (BAM) und den Manuscripta Mediaevalia angeboten, von diesen bisher aber nicht realisiert.

Eine zusätzliche Präsentationsplattform für die retrodigitalisierten Dokumente der BLB wird das landeskundliche Online-Informationssystem LEO-BW sein, das im April 2012 anlässlich des sechzigjährigen Landesjubiläums in Betrieb geht. LEO-BW (Landeskunde entdecken, erleben, erforschen online) wird ein breites Spektrum heterogener elektronischer Ressourcen mit Landesbezug unter einer gemeinsamen Portaloberfläche bündeln und vernetzen. Unter den 17 Projektpartnern sind auch die Bibliotheken mit ihren digitalen Sammlungen.

Fazit

Zum Jahrestag der Netzfreischaltung umfassen die Digitalen Sammlungen rund 400 Handschriften, 1.000 Drucke, 500 Musikalien und 80 Autographen, zusammen etwa 2.000 digitale Objekte. Die von der BLB eingesetzte Standard-Web-Statistik zeigt, dass die Zugriffe auf die Digitalen Sammlungen während der ersten neun Monate des Jahres 2011 kontinuierlich gestiegen sind.

Mit dem Aufbau der Digitalisierungswerkstatt, dem Einsatz von Visual Library und der Präsentation zahlreicher digitaler Dokumente im Internet ist es der Badischen Landesbibliothek also innerhalb weniger Monate gelungen, die Digitalisierung als neues Leistungsmerkmal der Bibliothek zu etablieren. Auch wenn es sich dabei um eine Dienstleistung handelt, die für eine wissenschaftliche Informationseinrichtung des 21. Jahrhunderts inzwischen als Selbstverständlichkeit gilt, so sind doch mit vergleichendem Blick auf die gesamte deutsche Bibliothekslandschaft die Aufbauleistungen hinsichtlich Geschwindigkeit und Umfang als sehr erfolgreich zu bewerten.

Matthias Groß

Digitale Langzeitarchivierung mit Rosetta im Bibliotheksverbund Bayern

Die digitale Langzeitarchivierung stellt eine der größten Herausforderungen für die Bibliotheken im 21. Jahrhundert dar. Der Vortrag beschreibt den im Bibliotheksverbund Bayern verfolgten Ansatz mit dem Digital-Preservation-System Rosetta von Ex Libris, das an der Bayerischen Staatsbibliothek in München eingeführt und von weiteren bayerischen Universitätsbibliotheken im Vorfeld eines künftigen Verbundeinsatzes erprobt wird. Dabei werden insbesondere folgende Aspekte eingehend dargestellt: die Skalierbarkeit des Systems hinsichtlich großer Datenvolumina bei zudem komplex strukturierten Objekten; besondere Herausforderungen des Einsatzes eines digitalen Langzeitarchivs auf Verbundebene; hierzu gehört auch die Anbindung an den Verbundkatalog (Aleph 500); sowie der „light archive"-Ansatz mit Endnutzerpräsentation.

Der Herbst ist die angemessene Jahreszeit, um über die Vergänglichkeit nachzudenken: Die Blätter fallen von den Bäumen – sie fallen manchmal auch aus sauren Büchern –, aber auch das Sammeln und die Aufbewahrung sind in dieser Jahreszeit fest verankert, das Eichhörnchen kann uns hier als Leitfigur dienen. Auch für die digitale Langzeitarchivierung ist der Herbst eine inspirierende Jahreszeit.

Wenn wir uns zunächst der *Haltbarkeit von Datenträgern* zuwenden, so stimmt es nachdenklich, dass eine aus einem Abbruchhaus wieder ans Tageslicht geförderte Zeitung, die zufällig irgendwo hineingerutscht war, nach 55 Jahren immerhin noch zu wesentlichen Teilen lesbar ist, während eine CD-ROM in der freien Natur nur wenige Tage bis Wochen überlebt. Räumt man ein, der Vergleich sei unfair, so zeigt die Langzeitbetrachtung einiger Zeitungsseiten, die ein Sturm hinter den Schneefang eines Nachbarhauses geweht hatte, doch auch hier einen Abbauzeitraum von mehreren Jahren trotz aller Witterungsunbilden. Zudem ist dem digitalen Datenträger der tückische Prozess des Verfalls, der sich bei immer höherer Datendichte schon im mikroskopischen Bereich verheerend auswirkt, äußerlich nicht ohne Weiteres anzusehen. Und selbst wenn die Datenträger lange halten, so sorgt doch der stete Innovationsschub für einen raschen Wandel bei den marktüblichen Medien und Endgeräten. Daher ist man schon vor einigen Jahren dazu übergegangen, für Zwecke der Archivierung die Daten vom physischen Träger zu lösen und auf eine abstrakte Speicherschicht zu übertragen, deren konkrete Ausprägung jeweils in gewissen Abständen ausgetauscht werden muss, die Daten werden also alle paar Jahre auf die dann aktuellen Trägermedien umkopiert. Diesen Vorgang bezeichnet man in der Literatur als *bitstream preservation* und stellt sich dabei die Dateien als Folgen von Nullen und Einsen vor, die es unverändert durch die Zeit zu transportieren gilt. Der aktuelle Lösungsansatz besteht im Wesentlichen aus der periodischen Migration, zur Sicherstellung der Unversehrtheit der Informationen kommen Prüfsummenverfahren zum Einsatz. Die aktuelle skalierbare Basistechnologie dafür stellen Bandrobotersysteme, sogenannte *tape libraries*, dar; diese werden außer für die eigentliche Archivierung auch für die kostengünstige Aufbewahrung von Backups eingesetzt. Das Bandarchiv registriert dabei innerhalb seiner Verwaltungsschicht, wie oft auf jedes Band zugegriffen wurde, um durch rechtzeitiges Umkopieren der Inhalte auf neue Bänder das Risiko zu großen mechanischen Verschleißes auszuschalten. Für die *bitstream preservation* liegen bereits umfassende Erfahrungen für die Migration großer Datenbestände vor.

Das gewichtigere Teilproblem der digitalen Langzeitarchivierung ist jedoch: Was bedeuten diese Folgen von Nullen und Einsen, wie sind sie zu interpretieren und darzustellen? Es geht einher mit dem Veralten von Software und deren Standards. Auch bei diesem Problem begegnen wir wieder dem Ansatz der Migration, jedoch nicht unbedingt als zeitlichem Hintereinander von jeweils allein verfügbaren Darstellungen, sondern mit der Möglichkeit, verschiedene Repräsentationen derselben intellektuellen Entität gemeinsam in einem System zu verwalten. Wenn wir den berühmten Stein von Rosetta mit seiner Inschrift in dreierlei Gestalt betrachten, so können wir uns vorstellen, dass man zunächst für diejenigen, die den Hieroglyphen-"Master" nicht mehr unmittelbar lesen konnten, eine erste *Formatmigration* durchgeführt hat, bezeichnenderweise ins Demotische, also eine Volksausgabe im wahrsten Sinne des Wortes; um den Text noch weiteren Nutzerkreisen zu erschließen, hat man außerdem noch ein griechisches Derivat hinzugefügt. Dies illustriert, dass man bei Formatmigrationen die bisherigen Daten nicht unbedingt verwirft, sondern die neue Repräsentation dem Bestand hinzufügen kann. In der Praxis wird man hierbei je nach Zweck und Begleitumständen pragmatische Entscheidungen zu treffen haben, zumal aus Kostengründen. In der Regel wird man aber die originale Datei stets mitführen, nicht zuletzt, um bei aller Sorgfalt erst nachträglich festgestellte Defizite bei der Migration durch den Einsatz verfeinerter Methoden ausgleichen zu können. Im Rahmen dieses kurzen Überblicks kann nicht näher auf die Einzelheiten und Herausforderungen der Format- und Risikoanalyse eingegangen werden.

Die logische Herausforderung, wie man die Bedeutung der Daten durch die Zeit transportiert, wird zudem durch die Dimension *Datenvolumen* verstärkt. Konkret im Fall der Bayerischen Staatsbibliothek ist von August 2010 bis August 2011 das digitale Archiv um 33 Prozent gewachsen, der absolute Zuwachs betrug 80 Terabyte, die Zahl der Einzeldateien wuchs von 476 auf 612 Millionen. Dies bedeutet für die Einführung eines Systems mit dem Anspruch, die digitalen Sammlungen im Sinne der digitalen Langzeitarchivierung zu verwalten, also detaillierte Kenntnisse über die Formate der einzelnen Dateien zu besitzen und auf dieser Grundlage die absehbaren Risiken aus Sicht der Einrichtung zu evaluieren, zunächst, dass es einen jährlichen Zuwachs von hier derzeit konkret 150 Millionen Einzeldateien im laufenden Betrieb verarbeiten können muss und daneben möglichst zügig das bereits vorhandene Material in das System hineinzumigrieren ist. Das ist bereits ohne die Betrachtung weiterer Bibliotheken in Bayern und ohne die parallele Anzeige von Objekten für Endnutzer eine große Herausforderung.

Wie sind in Bayern die *organisatorischen Rahmenbedingungen* für die digitale Langzeitarchivierung beschaffen? Das ist ein Aspekt, der neben der Technik ganz besonders wichtig ist: Wer sind die Partner, die die Verantwortung übernehmen, wie sind sie organisatorisch eingebunden, und wie kann auch die Finanzierung nachhaltig gestaltet werden – es handelt sich schließlich, wie die Bezeichnung schon verrät, um eine Daueraufgabe.

Die *Bayerische Staatsbibliothek* hat als zentrale Landes- und Archivbibliothek des Freistaats Bayern den Auftrag, ihre Bestände nicht nur hier, heute und jetzt, sondern auch in Zukunft zur Verfügung zu stellen und das kulturelle Erbe des Landes zu bewahren. Sie hat ein regionales Pflichtexemplarrecht, das bis in das 17. Jahrhundert zurückgeht und sich nun auch auf die Ablieferung amtlicher Druckschriften in elektronischer Form erstreckt, bei einer Novellierung des bayerischen Pflichtstückegesetzes wird es auch elektronische Verlagspublikationen berücksichtigen. Im Münchener Digitalisierungszentrum (MDZ) produziert sie selbst eine große Anzahl von Retrodigitalisaten oder lässt diese durch Partner herstellen. Hieraus speist sich der Löwenanteil des digitalen Archivs, eine zentrale Rolle spielt dabei natürlich die Public Private Partnership mit *Google*. Aber auch die Inhouse-Digitalisierungsprojekte etwa für das 16. Jahrhundert oder für Handschriften sind Massendigitalisierungsprojekte und tragen durch ihre spezifischen Formatfestlegungen wesentlich zum Datenvolumen bei. Das Referat Digitale Bibliothek der Bayerischen Staatsbibliothek führt zudem seit über zehn Jahren Projekte zu wichtigen Aspekten der digitalen Langzeitarchivierung durch und ist in maßgebliche Kooperationen eingebunden.

Teil der Bayerischen Staatsbibliothek ist auch die *Verbundzentrale des Bibliotheksverbunds Bayern (BVB)*, sie hat die Aufgabe, EDV-Infrastrukturen für die wissenschaftlichen Bibliotheken in Bayern bereitzustellen. Im Vorfeld der neuen Herausforderungen der digitalen Langzeitarchivierung konnten hier bereits wichtige Erfahrungen mit dem Betrieb des bayerischen Multimedia-Servers gesammelt werden, der auf dem Produkt *DigiTool* der Firma Ex Libris basiert. So war die Ansiedlung des technischen Betriebs der neu einzuführenden Anwendung für die digitale Langzeitarchivierung bei der Verbundzentrale bereits vorbereitet.

Ein wichtiger Partner ist das *Leibniz-Rechenzentrum (LRZ)* der Bayerischen Akademie der Wissenschaften, das einerseits als Höchstleistungszentrum auf nationaler und internationaler Ebene agiert und zum anderen das Hochschulrechenzentrum für die Münchener Universitäten darstellt. Seit 2008 nimmt es zudem im Zuge der Neustrukturierung der EDV-Betriebszentren in der bayerischen Staatsverwaltung die Aufgabe des Verbundrechenzentrums des BVB wahr. Das LRZ ist langjähriger Partner der Bayerischen Staatsbibliothek für die digitale Langzeitarchivierung, bislang auf der Ebene der *bitstream pre-*

servation, und ermöglicht mit seinen skalierbaren Infrastrukturangeboten überhaupt erst ein Engagement in dieser Dimension.

Die zentrale Klientel für die Verbundzentrale sind die *Hochschulbibliotheken*, und im Kontext der digitalen Langzeitarchivierung sind auch die Hochschulrechenzentren mit zu betrachten. Eine wesentliche Grundlage für das bibliothekarische Handeln in Bayern ist die spezifische Form der Kooperation, die sich in den verschiedenen Verbundgremien über lange Jahre etabliert hat; diese hat 2006 auch Eingang in die Neufassung des Bayerischen Hochschulgesetzes gefunden (Art. 16, Abs. 1). Somit hat der Ansatz, einen breiten fachlich fundierten Konsens herzustellen und diesen flächendeckend umzusetzen, die Würdigung seitens des Gesetzgebers erlangt. Das Interesse der Hochschulbibliotheken an der digitalen Langzeitarchivierung richtet sich zum einen auf Digitalisate unikaler Bestände, sodann in natürlicher Weise auf Hochschulschriften – in einem weiten Sinn verstanden –, sowie für erweiterte Möglichkeiten, innerhalb der eigenen Hochschule als Dienstleister fungieren zu können, dem man traditionell bei der langfristigen Aufbewahrung von Inhalten vertraut. Hier tritt insbesondere die Archivierung von Forschungsprimärdaten verstärkt ins Blickfeld, bis zu einer Konkretisierung hin zu echten Kooperationen ist jedoch noch eine gewisse Wegstrecke zu bestreiten, die Problem- und Zielschärfung einerseits und das Heranwachsen eines Vertrauensverhältnisses andererseits umfasst.

Die *Auswahlkriterien* für ein System für die digitale Langzeitarchivierung für die Bayerische Staatsbibliothek und den Bibliotheksverbund Bayern umfassten insbesondere den bereits betonten Aspekt der Skalierbarkeit, sodann das Sicherheits- und Berechtigungskonzept, da ja Objekte verschiedener Einrichtungen und mit unterschiedlichen Rechten zu verwalten sind, die Beachtung von Standards wie dem OAIS-Referenzmodell und das Vorhandensein offener oder gut dokumentierter Schnittstellen sowie den Grad der Unterstützung von Maßnahmen zum Erhalt der Verfügbarkeit, insbesondere Formatmigrationen. Zudem sollte es kein sogenanntes *dark archive* für die reine Archivierung, sondern ein *light archive* mit direktem Zugriff für die Öffentlichkeit auf die Objekte nach Maßgabe der jeweiligen Nutzungsrechte sein. Es sei an dieser Stelle darauf hingewiesen, dass die Endnutzerderivate zwar nicht das im engeren Sinne zu archivierende Gut darstellen, aber da bei ihrem Verlust eine Neugenerierung aus den Masterdateien mit sehr hohem Aufwand an Rechenzeit verbunden wäre, sind sie doch zwingend mit einzubeziehen.

Die Entscheidung fiel 2009 auf das Produkt *Rosetta Digital Preservation System*, dessen Vorgeschichte 2004 in Neuseeland begann, als man sich dort die Frage nach der Zukunft des nationalen digitalen Erbes gestellt hat, woraus über eine sehr ausführliche Spezifikationsphase die Produktentwicklung mit der Firma Ex Libris resultierte. Der produktive Einsatz von Rosetta in Neuseeland begann 2008.

Das Rosetta-Implementierungsprojekt in Bayern startete operativ im Februar 2010. In der Anfangsphase stand die Analyse und Beschreibung der abzubildenden Workflows im Vordergrund. Man kann annähernd davon ausgehen, dass der Projektaufwand linear in der Zahl der umzusetzenden Workflows ist, und je weniger klar diese zu Beginn definiert sind, um so mehr Iterationen muss man im Projekt durchlaufen. Konkret bedeutet etwa die Frage, ob der OCR-Volltext mit in die Langzeitarchivierung einbezogen werden soll, eine solche Weichenstellung, die sich etwa auch auf die Ausgestaltung der Strukturmetadaten auswirkt.

Schon frühzeitig wurde ein sogenanntes Trainingssystem auf einem einzelnen virtuellen Server eingerichtet, womit die Schulungen des Projektteams, das sich aus dem Referat Digitale Bibliothek / Münchener Digitalisierungszentrum sowie aus der Verbundzentrale des Bibliotheksverbunds Bayern zusammensetzt, durchgeführt und die grundlegende Systemkonfiguration erarbeitet wurden. Sodann wurde eine Mehrserverumgebung als eigentliches Projektsystem installiert, da die gemäß Zielsetzung zu verarbeitenden Datenvolumina nur durch Skalierung auf der Hardwareseite zu bewältigen sind. Sie umfasst derzeit vier Applikationsserver, die als virtuelle Server betrieben werden, sowie zwei Datenbankserver, die als physische Server realisiert sind. Es schlossen sich iterative Funktions- und Lasttests mit den jeweils alle zwei bis drei Monate herauskommenden neuen Software-Releases an; später im Betrieb wird man das System seltener aktualisieren.

Es geht zunächst um die Umsetzung von drei Workflows der Bayerischen Staatsbibliothek:

(1) Massendigitalisierung, hier kommen als Dateiformate TIFF und JPEG2000 für die Masterdateien vor,

(2) digitale Pflichtablieferung von amtlichen Druckschriften, in der Regel im PDF-Format, sowie

(3) Website-Harvesting im Kontext der Sondersammelgebiete für fachlich ausgewählte Ressourcen mit Einwilligung der Rechteinhaber; dies ist zwar von der Anzahl der Objekte (auf der Ebene der Websites betrachtet) der kleinste Workflow, aber mit einer hohen Anzahl von Einzeldateien mit einer ganz besonders hohen Formatvielfalt und daher sehr spannend im Hinblick auf Formatanalyse und -migrationen.

Die Herausforderung der Skalierbarkeit bedeutet für uns ganz konkret, dass das System inklusive eines Puffers für die Bewältigung von Spitzenlasten täglich mindestens das Äquivalent von 1000 digitalen Büchern à 300 Seiten verarbeiten können muss; mit den unterschiedlichen Repräsentationen ergibt das über eine Million Dateien, von denen jede analysiert und geprüft werden muss. Auf diesen Durchsatz hin ist die gesamte Infrastruktur inklusive Netzwerkanbindung und Firewall zu optimieren. Auch das System selbst war an einigen Stellen anzupassen, die Firma Ex Libris hat hier bereits Verbesserungen in das Produkt einfließen lassen. Im Vergleich mit den Erfahrungen anderer Anwender hat sich gezeigt, dass insbesondere die große Zahl von Dateien innerhalb einer intellektuellen Einheit die spezifische Herausforderung unseres Projekts darstellt, nicht das Datenvolumen an sich.

Für den *Verbundeinsatz* ist es wichtig, dass der Betrieb in mehreren Bibliotheken unterstützt wird, also die Mandantenfähigkeit gegeben ist. Wir haben dies bislang durch die Simulation zweier Bibliotheken intern getestet und werden dies in eine Phase mit Tests mit mehreren echten Bibliotheken überführen. Im Gegensatz zu unserem DigiTool-Betriebsmodell, das dem vom Verbundkatalog her bekannten Prinzip der Kooperation folgt, wird man bei der digitalen Langzeitarchivierung schon allein vom Anspruch der Aufgabe her stärker beschränken müssen, welcher Mitarbeiter Daten wirklich verändern kann. Zudem stellt sich für den Verbundeinsatz die Frage der dauerhaften Finanzierung auf landesweiter Ebene.

Bei der Einführung von Rosetta geht es auch um die Integration in die bestehende technische Systeminfrastruktur. Die Endnutzer kommen an die Objekte zunächst über Links aus dem Verbundkatalog sowie ihren lokalen Bibliothekskatalogen, die daraus versorgt werden; dazu wird Aleph 500 in zwei Richtungen mit Rosetta verbunden, zum einen werden die bibliographischen Metadaten aus dem Verbundkatalog B3Kat in Rosetta nachgenutzt, zum anderen haben wir insbesondere für den Workflow der digitalen Pflichtablieferung mit Ex Libris eine Möglichkeit entwickelt, die mit einem Objekt mitgelieferten Metadaten nach Aleph zu transportieren und damit automatisiert ein Rumpfkatalogisat anzulegen, welches später je nach Kapazität und Bedarf hochkatalogisiert werden kann. Diese zweite Richtung steht technisch bereit, ist aber vor dem praktischen Einsatz noch bibliothekarisch-fachlich auszugestalten. Später ist die Volltextindexierung der Objekte mit den geeigneten Mitteln anzugehen.

Da der Betrieb eines digitalen Langzeitarchivs, das seinem Namen gerecht werden will, auch über die Lebensdauer eines Produkts hinaus gesichert durchzuführen ist, kommt dem sogenannten *Exit-Szenario* (man denke an Jona und den Walfisch) ganz wichtig und muss bereits bei der Implementierung eines Systems berücksichtigt werden. Bei Rosetta werden alle wesentlichen Informationen in einer Ordnerstruktur im Filesystem abgelegt, so dass mit einigen Kenntnissen bei Bedarf alles Wesentliche auch ohne das System direkt von dort abgegriffen werden kann.

Jenseits der Täler und Schluchten, die ein Einführungsprojekt mit sich bringt, umfasst der Ausblick auf die nächsten Monate an Gipfeln und Höhepunkten den stufenweisen Übergang des Systems in den Produktionsbetrieb sowie die Aufnahme von Tests mit mehreren bayerischen Universitätsbibliotheken als Baustein für die angestrebte Ausweitung des Betriebs. Daneben wird sich zeigen, wie sich die realen Möglichkeiten der Formatanalyse und -migration nicht nur in Bayern, sondern in der weltweiten Community, die sich um das Produkt Rosetta herum bildet, ganz konkret darstellen.

Literaturverzeichnis

Brantl, Markus; Ceynowa, Klaus; Groß, Matthias; Reiner, Bernd; Schoger, Astrid: Digitale Langzeitarchivierung in Bayern : Vom Projekt zum nachhaltigen Modell. In: Bibliothek Forschung und Praxis (BFP), Jg. 35 (2011), S. 15-25.

Ellen Geisriegler

Europeana Collections 1914-1918

Eine digitale Sammlung zum Ersten Weltkrieg

Im Jahr 2014 wird in zahlreichen Ländern dem Ausbruch des Ersten Weltkrieges gedacht werden. Im Projekt *Europeana Collections 1914-1918* haben sich zehn Nationalbibliotheken und andere Partner aus acht verschiedenen Ländern zusammengeschlossen, die interessante Sammlungen zu diesem Themengebiet in ihren Beständen haben. Das Ziel des Projektes ist es, eine umfassende digitale Sammlung zum Ersten Weltkrieg zu schaffen. Der vorliegende Artikel möchte Einblicke in die Projektkoordination, die Arbeitsschritte und Workflows geben. Abschließend werden die Bestände, die von der Österreichischen Nationalbibliothek im Projekt digitalisiert werden, vorgestellt.

Im Jahr 2014 jährt sich der Ausbruch des Ersten Weltkrieges zum hundertsten Mal. Im Zuge dessen wird von Wissenschaft und Öffentlichkeit, Medien, Kultur und Kunst, aber auch von Privatpersonen großes Interesse an der Thematik erwartet.

Zahlreiche (National-)Bibliotheken haben umfangreiche Kriegssammlungen aus dieser Zeit in ihren Beständen. Der Zugang zu diesen Sammlungen ist aber häufig nach wie vor nicht einfach möglich, da Teile oder ganze Bestände oft nur peripher aufgearbeitet und erschlossen sind. Erschwerend kommt hinzu, dass die Papierqualität der Objekte vielfach schlecht und die Materialien hochporös sind, weshalb sie nicht beliebig oft ausgehoben werden können.

Viele Bibliotheken nützen nun das nahende Gedenkjahr, um unerschlossene Bestände des Ersten Weltkrieges zu bearbeiten. Zusätzlich verfolgen immer mehr Bibliotheken das Interesse, ihre Bestände auch digital zur Verfügung zu stellen.

Im Projekt *Europeana Collections 1914-1918*[1] haben sich zwölf Nationalbibliotheken und andere Partner zusammengeschlossen, um in einem gemeinsamen Digitalisierungsprojekt wichtige Objekte und Sammlungsbestände zum Ersten Weltkrieg zu digitalisieren. Bis zum Ende des Projekts im April 2014 sollen erstmals mehr als 400.000 Objekte auf den Websites der Institutionen und gesammelt über die europäische digitale Bibliothek *Europeana*[2] online zur Verfügung stehen. Außerdem soll eine *Learning Microsite* entwickelt werden, die sich speziell an SchülerInnen und LehrerInnen richten wird. Das Projekt wird im Rahmen des Programms zur Unterstützung der Politik für Informations- und Kommunikationstechnologien als Teil des Rahmenprogramms für

1 http://www.europeana-collections-1914-1918.eu/
2 www.europeana.eu

Wettbewerbsfähigkeit und Innovation durch die Europäische Kommission teilfinanziert[3].

Koordiniert wird das Projekt von der Staatsbibliothek zu Berlin / Stiftung Preußischer Kulturbesitz, die Österreichische Nationalbibliothek leitet das Arbeitspaket *Digitisation and full text creation/OCR, Aggregation to the European Digital Library Europeana.*

Weitere Partnerinstitutionen im Projekt sind:
- Bibliothèque nationale de France,
- Bibliothèque nationale et universitaire de Strasbourg,
- Biblioteca Nazionale Centrale di Roma „Vittorio Emanuele II",
- Biblioteca Nazionale Centrale di Firenze,
- Bibliothèque Royale de Belgique – Koninklijke Bibliotheek van België,
- The British Library,
- Det Kongelige Bibliotek,
- Narodna biblioteka Srbije,
- CLIO-Online und das
- Istituto Centrale per il Catalogo Unico delle biblioteche italiane e per le informazioni bibliografiche.

Die Vorteile der Digitalisierung von Objekten aus der Zeit des Ersten Weltkrieges liegen auf der Hand. Erstens werden die teilweise sehr schlecht erhaltenen oder brüchigen Objekte zukünftig geschont. Sie müssen nicht mehr so oft wie bisher in die Hand genommen werden und können so nachhaltig vor weiteren Beschädigungen geschützt werden. Im Falle von Verlust, Diebstahl oder der Vernichtung von Objekten (z.B. durch Naturkatastrophen wie Feuer oder Erdbeben) bleibt zumindest der Inhalt in digitaler Form erhalten und geht nicht gemeinsam mit dem Objekt verloren. Ein weiterer Vorteil der Digitalisierung ist die Zeit- und Kostenersparnis für LeserInnen. Die Objekte können im Netz rund um die Uhr von überall aus kostenlos angesehen werden. Die BenutzerInnen müssen sich nicht nach den Öffnungszeiten der Bibliothek richten und können sich auf diese Weise häufig weite Anfahrtswege ersparen.

Projektablauf und Workflows

Ein internationales, kooperatives Digitalisierungsprojekt braucht für einen erfolgreichen Ablauf mehr Arbeitsschritte als ein Digitalisierungsprojekt, das rein auf Institutionenebene abgewickelt wird.

Im folgenden Kapitel sollen Abläufe, Workflows und Arbeitsschritte des Projekts mit Fokus auf dem Workpackage *Digitisation and full text creation/OCR, Aggregation to the European Digital Library Europea* kurz geschildert werden.

[3] http://ec.europa.eu/cip/

Die grundlegende Arbeit der Bestandsaufbereitung und Digitalisierung obliegt den Partnerbibliotheken und wird direkt von ihnen durchgeführt. In der Antragsphase des Projekts durchforsteten die KuratorInnen der Partnerbibliotheken ihre Kriegssammlungen auf interessante Bestandsgruppen und gaben eine erste Schätzung der Objektzahlen ab.

Nach Projektbeginn fand im Juni 2011 ein *Selection Criteria Workshop* mit allen Projektpartnern statt, bei dem spezifische, für alle Partner gültige Kriterien für die Auswahl der Objekte und Sammlungen festgelegt wurden. Die Ergebnisse des Workshops wurden in einem Handout[4] festgehalten, an dem sich die KuratorInnen orientieren können.

Direkt nach diesem Workshop begann in den meisten Institutionen der konkrete Auswahlprozess. Einige Bibliotheken hatten ihre Sammlungen bereits im Vorfeld aufgearbeitet und erschlossen und konnten den Selektionsprozess rasch abschließen. Bei anderen Partnern nimmt diese Aufgabe mehr Zeit in Anspruch, zum Beispiel, wenn es sich um unbearbeitete Bestandsgruppen handelt. Bestandsauswahl und Digitalisierung laufen in den meisten Partnerbibliotheken parallel.

Nach der Auswahl der Objekte hängen die weiteren Schritte von der Bestandsaufarbeitung in den einzelnen Institutionen ab. Manche Bibliotheken haben bereits Metadaten zu ihren Objekten erfasst, andere müssen sie erst generieren; einige Institutionen digitalisieren ihre Objekte, bevor sie sie mit Metadaten anreichern, andere bevorzugen die Variante, die Objekte vor der Digitalisierung zu erschließen. Für Erschließung und Digitalisierung wurden im Projekt keine einheitlichen Workflows festgelegt, um die etablierten Routinen in den einzelnen Institutionen nicht durcheinander zu bringen. Es wurden jedoch einige grundsätzliche Kriterien in Hinblick auf Format und Qualität festgelegt.

Hinsichtlich der Digitalisierung haben sich die Projektpartner für drei verschiedene Varianten entschieden. Einige Bibliotheken scannen ihre Objekte in ihren hauseigenen Digitalisierungszentren. Diese Bibliotheken haben sich auf Digitalisierungsprozesse spezialisiert und verfügen zumeist über eine größere Anzahl an Scannern und Geräten zur Bearbeitung der Objekte.

Die zweite Möglichkeit, für die sich ebenfalls einige Projektpartner entschieden haben, ist das komplette *Outsourcing* der Digitalisierungsaktivitäten. Diese Bibliotheken können die Menge der Objekte entweder aufgrund fehlender Infrastruktur und personeller Kapazitäten nicht bewältigen, oder die Digitalisierung außer Haus hat sich für ein Digitalisierungsprojekt dieser Größenordnung als kostengünstiger erwiesen.

Einige Partner haben auch eine *Mischvariante* gewählt. Besonders wertvolle oder poröse Gegenstände werden nicht außer Haus gegeben und intern ge-

4 http://www.europeana-collections-1914-1918.eu/del/D2_1_A1_Handout.pdf

scannt, während andere Bestandsgruppen von externen Dienstleistern digitalisiert werden. Die Erschließung und Digitalisierung der Objekte findet in den meisten Bibliotheken parallel statt.

Aus Katalogisierung und Erschließung ergibt sich auch eine Herausforderung auf Projektebene. Für eine bessere Auffindbarkeit der Objekte in der *Europeana* wäre es wünschenswert, wenn die Projektpartner zumindest einige gemeinsame Schlagworte für die Objekte vergeben. Gegenwärtig wird in institutionenübergreifenden Arbeitsgruppen an einer solchen Schlagwortliste gearbeitet.

Nach der Gerierung der Metadaten und der Schaffung von Digitalisaten ist der nächste Schritt die Datenlieferung an die *Europeana.* Sobald die digitalen Objekte in die jeweiligen Bibliothekssysteme geladen sind, ist eine Metadatenlieferung prinzipiell möglich. Die Metadaten werden allerdings nicht direkt an die *Europeana* geliefert, sondern von einem Aggregator – im Fall dieses Projektes ist das *The European Library (TEL)*[5] – über eine *OAI-Schnittstelle*[6] abgeholt.

Die *Europeana* hat für ihre Zwecke ein eigenes Metadatenschema entwickelt, die *Europeana Semantic Elements (ESE)*[7]. Diese bestehen aus 15 *Dublin -Core (DC)*-Metadatenelementen[8], einem Subset aus *DC*-Begriffen[9] und einem Set von dreizehn Elementen, die eigens für die speziellen Anforderungen der *Europeana* geschaffen wurden. Das *ESE*-Metadatenschema wird in naher Zukunft vom *Europeana Data Model (EDM)*[10] abgelöst, das komplexere Verknüpfungen der Daten ermöglichen wird.

Die meisten Bibliotheken lassen nun ihre unterschiedlichen Metadaten (*DC, MARC etc.*) von *TEL* über eine *OAI*-Schnittstelle abholen. *TEL* transformiert in einem weiteren Schritt die Metadaten in das *ESE*- respektive *EDM*-Schema und liefert die so gewonnenen Metadatensets an die *Europeana* weiter. Natürlich ist es auch möglich, Metadaten direkt in *ESE*- oder *EDM*-Format anzubieten.

5 http://search.theeuropeanlibrary.org/portal/en/index.html

6 „Die Open-Archives-Initiative (OAI) ist eine Initiative von Betreibern von Preprint-Servern und anderen Dokumentenservern, um die auf diesen Servern abgelegten elektronischen Publikationen im Internet besser auffindbar und nutzbar zu machen. Dazu werden verschiedene einfache Techniken entwickelt und bereitgestellt, insbesondere das OAI Protocol for Metadata Harvesting (OAI-PMH) zum Einsammeln und Weiterverarbeiten von Metadaten." http://de.wikipedia.org/wiki/Open_Archives_Initiative, abgerufen am 19.1.2012

7 http://version1.europeana.eu/c/document_library/get_file?uuid=77376831-67cf-4cff-a7a2-7718388eec1d&groupId=10128

8 http://dublincore.org/documents/dces/

9 http://dublincore.org/documents/dces/

10 http://group.europeana.eu/c/document_library/get_file?uuid=aff89c92-b6ff-4373-a279-fc47b9af3af2&groupId=10605

Als letzter Schritt gehen die Metadaten in der *Europeana* online.

Kurz zusammengefasst eine Übersicht mit den wichtigsten Arbeitsschritten:

Auswahl der Objekte
⇩
Digitalisierung, Erschließung
⇩
Digitalisierte Objekte in Bibliotheksystemen/online
⇩
Metadatenlieferung an *The European Library* (TEL) = Aggregator
⇩
Transformation der Metadaten nach ESE/EDM-Metadatenformat
⇩
Lieferung der ESE/EDM-Metadaten an *Europeana*
⇩
Objekte in *Europeana*

Die Österreichische Nationalbibliothek im Projekt

Die Österreichische Nationalbibliothek wird im Zuge des Projekts mehr als 64.000 Objekte digitalisieren und ihren LeserInnen sowie den UserInnen der *Europeana* online zur Verfügung stellen. Die Bestände sind sehr vielfältig und kommen zu einem Großteil aus der Kriegssammlung der ehemaligen Hofbibliothek.

Im August 1915 begann die damalige Hofbibliothek wie die meisten anderen Nationalbibliotheken der kriegführenden Länder eine Kriegssammlung anzulegen. Die Sammeltätigkeit umfasste aber nicht nur Bücher und Zeitungen (vgl. Jobst-Rieder, 1995, 11). „Plakate, Kinderzeichnungen, Gedenkmarken, Postkarten, sogenannte ‚Vivatbänder', kurz, eine umfassende Dokumentation zu den Ereignissen des Weltkriegs sollte entstehen" (ebend.). Weitere Informationen zur Kriegssammlung der Österreichischen Nationalbibliothek können in der Publikation *Das letzte Vivat* nachgelesen werden.

Im letzten Teil des Artikels sollen nun kurz jene Objektgruppen aus der Zeit des Ersten Weltkrieges beschrieben werden, die im Zuge des Projekts von der Österreichischen Nationalbibliothek digitalisiert werden.

Zum einen werden 10.000 Ausgaben von Zeitungen und ungefähr 1.300 Extraausgaben – das sind mehr als 200.000 Seiten – digital verfügbar gemacht. Zur Zeit des Ersten Weltkrieges wurde eine große Anzahl an Zeitungen produziert. Bei der inhaltlichen Auswahl bemühen sich die KuratorInnen um eine möglichst breite Abdeckung des politischen Spektrums, aber auch um Themen wie Kultur, Wirtschaft und Alltag aus der Zeit von 1914 bis 1918. Die Zeitungen sind hauptsächlich auf Deutsch verfasst, es sind aber auch einige Zeitungen in anderen Sprachen der ehemaligen Donaumonarchie dabei. Die digitalisierten Objekte werden den LeserInnen nach und nach über die Zeitungsplattform *ANNO – AustriaN Newspapers Online*[11] der Österreichischen Nationalbibliothek zur Verfügung stehen.

Neben den Zeitungen wird aus den Beständen von Bildarchiv und Grafiksammlung die Sammlung *Kriegsfotografie im Ersten Weltkrieg* (Kriegsalben) digitalisiert. Die 108 Alben sind Bestände aus dem ehemaligen k. u. k. Kriegspressequartier und enthalten ungefähr 32.000 Aufnahmen. Die Fotografien wurden hauptsächlich auf den Kriegsschauplätzen Zentral-, Ost- und Südosteuropas aufgenommen, unter anderem in Italien, Galizien, Russland, Serbien, Montenegro, Ungarn, Rumänien, Bulgarien und der Türkei. Viele abgeschlossene Regionen waren zuvor noch nie fotografiert worden. Die Fotografien wurden hauptsächlich für die Propaganda angefertigt: Porträts von siegreichen Feldherren, Paraden, Ehrungen, Märsche, Feiern und optimistische Stimmungen an der Front. Es finden sich aber auch Aufnahmen von Alltagsszenen, Zerstörungen, Kriegsgefangenen und vielem mehr in den Beständen.

Außerdem werden aus Bildarchiv und Grafiksammlung ungefähr 6.000 Textposter und Kriegsplakate auf Deutsch und in vielen Sprachen der ehemaligen k. u. k. Monarchie gescannt.

Eine weitere interessante Bestandsgruppe sind ungefähr 1.300 Flugblätter, die zwischen 1914 und 1918 von Flugzeugen in vielen verschiedenen Kriegsgebieten abgeworfen wurden.

Die zu digitalisierende Sammlung von Kleinschriften umfasst ca. 6.000, für die historische Forschung hochinteressante Objekte. Neben Briefen, Prosa, verschiedenen Drucken, Kundmachungen, Eintrittskarten, Kriegsanleihen, Spendenaufrufen und Veranstaltungseinladungen befinden sich die zum Großteil handschriftlichen Lyrikeinsendungen an das Oberstkämmerer-Amt in dieser Sammlung.

Außerdem werden ungefähr 230 Kinderzeichnungen und circa 950 Kleinstgrafiken wie Verschlussmarken im Rahmen des Projekts digitalisiert.

Die Objekte aus Bildarchiv und Grafiksammlung werden nach und nach über die Bildplattform der Österreichischen Nationalbibliothek *Bildarchiv Austria*[12] online abrufbar sein.

Aus dem Archiv des Österreichischen Volksliedwerkes kommen zusätzlich ungefähr 300 Transkripte von Soldatenliedern, und die Sammlung für Plansprachen steuert 70 Bücher und Broschüren aus der Zeit des Ersten Weltkriegs bei.

[11] http://anno.onb.ac.at/

[12] http://www.bildarchivaustria.at/default.aspx

Ausblick

Die digitalisierten Bestände werden sukzessive über die Websites der Partnerinstitutionen und die *Europeana* zugänglich sein. Metadatenlieferungen an die *Europeana* sind in einem halbjährlichen Zyklus geplant.

Nachdem im Laufe der nächsten zwei Jahre alle geplanten Objekte digitalisiert und alle Bestandsgruppen aufgearbeitet worden sind, sind für den Jahresbeginn 2014 mehrere internationale Workshops und Launch-Events geplant, auf denen die Projektergebnisse der Wissenschaft und einer breiten Öffentlichkeit präsentiert werden sollen.

Quellenangaben[13]

http://anno.onb.ac.at/

http://www.bildarchivaustria.at/default.aspx

http://de.wikipedia.org/wiki/Open_Archives_Initiative

http://ec.europa.eu/cip/

www.europeana.eu

http://www.europeana-collections-1914-1918.eu/

http://www.europeana-collections-1914-1918.eu/del/D2_1_A1_Handout.pdf

http://dublincore.org/documents/dces/

http://group.europeana.eu/c/document_library/get_file?uuid=aff89c92-b6ff-4373-a279-fc47b9af3af2&groupId=10605

http://search.theeuropeanlibrary.org/portal/en/index.html

http://version1.europeana.eu/c/document_library/get_file?uuid=77376831-67cf-4cff-a7a2-7718388eec1d&groupId=10128

Jobst-Rieder, Marianne; Pfabigan, Alfred; Wagner, Manfred; Österreichische Nationalbibliothek: Das letzte Vivat. Plakate und Parolen aus der Kriegssammlung der k.k. Hofbibliothek. Wien, 1995.

Jobst-Rieder, Marianne: Die Kriegssammlung der k. k. Hofbibliothek. In: Das letzte Vivat. Plakate und Parolen aus der Kriegssammlung der k.k. Hofbibliothek. Wien, 1995, S. 11-23.

[13] Internetdokumente abgerufen am 23.1.2012.

Rudolf Lindpointner, Gregor Neuböck

Landeskundliche Bücher ins Netz bringen

Werkstattbericht der Oberösterreichischen Landesbibliothek

Neben der Katalogisierung des aktuellen und historischen Bestandes im Rahmen der (Retro-)Erfassung der Metadaten ist die Digitalisierung von landeskundlichen Monographien und Periodika gerade für eine Landesbibliothek eine Herausforderung für ihr „Produktportfolio". Immer mehr Leser und Forscher (m/w) bevorzugen die gezielte Suche nach digitalisiertem „Content" gegenüber der Arbeit mit den physischen Exemplaren. Landesbibliotheken haben die Chance, ihre „identitätsstiftenden", analogen Sammlungen auch im Internet als E-Books anzubieten. Die Oö. Landesbibliothek hat deshalb einen Weg gesucht, ausgewählte Bestände an urheberechtsfreien Büchern selber zu digitalisieren und ins Internet zu stellen. Wichtig war neben einem einwandfreien Ergebnis auch das „learning by doing" und die Kontrolle des Arbeitsprozesses von der Herstellung der „Images" über die Erlangung einer besonderen „Erschließungstiefe" mittels „Strukturdaten" bis zur Veröffentlichung im Netz.

Die Digitalisierung von Handschriften, Rara und landeskundlicher Literatur war schon seit längerer Zeit ein Ziel der Oberösterreichischen Landesbibliothek. Der eingeschlagene Weg dorthin und die einzelnen Stationen auf diesem Weg sollen im Folgenden kurz dargestellt werden. Digitalisierung meint nicht nur das bloße Scannen von Dokumenten, die dann auf Datenträgern abgelegt werden, sondern einen integrierten Workflow, der von der Übernahme der bibliographischen Daten bis zur Präsentation und Archivierung reicht.

Die Zielsetzung besteht natürlich hauptsächlich darin, die betreffenden Dokumente (und hier insbesondere auch die Handschriften) einer breiteren Öffentlichkeit zugänglich zu machen und damit verbunden

- das Ansprechen möglicher neuer Benutzerschichten,
- die Beförderung der landeskundlichen Forschung sowie auch der Forschung an den Handschriften durch die Vereinfachung des Zugangs,
- die Schonung der Originale und
- die Schärfung des Profils der Bibliothek.

Die Vorbereitung und Durchführung des Projekts von der technischen Seite erfolgte mehr oder minder im Alleingang durch den Projektleiter.

In einem ersten Schritt kam es zur Vorbereitung des Projekts (von Oktober 2009 bis Februar 2010), und diese bestand in der Auseinandersetzung mit den Standards im Digitalisierungsbereich, d.h. Fragen wie

- geeignete Datenformate
- Auflösung der Digitalisate
- Validität der von den Digitalisierungssystemen generierten METS-Dateien nach der Library of Congress (Metadata Encoding and Transmission Standards), auf deren Basis eine langfristige Archivierung dieser XML-Dateien

in Form des MODS (Metadata-Objects-Description- Schema) eingebettet werden.
- Zitierfähige persistente URLs(PURLs, URNs = Uniform Resource Names, DOI = Digital Objects Identifier, Handle) – dabei handelt es sich um einen Identifikator, der nicht auf eine URL verweist, sondern auf einen Linkresolver, der dann die Weiterleitung an die entsprechende URL vornimmt, somit den klassischen 404-Fehler toter Links vermeidet.
- OAI-(Open Archives Initiative)-Schnittstelle ermöglicht das automatische Harvesten über OAI-PMH (OAI-Protocol Metadata Harvesting) und somit die freie Weitergabe von Metadaten (z.B. Europeana)

Der zweite Schritt (von März bis April 2010) bestand in der Ausformulierung der konkreten Anforderungen, die die Oö. Landesbibliothek an ein künftiges System stellt. Das waren konkret:
- Abbildung des gesamten Workflows der Digitalisierung (Produktionssystem und Präsentationssystem mit allen Teilschritten)
- Flexibilität hinsichtlich möglicher Entwicklungen: Erweiterung um neue Strukturelemente, elektronische Pflichtexemplare verwalten, Einbindung externer Dienstleister, flexible Gestaltung des Viewers durch eigene digitale Kollektionen für externe Institutionen (z.B. „Handschriften oö. Klöster und Stifte"), freie Gestaltung bzw. Abänderung des Workflows
- OAI-Schnittstelle
- Generierung persistenter URLs
- OCR-Schnittstelle
- Verwendung unterschiedlicher Metadatenformate (MARC 21, MARC XML, MAB 2, MAB XML, Dublin Core, METS, PICA, EAD) und Schnittstellen (z.B. Z39.50) sollte möglich sein
- Verwendung unterschiedlicher Grafikformate (TIFF, JPEG, PNG, GIF, JPEG2000)
- Räumlich und zeitlich voneinander unabhängige Zusammenarbeit muss möglich sein (z.B.: die Einbindung externer Scandienstleister bzw. anderer externer Beiträger)
- Flexible Benutzerverwaltung (Rechteverwaltung: Scanoperator, Metadatenbearbeiter, Qualitätskontrolle, Administrator,...) inklusive Zuordnung zu Teilschritten im Workflow
- Betriebssystemunabhängigkeit: Sowohl das Produktionssystem als auch das Präsentationssystem sollten im Browser funktionieren

Der letzte Punkt war uns dabei sowohl unter Kostengesichtspunkten als auch unter dem Gesichtspunkt der Flexibilität bei der Arbeit besonders wichtig.

Der dritte Schritt (von Mai bis Oktober 2010) bestand in der Sichtung und der Prüfung einer Auswahl relevanter am Markt befindlicher Systeme im Hinblick auf die oben angeführten Anforderungen. In Betracht gezogen wurden dabei:
- CCS http://www.ccs-digital.info/de/produkte

- GOOBI http://wiki.goobi.org/index.php/Hauptseite
- OCLC http://www.oclc.org/contentdm/about/features/default.htm#completesolution
- Visual Library http://www.walternagel.de/bildungs-und-kultureinrichtungen/software/visual-library

Die Entscheidung fiel schließlich im November 2010 für GOOBI, wobei folgende Gründe den Ausschlag gaben:

- *Betriebssystemunabhängigkeit:* Alle anderen untersuchten Systeme benötigten jeweils einen Windows-Client (dazu muss ein Programm auf einem Windows-Computer installiert werden, und oftmals fallen dann pro installiertem Client erhebliche Lizenzkosten an). In GOOBI können völlig frei Benutzer angelegt werden, es wird nur ein Browser benötigt und ein Internetzugang.
- *Hohe Flexibilität:* GOOBI ist in seinen Konfigurationsmöglichkeiten sehr vielseitig und lässt sich an unterschiedlichste Bedürfnisse anpassen.
- *Open Source:* GOOBI basiert auf Open-Source-Komponenten. Große Institutionen wie die Universität Göttingen, die Sächsische Landesbibliothek – Staats- und Universitätsbibliothek Dresden oder die Staatsbibliothek Berlin ermöglichen eine nachhaltige Weiterentwicklung der Software.

Im März 2011 konnten wir schließlich nach einer eintägigen Schulung in unserem Haus mit dem Testbetrieb beginnen, wobei in dieser Einarbeitungsphase unsere Digitalisate auf einem Hosting-Server gespeichert wurden. Diese Phase (bis Jahresende 2011) war außerdem dadurch gekennzeichnet, dass es einen ständigen intensiven Kontakt und Austausch mit den Technikern der Fa. Intranda gab und wir dabei Anforderungen und Wünsche, die sich oft erst im Zuge der Arbeit mit dem System herauskristallisierten, laufend formulierten und weitergaben.

So wurden bisher ca. 150 Monographien sowie mehrere Periodika und Handschriften digitalisiert und bearbeitet, insgesamt ca. 500 Bände. Angesichts der großen Datenmengen erfolgte schließlich auch die Entscheidung für ein eigenes Serversystem, wobei vor allem die Uploadzeiten, aber auch die Kosten (Hostinggebühren) für den Betrieb eines eigenen Servers sprechen.

Die Ausschreibung erfolgte 08/2011. Das System wurde 11/2011 geliefert. Es handelt sich dabei um einen Digitalisierungsserver mit 24GB RAM und 8TB Speicherplatz (netto) sowie einem Sicherungsserver und einer eigenen Firewall.

Seit Dezember 2011 erfolgt die Installation des Produktions- und Präsentationssystems von GOOBI auf unseren Servern. Gleichzeitig erfolgt der Datentransfer der schon vorhandenen Digitalisate vom Hostingserver auf unseren eigenen.

Mitte November 2011 wurde außerdem unser neuer Produktionsscanner i2S Copibook HD 600 geliefert. Er zeichnet sich durch folgende Spezifikationen aus:

- motorische Buchwippe 10cm/10kg
- manuelle gefederte Glasplatte
- Auflösung optisch 600 dpi.

Derzeit sind wir also dabei, den Vollbetrieb der „Digitalen Landesbibliothek Oberösterreich“ (ab ca. Februar 2012) aufzunehmen.

Da GOOBI eine starke Diversifikation ermöglicht, erfolgt in den nächsten Wochen die Einschulung einzelner MitarbeiterInnen auf die zugewiesenen Arbeitsprozesse im Digitalisierungsworkflow.

Der derzeitige Workflow besteht aus folgenden Schritten:

- Bibliographische Aufnahme (Datenübernahme aus der Aleph-Datenbank möglich)
- Scannen
- Qualitätskontrolle
- Automatischer Kopier- und Tiffheaderschritt
- OCR-Volltexterkennung
- Struktur- und Metadatenbearbeitung (Kapitel, Abbildungen, Abschnitte, Tabellen etc.)
- URN-Generierung (automatisch)
- Export in DMS
- URN-Eintragung (dabei wird die URN des Digitalisates im Verbundkatalog eingetragen)
- Archivierung

Automatische Schritte starten, sobald der vorhergehende Schritt korrekt abgeschlossen wurde (z.B. wurde der Punkt „Qualitätskontrolle“ abgeschlossen, wird automatisch der Punkt „Automatischer Kopier- und Tiffheaderschritt“ angestoßen). Manuelle Schritte können jeweils von „berechtigten“ Benutzern angenommen werden. Auch besteht die Möglichkeit, einmal angenommene Vorgänge wieder abzugeben (z.B. weil es Unklarheiten/Schwierigkeiten bei der Bearbeitung gibt). Generell lässt sich sowohl die Anzahl der Workflowschritte als auch der Ablauf völlig frei gestalten und an die individuellen Bedürfnisse anpassen, und es können auch verschiedene Workflows für verschiedene Arten von Dokumenten eingerichtet werden.

Noch ein Wort zur Archivierung

Das Thema der Langzeitarchivierung ist mit vielen Unwägbarkeiten versehen. Neben der Datensicherheit (garantiert durch mehrere voneinander unabhängige Sicherungen) geht es vor allem um die „Lesbarkeit“ von Daten in der Zukunft.

Deswegen hat sich die Oö. Landesbibliothek für eine Speicherung der Metadaten im METS-Format und bei den Bilddateien für das TIFF-Format entschieden.

Bei der Archivierung in GOOBI ist zu beachten, dass das System vollautomatisch die Mastertiffs kopiert und durch JPEG-Komprimierung herunterrechnet. Die Mastertiffs können also aus GOOBI entfernt werden, ohne Auswirkungen auf Produktions- und Präsentationssystem (und auf geeigneten anderen Datenträgern, Festplatten, NAS ... gesichert werden). Dadurch verringert sich der Speicherplatz in GOOBI um bis zu 4/5 der Mastertiffs.

Die Digitale Landesbibliothek Oberösterreich möchte in Zukunft auch verschiedenen anderen Institutionen (Bibliotheken, Gemeinden, Stifte ...) in Oberösterreich, die weder über die technischen noch über die finanziellen Möglichkeiten zur Realisierung eines derartigen Systems verfügen, eine Plattform bieten, ihre urheberrechtsfreien Werke und kulturellen Schätze individuell präsentieren zu können.

Bei der Auswahl der Werke für die Digitalisierung wird eher pragmatisch vorgegangen. Werke, die von Heimat- und Regionalforschern angefordert werden, werden ebenso digitalisiert wie Werke renommierter oberösterreichischer Landeskundler. Weiters wird eine Verbindung zu den jeweiligen Landesausstellungen hergestellt, insbesondere werden urheberrechtsfreie Werke zur Stadt- und Ortsgeschichte ins Netz gestellt.

Andy Stauder, Günter Mühlberger

AV-Digitalisierung zwischen zwei Stühlen

Ein Werkstattbericht zur digitalen Archivierung im Hochschulbereich

Der Verfall und die Zersetzung analoger AV-Medien ist nicht nur in kommerziellen Kontexten ein großes Problem, sondern auch in öffentlichen Einrichtungen wie Hochschulen, Bibliotheken und Archiven. Vor diesem Hintergrund und da es noch kaum finanziell tragbare Lösungsansätze für diese Problematik in diesem speziellen Szenario gibt, wurde im Rahmen des EU-Projekts *PrestoPRIME* ein Pilotprojekt an der Universität Innsbruck (siehe 2009) durchgeführt. Es geht bei dem Pilotprojekt um die Massen-Digitalisierung von AV-Medien aus dem sogenannten Consumer-Bereich, der ganz andere Charakteristiken aufweist als etwa die bei Rundfunkanstalten übliche „professionelle" Umgebung. Besonderer Wert wurde bei dem Pilotprojekt auf das Kriterium der Massendigitalisierung gelegt, da bestimmte Probleme erst bei einer großen Menge analoger Datenträger auftreten.

Einleitung und Allgemeines

Das Problem, auf welches der Titel dieses Aufsatzes anspielt, lässt sich folgendermaßen kurz skizzieren: Öffentliche Einrichtungen kleiner und mittlerer Größe – dazu zählen viele Bibliotheken und Archive, aber auch Einrichtungen wie etwa Universitätsinstitute mit ihren AV-Sammlungen – verfügen oft über substantielle und nicht selten einzigartige Medienbestände. Diese lagern zu einem großen Teil noch auf analogen Datenträgern, deren begrenzte Haltbarkeit einen der maßgeblichen Gründe für eine Digitalisierung darstellt. Eine solche Digitalisierung sollte freilich in der bestmöglichen Qualität, also möglichst getreu und ohne Verfälschung der Originale erfolgen. An dieser Stelle kommt allerdings gleich der zweite der beiden „Stühle" aus dem Titel ins Spiel: Eine möglichst hochqualitative Digitalisierung erfordert eine Menge an technischem Know-how, an Digitalisierungsgeräten sowie die Infrastruktur für die spätere Langzeitarchivierung der digitalen Daten. Ein weiteres Erschwernis und einer der wichtigsten Beweggründe für das Pilotprojekt besteht darin, dass große Teile der genannten Medien auf konsumentenorientierten Formaten lagern, welche zum einen noch stärker dem Zahn der Zeit unterliegen als professionelle Formate und welche zum anderen für die professionelle Bearbeitung nur schlecht geeignet sind, da Geräte, Workflows und Programme oftmals fehlen. Aus diesem Grund gibt es auch bislang kaum Lösungen, die auf Szenarien mit größeren Sammlungen solcher Medien zugeschnitten sind.

Um die eingangs genannten Probleme in Angriff zu nehmen, wurde das besagte Pilotprojekt der Universität Innsbruck ins Leben gerufen. Der Aufbau desselben umfasst vier Phasen. Die erste von diesen war eine Bestandsaufnahme, die über bereits bestehende Lösungen Aufschluss geben sollte. Es sollte untersucht werden, ob es im Hochschulbereich bereits erprobte Verfahren gibt, um bei den Einrichtungen, die sie benutzen, Anregungen für brauchbare und erschwingliche Hard- und Software bzw. für fertige Lösungen einzuholen.

Nach den ernüchternden Ergebnissen der ersten Phase umfasste die zweite die Konzeptualisierung, den Entwurf sowie das Assembling eigener Arbeitsgeräte.

An diese schloss direkt die dritte Phase an, welche in der Auswahl, Anpassung bzw. Entwicklung der für den Arbeitsprozess benötigten Medienformate und Software bestand.

Zu guter Letzt galt es noch, die Frage nach der Datenhaltung sowie nach deren Zugänglichmachung in Angriff zu nehmen, welche auch rechtliche Überlegungen erforderte.

Pilotprojekt: Digitalisierung einer AV-Sammlung der Universität Innsbruck – Phase 1: Bestandsaufnahme

Die erste Projektphase, welche eine Bestandsaufnahme umfasste, wurde in Form einer Erhebung des Gesamtbestandes an AV-Medien der Universität Innsbruck sowie einer kursorischen Onlineuntersuchung gestaltet. Anhand letzterer Untersuchung sollte ermittelt werden, wie andere Universitäten mit den angesprochenen Problemen umgehen bzw. wie ihr Angebot im Bereich Digitalisierung aussieht. Dabei war eine erschöpfende Untersuchung allerdings nicht das Hauptziel des Projekts, da davon auszugehen war, dass eine solche einen beträchtlich größeren, v.a. zeitlichen Aufwand bedeuten würde, als es zu dem Zeitpunkt zweckmäßig gewesen wäre. Eine solche umfassende Untersuchung, die in einer aktiven Onlineumfrage besteht, die an annähernd 800 europäische Hochschulen gerichtet wird, ist allerdings derzeit in Vorbereitung und soll die allgemeine Situation von AV-Medien an europäischen Hochschulen erheben.

Was die Erhebung des Gesamtbestandes an der Universität Innsbruck anbelangt, so konnten im Jahr 2009 an den 20 Instituten mit nennenswerten Beständen insgesamt etwa 60.000 Datenträger mit ungefähr 82.000 Stunden an Material verzeichnet werden: also eine beträchtliche Menge an (teilweise stark bedrohtem) Material.

Hinter der Online-Untersuchung stand die Überlegung, dass Universitäten, so sie über ein effizientes Digitalisierungsangebot bzw. digitalisierte Bestände verfügen sollten, dieses wohl im Rahmen ihrer Internetpräsenzen darstellen oder bekannt machen würden. Dementsprechend wurden mehrere ausgewählte Begriffe für eine Suchmaschinenabfrage verwendet und die relevantesten Treffer unter den Universitäts-Websites einer genaueren Betrachtung unterzogen. Diese Universitäten bestanden in den folgenden: Universität Regensburg; Cape Breton University, Canada; Indiana University, USA; Friedrich-Schiller-Universität Jena; Universität Rostock; Philipps-Universität

Marburg; Universität Würzburg; Universität Graz; Universität Wien; University of Oxford, Großbritannien.

Die Ergebnisse zeigten dabei eine recht einheitliche Tendenz: Meist gab es nur Digitalisierungsangebote für Print-Material. Die AV-Digitalisierung bzw. Verlagerung auf migrierbare Medien schien weitgehend vernachlässigt. Dies ist v.a. aus einem Grund befremdlich: Datenträgergenerationen sind in der Regel umso empfindlicher, je jünger sie sind (vgl. u.a. Friedewald/Leimbach 2011: 204ff.), während die Datenmenge pro Fläche auf diesen gleichzeitig zunimmt, wobei Ersteres der Hauptverursacher von Letzterem ist.

Ein ebenfalls recht einheitliches Bild zeigt sich, wenn man den operativen Aspekt der Digitalisierungsangebote betrachtet: An den untersuchten Universitäten sind die Möglichkeiten zum Digitalisieren von audiovisuellem Material in der Regel „nachfragebasiert". Das bedeutet, sie sind entweder „zum Selbermachen", mit einer Anleitung oder kurzen Einschulung an den vorhandenen Geräten, oder sie bestehen in einem Bring-Hol-Schema, wobei man die Datenträger abliefert und die Digitalisate dann wieder abholen kann. In beiden Fällen ist dabei die Menge der verarbeiteten Datenträger pro Zeit gering, und daher sind diese Arten der Verarbeitung eher für einzelne Stücke oder kleinere Stückzahlen geeignet.

Dieser Umstand ist v.a. dem Aufbau der Maschinen geschuldet. Das Schema, das dabei meistens zur Anwendung kommt, ist A → B. Das heißt, genau ein Abspielgerät für einen analogen Datenträger ist an genau einen Computer mit A/D-Wandlerhardware angeschlossen. Varianten sind dabei, dass das Abspielgerät zugleich die Digitalisierung vornimmt, wie etwa bei Festplattenrecordern, oder dass mehrere Abspielgeräte an einen Computer angeschlossen sind, aber nicht zugleich verwendet werden können. Dieses Schema sieht dann folgendermaßen aus:

(A xor B xor C … xor N) → X[1].

Die Speicherung und Zugänglichmachung des Materials war ebenfalls in keinem der untersuchten Fälle so gestaltet, wie es für das Projekt angestrebt war. Dieser Schritt erfolgte auf tragbaren Datenträgern, die den Benutzern selbst gehörten, oder auf gebrannten optischen Datenträgern. Eine zentrale Lösung wie ein Repositorium sowie ein Zugriff auf die Daten via Streaming bzw. die rechtliche Regelung einer solchen Möglichkeit fehlte in allen untersuchten Fällen.

Aufgrund dieser Ergebnisse wurde die Entscheidung getroffen, eine hausinterne Sammlung für das zu untersuchende Szenario (also preisgünstige Massendigitalisierung von audiovisuellen Inhalten im öffentlichen bzw. vor allem im Hochschulbereich) heranzuziehen. Die Wahl fiel dabei aufgrund mehrerer Eigenschaften, welche für das Untersuchungsszenario typische Probleme dar-

1 <xor> bezeichnet ein ausschließendes „Oder".

stellen, auf die Videosammlung des Instituts für Slawistik. Eine dieser Eigenschaften ist die Sammlungsgröße. Diese macht mit 3.000 physischen Objekten zahlenmäßig etwa fünf Prozent des Gesamtbestandes der Universität aus, und da viele der Datenträger eine Spielzeit von vier Stunden haben, stellt die Sammlung bezüglich der Menge an Inhalt mit über 7.000 Stunden annähernd zehn Prozent des Gesamtbestandes. Was die Formate anbelangt, so enthält die Sammlung ca. 1.800 VHS-Kassetten, 1.100 DVDs und 74 Rollen Schmalspurfilm. Die Sammlungsgröße ist v.a. aus dem Grund interessant, dass sie für das untersuchte Szenario typische Objektzahlen mit sich bringt. Diese haben es zur Folge, dass eine solche Sammlung nicht mehr mit Schemata wie A → B oder (A xor B xor C … xor N) → X in einem Zeitraum von unter einem Jahr bearbeitet werden können.

Dies ist dadurch bedingt, dass analoge Datenträger nicht wesentlich schneller als mit einfacher Geschwindigkeit abgespielt werden können, ohne dass sich merkliche Qualitätsverluste einstellen: Ein beschleunigtes Abspielen verändert die physikalischen Rahmenbedingungen der Abtastung, was eine Veränderung des Ausgangssignals zur Folge hat. Bei digitalen Medien liegen die Inhalte abstrahiert in Zahlenform vor, wodurch Kontrollmechanismen (wie Prüfsummenverfahren) das Erfassen aller Inhalte beim Abtasten mit großer Sicherheit überprüfen können. Genauer gesagt: Es wird das physikalische Signal auf dem Datenträger diskretisiert (also in Form von genauen Zahlenwerten interpretiert), wobei auch Kontrollelemente auf dem Medium vorhanden sind, die, nachdem sie ebenfalls diskretisiert worden sind, darüber Aufschluss geben, ob jene Teile des Signals, für welche sie verantwortlich sind, richtig als Zahlen interpretiert worden sind. Dadurch kann immer bestimmt werden, ob noch ein Nutzsignal ausgelesen wird oder nicht, und auf diese Weise sinnvolle Abspielgeschwindigkeiten bestimmt werden. Im Fall der Analogsignale würden nur immer feinere Detektoren (z.B. Magnetköpfe) helfen, welche schnell sehr teuer werden würden. Außerdem bedeutet eine beschleunigte Abspielgeschwindigkeit eine erhöhte Beanspruchung des Datenträgers, was bei zu sichernden Analogmedien ein zusätzliches und nicht zu vertretendes Risiko darstellt.

Es ist also aus Gründen der Praktikabilität ein Abspielen mit Normalgeschwindigkeit für die Digitalisierung erforderlich. Das bedeutet wiederum, dass mit den o.g. Schemata durch eine vollzeitbeschäftigte Person nur eine sehr begrenzte Menge an Material digitalisiert werden kann. Außerdem sind die Speicherplatzmengen für derartige und größere Mengen an Material ebenfalls nicht zu vernachlässigen, umso mehr, wenn man eine Zurverfügungstellung, z.B. via Streaming, ins Auge fasst, welche den besonders teuren hochverfügbaren Speicher benötigt.

Eine weitere interessante Eigenschaft der Sammlung ist, dass alle Objekte über sehr detaillierte deskriptive Metadatensätze in einer Web-Datenbank verfügen. Diese wollen verwaltet und für die digitale Nutzung der jeweiligen

Medien angepasst werden. So galt es unter anderem, die Metadaten, die in einem vom Institut für Slawistik zusammengestellten Format vorliegen, zu standardisieren, damit die digitalisierten Objekte später im Rahmen einer digitalen Bibliothek an der Universität genutzt werden können. Es ging also um ein Metadaten-Mapping. Außerdem bringen die in diesem Fall vorliegenden Metadaten noch eine weitere Anforderung mit sich: Der Inhalt der Datensätze liegt zum Großteil in slawischen Sprachen vor, weswegen die entsprechenden Schriftsätze berücksichtigt werden müssen.

Ebenfalls eine interessante Eigenschaft ist das Vorhandensein verschiedener Datenträgerarten: VHS mit unterschiedlichen Farbformaten (PAL und SECAM), DVD (eigentlich kein analoges Medium, aber eines, das trotzdem gesichert werden muss; mit der Schwierigkeit, dass dies ein hierarchisch strukturiertes Medium ist) und Schmalspurfilm (mit der Schwierigkeit, dass qualitativ hochwertige Digitalisierungsgeräte hierfür schwer verfügbar sind).

Phase 2: Assembling der Hardware

Die zweite Phase umfasste die Konzeptualisierung einer Hardwarelösung, welche die in Phase 1 identifizierten Probleme zu lösen helfen sollte. Dabei sollte ein Konzept entstehen, das flexibel, günstig und einfach zu handhaben ist. Zu diesem Zweck wurde ein System mit einem leistungsstarken Server entwickelt, an welchen zugleich verschiedene oder auch gleichartige Abspielgeräte angeschlossen werden können. Auf diese Weise konnten mehrere Vorteile erzielt werden: Es konnten Kosten eingespart werden, die bei einem Modell mit mehreren Rechnern unnötig entstehen würden (weil viele Komponenten dabei mehrfach vorhanden wären, aber nicht voll ausgenutzt würden, z.B. Netzteile, Gehäuse usf.). Außerdem ließ sich so ein geringerer Platzbedarf bzw. Mobilität erreichen. Ebenfalls konnte die Steuerung sehr einfach gehalten werden.

Da das System so ausgelegt ist, dass beliebige Abspielgeräte angeschlossen werden können, konnte man sich bei diesem ersten Pilotprojekt auf eine einzige Art von Geräten beschränken, da eine Erweiterung später ohnehin möglich wäre. Es wurde dabei das am meisten bedrohte Medium gewählt: die VHS-Kassetten, welche außerdem noch den Großteil der Sammlung ausmachen.

Doch nun zum System selbst: Die grundlegende Komponente des zentralen Rechners ist das Mainboard. Hier wurde eine Server-Variante mit den benötigten Eigenschaften gewählt: zwei Sockel für Vierkern-CPUs, welche die Grundlage für ausreichend Leistung bieten sollten, um 6-8 Streams zugleich zu bewältigen; die Leistung wurde dabei von Desktoprechnern extrapoliert, mit denen Vorlauftests durchgeführt wurden; außerdem sollte die Hauptplatine genügend Steckplätze für Erweiterungen – die A/D-Wandler – bieten.

Weitere wichtige Komponenten waren dann die CPUs, wobei hier Vierkernmodelle mit 2,13 GHz gewählt wurden, sowie die vier Hauptspeichermodule

(DDR3 mit 1333 MHz) à 2 GB und der Plattenspeicher von acht einzelnen, je ein TB fassenden Laufwerken, welche das bei AV-Bearbeitung zu erwartende hohe Datenaufkommen bewältigen sollten.

Die Komponenten, die den Hauptzweck des Gerätes erfüllen sollten, sind natürlich die A/D-Wandler. Hier wurden zunächst USB-basierte Modelle verwendet, welche allerdings trotz ihrer akzeptablen Leistung nicht alle getesteten Qualitätsanforderungen erfüllen konnten. Daher fiel zuletzt die Wahl auf PCI-express-basierte Wandler aus dem professionellen Studiobereich. Von diesen konnten zum Zeitpunkt dieser Publikation sechs hochqualitative Digitalisierungsvorgänge gleichzeitig durchgeführt werden, was also bedeutet, dass im Vergleich zu einem oben genannten Schema die Arbeit eines Jahres in 2 Monaten verrichtet werden kann, wobei die Hardwarekosten nur ungefähr das 3-4-Fache betragen, d.h. gerechnet auf die Verarbeitungskapazität pro Zeit ca. die Hälfte bis zwei Drittel des Preises anfallen; wenn man mit einem Modell mit mehreren Einzelrechnern vergleicht, welches denselben Durchsatz hätte, wird die Kostenersparnis durch das Einmaschinen-Modell angesichts des Mehrs an benötigten Monitoren, Betriebssystemlizenzen und Eingabegeräten des Mehrmaschinen-Modells ebenfalls deutlich: Letzteres würde etwa das Doppelte kosten. Außerdem ist die entwickelte Lösung zusätzlich fahrbar, denn das ganze System ist auf einem Rollwagen montiert und benötigt so auch nur bis zu einem Sechstel des Platzbedarfs.

Phase 3: Formate/Software

In der dritten Phase war in erster Linie die Wahl eines brauchbaren Formats für die Daten von Bedeutung. Hier fiel die Entscheidung letztendlich auf MP4 als Containerformat mit mp4v als Videocodec und aac als Audiocodec. Hier fällt als erstes auf, dass dies ein verlustbehaftet komprimiertes Format ist. Diese Entscheidung wurde aus der Überlegung heraus getroffen, dass ein unkomprimiertes oder auch verlustfrei komprimiertes Format von den anfallenden Speicherkosten im untersuchten Szenario schlichtweg nicht tragbar ist: Diese würden nämlich das 30-Fache betragen, was auch bei dem relativ günstigen Magnetbandspeicher in den zeitgenössischen Rechenzentren noch schwer ins Gewicht fällt. Allerdings ist die Maschine so ausgelegt, dass auch eine unkomprimierte oder verlustfrei komprimierte Produktion der Daten möglich ist.

Jedenfalls wurden für die verwendete Komprimierung die Qualitätseinstellungen mit einer Auflösung von 720x576 Pixel bei einer Bandbreite von 5,5 MBit/s[2] so gewählt, dass die Inhalte des ohnehin informationsarmen Mediums VHS (manche Experten halten z.B. die verwendete Auflösung bereits

[2] Das bedeutet ein Datenaufkommen von etwa 2,5 GB pro Stunde Spielzeit. Im Vgl. dazu würde eine unkomprimierte Datei 72 GB/Std. benötigen, wenn man sie verlustfrei komprimiert, etwa 30-36 GB/Std.

für mehr als ausreichend: siehe Johnson und Crawford 2006) unter normalen Gebrauchsbedingungen ohne merklichen Qualitätsverlust wiedergegeben werden kann: Das heißt, die Anzeige eines Digitalisats auf einem 20-Zoll-Monitor aus einem Meter Betrachtungsabstand ist durch einen Menschen qualitativ nicht von einer Anzeige des Originalinhalts auf demselben Monitor zu unterscheiden.

Was die Software anbelangt, so wird mit einer Kombination aus kommerziellen, Open-Source- und selbstentwickelten Lösungen gearbeitet. Die Datenträger (in diesem Fall die VHS-Kassetten) werden für die Digitalisierung manuell in die angeschlossenen Videorekorder eingelegt, zurückgespult und dann mit der Softwarekombination digital aufgezeichnet. Pro Charge bedeutet das einen Aufwand von maximal 10 Minuten. Hierbei ist die Entwicklung des Workflows aber trotz vollständiger Funktionstüchtigkeit noch nicht vollständig abgeschlossen, weswegen an dieser Stelle noch kein detaillierter Bericht darüber abgegeben werden kann.

Phase 4: Datenhaltung/Zugänglichmachung

Der vierte Teil des Pilotprojekts befindet sich noch in der Planungs- und Entwicklungsphase. Hierbei wird angestrebt, ein zentrales Repositorium für die Daten aus der Digitalisierung sowie die jeweils zugehörigen Metadaten zu schaffen. Dabei soll zumindest für den Zugriff auf die Daten durch die Benutzer die Plattform eingesetzt werden, die aus den gemeinschaftlichen Anstrengungen der Projektpartner von PrestoPRIME hervorgegangen ist. Diese „PrestoPRIME Preservation Platfom" (für eine genauere Beschreibung siehe Gallo 2011), kurz P4, ist als Open-Source-Entwicklung realisiert und umfasst eine Reihe von Modulen, die für den Betrieb eines AV-Repositoriums benötigt werden. Die Universität Innsbruck hat dabei einen auf der Lucene-Software basierenden Suchdienst für den benutzerfreundlichen Umgang mit den Metadaten beigesteuert. Was die Metadaten selbst anbelangt, so hat jedes Videofile entsprechend der Kassette, zu der es gehört, eine ID-Nummer als Dateinamen. Über diese Nummer können den verschiedenen Inhalten der Datei – viele Kassetten waren mit mehreren inhaltlichen Objekten bespielt – die passenden Metadatensätze aus einem Auszug der Metadatenbank zugeordnet werden. Auf diese Weise ist ein manuell aufwändiges bzw. maschinell unsicheres (d.h. viel Überwachung benötigendes) Schneiden in einzelne Dateien zunächst nicht notwendig: Alle Objekte können auch so gefunden und verwendet werden. Das Schneiden wird später ohne Zeitdruck nach und nach manuell durchgeführt und in der digitalen Sammlung schrittweise die Objektbündel mit Einzelobjekten ersetzt.

Die Daten selbst sollen zum einen für die Langzeitsicherung als sogenannte Masterfiles auf Bandspeicher abgelegt werden und zum anderen als Gebrauchskopien im Webm-Format via HTML-5-Technologie an speziellen Arbeitsplätzen auf dem Universitätsgelände verfügbar gemacht werden, wobei die Zahl der möglichen simultanen Zugriffe auf jeweils ein Objekt begrenzt werden muss, um die urheberrechtliche Unbedenklichkeit zu gewährleisten.

Fazit

Die Erhaltung audiovisueller Ressourcen aus dem analogen Zeitalter ist zum einen mit relativ großem Aufwand verbunden und erfordert in Fällen, wo größere Mengen betroffen sind, einen beträchtlichen Mehraufwand, welcher v.a. in mittelgroßen und/oder strukturell nicht selbstständigen Einrichtungen wie Bibliotheken oder Universitätsinstituten finanziell, logistisch und bezüglich der Qualität selten geleistet werden kann. Das vorgestellte Pilotprojekt hat versucht, aus allen zur Verfügung stehenden Optionen die praktikabelsten auszusuchen und ein gangbares Modell zu schaffen, welches soviel wie möglich Anforderungen so weit als möglich bei möglichst geringem finanziellen Aufwand erfüllt. Der wichtigste Grundsatz war dabei: Nicht das teuerste Modell gewinnt, sondern dasjenige mit der besten Balance zwischen Qualität und Praktikabilität, denn die Inhalte auf den alten Datenträgern warten nicht, bis eine Lösung erschwinglich wird.

Quellen

Friedewald, Michael/Leimbach, Timo (2011). „Computersoftware als digitales Erbe. Probleme aus Sicht der Technikgeschichte“. In: Robertson-Von Trotha, Caroline/Hauser, Robert (Hg.). Aspekte, Perspektiven und Konsequenzen der Digitalen Überlieferung. Karlsruhe.

Gallo, Francesco (2011). Projekt PrestoPRIME: Deliverable 5.2.2. „First Prototype of Open PrestoPRIME Reference Implementation“. https://prestoprimews.ina.fr/public/deliverables/PP_WP5_D5.2.2_FirstPrototype_R0_v1.00.pdf (Stand 04.01.2012).

PrestoPrime-Projekt (2009). Projekt-Website. URL: http://www.prestoprime.org/project/index.en.html (Stand 04.01.2012.)

Autorinnen und Autoren

Karin Aleksander
Philosophiestudium in Leipzig. Forschungsstudium Philosophie in Berlin, Promotion zu philosophischen Problemen der Klassischen Mechanik. Fernstudium Bibliothekswissenschaft an der HU Berlin. Seit 1990 Aufbau und Leitung der Information/Dokumentation/Genderbibliothek am Zentrum für transdisziplinäre Geschlechterstudien der Humboldt-Universität zu Berlin.

Johannes Andresen
Studium der Geschichte, Spanisch und Erziehungswissenschaften in Bonn und Granada, Masterstudiengang „Bibliotheks- und Medienmanagement" an der Hochschule der Medien in Stuttgart. 1997-2002: Koordinator des Projektes „Erschließung der historischen Bibliotheken in Südtirol" (EHB), 2002-2007: Geschäftsführer des Bibliotheksverbands Südtirol. Seit Februar 2007 Direktor der Landesbibliothek Dr. Friedrich Teßmann.

Bruno Bauer
Bruno Bauer, seit 1988 im wissenschaftlichen Bibliothekswesen, 1995-2004 stellvertr. Leiter der Österreichischen Zentralbibliothek für Medizin, seit 2005 Leiter der Universitätsbibliothek der Medizinischen Universität Wien. Vorsitzender des Forums Universitätsbibliotheken Österreichs (vormals ARGE Bibliotheksdirektor/-innen), Mitglied u.a. in der AG Strategische Planung im Österreichischen Bibliothekenverbund und im Präsidium der VÖB. Vortragender im Universitätslehrgang Library and Infomation Studies der Universität Wien, zahlreiche Publikationen, Chefredakteur von *GMS Medizin – Bibliothek – Information.*

Ute Bergner
Seit 1995 Bibliothekarin in der Abt. für Sondersammlungen und zuständig für Öffentlichkeitsarbeit an der UB Graz. Mitglied der Kommission für Buch- und Bibliotheksgeschichte und der Kommission für Öffentlichkeitsarbeit. Forschungsschwerpunkt: Drucke des 15. und 16. Jahrhunderts.; Urkundenfragmente, Kodikologie unter dem besonderen Aspekt der Papierforschung.

Thomas Csanády
Stellvertretender Leiter der Abteilung für Sondersammlungen und Leiter der Nachlass-Sammlung der UB Graz. Mitarbeiter des Manuscript Research Centre der Karl-Franzens Universität Graz. Studium der Katholischen Fachtheologie, Ausbildung in Bibliotheks-, Informations- und Dokumentationswesen in Wien und Graz. Promotion im Fach Liturgiewissenschaft. Seit 2010 Lehrbeauftragter der KF-Uni Graz. Beschäftigt sich mit liturgie- und buchhistorischen Fragen.

Detlev Dannenberg
Detlev Dannenberg ist Diplombibliothekar und Lehrassistent an der Hochschule für Angewandte Wissenschaften Hamburg. Er veranstaltet Kurse in wissenschaftlichem Arbeiten für Studierende und Fortbildungen für Bibliothekarinnen und Bibliothekare. In privater Initiative entwickelte er das „Lernsystem Informationskompetenz (LIK)" und eine Reihe von Unterrichtseinheiten für die Kooperation von öffentlichen Bibliotheken und Schulen.

Nicola De Bellis

Nicola De Bellis has a degree in Philosophy (University of Bari, 1993), a Ph.D in History of Science (University of Bari, 1992) and a diploma in Paleograpy, Archival Science and Diplomatics (Archivio di Stato di Modena, 2004). He is currently librarian at the Biblioteca Medica, Università degli studi di Modena e Reggio Emilia c/o Policlinico di Modena (Italy) and author of the successful book „Bibliometrics and Citation Analysis: From the Science Citation Index to Cybermetrics" (Lanham, MD: Scarecrow Press, 2009).

Cornelia Diebel

1989 – 1992 Studium zur Diplom-Bibliothekarin. Seit 1992 Mitarbeiterin der IT-Abteilung der Deutschen Nationalbibliothek. Seit 2007 Sachgebietsleiterin in der IT-Abteilung der Deutschen Nationalbibliothek mit dem Schwerpunktthema Sammlung und automatisierte Ablieferungen von Netzpublikationen. Von März 2009 – August 2011 Studium der Bibliotheks- und Informationswissenschaft an der Fachhochschule Köln mit dem Abschluss MA LIS.

Georg Fessler

Studium der Volkswirtschaft an der Universität Wien und der WU-Wien. Leitung der Abteilung „Erwerbung/Finanzen/Controlling" der Universitätsbibliothek der WU-Wien, Vortragender am ULG „Library and Information Studies" der Universität Wien zu „Management elektronischer Fachinformationen" und „Wirtschaftswissenschaftliche Fachinformationen". Mitglied des Kooperationsausschusses der Kooperation e-Medien Österreich, Mitglied des Steering Committees von NEREUS

Fabian Franke

Fabian Franke hat nach dem Studium der Physik die Ausbildung für den wissenschaftlichen Bibliotheksdienst an der Bayerischen Bibliotheksschule absolviert und war von 1998 bis 2006 Fachreferent und Leiter des Informationszentrums an der Universitätsbibliothek Würzburg. Seit Juni 2006 leitet er die Universitätsbibliothek Bamberg. Er ist Vorsitzender der Arbeitsgruppe Informationskompetenz im Bibliotheksverbund Bayern und Mitglied weiterer bibliothekarischer Arbeitsgruppen, u.a. der Kommission Virtuelle Bibliothek und der Kommission Service und Information im BVB sowie der AG Lernorte der Deutschen Initiative für Netzwerkinformation (DINI).

Ellen Geisriegler

studierte Politikwissenschaft, Kulturwissenschaften und Cultural Studies an der Universität Wien und der Freien Universität Berlin. Sie arbeitet in der Abteilung für Forschung und Entwicklung der Österreichischen Nationalbibliothek in mehreren Forschungs- und Digitalisierungsprojekten. Derzeit schreibt sie im Rahmen des Universitätslehrgangs „Library and Information Studies" an ihrer Master Thesis zum Thema „Möglichkeiten zur Anreicherung von Textdokumenten mit semantischen Metadaten".

Erhard Göbel

E-Book-Manager und Leiter der Fachbibliothek für Anglistik/Amerikanistik an der Universitätsbibliothek der Karl-Franzens-Universität Graz. Lehrbeauftragter im Rahmen des universitätsweiten Basismoduls.

Matthias Groß
Geboren 1973; Studium der Mathematik (Nebenfach Informatik) an der Ludwig-Maximilians-Universität München 1993-1999; bibliothekarische Fachausbildung an der Bayerischen Bibliotheksschule 2001-2003, seither in der Verbundzentrale des Bibliotheksverbunds Bayern tätig, seit 2006 Leiter des Referats Virtuelle Bibliothek Bayern; in zahlreichen regionalen und überregionalen Gremien aktiv.

Alois Haidinger
Studium der Kunstgeschichte und Geschichte in Wien. Ausbildungskurs am Institut für Österreichische Geschichtsforschung in Wien (Staatsprüfung). Seit 2009 im Ruhestand. Mitglied der Kommission für Schrift- und Buchwesen des Mittelalters der ÖAW. Leiter der Projekte "manuscripta.at - Mittelalterliche Hand-schriften in österreichischen Bibliotheken" und "WZMA - Wasserzeichen des Mittelalters" der genannten Forschungsstelle.

Wolfgang Hamedinger
Wolfgang Hamedinger ist Geschäftsführer der Österreichischen Bibliothekenverbund und Service GmbH und operativer Leiter des Österreichischen Bibliothekenverbundes.

Margit Hauser
Studium der Philosophie und Romanistik in Wien. Seit 1988 ehren- sowie hauptamtliche Mitarbeiterin von STICHWORT; seit 2002 Geschäftsführerin. Mitgründerin und aktiv in FRIDA, der Vernetzung frauenspezifischer Informations- und Dokumentationsstellen in Österreich; Vorstandstätigkeit in i.d.a. – Dachverband der deutschsprachigen Lesben-/-Frauenarchive und -bibliotheken. Publikationen zu feministischer Philosophie und zum feministischen Archiv- und Bibliothekswesen.

Markus Heindl
Seit 2002 an der Universitätsbibliothek der Universität für Bodenkultur Wien beschäftigt. Leitung der Abteilung „Digitale Bibliothek und Information“. Seit 2006 Abhaltung der Blended-Learning-Lehrveranstaltung „Literaturrecherche und Informationskompetenz – Schlüsselqualifikationen für das wissenschaftliche Arbeiten“ an der Universität für Bodenkultur Wien

André Hensel
Mag. phil., MSc, akademischer Bibliotheks- und Informationsexperte. Geboren 1968 in Aachen, Schulzeit in Wiesbaden. Studium der Geschichte und Germanistik an der Alpen-Adria-Universität Klagenfurt, sowie Library and Information Studies an der Karl-Franzens-Universität Graz. Seit 2002 Leiter der Fachhochschulbibliothek Kärnten. Mitglied der VÖB-Kommission für Aus- und Fortbildung und der VÖB-Kommission für Fachhochschulbibliotheken.

Herwig Jobst
Herwig Jobst, geb. 1948, Dr.phil. Ab 1986 Leiter der Abteilung Dokumentation (sowidok) der Arbeiterkammer Wien, ab 2000 Leiter der Abteilung „Bibliothek, Wissen, Information“ der Arbeiterkammer Wien und der „AK Bibliothek Wien für Sozialwissenschaften“. Einschlägige Lehrtätigkeit in verschiedenen Ausbildungs- und Universitätslehrgängen für Bibliotheks-, Informations- und Dokumentationsfachleute, am Institut für Publizistik in Wien, und der Fachhochschule Eisenstadt.

Max Kaiser
Max Kaiser studierte Deutsche Philologie und Philosophie an der Universität Wien. Er ist seit 2000 Mitarbeiter der Österreichischen Nationalbibliothek, seit 2008 Leiter der Abteilung für Forschung und Entwicklung. Er ist beteiligt am Aufbau des europäischen Kulturportals Europeana, u.a. als Leiter des EU-Projekts *EuropeanaConnect* und als Mitglied des Management-Boards der Projekte *Europeana v.1.0* und *Europeana v.2.0.* Seit 2010 leitet er *Austrian Books Online*, die Public Private Partnership der Österreichischen Nationalbibliothek mit Google. Er ist Mitglied des Board of Directors der *Open Planets Foundation*, einer Not-For-Profit Organisation im Bereich der digitalen Langzeitarchivierung. Er ist als Lektor an der Universität Wien, an der Donau-Universität Krems und an den Fachhochschulstudiengängen Eisenstadt tätig.

Klaus Kempf
Leitender Bibliotheksdirektor. Studium der Betriebswirtschaftslehre und der Rechtswissenschaften an den Universitäten Würzburg und Padova/Italien sowie der Università Cattolica del Sacro Cuore in Mailand/Italien (1976-1982). Ausbildung zum wissenschaftlichen Bibliothekar an der Bayerischen Bibliotheksschule in München mit Staatsexamen (1983/84). Fachreferent für Wirtschafts- und Rechtswissenschaften sowie Informatik an der Universitätsbibliothek Bamberg (1985 – 1992); Leiter der Technischen Dienste; stellvertretender Leiter der Abteilung Erwerbung und Bestandsaufbau; Leiter der größten Teilbibliothek der universitären Bibliothekssystems. Kommissarischer Direktor der Universitätsbibliothek der Technischen Universität Dresden (1993) Leiter der Abteilung Wissenschaftliches Bibliothekswesen an der vormaligen Generaldirektion der Bayerischen Staatlichen Bibliotheken (Nov 1993 – März 2000). Leiter der Hauptabteilung für Bestandsaufbau und Erschließung der Bayerischen Staatsbibliothek (seit April 2000). Leitung des Bereichs „Digitale Bibliothek" (seit Januar 2004).

Adalbert Kirchgäßner
absolvierte nach dem Studium der Betriebswirtschaft und Mathematik in Mannheim sein Bibliotheksreferendariat in Mannheim und Frankfurt. Seit 1983 ist er Erwerbungsleiter und Leiter der Bearbeitungsabteilung an der Bibliothek der Universität Konstanz. Er beschäftigt sich seit Jahren intensiv mit Fragen der Betriebsorganisation, der betrieblichen Steuerung und Finanzierungsproblemen des Literatur- und Informationsmarktes.

Cristina Köstner-Pemsel
Studium der Germanistik und Romanistik in Wien und Turin. 2003-2005 FWF-Projekt Geschichte der Österreichischen Nationalbibliothek in der NS-Zeit (Dissertation). Bibliothekarin und Provenienzforscherin an der Universitätsbibliothek Wien.

Karin Kranich-Hofbauer
Studium der Geschichte und Germanistik an der Karl-Franzens-Universität Graz. Seit 1985 zuerst Studien-, dann Vertragsassistentin am Institut für Germanistik an der KFU Graz im Fachbereich „Germanistische Mediävistik". Leitung des Vereins „KuliMa – Kulinarisches Mittelalter Graz" (http://kulima.uni-graz.at). Forschungsschwerpunkte: Editionswissenschaft, Paläographie, Kodikologie.

Susanne Lehnard-Bruch
ist Leiterin der Benutzungsdienste im Landesbibliothekszentrum / Rheinische Landesbibliothek. 1987 bis 1990 Studium zur Diplom-Bibliothekarin, März 2009 bis Juli 2011

Studium der Bibliotheks- und Informationswissenschaft an der Fachhochschule Köln mit dem Abschluss MA LIS.

Verena Lenes
Studium am FH-StG Informationsberufe (Eisenstadt). Verantwortlich für die Digitale Bibliothek der Stadtbibliothek Linz im Wissensturm. Vortragende für Informationskompetenz und *Web-2.0*-Themen

Rudolf Lindpointner
Leiter der Sammlungsbearbeitung in der Oö. Landesbibliothek und Leiter des Referates „Altes Buch".

Ania López
Dr. rer. nat. MA LIS. Studium der Mathematik (Diplom 2004, Promotion 2008) an der Heinrich-Heine-Universität Düsseldorf. Absolventin des Masterstudiengangs „Bibliotheks- und Informationswissenschaft" an der FH Köln. Seit 2008 wissenschaftliche Mitarbeiterin der Universitätsbibliothek Duisburg-Essen. Tätigkeitsbereich ist das Fachreferat Mathematik und IT-bezogene Projekte (OPAC-Entwicklung, Bibliotheksportal, Zeitschriftenkatalog).

Manfred Mayer
Studium der Elektrotechnik (TU Graz). Seit 1986 Leiter der Buchrestaurierung (UB-Graz). Lehrtätigkeit im In- und Ausland zu verschiedenen Bereichen der Buch- und Papierrestaurierung. Spezialgebiete: Handschriften- und Inkunabelrestaurierung, Kodikologie, Ausstellungstechnologie, Entwicklung von Spezialkonstruktionen für Restaurierung und Konservierung, Digitalisierung mittelalterlicher Handschriften.

Peter Mayr
Erststudium am FH-StG Informationsberufe (Eisenstadt), Absolvent des Masterstudiengangs "Bibliotheks- und Informationswissenschaft" an der FH Köln. Seit 2002 beschäftigt am Hochschulbibliothekszentrum NRW in Köln. Tätigkeitsbereiche sind kooperative Systeme (DigiLink, DigiAuskunft) und technische Administration der Online-Fernleihe für Monographien.

Günther Mühlberger
Studium der Germanistik an der Universität Innsbruck. Projektassistent von 1991-2002. Von 2002 bis 2011 Aufbau und Leitung der Abteilung für Digitalisierung und elektronische Archivierung an der ULB Tirol. Koordination und Durchführung einer Reihe nationaler und internationaler Projekte, u.a. eBooks on Demand (EOD). 2012 Rückkehr an das Institut für Germanistik mit dem Forschungsschwerpunkt "Digital Humanities".

Gregor Neuböck
Dipl. Päd. Gregor Neuböck MA MSc, Projektleiter und Leiter der Benutzungsabteilung in der OÖ. Landesbibliothek.

Walter Neuhauser
Studium der Klassischen Philologie, Germanistik und Klassischen Archäologie in Innsbruck. 1960-1998 Mitarbeiter der ULB Tirol, zwischen 1967 und 1991 als Leiter der Abteilung für Sondersammlungen, seit 1991 als Bibliotheksdirektor. Seit Ende 1998 im

Ruhestand. Leiter des Projektes „Katalog der Handschriften der ULB Tirol". 1992-1996 VÖB-Präsident. Mitglied der Kommission für Schrift- und Buchwesen des Mittelalters der ÖAW und der Accademia Roveretana degli Agiati.

Rita Ostermann
Geboren am 6. Mai 1952 in Innsbruck. Lehramtsstudium für Mathematik und Physik. 1975 bis 1979 im Schuldienst. 1995 bis 2004: Mitarbeiterin bzw. Leiterin der Öffentlichen Bücherei und Schulbücherei Völs. Seit 2005 Leiterin der Bücherei der Arbeiterkammer Tirol.

Veronika Plößnig
Leiterin der Abteilung Buchbearbeitung an der Hauptbibliothek der Universitäts- und Landesbibliothek Tirol, Mitglied der Zentralredaktion Sacherschließung des Österreichischen Bibliothekenverbundes (ZRSE), Sprecherin der RVK-Redaktion (Regensburger Verbundklassifikation) bei der ZRSE sowie Mitglied der AG RVK der Vereinigung Österreichischer Bibliothekarinnen und Bibliothekare (VÖB). Lehrtätigkeiten im Bereich Klassifikationen (RVK) im Rahmen des ULG LIS und der Fortbildungsabteilung Brainpool der Österreichischen Nationalbibliothek. 2007-2010: ULG LIS Aufbaulehrgang an der Universität Wien in Kooperation mit der Österreichischen Nationalbibliothek. 2000-2001: Grund- und Aufbaulehrgang für die Verwendungsgruppe A 1 BID an der Universitätsbibliothek Innsbruck.

Veronika Prändl-Zika
Dipl.-Ing. Veronika Prändl-Zika studierte Agrarwissenschaften an der Universität für Bodenkultur und arbeitete in zahlreichen EU Projekten. Seit 2009 ist sie als Projektmanagerin des eContentplus Projektes EuropeanaConnect an der Österreichischen Nationalbibliothek in der Abteilung Forschung und Entwicklung tätig und arbeitet in den FP7 Projekten APARSEN und SCAPE, die sich mit Langzeitarchivierung digitaler Daten beschäftigen.

Horst Prillinger
Geboren 1967, Studium der Anglistik und Kommunikationswissenschaft in Wien, Aberdeen und Edinburgh, Promotion zum Doktor der Philosophie 1998, Master of Science in Library and Information Studies 2008. Arbeitet als Universitätslektor am Institut für Anglistik der Universität Wien und ist Fachreferent und Leiter des Teams Webredaktion an der Universitätsbibliothek Wien.

Falk Reckling
Falk Reckling, geb. 1970 in Berlin, studierte Sozial- und Wirtschaftswissenschaften an Universitäten Berlin, Potsdam und Warwick und promovierte am European University Institute in Florenz und an der Universität Potsdam. Seit 2001 arbeitet er für den Fonds zur Förderung der wissenschaftlichen Forschung (FWF) in Wien, derzeit als Leiter der Abteilung für „Geistes- und Sozialwissenschaften" und der Abteilung für „Strategie - Analyse". Im Rahmen der letzteren Funktion ist er verantwortlich für die Open Access Policy des FWF.

Gerhard Reichmann
Dr. rer.soc.oec. et Dr. iur., ao. Univ.-Prof. am Institut für Informationswissenschaft und Wirtschaftsinformatik der Karl-Franzens-Universität Graz. Forschungsschwerpunkte:

Universitätsmanagement, Bibliotheksmanagement (Leistungsmessung und Benutzerforschung), Informatikrecht (Datenschutz- und Urheberrecht), Gesundheitsökonomie.

Martin Roland
Studium der Kunstgeschichte in Wien. Ausbildungskurs am Institut für Österreichische Geschichtsforschung in Wien (Staatsprüfung). Seit 1989 Mitarbeit im Projekt: „Katalog der illuminierten Handschriften der ÖNB“, seit 2002 als Mitarbeiter der Kommission für Schrift und Buchwesen des Mittelalters der Österreichischen Akademie der Wissenschaften in Wien.

Margit Sandner
Margit Sandner promovierte 1982 an der Universität Wien in Zeitgeschichte und Romanistik. Sie arbeitet seit 1985 in der UB Wien und ist seit vielen Jahren in der bibliothekarischen Sacherschließung tätig, leitet die einschlägige VÖB-Kommission, vertritt Österreich in den SE-Gremien des deutschen Sprachraums, hat lange Zeit alle Sparten der inhaltlichen Erschließung selbst ausgeübt, revidiert, geschult, unterrichtet und geprüft und ist derzeit Zentrale Redakteurin für die SWD im Österreichischen Bibliothekenverbund und Mitglied der Zentralen Redaktion. Im OBV führte sie zuletzt den schrittweisen Umstieg auf das Online-Redaktionsverfahren in den Normdateien PND und SWD durch. Im Zuge dessen konzipierte sie inhaltlich das auch ein elektronisches Tool zur Liste der fachlichen Nachschlagewerke zu den Normdateien und begleitet in Abstimmung mit der DNB und den SWD-Kooperationspartnerverbünden die Weiterentwicklung und Pflege von „NSW online“. Derzeit bereitet sie die österreichischen SacherschließerInnen auf die künftige Zusammenarbeit in der GND vor. Sie hat auch wesentlich an der ersten Übersetzung der DDC ins Deutsche mitgewirkt. Margit Sandner pflegt zahlreiche Kontakte zu Fachleuten aus dem Bereich der inhaltlichen Erschließung im In- und Ausland und versucht, in Österreich die Rezeption aktueller Entwicklungen auf diesem Gebiet zu fördern.

Verena Schaffner
Studium der Pädagogik und Anglistik an der Universität Wien; anschließend Universitätslehrgang Library & Information Studies an der Universität Wien (Master Thesis: „FRBR in MAB2 und Primo – ein kafkaesker Prozess? Möglichkeiten der FRBRisierung von MAB2-Datensätzen in Primo, exemplarisch dargestellt an Datensätzen zu Franz Kafkas 'Der Process'“). Seit 2008 in der Abteilung Formalerschließung der Universitätsbibliothek Wien; dort seit 2010 Leiterin der Abteilung und Lokalredakteurin. Schulungstätigkeiten vor allem im Bereich der Formalerschließung an der UB Wien und der Österreichischen Nationalbibliothek im Universitätslehrgang Library & Information Studies bzw. im BrainPool. Mitglied der VÖB-AG RDA seit 2008, sowie der verbundweiten AG EG RDA seit 2010; Vertretung des Österreichischen Bibliothekenverbundes in der European RDA Interest Group (EURIG).

Michaela Scheibl
Studium der Germanistik an der Karl-Franzens-Universität Graz, Universitätslehrgang „Library and Information-Studies“ (2006 - 2008). Mitarbeiterin an der Abteilung für Sondersammlungen und Digitalisierung der Universitätsbibliothek Graz seit 2005. Mitgliedschaft in der VÖB-Kommission für Buch- und Bibliotheksgeschichte seit 2008.

Robert Schiller
Geboren 1964 in Graz, Studium der Biologie, Musikwissenschaft und Philosophie an der Karl-Franzens-Universität in Graz, Unterricht am Landeskonservatorium Steiermark in den Fächern Gitarre und Barocklaute. Seit 1991 beschäftigt an der Universitätsbibliothek der Universität für Musik und darstellende Kunst Graz. Seit 2002 Bibliotheksdirektor. Seit 2010 Direktor der Organisationseinheit Universitätsbibliothek, -archiv und Musikinstrumentensammlung (UBam) ebendort.

Adelheid Schreilechner
Studium LA Deutsche Philologie und Geschichte, Lehrerin für Deutsch und Geschichte, Lehrerfortbildnerin am Institut für AHS an der Pädagogischen Hochschule Salzburg, Mitarbeiterin an der ministeriellen Handreichung zur Vorwissenschaftlichen Arbeit. Fachdidaktikerin für Geschichte, Sozialkunde und politische Bildung

Claudia Schretter
Studium Geschichte, Französisch und Klassische Philologie in Innsbruck und Besançon. Ausbildungskurs am Institut für Österreichische Geschichtsforschung in Wien (Staatsprüfung). 2003 bis 2009: Forschungsassistentin an der Universität Innsbruck: „Katalog der Handschriften der ULB Tirol". Seit 2009 Mitarbeiterin der Abteilung für Sondersammlungen der ULB Tirol, seit 2011 zudem Researcher am Ludwig-Boltzmann-Institut für Neulateinische Studien in Innsbruck.

Wolfram Seidler
Geboren 1957, Studium der Germanistik, Finno-Ugristik und Philosophie an den Universitäten Wien und Budapest, Dr. phil. 1993. Von 1984 bis 1992 in der Forschung, ab 1992 an der UB Wien tätig, von 1996-2010 Leiter der Fachbereichsbibliothek Germanistik, Nederlandistik und Skandinavistik, seit 2010 ubw:innovation.

Maria Seissl
Geboren 1959, Studium der Anglistik und Amerikanistik an der Universität Innsbruck, Mag. phil. 1991. 1985-1988 Lektorin für Deutsche Sprache am Department of German der University of Leeds. Seit 1991 im Bibliothekswesen tätig: zuerst an der Universitätsbibliothek Innsbruck, anschließend als Vizedirektorin der Universitätsbibliothek Wien und seit 2004 als Leiterin des Bibliotheks- und Archivwesens der Universität Wien. Seit 2002 Vizepräsidentin der Vereinigung Österreichischer Bibliothekarinnen und Bibliothekare.

Ursula Stampfer
Studium der Geschichte und der Deutschen Philologie in Innsbruck und Besançon. Seit 2006 Forschungsassistentin an der Universität Innsbruck: „Katalog der Handschriften der ULB Tirol". Seit 2011 wissenschaftliche Leiterin des Projektes zur Erschließung der Handschriften in der Priesterseminarbibliothek Brixen und der Stiftsbibliothek Neustift.

Andy Stauder
Geb. 1985 in Südtirol. 2010: Abschlüsse an der Universität Innsbruck in Translationswissenschaft mit Medienspezialisierung, allgemeiner und angewandter Sprachwissenschaft, Philosophie 2011: Inskription in das Doktoratstudium „Sprach- und Medienwissenschaft" an der Universität Innsbruck, Forschungsgebiet: maschinengestützte Qualitätssicherung audiovisueller Übersetzungen. Andere Studienbereiche (ohne Abschluss): Slawis-

tik, Informatik. 2007 – 2009: Praktikum als Sprachberater bei der Alpenkonvention; freiberufliche Tätigkeit als IT-Manager und –berater, für das ständige Sekretariat der Alpenkonvention und das französische Kulturinstitut Innsbruck; wiss. Mitarbeiter beim Multimedia-Übersetzungsprojekt MultiTransInn an der Universität Innsbruck, verschiedene Übersetzungsprojekte. Seit 2009 wiss. Mitarbeiter in der Abteilung für Digitalisierung und elektronische Archivierung der Universität Innsbruck (Univ.- u. Landesbibliothek), im Rahmen des EU-Projekts PrestoPRIME.

Helge Steenweg
Nach Studium und Promotion (Geschichte, Germanistik) wiss. Mitarbeiter im Rechenzentrum der Universität Göttingen und der Max-Planck-Gesellschaft (GWDG) (stellv. Abteilungsleiter Nichtnumerik), anschließend Wechsel zur UB Kassel (stellv. Bibliotheksdirektor, Leiter Informationsmanagement, Leiter Haushalt und Beschaffung, Baureferat).

Markus Stumpf
Leiter der Provenienzforschung an der UB Wien und Leiter der Fachbereichsbibliothek Zeitgeschichte und Osteuropäische Geschichte der Universität Wien, Vorsitzender der Arbeitsgruppe NS-Provenienzforschung der VÖB.

Ludger Syré
Leiter der Technischen Abteilung und Digitalisierung an der Badischen Landesbibliothek in Karlsruhe, außerdem Fachreferent für Geschichte und baden-württembergische Landeskunde, Lehrbeauftragter an den Universitäten Karlsruhe und Mannheim sowie Autor zahlreicher Aufsätze und Bücher zum Bibliothekswesen.

Rene Thalmair
Jg. 1979, absolviert derzeit den Universitätslehrgang Library and Information Studies (MSc) in Innsbruck. Seit 2008 an der Universitäts- und Landesbibliothek Tirol und an der Amtsbibliothek/Amt der Tiroler Landesregierung tätig. Studium der Philosophie an der Katholisch-Theologischen Fakultät der Universität Innsbruck. Asolviert derzeit den Masterlehrgang Europäische Politik und Gesellschaft. 3 Kinder

Daniel Weger
Nach dem Studium der Klassischen Philologie in Innsbruck und Siena Unterrichtstätigkeit an verschiedenen Südtiroler Oberschulen. Danach Bibliothekar in verschiedenen Südtiroler Bibliotheken, ab 2004 beim Bibliotheksverband Südtirol. Seit 2007 Geschäftsführer des Bibliotheksverbandes.

Heidrun Wiesenmüller
Prof. Heidrun Wiesenmüller M.A. (geb. 1968 in Nürnberg) studierte Mittlere Geschichte, Englische Philologie und Mittellatein in Erlangen und Newcastle upon Tyne. Seit 2006 lehrt sie Formal- und Sacherschließung im Studiengang Bibliotheks- und Informationsmanagement an der Hochschule der Medien Stuttgart. Davor war sie als Fachreferentin an der Württembergischen Landesbibliothek tätig. Sie ist stellvertretende Vorsitzende der Expertengruppe Sacherschließung des Standardisierungsausschusses bei der DNB und Mitglied in verschiedenen Fachgremien des SWB. Seit 2002 ist sie im Regionalverband Südwest des Vereins Deutscher Bibliothekare (VDB) aktiv, seit April 2008 als dessen Vorsitzende.

Hans Zeger
Studium Philosophie, Mathematik, Sozialwissenschaften, Autor von „Mensch. Nummer. Datensatz. Unsere Lust an totaler Kontrolle" (2008), „Paralleluniversum Web2.0“ (2009) und zahlreicher weiterer Fachpublikationen, Lektor am Juridicum Wien, Mitglied des Datenschutzrates im Bundeskanzleramt und Geschäftsführer der „e-commerce monitoring GmbH“, Obmann der „ARGE DATEN – Österreichische Gesellschaft für Datenschutz“ (http://www.zeger.at).